新完譯

十八史略

中卷(下)

魏晋南北朝·隋

陳 起 煥 譯註

▲北周의 武士俑(무사용)

明文堂

▣ 曹丕(조비, 魏 文帝)

▣ 劉備(유비, 漢 昭烈帝)

▣ 孫權(손권, 吳 大帝)

▣ 楊堅(양견, 隋 文帝)

△劉裕(유유, 宋 武帝)

△蕭道成(소도성, 齊 高帝)

△蕭衍(소연, 梁 武帝)

△陳霸先(진패선, 陳 高祖)

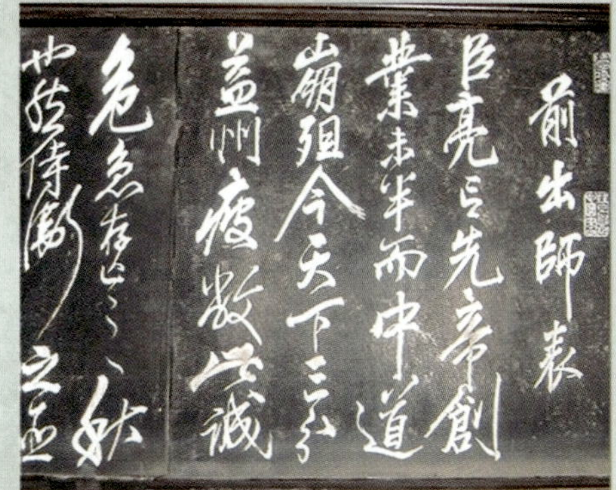

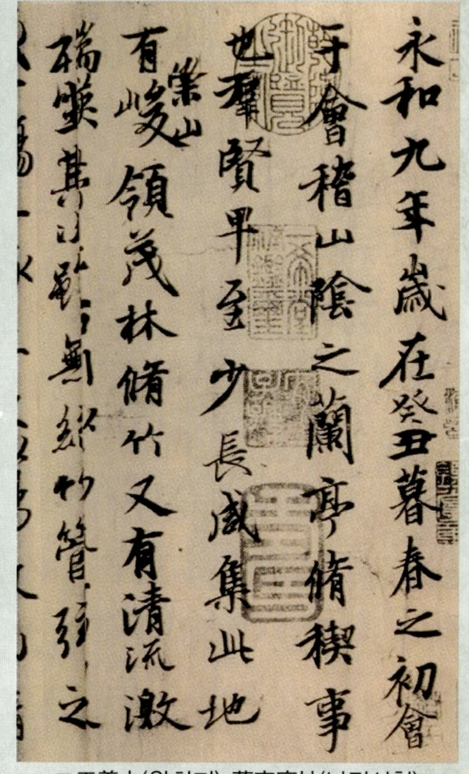

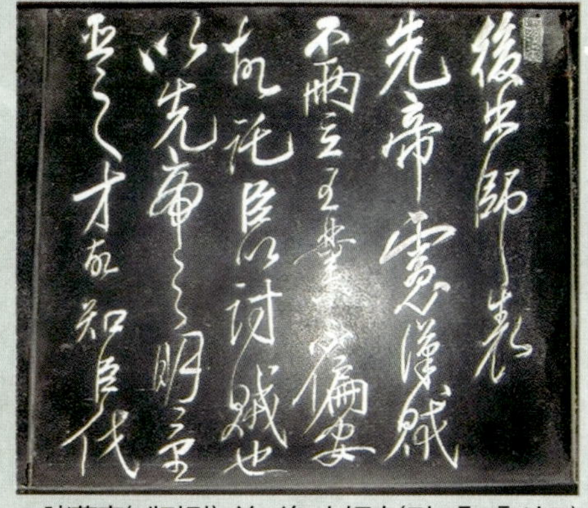

諸葛亮(제갈량) 前·後 出師表(전·후 출사표)

王羲之(왕희지) 蘭亭序帖(난정서첩)

龍門石窟(용문석굴) 전경

新選明文東洋古典大系

新完譯

十八史略

中卷(下)

| 魏晉南北朝·隋 |

陳 起 煥 譯註

▲ 北周의 武士俑(무사용)

明文堂

머리말

1

《十八史略 십팔사략》의 저자, 曾先之는 여능(盧陵 ; 江蘇省) 출신으로 대략 宋末 元初에 걸쳐 살았다. 그러나 자세한 경력은 알 수 없다. 당시는 이민족이 다스리는 元代였으므로 고의로 숨기고 나타나지 않았을 것이다.

그는 漢民族의 지식인으로써 중국역사의 正統과 민족의 주체성을 높이기 위하여 《十八史略》을 저술했을 것이다. 이는 우리나라의 一然이 《三國遺事 삼국유사》를 저술한 의도와 같다고 하겠다.

《十八史略》은 중국의 18대에 걸친 정사(正史)를 간략하게 추린 역사 기록이다. 중국의 많은 지식인이나 젊은 학생에게 읽히기 위하여 역사의 핵심만을 추린 책이다. 그의 정신적 핵심 속에는 '민족의 주체성과 역사의식 및 정치의 도덕성'이 강조되었다. 그러므로 《十八史略》의 특색을 다음 같이 추릴 수 있다.

① 역대의 흥망성쇠를 통치자의 도덕성과 결부시켰다. 즉 王道德治는 흥하고, 포학무도한 정치는 망한다는 진리를 역사적으로 보여주려고 애를 썼다.

② 역사와 정치 무대에 등장하는 '天子, 君王, 諸侯, 宰相, 將軍, 卿'과 士大夫들이나 說客, 義士, 刺客, 英雄豪傑 및 聖人, 賢人, 君子, 學者 등에 대해서도 암암리에 도덕적인 척도로 평가를 가했다.

그러므로 《十八史略》을 공부하면 윤리 도덕은 물론 大義名分도 바르게 알 수 있다. 즉 역사를 통해 바른 인생관과 도덕 정치의식을 배양할 수 있다. 모든 사람은 역사를 바르게 알아야 오늘이나 내일을 바르게 살 수 있다. 또 중국의 모든 것을 알기 위해서도 역사를 알아야 한다.

2

    이 책은 한국의 독자를 위한 책이다. 이를 풀이한 역자의 역점은 다음 같다.

① 《新完譯 十八史略》은 明文堂의 《漢文講座叢書 한문강좌총서》의 일환으로 간행한 것이다. 이 책은 《十八史略》의 【原文】을 상세하게 풀이한 학습 참고서이다.

② 《新完譯 十八史略》 中(上)은 前漢 및 後漢대의 역사를 다루었다.

③ 원본에는 篇, 章 구분이 없지만 본서에서는 학습의 편리를 위해 편과 장을 구분하였고 그 명칭도 필자가 적당히 붙였다.

④ 학습은 이 책의 체제를 따라, 한문 원문, 한글 풀이, 어구 설명의 순으로 하는 것이 효과적일 것이다. 거듭 말하겠다. 이 책은 '漢文 독해 능력 제고'를 일차적 목표로 삼고 있다.

⑤ 독자는 이 책에 나타난 人間像과 아울러 仁政德治의 바탕이 되는 人間學도 깊이 배우고 깨닫기를 바란다.

 # 文史哲은 不分家

흔히 '文史哲은 不分家'라는 말을 한다. 文史哲은 모든 공부의 기초로 同一한 영역이고, 同時에 학습해야 하며, 同心으로 연찬해야 할 하나의 志向이며 목표이다. 배움길을 걷는 사람이라면 문학으로 감성 순화와 직관을 얻고, 역사를 통해 통찰과 지혜를 터득하며, 철학(哲·經學)으로 思惟와 함께 主觀을 굳건히 해야 한다. 따라서 文史哲은 과거에서 뿐만 아니라 현재와 미래에서도 여전히 유용한 융합된 학문의 진수라 할 수 있다.

故 玄玉 張基瑾 博士님은 中國文學의 泰山北斗였다. 박사님은 陶淵明, 李白과 杜甫, 白居易의 詩를 강론하였고 經書에 관련한 名著들은 남겼다. 중국문학과 유학을 공부했던 많은 사람들이 박사님의 책으로 공부를 했고, 그 力著들은 지금도 後學들에게 학문의 기본 지침서로써 새 地平을 열어주며 勉學의 바른길을 안내하고 있다.

박사님은 중국문학과 경서 강론뿐만 아니라 역사공부의 중요성을 평소에 늘 강조하였다. 박사님이 중국사의 대략을 요약한 《十八史略》을 講述한 것은 文史哲 융합 지식의 중요성을 후학들에게 깨우쳐 주려는 큰 뜻이었다.

필자는 故 玄玉 張基瑾 박사님의 薰陶(훈도)를 직접 받지는 못했지만 젊은 날에 박사님의 책으로 《論語》와 《孟子》를 읽었고 지금도 활용하고 있다. 또한 박사님의 책으로 漢文의 체계를 세웠었다.

박사님은 《十八史略》 講述을 통해 '후학들의 史書 解讀을 일차 목표'로 하였는데 이는 勤學을 강조한 것이다. 동시에 역사를 통해 여러 인간형의 성패와 득실을 아울러 공부하라 하였는데, 이는 仁德에 바탕을 둔 삶을 살아야 한다는 가르침이라 할 수 있다.

박사님은 완역을 목표로 《十八史略》 上卷과 中卷(上)으로 後漢 時代까지 강술하였지만 그 完結을 보지 못하고 他界하셨다. 이는 中國의 文史哲을 공부하는 후학들에게 큰 손실이고 충격이었다.

 ## 꽃피는 마을을 찾아서

教學相長을 생활신조로 생활했다지만, 필자는 여전히 배움길을 걸어가야만 하는 사람이다. 駑馬十駕(노마십가)라는 말처럼 勤學만이 필자가 살아갈 방편이며, 勉學해야만 靑松처럼 山嶺에 우뚝 설 수 있다고 믿지만 가끔 흔들리는 나를 발견하고 자책한다.

그전에 필자의 공부방법을 바탕으로 《史記講讀》을 明文堂에서 출간했었다. 또 《史記人物評》으로 역사 인물에 대한 나름대로의 평가를 시도해 보았었다. 그리고서는 소설문학에 관심을 갖고 몇 권의 저서를 그리고 《三國演義 原文 註解》를 통해 同學들에게 원전을 읽도록 도움을 주려고 했다. 또한 《논술로 읽는 論語》를 집필하여 젊은이의 孔子에 대한 이해를 도왔다.

이번에 《十八史略》의 나머지 부분을 저술해 달라는 부탁을 받았을 때 필자는 과연 '내가 등에 질 수 있는 무게인가'를 가늠해 보았다. 나 같은 淺學鈍才(천학둔재)가 張基瑾 박사님의 뒤를 이어 저술하는 것은 狗尾續貂(구미속초)와 무엇이 다르겠는가?

그러나 이는 史學을 공부한 내가 더 열심히 새롭게 공부할 수 있는 기회가 아니겠는가?

목마른 사람에게 물 한 그릇을 주려면 나는 물 한 통을 미리 준비해야 한다. 더 열심히 노력하여 한 통의 물을 준비하면서 한 그릇을 떠서 後學들에게 주는 것도 의미 있는 일이라 생각하였다. 구미속초일지언정 하기로 했다면(一做) 끝까지 해야 한다(二不休).

'산에 산, 물에 물이라 길이 없는 듯하더니
 (山重水複疑無路)
 버들 무성하고 꽃 핀 곳에 또 마을이 있네.
 (柳暗花明又一村)'

이 시를 읊은 宋나라의 시인은 변화를 위한 노력을 했고 새로운 길과 마을을 보았다. 나는 이 시인이 그랬던 것처럼 꽃이 환하게 핀 마을까지 쉬지 않고 걸어야 한다.

나의 一善을 위하여 그리고 새로운 地境에 도착할 때까지 나는 힘쓸 것이다.

2012년 10월

陶硯 陳起煥

[일러두기]

1 《新完譯 十八史略》中卷(下)에서는 故 玄玉 張基瑾 박사의 《新完譯 十八史略》中卷(上)의 뒤를 이어 魏晉南北朝 時代(서기 220~589년)와 隋(수, 서기 581~618년)의 역사를 譯註했다.

앞으로 나올 《新完譯 十八史略》下卷(上)에서는 唐과 五代를,《新完譯 十八史略》下卷(下)에서는 北宋과 南宋의 역사를 다룰 것이다.

2 《十八史略》의 原文은 通史의 시대구분에 따라 편과 장을 나누었다. 매 편의 머리에는【時代 槪觀】을 설명하고【主要 年表】를 만들어 그 시대 전체에 대한 이해를 도왔다.

3 原《十八史略》의 原文은 왕조와 통치자, 연대순으로 서술되어 있는데 필자는 그 원문의 서술을 그대로 두고 다만 서술 내용에 따라 단락을 만들었고 일련번호를 부여하였다.

4 번역은 원문의 단락 내용을 원문의 문장에 맞춰 직역하였다. 原文과 직역을 대조하며 읽으면 한문 문장의 틀을 이해할 수 있다.

5 어구 설명 은 단락의 내용을 문장에 따라 해석하고 어려운 한자의 뜻풀이와 문법적 설명, 또 이해를 위한 年代나 보충 설명을 추가하였다. 한문 독해에서 필요한 문법적 설명이나 특히 부사, 접속사나 助詞 등을 설명했다.

아울러 人名이나 地名에 나오는 僻字(벽자)를 풀이했다. 그리고 여러 音訓과 거기에 해당하는 우리말을 보충했다. 또 人物에 대해서는 생존연대나 재위연대를 추가했다. 地名에 대해서는 그 위치가 대략 어디쯤인지 이해할 수 있도록 현재 중국의 지명을 보충했다. 단, 인명이나 지명의 중국어 발음은 다루지 않았다.

6 《十八史略》은 《자치통감》의 요약인 《少微 通鑑節要, 소미 통감절요》를 원전으로 요약한 책이라서 왕조와 帝位의 교체나 정치적 업적을 중심으로 서술한 책이다. 여기에는 경제나 사회, 문화에 관한 내용이 매우 적다. 따라서 그 시대나 서술 내용과 연관이 된 【참고】자료를 보탰다.

필자의 【참고】자료는 그 시대와 인물이나 역사적 사건, 문화적 성취나 후세에 대한 영향이나 역사적 의의를 설명하여 독자들이 흥미를 갖고 읽을 수 있도록 필자가 심혈을 기울여 보충하였다. 그리고 【참고】의 목차를 따로 만들어 쉽게 재활용할 수 있도록 도왔다.

7 본서의 내용과 관련이 있는 많은 삽화 자료를 삽입하여 독자들의 이해를 돕고 흥미를 갖도록 하였다.

8 본서의 말미에 주요한 인물이나 사건, 왕조 이름이나 지명에 대한 색인을 첨부하였다.

9 본서의 최초 편찬 목적은 史書의 原文 讀解能力의 증진이다. 따라서 본서에서는 漢字(한글)식으로 표기하였으며 2번, 3번 나오는 경우에는 한글 음을 생략하기도 하였다.

차례

● 머리말　　　　　　　　　　　　　　　　7
● 서문　　　　　　　　　　　　　　　　10
● 일러두기　　　　　　　　　　　　　　14

제12편　三國의 항쟁과 西晋의 통일　　　25

제1장　三國의 항쟁　　　28

1) 蜀漢의 성립과 발전　　　28
2) 後主와 出師表　　　57
3) 諸葛亮의 죽음　　　97
4) 魏의 쇠퇴　　　119
5) 蜀漢과 魏의 멸망　　　141

제2장　西晋의 統一　　　155

1) 武帝의 統一　　　155
2) 淸談의 유행　　　187
3) 八王의 난　　　201
4) 五胡族의 興起　　　218
5) 西晋의 멸망　　　236

제13편 東晉과 南北朝와 隋의 통일　　251

제1장 東晉의 건국과 발전　　258

1) 東晉의 成立과 발전　　258
2) 十六國의 흥망성쇠　　327
3) 淝水(비수)의 싸움　　395
4) 東晉의 멸망　　445

제2장 南北朝 시대의 전개　　482

1) 宋의 成立과 멸망　　482
2) 齊의 成立과 멸망　　547
3) 梁의 成立과 北魏의 분열　　568
4) 陳의 成立과 멸망　　624

제3장 隋의 통일과 멸망　　655

1) 隋의 건국과 통일　　655
2) 隋 양제의 치적과 멸망　　673

● 색인　　711

● 참고 자료 목록 ●

제12편
● 三國의 항쟁과 西晋의 통일

제1장 三國의 항쟁

주자의 綱目體와 정통론 / 31

避諱(피휘) / 37

영웅의 모습에 대한 서술 / 38

九品官人法 / 41

중국인의 관우 숭배 / 45

상황 판단 착오가 부른 패망 / 53

마지막 울음은 애달프다. / 59

장량과 제갈량 / 64

맹획과 七縱七擒(칠종칠금) / 68

명제의 생모 甄氏(견씨) / 73

관녕의 갈라 앉기 / 74

제갈량의 出師表 / 78

와룡강 – 삼분천하 – 그리고 오장원 / 84

白眉 馬良(백미 마량) / 90

大貴之表 – 손권 / 91

畏蜀如虎(외촉여호) / 95

木牛流馬(목우유마) / 99

제2인자의 삶 / 102

"내 머리가 있어 없어?" / 107

제갈량의 경영 능력 / 111

제갈량의 지략에 대한 평가 / 114

蜀漢四英(촉한사영) / 118

廢帝(폐제) 曹芳(조방) / 123

富家翁(부가옹) - 돼지의 꿈 / 126

司馬氏 三代 / 129

제갈량의 형제들 / 134

강유의 쓸개 / 145

제갈량의 부인 / 146

어리석은 후주 유선 / 151

제2장 **西晋의 統一**

사마의에서 사마염까지 / 158

羊陸之交(양육지교) / 161

두예 - 좌전벽 / 165

山濤(산도)의 인품 / 167

죽림칠현 / 170

왜 왔다가 왜 가는가? / 172

망국의 군주 모두가 천수를 누리다. / 178

멸망으로 가는 가장 빠른 길 / 182

좌사와 낙양의 종잇값 / 185

가황후의 전횡 / 191

清談의 스타 ; 왕연과 악광 / 196

清談 亡國(청담 망국) / 199

석숭의 몰락 / 204

육씨 형제가 낙양에 들어가니… / 208

八王의 난 / 213

5호 16국 시대의 시작 / 221

유연 이후 / 228

선비족 모용씨의 나라 / 230

懷帝(회제)의 비극 / 242

서진의 멸망 원인 / 248

제13편
● 東晉과 南北朝와 隋의 통일

제1장 **東晉의 건국과 발전**

사마예의 天運 / 259

동진의 수도 建康 / 263

동진 시대의 강남개발 / 268

東晉과 南宋의 북벌 / 272

王씨 馬씨의 天下 / 290

왕도와 왕돈 / 298

王敦(왕돈)의 구실 찾기 / 303

젊은 날 王敦(왕돈)의 실수 / 307

왕돈의 최후 / 310

도연명의 증조부 / 315

자신에 엄격했던 도간 / 318

무력한 황제권 / 322

역사 인물의 평가 / 330

《漢書》; 斷代 正史書의 모범 / 333

代 – 선비족 탁발씨의 나라 / 340

공처가의 진면목을 보여준 왕도 / 344

왕도의 조카 왕희지 / 349

왜 책봉을 요구했는가? / 356

東晉시대 – 귀족문화의 발달 / 358

본래 썩은 관직, 더러운 재물 / 363

斷腸(단장)의 슬픔 / 366

환온의 외모 / 369

蔡謨(채모)의 학식 / 374

부견과 왕맹 / 398

謝安의 東山再起 / 399

廢帝 奕(폐제 혁)의 비극 / 404

伊霍之事(이곽지사) – 신하가 주군을 폐위하다. / 408

환온의 꿈＝왕망의 꿈 / 412

사나이라면 차라리 악명이라도… / 417

謝玄(사현)의 총명 / 426

비수의 싸움에서 파생된 사자성어 / 433

양산백과 축영대 – 나비로 승화한 사랑 / 438

5호 16국 시대의 정치 / 443

효무제의 종말 / 449

孫恩(손은)의 난 / 454

효자의 누룽지 / 459

아부하는 말솜씨 / 463

역사의 교훈 – 비슷한 경우 / 473

동진 왕조 말년의 모습 / 477

5호 16국 시대의 역사적 의의 / 480

제2장 **남북조 시대의 전개**

남북조 왕조 일람 / 485

유유의 성격과 일화 / 490

아버지와 아들 / 494

도연명의 귀거래사와 桃花源記(도화원기) / 500

유의경의 《世說新語》 / 502

불운한 시인 사령운 / 506

최호의 죽음 – 筆禍가 아닌 문벌 싸움 / 512

도교의 성립과정 / 512

단도제의 지략과 존재감 / 522

북위의 漢人 귀족 / 527

폐제 - 폭군 유자업 / 530

소도성의 뚱뚱한 배 / 538

子貴母死制 - 북위의 이상한 제도 / 540

마지막 順帝의 마지막 말 / 545

名門士族과 寒門庶族 / 552

齊(南齊)의 폭군들 / 555

효문제의 漢化정책 / 558

미남과 미녀의 성씨 / 563

齊나라의 단명 / 567

梁 武帝의 문학 활동 / 571

낙양의 龍門石窟(용문석굴) / 576

북위의 6진 / 580

북위의 실학 ; 《수경주》와 《제민요술》 / 585

北朝의 民歌 / 589

侯景(후경)의 난(1) ; 서막 / 595

후경의 난(2) - 결과 / 600

양무제의 독백 / 604

《文心雕龍(문심조룡)》 최고의 문학비평서 / 608

후경의 종말 / 614

후량의 존재 / 618

장기 집권에 따른 병폐 / 622

南朝 개국 군주의 비교 / 627

황하의 얼음 깨기 / 632

북주의 귀족 楊堅(양견) / 639

망국의 음악 - 후정화 / 644

나라가 멸망하는 공식 / 649

망국의 군주에게 술이란 무엇인가? / 653

제3장　**隋의 통일과 멸망**

　관농집단－선비족과 한족의 연합 / 658

　태자 폐위 사건의 전말 / 665

　수 文帝와 開皇의 治 / 671

　형제간에 공유할 수 없는 권력 / 676

　수 양제의 대운하 / 681

　고구려와 수의 충돌 원인 / 689

　고구려 원정의 결과 / 693

　破鏡重圓(파경중원) / 698

　隋末의 민중 봉기의 시작 / 703

　양제의 죽음－목숨을 구걸하기 / 708

하
황
涿郡(탁군)
濟南(제남)
洛陽(낙양)
徐州(셔주)
위
荊州(형주)
揚州(양주)
江
鄱陽郡(파양군)
成都(성도)
杭州(항주)
축
貴陽(귀양)
長沙(장사)
오
장
廣州(광주)
福州(복주)

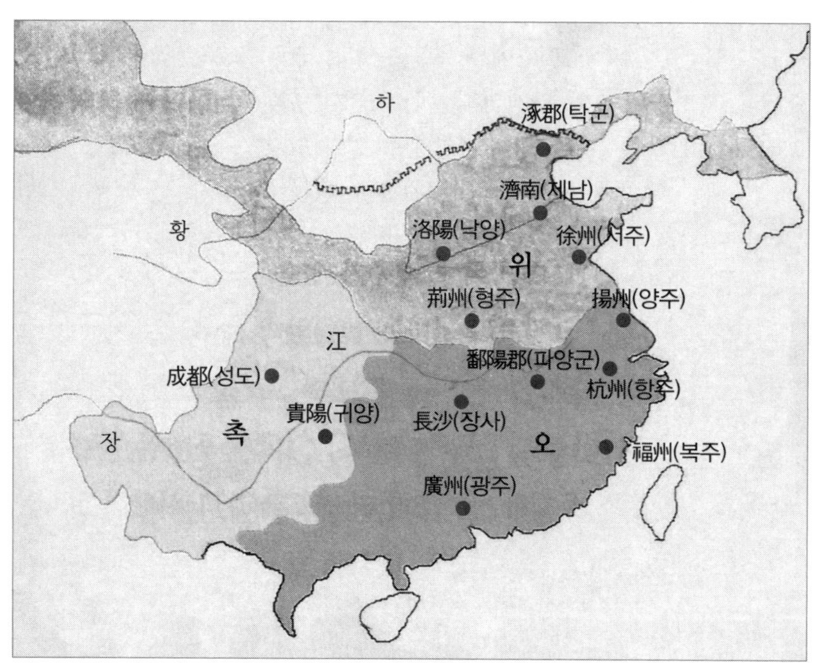

삼국의 정립

제**12**편
三國의 항쟁과 西晉의 통일

〖 時代 槪觀 〗

서양 고대의 모든 흐름과 문화가 로마帝國(Roman Empire)이라는 호수로 흘러 들어갔고 로마제국에 의해 서양 고대문화가 완성된다. 이처럼 前·後漢의 400여 년간 지배는 중국 고대 정치와 문물의 완성이었다.

후한이 멸망한 뒤 魏(위), 蜀(촉), 吳(오), 삼국의 鼎立(정립)과 항쟁은 중국 역사가 고대에서 중세로 전환하기 위한 혼란의 시작이었다. 이러한 풍운의 시대에는 영웅호걸들이 출현하여 자기의 역량을 과시하지만 그것은 새 시대를 열기 위한 서막이었다.

후한 멸망과 위나라의 성립(서기 220년)에서 오나라의 멸망(280년)까지 60여 년간은 소설 《三國演義 삼국연의》 후반부의 무대로 이 시기에도 수많은 영웅들이 명멸했다.

삼국의 항쟁은 중국이라는 지리적 영역의 확산이었다. 삼국의 성립과 항쟁은 국세와 국력의 차이가 있었지만, 사천 지역

등 중국 내륙지방과 강남의 발전을 촉진시켰다.

사실 유비의 촉과 손권의 오에 의하여 蜀(사천)과 강동, 강남 개발이 본격적으로 시작되었다고 볼 수 있으며, 이러한 지역의 경제적 발전은 곧 이 지역 정치권력의 성장이었다.

이러한 삼국의 대립을 종식시키고 중국을 다시 통일한 것은 司馬炎(사마염)의 晋(진)이었다. 이 진나라는 북방 유목민족의 침입으로 남으로 내려간 東晋(동진)과 구분하여 西晋(서진)이라 통칭한다.

서진은 지친 경제력을 회복하기 위한 일시적 휴식기간이 있었고 이어 서기 280년에 강남의 오를 멸망시킨다. 이 과정에서 국력소모와 함께 天下一統에 따른 긴장감의 해이는, 곧 사치풍조의 만연과 청담의 유행이라는 반작용을 낳았다. 이러한 긴장 해이는 '八王의 난'이라는 대 혼란을 스스로 연출했고 이 때문에 서진의 통일지배는 단명으로 끝났다.

삼국의 정립과 서진의 통일과 멸망이라는 역사 속에서 고대에서 중세로 전환하기 위한 싹은 잉태되었고 이런 과정에서 중국사는 분명한 진보를 이룩하였다. 본 12편에서 다루는 삼국과 서진 시대는 그 나름대로 충분한 소명을 다했다고 볼 수 있다.

〔 主要 年表 〕

서기	國名, 帝位	주요 내용
220	魏, 文帝	曹丕(조비) 칭제, 낙양 도읍.
221	蜀, 昭烈帝	劉備 칭제, 국호 漢.
223	蜀, 後主	劉備 病死, 유선 즉위.
226	魏	文帝(조비) 죽음. 明帝 즉위.
227	蜀, 後主	제갈량 出師表 올림.
228	蜀	魏에 대패, 읍참마속.
229	吳, 大帝	孫權 稱帝 국호 吳, 都 建業.
234	蜀, 後主	諸葛亮 五丈原 病死.
244	魏	관구검 고구려 침공.
249	魏	사마의가 승상이 됨.
251	魏	사마의(司馬懿) 病死.
252	吳	손권 죽음.
255	魏	사마소(司馬昭) 전권 장악.
263	蜀 後主	蜀 멸망 (劉禪 降魏).
265	魏	司馬昭 病死. 魏 멸망.
	(西)晋 武帝	司馬炎 즉위, 晋, 洛陽 도읍.
280	晋　武帝	晋 滅吳, 천하 통일.
290	晋　惠帝	晋 武帝 司馬炎 死, 惠帝 位.
291	晋　惠帝	八王의 亂 시작(~306).
311	晋　懷帝	낙양 함락. 永嘉(영가)의 난.
316	晋	유요 장안 점령, 西晋 멸망.

제1장 三國의 항쟁

1) 蜀漢의 성립과 발전

(1) 漢 附 魏·吳 二僭國

按曾氏云, 天下非一統者. 本可各自一國編集. 又恐
初學讀者, 迷其時代之先後. 今但以一國源流相接
者爲提頭, 而附同時之國於其閒. 而曾氏仍陳壽之
舊, 而魏稱帝, 而附漢·吳. 剡旣遵朱子綱目義例,
而改正少微通鑑矣. 今復正此書, 以漢接統云.

漢에 魏(위)와 吳(오) 참칭한 두 나라를 부기한다.

증선지가 말한 것을 보면, 천하가 하나로 통일되지 않았
으면 본래 각국에 따라 (역사를) 편집해야 한다. 그러면 혹
시 초학의 독자들이 그 시대의 선후를 혼동할까 걱정이 된
다. 여기서는 다만 일국의 원류를 이어 받은 자를 먼저 내
세우고 같은 시기에 존재했던 나라들을 그 사이에 부기하
였다.

증선지는 진수의 구례에 따라 위에 대하여 칭제하고 한
(漢, 蜀漢)과 오나라를 부기하였다.

나는 이미 朱子가 綱目(강목)에서 義則(의칙)을 밝힌 전례

를 따라 少微(소미)의 通鑑(통감)을 고쳐 썼다. 이제 다시 이 책을 바로잡아 한(漢, 蜀漢)이 정통을 계승한 것으로 한다.

어구 설명

○ 漢附魏·吳二僭國 : 漢에 참칭한 두 나라 위와 오를 부기한다.
 – 僭 참람할 참. 윗사람을 범하다. 분수에 지나치다. 僭稱(참칭) ; 왕호나 帝號(제호)를 제멋대로 사용하다. 위와 오도 황제라 칭했는데 제호를 부당하게 사용한 나라라 하여 僭國(참국)이라 기록하였다.
 – 漢(한) ; 曹操(조조)의 아들 曹丕(조비)는 獻帝(헌제)를 핍박하여 禪讓(선양)을 받아 제위에 올랐다. 이 소식을 들은 유비는 한의 大統(대통)을 잇는다 하여 촉에서 즉위하며 국호를 漢으로 하였다. 역사에서는 이를 蜀 또는 蜀漢(촉한)으로 통칭한다. 이 책에서는 蜀漢이라는 칭호도 쓰지 않고 漢으로 표기하여 유비가 漢의 대통을 이은 것으로 서술했다.

○ 按曾氏云, 天下非一統者. 本可各自一國編集. 又恐初學讀者, 迷其時代之先後. : 내(劉剡〈유섬〉)가 생각하건대, 증선지가 말한 것을 보면, 천하가 하나로 통일되지 않았으면 본래 각국에 따라 (역사를) 편집해야 한다. 그러면 혹시 초학의 독자들이 그 시대의 선후를 혼동할까 걱정이 된다. 여기서는 다만 一國(일국)의 源流(원류)를 이어 받은 자(者, 나라)를 먼저 내세우고 같은 시기에 존재했던 나라들을 그 사이에 附記(부기)하였다.

- 按 누를 안. 어루만지다. 헤아리다.　曾氏 ;《十八史略》저자인 曾先之(증선지).

- 云 ; 이를 운. 말하다. 구름 운(雲)과 같음.

- 一統(일통) ; 統一과 같음.　編 엮을 편.　集 모을 집. 編集 ; 모아 엮다. 編輯(편집).

- 迷 미혹할 미. 혼동하다. 확실히 알지 못하다.

○ 今但以一國源流相接者爲提頭, 而附同時之國於其閒. : 여기서는 다만 一國의 원류를 이어 받은 者(나라)를 먼저 내세우고(서술하고) 같은 시기에 존재했던 나라들을 그 사이에 부기하였다.

- 今 이제 금. 여기서는.　但 다만 단. 단지.　提 끌 제. 提頭 ; 머리를 올림. 앞부분에 먼저 기록하다.

- 而 말 이을 이. 접속사.　附 붙을 부. 附記(부기)하다.　閒 사이 간(間과 같음). 틈.

○ 而曾氏仍陳壽之舊, 而魏稱帝, 而附漢·吳. 剡旣遵朱子綱目義例, 而改正少微通鑑矣. 今復正此書, 以漢接統云. : 증선지는 陳壽(진수)의 舊例에 따라 위에 대하여 칭제하고 한과 吳(오)나라를 부기하였다. 나는(劉剡) 이미 주자가 綱目(강목)에서 義則(의칙)을 밝힌 전례를 따라 少微(소미)의 通鑑(통감)을 고쳐 썼다. 이제 다시 이 책을 바로잡아 한(漢 蜀漢)이 正統을 계승한 것으로 한다.

- 仍 거듭할 잉. 그대로 따르다.　舊 옛 구. 전에 했던 예(舊例).

- 陳壽 ; (서기 233~297년) 西晉의 역사가. 紀傳體(기전체)로 《三國志》 65권을 저술.

- 魏 나라 이름 위, 높을 위.　稱帝(칭제) ; 황제라는 칭호를 사

용하다. 帝位를 차지하다.

－釗 날카로울 염. 땅이름 섬. 인명으로 읽을 때는 섬. 劉釗(유섬) ; 인명. 행적 不詳. 이 《十八史略》을 다시 편집한 사람.

－旣 이미 기.　遵 좇을 준. 순종하다. 따르다.

－微 작을 미.　鑑 거울 감.　通鑑 ; 거울에 비춰보다. 역사서를 뜻함. 少微는 宋의 江贄(강지), 소미는 강지의 호. 강지는 司馬光의 방대한 編年體(편년체) 史書인 《資治通鑑 자치통감》(총 294권, 300만 자)을 요약하여 《通鑑節要 통감절요》 50권으로 엮었다. 우리 선조들이 《四書》를 배우기 전에 '통감을 배웠다'고 하였는데 이때 통감은 자치통감이 아니라 《통감절요》였다.

－復 다시 부. 돌아올 복.　此 이 차.　接 이을 접. 이어 받다.

【참고】 주자의 綱目體와 정통론

❖ 朱熹(주희, 1130～1200) ; 호 晦庵(회암), 程顥(정호), 程頤(정이) 형제의 학통을 계승하여 南宋의 性理學(성리학)을 집대성하였다. 보통 朱子(주자), 朱文公(주문공)으로 존칭한다. 주희는 《禮記 예기》의 일부인 《大學 대학》과 《中庸 중용》을 독립된 책으로 만들고 《論語 논어》와 《孟子 맹자》와 함께 《四書 사서》라 칭하였고 그 중요성을 강조하였다. 우리 조상들은 《四書》를 모두 주희의 集註(집주)로 읽고 배웠다. 그 이전에는 《五經 오경》이 유학의 기본 경전이었으나 남송 이후 明淸 시대에는 《四書》가 《五經》보다 더 중시되었다.

주희는 《資治通鑑綱目 자치통감강목》 59권을 저술하여 綱目體

朱熹(주희)

(강목체)라는 새로운 역사서술 방식을 만들었다. 주희는 司馬光의 정통이론을 수정하여 도덕적 신념으로 역사를 해석하였다. 그리하여 前漢 말의 王莽(왕망) 정권을 인정하지 않았고 위, 촉, 오의 삼국 중 蜀漢(촉한)을 정통으로 인정하였다.

綱目體(강목체)는 分綱列目體(분강열목체)라고도 하는데 편년체 史書의 변형이라 할 수 있다. 강목체는 연도에 따라 역사적 사건을 간략히 서술하고, 그 자세한 사건 전개를 상세히 논하는(綱簡目繁) 역사 기록 방법이다. 우리나라에는 安鼎福(안정복, 1712~1791)의 《東史綱目 동사강목》이 있다.

❖ 중국 역대 왕조에서는 그 왕조 성립의 정통성을 매우 중요시하였다. 이는 《春秋 춘추》에서 강조하는 역사관이면서 정치관이라 할 수 있다.

정통성은 차지할만한 바른 자리를 차지하였는가를 따져보는 居正(거정)과 천하의 통일을 이룩하였는가를 뜻하는 一統의 양면을 고려한다. 거정은 儒家의 道統(도통)에 부합되는 가치판단이라 할 수 있다.

《孟子 滕文公 맹자 · 등문공 下》편에 "공자가 《춘추》를 완성하자 亂臣賊子(난신적자=임금을 弑害(시해)하는 신하와 부모를 해치는 아들)들이 두려워하였다." 하였는데, 이는 정통성 여부에 따라 난신적자들이 두려워 떨었다는 뜻이다. 《春秋》의 역사관은 혈통 상 嫡長子(적장자)에 의한 계승 여부를 중시하였다. 말하자면, 적장자가 아닌 제후가 周 왕실 천자의 정당한 승인 없이 제후의 반열에 올랐다면 그 정통성을 인정할 수 없다는 의미이다. 또 정치적 혼란을 극복하고 성공한 反正(반정)이냐, 아니냐에 따라 난신적자라 하여 정통성을 인정받지 못하였다.

그리고 문화적으로 中華의 문화전통의 바른 계승 여부 곧 漢族인가? 아니면 夷狄(이적)인가를 기준으로 정통성을 가렸으며, 尊王攘夷(존왕양이=왕실을 높이고 夷狄(이적)을 물리침.)를 실현하지 못했다면 곧 이민족의 왕조는 정통으로 인정받지 못했다.

曹丕(조비)의 魏(위)는 삼국 중 가장 강국이었지만 신하로서 제위를 찬탈하였고 또 천하통일을 달성하지 못하였기에 그 정통성을 인정할 수 없다는 것이 주희의 정통이론이다.

《十八史略》에서는 이러한 이론에 따라 삼국 중 가장 약소국이던 촉한에 정통성을 부여하였다. 그리고 남북조 시대에 5호족들이 세운 北朝의 정통성을 인정하지 않은 것은 華夷論(화이론)에 의한 것이라 분석할 수 있다.

(2) 昭烈皇帝, 諱備, 字玄德. 漢景帝子中山靖王勝之後. 有大志, 少言語, 喜怒不形. 身長七尺五寸, 垂手下膝, 顧自見其耳. ○ 蜀中傳言, 曹丕簒位, 帝已遇害. 於是漢中王, 發喪制服, 諡曰孝愍皇帝. 夏四月, 卽帝位於武擔之南, 大赦, 改元章武. 以諸葛亮爲丞相, 許靖爲司徒. ○ 立宗廟, 祫祭高皇帝以下. ○ 立夫人吳氏爲皇后, 子禪爲皇太子.

　소열황제의 諱(휘)는 비이며, 자는 현덕이다. 전한 경제의 아들 중산정왕인 勝(승)의 후손이다. (유비는) 큰 뜻을 품고 말수가 적었으며, 얼굴에 희로의 감정을 드러내지 않았다. 신장은 7자 5촌에 팔이 무릎 아래에 닿고 눈을 돌려 자기의 귀를 볼 수 있었다.

　○ 조비가 황제 자리를 찬탈했고 헌제가 이미 시해 당했다는 소식이 촉 땅에 전해졌다. 이에 한중왕은 발상하고 상복을 입었으며, 시호를 효민황제라 하였다. 여름인 사

월에 무담의 남쪽에서 제위에 오르고 크게 사면하고 연호를 장무로 바꿨다. 제갈량을 승상에, 허정을 사도에 임명했다.

　○ 종묘를 세우고 고황제 이하 (모든 황제들에 대한) 협제를 지냈다.

　○ 부인 오씨를 황후로, 아들 禪(선)을 황태자로 삼았다.

어구 설명

○ 昭烈皇帝, 諱備, 字玄德. 漢景帝子中山靖王勝之後. : 昭烈皇帝의 諱(휘)는 備(비)이며, 字(자)는 玄德(현덕)이다. 漢 景帝의 아들 中山靖王인 勝의 후손이다.

　- 昭 밝을 소.　烈 세찰 열(렬).　諱 꺼릴 휘, 피할 휘. 높은 분의 이름 부르기를 피하는 일.

　- 字 ; 成人이 된 뒤에 보통으로 부를 수 있는 이름.

　- 경제(景帝) ; 前漢 6대 황제(기원전 157~141년 재위).

　- 靖 편안할 정.　中山靖王 ; 劉勝, 景帝의 9남, 中山王에 被封되었는데 주색을 좋아하여 아들을 50명이나 두었다는 기록이 있다. 유비는 50명 아들의 한 후손인 셈이다.

○ 有大志, 少言語, 喜怒不形. 身長七尺五寸, 垂手下膝, 顧自見其耳. : 大志를 품고 말수가 적었으며, 얼굴에 喜怒의 감정을 드러내지 않았다. 신장은 7자 5촌에 팔이 무릎 아래에 닿고 눈을 돌려 자기의 귀를 볼 수 있었다.

 - 垂 드리울 수. 내려트리다. 膝 무릎 슬. 顧 돌아볼 고.

○ 蜀中傳言, 曹丕簒位, 帝已遇害. : 曹丕가 황제 자리를 찬탈했고 獻帝가 이미 시해 당했다는 소식이 촉 땅에 전해졌다.

 - 丕 클 비. 曹丕(조비) ; 曹操의 嫡長子로 魏 開國, 文帝, 재위 220∼226년.

 - 簒 빼앗을 찬. 遇 만날 우. 당하다. 遇害 ; 살해되다. 獻帝(劉協, 재위 189∼220년).

○ 於是漢中王, 發喪制服, 諡曰孝愍皇帝. : 이에 한중왕(劉備)은 발상하고 상복을 입었으며, 시호를 효민황제라 하였다.

 - 發喪(발상) ; 죽음을 여러 사람에게 알림. 制服(제복) ; 禮에 맞춰 服喪함. 愍 불쌍할 민.

○ 夏四月, 卽帝位於武擔之南, 大赦, 改元章武. : 여름인 四月에 武擔(무담)의 남쪽에서 제위에 오르고 크게 사면하고 연호를 章武(장무)로 바꿨다.

 - 卽 곧 즉, 나아갈 즉. 즉위하다. 擔 멜 담. 武擔(무담) ; 地名. 赦 용서할 사. 사면하다.

○ 以諸葛亮爲丞相, 許靖爲司徒. : 諸葛亮(제갈량)을 丞相(승상)으로 삼고, 許靖(허정)을 사도로 삼았다.

 - 諸葛亮(181∼234) ; 字 孔明. 別號 와룡 선생. 중국의 대표적 충신이며 智略家. 촉한 승상으로 武鄕侯에 봉해짐. 죽은 뒤에 忠武侯로 추존. 세칭 武侯, 또는 諸葛武侯로 불림. 丞 도울 승.

 - 許靖(허정, 152∼222) ; 字 文休, 劉備가 漢中王 때 太傅(태부)였다가 221년 稱帝 時 三公의 하나인 司徒(사도)에 임명되었지

만 실권은 없었다. 丞相 諸葛亮도 허정을 매우 존경했었다.　靖 편안할 정.

○ 立宗廟, 祫祭高皇帝以下. : 종묘를 세우고 高皇帝(고황제, 漢 高祖 劉邦) 이하 (모든 황제들에 대한) 祫祭(협제)를 지냈다.

– 祫 합사할 협. 조상의 신주를 옮겨와 제사를 지냄.

○ 立夫人吳氏爲皇后, 子禪爲皇太子. : 夫人 吳氏를 皇后로 삼고 아들 禪(선)을 皇太子로 삼았다.

– 夫人吳氏 ; 吳懿(오의)의 妹(매), 劉備가 蜀에 들어가서 맞이한 아내. 유비 즉위 후 穆皇后(목황후)로 불리다가 劉禪이 卽位하면서 皇太后로 높였다. 죽은 뒤에 劉備와 합장.

– 禪 하늘에 제사할 선.　劉禪 ;《삼국연의》의 阿斗(아두).

【참고】 避諱(피휘)

❖ 중국과 우리나라에서는 존경의 표시로 聖賢 또는 祖上의 이름에 들어가는 글자를 고의로 피하는 습관이 있는데, 이를 避諱(피휘)라고 한다. 孔子의 이름 丘(구)를 필사할 때는 맨 아래 획 (一)을 생략하거나 글자 자리를 비워놓고 붉은 원을 그려 표시하기도 한다. 글에서 읽을 때는 丘(구)를 발음하지 않거나(묵음) 또는 某(모)라고 읽는다. 한 글자이어서 건너 뛸 수 없는 상황에서는 丘(qiū)를 구(區 qū)로 읽기도 한다. 詩의 운율에서는 휴(休 xiū)로 읽는다. 필자도 옛날 재래식 서당에서《論語》를 배울 때 丘(구)를 某(모)로 읽으라고 배웠다. 지금도 先親이나 祖父의 이름에 들어

간 글자를 某(모)라고 읽는 사람이 있다.

【참고】 영웅의 모습에 대한 서술

❖ 옛날의 도량형은 각 왕조마다 제각각 달랐다는 사실을 꼭 염두에 두어야 한다. 연구에 의하면 漢나라의 1尺은 23.1cm이었다. 그렇다면 유비의 키 7.5尺은 172cm로 보통 키 이상이었다.(소설 《삼국연의》에는 8척으로 묘사되었다.)

《삼국연의》에 그려진 관우는 신장 9척(199cm)에 수염이 2척이었다. 2m나 되는 관우의 키에 보통 사람은 당연히 주눅이 들었을

曹操(조조)

것이다. 관우의 얼굴은 대추처럼 붉고, 입술은 연지를 바른 듯하고, 붉은 봉황의 눈에 누에 눈썹으로 모습이 당당하고 위풍이 늠름한 사나이라고 서술했다.

이에 비해 조조의 모습은 훨씬 빈약하게 서술되었다. 조조는 '신장이 7척(약 162cm)에 눈이 가늘고 구레나룻이 길며 … 젊어서부터 수렵과 가무를 좋아했으며 권모술수가 많고 수시로 변했다.' 라고 묘사했다. 소설의 이런 묘사는 독자들에게 그대로 각인된다.

(3) ○ **魏主丕, 姓曹氏, 沛國譙人也. 父操爲魏王, 丕嗣位. 首立九品官人之法, 州郡皆置九品中正, 區別人物, 第其高下. 丕旣簒漢, 自立爲帝, 追尊操爲太祖武皇帝, 改元黃初.**

○ 위나라 주군인 조(비)는 성이 조씨로 패국 초현 사람이다. 아버지 조조가 위왕이 되었었기에 조비는 그 자리를 계승했다. 처음으로 구품관인의 법을 만들어 주와 군에 모두 구품중정관을 두고 인물을 구별하고 그 고하를 평가했다.

조비는 漢을 찬탈하고 스스로 제위에 올랐으며 아버지 조조를 태조 무황제라 추존하고 연호를 황초로 하였다.

어구 설명

○ 魏主丕, 姓曹氏, 沛國譙人也. : 魏나라 主君인 丕(비)는 姓이 曹氏로 沛國 譙縣 사람이다.

 － 曹操(조조) ; 본래 夏候(하후)씨였으나 그 아버지 曹嵩(조숭)이 中常侍(중상시) 曹騰(조등)의 양자가 되었기에 조씨가 되었다. 조비는 조조와 모친 卞氏(변씨)의 장남이었다.

 － 沛 늪 패, 성한 모양 패. 譙 꾸짖을 초, 망루 초.

 － 沛國 譙縣 ; 지금의 중국 안휘성 서북쪽 끝에 위치한 亳州市 (박주시 bó zhōu) 河南省의 商丘市와 가깝다.

○ 父操爲魏王, 丕嗣位. : 아버지 조조가 위왕이 되었었기에 조비는 그 자리를 계승했다.

 － 操 잡을 조. 曹操는 建安(건안) 21년(216년)에 魏王에 봉해지고 九錫을 받았다.

○ 首立九品官人之法, 州郡皆置九品中正, 區別人物, 第其高下. : 처음으로 九品官人의 법을 만들어 주와 군에 모두 구품중정(관)을 두고 인물을 구별하고 그 (재능의) 고하를 평가했다.

 － 首 머리 수. 처음으로. 立 확고히 하다. 정하다.

 － 第 차례 제. 차례를 정하다. 등급을 나누다. 저택. 科擧(과거). 高下 ; 上下, 우열.

○ 丕旣簒漢, 自立爲帝, 追尊操爲太祖武皇帝, 改元黃初. : 曹丕는 漢을 찬탈하고 스스로 제위에 올랐으며 아버지 曹操를 太祖武皇帝라 追尊하고 黃初로 改元하였다.

- 旣 이미 기. 爲 할 위. ~을 하다. ~이 되다. ~을 위하여.
- 尊 높일 존. 追尊 ; 왕위나 제위에 오르지 못한 사람에게 임금의 칭호를 주다. 追崇과 같음.
- 改元 ; 年號를 바꿈. 一帝一元(일제일원)의 제도가 확립된 것은 明代 이후이다.

【참고】 九品官人法

❖ 魏 文帝 조비는 즉위하면서 中央政府의 관리 선발제도인 九品官人法(九品中正法)을 시행하였다. 관리등용을 위한 제도를 시행한 것은 신분에 의한 등용이 아니고 능력이나 품행에 다른 인재 등용이란 점에서 매우 큰 의미가 있다.

구품중정법의 주요 내용은 각 주나 군에서 '현명하고 식견이 높은 관리'를 선정하여 中正(중정)으로 임명한다. 이 중정관이 지방의 인재를 추천하며 중앙정부의 2품 이상의 고관이 그 인재를 전형하여(문벌, 재주나 학식, 지방중정관의 추천 내용 등) 인재를 9등급(上上, 上中, 上下, 中上~下下)으로 등용하는 제도이다.

그러나 이 제도는 문장이나 학식 또는 업무능력보다도 도덕적 품성에 더 많은 비중을 두고 평가하였기에 중정관의 주관적 평가가 많이 작용하였다. 결국 중정관이 현임 관리이기에 자연적으로 世家大族(세가대족)의 자제가 많이 추천되었다.

그리하여 '上品에 寒門 없고, 下品에 世族 없다(上品無寒門 下品無世族).'는 말 그대로였다. 결국 九品中正法은 위진 남북조 시대에 문벌귀족제도를 강화하는 큰 역할을 하였다. 결국 능력에 의

한 인재등용은 隋(수)나라의 選擧制(선거제, 科擧制度) 실시(587
년) 이후에나 가능했다.

(4) ○ 帝恥關羽之沒, 自將伐孫權, 權求和不許. 權
遣使於魏, 魏封權爲吳王. 魏主問吳使趙咨曰, 吳王
頗知學乎. 咨曰, 吳王任賢使能, 志存經略. 雖有餘
閑博覽書史, 不效書生尋章摘句. 魏主曰, 吳難魏
乎. 咨曰, 帶甲百萬, 江·漢爲池, 何難之有. 曰, 吳
如大夫者幾人. 咨曰, 聰明特達者, 八九十人, 如臣
之比, 車載斗量, 不可勝數.

○ 帝(유비)는 관우의 죽음을 분하게 여기며 몸소 손권을
치려 했고, 손권이 화해를 하려 해도 허락하지 않았다. 손
권은 위나라에 사신을 보냈고, 위는 손권을 오나라의 왕에
책봉했다.

위 황제가 오나라 사신 조자에게 물었다. "오왕은 학문
을 좀 아는가?"

조자는 "오왕은 현명하고 능력 있는 자를 등용하여 경략
의 큰 뜻을 갖고 있습니다. 한가한 시간이 있어 여러 史書
(사서)를 널리 열람하지만 문장의 좁은 뜻만 파고드는 서
생과는 같지 않습니다."라고 대답했다.

위 황제가 "오는 위를 두려워하는가?"라고 물었다. 조자는 "백만 병력에 양자강과 한수가 막아주고 있는데 무엇을 두려워하겠습니까?"라고 대답했다.

위주가 물었다. "오나라에는 그대 같은 사람이 얼마나 있는가?"

조자가 대답했다. "총명하고 뛰어난 사람이 8, 90명이며 저와 같은 무리는 수레에 실어야 하고 말로 퍼 담아야 하니 이루 다 셀 수가 없습니다."

어구 설명

○ 帝恥關羽之沒, 自將伐孫權, 權求和不許. : 帝(劉備)는 關羽의 죽음을 분하게 여기며 몸소 孫權을 치려 했고, 손권이 화해를 하려 해도 허락하지 않았다.

 − 恥 부끄러울 치. 치욕이라 여기다. 沒 가라앉을 몰. 다하다. 죽다.(歿과 같음)

 − 將 장수 장. ～하려 하다. 求和 ; 화해를 요구하다.

○ 權遣使於魏, 魏封權爲吳王. : 손권은 위나라에 사신을 보냈고, 위는 손권을 오나라의 왕에 책봉했다.

 − 遣 보낼 견. 손권은 魏의 책봉을 받아 위나라를 공격을 피하면서 국력을 키우려 했다.

○ 魏主問吳使趙咨曰, 吳王頗知學乎. : 위 황제가 오나라의 사신 조자에게 말했다. "吳王은 학문을 좀 아는가?" (위 조비가 손권을

무시하는 뜻으로 이런 질문을 했을 것이다)

　- 魏主 ; 魏나라 曹丕는 漢 獻帝의 禪讓(선양)을 받아 帝位에 올랐지만 이 책에서는 魏의 正統性을 인정하지 않기 때문에 帝라 쓰지 않고 主라고 貶下(폄하)했다.

　- 咨 물을 자.　頗 치우칠 파, 자못 파. 꽤.

○ 咨曰, 吳王任賢使能, 志存經略. 雖有餘閑博覽書史, 不效書生尋章摘句. : 조자는 "오왕은 현자나 유능한 자를 등용하며 經略의 큰 뜻을 갖고 있습니다. 한가한 시간이 있어 여러 史書를 널리 열람하지만 문장의 좁은 뜻만 파고드는 서생과는 같지 않습니다."라고 대답했다.

　- 任賢使能 ; 賢者에게 일을 맡기고 能者를 등용한다. 賢能한 자를 등용한다.

　- 經 씨 날 경. 세로. 경영하다.　略 다스릴 략(약). 계략. 슬기. 줄이다.　經略 ; 천하를 경영하다. 나라를 다스리다.

　- 效 본받을 효.　尋 찾을 심. 생각하다. 보통.　摘 딸 적. 요점을 뽑다.　尋章摘句 ; 문장이나 구절의 뜻을 깊이 파고들다. 큰 뜻을 보지 못하고 미세한 것을 따지다.

○ 魏主曰, 吳難魏乎. 咨曰, 帶甲百萬, 江·漢爲池, 何難之有. : 위 황제가 말했다. "오는 위를 두려워하는가?" 조자는 "백만 병력에 강(江, 양자강)과 漢水가 막아주고 있는데 무엇을 두려워하겠습니까?"라고 대답했다.

　- 難 어려울 난. 꺼리어 피하다. 근심, 재난.

　- 帶 띠 대. 두르다. 몸에 지니다.　帶甲 ; 갑옷을 입다. 兵力.

－ 江 : 양자강을 지칭하는 고유명사.　河 ; 황하를 지칭하는 고유명사.　江東 ; 양자강 하류 동쪽 지방.　河南 ; 황하의 남쪽, 황하 북쪽을 '江北'이라 하지 않고 '河北'이라 하는 것은 河가 황하를 지칭하는 고유명사이기 때문.

－ 漢水 ; 양자강의 지류.　池 연못 지. 성벽 밖을 에워 싼 저수지 → 방어시설(城池).

○ 日, 吳如大夫者幾人. 咨曰, 聰明特達者, 八九十人, 如臣之比, 車載斗量, 不可勝數. : 위주가 물었다. "吳나라에는 그대 같은 사람이 얼마나 있는가?" 조자가 대답했다. "총명하고 뛰어난 사람이 8, 90명이며 저와 같은 무리는 수레에 실어야 하고 말로 퍼 담아야 하니 이루 다 셀 수가 없습니다."

－ 大夫 ; 여기서는 오의 사신 조자를 높여 부른 말.　幾 기미 기. 낌새. 얼마 기. 어찌.

－ 特達 ; 여럿 중에서 특별히 뛰어남.　比 견줄 비. 돕다. 무리, 이웃.

－ 車載斗量(거재두량) ; 수레에 실어야 하고 말(斗)로 퍼서 세어야 하니 흔하고 흔한 물건. 특별하지 않음. 아주 평범한 인재.

－ 勝 이길 승. 뛰어나다. 견디다. ～할 수 있다.　數 셀 수. 숫자. 자주 삭.

【참고】 중국인의 관우 숭배

❖ 건안 24년(219), 유비는 漢中王이라 칭하고 關羽(?～219년)

를 前將軍에 봉했다. 관우는 荊州(형주)의 북쪽에 있는 樊城(번성)을 수비하고 있었다. 여기서 관우는 위나라 于禁(우금)의 七軍을 수장하여 위명을 크게 떨쳤다. 그러나 조조군의 계속 공격으로 형주를 내준 뒤 오의 공격에 시달리게 된다.

한편 손권은 관우를 저지하기 위하여 呂蒙(여몽)을 보냈는데 관우군은 여몽의 전략에 말려 江陵(강릉)을 회복하지 못하고 麥城(맥성)에 포위되었다. 구원군을 기다릴 수도 없는 관우는 맥성을 탈출하다가 潘璋(반장)의 부장인 馬忠의 매복에 걸려 사로잡히고, 아들 關平(관평)과 함께 죽음을 당했다. (12월)

'關羽'나 '關雲長'이라면 우리나라에서도 웬만하면 누구인지

촉한의 前將軍 관우

많이들 알고 있다. 서울 신설동에도 관우의 사당인 東廟(동묘)가 자리하고 있다. 우리나라의 관우 숭배는 임진왜란 때 조선에 구원차 온 明나라 군사들에 의해 전파되었다고 한다.

그러나 關聖帝君(관성제군)이나 蕩魔眞君(탕마진군) 또는 伏魔大帝(복마대제)라고 말하면 모르는 사람이 거의 대부분이다. 사실상 전자와 후자는 동일 인물이다. 전자는 사람이고, 후자는 神일뿐이다. 그런데 분명히 생존했던 실존인물이 어떻게 神이 되었는가?

중국인들이 가장 많이 숭배하는 대상은 누구인가? 다시 말해, 무슨 사당이 가장 많은가 하는 문제에 대한 해답은 그리 간단치가 않다. 가령 중국 전역을 대상으로 한 종교 현황이나 통계 같은 것은 애당초 기대할 수도 없다. 다만 일정 지역에 대한 자세한 조사가 있다면 어느 정도 사실에 가까운 결론을 얻을 수 있을 것이다.

북경은 明·淸代에 수도로 흥성했었다. 명 왕조에서는 궁중의 寶善門, 思善門, 乾淸門, 仁德門이나 皇城의 여러 문에도 關聖의 像을 모셔 놓았었다고 한다. 또 北京 9개 城門의 月城 안에도 모두 관왕묘가 있었다고 한다.

淸 高宗 건륭제 때 만들어진 「京師乾隆地圖 경사건륭지도」에 의하면 북경 성내에 관우만을 모시거나 관우를 중심으로 한 祠廟(사묘)가 116개소에 달하여 전체 약 10퍼센트를 차지했다고 한다. 淸 왕조의 '모든 정원 중의 정원'이라고 할 수 圓明園(원명원)에도 몇 개소의 관제묘를 세웠다. 또 라마교가 지배하고 있는 서장 지구에도 관제묘가 있다고 한다.

이를 종합해 보면, 관우가 중국인들에게 끼친 영향이 얼마나 컸는가를 알 수 있다. 관우에 대한 숭배가 이렇듯 융성한 원인은 무엇인가? 관우가 장군에서 帝君이나 大帝로 껑충 뛰어 오른 원인을 어디서 찾아야 하는가?

관우의 최고 직함은 촉한의 전장군이었고 그의 작위는 '漢壽亭侯(한수정후, 漢壽는 地名)' 였다. 사실 관우는 가장 중요한 시기에 어이없는 실수로 결국 자기 생명도 지키지 못하였으니 凡人의 범주에서 벗어날 수 없는, 그저 다른 사람보다 약간 힘과 무예가 뛰어난 정도였을 뿐, 결코 '신통했다' 는 평가를 받기에는 많이 부족하다는 느낌을 준다.

魏에서 唐에 이르는 시기에 관우의 민간에 대한 영향력도 사실 별로 없었다고 한다. 그러나 북방 이민족의 침입에 시달리며 문약했던 宋나라 때부터 관우의 運이 트이기 시작하였으니, 관우는 곧바로 승천하여 '靑雲 위에 올라앉았다' 고 말할 수 있다.

그 무렵부터 관우의 사당이 곳곳에 세워졌으며 송 哲宗(재위 서기 1085~1100년) 때 顯烈王(헌열왕), 徽宗(휘종) 때에 '義勇武安王' 에 봉해졌다. 元나라 때에는 顯靈義勇武安英濟王(현령의용무안영제왕)에 봉해졌다.

그러다가 元 말기 역사소설《三國演義》가 유포되면서 관우의 명성은 온 중국을 뒤흔들기 시작했다. 역사상 그 지위가 별로 높지 않은 관우였지만 소설 속에 그려진 관우는 '완전한 아름다움' 그 자체였다.

그는 용기와 지략, 충성과 의리의 화신이었으며 무예뿐만 아니라 학식도 풍부한 인물이었다. 관우는 사나이가 갖추어야 할 모든 것을 완비한 사람이며, 역대 모든 명장보다 한수 위의 '고금에 제

일가는 장수'(古今第一將)이었다. 호북성 당양의 關羽陵(관우능)
에 쓰여 있는 대련의 글귀 그대로였다.

> 漢나라 忠義에 그 같은 이 없으니 (漢朝忠義無雙士)
> 천고 영웅 중 첫째 인물이로다.　　(千古英雄第一人)

　명 神宗 萬歷 연간(서기 1573~1619)에는 관우를 '三界伏魔大帝
神威遠鎮天尊關聖帝君(삼계복마대제신위원진천존관성제군)'에
봉했다. 거기에다가 陸秀夫(육수부)와 張世杰(장세걸)—이 두 사
람은 南宋 말의 大臣으로 元에 항거하다가 순국하였다.—을 관우
의 좌, 우승상으로 그리고 南宋의 岳飛(악비)를 관우 휘하의 원수
로 임명하기도 했다.

　이상의 여러 단계를 거쳐 關羽는 王에서 帝 그리고 大帝에 올랐
으니, 속세의 황제 어느 누구도 감히 大帝란 칭호를 붙이지 못했
던 점을 고려하면 관우의 명분상 지위는 明·淸대의 어느 황제보
다 더 위였다.

　이렇듯 세속 황제의 숭배를 받은 관우의 지위는 참으로 혁혁하
였다. 민간인의 숭배를 받을 뿐만 아니라 국가의 제사를 받는 최
고의 神이었고, 관우는 황실을 보호하는 神이 되었다.

　그러다 보니 중국의 토착 종교라 할 수 있는 道敎 측에서도 관
우를 크게 떠받드는 것은 당연한 귀결이었다. 도교에서는 관우의
호칭을 마귀를 항복시킨다는 뜻에서 伏魔大帝(복마대제)라 부른
다. 明·淸시대에 관우는 '武王' 또는 '武聖人'으로 존칭되면서
文王 또는 文聖人인 孔子와 나란한 지위를 누리게 되었다.

　그리하여 關帝는 인간의 수명과 벼슬을 주관하고 과거시험 합격을 도우며 질병치료 및 각종 재앙을 제거해주고 사악한 잡귀를 물리친다. 또 반역자를 징벌하고 저승의 순찰도 담당하며 나아가 상인을 보호하여 큰 재물을 얻게 해주는 등 그야말로 전지전능한 法力의 소유자가 되었다.

　중국인의 모든 점포나 공장 그리고 남녀노소 가리지 않고 萬能의 신인 관우에 대해 최상의 경배를 올리니 아마도 그 숭배 받는 정도에 있어서는 공자가 결코 따라 올 수 없다고 한다.

(5)　○ 帝自巫峽至夷陵, 立數十屯, 與吳軍相拒累月. 吳將陸遜, 連破其四十餘營, 帝夜遁. ○ 魏主責吳侍子不至, 怒伐之. 吳王改元黃武, 臨江拒守. ○ 三年夏四月, 帝崩, 在位三年, 改元者一, 曰章武. 諡曰昭烈皇帝. 太子禪卽位, 封亮爲武鄕侯. 太子旣立, 是爲後皇帝.

　○ 帝(劉備)는 무협에서부터 이릉까지 수십 개의 영채를 설치하고 오나라 군사와 여러 달을 대치하였다. 오나라 장수 육손은 (유비의) 40여 영채를 연파했고, 유비는 야음을 타 달아났다.

　○ 魏主는 오나라에서 시자(인질)가 오지 않는 것을 책망

하며 화가 나서 오를 치려고 했다. 오왕(손권)은 황무라 개원하고 장강을 지키며 방어했다.

　○ 3년, 여름 4월에 유비가 붕어하니 재위 3년이고, 改元은 1번인데 장무였다. 시호는 소열황제이다. 태자 유선이 즉위하고 제갈량을 무향후에 봉하다. 태자가 즉위하였는데, 이가 후황제이다.

어구 설명

○ 帝自巫峽至夷陵, 立數十屯, 與吳軍相拒累月. : 帝(劉備)는 巫峽(무협)에서부터 夷陵(이릉)까지 수십 개의 영채를 설치하고 吳軍과 여러 달을 대치하였다.

　- 帝 ; 劉備, 유비는 친히 대군을 거느리고 원정에 나섰다.

　- 巫 무당 무.　峽 골짜기 협.　巫峽 ; 무협은 중국 重慶市(중경시) 巫山縣(무산현)에 있는 양자강 상류의 협곡(길이 약 45km). 瞿塘峽(구당협), 西陵峽(서릉협)과 함께 長江三峽(장강삼협)이라 부른다.

　- 夷 오랑캐 이.　陵 언덕 능(릉).　夷陵 ; 湖北省 宜昌市(의창)에 해당. 彝陵(이릉)이라 표기한 책도 있음.

　- 屯 진칠 둔. 병영.　拒 막을 거. 대치하다.　累 포갤 누(루). 累月 ; 여러 달.

○ 吳將陸遜, 連破其四十餘營, 帝夜遁. : 오나라 장수 陸遜(육손)은 (유비의) 40여 영채를 연파했고 유비는 야음을 타 달아났다.

　- 遜 겸손할 손.　陸遜(육손) ; (183~245), 吳의 名將, 참을 줄

아는 전략가, 뒷날 재상의 반열에 오름.

 - 遁 숨을 둔. 달아나다. 뒷걸음칠 준.

○ 魏主責吳侍子不至, 怒伐之. : 魏主는 오나라에서 侍子가 오지 않는 것을 책망하며 화가 나 吳를 치려고 했다.

 - 責 꾸짖을 책. 빚 채(債와 通).   侍 모실 시. 侍子 ; 제후국에서 천자의 시중을 들도록 보내는 인질 성격의 자제. 吳나라는 魏나라에 신속(臣屬)하며 책봉을 받았기에 손권의 아들 중에서 시자(侍子)를 보내야만 했지만 보내지 않았다. 이는 吳가 진심으로 복속하지 않는다는 증거이기에 魏에서는 吳나라를 정벌하려 했다.

○ 吳王改元黃武, 臨江拒守. : 오왕은 黃武라 개원하고 長江을 지키며 방어했다.

 - 黃武 元年 ; 서기 222년.   臨 임할 임. 지키다.   拒 막을 거.

○ 三年夏四月, 帝崩, 在位三年, 改元者一, 曰章武, 諡曰昭烈皇帝. : 3년, 여름 4월에 유비가 붕어하니 재위 3년이고, 改元한 것은 1번인데 章武이다. 시호는 소열황제이다.

 - 三年 ; 章武 3년(223년).   崩 무너질 붕. 황제의 죽음.   諡 시호(諡號) 시.

○ 太子禪卽位, 封亮爲武鄕侯. 太子旣立, 是爲後皇帝. : 太子 禪(선)이 즉위하고 제갈량을 武鄕侯(무향후)에 봉하다. 太子가 즉위하였는데, 이가 後皇帝이다.

 - 禪 하늘에 제사할 선, 사양할 선.   亮 밝을 양(량). 諸葛亮 ; 武鄕侯 또는 武侯라 통칭한다.

  – 後皇帝 ; 유비는 선제(先帝), 劉禪(유선, 阿斗 아두)는 보통 후주(後主)라 칭한다.

【참고】 상황 판단 착오가 부른 패망

 ❖ 이릉 · 효정의 전투는 조조와 손권의 협공으로 전사한 관우를 위한 유비의 복수전이었다. 유비는 10만 대군을 이끌고 오를 공격하며 1년간 소규모 전투에서 번번이 전과를 올렸다. 그러나 유비는 開戰 외교에 실패했고, 전략적 판단 없이 동정을 감행했다.

  거기에다가 전술상의 실수도 범했다. 숲 속에 진을 치면 화공을 당하기 쉽고, 700리 영채라면 우군 간의 연락도 어렵다. 10만 병력으로 수천 리 밖의 적지에서 1년간 원정했다는 것은 촉한의 경

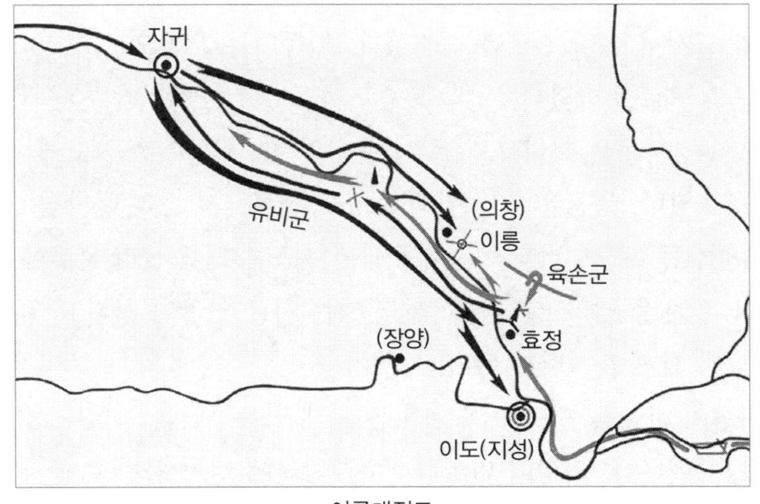

이릉대전도

제력과 병참 현실을 무시한 일이었다.

유비가 오나라 원정에 나선 지 이미 1년이 되었지만, 오의 대도독 육손의 지구전에 휘말려 전선은 고착되어 있었다. 유비의 영채는 장강 양쪽 기슭을 끼고 700여 리나 이어져 있었다.

서기 222년 여름, 유비가 거느린 10만 대군은 무더위에 지쳐 있었다. 유비의 대군은 그늘이면서도 물을 얻기 쉬운 숲 속 골짜기로 영채를 옮겼다.

이에 마량은 적이 공격해 오면 어떻게 대응할 수 있겠느냐고 걱정하며 부대 배치도를 그려 제갈량에게 보여주는 것이 어떠냐고 건의한다. 유비는 처음에 자신도 병법을 안다고 거부했다가 나중에 유비는 마량에게 진도를 그려 제갈량에게 보여주라고 말한다. 마량은 촉에 들어가 제갈량을 만난다. 제갈량은 진도를 보고 크게 놀라며 탄식한다.

음력 7월의 한밤중, 육손의 대반격이 개시됐다. 육손 휘하의 부대가 일제히 유비 진영을 습격했다. 별동대는 후방으로 우회하여 촉군의 퇴로를 막았다.

오의 병사들은 지니고 온 한 묶음씩의 마른 풀로 촉군의 영채에 불을 놓았다. 촉군은 전날 밤의 소규모 전투에서 승리해 방심하고 있었다. 동오군의 갑작스런 대공세에 촉군은 크게 놀라 혼란에 빠졌다. 강변을 따라 길게 늘어선 진지는 서로 연락이 끊기고, 주변의 숲과 함께 불바다가 됐다.

화광이 하늘을 찌르자 육손의 본 부대가 총공격을 가했다. 유비는 방어에 나설 경황이 없었다. 하루 밤낮에 걸쳐 불탄 촉군의 군영은 40여 개, 전사자는 1만여 명, 포로는 부지기수였다. 유비가 동원했던 병선과 10만 대군은 순식간에 궤멸했다. 史書에서는 '시체가 장강을 메우며 하류로 떠내려갔다.'고 표현하고 있다.

오의 젊은 대도독 육손이 감행한 단 하룻밤의 습격으로 유비는 재기 불능의 결정적 패배를 당했다. 동오군의 압력이 가중되자 유비는 선박과 수레를 모두 버리고 좁은 산길로 白帝城까지 도주했다.

《삼국연의》에는 이릉·효정전투 당시 유비가 동원한 병력이 70만이라 되어 있지만, 당시 촉의 국세로 보아 병력 70만 동원은 불가능했다.

촉은 그 영지에 산악지대가 많고, 농업생산에 알맞은 곳은 사천분지 정도였다. 촉의 호수(戶數)도 약 90만 호(263년 후주 유선이 위에 올린 항복문서에 의거함)였기 때문에 동원 가능한 병력 규모는 10만~13만 정도였을 것이다.

병사 1인에 하루 1kg의 보급품을 공급해야 했던 만큼 10만 병력이라면 하루 100t의 물자가 필요했을 것이다. 1개월간의 원정이라면 3,000t, 1년간이라면 3만 6,000t에 달한다. 병참선과 동원기간이 길어질수록 보급필요량은 기하급수적으로 늘어난다.

유비는 制水權을 장악한 동오군으로부터 병참선 확보와 유지를 위해 장강 연안을 따라 병참로 보호를 위해 목책을 세웠다. 유비가 오나라처럼 수상 운송이 가능했다면 대형선 몇 척으로 대량의 보급품을 그때그때 실어 나를 수 있었을 것이다.

사실상 장강을 장악한 오나라를 상대로 10만 병력을 동원해 수천리 밖에서 1년간 원정했다는 것은 촉의 국력과 수송 능력으로는 매우 위험한 일이었다. 관우 · 장비의 잇단 죽음에 의해 상황판단에 냉엄하지 못했던 것이 유비의 비극이었다.

패전한 다음에 패전의 원인을 분석하는 것은 당연한 일이다. 유비의 패전은 제갈량의 군사적 재능을 별로 신임하지 않았기에 유비 자신이 親征에 나설 수밖에 없었다고 분석하는 사람도 있다. 육손의 능력을 과소평가한 착각에 자신도 평생을 싸움터에서 살았다는 자만심, 빨리 오를 치고 분을 풀어야 한다는 조급한 감정과 승부욕이 참패를 불러왔다.

효정 들판(이릉대전의 격전지였다.)

2) 後主와 出師表

(1) 後皇帝, 名禪, 字公嗣, 昭烈皇帝子也. 年十七卽位, 改元建興. 丞相諸葛亮受遺詔輔政. 昭烈臨終, 謂亮曰, 君才十倍曹丕. 必能安國家, 終定大事. 嗣子可輔輔之, 如其不可, 君可自取. 亮涕泣曰, 臣敢不竭股肱之力, 效忠貞之節, 繼之以死.

후황제의 이름은 선이고, 자는 公嗣(공사)로 소열황제의 아들이다. 나이 17세에 즉위하여 연호를 건흥이라 개원하였다. 승상 제갈량이 유조를 받들어 정사를 보필했다. 소열제가 임종할 때 제갈량에게 말했다.

"그대의 재능은 위나라 조비의 열 배는 될 것이니 틀림없이 국가를 안정케 할 것이고 천하통일의 큰 사업을 완성할 수 있을 것이오. 내 아들이 보필할만하면 보필하되, 만일 불가하다면 그대가 (제위를) 차지해도 좋을 것이오."

제갈량이 눈물을 흘리며 말했다. "제가 어찌 전력을 다 바치지 않을 수 있겠습니까? 충정의 절의를 죽을 때까지 다할 것입니다."

어구 설명

○ 後皇帝, 名禪, 字公嗣, 昭烈皇帝子也. : 後皇帝(후황제)의 이름

은 禪(선)이고, 字(자)는 공사로 昭烈皇帝의 아들이다.

　– 嗣 이을 사. 후계자. 유선은 유비와 甘(감)부인 所生으로 荊州(형주)의 當陽(당양) 長坂坡(장판파)에서 趙云(조운, 子龍)이 亂軍 중에서 구출한 것은 소설《三國演義》의 명장면의 하나이다.

○ 年十七卽位, 改元建興. 丞相諸葛亮受遺詔輔政 : 나이 17세에 즉위하여 건흥이라 改元하였다. 丞相(승상) 諸葛亮(제갈량)이 遺詔(유조)를 받고 정사를 보필했다.

　– 17세 즉위 ; 후주 유선은 서기 207년 생으로 223년에 즉위하여 263년까지 41년을 재위하다가 魏에 멸망 당한 뒤에도 271년에 65세로 죽었다. 당시로서는 장수했고 개인적으로는 유복한 일생이었다.

　– 遺 끼칠 유. 남기다, 내버리다.　詔 고할 조. 天子의 명령조. 詔書.

　– 輔 도울 보. 보좌하다.

○ 昭烈臨終, 謂亮曰, 君才十倍曹丕. 必能安國家, 終定大事. : 昭烈帝가 臨終에 제갈량에게 말했다. "그대의(君) 재능은 曹丕(조비)의 열 배는 될 것이니 틀림없이 국가를 안정케 할 것이고 大事(漢室 복원이나 천하통일)를 마칠 수 있을 것이오."

　– 臨 임할 임.　臨終 ; 죽음에 다다름. 죽기 직전.

　– 君 ; 동년배 상호간에 또는 윗사람이 아랫사람을 호칭하는 말.

　– 終 끝 종. 마침내, 끝까지. 결국에는.　定 정할 정. 정해지다. 이루다.

○ 嗣子可輔輔之, 如其不可, 君可自取. : "내 아들(嗣子)이 보필할 만하면 보필하되, 만일 불가하다면(보필할 만한 인재가 아니라면) 그대가 (제위를) 차지해도 좋을 것이오."

 − 嗣 이을 사. 상속자. 嗣子 ; 아버지의 뒤를 이을 아들. 劉禪.

 − 輔 도울 보. 보필하다. 輔之의 之는 嗣子 劉禪을 지칭함.

 − 如其 ; 만일. 접속사로 쓰임. 어감이 如果보다 강함. 若其와 같음.

○ 亮涕泣曰, 臣敢不竭股肱之力, 效忠貞之節, 繼之以死. : 제갈량이 눈물을 흘리며 말했다. "臣이 어찌 전력을 다 바치지 않을 수 있겠습니까? 충정의 절의를 죽도록 다할 것입니다."

 − 涕 눈물 체. 泣 울 읍. 涕泣 ; 눈물을 흘리며 울다.

 − 敢 감히 ~하다. 竭 다할 갈. 다 바치다.

 − 股 넓적다리 고. 肱 팔뚝 굉. 股肱之力 ; 신하로서 전심전력을 다함.

 − 效 본받을 효. 힘을 다하다. 진력하다.

 ※ 유비는 太子 劉禪에게 "너는 승상과 함께 국사를 처리하되 승상을 부친처럼 섬기라."는 유언도 함께 했다.

【참고】 마지막 울음은 애달프다.

 ❖ 유비는 서기 221년 蜀漢 황제로 즉위한 뒤, 다음 해 6월에 70만 대군을 육손에게 잃고 백제성에 머문다. 관우와 장비 두 아우의 복수도 못하고 원정을 만류했던 제갈량 등 여러 신하를 볼 면

목도 없어 근심 걱정이 그대로 병이 되어 일어나지 못한다.

장무 3년(223년) 4월에 죽기 전, 유비는 공명을 불러 후사를 부탁한다.

유비는 '새가 죽을 때 그 울음이 애달프고(鳥之將死其鳴也哀), 사람이 죽을 때 하는 말이 선하다(人之將死其言也善).'는 성인의 말을 인용하며 자신의 誠心임을 강조하며 후사를 부탁한다.

유비는 後主에게 남긴 유조에서 말했다.

"아무리 작은 악행이라도 해서는 안 되고(勿以惡小而爲之), 아무리 작은 선행이라도 아니해서는 안 된다(勿以善小而不爲)."

이 말은 뒷날 《명심보감 계선편》에 실려 우리에게 널리 알려졌다. 또 유비는 '슬기로움과 너그러움만이 사람을 복종케 할 수 있다(惟賢惟德可以服人).'고 하였다.

유비가 죽자, 유선은 서기 223년, 17세에 황제가 되었다.

(2) 亮乃約官職, 修法制, 下教曰, 夫參署者, 集衆思, 廣忠益也. 若遠小嫌, 難相違覆, 曠闕損矣. 亮乃遣鄧芝, 使吳修好. 芝見吳王曰, 蜀有重險之固, 吳有三江之阻, 共爲脣齒, 進可兼并天下, 退可鼎足而立. 吳遂絶魏, 專與漢和.

제갈량은 곧 관직을 줄이며 법제를 정비하고 교시를 내려 말했다. "무릇 각 부서에서 일하는 자는 민의를 수렴하고 충성과 편익을 넓혀야 한다. 만약 소소한 미움으로 멀리하거나 서로를 비난하고 캐내려 한다면 그 손실이 더욱 커질 것이다.”

제갈량은 곧 등지를 파견하여 오나라와 수호를 맺게 했다. 등지가 오왕을 알현하고 말했다.

“촉은 지세가 아주 험고하고, 오는 삼강이 막아주니 두 나라가 함께 입술과 치아처럼 협조하여 나간다면 천하를 같이 차지할 수 있거나 적어도 솥의 발처럼 정립할 수 있을 것입니다.”

오는 마침내 위와 절교하고 오로지 한과 화평했다.

어구 설명

○ 亮乃約官職, 修法制, : 제갈량은 곧 관직을 줄이며 법제를 정비하고,

– 乃 이에 내. 곧(접속사 承上起下之辭). 於是와 같음.

– 約 묶을 약. 합치다. 줄이다. 약속하다. 구조조정으로 관리의 수를 줄여 국고 지출을 줄였다는 뜻.

– 修 닦을 수. 익히다. 고치다. 다듬고 정리하다.

○ 下敎曰, 夫參署者, 集衆思, 廣忠益也. 若遠小嫌, 難相違覆, 曠闕損矣. : 敎示를 내려 말했다. “무릇 각 부서에서 일하는 자는 민의를 수렴하고 충성과 편익을 넓혀야 한다. 만약 소소한 미움으로 멀리하거나 서로를 비난하고 캐내려 한다면 그 손실이 더욱

커질 것이다.”(爲民政治와 官員 상호간의 일치단결과 협력을 강조한 것임.)

　- 夫 ; 여기서는 發語辭(발어사).　參署者(참서자) ; 관서(官署, 관청)에 참여(參與) 하는 자. 곧 모든 관리.

　- 集 모을 집.　衆思 ; 民衆(민중)의 생각.　集衆思(집중사) ; 민의를 수렴하다.　廣 넓을 광. 넓히다.

　- 忠益(충익) ; 세상의 公益(이익)을 위해 마음을 다함.　若 같을 약. 만약.　遠 멀 원. 멀리하다.　嫌 싫어할 혐.

　- 難 어려울 난(란). 비난하다. 꾸짖다.　違 어긋날 위. 멀리하다. 잘못.　覆 뒤집힐 복. 뒤집어 놓다. 덮을 부.

　- 違覆 ; 일이 의심스러운 것을 자세히 캐내려 함.　曠 밝을 광. 들판(曠野), 공허하다.

　- 闕 집 궐, 빌 궐(空也). 부족하다.(缺과 같음).　損 덜 손. 손해.

○ 亮乃遣鄧芝, 使吳修好. : 제갈량은 곧 등지를 파견하여 오나라와 수호를 맺게 했다.

　- 遣 보낼 견.　鄧 나라 이름 등.　芝 지초 지(풀 이름).

　- 修好 ; 나라 사이에 우호관계를 맺음.

○ 芝見吳王曰, 蜀有重險之固, 吳有三江之阻, 共爲脣齒, 進可兼并天下, 退可鼎足而立. : 등지가 吳王을 알현하고 말했다. “촉은 지세가 아주 험고하고, 吳는 三江이 막아주니 두 나라가 함께 입술과 치아처럼 협조하여 나간다면 천하를 같이 차지할 수 있거나 적어도 솥의 발처럼 정립할 수 있을 것입니다.”(蜀과 吳는 생존의 이해가 걸린 관계라며 修好의 필요성을 강조한 설득임)

- 見 여기서는 뵐 현. 謁見(알현)하다.
- 重 거듭 중. 겹치다.　險 험할 험.　固 굳을 고. 방비.　重險之固 ; 겹겹이 험한 지형으로 둘러싸인 자연적 방비.
- 阻 험할 조.　三江 ; 原註에는 婁江(누강), 東江, 松江을 지칭.
- 현재 명칭과는 차이가 있음. 吳에는 강이 많아 그 자체가 적에게는 장애물이라는 의미.
- 脣 입술 순.　齒 이 치.　脣齒 ; 입술과 이 → 利害관계가 긴밀한 사이.(脣亡齒寒 순망치한)　共爲脣齒 ; 함께 긴밀하게 협조하다.
- 進 나아갈 진. 좋다. 잘하다.　可 가할 가. ~할 수 있다.　兼 겸할 겸.　幷 아우를 병.(併과 같음)　兼幷 ; 하나로 합쳐 소유하다.
- 鼎 세발솥 정.　鼎足而立(정족이립) ; 솥(鼎)의 다리 3개처럼 삼각의 균형을 유지함.

○ 吳遂絕魏, 專與漢和. ; 吳는 드디어 魏와 絕交하고 오로지 한(蜀漢)과 화평(和平)했다.(諸葛亮은 吳와 관계를 개선하여 背後를 안정시켜야만 서남으로 영토를 확장하고 北으로 魏와 싸워 유비의 유지인 한실을 부흥할 수 있다는 장기적 목표를 갖고 있었다.)
- 遂 이룰 수. 성취하다. 드디어, 마침내.　絕 끊을 절. 絕交.
- 專 오로지 전. 전적으로.

【참고】 장량과 제갈량

❖ 劉邦과 項羽의 다툼은 乾坤一擲(건곤일척)이란 말로 표현하지만, 그 과정을 들여다보면 고조 유방의 군사력이 절대적 열세여서 자주 곤경에 처했다. 이런 상황에서는 단 한 번의 패착은 언제나 총체적 실패로 연결될 수 있었다.

그러나 張良(장량)은 절묘한 계책으로 위기를 타개하며 유방을 끊임없이 분발시켜 중원 통일의 일등 공신이 되었다. 후세에 많은 사람들이 장량의 모든 지모와 책략이 漢의 得失이나 安危에 관계되지 않은 것이 없었고, 그의 공적은 三桀(삼걸) 중의 으뜸이라고 말한다.

張良(장량)

장량의 모든 지모와 책략은 유방의 신임을 받았을 뿐만 아니라 장량의 처세 철학과 고상한 인품, 기품 있는 행동은 유방으로부터 언제나 최상의 예우를 받았다.

사실 유방의 성격은 좀 우쭐대며, 때와 장소에 따라 또는 대세의 흐름에 따라 감정적이거나 즉흥적인 일면이 있었다. 때문에 유방의 오랜 知己였으며 노련한 수완가였던 蕭何(소하)도, 또 전군을 지휘했던 대장군 韓信도 유방의 의심과 시기에서 벗어나지 못했었다.

그러나 유방은 장량에게만은 처음부터 끝까지 결례되는 행동을 하지 않았고 장량의 충성을 의심하지도 않았다. 이런 점에서 장량은 결코 단순한 전략가만은 아니었다.

司馬遷(사마천)은《史記 太史公自序》에서 '장량은 명성을 떨치려 하지도 않았고 어려운 일을 다 해냈다. 미세한 단서를 잡아 큰 일을 이루어냈다' 라고 평했다. 아마 이런 점에서는 유방과 장량, 유비와 제갈량은 비슷한 평가를 받을 수 있을 것이다.

(3) ○ 魏主以舟師擊吳, 吳列艦于江. 江水盛長, 魏主臨望, 歎曰, 我雖有武夫千羣, 無所施也, 於是還師. ○ 南夷畔漢, 丞相亮往平之. 有孟獲者, 素爲夷漢所服. 亮生致獲, 使觀營陣, 縱使更戰. 七縱七禽, 猶遣獲. 獲不去曰, 公天威也. 南人不復反矣.

○ 위주(曹丕〈조비〉)가 수군을 동원하여 오나라를 공격했는데, 오에서는 장강에 전함을 줄지어 배치했다. 강물이

크게 불어나니 위주가 강에 이르러 바라보며 탄식하였다. "내가 비록 무장이 천여 명이지만 (여기서는) 쓸 수가 없구나!" 그리고서 군대를 되돌렸다.

○ 남쪽의 오랑캐들이 한을 배반해서 승상 제갈량이 원정하여 그들을 평정했다. 맹획이라는 자가 있어 평소에 오랑캐나 한인들이 그에게 복종했었다. 제갈량이 맹획을 생포하고, 그에게 진영을 둘러보게 하고서 풀어주어 다시 싸우게 했다. 일곱 번 풀어주고 일곱 번을 사로잡았지만 그래도 맹획을 석방해 내보냈다. 맹획이 돌아가지 않고 말했다. "공은 하늘의 위엄이십니다." 이후 남쪽 지방 사람들은 다시 배반하지 않았다.

어구 설명

○ 魏主以舟師擊吳, 吳列艦于江. : 魏主(魏 皇帝)가 수군을 동원하여 오를 공격했는데, 오에서는 장강에 전함을 줄지어 배치했다.
 ─ 舟師 ; 水軍. 舟軍. 擊 칠 격. 공격하다.
 ─ 艦 싸움 배 함. 于 어조사 우(於와 通用). ~에, ~에서.

○ 江水盛長, 魏主臨望, 歎曰, 我雖有武夫千羣, 無所施也, 於是還師. : 강물이 크게 불어나니 魏主가 강에 이르러 바라보며 탄식하였다. "내가 비록 무장이 천여 명이지만 (여기서는) 쓸 수가 없구나!" 그리고서 군대를 되돌렸다.
 ─ 盛 담을 성, 무성할 성. 넘치다, 한창 때. 盛長 ; 강물이 크게

불어남.　武夫 ; 武官.　千羣 ; 千에 가까운 무리. 羣은 群의 本
字.

　- 於是 ; 그래서. 그리하여.　還 돌아올 환. 돌 선(旋과 같음) ;
'돌아올 환' 은 A 지점에서 볼 때 B까지 갔다고 돌아오는 것이고,
'돌 선' 은 A 또는 B 지점에서 방향을 180도 전환하는 것임.

○ 南夷畔漢, 丞相亮往平之. 有孟獲者, 素爲夷漢所服. : (蜀漢) 남
쪽의 오랑캐들이 한을 배반해서 승상 제갈량이 원정하여 그들을
평정했다. 맹획이라는 자가 있어 평소에 오랑캐나 한인들이 그에
게 복종했었다.

　- 夷 오랑캐 이. 南夷 ; 중국 서남부의 소수민족.

　- 畔 밭두둑 반, 배반할 반(叛과 같음).

　- 丞相亮往平之 ; 승상 제갈량이 원정에 나서(往) 그들(南夷)을
평정했다.

　- 孟 맏 맹(맏이).　獲 얻을 획.　素 흴 소. 꾸밈이 없음. 平素.

　- 素爲夷漢所服 ; 평소에 오랑캐나 漢人들이 복종하게 되었다.
맹획이 평소에 소수민족과 한인들로부터 신임을 얻고 있었다는
뜻임.

○ 亮生致獲, 使觀營陣, 縱使更戰. 七縱七禽, 猶遣獲. : 제갈량이
맹획을 생포하고, 그에게 진영을 둘러보게 하고서 풀어주어 다시
싸우게 했다. 일곱 번 풀어주고 일곱 번을 사로잡았지만 그래도
맹획을 석방해 내보냈다.

　- 致 보낼 치, 이를(到) 치. 이루다(成).　使 하여금 사. ~하게
하다.

- 縱 늘어질 종. 풀어주다.   禽 새 금(鳥類). 사로잡다(擒과 같음).

- 猶 오히려 유. 도리어. 그래도. 꾀 유.

○ 獲不去曰, 公天威也. 南人不復反矣. : 맹획이 돌아가지 않고 말했다. "공은 하늘의 위엄이십니다." 南人들이 다시는 배반하지 않았다.

- 威 두려울 위, 위엄 위. 협박하다.

【참고】 맹획과 七縱七擒(칠종칠금)

❖ 지금은 제갈량의 남만정벌(南蠻征伐)을 '南中平定戰'이라고 美化되어 사용하고 있다. 현재의 중국은 공식적으로 東夷(동이)나 南蠻(남만) 같은 용어를 사용하지 않는다.

223년에 유비가 죽자, 촉한의 남쪽 일부 지방에서 雍闓(옹개) 등 지방 토호세력이 지방관을 죽이고 반기를 드는데 孟獲(맹획)도 여기에 가세한다. 제갈량은 급히 吳나라와 修好하여 동방을 안정시킨 뒤 건흥 3년(225년) 승

孟獲(맹획)

상이 직접 대군을 인솔하고 지금의 쿤밍(昆明, 곤명) 지역까지 원정한다.

孟獲(맹획, 생졸년 미상)은 본래 益州 建寧郡 출신으로 蜀 남쪽 南中 일대의 토호였는데 옹개의 반군에 가담하였다. 나중에 제갈량에게 투항한 이후 벼슬이 御史中丞(어사중승)에 이르렀다고 한다.

제갈량은 북쪽 魏를 정벌하기 위해서는 필히 배후를 안정시켜야 하기에 친히 원정에 나선 것은 사실이며 '攻心爲上이고 攻城爲下이며, 心戰爲上이고 兵戰爲下라.'는 심리전 원칙을 써서 토착세력을 감복시켜야만 했다.

諸葛亮은 225년 5月, 瀘水(노수)를 건너 孟獲과 전투를 벌였고, 맹획을 생포했다. 제갈량은 맹획에게 촉의 군진을 둘러보게 했더니 맹획은 "미처 촉 군진의 허실을 몰라 패전했지만 촉군의 허실을 알았기에 다음에는 필히 승리할 것이다."라고 말했다. 이에 제갈량은 맹획을 풀어주는데, 여기에서 七縱七擒(칠종칠금)의 이야기가 만들어진다. 제갈량은 南中 평정 이후 '군대를 주둔치 않으며 군량을 차출하지도 않는다(不留兵 不運糧).'는 정책으로 토착세력들을 회유하였다.

소설《三國演義》의 맹획과 관련된 칠종칠금 이야기는 모두가 픽션(虛構)이다. 여기에는 맹획이 蠻王(만왕)으로 옹개, 주포, 고정 등이 맹획의 부하로 등장한다. 여기에 나오는 祝融夫人(축융부인), 孟優(맹우), 鄂煥(악환), 木鹿大王(목록대왕) 등이 모두 소설 속의 창작인물이다.

(4) 魏主又以舟師臨吳, 見波濤洶湧, 歎曰, 嗟乎, 固天所以限南北也. 魏主丕殂, 僭位七年. 改元者一, 曰黃初. 諡曰文皇帝. 子叡立, 是爲明帝. 叡母被誅. 丕嘗與叡出獵, 見子母鹿. 旣射其母, 使叡射其子. 叡泣曰, 陛下已殺其母, 臣不忍殺其子. 丕惻然, 及是爲嗣卽位. ○ 處士管寧, 字幼安. 自東漢末, 避地遼東三十七年. 魏徵之, 乃浮海西歸, 拜官不受.

위주가 또 수군으로 오나라를 공격하였으나 파도가 매우 사나운 것을 보고 탄식했다. "아! 정말 하늘이 남과 북을 갈라놓았도다."

위주 조(비)가 죽으니 7년간 참위했다. 개원은 1번 했으니 황초이다. 시호는 문황제라 하였다.

아들 조예가 즉위하니, 이가 명제이다. 예의 모친은 죽음을 당했었다. 전에 조비가 아들 예와 사냥을 나갔는데 새끼를 거느린 어미 사슴을 보았다. 그 어미를 맞히고 예에게 새끼를 맞히라 하니, 예가 눈물을 흘리며 말했다. "폐하께서 어미를 죽였는데 저는 그 새끼를 차마 죽이지 못하겠습니다." 조비가 측은히 여기었고 마침내 뒤를 이어 즉위했다.

○ 처사 관녕의 자는 유안인데, 후한 말에 요동에 피난한 지 37년이었다. 위나라에서 부르니, 곧 바다를 건너 서쪽

(수도)으로 돌아왔지만 관직을 내려도 받지 않았다.

어구 설명

○ 魏主又以舟師臨吳, 見波濤洶湧, 歎曰, 嗟乎, 固天所以限南北也. : 魏主가 또 수군으로 吳를 공격하였으나 파도가 매우 사나운 것을 보고 탄식했다. "아! 정말 하늘이 남과 북을 갈라놓았도다." (서기 225년).

 – 臨 임할 임(림). 그 자리에 나아가다. 정벌하다.

 – 波 물결 파.　濤 큰 물결 도.　洶 물 세찰 흉.　湧 샘솟을 용. 물이 끓는 모양.　洶湧 ; 파도가 소용돌이치다.

 – 嗟 탄식할 차.　固 굳을 고. 진실로. 참으로.　限 한계 한, 끝 한. 경계를 짓다.

○ 魏主丕殂, 僭位七年. 改元者一, 曰黃初. 諡曰文皇帝. : 魏主(위주) 丕(비)가 죽으니 7년간 僭位(참위)했다. 改元(개원)은 1번 했으니 黃初(황초)이다. 諡號(시호)는 文皇帝(문황제)라 했다.

 – 殂 죽을 조. 殂落(조락)과 같음.

 ※ 蜀漢 昭烈帝(劉備)의 죽음은 崩(붕)이라 했지만 曹丕는 실질적인 황제였지만 殂(조)라 한 것은 蜀漢을 정통으로 보았고 魏의 帝는 僭位(참위)라고 본 것이다. (죽음을 의미하는 글자는 계층에 따라 다르다. 곧 崩 무너질 붕. 天子의 죽음. 薨 죽을 훙. 諸侯의 죽음. 卒 마칠 졸. 죽다. 大夫의 죽음. 死 서민의 죽음.)

 – 丕 클 비. 曹丕, 曹操의 아들.　僭 참람할 참. 아랫사람이 윗

사람을 범함.　僭位 ; 七年(黃初 220～226년).

　- 謚 시호 시.　文皇帝 ; 曹操는 魏 武帝.

○ 子叡立, 是爲明帝. 叡母被誅. 丕嘗與叡出獵, 見子母鹿. 旣射其
母, 使叡射其子. 叡泣曰, 陛下已殺其母, 臣不忍殺其子. 丕慇然,
及是爲嗣卽位. : 아들 叡(예)가 즉위하니, 이가 明帝이다. 叡의 母
는 죽음을 당했다. 전에 曹丕가 아들 叡와 사냥을 나갔는데 새끼
를 거느린 어미 사슴을 보았다. 그 어미를 맞히고 叡에게 새끼를
맞히라 하니 叡가 눈물을 흘리며 말했다. "폐하께서 어미를 죽였
는데 저는 그 새끼를 차마 죽이지 못하겠습니다." 조비가 측은히
여기었고 마침내 뒤를 이어 즉위했다.

　- 叡 밝을 예. 明帝 ; 在位 226～239년.

　- 誅 죽일 주. 죄에 연루되어 죽음을 당함. 태자 조예의 모친은
甄氏(견씨)인데 황초 2년(221년)에 賜死(사사)했다.

　- 嘗 맛볼 상. 일찍이(曾과 같음), 이전에.　獵 사냥 엽(렵).

　- 鹿 사슴 록.　射 쏠 사. 맞힐 석. 벼슬이름 야. 싫어할 역. 여
기서는 맞힐 석.

　- 不忍(불인) ; 차마～하지 못하다.　不忍殺其子 ; 그 새끼를 차
마 죽이지 못하다.

　- 慇 슬퍼할 측.　然 그러할 연.　慇然 ; 가엾게 여기는 모양.

　- 及 미칠 급. 때가 되어.

○ 處士管寧, 字幼安, 自東漢末, 避地遼東三十七年. 魏徵之, 乃浮
海西歸, 拜官不受. : 處士 管寧(관녕)의 자는 幼安인데, 東漢(後
漢) 末에 遼東(요동)에 피난한 지 37년이었다. 魏에서 부르니, 곧

바다를 건너 서쪽(수도)으로 돌아왔지만 관직을 내려도 받지 않았다.

  - 處士(처사) ; 벼슬을 하지 않고 草野에 사는 선비.

  - 管寧(관녕, 158~241) ; 後漢末 高士. 생존기간이나 재위기간을 표시할 때 ~ 한 자씩 띄었음.

  - 徵 부를 징. 거두어들이다. 明帝卽位 太和元年(227년)의 일. 태위 화흠의 추천으로 관녕을 불렀으나 끝까지 관직을 사양했다.

  - 浮 뜰 부.　浮海 ; 바다를 건너 옴.　西歸 ; 요동 → 낙양.

  - 拜 절 배. 예를 행하다. 관직을 수여하다. 拜官 ; 벼슬을 내리다. 授官, 任官과 같음.

【참고】 명제의 생모 甄氏(견씨)

 ❖ 조조가 袁紹(원소)를 치고 冀州(기주)성을 함락시킬 때, 조조의 장남 조비는 당년 18세였다. 조비는 원소의 집을 찾았고 집안에 들어가 원소의 부인 유씨와 袁熙(원희 ; 원소의 차남)의 아내인 甄氏(견씨)를 만난다.

 조비는 견씨의 '옥같이 고운 피부와 꽃 같은 용모의 傾國之色(경국지색)'에 놀라 견씨를 차지한다. 뒷날 조조도 견씨의 미모를 보고 "정말 내 아들의 아내로다(眞吾兒婦也)."라고 감탄하며 며느리로 맞이했다.

【참고】 관녕의 갈라 앉기

❖ 管寧(관녕)과 華歆(화흠)은 젊어 같이 수학했었다. 두 사람이 밭일을 하다가 금덩어리를 일구었는데 관녕은 즉시 흙으로 덮고 보지 않았으나 화흠은 호미로 캐내 만져본 뒤, 땅에 묻었다고 한다.

두 사람이 독서할 때, 밖에서 고관의 행차소리가 들려 왔다. 관녕은 자세를 바꾸지 않고 독서를 계속했지만 화흠은 책을 덮고 나가 행차를 구경했다. 이에 관녕은 화흠의 사람됨을 낮게 평가하고 자리를 갈라 따로 앉아(割席分坐 할석분좌), "너는 내 벗이 아니다(子非吾友也)."하고서, 다시는 화흠을 벗으로 생각하지 않았다.

관녕은 뒷날 요동으로 피신한 뒤, 늘 하얀 관을 쓰고 누각에서 내려오지 않으며(위 땅을 밟지 않겠다는 뜻) 위나라 섬기기를 끝까지 거부했다. 반면 화흠은 손권을 섬기다가 다시 조조의 신하가 되어 헌제의 伏皇后(복황후)를 죽이는 일을 담당하여 악명을 남겼다.

(5) ○ 漢丞相亮, 率諸軍北伐魏, 臨發上疏曰,
今天下三分, 益州疲弊, 此危急存亡之秋也. 宜開張
聖聽, 不宜塞忠諫之路. 宮中府中, 俱爲一體. 陟罰
臧否, 不宜異同. 若有作姦犯科及忠善者, 宜付有司
論其刑賞, 以昭平明之治. 親賢臣遠小人, 此先漢所
以興隆也, 親小人遠賢臣, 此後漢所以傾頹也.

○ 蜀漢의 승상 제갈량이 여러 군대를 거느리고 北으로 魏를 정벌하려 출발에 앞서 疏(소)를 올려 말했다.

지금은 천하가 三分(삼분)되었고 우리 익주는 피폐하였으니, 이는 위급하면서도 존망의 기로에 있습니다. (폐하께서는) 마땅히 귀를 열어 들어야 하며 충간할 수 있는 길을 막아서는 아니 됩니다. 궁중과 정무를 보는 府中(부중=정부)이 하나가 되어야 하며 승진과 강등, 고과의 평정에서 기준이 달라서는 안 됩니다. 만약 간악한 짓을 하거나 규정을 어기거나 성실하고 선한 관리는 담당자에게 그 형벌이나 포상을 논의케 하여 공평하고 정당한 통치를 밝혀야 합니다. 현신을 가까이 하고 소인을 멀리 내친 것은 전한(=西漢)이 융성한 까닭이고, 소인을 가까이 두고 현신을 멀리한 것은 후한(=東漢)이 기울고 멸망한 까닭입니다.

<u>어구 설명</u>

○ 漢丞相亮, 牽諸軍北伐魏, 臨發上疏曰, : 蜀漢의 승상 제갈량이 各軍을 거느리고 北으로 魏를 정벌하려 출발에 앞서 疏를 올려 말했다.

　－ 丞 도울 승.　亮 밝을 양(량).　丞相亮 ; 승상 諸葛亮.

　－ 牽 거느릴 솔. 비율 율(률).　諸 모두 제. 어조사 저(之於). 諸軍(제군) ; 많은 군사. 各軍.　伐 칠 벌.

　－ 疏 트일 소. 멀다. 거칠다. 상소하다. 文體의 이름 소(上疏文,

奏疏).

○ 今天下三分, 益州疲弊, 此危急存亡之秋也. : 지금은 천하가 三分되었고 익주는 피폐하였으니, 이는 위급하면서도 存亡이 달린 때입니다. ※天下三分 : 여기서의 상황은 위나라 13주(州) 91현(縣), 오나라 5주 43현, 촉한 3주 22현으로 촉한의 3주는 익주(益州), 양주(梁州), 교주(交州)인데, 여기 익주라 한 것은 자기 나라를 가리킨 말임.

 － 益 더할 익. 益州(익주) ; 西漢시대에 設置된 行政 구역으로 지금의 四川(사천) 분지와 漢中(한중) 분지 일대.

 － 疲 지칠 피. 弊 해질 폐. 存亡 ; 존속과 멸망. 秋 가을 추. 때. 시기. 세월.

○ 宜開張聖聽, 不宜塞忠諫之路. 宮中府中, 俱爲一體. 陟罰臧否, 不宜異同. : (폐하께서는) 마땅히 귀를 열어 들어야 하며 (신하의) 충간할 수 있는 길을 막아서는 아니 됩니다. (폐하의) 宮中과 정무를 보는 府中이 같이 하나가 되어야 하며 승진과 강등, 고과의 평정에서 기준이 달라서는 안 됩니다.

 － 宜 마땅할 의. 당연히 ～하여야 한다. 開張 ; 펴다, 열다. 聽 들을 청. 聖聽 ; 임금이 신하 의견을 널리 청취함.

 － 不宜(불의) ; ～해서는 안 된다. ～하는 것은 좋지 않다.

 － 塞 막을 색. 변방 새. 忠諫(충간) ; 신하가 충성심으로 바른 말을 함.

 － 宮中 ; 환관과 여인들이 있는 곳. 府中 ; 대신들이 근무하는 곳. 俱 함께 구. 같이.

 － 陟 오를 척. 승진하다. 罰 죄 벌. 처벌하다. (벼슬을) 깎다.

陟罰 ; 유능자를 승진시키고 악한 자는 처벌함.

　– 臧 착할 장, 곳간 장(藏과 같음).　좀 아닐 부. 막힐 비. 나쁘다.　臧否(장비) ; 선한가? 악한가? 시비(是非).

　– 異同 ; 같지 아니함.　不宜異同 ;「관리들의 고과(考課) 평정이나 상벌에서」기준이 달라서는 안 된다. 평가의 기준이 일정해야 한다.

○若有作姦犯科及忠善者, 宜付有司論其刑賞, 以昭平明之治. : 만약 간악한 짓을 하거나 규정을 어기거나 성실하고 선한 관리는 담당자에게 그 형벌이나 포상을 논의케 하여 공평하고 정당한 통치를 밝혀야 합니다.

　– 若 같을 약. 만약에.　姦 간사할 간. 奸과 같음.　作姦(작간) ; 간악한 짓을 저지르다.

　– 犯 범할 범. (법을) 어기다. 죄.　科 과정 과. 규정. 법령의 조목.　犯科 ; 관리가 규정을 어김.

　– 付 붙일 부. 회부하다.　司 맡을 사.　有司 ; 업무 담당자.　刑賞(형상) ; 형벌이나 포상.

　– 以 ; 그렇게 함으로써.　昭 밝을 소. 드러내다.　平明 ; 공평하며 또 正明함.

○ 親賢臣遠小人, 此先漢所以興隆也, 親小人遠賢臣, 此後漢所以傾頹也. : 賢臣을 가까이 하고 小人을 멀리 내친 것은 前漢이 융성한 까닭이고, 소인을 가까이 두고 賢臣을 멀리한 것은 後漢이 기울고 멸망한 까닭입니다.

　– 親 친할 친. 가까이 하다.　遠 멀 원. 멀리하다.

– 先漢 ; 前漢.　　所以(소이) ; 까닭.　　興隆(흥륭) ; 勃興(발흥)과 隆盛(융성).

– 傾 기울 경.　頹 무너질 퇴.　傾頹 ; 나라가 기울고 무너짐.

【참고】 제갈량의 出師表

❖ 〈出師表〉는 촉한의 後主 建興 5년(서기 227년), 제갈량이 북으로 魏를 정벌하고 漢室을 부흥하고자 대군을 동원하여 出師(출사)하겠다고 올린 글이다. 상당히 긴 의견으로서 여기서 위에 문장은 拔萃(발췌)되어 있다.

건흥 6년에 올린 出師表가 있어 〈전·후 출사표〉라 구분한다. 〈出師表〉라면 보통 前 〈출사표〉를 의미하는데, 이 〈출사표〉에서 제갈량은 촉한의 창업은 모두 선주 유비의 공덕으로 가능했으며 지금 신하들은 모두 先主의 은택을 입어 폐하에게 충성한다는 것, 그리고 폐하는 이들이 능력을 다 바칠 수 있도록 폐하 자신도 노력하라는 등으로 후주를 깨우치려는 내용을 담고 있다.

諸葛亮(제갈량)

아울러 공명 자신이 선주를 만난 지 21년째이며 북벌에 성공하여 한 왕실을 부흥하는 것이 선제의 은택에 보답하는 길이기에 남방을 원정했으며 지금이 북벌의 시기라고 강조하고 있다.

이 〈出師表〉는 제갈량의 憂國衷情(우국충정)이 잘 나타난 명문장으로 《古文眞寶 고문진보》를 통해 우리나라에도 널리 알려졌다. 表는 아랫사람이 윗사람에게 올리는 글(下言於上曰表)이다. 또 表는 '명백하게 밝힌다.'는 뜻에서 신하가 주군을 깨우치려는 의도가 있고 그러하기에 아뢰는 사람의 충성과 진심이 들어 있다.

《文章軌範 문장궤범》이라는 책에 '출사표를 읽고 울지 않는 자는 충신이 아니며(讀出師表不哭者不忠), 진정표를 읽고 울지 않으면 효자가 아니며(讀陳情表不哭者不孝), 제십이랑문을 읽고 울지 않는다면 자애로운 사람이 아니다(讀祭十二郎文不哭者不慈).'라는 말이 있다.

(陳情表 ; 西晉 李密이 서진 武帝에게 올린 글. 자신을 키워 준 祖母를 봉양해야 하기에 벼슬에 나갈 수 없다는 글. / 祭十二郎文 ; 唐나라 韓愈(한유)가 죽은 조카를 위해 지은 祭文.)

(6) 臣本布衣, 躬畊南陽, 苟全性命於亂世, 不求聞達於諸侯. 先帝不以臣卑鄙, 猥自枉屈, 三顧臣於草廬之中, 諮臣以當世之事. 由是感激, 許先帝以驅馳. 先帝知臣謹愼, 臨崩, 寄以大事. 受命以來, 夙

夜憂懼, 恐付託不效, 以傷先帝之明. 故五月渡瀘,
深入不毛. 今南方已定, 兵甲已足, 當獎率三軍, 北
定中原. 興復漢室, 還于舊都, 此臣所以報先帝而忠
陛下之職也. 遂屯漢中.

　臣은 본래 布衣(포의)의 몸으로 남양에서 농사를 지으며 난세에 겨우 목숨을 보존하면서 제후들에게 알려지는 것을 원하지 않았습니다. 선제께서는 제가 빈천한데도 뜻을 낮추시고 몸소 오시기를 세 번이나 초려를 찾으시며, 당시의 일을 저에게 물으셨습니다.

　(臣은) 이에 감격하여 선제께 몸을 바쳐 일하기로 결심하였습니다. 선제께서는 제가 삼가고 조심하는 것을 아시고 붕어하시기 전에 큰일을 부탁하셨습니다. 고명을 받은 이후 조석으로 걱정하면서 부탁을 이루지 못하여 선제의 명철하심을 상하게 할까 두려웠습니다. 그리하여 5월에 노수를 건너 불모지까지 깊이 진입했었습니다. 이제 남방은 이미 안정되었고 병기와 장비도 넉넉하니 응당 삼군을 격려하며 거느리고 북으로 중원을 평정해야 합니다. 한실을 다시 흥성하게 하고 옛 도읍으로 되돌아가는 것이 바로 신이 선제에게 보답하고 폐하에게 충성을 다하는 직분입니다.

　그리고 (출정하여) 한중에 주둔하였다.

어구 설명

○ 臣本布衣, 躬畊南陽, 苟全性命於亂世, 不求聞達於諸侯. : 臣은 본래 布衣로 南陽에서 농사를 지으며 亂世에 겨우 목숨을 보존하면서 제후들에게 알려지는 것을 원하지 않았습니다.

　– 布衣(포의) ; 무명 옷, 비단옷을 입을 수 없는 庶民의 옷. 서민. 常人, 匹夫.

　– 躬 몸 궁. 몸소.　畊 밭갈 경. 耕의 古字. 농사짓다.　南陽 ; 地名. 형주(荊州) 양양성(襄陽城) 밖.

　– 苟 진실로 구, 구차할 구, 겨우.　性命(성명) ; 목숨. 生命. 苟全性命 ; 겨우 목숨을 보존하다.

　– 聞 들을 문. 소문. 평판.　達 통달할 달.　聞達 ; 평판으로 추천을 받다.　諸侯(제후) ; 여기서는 고급관리나 지방관을 의미함.

○ 先帝不以臣卑鄙, 猥自枉屈, 三顧臣於草廬之中, 諮臣以當世之事. : 先帝(선제)께서는 제가 빈천한데도 뜻을 낮추시고 몸소 오시기를 세 번이나 草廬를 찾으시며, 당시의 일을 저에게 물으셨습니다.

　– 先帝 ; 劉備.　卑 낮을 비.　鄙 천할 비.　卑鄙 ; 신분이 미천함.

　– 猥 함부로 외. 뜻을 낮추고.　枉 굽을 왕.　屈 굽을 굴.　枉屈 (왕굴) ; 남이 찾아옴.

　– 顧 돌아볼 고. 찾아보다.　廬 오두막집 여(려).　三顧草廬(삼고초려) 또는 三顧茅廬(삼고모려).　諮 물을 자.

○ 由是感激, 許先帝以驅馳. 先帝知臣謹愼, 臨崩, 寄以大事. : 이에 감격하여 先帝께 몸을 바쳐 일하기로 결심하였습니다. 先帝께서는 제가 삼가고 조심하는 것을 아시고 붕어하시기 전에 큰일을 부탁하셨습니다.

 − 由是 ; 이로 말미암아.   激 물 부딪쳐 흐를 격. 물살이 빠르다.   感激 ; 매우 감동함.

 − 許 허락하다. 여기서는 결심하다.   驅 몰 구.   馳 달릴 치. 빨리 달리게 하다.   驅馳(구치) ; 남을 위해 열심히 돌아다님.

 − 謹愼(근신) ; 언행을 삼가고 조심하다.

 − 崩 무너질 붕. 天子의 죽음.   寄 부칠 기. 부탁하다, 의존하다.   大事 ; 漢室 復興.

○ 受命以來, 夙夜憂懼, 恐付託不效, 以傷先帝之明. : 命을 받은 이후 朝夕으로 걱정하면서 부탁을 이루지 못하여 선제의 명철하심을 상하게 할까 두려웠습니다.

 − 夙 일찍 숙. 아침.   夙夜 ; 이른 아침부터 늦은 밤까지. 朝夕으로.

 − 憂 근심할 우.   懼 두려울 구.   憂懼 ; 근심, 우환.

 − 恐 두려울 공. 付託~ 之明까지를 恐했다는 뜻.   付託(부탁) ; 남에게 당부하고 일을 맡김.   效 본받을 효. 보람, 효과.   付託不效 ; (先帝의) 부탁을 이루지 못하여.

 − 傷 다칠 상. 상하게 하다.   先帝之明 ; 先帝의 明哲하심.

○ 故五月渡瀘, 深入不毛. 今南方已定, 兵甲已足, 當獎率三軍, 北定中原. : 그리하여 5월에 瀘水(노수)를 건너 不毛地까지 깊이 진

입했었습니다. 이제 南方은 이미 安定되었고 兵器와 장비도 넉넉하니 응당 三軍을 격려하며 거느리고 북으로 中原을 평정해야 합니다.

– 五月 ; 建興 3년(서기 225년).　渡 물 건널 도.　瀘水(노수) ; 양자강의 지류.

– 今 ; 건흥 5년(서기 227년).　已定(이정) ; 이미 평정되었다. 兵甲 ; 兵器와 장비.

– 當 ; 마땅 당. 응당. 건흥 4년에 魏에서 曹丕가 죽고, 아들 明帝가 즉위하여 아직 안정되지 않았다는 점도 북방원정을 결심하게 된 한 원인이었다.

– 獎 권면할 장.　率 거느릴 솔.　獎率 ; 격려하며 이끌다.　中原 ; 사방 8백 리에 이르는 비옥한 關中(관중)의 땅. 長安과 洛陽이 있는 당시 정치와 군사의 중심지.

○ 興復漢室, 還于舊都, 此臣所以報先帝而忠陛下之職也. : 漢室을 다시 흥성하게 하고 옛 도읍으로 되돌아가는 것이 바로 臣이 先帝에게 보답하고 陛下에게 충성을 다하는 직분입니다.

– 興 일어날 흥. 興期.　復 다시 부. 돌아올 복.　興復 ; 다시 흥성하게 함.　舊都 ; 長安이나 洛陽의 옛 首都.

– 此 이것이. 이러한 성취가.

○ 遂屯漢中 : 그리고 (출정하여) 漢中(한중)에 주둔하였다.

– 漢中 ; 長安으로 진격하기 위해 漢中郡에 주둔한 것임.

【참고】 와룡강 - 삼분천하 - 그리고 오장원

❖ 제갈량은 형주 양양성 밖, 南陽(남양)의 臥龍崗(와룡강)이란 산 아래 거처하면서 와룡을 자신의 號로 삼았다. 와룡강의 모습은 "산은 높지 않으나 수려하고(山不高而秀雅), 물은 깊지 않아도 맑으며(水不深而澄淸), 땅이 넓지는 않으나 평탄하고(地不廣而平坦), 숲은 광대하지는 않아도 무성하였다(林不大而茂盛). 또 원숭이와 학이 떼를 지어 놀고 소나무와 대나무가 뒤섞여 푸르렀다." 라고 《삼국연의》는 묘사하였다.

유비는 백성과 나라를 구해야 한다는 자신의 목표와 비전을 衷心(충심＝진정에서 우러나는 마음)으로 제갈량에게 말하면서, 옷소매가 흥건하게 젖을 정도로 눈물을 흘리며 도와달라고 간청했다. 이에 제갈량은 서천(촉)의 지도를 걸어 놓고 三分天下의 대략을 설명했다.

즉, 북쪽은 天時를 얻은 조조에게, 남쪽은 지리적 이점을 차지한 손권에게 양보할 수밖에 없다. 대신 유비는 "人和를 바탕으로 먼저 형주를 점유하여 집을 삼고(先取荊州爲家), 곧이어 서천 지역을 손에 넣어 나라의 기초를 닦고(後卽取西川 建基業), 솥의 세 발(鼎足)과 같은 형세를 이룬 뒤에야 中原을 도모할 수 있다."고 말했다.

역사에서는 이를 제갈량의 隆中對策(융중대책)이라 한다. 이는 당시 정세에 대한 총체적 개괄이면서 정밀분석이었으며, 위·촉·오 삼국의 정립을 예견한 제갈량의 혜안이라 말할 수 있다.

이는 제갈량이 오장원에서 병사하는 54세까지 곧 27년간 제갈량의 전략 목표였고 근본 강령이라 정의할 수 있다. 제갈량의 설명에 유비는 '구름과 안개를 걷어내고 푸른 하늘을 보는 것(撥雲霧而覩靑天).'과 같다고 말했다.

제갈량은 유비의 성심에 감동하여 벼슬에 나갈 것을 결심하고 유비에게 말한다.

"장군께서 저를 버리지 않으시니 저의 있는 힘을 다 바치고자 합니다(願效犬馬之勞)."

유비 일행은 이날 제갈량의 집에서 하룻밤을 묵는다. 다음 날 제갈량은 집을 나서면서 동생 제갈균에게 말한다.

"나는 유황숙께서 세 번이나 찾아오신 은혜를 입어 출사하지 않을 수 없다(吾受劉皇叔三顧之恩 不容不出). 너는 이곳 농사일을 하면서 논밭을 묵이지 않도록 하라, 성공하는 날에 다시 돌아와 은거하리라(待吾成功之日 卽當歸隱)."

처음 출사하는 제갈량은 바로 돌아올 날의 자신을 그리고 있었다. 그러나 그는 五丈原에서 생을 마쳤고 다시는 와룡강에 돌아오지 못했다.

제갈량이 유비를 따라 와룡강을 떠나던 後漢 獻帝 建安 12년(서기 207년). 제갈량의 나이는 27세였고, 유비는 47세, 조조는 53세였다.

(7) ○ 明年, 率大軍攻祁山. 戎陣整齊, 號令明肅. 始魏以昭烈旣崩, 數歲寂然無聞, 略無所備. 猝聞亮

出, 朝野恐懼. 於是天水·安定等郡, 皆應亮, 關中
響震. 魏主如長安, 遣張郃拒之. 亮使馬謖督諸軍戰
于街亭, 謖違亮節度, 郃大破之. 亮乃還漢中, 已而
復言於漢帝曰, 漢賊不兩立, 王業不偏安. 臣鞠躬盡
力, 死而後已. 至於成敗利鈍, 非臣所能逆覩也. 引
兵出散關, 圍陳倉, 不克.

○ 다음 해, (제갈량은) 대군을 이끌고 기산을 공격했다. 군진은 잘 정비되었고 호령은 명확하고도 엄숙했다. 처음에 (촉의) 소열제가 죽은 뒤, 몇 년에 걸쳐 조용하며 들리는 말도 없어 위나라에서는 별다른 준비도 없었다. 갑자기 제갈량이 출정했다는 소식에 조야가 두려워했다. 그리고 천수와 안정 등 몇 개 군이 제갈량에게 투항했다는 소식에 관중이 소란해졌다. 위주는 장안에 가서 장합을 내 보내 적을 막게 했다.

제갈량은 마속으로 하여금 군사를 감독하며 가정에서 싸우게 했으나 마속은 제갈량의 당부를 어겼고 장합은 촉군을 대파했다. 제갈량은 한중 땅으로 퇴각했고 이어서 다시 후주에게 글을 올려 말했다.

"한과 도적(盜賊, 魏)은 양립할 수 없으며 왕업은 한편에 치우쳐 있으면 안전하지 않습니다. 臣은 애써 진력하며 노력을 하지만 죽어야 끝일 것입니다. (북벌의) 성패나 유리 또는 불리한가에 대해서는 신이 예견할 수 없습니다.

　이리하여, 제갈량은 군사를 이끌고 陝西(섬서)의 산관으로부터 공격해 나가서 진창현을 포위했으나 승부가 나지 않았다.

어구 설명

○ 明年, 率大軍攻祁山. 戎陣整齊, 號令明肅. : 다음 해, (제갈량은) 대군을 이끌고 祁山(기산)을 공격했다. 군진은 잘 정비되었고 號令은 명확하고도 엄숙했다.

　- 明年 ; 建康(건강) 6년 서기 228년.　　祁山(기산) ; 현 甘肅省 西和縣의 서북에 있는 산. 보통 제갈량의 불벌을 말할 때 '六出祁山(육출기산)'이라 하지만 북벌은 5차례에 걸쳐 진행되었고, 제갈량은 기산에 2번 주둔했었다.

　- 戎 서쪽 오랑캐 융. 兵器. 군사.　戎陣(융진) ; 軍陣. 兵營.　整齊(정제) ; 잘 정돈되어 있음.　號令(호령) ; 지휘하는 명령.

　- 肅 엄숙할 숙.　明肅(명숙) ; 명확하고 엄숙함.

○ 始魏以昭烈既崩, 數歲寂然無聞, 略無所備. 猝聞亮出, 朝野恐懼. : 처음에 (蜀의) 소열제가 죽은 뒤, 몇 년에 걸쳐 조용하며 들리는 말도 없어 위나라에서는 별다른 준비도 없었다. 갑자기 제갈량이 출정했다는 소식에 조야가 두려워했다.

　- 始 처음 시. 처음에는. 옛날에.　寂 고요할 적.　聞 들을 문. 소식.　寂然無聞(적연무문) ; 아무 소식 없이 감감함.

- 略 다스릴 략(약). 줄이다. 대강, 대략. 猝 갑자기 졸. 朝野 ; 조정과 백성, 온 나라. 恐 두려울 공. 懼 두려워할 구.

○ 於是天水·安定等郡, 皆應亮, 關中響震. : 이에 天水와 安定 등 몇 개 군이 제갈량에게 투항했다는 소식에 關中(관중)이 소란해졌다.

 - 於是 ; 그래서. 그리하여. 天水·安定 ; 郡 이름. 應 응할 응. 대답하다. 따라 움직이다. 여기서는 제갈량에게 투항하다.

 - 響 울릴 향. 소리. 震 벼락 진. 진동하다. 響震 ; 소식을 듣고 소란해졌다.

○ 魏主如長安, 遣張郃拒之. 亮使馬謖督諸軍戰于街亭, 謖遠亮節度, 郃大破之. : 魏主(明帝)는 長安에 가서 張郃(장합)을 내보내 적을 막게 했다. 제갈량은 馬謖(마속)으로 하여금 군사를 감독하며 街亭(가정)에서 싸우게 했으나 마속은 제갈량의 당부를 어겼고 장합은 촉군을 대파했다.

 - 如 같을 여. 정해진 곳에 가다(往也). 長安 ; 낙양에서 서쪽의 장안(前漢의 수도)에 가다. 遣 보낼 견.

 - 郃 고을 이름 합. 張郃(장합 ?~231년) ; 처음에는 袁紹(원소)의 부장이었으나 조조에 투항했다. 제갈량도 장합을 꺼려했다고 한다.

 - 謖 일어설 속. 馬謖(마속, 190~228년) ; 자 幼常, 촉한의 馬良(마량, 白眉馬良)의 동생. 街亭 ; 地名.

 - 節度(절도) ; 규칙, 법도.

○ 亮乃還漢中, 已而復言於漢帝曰, 漢賊不兩立, 王業不偏安. 臣

鞠躬盡力, 死而後已. 至於成敗利鈍, 非臣所能逆覩也. : 제갈량은 漢中 땅으로 퇴각했고 이어서 다시 帝에게 글을 올려 말했다. "漢과 도적(盜賊, 魏)은 兩立할 수 없으며 王業은 한편에 치우쳐 있으면 안전하지 않습니다. 신은 애써 진력하며 노력을 하지만 죽어야 끝일 것입니다. (북벌의) 성패나 유리 또는 불리한가에 대해서는 신이 예견할 수 없습니다.

- 還 ; 요충지. 街亭(가정)을 잃고 군대를 철수하다.   已而(이이) ; 조금 있다가. 약간의 시간이 지난 뒤.

- 復 다시 부.   復言於漢帝 ; 제갈량은 228년에 〈後出師表〉를 올린다.

- 賊 도둑 적. 여기서는 魏의 曹操를 지칭함.   王業 ; 帝王의 事業. 국가 통치.

- 偏 치우칠 편. 당시 蜀은 중국의 한쪽에 치우쳐 있었음.   不偏安 ; 나라가 한 편에 있으면 안전하지 않다. 三國이 鼎立(정립)했다고는 하지만 외적과 계속 싸워야 하니 편안하지 않다는 뜻. '漢賊不兩立 王業不偏安' 이는 〈후출사표〉 맨 앞에 나오는 劉備의 말이다.

- 鞠 공 국. 굽히다. 鞠問(국문)하다.   躬 몸 궁. 鞠躬(국궁) ; 애쓰면서 노력하다.   盡 다할 진.   死而後已(사이후이) ; 죽은 다음에야 끝이다.

- 成敗(성패) ; 성공과 실패.   利 날카로울 이.   鈍 무딜 둔. 利鈍 ; 유리 또는 불리함. 운수의 좋음과 나쁨.

- 逆 거스를 역.   覩 볼 도.   逆覩(역도) ; 예견하다. '臣鞠躬盡

力 死而後已 至於成敗利鈍 非臣所能逆覩也.' 이는 〈後出師表〉의 맨 마지막 문장이며 결론이라 할 수 있다.

○ 引兵出散關, 圍陳倉, 不克. : (제갈량은) 병력을 인솔하고 散關(산관)을 지나 陳倉(진창)을 포위했으나 이기지 못했다.

 ─ 散關(산관) ; 大散關이라고도 부른다. 현 陝西省 寶鷄市(보계시) 西南쪽 17km에 위치. 관중으로 나갈 수 있는 요충지. 陳倉(진창) ; 현재 보계시의 일부 지역.

 ─ 克 이길 극. 이기다. 상대방을 꺾다.

【참고】 白眉 馬良(백미 마량)

❖ 적벽대전 이후 형주를 차지한 유비는 널리 유능한 인재를 구한다. 이에 이적(伊籍)이 한 사람을 추천한다.

"형양의 馬氏 5형제는 모두 재능이 뛰어나다는 명성이 있습니다. 그 막내의 이름은 謖(속)이고, 자는 幼常(유상)입니다. 그 형제 중에서 가장 현명한 이는 양미간에 흰털이 났는데 이름은 良(량)이고, 자는 季常(계상)입니다(其最賢者 眉間有白毛 名良字季常). 그곳 사람들의 말에 '마씨 다섯 형제 중 백미가 가장 뛰어나다(鄕里之諺曰 馬氏五常 白眉最良).' 라 하니, 공께서는 이 사람을 불러 보지 않으시겠습니까?"

(8) ○ 吳王孫權, 自稱皇帝於武昌, 追尊父堅, 爲武

烈皇帝, 兄策爲長沙桓王. 已而還都建業.

  오왕 손권이 무창에서 황제라 자칭하고 아버지 손견을
무열황제라고 추존하고, 형 손책을 장사환왕이라 하였다.
얼마 있다가 도읍을 건업으로 옮겼다.

어구 설명

○ 吳王孫權, 自稱皇帝於武昌, 追尊父堅, 爲武烈皇帝, 兄策爲長
沙桓王. 已而還都建業. : 吳王 孫權이 무창에서 황제라 자칭하고,
선친 孫堅(손견)을 무열황제라고 추존하고, 형 손책을 長沙桓王
(장사환왕)이라 하였다. 얼마 있다가 건업으로 환도하였다.

  – 稱 일컬을 칭.　무창(武昌) ; 現 湖北省 武漢市의 일부.

  – 堅 굳을 견.　孫堅(서기 155~191년)字 文臺, 後漢 末期 지방
군벌, 장수. 용모가 비범했고 용기가 많은 사나이였음.

  – 策 채찍 책. 문서.　孫策(손책) : (서기 175~200년) 孫堅의 아
들, 孫權의 형. 小霸王(소패왕)이라는 별명. 26세에 죽자, 그 자리
를 孫權이 계승했다.

  – 桓 푯말 환, 굳셀 환.　建業(건업) ; 현 江蘇省 南京市의 옛
이름.

【참고】 大貴之表 – 손권

  ❖ 본래 아들이 많아야 좋은 것은 아니라면서, 잘난 아들 하나

孫策(손책)

가 보통의 열 아들보다 낫다고 한다. 또 나무는 가꾸지 않으면 재목이 되질 않고(樹不修不成材), 아들을 훈육하지 않으면 사람이 되질 않는다(兒不育不成人). 그러기에 사람들은 금과 옥을 가진 부자가 되기보다는(不願金玉富), 다만 자손이 현명하기를 바라는 것(但願子孫賢)이다.

孫權은 孫堅과 오부인의 차남으로 태어났다. 손권은 큰 입에 네모진 턱, 푸른 눈에 붉은 수염을 가진 모습이 특이하여 위엄이 있었으며 골격이 보통 사람과 다른 아주 귀인의 상이었다(骨格非常 乃大貴之表). 손권은 본래 총명했고, 어려서부터 모친의 엄한 교육을 받아 경전과 제자백가서에 두루 능통했다고 한다.

건안 5년(서기 200년) 손권은 19세에 형 손책의 뒤를 이어 강동 6개 군을 다스린다. 손권은 성격이 명랑하고 호방한 기질에 인자하면서도 과단성 있는 젊은 군주였다. 비록 형 孫策처럼 승부를 건 모험을 하지는 않았지만 50년이 넘게 최고 통치자의 자리를 누렸다는 것을 보면 貴人임에 틀림이 없다.

(9) ○ 蜀漢丞相亮, 又伐魏圍祁山. 魏遣司馬懿督
諸軍拒亮. 懿不肯戰, 賈詡等曰, 公畏蜀如虎, 奈天
下笑何. 懿乃使張郃向亮. 亮逆戰, 魏兵大敗. 亮以
糧盡退軍, 郃追之, 與亮戰, 中伏弩而死.

○ 촉한의 승상 제갈량이 다시 위를 정벌하려고 기산을
포위했다. 위나라에서는 사마의를 파견하여 군사를 감독
하며 제갈량을 막게 했다. 사마의가 (촉군과) 싸우려 하지
않자 가후 등이 말했다. "공은 촉을 마치 호랑이 무서워하
니 천하의 비웃음을 어찌 하겠습니까?" 사마의가 장합을
내보냈으나 제갈량이 역습하자 위나라 군사가 대패했다.
제갈량이 군량이 부족하여 퇴군하자, 장합이 추격하여 제
갈량과 싸웠으나 (장합은) 복병의 활에 맞아 죽었다.

어구 설명

○ 蜀漢丞相亮, 又伐魏圍祁山. 魏遣司馬懿督諸軍拒亮. : 촉한의
승상 제갈량이 다시 위를 정벌하려고 祁山을 포위했다. 위나라에
서는 司馬懿를 파견하여 군사를 감독하며 제갈량을 막게 했다.
 - 又 또 우. 圍 둘레 위. 둘러싸다. 祁 성할 기.
 - 懿 아름다울 의. 司馬懿(179~251년) ; 字 仲達, 제갈량한테
군사적으로 시달렸지만 잘 참았으며, 은인자중하여 조조나 조비
일족의 핍박을 잘 이겨냈다. 사마의의 손자 司馬炎이 진(晋, 西

晉)을 건국.(서기 265년)

○ 懿不肯戰, 賈詡等曰, 公畏蜀如虎, 奈天下笑何. 懿乃使張郃向亮. 亮逆戰, 魏兵大敗. : 사마의가 (蜀軍과) 싸우려 하지 않자 賈詡(가후) 등이 말했다. "公은 蜀을 마치 호랑이 무서워하니 천하의 비웃음을 어찌 하겠습니까?" 사마의가 장합을 내보냈으나 제갈량이 역습하자 위나라 군사가 大敗했다.

 ─ 賈 값 가. 장사 고. 성씨 가.　詡 자랑할 후.

 ─ 賈詡(가후) ; 曹操의 謀士, 曹操는 자신이 魏王에 봉해지면서 총명한 三男 曹植을 世子로 세우려 했으나 賈詡의 進言을 받아들여 長男 曹丕를 世子로 세웠다.

 ─ 奈 어찌 나(내).　何 어찌 하. 무엇.　奈何(나하) ; 어찌, 어떻게(反間 형식), 如何와 同. ~을 어떻게 하겠는가?

 ─ 向 향할 향. 마주하다. 내보내다.　逆 거스를 역. 오는 것을 막다.　逆戰 ; 역습하며 싸움.

○ 亮以糧盡退軍, 郃追之, 與亮戰, 中伏弩而死. : 제갈량이 군량이 떨어져 退軍하자 張郃(장합)이 추격하여 제갈량과 싸웠으나 (장합은) 복병의 활에 맞아 죽었다.

 ─ 糧 양식 양(량).　盡 다할 진. 끝까지 가다. 盡力(진력)하다. 中 맞을 중. 알맞다. 쏘거나 던진 것이 목표에 닿다.

 ─ 伏弩(복노) ; 매복한 쇠뇌(弩).

【참고】 畏蜀如虎(외촉여호)

❖ 司馬懿는 河內郡 사람으로 어려서부터 총명하고 大略을 지녔으며, 풍부한 식견에 유가 사상을 바탕으로 늘 천하를 걱정하는 마음을 갖고 있었다고 한다.

승상 조조가 사마의를 부르면서 '거절하면 가두겠다.'라며 엄포를 놓자 사마의는 두려워 벼슬에 나아갔다. 조조보다 24살 연하인 사마의는 조조의 아들 조비와 교제하며 여러 벼슬을 역임했다.

조조는 사마의가 마음속에 큰 뜻을 품고 있음을 잘 알고 크게 신임하지 않았다고 한다.

조조는 아들 조비에게 "사마의는 다른 사람의 신하가 될 사람이 아니다."라며 항상 경계할 것을 충고했고, 조비 또한 평시에 사마의와 친분이 있었지만 이후 차츰 사마의를 멀리하였다. 사마의 역시 이런저런 눈치 속에 자신의 안전을 위하여 하급 관리의 직무에 밤을 새는 등 하찮은 일까지도 기꺼이 하면서 조조를 안심시켰다.

사마의는 제갈량한테 여러 차례 패전했기에 촉의 군사들을 마치 호랑이처럼 무서워했다. 패전한 사마의는 갈림길에서 금빛 투구를 다른 길에 벗어 던지고 겨우 목숨을 건진 일이 있었는데, 이후 사마의는 성문을 닫고 꼼짝하지 않았다. 촉장 위연이 사마의의 투구를 흔들며 도전하자 사마의가 웃으며 부장들에게 말했다.

"작은 것을 참지 못하면 큰일을 망친다(小不忍則難大謀)."

'36번째 계략, 달아나는 것이 가장 좋은 계략이다(三十六計 走爲上計).' 란 말과 함께, 즉 모든 계략이 안 통한다면 '삼십육계 중

참는 것이 최상의 계책이다.' 란 말을 자주 쓴다. 그만큼 참는 것은 중요하지만 어려운 것이다.

'한 마디를 참고(忍一句), 분노 한번 가라앉히고(息一怒), 한발 물러서라!(退一步)' 는 말 역시 큰일을 하는 동안 참고 또 참으라는 뜻이다.

'한 번의 인내는 온갖 용맹을 제압할 수 있고(一忍可以制百勇), 한 번의 안정은 온갖 움직임을 제압할 수 있다(一靜可以制百動).' 라는 말 역시 같은 의미로 쓰이고 있다.

하여튼 중국인들에게 人和와 忍耐(인내)는 처세의 기본이다.

司馬懿(사마의)

3) 諸葛亮의 죽음

(1) 亮還勸農講武, 作木牛流馬, 治邸閣, 息民休士, 三年而後用之. 悉衆十萬, 又由斜谷口伐魏, 進軍渭南, 魏大將軍司馬懿引兵拒守. 亮以前者數出, 皆運糧不繼, 使己志不伸, 乃分兵屯田. 耕者雜於渭濱居民之間, 而百姓安堵, 軍無私焉. 亮數挑懿戰, 懿不出, 乃遺以巾幗婦人之服.

제갈량은 환군하자 농사를 권장하고 무예를 가르쳤으며 목우와 유마를 만들고 군량 창고를 보수하며, 백성과 병사들을 쉬게 한 뒤, 삼 년 뒤에 이를 활용했다. 모두 십만의 군사를 모아 다시 야곡구를 경유하여 위나라를 정벌하려고 위수의 남쪽 기슭에 진군하니, 위의 대장군 사마의가 병력을 이끌고 나와 맞서 수비했다.

제갈량은 지금까지 자주 출병했었지만 매번 군량 운반이 이어지지 않아 자신의 뜻을 펴지 못했다고 생각하여 병력을 나누어 둔전을 실시했다. 경작하는 군사들은 위수 가에서 주민과 섞여 생활하니 백성들은 안심했고, 군사들은 사욕을 부리지 않았다.

제갈량은 사마의가 싸움에 나오도록 자주 도전했지만 사마의는 출전하지 않았다. 이에 부녀자의 머리 장식과 옷을 보냈다.

어구 설명

○亮還勤農講武, 作木牛流馬, 治邸閣, 息民休士, 三年而後用之. : 諸葛亮은 還軍하자 농사를 권장하고 武藝를 가르쳤으며 木牛流馬(목우유마)를 만들고 군량 창고를 보수하며, 백성과 병사들을 쉬게 한 뒤, 삼 년 뒤에 이를 활용했다.

- 木牛流馬(목우유마) : 목우와 유마는 다 운반하는 수레.

- 勤 권할 권.　講 익힐 강. 講習.

- 治 다스릴 치. 평정하다. 보수하다.　邸 집 저.　閣 집 각. 邸閣(저각) ; 군량 저장 창고(米倉之類). 邸閣 同. 저각을 棧道(잔도)라고 설명한 책도 있음.

- 息 숨 쉴 식. 휴식. 쉬게 하다.　休 쉴 휴.

○悉衆十萬, 又由斜谷口伐魏, 進軍渭南, 魏大將軍司馬懿引兵拒守. : 모두 十萬의 군사를 모아 다시 斜谷口(야곡구)를 경유하여 魏를 정벌하려고 渭水의 南쪽 기슭에 진군하니, 魏의 大將軍 司馬懿가 병력을 이끌고 나와 맞서 수비했다.

- 悉 모두 다 실. 전체.　衆 무리 중. 七口以上曰衆.　斜 비스듬할 사. 기울다. 땅이름 야.　斜谷口(야곡구) ; 地名.

○亮以前者數出, 皆運糧不繼, 使己志不伸, 乃分兵屯田. : 제갈량은 前者에 자주 出兵했었지만 매번 군량 운반이 이어지지 않아 자신의 뜻을 펴지 못했다고 생각하여 병력을 나누어 屯田(둔전)

을 실시했다.

 - 以 써 이. ~로써. 하다(爲). 생각하다.   前者 ; 지난 번. 앞의 것.   數 셀 수. 자주 삭.   繼 이을 계.   伸 펼 신.

 - 屯 진칠 둔.   屯田 ; 軍 주둔 지역에서 평시에는 농사를 짓다가 유사시 동원되는 제도.

○耕者雜於渭濱居民之間, 而百姓安堵, 軍無私焉. : 경작하는 군사들은 위수 가에서 주민과 섞여 생활하니 백성들은 안심했고, 군사들은 사욕을 부리지 않았다.

 - 雜 섞일 잡.   渭 물 이름 위.   濱 물가 빈. 강가.   居民 ; 住民.   間 틈 한. 사이 간.   堵 담 도.   安堵 ; 마음을 놓음.

 - 私 사사로울 사. 자기. 개인 욕망. 몰래 이득을 챙김.   焉 어찌 언. 구말 어조사(단정).

○ 亮數挑懿戰, 懿不出, 乃遺以巾幗婦人之服. : 제갈량은 사마의가 싸움에 나오도록 자주 도전했지만 사마의는 출전하지 않았으니 이에 부녀자들의 머리 장식과 옷을 보냈다.

 - 數 자주 삭.   挑 돋을 도. 부추기다. 싸움을 걸어오게 하다.   幗 머리장식 괵(귁).   巾幗(건괵) ; 부녀자의 머리 장식.

【참고】 木牛流馬(목우유마)

 ❖ 諸葛亮은 5차로 출정한 기산의 葫蘆谷(호로곡)이란 곳에서 비밀 공장을 마련하고 기술자(匠人)를 동원하여, 자신이 설계한 군량 운반 장치인 木牛流馬(목우유마)를 제조한다.

이 목우유마는 먹지도, 자지도 않고, 지치지도 않는 군량 운반 기계였다. 특히 목우유마의 혀를 빼어 버리면 다른 사람이 작동시킬 수 없는 안전장치를 갖고 있었다고 한다. 諸葛亮은 이 장치의 기능과 치수를 여러 장수들에게 설명했으며 기계장치가 완성되자 검각에서 기산의 본 부대까지 군량을 운반하였다.

제갈량 ; 造木牛流馬

❖ 諸葛亮의 北伐은 위나라의 입장에서 본다면 '외적의 침입'이었다. 제갈량은 228년부터 234년까지 모두 5차례에 걸쳐 북벌했지만 결정적인 승리를 차지하지 못했다. 물론 위나라의 입장에서도 반격을 펴지도 못했었다. 결국 제갈량은 피로의 누적으로 오장원에서 病死하게 된다.

(2) 亮使者至懿軍, 懿問其寢食及事煩簡, 而不及戎事. 使者曰, 諸葛公夙興夜寐, 罰二十以上皆親覽, 所噉食, 不至數升. 懿告人曰, 食少事煩, 其能久乎.

제갈량의 사자가 사마의의 진영에 왔을 때, 사마의는 침식 및 업무의 많고 적은 것을 묻고 군사업무에 대해서는 묻지 않았다. 사자는 "제갈공께서는 아침에 일찍 일어나고 늦게 잠을 자면서, (태장) 20대 이상의 형벌을 모두 직접 결재하시며 하루 식사는 몇 홉이 되지 않습니다."라고 말했다. 사마의가 옆 사람에게 말했다. "먹는 것은 적고, 일은 많으니 오래갈 수 있겠는가?"

어구 설명

○亮使者至懿軍, 懿問其寢食及事煩簡, 而不及戎事. : 제갈량의 사자가 司馬懿의 진영에 왔을 때, 사마의는 (제갈량의) 寢食(침식)

및 업무의 많고 적은 것을 묻고 군사업무에 대해서는 묻지 않았다.

  – 至 이를 지. 寢 잠잘 침. 及 미칠 급. 및. ~와. 함께.

  – 煩 괴로울 번, 번잡할 번. 簡 대쪽 간. 간단하다. 煩簡 ; 일의 많고 적음. 戎 되 융(漢人이 아닌 이민족). 兵器, 軍事.

○使者曰, 諸葛公夙興夜寐, 罰二十以上皆親覽, 所噉食, 不至數升. : 使者는 "제갈공께서는 아침에 일찍 일어나고 늦게 잠을 자면서, (笞杖태장) 20대 이상의 형벌을 모두 직접 결재하시며 하루 식사는 몇 홉이 되지 않습니다."라고 말했다.

  – 夙 일찍 숙. 興 흥할 흥. 일어나다. 寐 잠잘 매. 夜寐 ; 밤늦게 잠자리에 듦. 罰 죄 벌.

  – 覽 볼 람(남). 親覽(친람) ; 몸소 처리함. 직접 결재하다. 噉 씹을 담. 噉食 ; 먹다. 升 되 승. 요즈음의 1홉(合) 정도의 양.

○ 懿告人曰, 食少事煩, 其能久乎. : 사마의가 옆 사람에게 말했다. "먹는 것은 적고, 일은 많으니 오래갈 수 있겠는가?"

  – 人 여기서는 자기 측근. 其 그 기. 아마. 久 오랠 구. 乎 어조사 호. 의문의 어기.

【참고】 제2인자의 삶

  ❖ 제갈량은 충성, 효성, 의리, 책모의 본보기가 되는, 아마 중국 역사에서 가장 걸출한 지혜의 화신이라고 말할 수 있다. 제갈량은 늙고 병들어 지칠 때까지 최선을 다하다가 죽어서야 끝나는 일생을 살았다.

제갈량은 충신의 귀감이 될 만했다. 그러나 사람들은 충성심 외에 좀 더 새롭고 재미있는 것을 더 원했다. 그러다 보니 제갈량에게 비바람을 불러오고 도술을 부리는 만능의 슈퍼 능력이 보태진다. 민생안정이나 재정의 충실, 완벽한 병참 조달 같은 국내 통치에 유능한 승상보다 전략 전술에 뛰어난 능력의 소유자로 인식된 제갈량의 평가는 실제와는 많이 다르다고 한다.

제갈량은 나라의 승상으로서 백성들을 아우르며, 가야 할 길을 제시하고, 시대에 맞는 정책을 내고, 마음을 열고 공정한 정치를 했다. 백성들의 존경과 사랑을 받는 현실적 정치를 잘 아는 사람이었다.

제갈량의 학식이나 소양, 행정과 전략적 능력이나 수완을 생각한다면 그가 결코 유비보다 못하지 않았다. 그러나 제갈량은 유비와 용렬한 후주에게 끝까지 자신을 낮추면서 충성을 다한 제2인자였다.

(3) 亮病篤. 有大星, 赤而芒, 墜亮營中, 未幾亮卒. 長史楊儀整軍還, 百姓奔告懿, 懿追之. 姜維令儀, 反旗鳴鼓, 若將向懿, 懿不敢逼. 百姓爲之諺曰, 死諸葛走生仲達. 懿笑曰, 吾能料生, 不能料死. 亮嘗推演兵法, 作八陣圖. 至是懿案行其營壘, 歎曰, 天下奇材也.

　과연 제갈량의 병은 위독했다. 하늘의 큰 별이 붉어지더니 빛을 잃고 제갈량의 군영으로 떨어지더니 곧 제갈량은 죽었다. 장사인 양의가 부대를 수습하여 철수하는데 백성이 달려가 사마의에게 알렸고, 사마의는 촉군을 추격했다. 강유가 양의를 시켜 깃발을 되돌려 북을 치며 마치 사마의를 향해 나가자 사마의는 감히 추격하지 못했다. 백성들이 이를 두고 속담으로 말하기를, '죽은 제갈량이 살아 있는 중달을 쫓아버렸다.'고 했다. 사마의는 웃으며 말했다. "나는 살아있는 줄 생각했지, 죽었다고는 생각하지 못했다."

　제갈량이 전에 병법을 새로 창안하여 팔진도를 만들었다. 이때에 사마의가 제갈량의 진영과 보루 등을 살펴보고서는 감탄하며 "천하의 기재로다."라고 말했다.

어구 설명

○亮病篤. 有大星, 赤而芒, 墜亮營中, 未幾亮卒. : 제갈량의 병은 위독했다. 하늘의 큰 별이 붉어지더니 빛을 잃고 제갈량의 군영으로 떨어지더니 곧 제갈량은 죽었다.(建興 12년, 서기 234년)

　- 篤 도타울 독. 신실하다. 병이 위중하다.

　- 芒 (보리나 밀의) 까끄라기 망. 바늘. 어두울 황.　赤而芒(적이황) ; 붉은색이더니 점점 빛을 잃어가다.

　- 墜 떨어질 추.　未幾(미기) ; 오래지 않아. 곧.

○ 長史楊儀整軍還, 百姓奔告懿, 懿追之. : 長史인 楊儀가 整軍하

여 철수하는데 百姓이 달려가 사마의에게 알렸고, 사마의는 촉군을 추격했다.

– 長史(장사) ; 관직명.　楊儀(양의) ; 人名.　整軍(정군) ; 軍부대를 수습하다.　還 되돌릴 환. 철수하다.

– 百姓(백성) ; 특별한 사람이 아닌 어떤 사람.　奔 달릴 분. 뛰어가다. 달아나다.

○ 姜維令儀, 反旗鳴鼓, 若將向懿, 懿不敢逼. : 姜維가 양의를 시켜 깃발을 되돌려 북을 치며 마치 사마의를 향해 나가자 사마의는 감히 추격하지 못했다.

– 姜 성 강, 종족 이름 강.　維 굵은 밧줄 유.

– 姜維(강유, 202∼264년) ; 字 伯約. 지금의 甘肅省 天水市 출신. 군사 업무상 제갈량의 후계자. 大將軍.

– 旗 깃발 기.　反旗(반기) ; 여기서는 '반란의 깃발' 이 아님. 앞서가던 기를 되돌린다는 뜻.

– 鳴 울 명.　鼓 북 고.　鳴鼓(명고) ; 북을 울리다.　逼 닥칠 핍. 바짝 추격하다.

○ 百姓爲之諺曰, 死諸葛走生仲達. 懿笑曰, 吾能料生, 不能料死. : 백성들이 이를 두고 속담으로 말하기를, '죽은 제갈량이 살아있는 중달을 쫓아버렸다.' 고 했다. 사마의는 웃으며 말했다. "나는 살아있는 줄 생각했지, 죽었다고는 생각하지 못했다."

– 之 ; 제갈량의 木像을 보고 사마의가 도주한 사실.　仲 버금 중.　仲達(중달) ; 사마의의 자(字).

– 諺 상말 언. 속담. 속언(俗諺).　料 헤아릴 요. 생각하다.

○ 亮嘗推演兵法, 作八陣圖. 至是懿案行其營壘, 歎曰, 天下奇材也. : 제갈량이 전에 兵法을 새로 창안하여 팔진도를 만들었다. 이때에 사마의가 제갈량의 진영과 보루 등을 살펴보고서는 감탄하며 "천하의 기재로다."라고 말했다.

 - 推 헤아릴 추. 넓히다. 밀 퇴.　演 펼 연.

 - 推演(추연) ; 추단연역(推斷演繹)하다. 알고 있는 지식을 확충하여 새것을 만들어 내다.

 - 八陣圖(팔진도) ; 부대배치 계획의 하나. 하늘, 땅, 바람, 구름, 용, 범, 새, 뱀의 모양으로 진치는 법. 이것은 적이 살펴보아도 알 수 없는 자유자재한 진법이다.　至是(지시) ; 이 무렵, 이때에.　案 책상 안. 상고(詳考)하다.

 - 營 경영할 영. 짓다. 진영.　壘 진 루, 보루.　奇材(기재) ; 奇異한 人物.

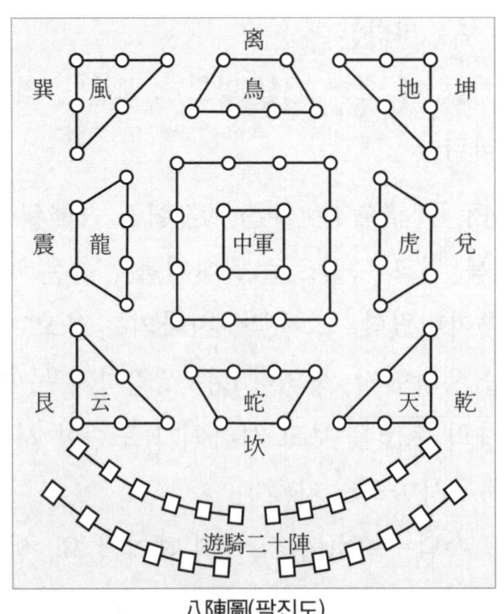

八陣圖(팔진도)

【참고】 "내 머리가 있어 없어?"

❖ 건흥 12년(서기 234년) 8월, 제갈량은 54세를 일기로 죽는다. 제갈량은 죽기 전에, 자신이 죽은 뒤 사마의의 내침에 대비한 계략을 세워 일일이 부탁한다.

한편 사마의는 천문을 보고 제갈량이 죽었을 것이라 생각하면서도 제갈량이 六甲(육갑)에 능하기에 이 자체가 계략인지 모른다며 공격하지 못한다. 뒤늦게 오장원이 텅 빈 사실을 안 사마의는 급히 추격한다. 사마의의 추격군이 가까워지자, 촉군은 반격으로 나서며 제갈량이 앉아 있는 사륜거를 호위하고 나온다.

이에 사마의는 "제갈량이 아직 살아 있다"며 혼비백산 도망친다. 위 장수들은 오십여 리를 도망간 사마의를 겨우 에워싸고 "도독은 그만 놀라십시오."라고 소리친다.

사마의는 자신의 머리를 더듬으며 "내 머리가 있어? 없어?(我有頭否)"라고 묻는다. -《삼국연의》 104회-

❖ 제갈량은 蜀에 들어가면서 뒷날에 있을 吳의 침입에 대비하여 魚腹浦(어복포)란 곳에 돌을 쌓아 팔진도를 설치했고 이는 10만 정병을 매복시킨 효과가 있다고 말했다.

유비의 70만 대군이 陸遜(육손)에게 완파되고 유비는 겨우 조운의 구원을

陸遜(육손)

받아 백제성에 피신한다. 이때가 장무 2년(서기 222년) 6월이었다.

한편 육손은 전선을 시찰하던 중 살기가 충천하는 곳을 보고 필시 복병이 있을 것이라며 척후병을 내보낸다. 그러나 아무런 人馬도 없다는 보고를 받고 육손 자신이 그곳을 찾아 들어간다.

육손은 갑자기 일어나는 폭풍 속에 길을 잃고 헤맨다. 겨우 제갈량의 장인 黃承彦(황승언)의 도움을 받아 그 돌무더기 사이를 벗어난다.

육손은 황승언으로부터 제갈량이 이곳에 팔진도를 포진하고 西川(蜀)에 들어가면서 "뒷날 오의 장수가 이곳에서 헤매다가 죽을 것이니 구원하지 말라."는 부탁을 받았지만 자신이 선행 베풀기를 좋아하기에 구원해 주었다는 말을 듣는다.

그리고 자신이 死門으로 들어갔기에 죽을 수밖에 없었다는 사실도 알게 된다. 자기 진영으로 들어온 육손은 "공명은 정말로 와룡(孔明眞臥龍也)"이라며 감탄한다. 육손은 촉에 대한 공격을 중단하고 조비의 내침에 대비한다. −《삼국연의》 84회 −

(4) 亮爲政無私. 馬謖素爲亮所知, 及敗軍流涕斬之, 而卹其後. 李平·廖立, 皆爲亮所廢, 及聞亮之喪, 皆歎息流涕, 卒至發病死. 史稱, 亮開誠心, 布公道, 刑政雖峻而無怨者, 眞識治之良材. 而謂其材長於治國, 將略非所長, 則非也.

제갈량은 정사를 처리하며 사사로움이 없었다. 마속은 평소에 제갈량이 알아주는 사람이었지만 패군하자 제갈량은 눈물을 흘리며 목을 베었지만 그 처자식을 돌봐 주었다. 이평과 요립 두 사람은 다 제갈량에 의해 폐출되었지만 제갈량이 죽었다는 소식에 탄식하며 눈물을 흘리다가 끝내 병이 나서 죽었다.

역사기록에는 '제갈량이 성심을 다하여 공도를 널리 폈으며 형정이 비록 준엄하였으나 원망이 없었던 것을 보면 진실로 정치에 우수한 인물임을 알 수 있다.' 고 하였다.

그리고 그의 재능이 치국에 뛰어났지만 장수의 지략으로 우수하지 않았다 했는데, 이는 그렇지 않다.

어구 설명

○ 亮爲政無私. 馬謖素爲亮所知, 及敗軍流涕斬之, 而卹其後. : 제갈량은 政事를 처리하며 사사로움이 없었다. 마속은 평소에 제갈량이 알아주는 사람이었지만 敗軍(패군)하자 눈물을 흘리며 목을 베었지만 그 처자식을 돌봐 주었다.

 － 爲政 ; 政事를 담당하다. 정치를 하다. 無私(무사) ; 私利를 챙기지 않았다. 私情이 없었다. 謖 일어날 속. 빼어난 모양.

 － 素 흴 소. 평상시. 爲亮所知(위량소지) ; 제갈량이 알아주는 사람이었다. 敗軍(패군) ; 요충지 街亭(가정)을 빼앗겼음.

 － 涕 눈물 체. 눈물을 흘리다. 斬 벨 참. 卹 가엾이 여길 휼.

돌봐주다.   其後 ; 참수당한 마속의 처자식.

○ 李平·廖立, 皆爲亮所廢, 及聞亮之喪, 皆歎息流涕, 卒至發病
死. : 李平과 廖立(요립) 두 사람은 다 제갈량에 의해 廢出되었지
만 제갈량이 죽었다는 소식에 탄식하며 눈물을 흘리다가 끝내 병
이 나서 죽었다.

 - 廖 공허할 료. 성 요.   所 바 소. 장소. 동작을 名詞化 함. 受
動의 뜻을 나타냄.   所廢(소폐) ; 폐출 당하다.

 - 喪 잃을 상. 죽다.   歎息(탄식) ; 아쉬워 한탄함.   卒(졸) ; 끝내.

○ 史稱, 亮開誠心, 布公道, 刑政雖峻而無怨者, 眞識治之良材. :
역사기록에는 '제갈량이 誠心을 다하여 公道를 널리 폈으며 刑政
이 비록 준엄하였으나 원망이 없었던 것을 보면 진실로 정치에
우수한 인재이었음을 알 수 있다'고 하였다.

 - 史 ; 여기서는 西晋 陳壽의 正史인《三國志》.   稱 일컬을 칭.
서술하다. 저울.   開 열 개. 넓히다.

 - 布 베 포. 펴다.   公道 ; 바른 도리.   峻 높을 준. 준엄하다.
識 알 식. 표지 지.   良材(양재) ; 우량한 인재. 뛰어난 인물.

○ 而謂其材長於治國, 將略非所長, 則非也. : 그리고 그의 재능이
치국에는 뛰어났지만 장수로서의 智略에 뛰어나지는 않았다 했
는데, 이는 잘못된 평가이다.

 - 而 그리고, 접속사.   謂 말하다. 평가하다.   長 ; 뛰어나다.
우수하다.

 - 將略(장략) ; 장수로서의 智略이나 用兵術.

※ 전술이나 전투능력에 우수했지만 결국 목적을 달성하지 못했기에

이런 평가가 있을 수 있지만 이는 제갈량의 전모를 제대로 파악하지 못한 평가일 것이다.

【참고】 제갈량의 경영 능력

❖ 마속의 실책으로 요충지 가정과 열류성을 빼앗긴 제갈량은 漢中으로 철수한다. 제갈량은 군사를 점검하며 작전의 패인을 분석한다. 마속은 패전의 엄청난 결과를 잘 알기에 자신을 밧줄에 묶고 제갈량 앞에 꿇어 엎드렸다. 제갈량은 그만큼 당부했는데도, 이런 결과가 되었다며 마속을 질책했다.

제갈량 누참마속

"모든 것이 너의 허물이다. 만약 군율을 엄히 하지 않는다면 어찌 많은 사람을 통솔할 수 있겠느냐. 네가 군법을 어긴 것이니 나를 원망하지 말라."

물론 제갈량은 마속의 처자식을 자기 자식처럼 보살펴 주겠다는 말도 한다.

마속의 처형에 대하여 蔣琓(장완)도 "이처럼 어려운 상황에서 智謀之士(지모지사)를 죽이는 것이 아깝지 않느냐"고 만류했지만 제갈량은 "옛날 孫武(孫子)가 천하를 제압할 수 있었던 것은 군법의 적용이 분명했기 때문이다."며 눈물을 뿌린다(泣斬馬謖, 淚斬馬謖).

이어 참수된 마속의 머리가 계단 아래 놓이자 공명은 크게 통곡하며 말한다.

"나는 마속을 위해 통곡하지는 않는다. 전에 先帝(유비)께서 백제성에서 임종하실 무렵, 나에게 '마속은 실질보다 말이 지나치니 크게 쓸 수 없다(馬謖言過其實 不可大用).'고 나에게 말씀하신 것이 생각나는데 지금 그 말씀이 그대로 적중하였다."

-《三國演義》제96회 -

❖ 제갈량의 재능은 비범했으며 그의 기본 사상은 유학을 숭상했고 정사에서는 법과 원칙을 준수했다. 제갈량의 천성적 우수한 능력과 자질은 그렇다 치더라도 그가 魏·蜀·吳 삼국의 안정적 정립 구도를 짜고, 천하통일을 목표로 북벌을 추진한 그 국가경영 능력은 어떻게 가능했을까?

유비가 죽은 뒤, 제갈량은 어리석은 後主와 용렬한 신하들만이 있는 촉의 내정을 추스르면서 북벌을 시도하지만 그가 거두려 했던 성과는 거두지 못하였다.

중국인들이 생각한 제갈량은 가히 전지전능한 신의 경지였으니 1800년 전에 창조된 중국인들의 슈퍼맨이었다. 제갈량의 이름은 지금도 여전히 빛이 나고, 제갈량에 대한 이야기는 지금도 계속 윤색되며 창조되고 있다.

(5) 初丞相亮, 嘗表於帝曰, 臣成都有桑八百株, 薄田十五頃, 子孫衣食自有餘, 不別治生, 以長尺寸. 臣死之日, 不使內有餘帛, 外有贏財, 以負陛下. 至是卒, 如其言. 諡忠武.

그전에 승상 제갈량이 황제에 表文을 올려 말하였다. "신에게는 성도에 뽕나무 8백 주가 있고 박전 15경이 있으니 자손들의 의식은 저절로 해결될 것이라 별도로 생계를 마련하거나 한 자, 한 치의 땅도 넓히지 않았습니다. 신이 죽는 날에 여분의 옷감이나 남는 재물을 쌓아두어 폐하의 기대를 저버리지는 않을 것입니다." (제갈량이) 죽은 뒤에 보니 그의 말과 같았다. 시호는 충무이다.

어구 설명

○ 初丞相亮, 嘗表於帝曰, 臣成都有桑八百株, 薄田十五頃, 子孫

衣食自有餘, 不別治生, 以長尺寸. 臣死之日, 不使內有餘帛, 外有
贏財, 以負陛下. : 그전에 승상 제갈량이 황제에 表文을 올려 말
하였다. "신에게는 成都에 뽕나무 8백 주가 있고, 박전 15경이 있
으니 자손들의 의식은 저절로 해결될 것이라 별도로 생계를 마련
하거나 한 자, 한 치의 땅도 넓히지 않았습니다. 신이 죽는 날에
여분의 옷감이나 남는 재물을 쌓아두어 폐하의 기대를 저버리지
는 않을 것입니다."

 – 嘗表於帝 ; 전에 帝(後主)에게 表를 올리다. 제갈량이 죽기 전
에 오장원에서 올린 表文의 내용이다. –《삼국연의》 104회–

 – 成都(성도) ; 촉의 수도.   桑 뽕나무 상.   薄 엷을 박. 薄田 ;
척박한 농토.   頃 밭 넓이 단위 경. 경(頃)은 100묘(畝).

 – 不別 ; 별도로 ~하지 않았다.   治生 ; 살아갈 방도를 차림.
長 ; 넓히다.   尺寸 ; 한 자나 한 치의 땅.

 – 帛 비단 백. 옷감.   餘帛 ; 남는 옷감. 여분으로 비축한 옷감.
贏 남을 영.   贏財 ; 생활비에 쓰고도 남은 재물.

 – 負 짐질 부. 기대를 저버리다.   陛 섬돌 폐.

○ 至是卒, 如其言. 諡忠武. : (제갈량이) 죽은 뒤에 보니 그의 말
과 같았다. 시호는 충무이다.

【참고】 제갈량의 지략에 대한 평가

 ❖ 제갈량의 두뇌 속의 지혜나 智略은 무형이기에 어떻게 측량
할 수 없다. 때문에 다른 사람과 그 우열을 비교하는 것이 불가능

하다고 말할 수 있다. 그러나 그 지혜나 지략의 결과를 놓고 평가한다면 우열과 고저를 판단할 수 있다.

비록 소설 속의 내용을 근거로 평가한 것이지만 제갈량의 지혜나 지략은 당시 삼국의 그 누구보다도 우수했다.

우선 제갈량과 함께 지혜와 지략을 겨루었던 인물들 – 곧 제갈량이 상대하고 겨루었던 사람들의 수준을 생각해보아야 한다. 제갈량은 조조와 손권, 사마의나 주유 육손과 지략을 겨루었다. 조조나 손권 휘하의 그 수많은 참모나 모사들 그 누구 하나 녹록한 인물들은 아니었다. 이들과 싸워 제갈량은 패퇴하거나 물러서지 않았다.

두 번째로, 제갈량이 활동 영역을 생각해야 한다. 제갈량은 軍師로 전술 전략상 군사적 승리를 거두면서 나라의 행정과 民政까지도 제갈량의 책임이었다. 또 吳나라와 外交戰뿐만 아니라, 남만을 원정하며 통치권 내의 여러 민족을 아우르는 영역까지 제갈량의 능력이 미치지 않은 곳이 없었다.

셋째로, 제갈량은 현실을 근거로 미래를 예측하는 탁월한 능력의 소유자였다. 유비를 도와 출사하기 전, 三分天下의 큰 밑그림을 그렸고 또 그의 뜻대로 삼국이 정립하여 세력을 다투었다. 먼 장래를 예측하고 그대로 이끌어 갔다는 점에서 십여 수를 미리 예견한 뛰어난 혜안이었다고 평가할 수 있다.

그러나 제갈량도 결국은 인간이었다. 형주를 바탕으로 劉備가 흥성했지만, 유비는 결국 형주에서 망했다. 이는 제갈량도 예측하지 못한 부분이었다. 그리고 삼국의 쟁패가 결국 司馬氏의 晉으로 통일될 것은 曹操는 물론 諸葛亮도 예측하지 못했다.

《삼국연의》를 읽고 이야기하는 중국인들에게 제갈량은 거의 신에 가까운 형상으로 나타난다. 錦囊妙計(금낭묘계)의 비책은 기본이면서도 비바람을 마음대로 조절하고 축지법을 쓰고 돌을 쌓아 만든 팔괘진으로 적의 내침을 방어하는 초능력의 소유자가 바로 제갈량이다. 그러나 중국인들은 제갈량의 지략은 자신들의 노력으로 따라갈 수 있다고 생각했다.

그리하여 '한 사람의 가죽신 장인은 좋은 신발을 만들어내기 어렵다. 가죽신 장인이 두 사람이면 일이 있을 때 잘 의논한다. 세 사람이면 제갈량보다 낫다' 라고 했다.

또 '지혜로운 사람의 온갖 사려에도 실수가 있고(智者千慮 必有一失), 어리석은 사람도 많이 생각하면 성취하는 것이 있다(愚者千慮 必有一得).' 라고 했다.

(6) 漢自丞相亮旣亡, 蔣琬爲政. 楊敏毀琬曰, 作事憒憒, 不及前人. 或請推治敏, 琬曰, 吾實不如前人, 無可推. 琬卒, 費禕・董允爲政, 公亮盡忠. 允卒, 姜維與費禕竝爲政.

한 승상 제갈량이 죽은 이후, 장완이 정치를 주관하는데 양민이 장완을 비방하면서 말했다. "하는 일이 확실치 않고 전임자만 못하다." 어떤 사람이 양민의 죄를 물어 다스리자고 말했더니, 장완이 말했다. "나는 사실 전임자(제갈량)만 못하니 죄를 물을 수 없습니다." 장완이 죽자, 비의와 동윤이 정치를 했는데 모두 공정하고 진실했으며 충성을 다하였다. 동윤이 죽자, 강유와 비의가 같이 정사를 돌보았다.

어구 설명

○ 漢自丞相亮旣亡, 蔣琬爲政. 楊敏毀琬曰, 作事憒憒, 不及前人. : 漢 丞相 제갈량이 죽은 이후, 蔣琬(장완)이 정치를 주관하는데 楊敏(양민)이 장완을 비방하면서 말했다. "하는 일이 확실치 않고 전임자만 못하다."

－ 蔣 줄 장, 성씨 장. 琬 홀 완. 아름다운 구슬.

－ 蔣琬 ; (?～246), 字 公琰, 蜀漢의 저명한 政治家이며 軍事 戰略家. 後主를 보필하여 朝政을 주관하면서 國力을 大增했다.

－ 毀 헐 훼. 헐뜯다. 憒 심란할 궤. 憒憒(궤궤) ; 마음이 어지러움. 하는 일이 확실치 않음.

○ 或請推治敏, 琬曰, 吾實不如前人, 無可推. : 어떤 사람이 양민의 죄를 물어 다스리자고 말했더니, 장완이 말했다. "나는 사실 전임자(제갈량)만 못하니 죄를 물을 수 없습니다."

－ 或 혹 혹. 或者. 어떤 사람. 推 옮을 추. 밀 퇴. 推治(추치) ; 죄를 헤아려 다스림. 實 열매 실. 실제로. 사실상.

○ 琬卒, 費禕·董允爲政, 公亮盡忠. 允卒, 姜維與費禕竝爲政. :

장완이 죽자, 費禕(비의)와 董允(동윤)이 정치를 했는데 모두 공정하고 진실했으며 충성을 다하였다. 동윤이 죽자, 강유와 비의가 같이 정사를 돌보았다.

 – 費 쓸 비, 땅이름 비. 禕 아름다울 의. 費禕(?~253), 字 文偉. 董 감독할 동. 允 진실할 윤. 董允(동윤, ?~246), 字 休昭.

 – 亮 밝을 량. 公亮(공량) ; 公正하고 信實함. 盡 다할 진. 竝 아우를 병. 함께하다.

【참고】 蜀漢四英(촉한사영)

❖ 제갈량이 죽은(234년) 이후에도 촉한은 30년 가까이 존속할 수 있었던 것은 장완, 비의, 동영 같은 훌륭한 文臣이 정치를 담당했기 때문이었다. 제갈량과 장완, 비의, 동윤을 蜀漢四英(촉한사영)이라 부른다.

검문관(劍門關) ; 蜀나라로 들어오기 위한 군사 요새

4) 魏의 쇠퇴

(1) ○ 魏主性好土功. 先是旣治許昌宮, 後又作洛陽宮, 徙長安鐘簴·橐駝·銅人·承露盤於洛陽. 盤折聲聞數十里, 銅人重不可致. 乃大發銅, 鑄銅人二, 列坐於司馬門外, 號曰翁仲. 起土山於芳林園, 植雜木善草, 捕禽獸致其中, 諫者皆不納.

○ 魏의 명제는 토목공사를 좋아하는 성격이었다. 먼저 이미 허창궁을 짓고 뒤에 또 낙양궁을 짓고, 장안에 있던 종거, 탁타, 동인, 승로반을 낙양으로 옮겨왔다. 승로반이 부러지는 소리가 수십 리까지 들렸고, 동인은 무거워 옮기질 못했다. 그래서 구리를 크게 징발하여 구리로 사람 둘을 만들어 사마문 밖에 줄지어 세워놓고 옹중이라고 불렀다. 방림원에 토산을 만들고 여러 나무와 기이한 풀을 심었으며 잡아온 새나 짐승들을 그 안에 넣고 키웠는데, 이를 간하는 사람의 말을 하나도 듣지 않았다.

어구 설명

○ 魏主性好土功. 先是旣治許昌宮, 後又作洛陽宮, 徙長安鐘簴· 橐駝·銅人·承露盤於洛陽. : 魏의 황제(明帝)는 토목공사를 좋아하는 성격이었다. 먼저 이미 許昌宮을 짓고, 뒤에 또 낙양궁을

짓고, 長安에 있던 鐘簴(종거), 橐駝(탁타), 銅人(동인), 承露盤(승로반)을 낙양으로 옮겨왔다.

－ 土功(토공) ; 水土之工事. 토목공사.　許昌(허창) : 조조는 본래 許縣(허현) 출신이었기에 獻帝를 허현으로 데려오면서 許都(허도)라 불렀다. 魏는 수도를 낙양으로 정하면서 허도를 許昌이라 개칭하였음.

－ 洛陽宮(낙양궁) ; 後漢 수도였던 낙양에 지은 궁궐.　徙 옮길 사.　長安 ; 지금의 西安, 낙양과 서안의 거리는 약 400km 정도.

－ 簴 악기를 매다는 틀 거.　鐘簴(종거) ; 종과 종 걸이. 鐘鐻(종거)와 같음.　橐 전대 탁.　駝 낙타 타.　橐駝(탁타) ; 낙타.

－ 銅 구리 동.　承 받들 승.　露 이슬 로.　盤 소반 반, 받침대 반.　承露盤 ; 漢 武帝가 甘露를 받기 위해 만들었다는 銅盤.

○ 盤折聲聞數十里, 銅人重不可致. 乃大發銅, 鑄銅人二, 列坐於司馬門外, 號曰翁仲. : 승로반이 부러지는 소리가 수십 리까지 들렸고, 銅人은 무거워 옮기질 못했다. 그래서 구리를 크게 징발하여 구리로 사람 둘을 만들어 사마문 밖에 줄지어 세워놓고 翁仲(옹중)이라고 불렀다.

－ 折 꺾을 절. 부러지다.　聲 소리 성.　聞 들을 문. 들리다.　致 보낼 치.　發 필 방. 徵發(징발)하다.

－ 鑄 쇠를 부어 만들 주. 鑄造(주조)하다.

－ 司馬門(사마문) ; 궁궐 밖의 문.　翁 늙은이 옹.　仲 가운데 중. 형제 서열이 가운데라는 뜻.　翁仲 ; 銅像에 붙인 이름.

○ 起土山於芳林園, 植雜木善草, 捕禽獸致其中, 諫者皆不納. : 芳

林園에 土山을 만들고 여러 나무와 기이한 풀을 심었으며 잡아온 새나 짐승들을 그 안에 넣고 키웠는데, 이를 諫하는 사람의 말을 하나도 듣지 않았다.

 ─ 芳 꽃다울 방. 善 잘하다. 묘하다. 좋다는 뜻이 있음. 善草 기이한 풀. 捕 사로잡을 포.

 ─ 禽 날짐승 금. 獸 짐승 수. 諫 간할 간. 바른말로 잘못을 지적함.

(2) ○ 魏主有疾, 召司馬懿入朝, 以曹爽爲大將軍. 魏主叡殂, 僭位十四年, 改元者三, 曰太和 · 靑龍 · 景初. 子芳立, 是爲廢帝邵陵厲公. 芳八歲卽位, 司馬懿 · 曹爽, 受遺詔輔政, 懿爲太傅.

○ 위주(명제)가 병에 걸렸는데, 사마의를 불러 입조케 하고 조상을 대장군으로 삼았다. 위주 조예가 죽었으니 14년간 황제를 참칭하였고 개원을 3번 했는데, 태화, 청룡, 경초였다. 아들 조방이 즉위하니, 이가 폐제 소릉여공이다. 조방이 8세에 즉위하니, 사마의와 조상이 유조를 받아 정사를 도왔고, 사마의는 태부가 되었다.

어구 설명

○ 魏主有疾, 召司馬懿入朝, 以曹爽爲大將軍. : 魏主(明帝)가 병에 걸렸는데, 司馬懿(사마의)를 불러 入朝케 하고 曹爽(조상)을 대장군으로 삼았다.

　－疾 병 질.　有疾 ; 병에 걸리다.　爽 시원할 상.

○ 魏主叡殂, 僭位十四年, 改元者三, 曰太和·靑龍·景初. : 魏主 叡(예)가 죽었으니 14년간 황제를 참칭하였고 개원을 3번 했는데, 太和, 靑龍, 景初(경초)였다.

　－叡 밝을 예. 曹叡(조예) ; 魏 明帝의 이름.　殂 죽을 조.　僭位(참위) ; 이는 蜀漢을 정통으로 보았기에 참위라 기록한 것이다. 실제로 魏가 3국 중 가장 강대했고 문화적으로도 앞섰다.

○ 子芳立, 是爲廢帝邵陵厲公. 芳八歲卽位, 司馬懿·曹爽, 受遺詔輔政, 懿爲太傅. : 아들 曹芳(조방)이 즉위하니, 이가 廢帝(폐제) 邵陵厲公(소릉여공)이다. 조방이 8세에 즉위하니, 사마의와 조상이 遺詔(유조)를 받아 政事를 도왔고, 사마의는 太傅(태부)가 되었다.

　－芳 꽃다울 방.　廢 없앨 폐.　邵 고을 이름 소.　邵陵(소릉) ; 地名.　厲 날카롭게 갈 여(려), 무서울 려.　詔 고할 조. 天子의 명령.

　－傅 스승 부.　太傅(태부) ; 황제나 國王을 보좌하는 大臣. 또는 皇帝의 스승 겸 輔弼(보필)하는 관직. 國王이 어린 경우 대개 정사를 담당했다. 後漢에서는 국정 최고 원로인 三公의 한 사람.(司馬懿가 어린 황제를 끼고 국정의 실권을 장악한 것이다.)

【참고】 廢帝(폐제) 曹芳(조방)

❖ 明帝의 親子는 모두 요절했고, 조방은 명제의 義子이다. 8세 인 239년에 즉위하여 254년까지 재위하였다. 병권을 장악했던 조상이 사마의에 의해 축출되면서 모든 권력을 사마씨가 장악한다. 조방은 사마소에 의해 폐위된다.(역사에서는 이를 齊王 芳이라 칭한다.)

(3) ○ **魏曹爽驕奢無度, 司馬懿殺之. 懿爲魏丞相, 加九錫不受. 爽之黨夏侯霸奔蜀. 姜維問之曰, 懿得政, 復有征伐志否. 霸曰, 彼營立家門, 未遑外事. 有鍾士季者, 雖少若管朝政, 吳·蜀之憂也.**

○ 위나라 조상의 교만과 사치가 절도가 없어 사마의가 죽여 버렸다. 사마의는 위의 승상이 되었고 (황제가) 구석을 내렸으나 받지 않았다. 조상의 무리인 하후패는 촉으로 도망했다.

강유가 하후패에게 물었다. "사마의가 정권을 잡았는데 다시 정벌할 뜻을 갖고 있는 것은 아닌가?" 하후패가 말했다. "그는 가문을 일으키기에 바빠서 국외의 일에 마음 쓸 경황이 없습니다. 종사계라는 자가 있는데 어리지만 만약 조정을 관장하면 오와 촉의 걱정거리가 될 것입니다."

夏候霸(하후패)

어구 설명

○ 魏曹爽驕奢無度, 司馬懿殺之. 懿爲魏丞相, 加九錫不受. : 魏曹爽(조상)의 교만과 사치가 절도가 없어 司馬懿가 죽여 버렸다. 사마의는 魏의 丞相이 되었고 (황제가) 九錫(구석)을 내렸으나 받지 않았다.

－ 爽 시원할 상.(爻 점괘 효 7획)　曹爽(조상, ～249년) 曹眞의 아들. 明帝의 유조를 받고 사마의와 공동으로 권력을 장악했으나 사마의가 '高平陵의 변란'을 일으켜 조상을 참살하고 삼족을 멸해버렸다.

- 驕 교만할 교. 깔보고 업신여기다.　奢 사치할 사.　無度(무도) ; 節度(절도)가 없음.

- 九錫(구석) ; 元老 大臣에게 내리는 최고의 영예를 상징하는 9가지 물품. 거마(車馬), 의복(衣服), 악현(樂縣), 주호(朱戸), 납승(納陛 ; 거처에 계단 설치), 호분(虎賁 ; 守門軍事), 궁시(弓矢), 부월(斧鉞 ; 도끼), 거창규찬(秬鬯圭瓚 ; 각종 제기)과 종자 3백 명.

○ 爽之黨夏侯霸奔蜀. 姜維問之曰, 懿得政, 復有征伐志否. : 조상의 무리인 夏侯霸(하후패)는 촉으로 도망했다. 姜維가 하후패에게 물었다. "사마의가 정권을 잡았는데 다시 정벌할 뜻을 갖고 있는 것은 아닌가?"

- 黨 무리 당. 夏侯(하후) ; 복성(複姓).　霸 으뜸 패. 무력이 강함.　奔 달릴 분. 달아나다.

○ 霸曰, 彼營立家門, 未遑外事. 有鍾士季者, 雖少若管朝政, 吳·蜀之憂也. : 하후패가 말했다. "그는 家門을 일으키기에 바빠서 국외의 일에 마음 쓸 경황이 없다. 鍾士季(종사계)라는 者가 있는데 어리지만 만약 조정을 관장하면 吳와 蜀의 걱정거리가 될 것입니다."

- 彼 저 피. 삼인칭 대명사.　營立(영립) ; 일으켜 세우다.　遑 허둥거릴 황. 경황. 바쁜 모양.　未遑(미황) ; 미처 겨를을 내지 못함.

- 外事(외사) ; 타국과의 외교나 전쟁.　鍾士季(종사계, 鍾會. 225~264) ; 太傅 鍾繇(종요)의 아들. 蜀을 정벌한 魏의 智將.

- 雖 비록 수.　憂 근심할 우. 걱정거리.

【참고】 富家翁(부가옹) – 돼지의 꿈

❖ 曹芳(조방)이 帝位에 있을 때, 曹眞의 아들 曹爽(조상)은 사마의를 제치고 군사권을 장악했다. 이후 10년 – 사마의는 재집권을 노리며 은인자중 기회를 엿보고 있었다.

嘉平(가평) 원년(서기 249년) 조상과 그 형제와 심복들 모두가 도성을 떠나 교외로 사냥하러 나가자 사마의는 황제에게 글을 올려 조상의 군사지휘권을 빼앗는다. 이때 조상은 외부 군사를 동원하여 사마의를 처단할 수 있었는데도 가족이 성 안에 있다는 이유로 모든 것을 포기하며 말한다.

"나는 모든 것을 다 버리고, 다만 부가옹(富家翁, 부잣집 늙은이)으로 살고 싶다."

조상의 참모로 10년 전에 사마의로부터 군사권을 빼앗아 가지라고 권유했던 桓範(환범)은 장막을 나와 하늘을 보고 대성통곡하며 말한다.

"조자단(曹子丹 ; 曹眞)은 지모가 있다고 스스로 자부했지만 그 아들 3형제는 진짜 돼지새끼들이로다."

이후 조정의 모든 실권은 司馬氏가 장악한다.

❖ 사마의한테 모든 군사 지휘권을 뺏기고 다만 富家翁(부가옹)이 되고 싶다 하던 曹爽(조상)과 그 형제 일족 및 추종자들은 역모를 꾀했다고 모두 사형을 당하거나 투옥된다.

조상의 사촌 동생 文叔(문숙)의 아내는 夏候令(하후령)의 딸인데 그녀를 친정에서 개가시키려 하자, 문숙의 처는 이를 거부하며 자신의 코를 잘라버렸다. 주위 사람들이 그녀에게 물었다.

"인생살이가 약한 풀잎 위에 얹힌 가벼운 먼지 같거늘, 어찌 이런 고생을 스스로 겪어야 하는가? 더군다나 조씨 일가가 사마씨에게 몰살당하여 아무도 남은 사람이 없거늘, 누구를 위해 수절하려는가?"

이에 문숙의 처 하후씨가 말했다.

"어진 자는 성쇠에 따라 절개를 고치지 아니하고(仁者不以盛衰改節), 의로운 사람은 존망에 따라 마음을 바꾸지 않는다(義者不以存亡易心)고 들었습니다. 조씨들이 융성할 때에도 일생을 바치려 했거늘, 하물며 지금 이 가문을 어찌 버릴 수 있겠습니까? 제가 어찌 금수와 같은 짓을 하겠습니까?"

이 말을 전해들은 사마의는 문숙의 아내에게 조씨의 제사를 지내도록 허용했다. -《三國演義》 107회-

(4) ○ 魏司馬懿卒. 以其子師, 爲撫軍大將軍, 錄尙書事. 吳主殂, 諡曰大皇帝. 子亮立. 漢費褘, 汎愛不疑. 降人刺殺之. 姜維用事, 數出兵攻魏.

○ 위의 사마의가 죽었다. 그 아들 사마사를 무군대장군으로 임명하고 상서의 업무를 주관케 하였다.

오주가 죽으니, 시호는 대황제이다. 아들 손량이 즉위하다.

한의 비위는 모든 사람을 믿고 의심하지 않았다. 투항했던 사람이 비위를 찔러 죽였다. 강유가 정사를 주도하며 자주 출병하여 위를 공격했다.

어구 설명

○ 魏司馬懿卒. 以其子師, 爲撫軍大將軍, 錄尙書事. : 魏의 司馬懿가 죽었다.(서기 251년) 그 아들 司馬師를 撫軍大將軍으로 임명하고 尙書의 업무를 주관케 하였다.

 - 司馬師(208~255년) ; 司馬懿의 長子, 司馬昭의 兄, 司馬炎의 伯父. 撫 어루만질 무. 司馬師가 병권을 완전 장악하였음.

 - 錄 기록할 녹(록). 총괄하다. 살피다. 평범하다.

 - 尙 오히려 상, 높일 상. 尙書(상서) ; 관직명. 후한에서는 국가 紀綱과 관련된 모든 업무를 장악. 魏에서는 中書省 중심. 상서의 권한이 약간 축소되었음.

○ 吳主殂, 謚曰大皇帝. 子亮立. : 吳主(손권)가 죽으니, 시호는 大皇帝이다. 아들 孫亮(손량)이 즉위하다.

 - 孫權(182~252년, 71세) ; 공식 帝位 229~252년. 실제는 서기 200년부터 吳를 통치.

 - 殂 죽을 조. 孫亮(손량) ; 재위 252~258년. 吳 廢帝.

○ 漢費禕, 汎愛不疑. 降人刺殺之. 姜維用事, 數出兵攻魏. : 촉한의 비위는 모든 사람을 믿고 의심하지 않았다. 투항했던 사람이 비위를 찔러 죽였다. 강유가 정사를 주도하며 자주 출병하여 위

를 공격했다.

– 費 쓸 비. 비용. 성씨. 禕 폐슬 휘(아름다울 위, 대법원 지정 인명용 한자의 음은 위다≒禕).

– 降 항복할 항. 내릴 강. 降人(항인) ; 위 장수 郭循(곽순). 刺 찌를 자(척). 用事 ; 要職에 있으면서 政事를 마음대로 함. 數 자주 삭.

【참고】 司馬氏 三代

❖ 사마씨의 晉(서진)나라가 이루어지기까지 사마씨 삼대에 걸친 노력과 성장 과정이 있었다.

조조를 섬겨 그 능력을 인정받은 사마의는 조조의 아들 조비(曹丕, 文帝)가 죽고(서기 226년), 그 아들 조예(明帝) 때 표기대장군이 되어 옹주와 양주의 병마권을 장악하게 된다. 이 소식을 들은 제갈량은 마속의 건의를 받아들여 반간(첩자)을 밀파한다. 첩자들은 사마의의 이름으로 된 불온

司馬懿(사마의)

벽보를 곳곳에 붙인다. 명제는 사마의를 의심했고, 대신 화흠은 '조조도 사마의에게 군사권을 맡기지 말라'고 했다며 사마의를 제거하라고 건의한다.

결국 사마의는 모든 관직을 박탈당하고 고향마을로 돌아간다. 이 소식을 들은 제갈량은 '안심하고 위를 칠 수 있다'며 출사표를 올리고 출정한다.

그 이후 위나라 군사가 제갈량에게 계속 패하자 위나라에서는 다시 사마의를 등용한다.

사마의는 嘉平(가평) 3년(251년)에 병사한다.

그전에, 조조는 어느 날 세 마리의 말이 한 구유(槽 구유 조 : 曹와 同音)에서 먹이를 먹는 꿈을 꾸고 이를 매우 언짢게 여겼다고 전해진다. 말 세 마리는 훗날 위나라를 멸망의 길로 들게 하는 사마의와 그 두 아들, 곧 司馬師와 司馬昭를 뜻한다.

사마의가 장악한 위의 군사권은 장자 사마사에게 계승되고, 사마사는 군사권뿐만 아니라 내정의 실권까지 장악한다. 사마사가 병사하자 다시 아우 사마소가 실권을 이어받고, 사마소가 죽자 장자 司馬炎이 아버지의 지위를 계승한다.

(5) ○ 魏李豐, 數爲魏主所召. 司馬師知其議己殺之. 魏主不平, 左右勸誅師, 魏主不敢發. 師廢魏主, 僭位十六年, 改元者二, 曰正始 · 嘉平. 師迎立高貴鄕公, 是爲廢帝, 名髦, 文帝之孫, 明帝之姪, 年十

四郎位.

○ 위나라의 이풍은 위주에게 자주 불려갔다. 사마사는 자신에 대한 의논을 하는 줄 알고서 이풍을 죽였다. 위주는 불안했고 측근들이 사마사를 주살하라고 권했지만 감히 실행하지 못했다. 사마사가 위주를 폐위하였는데 16년간 참위하는 동안 2번 개원하였으니, 정시와 가평이다. 사마사가 고귀향공을 영립하니 이가 폐제이고, 이름은 髦(모)로, 문제의 손자이며 명제의 조카로 나이 14살에 즉위하였다.

어구 설명

○ 魏李豐, 數爲魏主所召. 司馬師知其議己殺之. 魏主不平, 左右勸誅師, 魏主不敢發. : 魏의 李豐은 魏主에게 자주 불려갔다. 司馬師는 자신에 대한 의논을 하는 줄 알고서 이풍을 죽였다. 魏主는 불안했고 측근들이 사마사를 주살하라고 권했지만 감히 실행하지 못했다.

 - 數 자주 삭. 其 그 기. 그들, 위주와 이풍. 議 의논할 의. 己 몸 기. 司馬師 자신. 之 ; 이풍. 誅 벨 주. 誅殺하다.

 - 發 쏠 발. 일으키다. 행하다. 發心 ; 실천하겠다고 마음을 먹다.

○ 師廢魏主, 僭位十六年, 改元者二, 日正始·嘉平. : 사마사가

魏主(曹芳)를 폐위하니 16년간 (황제)자리를 차지하는 동안 2번 개원하였으니 正始와 嘉平이다.

－ 嘉 아름다울 가. 正始 ; 서기 240∼249년, 嘉平 ; 서기 249∼254년.

○ 師迎立高貴鄕公, 是爲廢帝, 名髦, 文帝之孫, 明帝之姪, 年十四卽位. : 司馬師가 高貴鄕公을 迎立하니 이가 廢帝이고, 名은 모(髦)로, 文帝(조비)의 손자이며 明帝의 조카(姪)로 나이 14살에 즉위하였다.

－ 迎 맞이할 영. 髦 다팔머리 모. 姪 조카 질.

(6) ○ 揚州都督毌丘儉 · 刺史文欽, 起兵討司馬師, 師擊敗之. 師卒, 弟昭爲大將軍, 錄尙書事, 已而爲大都督, 假黃鉞. 揚州都督諸葛誕, 起兵討昭, 昭攻殺之, 昭爲相國, 封晉公, 加九錫不受.

○ 양주도독 관구검과 자사 문흠이 기병하여 사마사를 토벌한다 했으나, 사마사가 공격하여 그들을 패퇴시켰다. 사마사가 죽자, 아우 사마소가 대장군이 되어 상서직을 겸하다가 곧이어 대도독이 되었고 황월을 차지하고 행사했다.

양주의 도독인 제갈탄이 기병하여 사마소를 토벌하려 했

으나 사마소가 공격하여 죽였다. 사마소는 상국이 되었고 진공에 봉해지고 구석을 내렸으나 받지 않았다.

어구 설명

○ 揚州都督毌丘儉·刺史文欽, 起兵討司馬師, 師擊敗之. : 揚州都督(양주도독) 毌丘儉(관구검)과 刺史(자사) 文欽(문흠)이 起兵하여 司馬師를 토벌한다 했으나(서기 255년) 사마사가 공격하여 그들을 패퇴시켰다.

 - 毌 꿰뚫을 관. 貫의 本字. (母 어미 모, 毋 말 무, 혼동하기 쉬움.) 毌丘(관구) ; 복성(複姓). 毌丘儉(관구검) ; 幽州刺史(유주자사)였던 관구검은 정시 5년(서기 244년), 고구려를 정벌하여 수도 환도성을 함락시키고 수많은 인명을 해쳤다. 당시 고구려 東川王은 沃沮(옥저)로 피난했었다.

 - 刺 찌를 자. 刺史(자사) ; 군사, 행정권을 가진 지방관. 欽 공경할 흠. 擊 칠 격.

○ 師卒, 弟昭爲大將軍, 錄尙書事, 已而爲大都督, 假黃鉞. : 司馬師가 죽자(서기 255년), 아우 司馬昭가 大將軍이 되어 尙書職을 겸하다가 곧이어 大都督이 되었고 황월을 차지하고 행사했다.

 - 假 거짓 가, 빌릴 가. 鉞 도끼 월('鉥 배목 술'과 혼동하기 쉬움) 黃鉞(황월) ; 황금으로 장식한 도끼, 天子의 武力 權威의 상징. 司馬昭가 黃鉞을 받아 행사했다는 것은 이미 황제를 능멸하고 있다는 뜻이다.

○ 揚州都督諸葛誕, 起兵討昭, 昭攻殺之. 昭爲相國, 封晋公, 加九錫不受. : 揚州(양주)의 都督(도독)인 諸葛誕(제갈탄)이 起兵하여 司馬昭를 토벌하려 했으나(서기 256년), 司馬昭가 공격하여 죽였다. 사마소는 相國이 되었고 晋公에 봉해지고 九錫을 내렸으나 받지 않았다.

 - 諸葛誕(제갈탄) : 제갈량의 堂弟(사촌 동생).

【참고】 제갈량의 형제들

❖ 諸葛씨는 山東 琅琊(今 山東省 沂南縣) 지역의 명문이었다. 제갈량의 부친 諸葛珪(제갈규)는 泰山郡丞(태산군승)이었는데 제갈량이 어렸을 때 일찍 죽었다. 숙부 諸葛玄(제갈현)은 豫章太守(예장태수)를 지냈는데 나중에 형주목의 劉表와 교분이 있어 형주로 이주하였는데, 제갈량은 동생 諸葛均(제갈균)과 함께 숙부를 따라왔다. 숙부 제갈현이 죽자, 제갈량은 남양군 양양의 융중(隆中, 臥龍崗)에서 농사를 지으며 살고 있었다.

제갈량의 친형인 諸葛瑾(제갈근)은 吳의 孫權을 섬겼고, 諸葛亮은 蜀 劉備를 섬겼으며, 四寸 제갈탄은 魏에서 벼슬을 살았다. 《三國演義》에서 유비가 삼고초려를 할 때 집에 있던 諸葛均은 제갈량 바로 아래 동생으로 隆中에 머물다가 蜀漢 建立한 뒤에 出仕하여 長水校尉를 지냈다.

(7) ○ 吳主亮親政, 數出中書, 視太帝時舊事. 嘗食生梅索蜜, 蜜中有鼠矢. 召藏吏問曰, 黃門從爾求蜜邪. 吏曰, 向求不敢與, 黃門不服. 令破鼠矢, 矢中燥. 因大笑曰, 若矢先在蜜中, 中外俱濕, 今外濕內燥, 必黃門所爲也. 詰之果服, 左右驚慄. 大將軍孫綝, 以其多所難問, 稱疾不朝, 以兵圍宮, 廢亮爲會稽王, 迎立瑯琊王休. 休立, 以綝爲丞相, 綝又無禮於新君, 遂被誅.

○ 오주 손량은 친정하면서 자주 중서성에 나가 태제 때의 옛일을 찾아보았다. 그전에 생 매실을 먹다가 꿀을 달라 하였는데 (환관이 가지고 온) 꿀단지 속에 쥐똥이 들어 있었다. 관리하는 사람을 불러 물었다. "환관이 너에게 꿀을 달라 한 일이 있느냐?" 관리인이 "지난번에 달라고 하였으나 주지 않았습니다."라고 아뢰었다. 환관이 인정하지 않자 쥐똥을 갈라보게 하니 쥐똥 속은 말라있었다.

그러자 크게 웃으며 말했다. "만약 쥐똥이 전부터 꿀단지 속에 있었다면 속이나 겉이 다 젖었을 것이다. 지금 보니 겉은 젖었지만 속이 마른 것을 보니 필시 환관의 짓이다." 환관을 힐문하자, 과연 사실대로 자백했고 측근 모두가 놀라며 두려워했다.

대장군 손침은 자주 어려운 문제에 부딪치자 병을 핑계

대고 조회에 나오지 않다가 병력을 동원해 궁을 포위한 뒤, 손량을 폐위하여 회계왕으로 삼고 낭야왕 손휴를 영입하였다. 손휴가 즉위하고, 손침을 승상으로 삼았으나 손침은 새 임금에게 무례하게 굴다가 끝내 주살되었다.

어구 설명

○ 吳主亮親政, 數出中書, 視太帝時舊事. : 吳主 孫亮은 親政하면서 자주 中書省에 나가 太帝 때의 옛일을 찾아보았다.

 - 孫亮 ; 孫權의 三男. 252년 손권이 죽자, 10살에 즉위. 太帝時舊事 ; 아버지 때의 옛일. 孫權의 시호는 大帝임. 太는 大에 加一點하여 大보다 더 크다는 의미가 있음. 大帝와 太帝가 혼용되었다.

○ 嘗食生梅索蜜, 蜜中有鼠矢. 召藏吏問曰, 黃門從爾求蜜邪. 吏曰, 向求不敢與, 黃門不服. 令破鼠矢, 矢中燥. 因大笑曰, 若矢先在蜜中, 中外俱濕, 今外濕內燥, 必黃門所爲也. 詰之果服, 左右驚慄. : 그전에 생 매실을 먹다가 꿀을 달라 하였는데 (환관이 가지고 온) 꿀단지 속에 쥐똥이 들어 있었다. 관리하는 사람을 불러 물었다. "환관이 너에게 꿀을 달라 한 일이 있느냐?" 관리인이 "지난번에 달라고 하였으나 주지 않았습니다."라고 아뢰었다. 환관이 인정하지 않자 쥐똥을 갈라보게 하니 쥐똥 속은 말라있었다.

그러자 크게 웃으며 말했다. "만약 쥐똥이 전부터 꿀단지 속에 있었다면 속이나 겉이 다 젖었을 것이다. 지금 보니 겉은 젖었지만 속이 마른 것을 보니 필시 환관의 짓이다." 환관을 힐문하자, 과연 사실대로 자백했고 측근 모두가 놀라며 두려워했다.

 - 嘗 일찍이 상. 그전에.　生梅(생매) ; 매실 날것.　索 찾을 색. 요구하다. 동아줄 삭.　蜜 꿀 밀.

 - 鼠 쥐 서.　矢 화살 시, 똥 시(屎와 같음). '屎' 와 비슷한 음 (諧音)으로 대치.　藏 감출 장. 저장하다.　藏吏(장리) : 관리인.

 - 黃門(황문) ; 內侍(내시), 환관.　爾 너 이.　邪 간사할 사. 어조사 야(疑問. 否定의 뜻을 표현, 耶(야)와 같음.)

 - 向 향할 향. 이전에. 지난번.　與 더불어 여, 줄 여. 주다. (환관이 관리인에게 '꿀 좀 달라' 고 하였는데 주지 않았기에 감정을 가지고 있다가 심부름으로 꿀단지를 받아 오면서 쥐똥을 그 안에 집어넣은 것이다.)

 - 服 옷 복. 따르다, 굴복하다.　燥 마를 조.　俱 함께 구. 모두 다.　濕 젖을 습.

 - 詰 물을 힐. 따져 묻다.　驚 놀랄 경.　慄 두려워할 율.

○ 大將軍孫綝, 以其多所難問, 稱疾不朝, 以兵圍宮, 廢亮爲會稽 王, 迎立瑯琊王休. : 大將軍 손침은 자주 어려운 문제에 부딪치자 병을 핑계 대고 조회에 나오지 않다가 병력을 동원해 궁을 포위한 뒤, 손량을 폐위하여 회계왕으로 삼고 낭야왕 孫休(손휴)를 영입하였다.

 - 綝 말릴 침.　孫綝(손침) ; 孫權의 從孫.　稱 일컬을 칭. 핑계를 대다.　不朝(부조) ; 朝會에 나오지 않다. 근무를 하지 않음.

- 稽 머무를 계. 會稽(회계) ; 양자강 하류 지역의 地名.　瑯琊(낭야) ; 地名.　孫休(손휴) ; 손권의 아들. 孫亮(손량)의 異腹兄(이복형). 謚號 景皇帝. 재위 6년(258～264년), 연호 永安.

○ 休立, 以綝爲丞相, 綝又無禮於新君, 遂被誅. : 손휴가 즉위하고, 손침을 승상으로 삼았으나 손침이 새 임금에게 무례하게 굴다가 끝내 주살되었다.

- 遂 이를 수. 마침내. 드디어.

(8) ○ **魏主髦見威權日去, 不勝其忿, 曰, 司馬昭之心, 路人所知也. 率殿中宿衛·蒼頭·官僮, 鼓譟出, 欲誅昭. 昭之黨賈充, 入與魏主戰, 成濟抽戈刺魏主髦, 殞于車下. 追廢爲庶人. 僭位七年, 改元者二, 曰正元·甘露. 司馬昭迎立常道鄕公璜, 是爲魏元皇帝, 常道鄕公元皇帝, 初名璜, 燕王宇之子, 操之孫也. 年十五卽位, 改名奐.**

○ 魏主 曹髦(조모)는 위엄과 권세가 날로 줄어드는 것을 보고 분노를 참지 못하고 말했다. "사마소의 속셈(제위를 빼앗으려는 야심)은 길을 가는 사람들이 다 알고 있다." (위주 조모는) 궁중의 숙직, 호위하는 군사, 하인, 관노들을 데리고 북을 요란하게 치며 사마소를 죽이겠다고 나왔다.

　사마소의 무리인 가충은 궁에 들어가 위주와 싸웠고, 성제는 창을 뽑아 위주 조모를 찌르니, 수레 아래 떨어져 죽었다. 뒤에 폐위되어 庶人(서인)이 되었다. 참위 7년에 개원을 2번 하였으니, 正元과 甘露(감로)이다. 사마소는 상도향공인 璜(황)을 영립하니, 이가 魏의 元皇帝인데 초명은 황으로 연왕인 조우의 아들이며, 조조의 손자이다. 나이 15세에 즉위하여 奐(환)으로 개명했다.

어구 설명

○ 魏主髦見威權日去, 不勝其忿, 曰, 司馬昭之心, 路人所知也. : 魏主 曹髦(조모)는 (자신의) 위엄과 권세가 날로 줄어드는 것을 보고 분노를 참지 못하고 말했다. "사마소의 마음(속셈)은 길을 가는 사람들이 다 알고 있다."

　- 髦 다팔머리 모. 긴 털.　曹髦(조모) ; 魏 廢帝 또는 고귀향공으로 기록. 재위 254~260년.

　- 威 위엄 위.　權 저울추 권. 권세.　去 갈 거. 떨어지다. 없애다. 덜다.　忿 분할 분.　路人(노인) : 길을 가는 사람.

　- 所知也(소지야) ; 알려졌다. 被動文.

○ 率殿中宿衛·蒼頭·官僮, 鼓譟出, 欲誅昭. : (위주 조모는) 궁중의 숙직, 호위하는 군사, 하인, 관노들을 데리고 북을 요란하게 치며 사마소를 죽이겠다고 나왔다.

　- 率 거느릴 솔. ~을 데리고.　殿 큰집 전. 궁궐.　宿衛(숙위)

; 호위 武士.　蒼 푸를 창.　蒼頭(창두) ; 노예. 下人. 신분이 천한 사람.

 — 僮 아이 동. 하인.　官僮(관동) ; 官奴(관노).　譟 시끄러울 조.

○ 昭之黨賈充, 入與魏主戰, 成濟抽戈刺魏主髦, 殞于車下. 追廢爲庶人. 僭位七年, 改元者二, 日正元·甘露. : 사마소의 무리인 賈充(가충)은 (궁궐에) 들어가 위주와 싸웠고, (같은 무리인) 成濟(성제)는 창을 뽑아 위주 조모를 찌르니, (위주는) 수레 아래 떨어져 죽었다. 뒤에 폐하여 庶人(서인)이 되었다.(260년) 僭位(참위) 7年에 改元을 2번 하였으니, 正元(254～255년)과 甘露(감로 256～260)년이다.

 — 黨 무리 당. 패거리.　抽 뽑을 추.　戈 창 과.　刺 찌를 자. 殞 죽을 운.　追廢(추폐) ; 폐위되기 전에 죽었기에, 죽은 다음에 폐위 절차를 밟았다는 뜻.

○ 司馬昭迎立常道鄕公璜, 是爲魏元皇帝, 常道鄕公元皇帝, 初名璜, 燕王宇之子, 操之孫也. 年十五卽位, 改名奐. : 司馬昭는 常道鄕公인 璜(황)을 迎立하니, 이가 魏의 元皇帝인데 初名은 璜으로 燕王인 曹宇의 아들이며, 曹操의 孫子이다. 나이 15세에 즉위하여 奐(환)으로 개명했다.

— 璜 서옥 황. 상서로운 구슬.　燕 제비 연. 지금의 베이징(北京) 일대를 지칭하는 지명. 宇 집 우. 처마.　奐 빛날 환.

5) 蜀漢과 魏의 멸망

(1) ○ 漢姜維屢伐魏. 司馬昭患之, 遣鄧艾鍾會, 將兵入寇. 會從斜谷·駱谷·子午谷, 趨漢中, 艾自狄道, 趨甘松·沓中, 以綴姜維. 維聞會已入漢中, 引兵從沓中還. 艾追躡之大戰, 維敗走, 還守劍閣, 以拒會. 艾進至陰平, 行無人之地七百里, 鑿山通道, 造作橋閣. 山高谷深, 艾以氈自裹, 推轉而下, 將士皆攀木緣崖, 魚貫而進. 至江油, 以書誘漢將諸葛瞻, 瞻斬其使, 列陣綿竹以待, 敗績. 漢將軍諸葛瞻死之. 瞻子尚曰, 父子荷國重恩, 不早斬黃皓, 使敗國殄民, 用生何爲. 策馬冒陳而死.

○ 촉한의 강유는 자주 위를 공격했다. 사마소는 이를 걱정하여 등애와 종회를 보내 병력을 거느리고 침입케 하였다. 종회는 야곡, 낙곡, 자오곡으로부터 한중으로 진격하고, 등애는 적도에서 출발하여 감송, 답중으로 진격하여 강유를 견제했다. 강유는 종회가 이미 한중에 들어왔다는 소식을 듣고 병력을 이끌고 답중으로 회군하려고 했다. 등애는 강유를 좇아 크게 싸웠고, 강유는 패주하여 검각으로 돌아와 지키면서 종회를 막았다. 등애는 음평에 이르러 사

姜維(강유)

람도 없는 7백 리를 가면서 산을 뚫어 길을 내고 다리와 잔도를 만들었다. 높은 산과 깊은 골짜기에서 등애는 자신의 몸을 담요로 싸매고서 굴러 내려갔고, 장군이나 병사들은 모두 나무를 잡고 절벽을 오르며 생선을 엮듯 묶고서 전진했다.

강유란 곳에 이르러 서신을 보내 촉한 장수 제갈첨에게 투항을 권유했는데, 제갈첨은 그 사자를 목을 벤 다음에 면죽에서 진열을 갖추고 대기했으나 패전하였다. 한 장군 제갈첨이 죽게 되자, 그의 아들 제갈상이 말했다. "부자가 나라의 큰 은택을 입었으나 황호를 빨리 죽이지 못하여 나라를 망치고 백성을 죽게 하였으니 살아서 무얼 하겠는가! 말을 달려 적진에 뛰어들어 분전하다가 죽었다.

어구 설명

○ 漢姜維屢伐魏. 司馬昭患之, 遣鄧艾鍾會, 將兵入寇. : 漢의 姜維(강유)는 자주 魏를 공격했다. 司馬昭는 이를 걱정하여 鄧艾(등애)와 鍾會(종회)를 보내 兵力을 거느리고 (蜀을) 침입하였다.

 – 漢 ; 촉한. 姜維(강유, 서기 202~264년) ; 諸葛亮의 뒤를 이은 大將軍. 字는 伯約(백약).

 – 屢 많을 누(루). 여러 번. 伐魏(벌위) ; 魏를 공격하다. 치다. 강유는 제갈량이 죽은 뒤에 모두 11차례에 걸쳐 위를 공격했다. 특히 247년부터 250년, 253년부터 257년까지는 매년 공격했지만 특별한 전과를 거두지 못했다.

 – 患 근심 환. 걱정하다. 鄧 나라 이름 등. 艾 쑥 애. 鄧艾(등애) ; 魏의 장수. 鍾會(종회) ; 魏將. 寇 도둑 구. 蜀漢 正統論의 입장에서는 不義의 나라 魏가 蜀에 쳐들어 왔으니 入寇(입구)라 서술한 것임.

○ 會從斜谷·駱谷·子午谷, 趨漢中, 艾自狄道, 趨甘松·沓中, 以綴姜維. : 鍾會는 斜谷(야곡), 駱谷(낙곡), 子午谷(자오곡)으로부터 漢中으로 진격하고, 鄧艾(등애)는 狄道(적도)에서 출발하여 甘松(감송), 沓中(답중)으로 진격하여 姜維를 견제했다.

 – 從 좇을 종. ~을 따라서. 斜 비스듬할 사. 땅이름 야. 斜谷(야곡). 駱 낙타 낙(락). 趨 달릴 추. 재촉할 촉. 빨리 공격하다.

 – 漢中 ; 地名. 狄 오랑캐 적. 綴 꿰맬 철, 막을 철. 牽制(견제)하다.

○ 維聞會已入漢中, 引兵從沓中還. 艾追躡之大戰, 維敗走, 還守劍閣, 以拒會. : 강유는 鍾會가 이미 漢中에 들어왔다는 소식을 듣고 병력을 이끌고 답중으로 돌아왔다. 등애는 강유를 좇아와 크게 싸웠고, 강유는 패주하여 劍閣(검각)으로 돌아와 지키면서 종회를 막았다.

 – 沓 유창할 답. 중첩하다.　躡 밟을 섭. 따라가다.　追躡(추섭) ; 뒤를 따라 좇아가다.

 – 劍閣(검각) ; 古地名. 지금의 四川 廣元市 劍閣縣. 四川과 甘肅의 交通 要地.

○ 艾進至陰平, 行無人之地七百里, 鑿山通道, 造作橋閣. 山高谷深, 艾以氈自裹, 推轉而下, 將士皆攀木緣崖, 魚貫而進. : 등애는 음평에 이르러 사람도 없는 7백 리를 가면서 산을 뚫어 길을 내고 다리와 잔도를 만들었다. 높은 산과 깊은 골짜기에서 등애는 담요로 자신을 싸서 굴러 내려갔고, 將士들은 모두 나무를 잡고 절벽을 오르며 생선을 엮듯 묶고서 비탈길을 전진해 내려갔다.

 – 陰平(음평) ; 地名. 現 文州.　鑿 뚫을 착.　橋閣(교각) ; 다리(교량)와 각도(閣道). 잔도(棧道)를 각도(閣道)라고도 함.

 – 氈 모전 전. 담요.　裹 쌀 과. 싸매다.　轉 구를 전.　下 ; 내려가다.　攀 매달릴 반.　登攀(등반) ; 매달려 올라감.

 – 緣 가장자리 연.　崖 벼랑 애.　緣崖(연애) ; 절벽을 기어오르다.　魚貫(어관) ; 물고기를 엮듯 밧줄로 묶다.

○ 至江油, 以書誘漢將諸葛瞻, 瞻斬其使, 列陣綿竹以待, 敗績. : 江油(강유, 地名)에 이르러 書信을 보내 漢將 諸葛瞻(제갈첨)에게

투항을 권유했는데, 제갈첨은 그 사자를 목을 벤 다음에 綿竹(면죽)에서 진열을 갖추고 대기했으나 패전하였다.

– 瞻 볼 첨. 바라보다. 諸葛瞻(서기 227~263) ; 제갈량의 아들. 書法家. 화가로도 명성이 높았고, 당시 촉한의 衛將軍.

– 列陣(열진) ; 진을 치다. 綿竹(면죽) ; 地名. 敗績(패적) ; 大敗하다.

○ 漢將軍諸葛瞻死之. 瞻子尙日, 父子荷國重恩, 不早斬黃皓, 使敗國殄民, 用生何爲. 策馬冒陳而死. : 漢 將軍 제갈첨이 죽게 되자, 그의 아들 제갈상이 말했다. "父子가 나라의 큰 은택을 입었으나 黃皓를 빨리 죽이지 못하여 나라를 망치고 백성을 죽게 하였으니 살아서 무얼 하겠는가!" 말을 달려 적진에 뛰어들어 죽었다.

– 之 갈 지. ~에 이르다. 死之 ; 죽음에 이르러. 죽게 되자. 諸葛尙 ; 제갈량 아들. 父子가 함께 출전.

– 荷 연꽃 하, 짊어질 하. 自任하다. 皓 흴 호. 黃皓 ; 後主의 최측근 환관. 殄 다할 진. 죽다. 策 채찍 책.

– 冒 무릅쓸 모. 앞뒤를 돌보지 않고 나아가다.

– 陳 베풀 진, 방비 진(陣과 通).

【참고】 강유의 쓸개

❖ 姜維가 제갈량의 여러 비법을 잘 터득했다지만, 모든 여건은 제갈량 살았을 때보다 더 불리하였다. 우선 後主 劉禪(후주 유선)

의 무능력은 제갈량이 살아 있다 하더라도 도저히 어쩔 수 없을 정도였다. 후주는 환관 황호의 말만 믿고 따랐다.

그리고 강유 자신도 큰 공을 세워야 한다는 강박 관념에 쫓기었다고 말할 수 있다. 여러 번 위나라 정벌에 나섰지만 결정적 승리를 쟁취하지는 못했다. 강유는 후주의 의심과 환관 황호의 시기를 피해 屯田(둔전)을 개간한다며 답중이란 곳에 주둔한다.

후주가 등애에게 항복했다는 소식을 들은 강유는 종회에게 투항한다. 강유는 종회를 부추겨 등애와 싸우게 만든 뒤, 그 틈을 이용하여 촉한을 다시 일으키려 했다. 그러나 강유의 계획은 간파되고, 강유는 등애의 군사와 싸우다가 자결한다. 강유는 하늘을 우러러보며 "내 계략이 성공하지 못한 것은, 곧 천명이다(吾計不成乃天命也)."라며 죽었다고 한다.

강유가 죽자, 魏나라 장수들은 복수를 한다고 강유의 배를 갈라 보니, 강유의 쓸개(膽, 담)가 계란만큼 컸다고 한다(膽大如鷄卵). 인간의 용기는 쓸개에서 나온다고 생각했기에 여기서 大膽(대담)하다는 말이 나온 것 같다.

【참고】 제갈량의 부인

❖ 제갈량에게 형주의 남양은 타향이었고, 의지하던 숙부도 죽었기에 그 생활이 순탄했다고 보기 어렵다. 다만 독서를 하면서 당시의 형주의 명사인 司馬徽(사마휘), 龐德公(방덕공), 崔州平(최주평) 등과 교유하였고, 그곳의 名士인 황승언과도 교분이 있었다.

어느 날 黃承彦(황승언)이 제갈량에게 말했다.

"자네가 배필을 찾는다 하니, 나에게 못생긴 딸이 하나 있네! 노랑머리에 얼굴이 검지만 재주가 비상하니 짝이 될 만하네!(黃頭黑色 而才堪相配)"

이 제의를 제갈량은 수락했고 22살에 결혼했다.

제갈량은 부인 황씨와 결혼을 하여 황승언 같은 명사의 지원을 얻을 수 있었고, 남양에 생활기반을 마련할 수 있었을 것이다. 그러나 그보다는 황씨의 학식과 지혜가 뛰어났음을 알았기에 결혼을 했다고 보아야 한다.

그 뒤 그곳 사람들에게 '공명처럼 장가들지 말라, 바로 황승언의 못생긴 딸을 얻는다(莫作孔明擇婦 正得阿承醜女).'라는 속담이 생겼다고 한다.

《삼국연의》 117회에는 부인 황씨가 '위로는 천문과 지리에 박통했고(上通天文下察地理), 도략과 둔갑에 관해서도 모르는 것이 없었다(凡韜略遁甲諸書 無所不曉).'고 했다. 그러면서 제갈량의 학문도 부인 황씨의 도움이 많았다고 썼다.

그렇다면 제갈량의 모든 학문은 황씨의 도움으로 대성할 수 있었다고 생각할 수 있다. 제갈량이 죽자, 황씨도 따라 죽었는데 황씨는 운명하면서 아들 제갈첨에게 "충효에 힘쓰라"고 유언하였다.

제갈첨 또한 지혜롭고 총명하였으며 후주의 딸을 아내로 맞이하여 아들 諸葛尙(제갈상)을 두었다. 제갈첨과 아들 제갈상 모두 綿竹(면죽)에서 싸우다가 전사하니 제갈량 이후 3대가 촉한을 위해 진충보국하였다.

(2) ○ 漢人不意魏兵卒至, 不爲城守, 乃遣使奉璽
綬, 詣艾降. 皇子北地王諶怒曰, 若理窮力屈, 禍敗
將及, 便當父子君臣, 背城一戰, 同死社稷, 以見先
帝可也, 奈何降乎. 帝不聽, 諶哭於昭烈之廟, 先殺
妻子而後自殺. 艾至成都, 帝出降, 魏封爲安樂公.
帝在位四十一年, 改元者四, 曰建興 · 延熙 · 景
耀 · 炎興. 右自高帝元年乙未, 至後帝禪炎興癸未,
凡二十六帝, 通四百六十九年而漢亡.

○ 한인들은 위병이 갑자기 들어올 줄 생각하지 못하여
성을 지켜내지 못하고, 곧 使者를 보내 옥새와 인수를 가
지고 등애에게 가서 항복하게 하였다. 황자인 북지왕 劉諶
(유심)이 화를 내며 말했다. "만약 도리가 없고 힘이 모자
라 재앙과 패배가 닥친다 하여도, 곧 응당 부자와 군신이
성을 지키며 싸우다가 사직과 함께 죽어야만 선제를 뵐 수
있거늘 어찌하여 항복해야 합니까?" 제가 듣지 않자, 유심
은 소열제의 묘당에 가서 통곡을 한 뒤, 처자를 먼저 죽이
고 자살하였다.
  등애가 성도에 들어오니 후주는 성곽을 나가 항복하였
고, 위에서는 안락공에 봉했다. 후주는 41년을 재위하였고
개원을 4번 하였는데 건흥, 연희, 경요, 염흥이었다. 이상과
같이 고조 원년 을미년으로부터 후제, 유선, 염흥, 계미년

까지 모두 26명의 황제에 합계 469년 만에 漢은 멸망했다.

어구 설명

○ 漢人不意魏兵卒至, 不爲城守, 乃遣使奉璽綬, 詣艾降. : 漢人들은 魏兵이 갑자기 들어올 줄 생각하지 못하여 성을 지켜내지 못하고, 곧 使者를 보내 옥새와 인수를 가지고 등애에게 가서 항복하게 하였다.

 – 卒 갑자기 졸.　璽 도장 새. 옥새. 국새.　綬 인끈 수. 옥새의 끈.　詣 이를 예. 도착하다.

○ 皇子北地王諶怒曰, 若理窮力屈, 禍敗將及, 便當父子君臣, 背城一戰, 同死社稷, 以見先帝可也, 奈何降乎. : 皇子인 北地王 諶(심)이 화를 내며 말했다. "만약 도리가 없고 힘이 모자라 재앙과 패배가 닥친다 하여도, 곧 응당 父子와 君臣이 성을 지키며 一戰하다가 社稷(사직)과 함께 죽어야만 先帝를 뵐 수 있거늘, 어찌하여 항복해야 합니까?"

 – 諶 참 심. 진실로.　理窮力屈(이궁력굴) ; 논리가 궁핍하고 힘도 부치다.　將 장수 장. 막 ～하려 하다.

 – 社 토지 신 사.　稷 기장 직. 오곡의 신.　奈 어찌 내. 지옥 나. 奈何(내하) ; 어찌하여.

○ 帝不聽, 諶哭於昭烈之廟, 先殺妻子而後自殺. : 帝가 듣지 않자, 諶(심)은 昭烈帝의 묘당에 가서 통곡을 한 뒤, 妻子를 먼저 죽이고 나서 自殺하였다.

- 哭 울 곡.   廟 사당 묘.

○ 艾至成都, 帝出降, 魏封爲安樂公. 帝在位四十一年, 改元者四, 曰建興 · 延熙 · 景耀 · 炎興. : 등애가 成都에 들어오니 帝(後主)는 성곽을 나가 항복하였고, 魏에서는 安樂公에 봉했다. 帝는 41년을 재위하였고(223～263년) 改元을 4번 하였는데 建興, 延熙(연희), 景耀(경요), 炎興이었다.

- 建興 ; 223～237년.   延熙 ; 238～257년.   景耀 ; 258～262년. 炎興 ; 263년.

○ 右自高帝元年乙未, 至後帝禪炎興癸未, 凡二十六帝, 通四百六十九年而漢亡. : 이상과 같이 高帝元年 乙未년으로부터 후제 유선 炎興 계미년까지 모두 26명의 황제에 합계 469년 만에 漢은 亡했다.

- 右 오른쪽에 적은 그대로.   高帝 ; 漢 高祖 劉邦.   元年 乙未 ; 기원전 206년.

- 通 통할 통. 닿다. 이어지다. 합계.   通四百六十九年 ; 여기에는 王莽(왕망)의 新 15년(기원 후 8～22년)과 劉玄(更始帝)의 2년(서기 후 23～24년)이 포함됨. 실제로 前漢은 기원 후 8년에, 後漢은 서기 220년에 멸망했음.   劉備의 蜀漢까지 漢 제국으로 본 것은 소위 정통론에 의거한 것이다.

【참고】 어리석은 후주 유선

❖ 등애에게 항복하고 나라를 잃은 후주 유선은 몇몇 신하와 자식들과 함께 낙양으로 호송된다.(서기 263년) 이때 위의 실권을 장악한 사마소가 유선을 보고 크게 꾸짖고는 후주 유선을 安樂公에 봉하고, 나라를 파멸로 끌고 간 내시 황호를 처형한다.

어느 날, 사마소는 유선을 불러 잔치를 베풀면서 악공들에게 蜀의 의상을 입혀 蜀의 음악을 연주하게 하였다. 이에 촉의 신하들이 모두 감상에 젖어 눈물을 흘리는데, 유선만은 혼자 마냥 웃으며 즐거워하였다. 술이 어지간히 돌자, 사마소는 신하를 둘러보며 말했다.

"사람이 무정하다더니 저 사람 같을 수 있겠는가? 비록 제갈공명이 살아 보필했어도 오래 가지 못했을 터인데 더구나 강유 따위가 어쩔 수 있었겠는가?"

그리고는 후주에게 물었다. "고국 촉의 생각이 나지 않는가?"

이에 후주는 "이곳이 즐거우니 촉에 대한 그리움은 없습니다(此間樂 不思蜀

촉한 후주 劉禪(유선)

也)."라고 대답했다. 이후 사마소는 후주 유선에 대해서는 아무런 걱정도 하지 않았다. 유선은 천수를 누리고 죽었다.(서기 286년)

(3) ○ 吳主休殂, 諡曰景皇帝. 兄子烏程侯皓立. ○ 魏司馬昭, 先是已受九錫, 已而進爵爲晉王. 昭卒, 子炎嗣. ○ 魏主奐僭位六年, 改元二, 曰景元·咸熙. 炎迫魏主禪位, 封爲陳留王. 後卒. 晉人諡之曰元. ○ 魏自曹丕至是凡五世, 四十六年而亡. 自漢亡後, 又歷甲申, 闕正統一年.

○ 오주 휴가 죽으니, 시호는 경황제라 했다. 형의 아들 오정후 손호가 즉위했다.

○ 위나라의 사마소는 먼저 이미 구석을 받았었는데 곧 이어 작위를 높여 진왕이 되었다. 사마소가 죽고, 그 아들 사마염이 뒤를 이었다.

○ 위주 奐(환)은 참위 6년 년호를 두 번 바꾸어 景元(경원)과 咸熙(함희)라고 했다. 사마염은 위주를 협박하여 선위케 하고 그를 진류왕에 봉했다. 죽은 뒤에 진인들이 원황제라는 시호를 주었다.

○ 위나라는 조비로부터 모두 5세 46년 만에 망했다. 漢 멸망한 뒤, 갑신년을 지냈으니 정통이 1년간 비었다.

어구 설명

○ 吳主休殂, 諡日景皇帝. 兄子烏程侯皓立. : 吳主 孫休(손휴)가 죽으니, 시호는 景皇帝라 했다. 형의 아들 烏程侯 손호가 즉위했다.

 - 殂 죽을 조.   烏 까마귀 오.   烏程侯(오정후) ; 吳의 末帝 손호의 최초 작위.   皓 흴 호.

 - 孫皓(손호) ; 吳의 마지막 왕. 孫權의 손자, 孫和의 아들. 在位 264~280년. 280년에 나라가 망한 뒤에는 歸命侯라 불렸다.

○ 魏司馬昭, 先是已受九錫, 已而進爵爲晉王. 昭卒, 子炎嗣. : 위의 司馬昭는 먼저 이미 九錫을 받았었는데 곧이어 爵位를 높여 晉王이 되었다. 사마소가 죽고, 그 아들 사마염이 뒤를 이었다.

 - 已 이미 이.   已而(이이) ; 곧.   爵 벼슬 작. 술잔.   嗣 이을 사.

○ 魏主奐僭位六年, 改元二, 日景元 · 咸熙. 炎迫魏主禪位, 封爲 陳留王. 後卒. 晋人諡之日元. : 魏主 奐은 참위 6년에 改元을 2번 했으니 景元과 咸熙이다. 사마염이 魏主를 협박하여 禪位케 하고 (魏主를) 陳留王에 봉했다. 뒤에 죽으니, 晋人들이 元皇帝라는 시호를 주었다.

 - 奐 빛날 환.   咸 다 함.   熙 빛날 희.   迫 닥칠 박. 협박하다. 禪位(선위) ; 자리를 내어주다. 양위하다.

○ 魏自曹丕至是凡五世, 四十六年而亡. : 魏는 曹丕로부터 모두 五世에 46년 만에 망하다.

 - 五世 ; 文帝(曹丕) → 明帝(曹叡) → 少帝(曹芳) → 廢帝(曹髦)

→ 元帝(曹奐)

- 四十六年 ; 220년 건국 → 265년 멸망.

○ 自漢亡後, 又歷甲申, 闕正統一年. ; 漢 멸망한 뒤, 甲申년이 있었으니 정통이 1년간 비었다.

- 漢亡 ; 촉한은 서기 263에 망했다.   又歷甲申(우력갑신) ; 또 갑신(서기 264년)을 지냈다.

- 闕 대궐 궐. 빠지다. 모자라다. 황제의 정통이 1년간(서기 264) 비었다.

司馬昭(右)와 司馬昭의 次子 司馬攸(사마유)

제2장 西晋의 統一

1) 武帝의 統一

(1) 西晋世祖武皇帝, 姓司馬, 名炎, 河內人, 昭之子, 懿之孫也. 昭爲晋王, 議立世子, 議者, 以炎髮立委地, 手垂過膝, 非人臣之相, 遂立. 已而嗣爲王, 卽帝位. 追尊懿爲宣皇帝, 師爲景皇帝, 昭爲文皇帝, 大封宗室.

서진의 세조 무황제의 성은 사마씨이고, 이름은 염으로 하내인인 사마소의 아들이며, 사마의의 손자이다. 사마소가 진왕이 되고 세자를 세울 것을 의논할 때 논의를 한 사람들은 '사마염의 머리카락이 땅에 닿고 손이 무릎 아래에 닿으니 남의 신하가 될 상이 아니다.' 라고 하여 세자로 정했다. 곧 뒤를 이어 진왕이 되었다가 황제로 즉위하였다. 사마의를 선황제로, 사마사를 경황제, 사마소를 문황제로 추존하고 종실을 크게 봉하여 중요한 지위에 앉혔다.

司馬炎(사마염) ; 西晉의 무제

어구 설명

○ 西晉世祖武皇帝, 姓司馬, 名炎, 河內人, 昭之子, 懿之孫也. : 西晉의 世祖 武皇帝의 姓은 司馬氏이고, 名은 炎으로 河內人인 司馬昭의 아들이며, 司馬懿의 손자이다.

 － 西晉 ; 265년 건국되어 316년에 멸망하였으니 52년간 존속했다. 317년에 건업(건강)에서 건국된 晉을 東晉이라 통칭하기에 司馬炎에 의한 晉은 西秦이라 구분한다. 280년 吳를 멸망시켜 천하통일을 이루었으나 겨우 37년 天下를 차지했었다.

 － 世祖 ; 廟號. 司馬炎이 죽은 뒤 올린 묘호.　武皇帝 ; 諡號(시호)임. 보통 武帝라 함.　河內 ; 太行山 동남, 黃河 이북의 땅.

○ 昭爲晉王, 議立世子, 議者, 以炎髮立委地, 手垂過膝, 非人臣之相, 遂立. : 司馬昭가 晉王이 되고 世子를 세울 것을 의논할 때 議者들은 '사마염의 머리카락이 땅에 닿고 손이 무릎 아래에 닿으니 남의 신하가 될 相이 아니다.' 라고 하여 세자로 정했다.

 － 髮 터럭 발. 머리카락.　委 맡길 위. 쌓다.　垂 드리울 수. 膝 무릎 슬.

○ 已而嗣爲王, 卽帝位. 追尊懿爲宣皇帝, 師爲景皇帝, 昭爲文皇帝, 大封宗室. : 곧 (司馬昭의) 뒤를 이어 진왕이 되었다가 황제로 즉위하였다. 司馬懿를 宣皇帝로, 司馬師를 景皇帝, 司馬昭를 文皇帝로 追尊하고 宗室을 크게 封하였다.

 － 嗣 이을 사.　卽 나아갈 즉. 즉위하다.　封 ; 천자가 제후에게 땅을 나누어 주다. 작위(爵位)를 주다.

【참고】 사마의에서 사마염까지

❖ 서진 무제 司馬炎의 할아버지인 司馬懿(사마의)는 지모가 뛰어난 사람이었다. 239년에 명제 조예가 죽고, 曹芳(조방, 少帝)이 8살에 즉위하면서 사마의는 曹眞의 아들 曹爽(조상)과 함께 소제를 보필한다. 사마의는 일단 조상과의 충돌을 피하면서 병을 핑계로 관직에서 물러난다.

249년에 조상이 명제의 高平陵에 제사를 지내러 간 사이 사마의는 정변을 일으켜 조상의 군권을 탈취한다. 251년 사마의가 죽자 그 권력은 司馬師에게 넘어간다. 사마사는 소제를 폐위하고 14세의 曹髦(조모, 魏 廢帝)를 254년에 즉위시킨다. 하지만 사마사는 255년에 병사한다. 사마사의 뒤를 이은 동생 司馬昭는 위나라를 없앨 속셈을 분명히 드러냈기에 조모는 '사마소의 속셈은 길을 가는 사람들이 다 안다'고 하면서 사마소를 습격하지만 어설픈 경거망동으로 폐위된다.(260년) 사마소는 曹奐(조환)을 영입하는데 이가 위의 마지막 황제 원제이다. 사마소는 263년 촉한을 멸망시키고 권세를 확장해 나가다가 갑자기 265년에 52세를 일기로 병사한다.

그 이전에 조조는 한의 헌제를 내치지 않았고 조조가 죽은 뒤 조비가 헌제의 선양을 받아 즉위했었다. 이러한 공식이 여기서도 다시 한 번 재현된다.

사실상 魏의 모든 실권을 위의 장악한 사마소가 갑자기 병사하자 그 뒤를 이은 司馬炎은 晉王으로 즉위하면서 곧바로 曹奐의 선양을 받아 晉을 개국한다.(서기 265년) 이 사마염은 26년 재위하면서 280년 吳를 멸망시켜 천하 통일을 이룩하며 한때 모범적인 군주정을 선보이기도 했다. 서진 무제의 善政을 '太康之治(280~289년)'이라고 기록하지만 과연 그러했는지는 생각해 볼 문제이다.

(2) 晋有滅吳之志, 以羊祜都督荊州事. 吳以陸抗都督諸軍. 祜與抗對境, 使命常通. 抗遺祜酒, 祜飮之不疑, 抗疾, 祜與之成藥, 抗卽服之曰, 豈有酖人羊叔子哉. 祜務修德政, 以懷吳人, 每交兵, 刻日方戰, 不掩襲. 抗亦告其邊戍, 各保分界而已, 毋求細利.

　晉은 오나라를 멸망시키려는 뜻이 있어 양호를 형주의 도독으로 삼았다. 오나라는 육항에게 여러 군사를 감독케 하였다. 양호와 육항은 국경을 마주하였는데 사자들이 늘 왕래하였다. 육항이 양호에게 술을 보냈는데 양호는 의심하지 않고 마시었으며, 또 육항이 병을 앓자, 양호가 조제한 약을 보냈는데 육항은 그 자리에서 복용하면서 "양숙자가 어찌 사람을 독살하겠는가!"라고 말했다. 진나라 양호는 덕정에 힘쓰면서 오나라 병사들에게도 너그러웠으니 교전할 때마다 날짜를 정한 다음에야 전투를 했고 불의에 습격하지 않았다. 육항 역시 변방의 병사들에게 각자의 경계선만 지키면 될 것이니 작은 이득을 탐하지 말라고 했다.

어구 설명

○ 晋有滅吳之志, 以羊祜都督荊州事. 吳以陸抗都督諸軍. : 晋은 滅吳의 뜻이 있어 羊祜(양호)를 荊州를 다스리는 도독으로 삼았다. 吳는 陸抗(육항)으로 여러 軍을 감독케 하였다.

 - 祜 복 호. 羊祜 ; 人名. 양호가 荊州의 軍事와 政治의 실권자인 도독이 된 것은 269년이었다.

 - 抗 막을 항. 陸抗(육항, 서기 226〜274년) ; 陸遜(육손)의 아들, 母는 孫策의 女. 孫權의 姪壻(질서, 조카사위)였다.

○ 祜與抗對境, 使命常通. 抗遺祜酒, 祜飲之不疑, 抗疾, 祜與之成藥, 抗卽服之日, 豈有酖人羊叔子哉. : 양호와 육항은 국경을 마주하였는데 사자들이 늘 왕래하였다. 육항이 양호에게 술을 보냈는데 양호는 의심하지 않고 마시었으며, 또 육항이 병을 앓자 양호가 조제한 약을 보냈는데 육항은 그 자리에서 복용하면서 "양숙자가 어찌 사람을 독살하겠는가!"라고 말했다.

 - 對境(대경) ; 경계를 마주하다. 使命(사명) ; 使者.

 - 遺 남길 유. 음식을 보내다. 成藥 ; 이미 조제한 약. 豈 어찌 기. 反問 語氣를 나타냄. 酖 짐새(毒鳥) 짐. 탐닉할 탐.

 - 叔子 ; 羊祜의 字.

○ 祜務修德政, 以懷吳人, 每交兵, 刻日方戰, 不掩襲. 抗亦告其邊戍, 各保分界而已, 毋求細利. : 진나라 양호는 德政을 펴기에 힘

쓰면서 (敵國) 吳人들에게 너그러웠으니 交兵할 때마다 날짜를
정한 다음에야 전투를 했고 불의에 습격하지 않았다. 육항 역시
변방의 병사들에게 각자의 경계선만 지키면 될 것이니 작은 이득
을 탐하지 말라고 했다.

 ─ 懷 품을 회.   刻 새길 각. 刻日 ; 날짜를 정함.
 ─ 掩 가릴 엄.   襲 엄습할 습. 掩襲(엄습) ; 뜻하지 못한 사이에
습격함.   戍 지킬 수(戊 '무성할 무', 戌 '개 술', 戎 '되 융'과
혼동하기 쉬운 字.)
 ─ 而已(이이) ; ∼할 뿐이다.(종결어미)   毋 말 무. 禁止辭.   細
利(세리) ; 미세한 이익.

【참고】 羊陸之交(양육지교)

 ❖ 羊祜(양호)와 陸抗(육항)의 交情. 敵將과의 우호적인 교제.
 양호의 덕정에 감화를 받은 양양 백성들이 양호가 병사한 뒤 그
덕정을 비석을 세워 기록하였는데, 그를 읽는 사람들이 모두 눈물
을 흘렸다 하여 그 비석을 '墮淚碑(떨어질 타. 눈물 루.)'라 하였
고 지금까지 양양에 서 있다고 한다. 양호는 산수자연을 좋아하여
문학에도 상당한 조예가 있었다고 한다. 다만 지금 전해오는 양호
의 글로는 〈雁賦〉, 〈讓開府表〉, 〈請伐吳表〉가 있는데, 양호의 〈請
伐吳表〉는 제갈량의 〈出師表〉와 나란한 명성을 누리고 있다.

(3) **時吳主皓不修德政, 而欲兼并, 使術士筮取天**

下. 對曰, 庚子歲, 靑蓋當入洛陽. 蓋謂銜璧之事,
而皓不悟. 用諸將謀, 數侵盜晋邊, 抗諫不聽.

이때, 오주 손호는 덕정을 펴지도 않으면서 다른 나라까지 차지하고 싶어서 술사로 하여금 천하를 취할 수 있는지 점을 치게 했다. (점쟁이가) "경자년에 수레를 타고 틀림없이 낙양에 들어갈 것입니다."라고 대답했다. 이는 나라가 망해 항복한다는 뜻인데도 손호는 깨닫지 못했다. (손호는) 여러 장수의 건의대로 자주 서진의 국경을 침범했고 육항이 간하는 말을 듣지 않았다.

어구 설명

○ 時吳主皓不修德政, 而欲兼幷, 使術士筮取天下. : 이때, 吳主 孫皓(손호)는 德政을 펴지도 않으면서 兼幷하고자 術士로 하여금 天下를 취할 수 있는지 점을 치게 했다.
 － 皓 밝을 호, 흴 호.　兼 아우를 겸.　幷 어우를 병. 함께 하다.
 － 兼幷(겸병) ; 하나로 합쳐 소유하다. 他國을 아우르다.　筮 점 대 서. 점을 치다.

○ 對曰, 庚子歲, 靑蓋當入洛陽. 蓋謂銜璧之事, 而皓不悟. 用諸將謀, 數侵盜晋邊, 抗諫不聽. : (점쟁이가) "庚子(경자)년에 수레를 타고 틀림없이 낙양에 들어갈 것입니다."라고 대답했다. 이는 나라가 망해 항복한다는 뜻인데도 손호는 깨닫지 못했다. (손호는)

여러 장수의 건의대로 자주 진의 국경을 침범했고 육항이 말리는 말을 듣지 않았다.

　- 蓋 덮을 개. 이엉. 어찌, 아마, 대개(추측의 뜻).　靑蓋 ; 임금의 수레.　日傘(일산).　銜 재갈 함. 입에 물다.

　- 蓋謂 ; 아마 ~을 말한 것이다. 이때 蓋는 추측을 뜻하는 助詞.

　- 璧 둥근 옥 벽.　銜璧之事(함벽지사) ; 나라가 망해 투항하는 일. 항복하는 군주는 玉을 입에 물고 손을 뒤로 묶는다. (이로부터 8년 뒤 庚子年에 손호는 晋 武帝에게 투항한다.)

　- 數 자주 삭.　侵盜(침도) ; 침략하다.　晋邊(진변) ; 서진의 변경.

(4) 抗卒, 祜請伐吳, 議者多不同. 祜歎曰, 天下不如意事, 十常七八. 惟杜預・張華贊其計. 祜病, 求入朝面陳. 晋帝欲使祜臥護諸將, 祜曰, 取吳不必臣行. 但平吳之後, 當勞聖慮耳. 祜卒, 以杜預爲鎭南大將軍, 督荊州軍事.

(오의) 육항이 죽자, 양호는 오나라 정벌을 청했지만 다수가 찬동하지 않았다. 양호는 "세상 일이 뜻대로 되지 않는 것이 언제나 열에 일곱 여덟이다."라고 탄식했다. 다만

두예와 장화만이 그 계획에 찬동했다. 양호는 병이 나자, 입조하여 황제를 뵙고자 청했다. 서진 황제는 양호가 누워서라도 여러 장수를 거느려 주기를 원했지만 양호가 말했다. "오나라를 정복하는데 제가 갈 필요는 없습니다. 다만 오나라를 평정한 뒤 폐하께서는 여러 가지를 생각하셔야 합니다." 양호가 죽자, 두예를 진남대장군으로 삼아 형주의 군사를 감독케 했다.

어구 설명

○ 抗卒, 祜請伐吳, 議者多不同. 祜歎曰, 天下不如意事, 十常七八. 惟杜預·張華贊其計. : 陸抗이 죽자, 羊祜는 吳 정벌을 청했지만 의논하는 많은 사람들이 찬동하지 않았다. 양호는 "세상 일이 뜻대로 되지 않는 것이 언제나 열에 일곱 여덟이다."라고 탄식했다. 다만 두예와 장화만이 그 계획에 찬동했다.

 − 常 언제나 상. 일정하다. 늘 ∼하다. 十常七八(십상칠팔) ; 10 중에서 7이나 8은 언제나 있다.

 − 杜 나무 이름 두, 막을 두. 預 미리 예. 杜預(두예, 222∼285년) ; 吳를 멸망시킨 장수.

○ 祜病, 求入朝面陳. 晋帝欲使祜臥護諸將, 祜曰, 取吳不必臣行. 但平吳之後, 當勞聖慮耳. : 양호는 병이 나자, 入朝하여 황제를 뵙고자 청했다. 진 황제는 양호가 누워서라도 여러 장수를 거느려 주기를 원했지만 양호가 말했다. "吳를 정복하는데 제가 갈 필

요는 없습니다. 다만 吳를 평정한 뒤 폐하께서는 여러 가지를 생
각하셔야 합니다.”

 – 臥 누울 와.　護 지킬 호. 감시하다.

 – 勞 힘쓸 로(노). 걱정하다.　聖 성스러울 성. 성인. 천자에 관
한 사물에 쓰는 경칭.　聖慮(성려) ; 황제의 뜻. 마음 씀씀이.　當
勞聖慮耳 ; 천하통일을 했다고 방심하지 말고 통치에 더욱 노력
해야 한다는 당부.

○ 祜卒, 以杜預爲鎭南大將軍, 督荊州軍事. : 양호가 죽자, 두예
를 鎭南大將軍으로 삼아 형주의 군사를 감독케 했다.

 – 以~爲~ ; ~를 ~으로 삼다. ~에 임명하다.

【참고】 두예 – 좌전벽

❖ 咸寧(함녕) 4년(서기 278년), 양호
는 武帝에게 吳나라 정벌을 건의했으
나 다른 신하들의 반대로 실행하지 못
하자 양호는 병을 핑계로 사임한다.
양호가 위독하다는 소식을 들은 무제
가 양호를 찾아 문병하자, 양호는 杜
預(두예)를 천거한 뒤 죽는다.

　두예는 평소 학문을 좋아해 左丘明
(좌구명)의 《春秋左傳 춘추좌전》을 틈
만 나면 읽었고 행군 중에도 사람을
시켜 말 앞에서 《좌전》을 읽게 하였

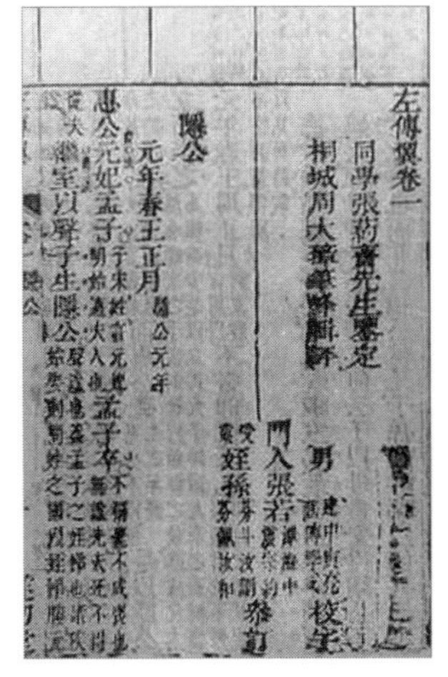

春秋左氏傳(춘추좌씨전)

다. 이에 사람들은 두예를 '좌전에 푹 빠졌다'는 뜻으로 '左傳癖
(좌전벽)'이라고 불렀다.

　(5) 吳主皓淫虐日甚. 預表請速征之, 表至, 張華適
與帝棊. 卽推枰斂手贊其決, 帝許之. 山濤告人曰,
自非聖人, 外寧必有內憂. 釋吳爲外懼, 豈非算乎.
時濤爲吏部尙書.

　오주 孫皓(손호)의 음학은 날로 심했다. 두예는 속히 정
벌하자는 표문을 올렸는데, 표문이 도착할 때 장화는 마침
황제와 바둑을 두고 있었다. (장화는) 바로 바둑판을 밀쳐
놓고 두 손을 모아 황제가 결재하기를 촉구했고, 황제는
(정벌을) 허락했다.
　산도가 다른 사람에게 "사람이 성인이 아니라면, 밖이
평안하면 필히 안에 근심이 있는 것이다. 오나라를 밖의
걱정거리로 놔두는 것이 슬기롭지 않겠는가?"라고 말했
다. 당시 산도는 이부상서였다.

어구 설명

○ 吳主皓淫虐日甚. 預表請速征之, 表至, 張華適與帝棊. 卽推枰

斂手贊其決, 帝許之. : 吳主 손호의 淫虐은 날로 심했다. 두예는 속히 정벌하자는 표문을 올렸는데, 표문이 도착할 때 張華는 마침 황제와 바둑을 두고 있었다. (장화는) 바로 바둑판을 밀쳐놓고 두 손을 모아 황제가 결재를 촉구했고, 황제는 (정벌을) 허락했다.

 - 淫 음란할 음. 虐 사나울 학. 淫虐 ; 음란하고 잔혹함. 速 빠를 속. 빨리. 征 칠 정. 정벌하다.

 - 適 갈 적. 마침. 棊 바둑 기. 推 움직일 추. 밀 퇴. 枰 바둑판 평. 推枰(퇴평) ; 바둑판을 밀쳐놓다. 斂 거둘 염(렴).

○ 山濤告人曰, 自非聖人, 外寧必有內憂. 釋吳爲外懼, 豈非算乎. 時濤爲吏部尙書. : 산도가 다른 사람에게 "사람이 聖人이 아니라면, 밖이 평안하면 필히 안에 근심이 있는 것이다. 吳를 밖의 걱정거리로 놔두는 것이 슬기롭지 않겠는가?"라고 말했다. 당시 산도는 이부상서였다.

 - 山 ; 姓氏. 濤 큰 물결 도. 山濤(산도, 205~283년) ; 竹林七賢 중 한 사람. 外寧內憂(외령내우) ; 밖이 편안하면 내부에 걱정거리가 있다.

 - 釋 풀 석. 남겨 놓다. 懼 두려워할 구. 外懼 ; 외부의 걱정거리. 豈 어찌 기. 즐길 개.

 - 豈非(기비) ; 어찌 ~이 아니겠는가? 算 셈할 산. 슬기. 지혜.

【참고】 山濤(산도)의 인품

 ❖ 竹林七賢의 대표라 할 수 있는 산도의 인품에 대하여 왕융은

'마치 다듬지 않은 玉과 같고, 야금하지 않은 金과 같아 사람들은
흠모하지만 무어라 이름을 붙여야 할지 모른다.' 라고 평했다.

산도는 秕康(혜강)과 阮籍(완적)과 특히 교분이 깊었다. 어느 날
산도의 처 한씨는 그 친구들이 어떤 사람인가 살펴보겠다고 말하
였다. 산도가 두 사람을 불러 밤새 술을 마시며 담소를 나누는 동
안 한씨는 그들을 몰래 유심히 살펴보았다.

한씨는 다음 날 산도에게 말했다. "당신의 재주는 그 두 분만 못
합니다. 당신은 견식과 도량으로 그들을 친구로 삼으셔야 합니
다." 그러자 산도는 "그렇소. 저들도 늘 나의 도량이 자신들보다
낫다고 생각하고 있소!"라고 말했다.

秕康(혜강)

(6) 濤昔在魏晋之間, 與嵆康·阮籍·籍兄子咸·
向秀·王戎·劉伶相友, 號竹林七賢. 皆崇尙老莊
虛無之學, 輕蔑禮法. 縱酒昏酣, 遺落世事. 士大夫
皆慕效之, 謂之放達. 惟濤仍留意世事, 至是典選,
甄拔人物, 各爲題目而奏之, 時人稱之爲山公啓事.

산도는 그 이전 위와 진 교체기에 혜강, 완적, 완적 형의
아들 완함, 상수, 왕융, 유영과 벗을 했는데 이들을 '죽림
칠현'이라 불렀다. 이들은 모두 노자와 장자의 허무의 학
문을 숭상하고 예법을 경멸했다. 제멋대로 술에 취하고 세
상 일을 내팽개쳤는데 사대부들 많은 사람이 이를 본받으
며 그런 행동을 '방달'이라고 했다. 오직 산도만은 여전히
세상사에 유의하였으니 그때 인재 전형과 선발에 있어 각
각 제목(장점, 특기 등)을 붙여 상주하니, 당시 사람들이
이를 칭송하여 '산공의 계사'라고 하였다.

어구 설명

○ 濤昔在魏晋之間, 與嵆康·阮籍·籍兄子咸·向秀·王戎·劉伶
相友, 號竹林七賢. : 산도는 그 이전 魏와 晋 교체기에 혜강, 완
적, 완적 형의 아들 완함, 상수, 왕융, 유영과 벗을 했는데 이들을
'竹林七賢'이라 불렀다.

- 嵆 산 이름 혜.   阮 관문이름 완(본음 원).   咸 모두다 함.
向 향할 향. 姓 상.   伶 영리할 영(령).

○ 皆崇尚老莊虛無之學, 輕蔑禮法. 縱酒昏酣, 遺落世事. 士大夫
皆慕效之, 謂之放達. : 이들은 모두 노자와 장자의 虛無之學을 숭
상하고 禮法을 경멸했다. 제멋대로 술에 취하고 세상일을 내팽개
쳤는데 士大夫들 많은 사람이 이를 본받으며 그런 행동을 放達이
라 했다.

- 蔑 업신여길 멸.   縱 풀 종. 제멋대로.   昏 어두울 혼.   酣 술
즐길 감.   遺 끼칠 유. 버리다.   遺落 ; 내동댕이치다.

- 慕 그리워할 모.   放達 ; 세속에 구애받지 않다. 放曠(방광)과
같음.

○ 惟濤仍留意世事, 至是典選, 甄拔人物, 各爲題目而奏之, 時人
稱之爲山公啓事. : 오직 산도만은 여전히 世事에 유의하였으니
그때 인재 전형과 선발에 있어 각각 題目을 붙여 상주하니, 당시
사람들이 이를 칭송하여 '山公의 啓事'라고 하였다.

- 仍 인할 잉. 전에 하던 그대로.   典 법 전. 책. 주관하다.

- 甄 질그릇 견, 살필 견.   甄拔(견발) ; 인재를 가려 뽑음.   啓
열 계. 가르치다. 여쭈다. 上奏하다.

【참고】 죽림칠현

❖ 淸談은 魏(위)나라 正始 연간(서기 240~249년)부터 시작되
었다고 한다. 이는 漢代의 淸議(청의, 인물평)에 그 기원을 두고

있다고 한다. 청담은 학문적으로는 玄學(현학)이라고도 하는데, 현학이란 儒家의 주장과 道家의 사상을 결합한 사상체계로 특히 노자와 장자를 숭상하며 현실 문제가 아닌 추상적 개념을 논하였다. 이러한 철학 풍조를 이끈 사람은 何晏(하안, 서기 195?~249년)과 王弼(왕필, 226~249년 24세로 요절)이었다. 이후 竹林七賢이 출현하면서 청담은 西晋의 시대풍조가 되었다.

竹林七賢은 魏末晋初의 名士 7명을 지칭한다. 阮籍(완적, 〈大人先生傳〉 지음.), 嵇康(혜강, 琴을 잘 연주했음. 《琴賦》 지음.), 山濤(산도), 劉伶(유영, 대표적 술꾼, 〈酒德頌〉을 지음.), 阮咸(완함, 音律에 정통했음. 자신의 이름을 붙인 악기를 발명했음), 向秀(상수, 向은 성씨로 쓸 때는 상이다), 王戎(왕융)인데 주로 당시의 山陽縣(今 河南省 輝縣 휘현) 西北 일대에서 활동하였다.

竹林七賢(淸代 天津의 楊柳靑鎭에서 그려진 그림)

이들 중 가장 어린 사람은 왕융으로 완적과는 24살 차이가 났었다고 한다. 그리고 그 일생과 사상, 취미나 문학적 성취가 달랐고 人品에서도 차이가 많았다.

竹林七賢은 玄學의 代表人物이긴 하지만 그들의 사상은 서로 달랐다. 혜강, 완적, 유영, 완함 등은 노장 철학에 바탕을 두고 예교의 속박에서 벗어나 자연에 귀의한다는 기본을 갖고 있었다. 산도와 왕융은 노장을 좋아하긴 했지만 儒家의 학문을 존숭했으며, 상수는 名敎와 自然의 合一을 주장하였다. 그들은 종래의 예법에 구애받지 않고 淸靜無爲를 주장하면서 竹林에 모여 술을 마시며 멋대로 노래를 불렀다.

그들은 기본적으로 최상류 신분이면서 문인이고, 지식인이며 정치인들이었다. 혜강, 완적, 유영 등은 魏를 섬기면서 당시 집권 세력인 사마씨에게 비판적이었다. 완함은 晉을 섬기며 散騎侍郞이라는 관직에 머물렀고, 山濤는 은신하다가 40세 이후에 벼슬을 하여 司馬師편이 되어 侍中, 司徒 등을 역임하며 司馬氏 政權의 高官을 역임했다. 왕융은 아주 인색한 사람이지만 벼슬 욕심이 강해 오랫동안 侍中, 吏部尙書, 司徒 等을 역임하며 서진 무제와 혜제를 섬겼다. 그런가 하면 완적은 미친 척하며 司馬씨에 비협조적이었고, 혜강은 피살당했기에 죽림칠현은 보통사람들의 친목계가 깨지듯 와해되었다.

【참고】 왜 왔다가 왜 가는가?

❖ 鍾會(종회)는 당시의 명사들과 친하고 싶어 嵇康(혜강)을 처

음으로 찾아갔다. 그때 혜강은 큰 나무 아래에서 쇠를 단련(鍛鍊)하고 向秀(상수)는 옆에서 풀무질을 하고 있었다. 혜강은 망치질에 열중하고 있어 말 한마디를 건넬 수도 없었다. 종회가 가려고 하자 혜강이 말했다.

"무슨 말을 듣고 왔다가 무엇을 보고 가는가?"

(何所聞而來 何所見而去)

그러자 종회가 대답했다.

"들을 것을 듣고 왔다가 볼 것을 보고 갑니다!"

(聞所聞而來 見所見而去)"

-《世說新語 簡傲(간오)》-

(7) 晋大擧伐吳, 杜預出江陵, 王濬下巴蜀. 吳人於江磧要害處, 竝以鐵鎖橫江截之, 又作鐵錐長丈餘, 暗置江中, 逆拒舟艦. 濬作大筏, 令善水者以筏先行, 遇錐輒著筏而去. 又作大炬, 灌以麻油遇鎖燒之, 須臾融液斷絶. 於是船無所礙, 遂先克上流諸郡.

晉이 吳나라를 대거 공격하는데 두예는 강릉에서 출발하고, 왕준은 파촉에서 (강을 따라) 내려갔다. 吳人들은 강가 돌이 많은 요해처에 쇠사슬을 가로 질러 (배가) 다니지 못하게 하고, 한 길 정도의 쇠 송곳을 만들어 물속에 설치하여 큰 배가 들어오는 것을 막았다.

왕준은 큰 뗏목을 만들었고 물에 익숙한 자로 하여금 뗏목 앞에 헤엄쳐 가면서 쇠 송곳이 있으면 뗏목을 묶어 놓고 가게 했다. 또 큰 횃불을 만들어 참기름을 부어 쇠사슬이 있으면 태우게 하니, 곧 녹아 끊어졌다. 그러면 배들은 아무 막힘이 없이 나아가 드디어 상류의 여러 군을 격파했다.

어구 설명

○ 晋大擧伐吳, 杜預出江陵, 王濬下巴蜀. : 晋이 대거 吳를 공격하는데 두예는 강릉에서 출발하고, 왕준은 파촉에서 (강을 따라) 내려갔다.

 － 擧 들 거. 움직이다. 일을 하다.　濬 물길 칠 준, 깊을 준.　巴 땅이름 파.　巴蜀 ; 地名.

○ 吳人於江磧要害處, 竝以鐵鎖橫江截之, 又作鐵錐長丈餘, 暗置江中, 逆拒舟艦. : 吳人들은 강가 돌이 많은 요해처에 쇠사슬을 가로 질러 다니지 못하게 하고, 한 길 정도의 쇠 송곳을 만들어 물속에 설치하여 배들을 막았다.

 － 磧 서덜 적(돌이 많은 강가). 여울.　要害 ; 험준하여 방어가 쉽고 공격하기는 어려운 곳.　竝 아우를 병. 나란히.

 － 鎖 쇠사슬 쇄.　截 끊을 절.　錐 송곳 추.　丈 어른 장. 한 길 (어른의 키), 1丈 = 10尺(1尺은 한 뼘이었음).

 － 逆 거스를 역. 막다.　艦 싸움배 함.

○ 濬作大筏, 令善水者以筏先行, 遇錐輒著筏而去. 又作大炬, 灌以麻油遇鎖燒之, 須臾融液斷絕. 於是船無所礙, 遂先克上流諸郡.
: 왕준은 큰 뗏목을 만들었고 물에 익숙한 자로 하여금 뗏목 앞에 헤엄쳐 가면서 쇠 송곳이 있으면 뗏목을 묶어 놓고 가게 했다(쇠 송곳이 흐르는 뗏목에 끌려 뽑혀서 흘러가버리게 한 것). 또 큰 횃불을 만들어 참기름을 부어 쇠사슬이 있으면 태우게 하니 곧 녹아 끊어졌다. 그러면 배들은 아무 막힘이 없이 나아가 드디어 상류의 여러 군을 격파했다.

 ― 筏 떼 벌. 뗏목. 善 잘하다. 善水者 ; 물에 익숙한 자. 遇 만날 우. 輒 문득 첩. 곧바로. 著 분명할 저. 붙일 착.(着과 通)

 ― 炬 횃불 거. 灌 물댈 관. 액체를 붓다. 麻油 ; 참기름. 燒 불태울 소. 須 모름지기 수. 臾 잠깐 유. 須臾(수유) ; 잠시. 곧.

 ― 融 녹을 융. 礙 거리낄 애. 가로막는 것. 克 이길 극.

(8) 預遣人, 率奇兵夜渡. 吳將懼曰, 北來諸軍, 乃飛渡江也. 預分兵, 與濬合攻武昌降之. 預謂兵威已振. 譬如破竹, 數節之後, 迎刃而解, 無復著手處也. 遂指授羣帥方略, 徑造建業. 濬戎卒八萬, 方舟百里, 舉帆直指建業, 鼓譟入石頭城. 吳主皓面縛輿櫬降, 封歸命侯. 遂符庚子入洛之讖. 自大帝至是四世, 稱帝者, 凡五十二年而亡, 遡孫策定江東以來,

通八十餘年.

　진나라 장군 두예는 사람을 보내 기습할 병사를 거느리고 밤에 강을 건너가게 하였다. 吳의 장졸이 두려워하며 말했다. "북에서 온 군사들은 날아서 강을 건너왔도다." 두예는 병력을 나누어 왕준과 함께 무창을 공격하여 항복시켰다. 두예는 "우리 군사는 벌써부터 위세를 떨치고 있다. 마치 대나무를 쪼개듯 몇 마디를 쪼개면 칼날이 닿는 대로 쪼개지니 다시 손댈 곳이 없다."라고 말했다.

　마침내 여러 장수에게 방략을 지시하고 지름길로 오나라의 서울 건업을 진격했다. 왕준의 병졸 8만과 백 리에 걸친 뗏목과 배들은 돛을 올리고 곧장 건업을 향해 나가서 북을 치며 석두성에 진입했다. 吳主 손호는 얼굴에 밧줄을 걸고, 수레에 관을 싣고 와서 항복했고 귀명후에 봉해졌으니 경자년에 낙양에 들어간다는 참설과 그대로 맞았다.

　대제(손권)로부터 손호까지 4세에 칭제한 지 52년 만에 망했고, 손책이 강동을 평정한 때까지 거슬러 올라가면 80여 년이 된다.

○ 預遣人, 率奇兵夜渡. 吳將懼曰, 北來諸軍, 乃飛渡江也. : 두예는 사람을 보내 奇兵을 거느리고 밤에 강을 건너니 吳將이 두려워하며 말했다. "북에서 온 군사들은 날아서 강을 건너왔도다."

‒ 率 거느릴 솔.   奇 기이할 기.   奇兵 ; 奇襲(기습)을 할 兵力.
渡 물 건널 도.   懼 두려울 구.

○ 預分兵, 與濬合攻武昌降之. 預謂兵威已振. 譬如破竹, 數節之
後, 迎刃而解, 無復著手處也. : 두예는 병력을 나누어 왕준과 함
께 武昌을 공격하여 항복시켰다. 두예는 "우리 군사는 벌써부터
위세를 떨치고 있다. 마치 대나무를 쪼개듯 몇 마디를 쪼개면 칼
날이 닿는 대로 쪼개지니 다시 손댈 곳이 없다."

‒ 振 떨칠 진.   譬 비유할 비.   節 ; 대나무의 마디.   刃 칼날
인.   解 ; 여기서는 쪼개지다.   著手(착수) ; 着手.

○ 遂指授羣帥方略, 徑造建業. 濬戎卒八萬, 方舟百里, 擧帆直指
建業, 鼓譟入石頭城. : 마침내 여러 장수에게 方略을 지시하고 지
름길로 建業을 진격했다. 왕준의 병졸 8萬과 백 리에 걸친 뗏목
과 배들은 돛을 올리고 곧장 건업을 향해 나가서 북을 치며 石頭
城에 진입했다.

‒ 方略(방략) ; 무슨 일을 하는 방법과 책략.   徑 지름길 경.   造
지을 조. 나아가다.

‒ 建業 ; 江蘇省 南京市의 옛 이름, 金陵. 吳, 東晋 등 六朝 및
明 初期 首都.

‒ 戎卒(융졸) ; 兵士.   方舟 ; 뗏목과 배.   帆 돛 범.   指 손가
락 지. 향하다.   鼓 북 고.   譟 시끄러울 조.

‒ 石頭城 ; 南京 淸凉山에 있는 六朝時代 古城, 南京의 별칭.

○ 吳主皓面縛輿櫬降, 封歸命侯. 遂符庚子入洛之讖. 自大帝至是
四世, 稱帝者, 凡五十二年而亡, 遡孫策定江東以來, 通八十餘年. :

吳主 孫皓는 얼굴에 밧줄을 걸고, 수레에 관을 싣고 와서 항복했고 歸命侯(귀명후)에 봉해졌으니 경자년에 낙양에 들어간다는 참설과 그대로 맞았다. 大帝(孫權)로부터 손호까지 4세에 稱帝한 지 52년 만에 망했고, 孫策이 江東을 평정한 때까지 거슬러 올라가면 80여 년이 된다.(기원 280년)

— 縛 묶을 박.　興 큰 수레 여.　櫬 널 촌(內棺).　符 부신(符信) 부. 信標, 부적. 附合하다.

— 讖 참서 참. 미래의 길흉을 예측하는 일. 뉘우치다.　遡 거슬러 올라갈 소.

【참고】 망국의 군주 모두가 천수를 누리다.

❖ 촉한이 멸망하는 서기 263년, 당시에 파악된 촉한의 국력은 총 28만 호에 인구는 94만 명이었고, 관리들이 4만 명, 장교와 병졸이 10만 2천 명이 있었다. 또 식량이 40여만 섬, 금과 은이 2천 근, 비단 12만 필이 남아 있었다.

촉에 비해 吳의 국력은 좀 더 컸다. 즉 吳가 서기 280년 멸망할 때 吳에는 4州(주) 81郡(군) 323縣(현)에 총 가구 수 52만 3천 호, 인구 232만 명이었고, 장병 26만 명과 큰 배 50여 척이 있었으며, 쌀 280만 斛(곡), 후궁 5천여 명이 모두 晉(진)나라의 차지가 되었다.

어리석었던 後主 劉禪(유선)에 비해, 吳 망국의 군주 孫皓(손호)는 폭군이긴 했지만 그래도 좀 나은 편이었다. 손호가 武帝 司馬炎 앞에 끌려와 고개를 숙이자 武帝가 자리를 권하면서 "짐이 이 좌석을 만들어 놓고 오랫동안 그대를 기다렸다."고 말했다.

그러자 손호도 지지 않고 "저도 남쪽에 이런 좌석을 만들어 놓고 폐하를 기다렸습니다."라고 대꾸했다. 이에 사마염은 그냥 웃고 말았다.

어느 날, 술자리에서 사마염이 손호에게 말했다. "남쪽 사람들은 爾汝歌(이여가)를 잘 짓는다는데 그대는 어떤가?"

그러자 손호가 술잔을 들어 무제에게 권하면서 노래를 불렀다.

'전에는 그대와 이웃이었는데(昔與汝爲隣), 지금은 그대의 신하가 되었네(今與汝爲臣). 그대에게 술 한 잔을 올려(上汝一杯酒) 그대의 만수무강을 비네(今汝壽萬春).'

그러자 무제는 괜히 물었다고 후회했다.

그 뒤 후주 유선은 晋 太康 7년(서기 286년)에, 魏主 조환은 태강 원년(서기 280년), 吳主 손호는 태강 4년(서기 283년)에 모두 天壽를 누리고 죽었다.

(9) 晋代魏十有六年, 至太康元年而滅吳, 又十年帝崩. 帝初卽位, 嘗焚雉頭裘於太極殿前, 以示儉. 旣而侈縱, 後宮數千, 常乘羊車, 宮人揷竹葉于門, 洒鹽以待之, 羊車所至, 卽留酣宴, 與羣臣語, 未嘗有經國遠謀. 自吳旣平, 謂天下無事, 盡去州郡武備, 山濤獨憂之.

晋(진)이 위를 대신한 지 16년인 태강 원년에 이르러 오나라를 멸망시키고, 다시 10년이 지나 무제가 죽었다. 무제가 처음 즉위하여서는 치두구를 태극전 앞에서 불살라 검약의 뜻을 내보였다. 그리고서는 사치하며 방종하여 후궁이 수천이었고, 늘 양이 끄는 수레를 타고 찾아가니 후궁들은 문에 대나무 잎을 꽂아두고 소금을 뿌려두고 기다리다가 양이 끄는 수레가 머물면 거기서 술자리를 즐겼으며, 여러 신하와는 나라를 경영할 원대한 계획을 이야기한 적이 없었다. 오나라가 평정되자 "천하는 무사하다"면서 각 주군의 무비를 모두 제거하니 산도만이 홀로 이를 걱정했다.

서진 무제 ; 羊이 끄는 수레를 타고 후궁을 찾아가다.

어구 설명

○ 晋代魏十有六年, 至太康元年而滅吳, 又十年帝崩. : 晋이 魏를 대신한 지 16년인 太康 元年에 이르러 吳를 멸망시키고, 다시 10년이 지나 武帝가 죽었다.

– 魏를 대신하여 帝位에 오름(서기 265년). 太康 元年(서기 280년). 武帝 崩御(붕어, 서기 290년).

○ 帝初卽位, 嘗焚雉頭裘於太極殿前, 以示儉. : 武帝가 처음 卽位하여서는 雉頭裘(치두구)를 太極殿 앞에서 불살라 儉約의 뜻을 표시했다.

– 焚 태울 분. 雉 꿩 치. 裘 갖옷 구. 털가죽 옷. 示儉 ; 검약을 내보이다. 검소한 생활을 하겠다는 의지를 내보이다.

– 雉頭裘(치두구) ; 꿩 머리털로 만든 겉옷. 咸寧 4년에 이 치두구를 바치는 자가 있었는데, 무제가 이를 태극전 앞에서 불사르면서 기이한 물건을 바치는 자는 벌하겠다고 선언하였다.

○ 旣而侈縱, 後宮數千, 常乘羊車, 宮人揷竹葉于門, 洒鹽以待之, 羊車所至, 卽留酣宴, 與羣臣語, 未嘗有經國遠謀. : 그리고서는 사치하며 방종하여 후궁이 수천이었고, 늘 양이 끄는 수레를 타고 찾아가니 후궁들은 문에 대나무 잎을 꽂고 소금을 뿌려두고 기다리다가 양이 끄는 수레가 머물면 거기서 술자리를 즐겼으며, 여러 신하와는 나라를 경영할 원대한 계획을 이야기한 적이 없었다.

– 旣 이미 기. 그리하고서는~. 旣而(기이) ; 잠깐 뒤에, 이후, 그 뒤, 이윽고. 侈縱(치종) ; 사치와 방종.

– 揷 꽂을 삽. 葉 잎새 엽. 洒 물을 뿌릴 새. 술 酒(주)가 아

님. 물 뿌릴 灑(쇄)와 같은 뜻으로 쓰임.

– 鹽 소금 염. 羊이 竹葉(죽엽)과 소금을 좋아함. 酖 술 즐길
감.   未嘗(미상) ; 일찍이 ~ 한 적이 없다. ~이라고 말할 수 없
다.

○ 自吳旣平, 謂天下無事, 盡去州郡武備, 山濤獨憂之. : 吳나라가
평정되자 '천하는 무사하다'면서 각 州郡의 武備를 모두 제거하
였는데 山濤만이 홀로 이를 걱정했다.

– 盡 다할 진. 모두. 憂 근심할 우. 濤 큰 물결 도. 물결치다.
파도.

【참고】 멸망으로 가는 가장 빠른 길

❖ 晉은 사마의 이후 三代에 걸친 노력이 있어 천하를 차지했고
삼국분열에 종지부를 찍었다. 서기 265년에 칭제하고서 15년이
지난 280년에 吳를 통합하여 전 중국 통일이라는 큰 목표를 달성
했다.

吳를 멸망시키려는 목표를 세우고 준비한 羊祜(양호)였지만 그
는 죽기 전에 사마염에게 통일 후에 '마땅히 마음을 써야 할 것을
깊이 생각하라' 는 충고를 했다. 이는 통일 후의 무사안일과 사치
를 걱정하는 말이었다.

사마염 아래에서 이부상서를 지낸 죽림칠현의 한 사람인 山濤
(산도) 역시 '밖이 평안하면 필히 안 근심이 있는 것' 을 걱정하였
는데 이 역시 같은 뜻이라 할 수 있다.

晉이 천하를 통일하고서 강력한 발전을 추진하지 못하고 통일 후 37년 만에 망한 것은 무제에서부터 시작된 사치와 무사안일, 그리고 지도층이 淸談에 빠져 들어가며 건전기풍을 상실했다는 데에서 멸망의 원인을 찾을 수 있다.

(10) 漢魏以來, 羌胡·鮮卑降者, 多處塞內諸郡. 郭欽嘗上疏謂, 宜及平吳之威, 漸徙內郡雜胡於邊地, 峻四夷出入之防, 明先王荒服之制. 帝不聽, 卒爲天下患. 帝在位改元者三, 曰泰始·咸寧·太康. 太子立, 是爲孝惠皇帝.

漢과 魏(위) 이래로 강족이나 선비족 중 투항해 온 자들은 만리장성 안쪽의 여러 군에 많이 살고 있었다. 곽흠이 그전에 상소를 올려 "마땅히 吳를 평정한 위세를 이용하여 점차적으로 장성 내의 군에 섞여 사는 잡호들을 장성 밖으로 이사시키고, 사방의 蠻夷(만이)가 內地(내지)에 드나드는 것을 엄격히 금지하여 선왕께서 이민족을 제압하려던 뜻을 밝혀야 합니다."라고 말했다. 황제는 받아들이지 않았고, 결국 천하의 걱정거리가 되었다. 무제의 재위 중에 3번 개원했는데 태시, 함녕, 태강이다. 태자가 즉위하니, 이가 효혜황제이다.

어구 설명

○ 漢魏以來, 羌胡・鮮卑降者, 多處塞內諸郡. : 漢과 魏 이래로 羌族이나 鮮卑族 중 투항해 온 자들은 만리장성 안쪽의 여러 군에 많이 살고 있었다.

 - 羌 종족 이름 강.　胡 턱밑 살 호. 중국 서쪽과 북쪽에 거주하는 이민족에 대한 총칭.　羌胡 ; 강족. 강족은 《史記, 西羌傳》에 '西戎 牧羊人(서융 목양인)' 이라로 기록된 것처럼 羊을 토템으로 하며 양을 목축하며 살았다. 지금은 인구 30만에도 이르지 못하는 소수민족이다.

 - 鮮卑(선비) ; 몽고족 계통의 유목민족.　降者(항자) ; 중국에 투항하여 중국에서 거처하는 이민족.

 - 處 살 처. 머물러 있다.　塞 변방 새. 막을 색.　塞內(새내) ; 만리장성 안쪽의 땅.

○ 郭欽嘗上疏謂, 宜及平吳之威, 漸徒內郡雜胡於邊地, 峻四夷出入之防, 明先王荒服之制. 帝不聽, 卒爲天下患. : 郭欽(곽흠)이 그전에 상소하였는데 "마땅히 吳를 평정한 위세를 이용하여 점차적으로 장성 내의 군에 섞여 사는 잡호들을 장성 밖으로 이사시키고, 사방의 蠻夷(만이)가 內地(내지)에 드나드는 것을 엄격히 금지하여 先王께서 이민족을 제압하려던 뜻을 밝혀야 합니다."라고 했다. 황제는 받아들이지 않았고, 결국 천하의 걱정거리가 되었다.

 - 郭 성곽 곽.　欽 공경할 흠.　郭欽(곽흠) ; 人名.

 - 疏 트일 소. 멀다. 조목별로 써서 진술하다.　宜 마땅할 의. 당연히.　及 미칠 급. 쫓아 따르다.　漸 물 스며들 점. 점점.

‐ 徙 옮길 사.　雜 섞일 잡. 섞여 살다.　雜胡(잡호) ; 鮮卑(선비), 匈奴(흉노), 羌(강), 氐(지), 羯(갈) 등을 말함.　邊地(변지) ; 변경 밖 지역.　峻 높을 준. 엄하게 하다.　四夷 ; 중국 주변의 이민족. 東夷(동이), 南蠻(남만), 北狄(북적), 西戎(서융).

‐ 荒 거칠 황. 황무지. 멀 황.　荒服(황복) ; 고대 중국에서는 수도권인 王畿(왕기, 甸服)로 부터 500里 단위로 명칭을 달리하였는데(이를 五服이라 하였음), 그 중 가장 먼 지역에 해당하는 명칭. 帝王의 敎化가 미치지 않는 지역. 이민족 거주지.

○ 帝在位改元者三, 曰泰始・咸寧・太康. 太子立, 是爲孝惠皇帝.
: 武帝의 在位 중에 3번 改元했는데 泰始, 咸寧, 太康이다. 태자가 즉위하니, 이가 孝惠皇帝이다.

‐ 泰始(태시) ; 서기 265~274년.　咸寧(함녕) ; 275~280년. 太康(태강) ; 280~289년.

【참고】 좌사와 낙양의 종잇값

❖ 左思(좌사, 서기 250?~305년)는 西晉의 문장가로 그가 지은 〈三都賦 삼도부〉는 낙양의 종잇값을 올렸다는 '洛陽紙貴(낙양지귀)'의 故事成語를 만들었다. 〈三都賦〉는 위, 촉, 오 三國 수도의 경치를 읊은 장편의 서사시이지만 사실은 삼국 정치의 실상을 묘사하였다.

左思는 추남에 가까운 외모에 말도 더듬었기에 사람들과 널리 사귀지 못하고 알려지지도 않았다. 左思는 자신의 학문이 부족하다는 것을 알고 책을 많이 읽을 수 있는 비서랑직을 자청하였다고 한다.

賦(부)는 漢代 이후에 유행한 詩文의 하나로 문장의 韻律(운율)이 맞아야 하고 화려한 문장으로 짜여야 하면서도 내용이 정확해야 했다. 左思는 글자 하나하나를 사실과 일치하는지 확인하면서 조금의 거짓이나 허풍이 없는 내용을 담은 명문장으로 〈삼도부〉를 쓰기 시작했다.

左思는 10여 년 각고의 노력으로 〈三都賦〉를 완성하고 이를 당시 정계의 실력자인 張華(장화)에게 보여주었다. 장화는 읽어본 뒤에 "이는 班固(반고)의 〈兩都賦〉나 張衡(장형)의 〈二京賦(이경부)〉와 함께 鼎足(정족)을 이룰만하다"고 칭찬하였다.

左思는 이를 다시 당시의 隱者로 명성을 누리면서 鍼灸學(침구학)의 대가였던 皇甫謐(황보밀)에게 보여주며 가르침을 청했다. 황보밀은 좌사를 극찬을 하면서 바로 서문을 써 주었다.

이런 사실이 알려지자, 그전에 左思를 우습게 알고 험담하던 사람조차 옷깃을 여미었고, 서로 다투어 〈三都賦〉를 필사하였기에 낙양의 종잇값이 올랐다는 말이 나오게 되었다.

左思와 洛陽紙貴의 故事는 학문에 뜻을 둔 사람이 어떠한 노력을 해야 하는가에 대한 교육적 가치가 큰 이야기의 하나이다.

西晉(서진) 때의 시인 左思(좌사)가 지은 『三都賦(삼도부)』의 序文.

2) 淸談의 유행

(1) 孝惠皇帝, 名衷, 性不慧. 爲太子時, 納妃賈氏, 充之女也, 多權詐. 衛瓘嘗侍武帝, 陽醉跪于前, 以手撫床曰, 此座可惜. 武帝悟, 密封尙書疑事, 令太子決之. 賈氏大懼, 倩外人具草代對, 令太子自寫. 武帝悅得不廢, 至是卽位.

효혜황제의 이름은 충인데 천성이 똑똑치 못했다. 태자로 있을 때 가충의 딸을 비로 맞이했는데 (가씨는) 잔꾀와 거짓이 많았다. 언젠가 위관이 무제를 모시면서 거짓으로 취한척하면서 황제 앞에 꿇어앉아 龍床(용상)을 어루만지며 "이 자리가 아깝도다!"라고 말했다. 무제가 깨달은 바 있어 상서가 해결하기 어려운 일을 밀봉하여 주고 태자가 해결책을 내도록 했다. 太子妃(태자비) 가씨는 크게 걱정하여 남에게 대책 초안을 만들게 하고 이를 태자가 베껴 직접 써내게 하였다. 무제는 기뻐하면서 폐하지 않았었는데, 이제 司馬衷(사마충)은 즉위하기에 이르렀다.

어구 설명

○ 孝惠皇帝, 名衷, 性不慧. 爲太子時, 納妃賈氏, 充之女也, 多權詐. : 孝惠皇帝의 이름은 衷(충)인데 천성이 똑똑치 못했다. 太子

로 있을 때 賈充(가충)의 딸 가씨를 비로 맞이했는데 (가씨는) 잔
꾀와 거짓이 많았다.

 - 孝惠皇帝 ; 재위 290~307년.   衷 속마음 충.   慧 슬기로울
혜.   納 바칠 납, 받아들일 납.

 - 賈氏 ; 本名 賈南風. 결코 美人이라 할 수 없는 평범한 용모의
여인이었다.   充 찰 충. 채우다.

 - 權 저울 추 권. 임기응변의 방편.   詐 속일 사.   權詐(권사) ;
잔꾀와 거짓.

○ 衛瓘嘗侍武帝, 陽醉跪于前, 以手撫床曰, 此座可惜. 武帝悟, 密
封尙書疑事, 令太子決之. : 언젠가 衛瓘(위관)이 武帝를 모시면서
거짓으로 취한척하면서 황제 앞에 꿇어앉아 용상을 어루만지며 "이
자리가 아깝도다!"라고 말했다. 武帝가 깨달은 바 있어 尙書가 해결
하기 어려운 일을 밀봉하여 주고 태자가 해결책을 내도록 했다.

 - 衛 지킬 위.   瓘 옥 이름 관.   陽 볕 양. 거짓으로(佯과 같음).
跪 꿇어앉을 궤.   撫 어루만질 무.   床 ; 여기서는 龍床(용상),
玉座(옥좌)의 臺座(대좌).

 - 惜 아낄 석. 아깝다.   疑事(의사) ; 쉽게 해결할 수 없는 일.
決 터질 결. 해결하다. 決策.

○ 賈氏大懼, 倩外人具草代對, 令太子自寫. 武帝悅得不廢, 至是
卽位. : 賈氏는 크게 걱정하여 남에게 대책 초안을 만들게 하고
이를 태자가 직접 써내게 하였다. 武帝는 기뻐하면서 폐하지 않
았었는데 이제 즉위하기에 이르렀다.

 - 懼 두려울 구.   倩 예쁠 천. 빌리다. 남에게 부탁하다.   倩草

(천초) ; 남을 시켜 글을 짓게 하다.

　- 得 얻을 득. 동작의 결과가 어떠했다는 의미를 나타냄. 여기서는 '기뻐하면서 (그 결과) 태자를 폐하지 않았다.' 는 뜻.

(2) 賈氏爲皇后預政. 皇太后楊氏, 乃帝母楊后之從妹, 父駿爲太傅. 賈后殺駿而廢太后, 殺太宰汝南王亮, 殺太保衛瓘, 殺楚王瑋. 以衆望用張華・裴頠・王戎, 管機要, 華盡忠帝室. 后雖凶險, 猶知敬重, 與頠同心輔政. 數年之閒, 雖暗主在上, 而朝野安靜.

가씨는 황후가 되자 정사에 간여했다. 황태후(武帝의 妃) 양씨는 바로 황제의 모친인 양후의 사촌 동생으로 (황태후의) 부친인 양준은 태부였다. 가후는 양준을 죽이고 태후를 폐했으며, 태재인 여남왕 사마량을 죽였고, 태보인 위관과 초왕인 사마위를 죽였다.

　그러나 중망을 얻고 있는 장화와 배위, 왕융 등을 등용하여 국가 주요업무를 관장케 하였는데 장화는 황실에 충성을 다했다. 가후가 비록 흉험했지만 그래도 존경해야 할 사람은 알았다. (장화는) 배위와 한마음이 되어 정치를 보필하였다. 수년 동안에 비록 어리석은 군주가 위에 있었지만 나라는 평안하고 조용했다.

어구 설명

○ 賈氏爲皇后預政. 皇太后楊氏, 乃帝母楊后之從妹, 父駿爲太傅. 賈后殺駿而廢太后, 殺太宰汝南王亮, 殺太保衛瓘, 殺楚王瑋. : 賈氏는 皇后가 되자 정사에 간여했다. 皇太后 楊氏는 바로 황제의 母인 楊后의 從妹로 (황태후의) 父 楊駿은 太傅(태부)였다. 賈后는 楊駿을 죽이고 太后를 폐위했고, 太宰(태재)인 汝南王 司馬亮을 죽였고, 太保인 衛瓘(위관)과 楚王인 司馬瑋를 죽였다.

 - 預 미리 예. 참여하다. 皇太后 ; 武帝의 황후, 惠帝의 繼母. 從 따를 종. 일하다. 四寸. 從妹 ; 사촌 여자 형제.

 - 駿 준마 준. 太保(태보) ; 三師(太師, 太傅, 太保)의 한 직위로 황제의 고문격. 瑋 옥 이름 위. 瓘 옥 이름 관.

○ 以衆望用張華 · 裴頠 · 王戎, 管機要, 華盡忠帝室. 后雖凶險, 猶知敬重, 與頠同心輔政. 數年之閒, 雖暗主在上, 而朝野安靜. : 衆望에 따라 張華와 裴頠(배위), 王戎(왕융) 등을 등용하여 국가 주요업무를 관장케 하였는데 張華는 황실에 충성을 다했다. 賈后가 비록 凶險했지만 그래도 敬重할 것은 알았다. (張華는) 裴頠와 한마음이 되어 정치를 보필하였다. 數年 동안에 비록 어리석은 군주가 위에 있었지만 나라는 평안하고 조용했다.

 - 衆望(중망) ; 世人들로부터 받는 信望. 頠 조용할 위(외). 戎 병기(무기) 융, 종족 이름 융. 王戎(234~305년) ; 西晋의 大臣. 竹林七賢 중 가장 어렸다.

 - 管 피리 관. 관리하다. 機要(기요) ; 기밀에 속하는 중요한 일.

 - 雖 비록 수. 凶險(흉험) ; 흉악하고 고약함. 敬重(경중) ; 존

경하고 중히 여김.   暗主(암주) ; 어리석은 君主.
  − 朝野(조야) ; 조정과 백성, 나라 안, 세상.

【참고】 가황후의 전횡

 ❖ 서진 혜제의 가황후(本名 賈南風, 서기 256~300년)는 晉 개국공신인 賈充(가충)의 三女였다. 武帝의 태자인 司馬衷(사마충)이 거의 백치에 가깝다는 것은 이미 알려진 사실이었다. 가남풍은 키도 작달막하고 얼굴도 검었던 평범한 용모의 여인이었다. 혜제가 유약하고 무능하였기에 賈南風은 皇后로 10년 동안 專權하였는데 이는 서진 멸망의 가장 큰 원인인 '八王의 亂'을 유발하는 도화선이 되었다.

 《晉書》나 《資治通鑑》의 기록에 의하면, 가황후는 잔인하고 흉포했으며 매우 음탕하여 태의령 程據(정거) 등 궁정 관원들과 음탕한 관계를 맺었다고 한다. 또 준수한 미남을 선발하여 황후에게 진상하는 담당자까지 있었다고 한다.

 그렇지만 賈南風은 人才를 잘 썼으니, 서민 출신이었지만 유능한 張華(장화), 裴頠(배위)같은 大學者, 王戎(왕융)과 같은 당시의 名士 등을 등용하여 정치를 맡겼기에 혜제가 백치이며 무능했어도 그녀가 집권하던 10년간은 '海內가 晏然(안연)' 하고 '朝野가 寧靜(영정)' 한 시기로 평가받고 있다.

 가황후의 부친 賈充(가충)도 역사상 유명하다. 魏의 신하였지만 魏를 멸망시킨 주역이었으며, 사마소와 사마염의 특별한 신임을 받으면서 晉의 1등 개국공신이 되었다. 때문에 자신의 딸 가남풍이 황태자비가 될 수 있었다.

멸망한 吳의 군주 손호가 사마염에게 끌려 왔을 때 가충이 손호에게 물었다. "내가 듣기로는 당신은 남쪽에서 사람의 눈을 파내고 살 껍질을 벗겼다는데 실제로 그러했소이까?"

그러자 손호가 바로 대답했다. "남의 신하가 되어 그 주군을 시해하고 간사하며 불충한 자에게는 그런 형벌을 가했소!" 이에 가충은 매우 부끄러워했다.

(3) 戎與時浮沈, 無所匡救. 性復貪吝, 田園遍天下, 執牙籌晝夜會計. 家有好李, 恐人得其種, 常鑽其核. 凡所賞拔, 專事虛名. 阮咸之子瞻見戎, 戎問曰, 聖人貴名教, 老莊明自然, 其旨異同. 瞻曰, 將無同. 戎咨嗟良久, 遂辟之, 時號三語掾. 是時王衍·樂廣, 皆善淸談. 衍神情明秀, 少時山濤見之曰, 何物老嫗, 生寧馨兒, 然誤天下蒼生者, 未必非此人也.

왕융은 시류를 따라 부심하였고 잘못을 바로잡거나 남을 도와주지도 않았다. 천성은 욕심이 매우 많고 인색하였는데 전원이 곳곳에 널려 있고 상아 산가지(주판)를 가지고 밤낮으로 계산을 했다. 그 집에 좋은 자두나무가 있었는데 남이 그 종자를 얻을까 걱정하여 먹고 난 그 씨에 구멍을 뚫어 버렸다. (왕융은) 모든 포상이나 선발에 오로지 허명을 따를 뿐이었다. 완함의 아들 완첨이 왕융을 만났는데, 왕융이 물었다. "성인께서는 명교를 귀히 여기고, 노장은 자연을 강조하는데 그 뜻이 같은가? 아니면 다른가?"

완첨은 "거의 같지는 않습니다."라고 말했다. 왕융은 한참을 감탄하고서는 그를 채용했는데 그때 사람들이 '말 세 마디로 뽑힌 관리' 라고 불렀다.

이 무렵 왕연, 악광 등은 다 老莊(노장)의 청담을 좋아하였다. 왕연은 정신이 총명하고 뛰어났는데 어렸을 적에 산도가 왕연을 보고 말했다. "어떤 할멈이 이런 아이를 낳았는가! 그렇지만 천하 백성들을 그르치고, 邪道(사도)에 떨어뜨리는 사람은 이 사람이 아니라고는 말 못할 것이다."

王戎(왕융)

어구 설명

○ 戎與時浮沈, 無所匡救. 性復貪吝, 田園遍天下, 執牙籌晝夜會計. 家有好李, 恐人得其種, 常鑽其核. : 王戎은 時流를 따라 浮沈하였고 잘못을 바로잡거나 남을 도와주지도 않았다. 천성은 욕심이 매우 많고 인색하였는데 田園이 곳곳에 널려 있어 상아 산가지를 가지고 밤낮으로 계산을 했다. 그 집에 좋은 자두나무가 있었는데 남이 그 종자를 얻을까 걱정하여 그 씨에 구멍을 뚫어 버렸다.

 - 時 ; 時勢, 時流. 浮沈(부침) ; 권세의 융성과 침몰.

 - 匡 바를 광. 바로잡다. 匡救(광구) ; 잘못을 바로잡고 어려운 사람을 구원함.

 - 復 돌아올 복. 다시 부. 거듭하다. 貪 탐할 탐. 吝 아낄 린(인). 욕심을 부리다. 遍 두루 편. 널려 있다.

 - 牙 어금니 아. 상아. 籌 산(算)가지 주. 계산용 막대. 주판. 晝夜(주야) ; 밤낮으로. 會計 ; 모아서 계산을 하다.

 - 恐 두려울 공. 겁내다. 걱정하다. 아마도. 李 자두나무 이. 鑽 뚫을 찬. 구멍을 내다. 核 씨 핵. 鑽核(찬핵) 또는 鑽李는 '인색하여 비난을 받는다.' 는 뜻으로 쓰인다.

○ 凡所賞拔, 專事虛名. 阮咸之子瞻見戎, 戎問曰, 聖人貴名敎, 老莊明自然, 其旨異同. 瞻曰, 將無同. 戎咨嗟良久, 遂辟之, 時號三語掾. : (왕융은) 모든 포상이나 선발에 오로지 虛名을 따를 뿐이었다. 阮咸(완함)의 아들 阮瞻(완첨)이 왕융을 만났는데, 왕융이 물었다. "聖人께서는 名敎를 귀히 여기고, 老莊은 自然을 강조하는데 그 뜻이 같은가, 아니면 다른가?" 완첨은 "거의 같지는 않습니다(將

無同).”라고 말했다. 왕융은 한참을 감탄하고서는 그를 채용했는데 그때 사람들이 ‘말 세 마디로 뽑힌 관리’라고 불렀다.

－ 拔 빼낼 발. 뽑다.　事 ; 일삼다. 전념하다.　瞻 볼 첨.

－ 名敎 ; 인륜과 도덕 등 확실한 명분에 대한 가르침. 즉 君臣(군신), 父子(부자), 仁義(인의), 禮智(예지)의 명분으로써 사람을 인도하는 것.　自然 ; 道家의 無爲說.

－ 旨 맛있을 지.　趣旨 ; 뜻.　將無同(장무동) ; 거의 같지 않다. 비슷하다. (확실한 대답을 못하고 적당히 버무려 넘어간 것임.)

－ 咨 물을 자. 탄식하다.　嗟 탄식할 차.　咨嗟(자차) ; 탄식하다.　良 좋을 양(량). 진실로. 매우.　良久(양구) ; 한참 있다가.

－ 遂 이룰 수. 마침내.　辟 임금 벽. 물리치다. 피하다. 초빙하다.

－ 掾 도울 연. 하급관리. 보좌관.　三語掾(삼어연) ; 사실 “將無同”이 아니라 “同 또는 異라 한마디면 족한 것이지 무슨 三語가 필요한가?”라고 말한 사람이 있었다. 그러자 或者는 이에 대하여 “천하에 人望을 얻은 사람이라면 말이 없어도 발탁되는 것이니 꼭 一言을 해야 하는가?”라고 묻고 있다. 이는 淸談에서 볼 수 있는 空理空談의 한 모습이다. 왕융의 단 세 마디의 말로 합격시킨 輕薄(경박)함을 비웃는 것임.

○ 是時王衍·樂廣, 皆善淸談. 衍神情明秀, 少時山濤見之曰, 何物老嫗, 生寧馨兒, 然誤天下蒼生者, 未必非此人也. : 이 무렵 王衍(왕연), 樂廣(악광) 등은 다 淸談을 좋아하였다. 왕연은 정신이 총명하고 뛰어났는데 어렸을 적에 山濤가 왕연을 보고 말했다. “어떤 할멈이 이런 아이를 낳았는가! 그렇지만 천하 백성들을 誤

導(오도)할 사람은 이 사람이 아니라고는 말 못할 것이다.”

‐ 淸談(청담) ; 淸淨無爲(청정무위)의 論(논).

‐ 衍 물 넘칠 연.   何物 ; 경멸의 뜻이 담긴 말, ‘어떤 ~’.   嫗 할미 구. 늙은 여자.   馨 향기 형.

‐ 寧馨(영형) ; ‘이러한(如此)’ 口語를 그대로 쓴 것임.   未必 ; 반드시 ~한 것은 아니다. 꼭 ~하다고 할 수 없다.

【참고】 淸談의 스타 ; 왕연과 악광

❖ 王衍(왕연)은 준수한 용모에 피부가 몹시 희었다. 때문에 山濤가 ‘이렇듯 총명하고 준수한 인물을 낳은 할멈이 누구냐’고 농담을 했던 것이다. 청담은 주로 主客이 서로 토론하듯 대화를 나누는 것인데 그때 대화의 주체가 되는 사람은 큰 사슴꼬리의 꼬리로 만든 먼지떨이(이를 ‘拂塵불진’ 또는 ‘塵尾진미’라 하는데, 후세에는 도사들의 소지품이었다.)를 휘저으며 담론을 했다고 한다.

왕연이 준수한 용모에 옥으로 만든 자루가 달린 불진을 휘두르며 열변을 토하면 사람들이 감탄했다고 한다. 거기에다가 높은 관직에 있었기에 젊은이들의 우상이 될 만했다. 이 왕연에 필적할 만한 청담의 대가이며 달변가는 樂廣(악광)이었다.

❖ 樂廣이 河南尹으로 근무할 때 자주 오던 친우가 오지를 않자 그를 찾아가 원인을 물었다. 그 사람이 “전에 나에게 술을 권했는데 술잔에 뱀이 들어 있어 매우 언짢았지만 그냥 마셨다. 그 뒤로 병이 났다.”고 말했다.

당시 하남윤의 근무처 벽에는 뱀 장식을 한 활이 걸려 있었다.

樂廣은 뒤에 그 친우를 특별히 불러 꼭 그 자리에 앉히고 술잔에 비친 뱀 그림자에 대하여 설명해 주었다. 그는 곧 병이 나았고 그 뒤로는 뱀을 무서워하지 않았다고 한다. '杯中蛇影(배중사영, 술잔의 뱀 그림자)'라는 고사성어는 '공연한 의혹으로 생긴 쓸데없는 걱정'이란 뜻이다.

(4) 衍弟澄, 及阮咸·咸從子脩·胡毋輔之·謝鯤·畢卓等, 皆以任放爲達, 醉裸不以爲非. 比舍郎釀熟, 卓夜至甕閒盜飮, 爲守者所縛. 且視之畢吏部也. 樂廣聞而笑之曰, 名敎中自有樂地, 何必乃爾. 初魏時, 何晏等立論, 而天地萬物, 皆以無爲本. 衍等愛重之, 裴頠著崇有論, 不能救.

왕연의 아우 왕징, 완함과 완함의 조카 완수, 호무보지, 사곤, 필탁 등은 모두 예를 어기는 것을 통달한 것이라 생각하여 취해서 벌거벗는 것을 나쁘다고 생각하지 않았다. 이웃집에서 술을 담가 술이 익자, 필탁은 밤에 술독에 가서 훔쳐 마시다가 지키는 사람한테 잡혀 묶였다. 다시 보니, 이부에 근무하는 필탁이었다. 악광이 전해 듣고서 비웃으며 말했다. "성인의 가르침에 스스로 즐길 곳이 있다 했거늘 하필 이래야 하는가?"

그 이전 위나라 때, 하안 등이 천지만물은 모두 무를 근본으로 한다는 논리를 내세웠다. 老莊學(노장학)의 왕연 등이 이를 좋아하며 중시하자 배위 등이 〈숭유론〉을 저술했지만 이런 흐름을 막지는 못했다.

어구 설명

○ 衍弟澄, 及阮咸·咸從子脩·胡毋輔之·謝鯤·畢卓等, 皆以任放爲達, 醉裸不以爲非. : 왕연의 아우 왕징, 완함과 완함의 조카 완수, 호무보지, 사곤, 필탁 등은 모두 예를 어기는 것을 통달한 것이라 생각하여 취해서 벌거벗는 것을 나쁘다고 생각하지 않았다.
 - 澄 맑을 징. 從子 ; 조카. 脩 육포 수. 익히다. 胡毋(호무) ; 複姓. 鯤 큰 물고기 곤. 畢 마칠 필.
 - 任放(임방) ; 예법을 무시하고 멋대로 행동함. 達 통달할 달. 以爲(이위) ; 생각하다. 以~ 爲~ ; ~을 ~이라 여기다.

○ 比舍郞釀熟, 卓夜至甕閒盜飮, 爲守者所縛. 且視之畢吏部也. 樂廣聞而笑之曰, 名敎中自有樂地, 何必乃爾. : 이웃집에서 술을 담가 술이 익자, 필탁은 밤에 술독에 가서 훔쳐 마시다가 지키는 사람한테 잡혀 묶였다. 다시 보니, 이부에 근무하는 필탁이었다. 樂廣이 전해 듣고서 비웃으며 말했다. "성인의 가르침에 스스로 즐길 곳이 있다 했거늘 하필 이래야 하는가?"(이웃집 술까지 훔쳐 먹을 것까지야 있겠는가?)
 - 比 견줄 비. 이웃. 舍 집 사. 郞 사나이 랑(낭). 행랑(廊과 같음). 釀 술 빚을 양. 熟 익을 숙.
 - 甕 독 옹. 여기서는 술독. 縛 묶을 박. 爲守者所縛(위수자소

박) ; 守者에게 묶이게 되었다. 지키는 이에게 잡혀 묶였다. 피동문.

 – 樂 ; 풍류 악, 음악 악, 姓(성) 악.　爾 너 이(汝, 而와 同).
乃爾(내이) ; 이와 같이, 이처럼.

○ 初魏時, 何晏等立論, 而天地萬物, 皆以無爲本. 衍等愛重之, 裴頠著崇有論, 不能救. : 그 이전 魏나라 때, 何晏(하안) 등이 天地
萬物은 모두 無를 근본으로 한다는 논리를 내세웠다. 老莊學(노
장학)의 왕연 등이 이를 좋아하며 중시하자 裴頠(배위) 등이 〈崇
有論〉을 저술했지만 이런 흐름을 막지는 못했다.

 – 晏 늦을 안. 편안하다.　何晏(하안) ; (195?~249) 魏晉시대 玄
學(현학)의 창시자. 王弼(왕필)과 함께 명성이 높았다. 하안은 미
남이었으며 그의 才學은 曹操가 감탄할 정도였다. 조조의 딸과
결혼했으며 뒷날 사마의에게 피살되었다.

 – 立論 ; 이론을 내세우다.

【참고】 淸談 亡國(청담 망국)

❖ 청담의 기본은 허무와 無爲自然(무위자연)의 老莊사상이다.
일체의 俗塵(속진)과 名利를 털어버리고 도덕을 무시하면서 현실
에 초연하고자 하였다.

漢末 이후 정치 불안과 이민족의 침입과 살육, 권문세가의 횡포
는 지식인들을 실의에 빠지게 하였다. 그들은 保身의 일환으로 개
인주의를 지향하고 자유를 희구하면서 불안한 사회에서의 도피를
꿈꾸었다.

그래서 유가의 도덕과 예절을 비웃고 인생의 허무를 말하면서 노

장의 은유와 자연을 좋아하며 정치에 관여하지 않으려 했다. 그러면서도 일부는 고관의 지위와 권세를 탐하는 이율배반도 있었다. 이러한 풍조는 당시 관료들에게도 스며들어 무사안일에 빠지고 책임회피의 궤변을 늘어놓았다. 또한 관료의 귀족화는 무능과 직결되어 사회기강을 어지럽히며 일종의 방임을 죄악시하지도 않았다.

청담이 크게 유행하면서 사람들은 실무나 실제적인 일에 관심을 갖지 않았다. 공리공론에 온 정력과 지식을 다 동원하는데 무슨 여력이 있어 정치를 돌보고 민생을 걱정하겠는가? 본서에도 실려 있지만, 石勒(석륵)이 낙양에 쳐들어 와서 청담의 대가이며 젊은이들의 우상이었던 왕연을 생포한다.

왕연은 한 나라의 국정을 책임질만한 고관직에 오래 있었는데도 "나는 벼슬에 뜻이 없었으며 세상일에 관여하지도 않았다."고 무책임한 발뺌을 했다. 이에 석륵은 "이런 사람은 처음 본다."고 말하면서 칼로 죽이는 것도 아깝다며 담을 무너트려 압사시켰다.

청담의 유행은 곧 퇴폐생활의 보편화와 정당화라고 말할 수 있다. 청담의 유행은 서진 귀족들의 사치풍조, 왕족의 골육상잔과 함께 위로는 나라를 망쳤으며, 아래로는 後代에 이르기까지 심각한 영향을 주었다는 평가를 받았다.

❖ 劉伶(유영)은 술을 먹고 취해 제멋대로 놀았다. 심지어 집안에서 옷을 다 벗고 나체로 술을 마시기도 했다. 어떤 知人이 유령을 찾아와 이를 비웃자 유령이 말했다.

"나는 天地를 내 집으로 삼고, 이런 집은 內衣로 생각하며 살고 있소! 그런데 그대는 왜 내 내의 속에 들어왔는가?"

3) 八王의 난

(1) ○ 太子遹非賈后所生, 后廢殺之. 征西大將軍趙王倫, 矯詔勒兵入宮, 廢后殺之, 殺張華·裴頠. 倫爲相國, 淮南王允, 率兵討倫, 不克死. 倫殺衛尉石崇. 崇有愛妾綠珠. 倫嬖人孫秀求之, 不與. 秀誣崇, 奉允爲亂, 收之. 崇曰, 奴輩利吾財耳. 收者曰, 知財爲禍, 何不早散之, 遂被殺. 倫自加九錫, 逼帝禪位. 黨與皆爲卿相, 奴卒亦加爵位. 每朝會, 貂蟬盈坐, 時人語曰, 貂不足, 狗尾續.

○ 태자 사마휼은 가후의 소생이 아니었는데, 가후가 폐위하고 죽여 버렸다. 정서대장군인 조왕 사마륜이 황제의 명령이라 속이고 군대를 데리고 입궁하여 가후를 폐한 다음에 죽이고 장화와 배위도 죽였다. 사마륜이 스스로 상국이 되자 회남왕인 사마윤이 군사를 이끌고 사마륜을 토벌했으나 이기지 못하고 죽었다. 사마륜은 衛尉(위위)인 석숭을 죽였다.

석숭에게 녹주라는 애첩이 있었다. 사마륜의 총애를 받던 손수가 녹주를 달라 하였으나 석숭은 주지 않았다. 손수는 석숭이 사마윤을 받들고 난을 일으키려 한다고 무고하였고 석숭은 체포되었다. 석숭은 "그놈이 나의 재산(곧

첩)을 탐내는 것뿐이다.”라고 말했다. 석숭을 체포한 자가 “재산이 재앙인줄 알았으면 왜 진작부터 재물을 베풀지(주어버리지) 않았느냐?”고 말했고, 석숭은 피살되었다.

사마륜은 스스로 구석을 받고 황제에게 선위하라고 핍박하기도 했다. 그의 패거리들이 모두 고위직을 차지했고 종놈이나 병졸에게도 작위를 주었다. 매번 조회 때마다 초선의 관(담비(貂)의 꼬리 가죽으로 장식을 하고, 매미의 날개로 무늬를 놓은 관)을 쓴 고관이 자리에 가득하니 당시 사람들이 ‘담비 꼬리가 부족하여 개 꼬리로 이었다.’ 는 말을 했다.

어구 설명

○ 太子遹非賈后所生, 后廢殺之. 征西大將軍趙王倫, 矯詔勒兵入宮, 廢后殺之, 殺張華·裴頠. : 太子 司馬遹(사마휼)은 賈后의 所生이 아니었는데, 가후가 폐위하고 죽여 버렸다. 征西大將軍인 趙王 司馬倫(사마륜)이 황제의 명령이라 속이고 군대를 데리고 入宮하여 賈后를 폐한 다음에 죽이고 張華와 裴頠(배위)도 죽였다.(永康 원년, 서기 300년)

– 遹 삐뚤어질 휼(본음 율).　倫 인륜 윤(륜). 도리. 순서.

– 矯 바로잡을 교. 속이다. 핑계를 대다.　矯詔(교조) ; 조칙(詔勅)이라고 속이다.

– 勒 재갈 늑(륵).　勒兵(늑병) ; 군대의 대오를 정비하다. 군대를 동원하다.

○ 倫爲相國, 淮南王允, 率兵討倫, 不克死. 倫殺衛尉石崇. : 司馬倫(사마륜)이 相國이 되자 淮南王인 司馬允(사마윤)이 군사를 이끌고 司馬倫(사마륜)을 토벌했으나 이기지 못하고 죽었다. 사마륜은 衛尉(위위)인 石崇(석숭)을 죽였다.

  – 淮 강 이름 회.　允 진실로 윤.　克 이길 극.　不克 ; 이기지 못하다. 함락시키지 못하다.

  – 衛尉(위위) ; 궁문 부비 담당관.　石崇(석숭, 249～300년) ; 서진의 유명한 관리이면서 도적이었고 큰 부호였음. 賈后 밑에서 출세하고 부자가 되었다가 모함을 받아 피살되었다.

○ 崇有愛妾綠珠. 倫嬖人孫秀求之, 不與. 秀誣崇, 奉允爲亂, 收之. 崇曰, 奴輩利吾財耳. 收者曰, 知財爲禍, 何不早散之, 遂被殺. : 石崇에게 綠珠(녹주)라는 애첩이 있었다. 사마륜의 嬖人(폐인)인 孫秀가 녹주를 달라 하였으나 석숭이 주지 않았다. 손수는 석숭이 사마윤을 받들고 난을 일으키려 한다고 무고하였고 석숭은 체포되었다. 석숭은 "그놈이 나의 재산을 탐내는 것뿐이다."라고 말했다. 석숭을 체포한 자가 "재산이 재앙인줄 알았으면 왜 진작부터 재물을 베풀지 않았느냐?"고 말했고, 석숭은 피살되었다.

  – 嬖 사랑할 폐.　嬖人 ; 높은 사람이 신임하고 총애하는 미천한 사람.　誣 무고할 무.

  – 收 거둘 수. 붙잡다. 체포하다.　奴輩(노배) ; 남의 종놈. 그놈.

○ 倫自加九錫, 逼帝禪位. 黨與皆爲卿相, 奴卒亦加爵位. 每朝會, 貂蟬盈坐, 時人語曰, 貂不足, 狗尾續. : 司馬倫(사마륜)은 스스로 九錫을 받고 황제에게 禪位(선위)하라고 핍박하기도 했다. 그의

패거리들이 모두 고위직을 차지했고 종놈이나 병졸에게도 작위를 주었다. 매번 朝會 때마다 초선의 관(담비의 꼬리 가죽으로 장식하고, 매미의 날개로 무늬를 놓은 관)을 쓴 고관이 자리에 가득하니 당시 사람들이 '담비 꼬리가 부족하여 개 꼬리로 이었다.'는 말을 했다.

　－ 逼 닥칠 핍. 협박하다.　禪 봉선할 선. 양보하다.　逼帝禪位 ; 황제에게 양위하라고 핍박하다. 실제로 永寧 원년(301년) 사마륜은 제위에 올랐으나 100일 만에 쫓겨나고 혜제가 복위하였다.

　－ 黨與(당여) ; 패거리. 도당(徒黨). 黨羽와 같음.　卿相(경상) ; 고위 벼슬.　奴卒(노졸) ; 노복(奴僕)과 병졸.　爵 벼슬 작.

　－ 貂 담비 초. 족제비 科의 동물. 담비의 꼬리로 고관의 관을 장식했음.　蟬 매미 선. 매미의 날개.　貂蟬 ; 高官의 관, 君子의 덕.

　－ 盈 가득찰 영.　狗尾(구미) ; 개 꼬리.　續 이을 속.

　－ 狗尾續貂(구미속초) ; 개 꼬리를 담비의 꼬리에 잇다. 벼슬을 함부로 주다. (주로 문학작품에서) 훌륭한 것의 뒤를 하찮은 것으로 계승하다.

【참고】 석숭의 몰락

　❖ 石崇은 어려서부터 총명하고 용기와 策謀(책모)도 있었다. 그의 父親 石苞(석포)는 석숭이 자신보다 더 큰 富者가 될 것이라면서 자기의 재산을 석숭에게는 물려주지 않았다. 석숭은 여러 관직을 거쳐 侍中의 자리에 올랐고 晉 武帝의 인정을 받았다. 晉 惠帝가 卽位한 뒤에 형주자사로 지방에 전출된다.

석숭은 荊州에 있으면서 형주 모든 상인들의 돈을 뜯어 거대한 부를 형성했다. 그 뒤 관직생활에 풍파가 있었으나 賈황후의 모친과 그 집안 사람들에게 철저하게 아부하면서 세력을 넓히기도 했다.

석숭은 사치와 방종과 향락의 극치가 어떤 것인가를 보여 주었다. 석숭과 또 다른 부호 王愷(왕개)는 서로 사치 경쟁을 했었다. 석숭이 잔치를 할 때 시중을 드는 미녀들이 권하는 술을 손님이 다 마시지 않으면 미인을 그 자리에서 죽여 버렸다.

석숭의 애첩인 綠珠(녹주)는 요염하고도 피리를 잘 불었는데 司馬倫이 권력을 잡은 뒤 사마륜의 총애를 받던 孫秀가 녹주를 요구했으나 주지 않았다. 손수는 석숭을 모함했고 석숭을 체포하려고 사람이 왔을 때 석숭은 녹주와 함께 누각에서 술을 마시고 있었는데 그런 사연을 안 녹주는 "당신 눈앞에서 죽겠다"면서 높은 누각에서 뛰어내려 죽었다.

중국인들이 부호의 몰락을 애기할 때 꼭 등장하는 사람이 바로 석숭이다.

(2) 齊王冏鎭許昌, 成都王穎鎭鄴, 河間王顒鎭關中, 各擧兵討倫, 倫伏誅. 冏輔政, 驕奢擅權. 顒使長沙王乂殺之. 穎亦恃功驕奢, 已而與顒擧兵反. 乂奉帝及穎戰. 穎將陸機戰敗被收. 歎曰, 華亭鶴唳可復聞乎. 與弟雲, 皆爲穎所殺, 機·雲皆陸抗子也.

　제왕인 司馬冏(사마경)은 허창에, 성도왕인 司馬穎(사마영)은 鄴(업)에, 하한왕인 司馬顒(사마옹)은 관중에 주둔하고 있었는데 모두 司馬倫(사마륜)을 토벌하려고 거병하였고 사마륜은 형벌로 처형되었다. 사마경이 국정을 보좌했지만 교만과 사치에 권력을 멋대로 휘둘렀다. 사마옹이 장사왕 사마예를 시켜 사마경을 죽였다. 사마영도 공을 믿고 교만하게 굴었는데, 곧 사마옹과 함께 거병하여 반란을 일으키니 사마예는 황제(혜제)를 받들고 사마영과 싸웠다. 사마영의 장수 육기는 패전하여 체포되었는데 탄식하면서 말했다. "화정의 학 울음소리를 다시 들을 수 있겠는가?" 육기는 아우 육운과 함께 모두 사마영에게 피살되었는데, 육기와 육운은 吳(오)나라의 명장 육항의 아들이었다.

어구 설명

○ 齊王冏鎭許昌, 成都王穎鎭鄴, 河閒王顒鎭關中, 各擧兵討倫, 倫伏誅. : 齊王인 司馬冏(사마경)은 許昌에, 成都王인 司馬穎(사마영)은 鄴(업)에, 河閒王인 司馬顒(사마옹)은 關中에 주둔하고 있었는데 모두 司馬倫(사마륜)을 토벌하려 거병하였고 사마륜은 형벌로 처형되었다.

　- 冏 빛날 경.　司馬冏(사마경) ; 文帝(문제)의 아우인 齊王(제왕) 攸(유)의 아들.　鎭 진압할 진. 지키다. 주둔하다.　穎 이삭 영. 뾰쪽한 끝.　顒 공경할 옹.　司馬顒(사마옹) ; 司馬懿(사마의)의

아들 孚之(부지)의 손자.　伏誅(복주) ; 형벌에 의해 죽음을 당함.

○ 冏輔政, 驕奢擅權. 顒使長沙王乂殺之. 穎亦恃功驕奢, 已而與顒擧兵反. 乂奉帝及穎戰. : 사마경이 국정을 보좌했지만 교만과 사치에 권력을 멋대로 휘둘렀다. 사마옹이 장사왕 사마예를 시켜 사마경을 죽였다. 사마영도 공을 믿고 교만하게 굴었는데 곧 사마옹과 함께 거병하여 반란을 일으키니 사마예는 황제(혜제)를 받들고 사마영과 싸웠다.

　- 輔政(보정) ; 정사를 보필하다. 정권을 장악하다.

　- 驕奢(교사) ; 교만과 사치.　擅 멋대로 할 천.　擅權(천권) ; 권력을 멋대로 행사하다(擅橫).

　- 乂 벨 예. 풀을 베다. 다스리다.　司馬乂(사마예) ; 武帝(무제)의 庶子(서자).　恃 믿을 시.

○ 穎將陸機戰敗被收. 歎曰, 華亭鶴唳可復聞乎. 與弟雲, 皆爲穎所殺, 機·雲皆陸抗子也. : 사마영의 장수 陸機는 패전하여 체포되었는데 탄식하면서 말했다. "화정의 학 울음소리를 다시 들을 수 있겠는가?" 동생 육운과 함께 모두 사마영에게 피살되었는데, 육기와 육운은 육항의 아들이었다.

　- 被收(피수) ; 체포되다. 패장으로 잡히다.　華亭(화정) ; 지명. 陸機의 고향. 鶴이 많았고 학의 울음소리를 들으며 육기는 학문에 정진하였었다.　唳 울 여(려). 울음소리.

　- 陸機(육기, 261~303년) ; 西晉의 名 文章家. 吳 陸遜의 손자, 陸抗의 아들. 동생 陸雲과 함께 '二陸'이라 불렀다. 八王之亂에 억울하게 피살되었다.

【참고】 육씨 형제가 낙양에 들어가니…

❖ 육기의 조부 陸遜(육손)은 유비를 몰락케 한 東吳의 장군으로 丞相을 역임했으며, 부친 陸抗(육항)은 동오의 大司馬로 領兵하고 晉國의 羊祜(양호)와 대결하였지만 양육지교(羊陸之交)의 고사성어가 만들어질 정도의 도덕군자였다.

육항이 죽을 때 육기는 겨우 14살이었고, 육기가 20살 때 동오는 멸망한다. 육기와 동생 육운은 곧 고향 마을로 들어가 10년간 폐문하고 독서를 하였다. 晉 武帝 太康 10년(서기 289년)에 육기와 육운이 낙양에 들어가 남방의 사투리를 사용하자 사람들이 모두 흉내를 내며 조롱했다고 한다. 그러나 육기는 기가 죽지 않고 당시 문학가인 張華를 만나 자신의 才學을 인정받았다. 그러면서 육기의 문장이 알려지면서 크게 이름을 떨치니 당시 사람들은 '육씨 형제가 낙양에 들어가니 3張의 가치가 떨어졌다.'고 하였다. 3장이란 당시 문장으로 명성을 누리던 張載(장재), 張協(장협), 張亢(장항)의 3형제를 지칭한다.

육기는 '太康之英(태강 연간의 英才)'라는 칭송을 들으며 시와 문장으로 이름을 날렸는데 지금도 그의 시와 賦(부) 104편이 전해 온다. 그의 대표작으로 〈猛虎行〉, 〈君子行〉 등이 있고, 산문으로는 〈弔魏武帝文〉이 유명하며 그의 대표적 저술로는 《文賦》가 있는데 이는 문학 이론을 논한 책이다. 여기에서 그는 '시는 작가 의지의 표출'이라고 말하였다.

(3) 穎進兵入京師, 爲丞相, 已而還鄴. 顒表穎爲皇太弟, 東海王越, 奉帝命征穎. 穎遣兵拒戰于蕩陰, 乘輿敗績. 侍中嵇紹, 以身衛帝, 被殺, 血濺帝衣. 穎迎帝入鄴. 左右欲浣帝衣, 帝曰, 嵇侍中血, 勿浣也. 穎奉帝還洛. 顒將張方在洛, 遷帝於長安. 顒廢太弟穎, 更立豫章王熾爲太弟.

사마영이 군사를 거느리고 서울(경사)에 들어와 승상이 되었다가 곧 鄴(업)으로 돌아왔다. 사마옹이 표문을 올려 사마영을 황태제로 삼자, 동해왕인 사마월이 惠帝(혜제)의 명을 받들고 사마영을 정벌하려 했다. 사마영이 군사를 탕음에 보내 사마월을 막으니 황제를 받든다는 사마월은 싸움에 졌다.

시중인 혜소는 몸으로 황제를 지키다가 피살되었는데 그의 피가 황제의 옷에 튀었다. 사마영이 황제를 영입하여 鄴(업)으로 돌아왔다. 시중드는 사람이 황제의 옷을 빨려고 하자 황제가 말했다. "혜 시중의 피(血)다. 빨지 말라!"

사마영은 혜제를 받들고 낙양으로 돌아갔다. 사마옹의 부장 장방은 낙양에 있다가 황제를 다시 장안으로 데려갔다. 사마옹은 황태제 사마영을 폐하고 惠帝(혜제)의 아우 예장왕 사마치를 황태제로 세웠다.

어구 설명

○ 穎進兵入京師, 爲丞相, 已而還鄴. 顒表穎爲皇太弟, 東海王越, 奉帝命征穎. 穎遣兵拒戰于蕩陰, 乘輿敗績. : 사마영이 군사를 거느리고 京師에 들어와 丞相이 되었다가 곧 鄴(업)으로 돌아왔다. 사마옹이 表文을 올려 사마영을 皇太弟로 삼자, 東海王인 司馬越(사마월)이 帝命을 받들고 사마영을 정벌하려 했다. 사마영이 군사를 蕩陰(탕음)에 보내 사마월을 막으니 황제를 받든다는 사마월은 싸움에 졌다.

 ─ 京師 ; 수도(天子之都也).　鄴 땅이름 업. 齊의 地名.　越 넘을 월.　司馬越(사마월) ; 宣帝(선제)의 조카.　蕩陰(탕음) ; 河南省의 지명.

 ─ 乘輿(승여) ; 天子의 수레. 행차하는 天子.　績 길쌈할 적. 敗績(패적) ; 싸움에 지다. 大敗하다.

○ 侍中嵇紹, 以身衛帝, 被殺, 血濺帝衣. 穎迎帝入鄴. 左右欲浣帝衣, 帝曰, 嵇侍中血, 勿浣也. : 侍中인 嵇紹(혜소)는 몸으로 황제를 지키다가 피살되었는데 그 피가 황제의 옷에 튀었다. 사마영이 황제를 영입하여 鄴(업)으로 돌아왔다. 시중드는 사람이 황제의 옷을 빨려고 하자 황제가 말했다. "혜 시중의 피(血)다. 빨지 말라!"

 ─ 侍中(시중) ; 관직명.　嵇 산 이름 혜.　紹 이을 소.　濺 뿌릴 천. 튀다.　左右 ; 측근. 시중드는 사람.　浣 빨래할 완.

○ 穎奉帝還洛. 顒將張方在洛, 遷帝於長安. 顒廢太弟穎, 更立豫

章王熾爲太弟. : 사마영은 혜제를 모시고 낙양으로 돌아갔다. 사마옹의 부장 張方은 낙양에 있다가 황제를 다시 長安으로 데려갔다. 사마옹은 皇太弟 사마영을 폐하고 惠帝(혜제)의 아우 豫章王 사마치를 황태제로 세웠다.

– 洛 강 이름 낙(황하의 지류). 낙양.　遷 옮길 천.　熾 성할 치. 불길이 세다.

(4) 東海王越發兵, 西入長安, 奉帝還洛, 以越輔政. 成都王穎, 先據洛陽, 已而奔長安, 又自武關奔新野. 遂北濟河, 收故將士, 爲頓丘太守所執. 時范陽王虓據鄴, 送穎於虓, 未幾被殺.

東海王인 사마월이 發兵하여 서쪽으로 長安에 들어가서 혜제를 받들고 낙양으로 돌아오니 (혜제는) 사마월에게 정치를 보좌하게 했다. 成都王인 사마영은 그전에 洛陽을 차지하고 있다가 곧 長安으로 도주했고 다시 武關으로부터 新野로 도망갔다. (사마영은) 결국 북으로 황하를 건너 예전 장수와 병졸들을 수습했으나 頓丘(돈구) 太守에게 사로 잡혔다. 그때 范陽王 司馬虓(사마효)가 업을 차지하고 있었는데 사마영은 사마효에게 보내졌고 머지않아 피살되었다.

어구 설명

○ 東海王越發兵, 西入長安, 奉帝還洛, 以越輔政. : 東海王인 사마월이 發兵하여 서쪽으로 長安에 들어가서 혜제를 받들고 낙양으로 돌아오니 (혜제는) 사마월에게 정치를 보좌하게 했다.

 – 越 넘을 월.

○ 成都王穎, 先據洛陽, 已而奔長安, 又自武關奔新野. 遂北濟河, 收故將士, 爲頓丘太守所執. : 成都王인 사마영은 그전에 洛陽을 차지하고 있다가 곧 長安으로 도주했고 다시 武關으로부터 新野로 도망갔다. (사마영은) 결국 북으로 황하를 건너 예전 장수와 병졸들을 수습했으나 頓丘(돈구) 太守에게 사로잡혔다.

 – 據 의거할 거. 거점으로 삼다. 奔 달릴 분. 달아나다. 濟 건널 제. 頓 머리 조아릴 돈.

 – 太守 ; 州의 지방관은 자사(刺史)이고, 그 아래 郡에는 太守, 縣에는 縣令을 두었다. 所執 ; 붙잡혔다(피동).

○ 時范陽王虓據鄴, 送穎於虓, 未幾被殺. : 그때 范陽王 司馬虓(사마효)가 업을 차지하고 있었는데 사마영은 사마효에게 보내졌고 머지않아 피살되었다.

 – 范 풀 이름 범. 虓 울부짖을 효. 司馬虓(사마효) ; 宣帝(선제)의 조카. 幾 얼마 기(10 이하의 확실하지 않은 수). 거의. 조짐 未幾(미기) ; 머지않아. 不久.

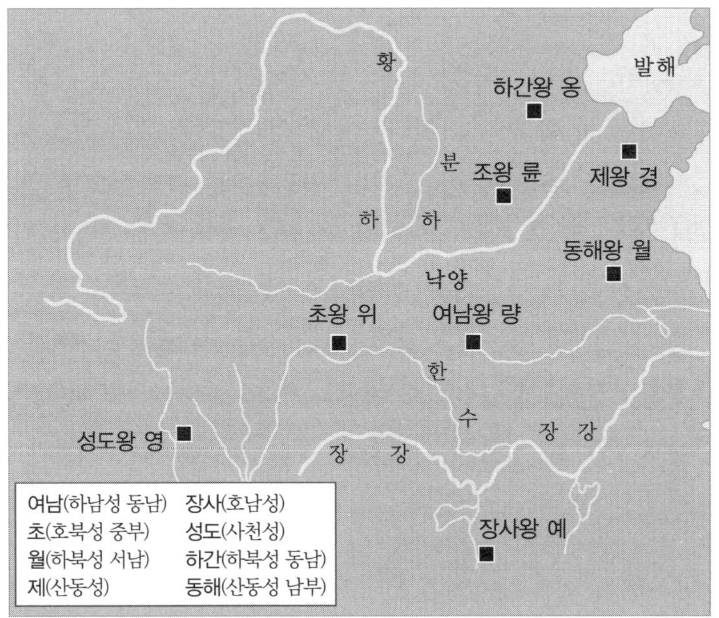

西晉 ; 八王의 亂

【참고】 八王의 난

❖ 서진의 천하통일(서기 280년) 후 10년이 지난 290년 외척인 楊氏와 賈氏의 세력다툼이 격화되어 지방에 거점을 두고 있던 宗室 司馬氏의 여러 王들이 군사를 일으켜 싸움이 전국으로 확대되었다. 이를 '八王의 亂'이라 한다.

이 난의 시작은 원강 원년(291년)에 조왕 사마륜이 가황후를 죽이고 혜제를 폐위시키고 일시 帝位에 오르면서 시작되었다. 그리하여 제왕 사마경, 장사왕 사마예, 하간왕 사마옹, 성도왕 사마영 등이 차례로 피살되었다. 이어 광희 원년(서기 306편)에 동해왕 사마월이 혜제를 독살하고, 皇太弟 사마치를 懷帝(회제)로 즉위시키면서 마무리가 된다.

이 난은 16년간(서기 291~306년) 지속되었으며 수십 만의 백성이 죽고 지방이 황폐화 되었다. 이 난의 결과 유목민족이 강성해지기 시작했고 流民(유민) 봉기가 잇달았다. 결과적으로 西晉의 멸망(서기 316년)은 필연이었으며 東晉(동진)의 건국(서기 317년)으로 漢族(한족)의 정통은 이어진다.

그러면서 화북지방에 5호 16국 시대(五胡十六國 ; 北朝)가 열리고 양자강 이남에서 宋(송)－齊(제)－梁(양)－陳(진)의 南朝(남조)가 차례로 흥망을 거듭하다가 隋(수)의 건국(서기 581년)과 중국 통일(서기 589년)로 나아간다.

(5) 帝食麵中毒而崩. 或曰, 東海王越鴆之也. 帝昏愚. 天下大饑, 帝曰, 何不食肉麋. 華林園聞蛙鳴. 帝曰, 彼鳴者, 爲官乎, 爲私乎. 左右戲之曰, 在官地者爲官, 在私地者爲私.

혜제는 국수를 먹다가 중독되어 죽었다. 어떤 사람들은 "동해왕 사마월이 독살했다."고 말했다. 혜제는 흐리멍덩한 바보였다. 천하가 크게 굶주린다고 하니, 혜제가 말했다. "왜 고기죽을 안 먹는가?"

화림원에서 개구리 우는 소리를 듣고 말했다. "저 우는 놈은 공무로 우는가? 아니면 사무로 우는가?” 측근들이 황제를 조롱하며 대답했다. “관청의 땅에 있는 놈은 공무로 울고, 개인 땅에 있는 놈은 사적인 일로 우는 것입니다.”

어구 설명

○ 帝食麵中毒而崩. 或曰, 東海王越鴆之也. : 혜제는 국수를 먹다가 중독되어 죽었다. 어떤 사람들은 “東海王 사마월이 독살했다.”고 말했다.

 — 麵 밀가루 면. 국수.　鴆 짐새 짐. 올빼미 비슷한 毒鳥. 독살하다.

○ 帝昏愚. 天下大饑, 帝曰, 何不食肉糜. 華林園聞蛙鳴. 帝曰, 彼鳴者, 爲官乎, 爲私乎. 左右戲之曰, 在官地者爲官, 在私地者爲私. : 혜제는 흐리멍덩한 바보였다. 천하가 크게 굶주린다고 하니, 혜제가 말했다. “왜 고기죽은 안 먹는가?” 華林園에서 개구리 우는 소리를 듣고 말했다. “저 우는 놈은 公務로 우는가? 아니면 私務로 우는가?” 측근들이 황제를 조롱하며 대답했다. “관청의 땅에 있는 놈은 공무로 울고, 개인 땅에 있는 놈은 사적인 일로 우는 것입니다.”

 — 昏 어둘 혼. 흐리멍덩하다.　昏愚(혼우) ; 흐리멍덩하며 우매함.　饑 굶주릴 기.　糜 죽 미. 미음.

 — 蛙 개구리 와.　鳴 울 명.　戲 희롱할 희.　爲官乎(위관호) ; 官의 일을 하는가? 官務로 우는가?

(6) 方賈氏專政, 時人知將亂. 索靖指洛陽宮門銅駝, 歎曰, 會見汝在荊棘中耳. 趙王倫亂後, 諸王迭相殘滅, 天下大亂.

혜제가 죽고, 바야흐로 가씨 일족이 정권을 마음대로 할 때, 그때 사람들은 천하가 어지러워질 줄 알았다. 삭정이란 사람이 낙양 궁문의 구리 낙타를 가리키며 탄식했다. "너를 가시밭에서 볼 것 같구나!" 조왕 사마륜의 난 이후 여러 왕들이 번갈아 죽이고 멸족시키니 천하가 크게 어지러웠다.

어구 설명

○ 方賈氏專政, 時人知將亂. : 바야흐로 賈氏 일족이 정권을 마음대로 할 때, 그때 사람들은 천하가 어지러워질 줄 알았다.
 － 方 ; 방위. 방법. 바야흐로. 이제 막.   賈氏 ; 賈 皇后 一族. 專政(전정) ; 독재 정치를 하다.
 － 將 장수 장. 막 ~하려 하다.

○ 索靖指洛陽宮門銅駝, 歎曰, 會見汝在荊棘中耳. 趙王倫亂後, 諸王迭相殘滅, 天下大亂. : 索靖(삭정)이란 사람이 洛陽 宮門의 구리 낙타를 가리키며 탄식했다. "너를 가시밭에서 볼 것 같구나!" 趙王 司馬倫(사마륜)의 난 이후 여러 왕들이 번갈아 죽이고 멸족시키니 천하가 크게 어지러웠다.(八王의 亂 서막을 언급한

것임)

– 索 동아줄 삭. 찾을 색.   靖 편안할 정.   銅駝(동타) ; 구리로 만든 낙타. 秦 始皇帝 때 주조하여 長安에 있던 것을 魏 明帝 때 낙양으로 옮겨왔다.

– 汝 너 여.   荊 가시나무 형.   棘 대추나무 극, 가시 극.   耳 (이) ; 여기서는 終結語尾.

– 迭 갈마들 질. 차례로.   殘 해칠 잔.

西晉의 騎獸人物像(기수인물상)

4) 五胡族의 興起

(1) ○ 劉淵興于左國城, 淵故南匈奴之後. 匈奴由漢魏以來臣中國, 其先世自以漢甥冒漢姓. 父豹爲左部帥, 生淵. 幼而儁異, 博習經史. 嘗曰, 吾恥隨陸無武, 遇高帝而不能建封侯之業, 絳灌無文, 遇文帝而不能興庠序之敎, 豈不惜哉.

○ 유연은 좌국성에서 흥기하였는데 유연은 옛 남흉노의 후손이다. 흉노는 한과 위를 거치면서 중국의 신민이었고 그들의 윗대에서는 한의 생질이라며 유씨라 칭했다.

(유연의) 부친 유표는 좌부의 우두머리가 되어 유연을 낳았다. (유연은) 어려서부터 재능이 뛰어났으며 경전과 사서를 널리 배웠다. 일찍이 유연은 이렇게 말했다. "나는 수하와 육가가 무예가 없어 한고조를 섬기면서도 제후의 업적을 이루지 못한 것을 부끄럽게 생각하며, 강후 주발과 관영은 학문이 없어 한문제를 섬기면서도 교육을 진흥시키지 못하였으니, 어찌 아까운 일이 아니겠는가?"

어구 설명

○ 劉淵興于左國城, 淵故南匈奴之後. : 劉淵은 左國城에서 흥기하였는데 유연은 옛 南匈奴의 후손이다.

- 劉淵(유연, 251?~310년).　于 어조사 우. 於와 同. ~에서. 左國城；所在 未詳.　故 옛 고. 以前의.

- 南匈奴；後漢이 건국될 무렵에 흉노족은 南, 北흉노로 분열되고, 南 匈奴는 漢 영토 내에 거주하면 漢의 실질적 지배를 받았다.

○ 匈奴由漢魏以來臣中國, 其先世自以漢甥冒漢姓. : 匈奴는 漢과 魏를 거치면서 中國의 臣民이었고 그들의 윗대에서는 漢의 생질이라며 劉氏라 칭했다.

- 臣 신하 신 .신하가 되어 섬기다.　甥 생질 생, 族(흉노족). 漢高祖는 흉노와 和婚하고 宗室의 公主를 흉노족장에게 시집보냈기에 漢은 흉노의 外家인 셈이다. 또 흉노를 兄弟로 대우했었기에 劉氏 姓을 칭했다.

- 冒 무릅쓸 모. 거짓으로 대다. 욕심을 부리다. 목돌 묵(冒頓 묵돌 ; 흉노족의 족장 單于선우의 이름.)　劉淵은 前漢 冒頓單于(묵돌선우)의 後孫.

○ 父豹爲左部帥, 生淵. 幼而儁異, 博習經史. 嘗曰, 吾耻隨陸無武, 遇高帝而不能建封侯之業, 絳灌無文, 遇文帝而不能興庠序之敎. 豈不惜哉. : (유연의) 父 豹는 左部의 帥가 되어 淵을 낳았다. (유연은) 어려서부터 재능이 뛰어났으며 경전과 史書를 널리 배웠다. 일찍이 유연은 이렇게 말했다. "나는 수하와 육가가 무예가 없어 한고조를 섬기고서도 제후가 되지도 못한 것을 부끄럽게 생각하며, 강후 周勃(주발)과 관영은 학문이 없어 漢文帝를 섬기면서도 교육을 진흥시키지 못하였으니, 어찌 아까운 일이 아니겠는

가?”(文武를 겸하지 못한 것을 부끄럽게 여기며 자신은 문무겸 전하겠다는 의지를 피력한 것임.)

－豹 표범 표.　左部 帥 ; 흉노 5部 中 인구가 많은 左部의 帥(수, 족장에 해당하는 명칭, 뒤에 도독으로 바뀜.)

－雋 영특할 준.(智過千人曰 雋)　雋異(준이) ; 재능이 남달리 뛰어남.

－博習經史(박습경사) ; 최유란 사람을 스승으로 모시고 《毛詩》,《春秋左氏傳》,《史記》,《孫吳兵法》 등을 익혔다.

－恥 부끄러울 치. 부끄러운 일.　隨 따를 수.　隨何(수하) ; 秦末 漢初의 유학자. 漢高祖의 功臣이지만 諸侯가 되지 못했다.

－陸 땅 육. 陸賈(육가) ; 언변이 뛰어났던 漢高祖의 신하. 유학자로서 고조에게 ‘무력으로 건국했지만 文武를 併用하라’는 統治方略을 건의하였다.《新語》 저술, 뒷날 동중서의 사상에 영향을 주었다. 고조 유방의 인정을 받았지만 제후의 반열에 오르지 못했다.

－高帝 ; 漢高祖.　絳 붉은색 강. 漢高祖의 공신인 絳侯 周勃(주발), 周勃 ; 漢高祖와 同鄕人, 文帝 時 右丞相.

－灌 물댈 관. 여기서는 高祖의 공신인 灌嬰(관영). 본래 면포를 판매하는 상인이었지만 유방을 만난 이후 여러 공을 세우고 文帝를 옹립하는 공이 많았다. 懿侯로 太尉와 丞相을 역임.

－庠 학교 상. 殷의 교육기관 명칭.　序 차례 서. 周의 國學 명칭.　庠序 ; 교육기관.　豈 어찌 기.　哉 어조사 재. 종결어미.

【참고】 5호 16국 시대의 시작

❖ 5호(五胡) : 匈奴(흉노), 鮮卑(선비), 氐(저), 羯(갈), 羌(강) 등 5개의 胡人(胡 : 非 漢族을 격하한 호칭).

○ 16國 : 北魏(북위)의 史官 崔鴻(최홍)이 쓴 《十六國春秋》에서 유래, 실제로 이 시대 존재했던 나라가 16국 보다 많았다.(5호 19국으로 설명하는 책도 있음.)

○ 五胡族 興起의 배경 : 西晉의 '八王의 난'이 계속되는 동안 서진의 국력은 크게 쇠퇴했고, 당시 八王이 전투를 위해 이민족을 傭兵(용병)으로 고용함으로써 이들 입지가 강화되었다.

○ 5胡 16國 시대의 시작 ; 흉노족 劉淵(유연)이 并州(병주, 지금

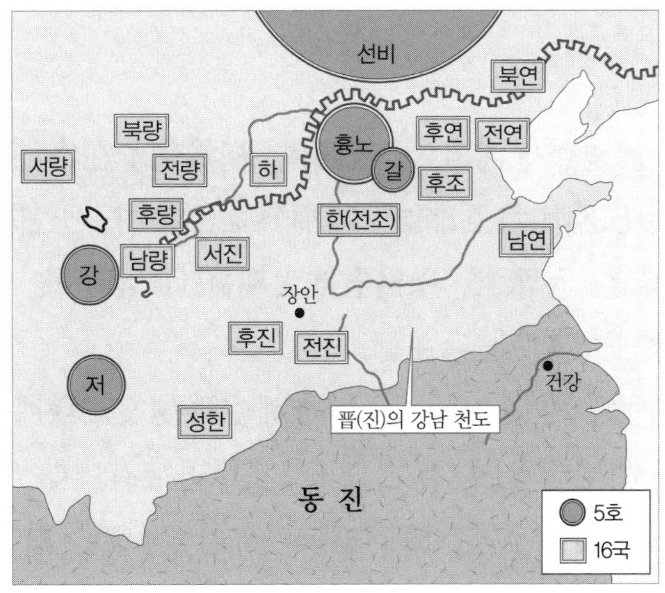

5호 16국 시대

의 산서성)에서 자립해 漢 건국(서기 304년). 같은 해 四川에서도 李雄이 자립하여 成漢을 건국하면서 五胡十六國時代 시작.

○ 五胡十六國시대의 사회 ; 중국의 북방 민족이 중원으로 대량 유입된 시기, 대규모의 민족 융합을 이룩(胡漢 체제 성립)했다.

○ 漢과 흉노족의 관계

 − 前漢 高祖 劉邦 ; 굴욕적 화친−漢 宗室 公主와 和婚, 兄弟의 盟, 곡식과 비단을 보냄.

 − 前漢 武帝 ; 무력 정벌−위청, 곽거병 등 흉노족 적극 정벌.

 − 後漢 건국 ; 1세기 경 南北 흉노 분열−南匈奴는 漢의 영토 내 거주.

 − 後漢 말 ; 曹操는 남흉노를 5부(左, 右, 南, 北, 中部, 現 陝西, 山西, 河北 一帶에 分居)로 재편. 各部에 수(帥, 나중에 都尉로 개칭)를 두어 통치.

(2) 於是兼學武事, 姿貌魁偉. 初爲侍子在洛, 豹死, 武帝以淵代爲五部帥. 旣而爲北部都尉, 五部豪傑多歸之. 及帝世, 以爲五部大都督. 成都王穎, 表爲左賢王, 嘗使將兵在鄴.

淵子聰, 亦驍勇絶人, 博涉經史善屬文, 彎弓三百斤. 淵從祖宣曰, 漢亡以來, 我單于徒有虛號, 無復尺土, 自餘王侯, 降同編戶. 今吾衆雖衰, 猶二萬, 奈何斂手受役, 奄過百年. 司馬氏骨肉相殘, 四海鼎

**沸. 左賢王英武超世, 復呼韓邪之業, 此其時也. 乃
相與謀推之.**

(유연은) 이에 학문과 무예를 겸전하였고 모습이 크고 건장하였다. 처음에 시자로 낙양에 머물렀었는데 (아버지) 유표가 죽자, 무제는 유연을 아버지를 대신하여 5부의 帥(수)로 삼았다. 얼마 있다가 북부의 도위가 되었는데 5부의 호걸들이 많이 귀속하였다.

혜제 재위 시에는 5부대도독이 되었다. 성도왕 사마영은 표문을 올려 유연을 좌현왕이 되게 했고 병력을 거느리고 鄴(업)에 주둔하게 했다.

유연의 아들 유총 또한 남들보다 뛰어나게 용감했으며 경사(경서, 역사)를 널리 섭렵했고 문장을 잘 지었으며 삼백 근의 활을 당길 수 있었다.

유연의 從祖(종조＝할아버지와 형제간)인 유선이 말했다. "漢(전, 후한)이 망한 이후로 우리 선우는 한낱 헛된 명성만 누리고 있으며 한 자의 땅도 없고 왕후일지라도 굴복하여 일반 중국인 백성과 같이 되어 있다. 지금 우리 무리가 비록 쇠약해졌다지만 그래도 2만여 명인데, 어찌 손을 묶고 부림을 당하면서 골골하며 한평생을 살아야 하는가? 지금은 사마씨들이 골육상잔을 하며 천하가 물 끓듯 하고 있다. 좌현왕(유연)은 영명하고 무예가 세인들보다 뛰어나니 호한야 선우의 업적을 수복할 수 있고 지금이 바로 그

때이다." 그리하여 서로 모의한 뒤 일을 추진하였다.

어구 설명

○ 於是兼學武事, 姿貌魁偉. : 이에 학문과 무예를 겸전하였고 모습이 크고 건장하였다.

 ― 於是(어시) ; 이에.　姿 맵시 자. 몸매.　貌 얼굴 모. 생김새. 魁 으뜸 괴. 크다. 빼어나다.　魁偉(괴위) ; 크고 건장함.

○ 初爲侍子在洛, 豹死, 武帝以淵代爲五部帥, 旣而爲北部都尉. 五部豪傑多歸之. : 처음에 侍子로 낙양에 머물렀었는데 (아버지) 유표가 죽자, 무제는 유연을 아버지를 대신하여 五部의 帥(수)로 삼았다. 얼마 있다가 北部의 都尉가 되었는데 五部의 호걸들이 많이 귀속하였다.

 ― 侍子(시자) ; 人質처럼 제후의 자식을 수도에 머무르게 하는 것. 質子.　武帝 ; 晉 武帝, 司馬炎.

○ 及帝世, 以爲五部大都督. 成都王穎, 表爲左賢王, 嘗使將兵在鄴. : 혜제 재위 시에는 五部大都督이 되었다. 成都王 사마영은 표문을 올려 유연을 左賢王으로 삼게 했고 병력을 거느리고 鄴(업)에 주둔하게 했다.

 ― 及帝世 ; 혜제 때에.　穎 이삭 영.　左賢王(좌현왕) ; 匈奴의 官號, 太子의 지위에 해당.

○ 淵子聰, 亦驍勇絶人, 博涉經史善屬文, 彎弓三百斤. : 유연의 아들 劉聰 또한 남들보다 뛰어나게 용감했으며, 經史를 널리 섭

렵했고 문장을 잘 지었으며 삼백 근의 활을 당길 수 있었다.

  - 劉聰(유총) ; 劉淵의 四子(在位 310~318年), 西晋을 멸망시킴.

  - 驍 날랠 효. 驍勇 ; 날쌔고 용감함. 涉 건널 섭. 博涉(박섭) ; 널리 섭렵하다. 屬 무리 속. 이을 촉. 엮다. 屬文(속문) ; 글을 지음.

  - 彎 굽을 만. 당기다.

○ 淵從祖宣曰, 漢亡以來, 我單于徒有虛號, 無復尺土, 自餘王侯, 降同編戶. 今吾衆雖衰, 猶二萬, 奈何斂手受役, 奄過百年. 司馬氏骨肉相殘, 四海鼎沸. 左賢王英武超世, 復呼韓邪之業, 此其時也. 乃相與謀推之. : 유연의 從祖인 劉宣(유선)이 말했다. "漢(전, 후한)이 망한 이후로 우리 선우는 한낱 헛된 명성만 누리고 있으며 한 자의 땅도 없고 王侯일지라도 굴복하여 일반 중국인 백성과 같이 되어 있다. 지금 우리 무리가 비록 쇠약해졌다지만 그래도 2만여 명인데, 어찌 손을 묶고 부림을 당하면서 골골하며 한평생을 살아야 하는가? 지금은 司馬씨들이 골육상잔을 하며 천하가 물 끓듯 하고 있다. 左賢王(유연)은 영명하고 무예가 세인들보다 뛰어나니 호한야 선우의 업적을 수복할 수 있고 지금이 바로 그 때이다." 그리하여 서로 모의한 뒤 일을 추진하였다.

  - 從祖(종조) ; 祖父의 兄弟. 單 흉노 임금 선. 單于(선우) ; 흉노족의 최고위 칭호.

  - 徒 무리 도. 맨 손. 尺土 ; 한 자의 땅. 아주 적은 땅. 猶 오히려 유. 그래도. 奈何(나하) ; 어찌하여, 왜?

  - 斂 거둘 염(렴). 모으다. 受役(수역) ; 부림을 당하다. 奄 가

릴 엄. 고자(환관). 숨이 끊어지려는 모양.　百年 ; 一生.
　‑ 殘 해칠 잔.　鼎 솥 정.　沸 물 끓을 비.　左賢王 ; 劉淵.
　‑ 呼韓邪(호한야, ?~기원전 31년) ; 흉노의 單于(선우)로 前漢
宣帝 時 수도 長安을 방문했고 王昭君을 아내로 데려 갔었다.

(3) 淵說潁, 請歸帥五部來助. 旣至左國城, 宣等推
爲大單于, 二旬間衆五萬, 都離石. 胡晋歸之者愈
衆, 乃建國號曰漢, 稱漢王. 淵有族子曜, 生而眉白,
目有赤光, 幼聰慧, 有膽量, 亦好讀書屬文. 射能洞
鐵七寸, 至是爲淵將.

　유연이 사마영에게 "돌아가 5부의 무리를 데리고 와서
도와주겠습니다."라고 말했다. (유연이) 좌국성에 도착하
자 유선 등은 유연을 대선우로 추대하였고 20여 일 동안에
5만의 무리를 모아 이석에 도읍을 정했다. 晋에 사는 흉노
로 귀항하는 자가 더욱 많아지자 나라를 세워 한이라 하고
한왕을 자칭했다. 유연의 집안 자제인 유요는 태어나면서
눈썹이 희고 눈에서는 붉은 빛이 나고, 어려서부터 총명
하고 담이 크고 독서를 좋아했으며 글을 잘 지었다. 활을
쏘면 7치의 쇠를 뚫을 수 있었는데, 이때 유연의 부장이
되었다.

○ 淵說穎, 請歸帥五部來助. 旣至左國城, 宣等推爲大單于, 二旬間衆五萬, 都離石. 胡晋歸之者愈衆, 乃建國號曰漢, 稱漢王. : 유연이 사마영에게 "돌아가 五部의 무리를 데리고 와서 도와주겠습니다."라고 말했다. (유연이) 左國城에 도착하자 유선 등은 유연을 大單于로 추대하였고 20여 일 동안에 5만의 무리를 모아 離石에 도읍을 정했다. 晋에 사는 흉노로 귀항하는 자가 더욱 많아지자 나라를 세워 漢이라 하고 漢王을 자칭했다.

 - 帥 장수 수. 거느릴 솔. 旣至(기지) ; 도착한 뒤에. 旬 열흘 순. 離石(이석) ; 山西省에 있는 地名. 愈 나을 유. 더욱 더.

 - 衆 무리 중. 많아지다. 떼를 이루다.

○ 淵有族子曜, 生而眉白, 目有赤光, 幼聰慧, 有膽量, 亦好讀書屬文. 射能洞鐵七寸, 至是爲淵將. : 유연의 族子인 劉曜(유요)는 태어나면서 눈썹이 희고 눈에서는 붉은 빛이 나고, 어려서부터 총명하고 용기와 도량이 있고 독서를 좋아했으며 글을 잘 지었다. 활을 쏘면 7치의 쇠를 뚫을 수 있었는데, 이때 유연의 부장이 되었다.

 - 族子(족자) ; 族兄, 族弟의 子弟. 一族의 子弟. 洞 물골 동. 통할 통(通也). 꿰뚫다.

 - 劉曜(유요) ; 漢의 황제(在位 318~329년). 草書와 隸書(예서)에도 능했으며 늘 자신을 樂毅(악의)나 蕭何(소하), 曹參(조참)과 같다고 자부했었다.

【참고】 유연 이후

❖ 劉淵은 304년에 건국하고 서기 308년 황제를 자칭했으나 310년에 죽고 그 아들 劉和(유화)가 계승하였다. 유화는 인망이 없어 동생 劉聰(유총)이 제위를 찬탈했다. 유총은 311년에 洛陽을 함락하고 西晉 懷帝(회제)를 붙잡아 갔다. 이것을 '永嘉의 亂(영가의 난)'이라 한다. 그 후 長安에서 愍帝(민제)가 옹립되었으나, 316년에 유총에게 패하여 西晉은 완전히 멸망하였다(316년). 유총이 죽은 뒤 후계자 쟁탈전에서 劉曜(유요)가 승리하여 즉위하였으며 국호를 趙로 고쳤다.(역사에서는 보통 趙漢(조한)이라 칭한다.)

(4) ○ 巴西氐李特, 初以流民入蜀, 旬月衆二萬, 據廣漢, 進攻成都, 爲刺史羅尙所敗, 斬其首. 弟流代領其衆, 勢復盛. 流死, 弟雄代, 攻走羅尙, 入成都, 至是自稱成都王.

○ 鮮卑慕容廆, 自武帝時已爲寇, 旣而降. 以爲鮮卑都督, 廆生皝, 自遼東徙居徒河, 又徙大棘城, 及帝世, 慕容部愈盛.

○ 파서의 저족 사람 이특은, 그 이전에 유민을 이끌고 촉에 들어갔는데 한 달 만에 2만여 무리를 모아서 광한에 웅거하다가 성도로 진공했으나 그곳 자사인 나상에게 패

배하여 참수되었다. 동생 이류가 그 무리들을 이끄니 세력이 다시 성했다. 이류가 죽은 다음에, 동생 이웅이 뒤를 이어 나상을 공격하여 패주케 한 다음에 성도에 들어가서 성도왕이라 자칭했다.

○ 선비족의 모용외는 (서진) 무제 때부터 침략을 하다가 얼마 있어 투항을 하여 선비족의 도독이 되었다. 모용외는 모용황을 낳고, (모용황은) 요동으로부터 도하로 옮겨 살다가 다시 대극성으로 이주했는데 惠帝(혜제)의 시대가 되고부터 모용씨의 부족은 더욱 강성해졌다.

어구 설명

○ 巴西氏李特, 初以流民入蜀, 旬月衆二萬, 據廣漢, 進攻成都, 爲刺史羅尙所敗, 斬其首. 弟流代領其衆, 勢復盛. 流死, 弟雄代, 攻走羅尙, 入成都, 至是自稱成都王. : 巴西의 氏族(저족) 사람 李特(이특)은, 그 이전에 流民을 이끌고 蜀에 들어갔는데 한 달 만에 2만여 무리를 모아서 廣漢에 웅거하다가 成都로 진공했으나 그곳 刺史인 羅尙에게 패배하여 참수되었다. 동생 李流가 그 무리들을 이끄니 세력이 다시 성했다. 이류가 죽은 다음에 동생 李雄이 뒤를 이어 羅尙을 공격하여 패주케 한 다음에, 成都에 들어가서 成都王이라 자칭했다.

– 巴西(파서) ; 地名. 氏 근본 저. 종족 명. 中國 西北部(陝西, 甘肅, 四川)에 거주하던 少數 民族의 하나.

－ 旬月(순월) ; 만 한 달, 열 달, 열흘이나 달포 가량.

－ 成都 : '天府之國'의 별칭으로 불리는 四川 분지의 중심, 四川省의 省都. 蜀漢의 수도였던 곳. 李特, 李流, 李雄 ; 모두 인명.

－ 西晋 永安 元年(서기 304年), 李雄이 成都에서 成都王을 자칭. 光熙 元年(서기 306년), 自立爲帝, 國號 大成.

○ 鮮卑慕容廆, 自武帝時已爲寇, 旣而降. 以爲鮮卑都督. 廆生皝, 自遼東徙居徒河, 又徙大棘城, 及帝世, 慕容部愈盛. : 선비족의 모용외는 (西晋) 武帝 때부터 침략을 하다가 얼마 있어 투항을 하여 선비족의 도독이 되었다. 모용외는 모용황을 낳고, (모용황은) 요동으로부터 徒河(도하)에 옮겨 살다가 다시 大棘城(대극성)으로 이주했는데 惠帝(혜제)의 시대가 되고부터 모용씨의 부족은 더욱 강성해졌다.

－ 鮮卑(선비 xiānbēi) ; 中國 北方의 遊牧民族으로 東胡의 山 이름인 鮮卑山에서 명칭이 유래하였다고 한다. 鮮卑는 馴鹿(순록) 계통의 동물이며 시베리아(Siberia)라는 이름도 鮮卑에서 유래했다는 주장도 있다.

－ 慕容(모용) ; 複姓. 선비족의 부족 명칭. 廆 담(墻) 외. 皝 엄숙한 모양 황. 遼 멀 요. 遼東(요동) ; 지명.

－ 徙 옮길 사. 徒 무리 도. 徒河(도하) ; 지명. 위치 미상. 棘 대추나무 극. 가시. 大棘城(대극성) ; 요동의 地名.

【참고】 선비족 모용씨의 나라

❖ 선비족의 주 거주지는 지금의 베이징 일대와 그 북쪽 만리

장성 이북이었다. 모용씨가 세운 나라를 五燕이라고 한다.

국명	건국자	존속기간	비 고
前燕	慕容皝(모용황)	333~370년	
後燕	慕容垂(모용수)	384~409년	
西燕	慕容泓(모용홍)	384~394년	
南燕	慕容德(모용덕)	398~410년	
北燕	馮跋(풍발)	409~436년	慕容雲(高雲)이 407년 北燕 건국, 모용운이 죽자 409년에 馮跋이 즉위.

(5) ○ 鮮卑索頭拓跋氏, 先是有質子在晋, 武帝遣歸. 旣而拓跋力微, 又遣其子入貢. 力微死, 子悉祿官立. 及帝世, 索頭分國爲三部, 一居上谷之北, 祿官自統之, 一居代郡參合陂之北, 使兄子猗㐌統之, 一居定襄之盛樂故城, 使猗㐌弟猗盧統之. 晋人附者稍衆, 猗㐌渡漠北巡, 西略諸國, 降附者三十餘國. 拓跋氏之盛始於此. 夷狄亂華之禍, 皆萌蘗於漢·魏·晋聞, 至帝之世, 乘中國大亂, 始四起.

○ 선비족의 삭두탁발씨는 그전에 아들을 인질로 서진에 머물게 하였는데 무제가 그 아들을 돌려 보내주었다. 그 뒤에 탁발력미가 그 아들을 보내 조공했다. 탁발력미가 죽

자, 그 아들 실록관이 뒤를 이었다. 혜제 때에 삭두는 나라가 3부로 나뉘었는데, 하나는 상곡의 북쪽에 거주하며 실록관이 다스리고, 하나는 대군 삼합피의 북쪽에 (실록관의) 형의 아들인 의이가 다스렸으며, 또 하나는 定襄(정양－山西省)의 성락고성에서 의이의 아우 의로가 다스렸다. (선비족으로) 진인 중에 따르는 사람들이 점점 많아지자, 의이는 사막을 넘어 서쪽으로 여러 부족을 공략하니 30여 부족이 항복하였다. 탁발씨의 번성은 이때부터 시작되었다. 이적들이 중국을 혼란케 하는 재앙은 모두 漢, 魏, 晋에서 싹이 텄는데, 혜제 때에 이르러 중국의 대란을 틈타 비로소 사방에서 일어났다.

어구 설명

○ 鮮卑索頭拓跋氏, 先是有質子在晋, 武帝遣歸. 旣而拓跋力微, 又遣其子入貢. 力微死, 子悉祿官立. : 鮮卑족의 索頭拓跋氏는 그 전에 質子로 西晋에 머물렀었는데 武帝가 돌려 보내주었다. 그 뒤에 拓跋力微(탁발력미)가 그 아들을 보내 조공했다. 탁발력미가 죽자, 그 아들 실록관이 뒤를 이었다.

 － 索 동아줄 삭. 찾을 색. 索頭(삭두) ; 선비족의 姓, 그 부족의 풍속에 새끼줄로 머리를 묶는다 하여 이런 명칭이 붙었다.

 － 拓 주울 척, 넓힐 척. 밀칠 탁. 跋 밟을 발. 拓跋(탁발) ; 複姓. 三國에서 西晋시대 鮮卑族의 부족 이름이며 성씨. 5호 16국

시대에 중국으로 이동해 들어와 北魏(북위)를 건립하고, 화북지방을 통일, 지배하였다. 北魏의 孝文帝가 漢化政策을 추진하면서 拓跋을 元씨로 바꾸기도 했다.

 − 質 바탕 질, 불모 질(지). 폐백 지. 質子(질자) ; 人質(인질)로 보낸 아들, 侍子와 같음.

 − 旣 이미 기. 旣而(기이) ; 잠깐 뒤에, 그 뒤, 이윽고. 貢 바칠 공. 入貢 ; 외국에서 들어 와 공물을 바치다.

○ 及帝世, 索頭分國爲三部, 一居上谷之北, 祿官自統之, 一居代郡參合陂之北, 使兄子猗㐌統之, 一居定襄之盛樂故城, 使猗㐌弟猗盧統之. : 혜제 때에 索頭는 나라가 三部로 나뉘었는데, 하나는 上谷의 北쪽에 거주하며 실록관이 다스리고, 하나는 代郡 參合陂(삼합피)의 北에 (실록관의) 兄子 猗㐌(의이)가 다스렸으며, 또 하나는 定襄(정양)의 盛樂故城(성락고성)에서 의이의 아우 猗盧(의로)가 다스렸다.

 − 陂 비탈 피. 猗 아름다울 의. 㐌 이름 이. 襄 도울 양. 盧 밥그릇 로(노).

○ 晉人附者稍衆, 猗㐌渡漠北巡, 西略諸國, 降附者三十餘國. 拓跋氏之盛始於此. : (선비족으로) 晉人 중에 따르는 사람들이 점점 많아지자, 의이는 사막을 넘어 서쪽으로 여러 부족을 공략하니 30여 부족이 항복하였다. 탁발씨의 번성은 이때부터 시작되었다.

 − 附 붙을 부. 따르다. 稍 벼 줄기 끝 초. 점점. 漠 사막 막. 漠北 고비 사막 북쪽. 외몽고 지역. 巡 돌아볼 순.

 − 三十餘國 ; 여기서 國은 유목 민족의 부족 숫자일 것이다.

○ 夷狄亂華之禍, 皆萌蘗於漢·魏·晋閒, 至帝之世, 乘中國大亂, 始四起. : 夷狄(이적)들이 중국을 혼란케 하는 재앙은 모두 漢, 魏, 晋에서 싹이 텄는데, 혜제 때에 이르러 중국의 대란을 틈타 비로소 사방에서 일어났다.

　－ 夷狄(이적) ; 중국 주변 이민족에 대한 통칭.　華 꽃 화.　中華 ; 중국 본토.

　－ 萌 싹 맹. 싹트다.　蘗 그루터기 얼. 그루터기에서 나오는 싹.('蘗 당귀 벽'이 아님) 萌蘗(맹얼) ; 싹이 트다. 萌芽(맹아).

　－ 乘 탈 승. 틈을 타서.　中國大亂 ; 八王의 亂.　始 처음 시. 비로소. 시작되다.

(6)　○ 帝在位十七年, 改元者五, 曰, 元康, 永康, 太安, 永興, 光熙. 太弟入, 是爲孝懷皇帝.

　○ 혜제는 재위 17년에 개원을 5번 하였는데 원강, 영강, 태안, 영흥, 광희이다. 태제가 즉위하니, 이가 효회황제이다.

어구 설명

○ 帝在位十七年, 改元者五, 曰, 元康, 永康, 太安, 永興, 光熙. 太弟入, 是爲孝懷皇帝. : 혜제는 재위 17년에 개원을 5번 하였는데

元康, 永康, 太安, 永興, 光熙이다. 太弟가 즉위하니, 이가 孝懷皇帝이다.

- 惠帝 在位十七年 ; 서기 290년～306년.

- 開元者 五 ; 혜제 재위 중 개원은 총 8차례였다. 즉위하던 해의 연호 永熙가 누락되었고, 元康, 永康 다음에 永寧(서기 301년)이 누락되었다. 이어 太安, 다음해에 永安(서기 304년)이 누락되었으며, 이어 永興과 光熙라는 연호를 사용했다.

- 太弟立 ; 司馬熾(사마치, 在位 307～311년).

惠帝(혜제)

5) 西晉의 멸망

(1) 孝懷皇帝, 名熾. 當惠帝之十五年, 武帝子二十五人, 兄弟相屠之餘, 存者三人而已, 熾其一也. 素好學, 故立爲太弟, 至是卽位.

효회황제의 이름은 熾(치)이다. 혜제의 재위 중 15년간에 武帝의 아들 25인 형제가 서로 죽인 나머지 3인이 생존했는데 사마치는 그 중 한 사람이다. 평소에 호학하였기에 太弟(태제)가 되었다가 이에 즉위하였다.(서기 307년)

어구 설명

○ 孝懷皇帝, 名熾. 當惠帝之十五年(永興元年), 武帝子二十五人, 兄弟相屠之餘, 存者三人而已, 熾其一也. 素好學, 故立爲太弟, 至是卽位. : 효회황제의 이름은 熾(치)이다. 惠帝의 재위 중 15년간에 武帝의 아들 25인 兄弟가 서로 죽인 나머지 살아남은 사람은 3인 뿐이었는데 熾는 그 중 한 사람이다. 평소에 好學하였기에 太弟가 되었다가 이에 卽位하였다.(서기 307년)

－懷 품을 회.　熾 성할 치. 불꽃이 세다.　屠 잡을 도. 짐승을 죽이다. 屠戮(도륙).　而已(이이) ; ~만, ~뿐이다.

－三人 ; 成都王(성도왕) 穎(영). 吳王(오왕) 晏(안). 豫章王(예장왕) 熾(치).

(2) ○ 成都王李雄稱帝, 國號成. ○ 漢王劉淵稱帝,
徙都平陽. 遣其子聰及石勒等, 攻晋內郡, 以至洛
陽. 勒武鄕羯人也. 先之嘗至洛陽, 倚上東門長嘯.
王衍識其有異, 後爲寇, 已而從漢. ○ 漢主淵卒, 子
和立, 聰弑而代之.

○ 성도왕 이웅이 칭제하고, 국호를 成이라 했다.
○ 한왕 유연이 칭제하면서 平陽(평양－山西省)으로 도
읍을 옮기다. 아들 유총과 석륵 등을 보내 진의 여러 군을
공격하며 낙양에 침입했다. 석륵은 遼州(요주) 무향 땅의
갈족이다. 예전에 그가 낙양에 와서 동문에 기대어 휘파람
을 불었었다. 왕연은 그가 특이하다는 것을 알아봤었는데
뒷날 도적의 무리가 되어 (유연의) 한나라를 섬겼다.
○한왕 유연이 죽고, 아들 유화가 즉위했으나 동생 유총
이 시해하고 즉위하였다.

어구 설명

○ 成都王李雄稱帝, 國號成. : 成都王 李雄이 稱帝하고, 國號를
成이라 했다.
– 서기 304년에 成都王이라 자칭(연호 建興). 서기 306年 칭제,
국호 大成. 晏平(안평)으로 개원.

- 李雄 ; 氐(저)족. 李特의 아들. 大成의 존속기간 ; 서기 306~347년. 四川, 貴州 雲南일부 지배. 東晋에 의해 멸망.

○ 漢王劉淵稱帝, 徙都平陽. 遣其子聰及石勒等, 攻晋內郡, 以至洛陽. 勒武鄕羯人也. 先之嘗至洛陽, 倚上東門長嘯. 王衍識其有異, 後爲寇, 已而從漢. : 漢王 劉淵이 稱帝하면서 平陽으로 도읍을 옮기다. 아들 유총과 석륵 등을 보내 晋의 여러 郡을 공격하며 洛陽에 침입했다. 석륵은 武鄕 땅의 갈족이다. 예전에 그가 洛陽에 와서 東門에 기대어 휘파람을 불었었다. 王衍(왕연)은 그가 특이하다는 것을 알아봤었는데 뒷날 도적의 무리가 되어 (劉淵의) 漢나라를 섬겼다.

 - 漢王 ; 劉淵(유연)이 稱帝했는데도 '漢帝'라 기록하지 않고 '漢王'이라 기록했다. 이는 그가 칭제한 것의 정통성을 인정하지 않는다는 뜻이다.

 - 徙 옮길 사. 平陽 ; 地名.(309년) 나중에 西晋을 멸망시킨 뒤 長安으로 옮김.

 - 勒 굴레 늑(륵). 石勒 ; 人名. 흉노족 계열인 羯族(갈족). 뒷날 後趙 건국. 武鄕(무향) ; 地名.

 - 倚 기댈 의. 嘯 휘파람 불 소. 長嘯 ; 휘파람을 불다.

 - 衍 넘칠 연. 王衍(256~311년) ; 관직은 三公의 하나인 司徒(사도)를 역임했고, 淸談을 좋아했음. 국가보다 개인만을 챙겼기에 '淸談誤國'의 평을 들었으며 石勒에게 피살되었다.

 - 寇 도적 구. 나라를 침입하는 적. (예 ; 倭寇 왜구)

○ 漢王淵卒, 子和立, 聰弑而代之 : 漢主 劉淵이 죽고, 아들 劉和

가 즉위했으나 劉聰이 시해하고 즉위하였다.(서기 310년)

　－ 弑 죽일 시. 자식이나 신하가 부모나 임금을 죽임. 弑逆(시역).

(3) ○ 太傅東海王越, 遣兵入宿衞, 仍遣使, 以羽檄
徵天下兵入援. 越自帥兵討石勒, 卒于軍. 勒兵敗越
軍, 執太尉王衍等. 衍自言, 少無宦情, 不豫世事.
勒曰, 吾行天下多矣, 未嘗見此輩人, 尙可存乎. 或
曰, 彼皆晋之王公, 終不爲吾用. 勒曰, 雖然要不可
加以鋒刃, 夜使人排牆殺之.

○ 태부 동해왕 사마월은 병사들을 파견하여 궁궐을 숙
위하면서 이어 사자들을 통해 우격을 띄워 온 나라 병사들
을 모아 원병을 보내도록 하였다. 사마월은 직접 병력을
거느리고 석륵을 토벌하다가 군진에서 죽었다. 석륵의 군
대가 사마월의 군을 패퇴시키고 태위 왕연 등을 사로잡았
다. 왕연은 “젊어서부터 벼슬에 뜻이 없어 세상일에 관여
하지 않았다.”고 말했다. 석륵은 “내가 천하를 다 돌아다
녔지만 이런 사람은 아직껏 본적이 없다. 그래도 살려 주
어야 하는가?” 옆 사람이 “저자들은 모두 진나라의 왕공들
이니 끝내 우리에게는 쓸모가 없을 것입니다.”라고 말했
다. 석륵은 “그렇지만 창이나 칼을 써서 죽여서는 안 되겠

다.”고 말하고서 밤에 사람을 시켜 담을 무너트려 죽였다.

○ 太傅東海王越, 遣兵入宿衛, 仍遣使, 以羽檄徵天下兵入援. 越自帥兵討石勒, 卒于軍. : 태부 東海王 사마월은 병사들을 파견하여 궁궐을 宿衛하면서 이어 使者들을 통해 우격을 띄워 온 나라 병사들을 모아 원병을 보내도록 하였다. 사마월은 직접 병력을 거느리고 석륵을 토벌하다가 軍陣에서 죽었다.

 - 傅 스승 부. 太傅 ; 國王을 輔佐하는 大臣 겸 스승, 三公의 하나.

 - 越 넘을 월. 宿衛(숙위) ; 궁궐을 수비함.

 - 仍 따를 잉. 거듭하다. 아울러. 檄 격문 격.   羽檄(우격) ; 나라가 위급할 때 보내는 격문. 격문에 새 깃을 꽂아 위급함을 강조.

 - 徵 부를 징. 징발하다. 援 당길 원. 돕다. 帥 거느릴 솔.

○ 勒兵敗越軍, 執太尉王衍等. 衍自言, 少無宦情, 不豫世事. 勒曰, 吾行天下多矣, 未嘗見此輩人, 尚可存乎. : 석륵의 군대가 사마월의 군을 패퇴시키고 太尉 王衍(왕연) 等을 사로잡았다. 왕연은 “젊어서부터 벼슬에 뜻이 없어 세상일에 관여하지 않았다.”고 말했다. 석륵은 “내가 천하를 다 돌아다녔지만 이런 사람은 아직껏 본적이 없다. 그래도 살려 주어야 하는가?”

 - 宦 벼슬 환. 宦情 ; 관리가 되려는 마음.

 - 豫 미리 예. 즐기다. 참여하다.   未嘗(미상) ; 일찍이 ~한 적이 없다. 결코 ~이지 않다. 尚 받들 상. 그래도. 더군다나.

○ 或曰, 彼皆晉之王公, 終不爲吾用. 勒曰, 雖然要不可加以鋒刃, 夜使人排牆殺之. : 옆 사람이 "저자들은 모두 진나라의 王公들이니 끝내 우리에게는 쓸모가 없을 것입니다."라고 말했다. 석륵은 "그렇지만 창이나 칼을 써서 죽여서는 안 되겠다."고 말하고서 밤에 사람을 시켜 담을 무너트려 죽였다.(서기 311년)

 - 或 혹 혹. 혹시. 或人, 某人.   終 끝날 종. 끝내.   雖然(수연) ; 비록 그러하지만, ～ 하지만. 앞 문장을 이어오는 말.

 - 鋒 칼끝 봉.   刃 칼날 인.   鋒刃(봉인) ; 창이나 칼의 날.   排 밀칠 배.   牆 담 장.   排墻(배장) ; 담을 무너트려 압사시키다.

(4) ○ **漢主聰遣呼延晏, 將兵攻洛陽. 劉曜·王彌·石勒皆會, 遂陷洛陽, 執帝送平陽, 尋被殺. ○ 帝在位六年, 改元者一, 曰永嘉. 秦王立於長安, 是爲孝愍皇帝.**

○ 漢主 유총이 호연안을 보내 군대를 거느리고 낙양을 공격케 하였다. 유요, 왕미, 석륵 등이 모두 집결하여 마침내 낙양을 함락시키고 황제를 잡아 평양에 보냈는데 결국 피살되었다.

○ 회제는 재위 6년에 개원을 1번 하였는데 영가이다. 秦王이 長安에서 즉위하니, 이가 효민황제이다.

어구 설명

○ 漢主聰遣呼延晏, 將兵攻洛陽. 劉曜·王彌·石勒皆會, 遂陷洛陽, 執帝送平陽, 尋被殺. : 漢主 유총이 呼延晏(호연안)을 보내 군대를 거느리고 洛陽을 공격케 하였다. 劉曜(유요), 王彌(왕미), 석륵 등이 모두 집결하여 마침내 洛陽을 함락시키고 황제를 잡아 平陽에 보냈는데 (영가의 난, 311년)에 결국 피살되었다.

 – 呼 부를 호.   呼延(호연) ; 複姓.   晏 늦을 안. 편안하다.   彌 두루 미, 그칠 미.   陷 빠질 함. 함락시키다.(이를 '永嘉(영가)의 亂'(311년)이라 한다.)

 – 遂 이를 수. 마침내.   平陽 ; 지명. 흉노 유연이 세운 漢나라의 수도.   尋 찾을 심. 연달아, 뒤이어.

○ 帝在位六年, 改元者一, 曰永嘉. 秦王立於長安, 是爲孝愍皇帝. : 회제는 재위 6년에 改元을 1번 하였는데 永嘉(영가)이다. 秦王이 長安에서 즉위하니, 이가 孝愍皇帝(효민황제)이다.

 – 在位六年 ; 서기 307~312년. 그러나 311년 '영가의 난'에 포로로 잡혀갔기에 실질적 재위는 5년이었다.

 – 嘉 아름다울 가.   永嘉(서기 307~312년).   愍 근심할 민.

【참고】 懷帝(회제)의 비극

❖ 西晋의 懷帝(회제) 司馬熾(사마치, 284~313년 / 재위 307~311년)는 司馬炎의 25번째 아들로 태어나 흐리멍덩했던 惠帝의 뒤를 이어 서진의 3대 황제로 즉위하였다. 그는 經史를 두루 섭렵

했으며 英明한 皇子였다. 그는 八王의 亂 동안에 우여곡절을 다 겪고 멍청한 형 혜제의 뒤를 이어 즉위했지만, 그가 할 수 있는 일은 아무것도 없었다.

司馬越(사마월)이 혜제를 독살한 뒤에 그의 힘에 의해 회제가 즉위하였으니, 실질적 권한은 모두 사마월의 손에 있었기에 그의 자질과 능력으로도 어찌할 방도가 없었다.

이미 국력은 쇠진했고, 국방력이 붕괴되어 이민족이 만리장성 안에 들어와 활개를 치고 다닐 때였다. 새로 흥기하는 선비족의 漢(前趙)이 침입하자 도망할 수도 없이 劉聰(유총)에게 포로로 잡혀 平陽으로 끌려갔다.(永嘉의 亂. 311년)

사마치는 유총에 의해 會稽公(회계공)이라 불리었지만, 313년 정월 조회를 마친 연회석에서 노비들이 입는 푸른 옷을 입고 漢의 왕족과 대신들 사이를 돌며 술을 따르는 치욕을 당해야만 했다. 같이 잡혀 온 서진의 옛 신하들이 통곡하자, 이에 반감을 가진 유총은 얼마 뒤에 사마치를 독살한다. 그때 그의 나이 30이었다.

우둔하지도 않았고, 사치와 방종에 빠지지도 않았지만 결국 때를 잘못 만났던 회제의 죽음은 개인의 비극일 수도 있다. 그러나 이는 시대 변화에 따라 발전하지 못한 서진의 비극이었다. 서진은 사마치가 죽은 지 3년 뒤에 멸망하였다.

(5) 孝愍皇帝, 名業, 吳王晏之子, 武帝孫也, 封秦王. 洛陽旣陷, 苟藩奉王趨許昌, 時年十二. 已而索綝迎入雍州, 刺史賈疋等, 奉爲皇太子, 建行臺.
盜殺疋, 麴允領雍州, 懷帝凶問至, 王卽位於長安.
○ 石勒遣石虎攻鄴, 陷而據之.

효민황제의 이름은 업으로, 오왕 사마안의 아들이며 무제의 손자로 진왕에 봉해졌다. 낙양이 이미 함락되었기에 순번이 진왕을 모시고 허창으로 도망가니 당시 12살이었다. 얼마 안 있어 索綝(삭침)이 진왕을 옹주로 영입하고 자사 가필 등이 진왕을 황태자로 삼고 임시 조정을 설치했다. 적도들이 가필을 살해하자, 국윤 등이 옹주를 지키다가 회제가 피살되었다는 소식을 듣고 진왕이 장안에서 즉위케 하였다.

○ 석륵이 석호를 보내 鄴(업)을 공격케 하여 함락시킨 뒤 점거하였다.

○ 孝愍皇帝, 名業, 吳王晏之子, 武帝孫也, 封秦王. 洛陽旣陷, 荀藩奉王趨許昌, 時年十二. : 효민황제의 이름은 業으로, 吳王 사마안의 아들이며 武帝의 손자로 秦王에 봉해졌다. 洛陽이 이미 함락되었기에 荀藩(순번)이 진왕을 모시고 許昌으로 도망가니 당시 12살이었다.

 - 晏 늦을 안. 편안하다. 旣 이미 기. 荀 풀 이름 순. 藩 덮을

번, 울타리 번.　趨 달릴 추. 달아나다.

○ 已而索綝迎入雍州, 刺史賈疋等, 奉爲皇太子, 建行臺. 盜殺疋, 麴允領雍州, 懷帝凶問至, 王卽位於長安. : 얼마 안 있어 索綝(삭침)이 진왕을 옹주로 영입하고 刺史 賈疋(가필) 等이 진왕을 황태자로 삼고 임시 조정을 설치했다. 적도들이 가필을 살해하자, 국윤 등이 雍州를 지키다가 회제가 피살되었다는 소식을 듣고 진왕이 장안에서 즉위하였다.

　─ 綝 말릴 침.　雍 온화할 옹.　雍州(옹주) ; 장안 부근.　賈 장사 고. 값 가, 성씨 가.

　─ 疋 한 필 필. 우아할 아(雅와 同). 原註에는 疋의 음이 雅라고 되어 있지만 우리나라 대법원의 인명용 한자는 '필'.

　─ 行臺(행대) ; 正宮이 아닌 지방에 임시로 설치한 조정.　盜 훔칠 도. 賊盜.　麴 누룩 국. 성씨.　凶問(흉문) ; 訃音(부음).

○ 石勒遣石虎攻鄴, 陷而據之. : 石勒이 石虎를 보내 鄴(업)을 공격케 하여 함락시킨 뒤 점거하였다.

　─ 鄴 땅이름 업.　據 의거할 거. 점거하다.

(6) 漢屢寇長安. 麴允·索綝屢敗之. 未幾漢兵連陷諸郡逼長安. 先陷外城, 麴允·索綝退守小城, 內外斷絶, 城中饑甚, 帝出降. 漢將劉曜送平陽. 聰享羣臣, 命帝著靑衣, 行酒洗爵, 又使執蓋. 後遇害. 帝

在位四年, 改元者一, 曰建興. 西晉自武帝至是凡四世, 五十二年. 瑯琊王立於建業, 是爲中宗元皇帝.

漢은 장안을 자주 침략했다. 국윤과 삭침이 여러 번 패퇴시켰다. 얼마 안 되어 漢兵이 연이어 여러 군을 함락시키고 장안을 포위했다. 먼저 외성이 함락되자 국윤과 삭침이 小城으로 후퇴해 방어했으나 내외가 단절되었고, 성중에 굶주림이 심하여 황제가 나가 항복하였다. 漢將 유요가 (민제를) 평양으로 압송했다. (漢의 황제) 유총은 군신과 잔치를 하면서 민제에게 청의를 입고, 술을 따르고 잔을 씻게 했으며 또 일산을 들게 시켰다. 뒤에 죽임을 당했다.

민제는 재위 4년에 개원을 한 번 하였는데 건흥이었다. 서진은 무제로부터 모두 四世에 52년간 존속했다. 낭야왕이 건업에서 즉위하니, 이가 중종 원황제이다.

어구 설명

○ 漢屢寇長安. 麴允·索綝屢敗之. 未幾漢兵連陷諸郡逼長安. 先陷外城, 麴允·索綝退守小城, 內外斷絕, 城中饑甚, 帝出降. : 漢은 長安을 자주 침략했다. 麴允(국윤)과 索綝(삭침)이 여러 번 패퇴시켰다. 얼마 안 되어 漢兵이 연이어 여러 군을 함락시키고 長安을 포위했다. 먼저 外城이 함락되자 麴允과 索綝이 小城으로 후퇴해 방어했으나 內外가 斷絕되었고, 城中에 굶주림이 심하여

황제가 나가 항복하였다.

  - 屢 ; 자주 루. 여러 번. 寇 도둑질 할 구. 침략하다. 麴 누룩
국. 未幾(미기) ; 오래지 않아. 곧.

  - 外城 ; 장안 도시 전체를 방어하는 城. 小城 ; 皇宮을 방어하
는 성. 饑 굶주릴 기.

○ 漢將劉曜送平陽. 聰享羣臣, 命帝著靑衣, 行酒洗爵, 又使執蓋.
後遇害. : 漢將 劉曜가 (민제를) 平陽으로 압송했다. (漢의 황제)
유총은 羣臣과 잔치를 하면서 민제에게 靑衣를 입고, 술을 따르
고 잔을 씻게 했으며 또 일산을 들게 시켰다. 뒤에 죽임을 당했다.

  - 享 누릴 향. 제사를 지내다. 올리다. 잔치하다. 著 분명할
저. 붙일 착. 옷을 입다.

  - 靑衣(청의) ; 천한 사람(賤人)의 옷.

  - 行酒(행주) ; 술을 따르다. 洗 씻을 세. 爵 술잔 작. 蓋 덮
을 개. 日傘(일산). 遇害(우해) ; 피해를 당하다. 죽임을 당하다.

○ 帝在位四年, 改元者一, 曰建興. 西晋自武帝至是凡四世, 五十
二年. 瑯琊王立於建業, 是爲中宗元皇帝. : 민제는 在位 四年에 改
元을 한 번 하였는데 建興이었다. 西晋은 武帝로부터 모두 四世
에 52년간 존속했다. 瑯琊王(낭야왕)이 建業에서 즉위하니, 이가
中宗 元皇帝이다.

  - 建興 ; 서기 313∼316년. 五十二年 ; 서기 265∼316년. 瑯
고을 이름 낭(랑). 琊 땅이름 야. 瑯琊(낭야) ; 지금 山東省 내
의 地名. 建業(건업) ; 지금의 南京.

【참고】 서진의 멸망 원인

❖ 西晉이 吳나라를 병합하여 전 중국을 통일한 역사의 의의는 매우 크다. 그러나 그 통일의 기운은 무제(武帝, 사마염)의 재위시절부터 이미 허물어지기 시작하였다. 吳나라의 병합이 밖의 근심을 없앤 것이지만 천하통일과 태평은 내부의 사치와 방종으로 이어졌다. 결국 몸 안의 병이 생명을 앗아가는 것처럼 西晉은 안에서 곪아 초고속 멸망으로 이어졌다.

서진의 급속한 멸망 원인을 다음과 같이 분석할 수 있다.

첫째, 英明한 황제들이 뒤를 잇지 못한 것을 우선 꼽아야 한다. 똑똑한 아들이 뒤를 잇는다면 한집안이 융성하지만 어리석은 아들은 부친이 이룩한 家業마저 지키지 못하는 것과 조금도 다름이 없다. 사마의에서 시작하여 사마사와 사마소 형제, 그리고 그 다음 대인 司馬炎까지 삼대에 걸친 노력이 있어 건국과 통일을 이룩하였다. 그렇지만 惠帝와 같은 어리석은 황제가 대를 이었고 이 혜제 때 일어난 팔왕의 난이 서진 멸망의 주요한 원인 중의 하나이다.

둘째, 西晉의 토지제도인 占田制(점전제)나 문벌제도는 귀족의 특권을 거의 완벽하게 보장해 주었다. 때문에 높은 벼슬길이 열린 士族(사족)은 특권을 누렸지만 정치나 경제, 사회적으로 지도층의 역할을 다하지 못하면서 내부 모순의 근본이 되었고 망국의 주체가 되었다.

셋째, 西晉에서는 왕족을 分封(분봉)하면서 지방 통치와 군사의 실권을 부여했는데, 이는 결과적으로 16년간 계속된 '八王의 난'

의 원인이었다. 상층 최고 지도부의 알력과 다툼의 결과는 너무 명약관화했다.

넷째, 건전한 사회기풍이 사라지고 퇴폐적인 풍조가 만연하였는데 이 또한 나라 멸망의 큰 원인이었다. 통일의 대업을 이룩한 무제가 후궁 1만을 거느리고 사치와 방종에 빠졌을 때 그 아래 귀족들이 어떤 생활을 했겠는가는 물어볼 필요도 없다.

대 부호인 王愷(왕개)와 石崇(석숭)은 사치 경쟁을 벌였고 황금만능주의가 만연하였기에 錢癖(전벽, 돈에 대한 집착증)이라는 말이 생겼다. 특히 지식인들의 淸談(청담)은 퇴폐를 숭상하였고 공리공론만을 일삼아 '淸談亡國(청담망국)'으로 이어졌다.

이처럼 내부의 병폐가 중증으로 겹치었기에 유민들의 봉기나 이민족의 침략에 아무런 대책이 있을 수 없었고 또 실질 대응을 할 수도 없었다.

서기 280년 뭇나라를 병합하여 천하통일을 이룩한 西晉은 바로 그날부터 멸망의 내리막길을 달려간 셈이다. 말하자면, 중환자로서 36년을 생존한 셈인데, 西晉 멸망의 후유증은 5호 16국과 南北朝(남북조)시대라는 미증유의 혼란과 분열을 초래했다.

물론 중국 4000년 역사 전체를 볼 때 西晉의 멸망(서기 316년) 이후 隋(수)의 중국통일(서기 589년)까지는 짧은 기간이었고, 그런 분열과 혼란을 겪었기에 唐(당)나라의 번영을 가져왔다고 볼 수 있다.

그러나 西晉의 몰락은 그것이 내부 분열과 모순에 의한 필연의 결과이기에 우리는 이를 역사에서 배우는 교훈으로 받아들여야 한다.

제**13**편
東晉과 南北朝와 隋의 통일

[時代 槪觀]

서진 멸망(서기 316년) 이후 중국은 남북의 대립시대가 시작된다.

화북지방에서는 이민족의 무상한 흥망 속에 전란이 이어지는 5호 16국 시대가 열린다. 이 5호 16국 시대는 그동안 사실상 독자적으로 성장한 중국의 농경문화와 북방 유목문화의 대 융합이 이루어지는 시기였다. 이는 유럽에서 게르만 족의 이동으로 로마제국의 고대가 붕괴하고 중세가 열리는 상황과 유사한 일면이 있었다.

서진이 멸망하기 전부터 시작되었던 북방 5호족의 중국 진출은 16국의 건국과 멸망이 진행되다가 前秦(전진)의 苻堅(부견)에 의해 일시 통일이 되지만 東晉(동진)과의 싸움에서 패하며 前秦은 곧 멸망한다. 이어 北魏(북위)가 화북지방을 통일 지배하게 된다.

이들 5胡 16國의 흥망은 민족 간의 갈등을 첨예화시켰다. 당시 사회는 불안했고 경제는 쇠락하여 백성들의 생활은 매우 곤궁하였다. 그러나 이를 통하여 북방 유목민족과 한족의 융합은 가속화 되었고 문화에도 활력이 보태지는 역동적인 시대였다고 평가할 수 있다.

서진 멸망 이후 士族(사족)과 함께 많은 사람들이 남방으로 이동하였다. 서진의 황족인 司馬睿(사마예)는 건업에서 晉(진)을 부흥하면서 帝位에 오른다.(서기 317년)

이 나라는 사마염이 건국한 晉나라와 구분하기 위하여 東晉이라 부르는데 동진의 기초는 강남에 거주하는 漢族의 문벌귀족들이었다.

북방 유목민족의 침입과 전란을 피해 남으로 이동한 중국인들은 동진이라는 안전지대에서 나름대로 착실한 경제 발전을 이룩했다. 그리고 이러한 강남의 경제력을 바탕으로 귀족 문화가 발전하였다.

동진의 정치적 역량은 부진하였지만 강남지방의 농업생산이 크게 증가하고 북방 농민들의 지속적 유입은 농업 이외에도 여러 산업을 발전시켜 중국 경제의 중심이 남방으로 이동하게 된다.

이와 같은 화북의 5호 16국과 화남의 동진의 대립 이후, 화북에서는 선비족의 탁발규가 北魏(북위)를 건국(서기 386년)한 뒤 화북지방을 통일(서기 439년)하여 지배하지만 이 북위는 다시 東魏(동위)와 西魏(서위)로 분열되고, 이는 다시 北周(북주)와

北齊(북제)로 이어진다. 북위와 이후의 여러 나라를 '북쪽의 왕조' 라는 뜻으로 北朝(북조)라고 한다.

한편 강남에서는 동진의 멸망(서기 420년) 이후에 宋(송, 420~479년), 齊(제, 479~502년), 梁(양, 502~557년), 陳(진, 557~589년)으로 이어지는 데 이를 南朝(남조)라 부르고 전체적으로는 南北朝 時代(남북조 시대, 서기 420~589년)라고 한다. 이 중에서 손권의 吳 이후 東晉과 南朝의 4나라를 합하여 특별히 六朝(육조)라고 한다.

다시 종합한다면, 서진 멸망(서기 317년) 이후에 북쪽에서는 5호 16국 시대(서기 304년~439년), 남쪽에서는 동진이 존속했다.(서기 317~420년)

화북지방에는 북위의 통일과 분열이 진행되는 동안 남조에서는 송-제-양-진의 남조가 흥망을 거듭하고, 이를 남북조 시대라고 하는데 서기 589년에 隋(수)나라에 의해 전 중국은 통일이 된다. 그리고 後漢(후한) 멸망 이후 삼국의 분립에서 수의 통일까지는 魏晉南北朝 時代(위진남북조 시대, 220~589년)라 부른다.

위진남북조 분열의 시대를 종결시킨 것이 隋(수)의 통일이었다. 서기 581년 개국한 隋 文帝 楊堅(양견)은 589년 남조의 陳을 멸망시켜 통일을 완성하며 위진남북조의 오랜 분열에 종지

부를 찍었다. 그러나 수의 건국과 통일에서 멸망(서기 618년)까지는 불과 30년이었다. 그러나 그 다음에는 290년에 가까운 세월동안 唐(당)의 융성과 번영이었다. 唐의 제도와 문화는 중국 중세의 완성이라고 할 수 있다.

그렇다면 중국 고대 춘추전국시대의 분열을 통일한 秦이 漢 융성의 토대가 된 것처럼, 隋는 위진남북조의 혼란을 수습했고 이는 唐의 통일과 융성으로 똑같이 재현되었다.

말하자면, 秦과 隋와 통일은 漢과 唐의 발전과 융성의 기초가 되었다. 혼란 수습이라는 난제를 그 앞의 秦과 隋에서 다 해주었기 때문에 漢과 唐은 곧장 비약적인 발전을 이룩할 수 있었다.

隋나라는 三省六部를 두어 재상의 권한을 분산시키고 지방제도를 주와 현으로 단순화시켜 지방통제의 효율성을 제고한다. 또 開皇律(개황율 ; 개황 년간에 시행된 형법. 개황은 수 文帝의 연호)을 반포하고, 구품중정제를 폐지하고 선거제(選擧制, 과거시험)를 시행하여 문벌정치의 폐단을 개혁한다.

수 양제는 황하와 양자강을 연결하는 등 총 길이 2,400km 대운하를 착공 개통하는데, 이는 강남개발촉진과 함께 실질적 남북 경제의 통합을 이룩하는 효과를 얻었다. 그러나 문제에 이어 양제는 고구려 원정의 실패로 각지에서 무장봉기가 일어난다.

그 봉기세력 중 하나였던 李淵의 唐은 618년 수를 멸망시키고 이어 천하를 차지한다.

〖 主要 年表 〗

서기	國名	주요 내용
317	東晋	사마예 칭제, 동진 건국.
319	前趙	유요가 장안 천도 국호 趙 석륵(石勒) 稱王, 後趙 建國.
337	前燕	모용황 ; 연왕을 자칭.
347	東晋	환온 成漢을 멸망시킴.
351	前秦	전진 건국. 부건 칭제.
376	前秦	苻堅(부견), 화북통일.
383	東晋	비수의 싸움.
386	北魏	탁발규, 北魏 건국.
420	宋	東晋 멸망, 宋 建國.
424	宋	元嘉의 治(~453).
439	北魏	태무제, 화북 통일.
479	齊	宋 멸망, 齊 건국.
493	北魏	孝文帝, 낙양 천도.
502	梁	齊 멸망, 梁 건국.
534	東魏	北魏 멸망, 東魏 건국.
535	西魏	西魏 건국.

548	東魏	侯景의 난, 귀족제 소멸.
550	北齊	東魏 멸망, 북제 건국.
557	陳	梁 멸망, 陳 건국.
	北周	西魏 멸망, 北周 건국.
577	北齊	北齊 멸망.
581	隋	文帝 隋 建國(수도 大興城).
583		廣通渠(광통거) 개통.
587		後梁 병합.
589		陳 멸망―중국통일 이룩.
590		府兵制 개혁.
598		고구려 원정 실패.
604		文帝 사망, 煬帝(양제) 즉위.
608		영제거 개통(황하―탁군 연결).
610		강남하 개통(대운하 완공).
611		고구려 침략 실패.
617		李淵이 기병함.

〔 十六國 일람표 〕

국명	건국자	민족	존속기간	수도 (현 위치)	멸망시킨 나라	비고
成漢(성한)	李雄	氐(저)	304～347	성도 (四川省)	東晉	
漢(한)	劉淵	匈奴 (흉노)	304～329	平陽 (山西省)	後趙	前趙
後趙(후조)	石勒 (석륵)	羯(갈)	319～351	鄴(업) (河北省)	冉魏	
前涼(전량)	張寔 (장식)	漢(한)	314～376	고장 (甘肅省)	前秦	
前燕(전연)	慕容皝 (모용황)	鮮卑 (선비)	337～370	용성 (요령성)	前秦	
前秦(전진)	苻健 (부건)	저	351～394	장안 (섬서성)	後秦	
後燕(후연)	慕容垂 (모용수)	선비	384～407	중산 (하북성)	北燕	
後秦(후진)	姚萇 (요장)	羌(강)	384～417	장안 (섬서성)	東晉	
西秦(서진)	乞伏國仁 (걸복국인)	선비	385～431	금성 (감숙성)	夏	
後涼(후량)	呂光 (여광)	저	386～403	고장 (감숙성)	後秦	
南涼(남량)	禿髮鳥孤 (독발오고)	선비	397～414	낙도 (청해성)	西秦	
北涼(북량)	沮渠蒙遜 (저거몽손)	흉노	401～439	장액 (감숙성)	北魏	
南燕(남연)	慕容德 (모용덕)	선비	398～410	광고 (산동성)	東晉	
西涼(서량)	李暠 (이고)	한	400～421	돈황 (감숙성)	北涼	
胡夏(호하)	赫連勃勃 (혁련발발)	흉노	407～431	통만 (섬서성)	吐谷昏	
北燕(북연)	慕容雲 (모용운)	선비	407～436	화룡 (요령성)	北魏	

제1장 東晉의 건국과 발전

1) 東晉의 成立과 발전

(1) 中宗元皇帝, 名睿, 瑯琊王伷之孫也. 宣帝懿生伷, 伷生覲, 或曰, 睿母實與瑯琊小吏牛金通而生睿, 嗣覲爲王. 於惠·懷爲再從兄弟, 懷帝時, 睿爲安東將軍, 都督揚州諸軍, 鎭建業.

중종 원황제는 이름은 예인데, 낭야왕 사마주의 손자이다. 선제인 사마의는 사마주를 낳고, 사마주는 사마근을 낳았다. 어떤 사람은 사마예의 어머니가 실제로는 낭야의 소리인 우금과 사통해서 사마예를 낳았다고 하였는데 사마근의 뒤를 이어 왕이 되었다. 혜제와 회제는 재종형제가 되는데 회제 시에 사마예는 안동장군에 임명되어 양주의 군사를 지휘하며 건업에 주둔했었다.

어구 설명

○ 中宗元皇帝, 名睿, 瑯琊王伷之孫也. : 中宗 元皇帝는 이름은 睿(예)인데, 瑯琊王(낭야왕) 司馬伷(사마주)의 손자이다.

 – 睿 깊고 밝을 예. 瑯 고을 이름 낭(랑) 琊 땅이름 야. 伷

투구 주(冑와 同).

○ 宣帝懿生伷, 伷生覲, 或曰, 睿母實與瑯琊小吏牛金通而生睿, 嗣覲爲王. : 宣帝(선제)인 사마의는 사마주를 낳고, 사마주는 사마근을 낳았다. 어떤 사람은 사마예의 母가 실제로는 瑯琊의 小吏인 牛金과 私通해서 사마예를 낳았다고 하는데 사마근의 뒤를 이어 왕이 되었다.(서기 290년)

 - 宣帝(선제) ; 司馬懿(仲達)를 추존한 시호.　懿 아름다울 의. 瑯琊 ; 지금 山東省의 지명.　嗣 이을 사.　覲 뵐 근.

○ 於惠 · 懷爲再從兄弟, 懷帝時, 睿爲安東將軍, 都督揚州諸軍, 鎭建業. : (西秦의) 惠帝와 懷帝(회제)는 再從兄弟가 되는데 懷帝時에 司馬睿는 安東將軍에 임명되어 揚州의 諸軍을 지휘하며 建業에 주둔했었다.

 - 再從兄弟 ; 6寸 兄弟. 사마소와 사마주는 사마의의 아들이니 형제이고, 武帝 司馬炎과 司馬覲은 종형제(4촌)이고, 惠帝와 사마예는 再從(6촌)이다.

<pre>
           ┌→ 司馬昭(文帝) → 司馬炎(武帝) → 惠帝
※司馬懿 ─┤
           └→ 司馬伷   → 司馬覲   → 司馬睿(瑯琊王)
</pre>

 - 揚 오를 양. 날리다.　鎭 진압할 진. 군사요지. 지키다.　建業(鄴) ; 지명. 東晋(동진)에서는 建康이라고도 부름. 지금의 南京.

【참고】 사마예의 天運

　❖ 東晋을 건국한 司馬睿(사마예, 276~323년)는 天運이 있다는

것을 보여주는 사례라 할 수 있다.

사마예의 할아버지나 아버지는 아무런 공도 없었고, 또 司馬炎의 직계도 아니었다. 사마예는 15살에 琅邪王의 자리를 세습한다. 사마예는 '八王의 난' 기간 중에 司馬穎(사마영) 토벌에 나섰지만 작전에서 불리하여 낙양을 떠나 산동성 낭야 곧 자신의 封國으로 이주했다.

서진 회제가 즉위한 뒤 얼마 남아 있지도 않은 황족이기에 安東將軍이 되어 揚州의 諸軍을 지휘하게 되는데 그 전에 王導의 건의를 받아들여 建康에 가서 적극적으로 江東의 大族들과 관계를 맺는다. 당시 남방의 귀족들은 장안이나 낙양에서 환란을 피해 남으로 내려온 사람들을 '傖夫(창부, 천할 창)' 라 부르면서 천대했다. 결국 사마예도 거기에서 크게 벗어날 수가 없었다.

311년에 회제가 '영가의 난' 때 포로로 흉노의 漢에 잡혀가서 죽자(313년), 愍帝(민제)가 즉위한다. 愍帝는 司馬睿를 丞相 겸 大都督으로 임명한다. 민제가 포로로 잡혀가고 서진이 멸망하자, 사마예는 晉朝의 貴族과 江東 大族의 支持를 받아 317年에 즉위한다. 이때 사마예는 44살이었다.

사마예는 말하자면, 왕도와 왕돈 형제 곧 낭야 왕씨 세력에 의해 간판으로 내세운 좀 속된말로 말한다면 '바지사장' 이었다. 나중에 실제로 권력을 장악하려고 낭야 왕씨의 세력을 꺾으려 했다가 군사권을 장악한 왕돈의 반란을 유발했고 그 와중에서 고민하다가 죽게 된다.

**(2) 睿以王導爲謀主, 每事咨焉. 睿名論素輕, 吳人
初不附. 導勸用諸名勝, 顧榮 · 賀循 · 紀瞻等爲掾
屬, 撫綏新舊, 江東歸心焉. 後又得庾亮 · 卞壼等百
餘人, 謂之百六掾.**

사마예는 왕도를 참모로 삼았고 매사를 물었다. 사마예
는 평소에 명성이나 여론이 높지 않아 오의 사람들이 처음
에는 따르지 않았다. 왕도는 지역 명사를 활용하라 권했
고, (사마예는) 고영, 하순, 기첨 등을 관리로 삼았고, 이주
민이나 토착민들에게 베풀며 위로하니 강동의 민심이 돌
아왔다. 뒤에 다시 유량, 변곤 등 100여 명을 등용하여
'106명의 掾(연)'이라고 불렀다.

東晉 元帝 司馬睿(사마예)

어구 설명

○ 睿以王導爲謀主, 每事咨焉. 睿名論素輕, 吳人初不附. : 사마예는 王導를 참모로 삼았고 每事를 물었다. 사마예는 평소에 명망이나 평론이 높지 않아 吳人들이 처음에는 따르지 않았다.

－ 王導(왕도) ; 人名(서기 276～339년). 東晉 건국의 일등공신. 元帝, 明帝, 成帝의 삼대에 걸쳐 출사. 사마예는 王導를 '仲父'라 호칭하며 "경은 나의 소하(蕭何)요"라고 말했다. 仲父는 齊 桓公(환공)이 管仲(관중)을 높여 부르던 말이다.

－ 謀主(모주) ; 참모. 策士.　咨 물을 자. 諮問(자문)을 하다.

－ 名 ; 지역사회에서의 名聲, 지역사회에서의 名望, 名譽.　論 ; 지역사회의 여론, 지역사회에서 떠도는 평가.

－ 素 ; 평소에, 보통 때.　輕 가벼울 경. 적다. 신분이 낮다, 어리다. 중요하지 않다. 경시하다.

－ 吳人(오인) ; 강동의 사람들.　건업은 吳의 수도. 그 때문에 양자강 하류의 토착세력을 吳人이라 했음. 江東(또는 江左라고도 함) 사람들이 산동성에서 내려온 왕족 사마예를 알아주지 않았다. 왕도는 3월 3일에 사마예를 큰 가마에 태우고 사촌 형 王敦(왕돈)과 함께 뒤를 수행하여 사마예의 명성을 높였다고 한다. 吳人들은 3월 3일을 禊日(계일)이라 하여 부정을 씻기 위해 목욕을 하며 놀이를 하는 명절이었다.

○ 導勸用諸名勝, 顧榮 · 賀循 · 紀瞻等爲掾屬, 撫綏新舊, 江東歸心焉. 後又得庾亮 · 卞壺等百餘人, 謂之百六掾. : 왕도는 지역 명사를 활용하라 권했고, (사마예는) 고영, 하순, 기첨 등을 관리로

삼았고, 이주민이나 토착민들에게 베풀며 위로하니 江東의 민심
이 돌아왔다. 뒤에 다시 유량, 변곤 등 100여 명을 등용하여 '106
명의 掾(연)' 이라 불렀다.

 - 諸 모두 제. 어조사 저(之於 ~를. ~에. 之乎 ~를. ~하는
가?).

 - 名勝(명승) ; 경치 좋은 곳, 여기서는 명망이 높은 사람. 지역
사회의 명망가.   顧 돌아볼 고. 姓氏.

 - 賀 하례할 하. 姓氏.   循 따를 순.   紀 벼리 기. 작은 밧줄, 큰
밧줄은 綱. 姓氏.   瞻 볼 첨.

 - 掾 도울 연. 아전.   掾屬(연속) ; 하급 관리, 掾吏, 官屬(관속).
여기서는 사마예의 심복.

 - 撫 어루만질 무.   綏 편안할 수.   撫綏(무수) ; 위로하며 편안
하게 하다.   新舊(신구) ; 강남으로 이주한 사람과 옛 토착민들.

 - 庾 곳집 유. 창고. 姓氏.   亮 밝을 량.   卞 성급할 변, 고깔
변.   壼 대궐 안 길 곤. 문지방. 여자. '壺 병 호' 가 아님.

【참고】 동진의 수도 建康

❖ 기원 전 333년 楚나라 威王은 越나라를 멸망시킨 뒤, 그곳 石
頭山에 성을 쌓고 金陵(금릉)이라고 불렀다. 이곳에 있는 王氣를
억누르기 위해 산에 金을 묻었다 하여 금릉이라고 불렀다고 한다.
秦始皇 때는 금릉을 秣陵(말릉)이라 고쳐 불렀다.

 이어 前漢이나 後漢 때에 금릉은 주요한 지역이 아니었다. 강동
에 할거했던 孫權은 211년에 이곳을 자신의 治所로 삼고 石頭城

을 요새화하면서 말릉을 建業(건업)이라고 개칭하였다. 西晉이 吳를 멸망시킨 뒤 太康 3年(282년)에 建業을 建鄴이라고 다시 개칭하였다. 그러다가 313년에 愍帝(민제)의 이름 鄴을 피하여 建康이라고 이름을 다시 고쳤다. 이후 사마예가 동진을 건국하면서 중국 정통왕조의 수도라는 지위를 얻으면서 이후 남조의 수도로 번영하였다.

특히 손권의 동오와 동진, 이후 남조의 4국을 합쳐 六朝의 수도로 건강은 크게 번영을 누렸는데 梁 武帝 때는 건강의 인구가 100만에 이르렀다. 그러나 후경의 난을 겪으면서 쇠퇴했고, 다시 수나라가 남조의 陳을 멸망시키면서 도성을 대대적으로 파괴하였다.

東晉(동진)의 陶馬(도마)

(3) 桓彝避亂過江, 見睿微弱憂之. 旣而見導, 退謂
周顗曰, 江左有管夷吾, 吾無憂矣. 諸名士遊宴新
亭, 顗中坐而歎曰, 風景不殊, 擧目有江河之異. 因
相視流涕. 導曰, 當勠力王室, 共復神州. 何至作楚
囚對泣邪. 愍帝以睿爲左丞相.

환이는 화북의 혼란을 피해 양자강을 건너왔는데 사마예
의 세력이 미약한 것을 보고 걱정했다. 얼마 뒤, 왕도를 만
나고 나와 주의에게 말했다. "강동 땅에 관중이 있으니 나
는 걱정이 없다."

여러 명사들이 강가의 신정이란 곳에서 잔치를 하는데,
주의가 중앙에 앉아 탄식했다. "풍경은 다르지 않으나 눈
을 들어보면 양자강과 황하의 차이 뿐이로다." 이 말에 서
로 바라보며 눈물을 흘렸다. 왕도는 "마땅히 왕실을 위해
힘을 다하여 중원을 수복해야 하거늘, 어찌하여 여기서 초
나라 사람 죄수처럼 마주보고 울기만 하는가?"

민제는 사마예를 좌승상에 임명했다.

어구 설명

○ 桓彝避亂過江, 見睿微弱憂之. 旣而見導, 退謂周顗曰, 江左有
管夷吾, 吾無憂矣. : 桓彝(환이)는 화북의 혼란을 피해 양자강을

건너왔는데 사마예의 세력이 미약한 것을 보고 걱정했다. 얼마 뒤 왕도를 만나고 나와 周顗(주의)에게 말했다. "강동 땅에 관중이 있으니 나는 걱정이 없다."

 ― 桓 푯말 환, 굳셀 환.　彝 떳떳할 이.

 ― 桓彝(환이, 서기 276~328년) ; 뒷날 王敦(왕돈)의 난을 평정하는 데 공을 세움. 아들 桓溫(환온)은 세 차례나 북벌을 실행한 權臣이며, 孫子 桓玄은 황제 자리를 찬탈하여 동진을 멸망 일보 직전까지 몰고 가기도 했다.

 ― 微 작을 미.　顗 근엄할 의.　江左 ; 양자강의 좌측, 곧 江東.

 ― 管夷吾(관이오) ; 管仲(관중, 서기 전 716?~645년). 夷吾는 名, 仲은 字. 管鮑之交(관포지교)의 주인공. 齊 桓公을 도운 정치가.

○ 諸名士遊宴新亭, 顗中坐而歎日, 風景不殊, 擧目有江河之異. 因相視流涕. 導日, 當勠力王室, 共復神州. 何至作楚囚對泣邪. 愍帝以睿爲左丞相. : 여러 名士들이 新亭에서 잔치를 하는데, 주의가 중앙에 앉아 탄식했다. "風景은 다르지 않으나 눈을 들어보면 양자강과 황하의 차이 뿐이로다." 이 말에 서로 바라보며 눈물을 흘렸다.

왕도는 "마땅히 왕실을 위해 힘을 다하여 중원을 수복해야 하거늘, 어찌하여 여기서 초나라 사람 죄수처럼 마주보고 울기만 하는가?" 愍帝는 사마예를 左丞相에 임명했다.

 ― 亭 정자 정.　新亭 ; 양자강 가에 새로 지은 정자.　殊 죽일 수, 다를 수. 특히.　涕 눈물 체.

 – 勠 합할 육(륙). 勠力(육력) ; 힘을 모음. 戮力(육력)과 같음.

 – 復 다시 부. 수복하다.　神州(신주) ; 중국. 王者가 거처하는 땅. 京畿(경기)의 땅.

 – 囚 가둘 수. 죄수. 인질.　楚囚(초수) ; 갇혀 있는 초나라의 죄수. 아무런 방책도 힘도 없는 사람.

 – 對 대답할 대. 마주 보다.　愍帝(민제) ; 西晋의 마지막 황제. 司馬鄴. 재위 313~317년.

◈ 東晋 世系表

시호	성 명	재위 기간	연 호
元帝	司馬睿(사마예)	317~323년	建武, 太興, 永昌.
明帝	司馬紹(사마소)	323~325년	太寧.
成帝	司馬衍(사마연)	325~342년	咸和, 咸康.
康帝	司馬嶽(사마악)	342~344년	建元.
穆帝	司馬聃(사마담)	344~361년	永和, 升平.
哀帝	司馬丕(사마비)	361~365년	隆和, 興寧.
廢帝	司馬奕(사마혁)	365~371년	太和.
簡文帝	司馬昱(사마욱)	371~372년	咸安.
孝武帝	司馬曜(사마요)	372~396년	寧康, 太元.
安帝	司馬德宗(사마덕종)	396~418년	隆安, 元興, 義熙.
恭帝	司馬德文(사마덕문)	418~420년	元熙.

【참고】 동진 시대의 강남개발

❖ 양자강 유역이나 이남의 개발은 吳의 성립과 함께 진행되었으나 吳의 短命으로 대규모로 추진되지는 못했다. 그러나 司馬睿가 建康에 도읍하면서부터 華北지방의 漢人 豪族(호족) 및 지식인들이 이민족의 지배와 戰禍(전화)를 피하여 수백, 수천의 宗人을 거느리고 강남으로 대거 이주하면서 강남개발은 본격화되었다.

강우량이 풍부하고 이모작이 가능하며 소택지가 많은 강남 지역에서는 먼저 수로를 정비하고 水田을 만들고 벼를 재배하여 완전한 稻作(도작)지역으로 변모하면서 중국 경제의 중심으로 자리를 잡기 시작한다.

호족들은 宗人과 이주민과 토착인들을 소작인으로 확보하여 강남 개발의 주체가 되면서 사회적 지배자로서의 지위를 굳혀간다. 이들 호족은 대토지 소유자이기에 경제적인 어려움을 겪지 않았으며 官界 진출을 통해 세력을 넓히며 문화적 소양을 축적했다. 화북 지방은 이민족의 지배와 잦은 정권 교체로 소란하고 민생이 피폐하였으나 동진 지역에서는 전쟁의 폐해가 없고 안정된 사회 속에서 귀족문화가 발달하였다.

(4) 洛陽祖逖, 少有大志. 嘗與劉琨同寢, 中夜聞鷄聲, 蹴琨起曰, 此非惡聲也, 因起舞. 及是南渡, 請兵於睿. 睿素無北伐之志, 以逖爲豫州刺史, 與兵千

人, 不給鎧仗. 逖渡江, 中流擊楫而誓曰, 祖逖不能
淸中原, 而復濟者, 有如此江.
愍帝又以睿爲丞相, 都督中外諸軍事. 長安陷, 睿出
師露次, 移檄北征, 實不行. 羣臣勸卽晋王位, 明年
遂卽皇帝位.

　낙양의 조적은 젊어 큰 뜻을 품고 있었다. 그 전에 유곤
과 함께 잠을 자다가 한밤에 닭 울음소리를 듣고 유곤을
발로 차 깨우며 "이는 듣기 싫은 소리가 아니다."라 하면
서 기상하고 검술을 연마했다. (조적이) 남으로 강을 건너
와서는 사마예에게 병력을 요청했다. 사마예는 평소에 北
伐(북벌)의 뜻이 없어 조적을 예주 자사로 임명하고 병사
천 명을 주고, 무기와 장비는 주지 않았다. 조적은 (임지로
가려고) 양자강을 건너면서 中流에서 노를 두드리며 말했
다. "조적이 중원을 깨끗이 하지 못하고 다시 건넌다면 이
강물과 같으리라!"
　민제는 사마예를 승상으로 임명하고 내외의 모든 군사업
무를 관장케 하였다. 장안이 함락된 뒤에 사마예는 출사하
여 야영을 하며 북벌하겠다는 격문을 내지만 실제로는 실
행하지 못했다. 여러 신하들이 진왕으로 즉위할 것을 권했
고, 그 다음 해 황제로 즉위했다.

어구 설명

○ 洛陽祖逖, 少有大志. 嘗與劉琨同寢, 中夜聞鷄聲, 蹴琨起曰, 此非惡聲也, 因起舞. : 洛陽의 祖逖은 젊어 大志를 품고 있었다. 그전에 劉琨(유곤)과 함께 잠을 자다가 한밤에 닭 울음소리를 듣고 유곤을 발로 차 깨우며 "이는 듣기 싫은 소리가 아니다."라 하면서 기상하여 검술을 연마했다.

 – 逖 멀 적. 멀리하다. 祖逖(조적, 266~321년) ; 고사성어 '聞鷄起舞(문계기무)' 의 주인공. 琨 옥돌 곤. 蹴 찰 축.

 – 此非惡聲也 ; 닭 울음소리는 듣기 싫은 소리가 아니다. 닭은 보통 사경(四更)에 우는데 한밤(三更)에 우는 닭은 장차 兵亂(병란)을 예고하는 울음이라 하여 불길하다고 생각했다. 그러나 조적은 병란이 일어나면 사나이가 戰功을 세울 수 있는 기회라 생각하였으니, 말하자면 흉한 닭 울음소리지만 이를 긍정적으로 생각하였다.

 – 舞 춤출 무. 검술을 익히다. 聞鷄起舞(문계기무) ; 첫 닭이 울면 일어나 검술을 익히다. 큰 뜻을 가진 사람이 때맞추어 힘써 노력하다.

○ 及是南渡, 請兵於睿. 睿素無北伐之志, 以逖爲豫州刺史, 與兵千人, 不給鎧仗. : (조적이) 남으로 강을 건너 와서는 사마예에게 병력을 요청했다. 사마예는 평소에 北伐(북벌)의 뜻이 없어 조적을 예주 자사로 임명하고 병사 천 명을 주고, 무기와 장비는 주지 않았다.

 – 南渡(남도) ; 남으로 와서 (양자강을) 건너다. 조적은 永嘉 五

年(311년) 낙양이 함락되고 懷帝가 선비족의 나라 漢의 장수 劉曜(유요)에게 잡혀가는 '영가의 난' 때 일족 100호를 거느리고 남으로 내려왔다. 북방 이민족에 침입이 계속되면서 북방의 士族이나 농민들이 계속 남으로 내려왔다.

 — 鎧 갑옷 개. 무장하다.   仗 무기 장.   鎧仗 : 무기와 각종 장비.

○ 逖渡江, 中流擊楫而誓曰, 祖逖不能淸中原, 而復濟者, 有如此江. : 조적은 (임지로 가려고) 양자강을 건너면서 中流에서 노를 두드리며 말했다. "조적이 中原을 깨끗이 하지 못하고 다시 건넌다면 이 강물과 같으리라!"

 — 擊 칠 격. 두드리다.   楫 노 즙.   誓 맹세할 서.   中流擊楫(중류격즙) ; 故土 수복을 위한 강한 의지를 표현한 四字成語.

 — 有如此江 ; 이 강물과 같을 것이다. 강물은 한번 흘러가면 그만이듯 자신이 뜻을 이루기 전에는 이곳에 다시 오지 않겠다는 의지의 표현임.

○ 愍帝又以睿爲丞相, 都督中外諸軍事. 長安陷, 睿出師露次, 移檄北征, 實不行. : 민제는 사마예를 丞相으로 임명하고 中外의 모든 軍事 업무를 관장케 하였다. 長安이 함락된 뒤에 사마예는 出師하여 야영을 하고 북벌하겠다는 격문을 내지만 실제로는 실행하지 못했다.

 — 愍 근심할 민.   愍帝 ; 서진의 마지막 황제.   出師(출사) ; 군사를 동원하다.

 — 露 이슬 로(노). 드러내다.   次 다음 차. 군대가 주둔하다. 군

대가 1일 묵는 것을 宿, 2일 밤을 야영한다면 信, 그 이상은 次라 한다.　露次(노차) ; 露宿(노숙)하다. 군대가 야영하다.　檄 격문 격.

○ 羣臣勸卽晋王位, 明年遂卽皇帝位. : 여러 신하들이 진왕으로 즉위할 것을 권했고, 그 다음 해 황제로 즉위했다.

 - 卽晋王位 ; 316년에 西秦 愍帝가 잡혀가자 317년에 晋朝의 황족과 江東 大族의 支持를 받아 317年에 晋王으로 즉위한다. 그러나 317년에 建武라는 연호를 사용한다.

 - 明年 ; 來年, 다음 해(서기 318년) 정식 皇帝로 즉위하면서 연호를 大興(318~321년)으로 바꾼다.

【참고】 東晋과 南宋의 북벌

　❖ 사실 왕조의 건국과 몰락은 그 지배체제의 중심이 仁德을 베풀었는가, 아니면 不仁했느냐의 문제이다. 前漢 말기의 황제들은 그 실권을 외척에 빼앗기었지만 不仁의 주체는 아니었다. 때문에 後漢 光武帝 劉秀가 漢 황실을 부흥하려는 기치를 내세웠을 때 많은 호응을 받고 後漢을 건립하였다고 도덕적인 평가를 내리는 것이 학자들의 일반적 견해였다.

　사실 司馬炎의 西秦은 지배층의 타락과 골육상잔으로 이미 不仁하다는 낙인과 함께 그 폐해가 백성에게 심각하게 미쳤다. 때문에 司馬睿가 晋을 다시 부흥했지만 이는 어디까지나 北에서 내려온 황족이나 士族 또 江南의 문벌들에 의한 특권 부활을 위한 건국이라 볼 수도 있다. 그래서 東晋의 北伐(북벌, 故土回復)은 이미 지쳐있는 일반 농민들의 지지를 얻어낼 수도 없었다. 이는 서진의 지배층에 도덕적 타락이 그만큼 심각했던 반작용이라 볼 수도 있다. 그리고 元帝 司馬睿는 그럴만한 의지와 추진력을 갖지 못한 中興(중흥)의 군주였다. 때문에 동진의 북벌과 통일운동은 성공하지 못했다.

北宋은 '靖康(정강)의 변(1127년)' 으로 徽宗(휘종)과 欽宗(흠종)이 여진족의 金나라에 잡혀가고 망국한다.(서기 960~1127년 존속) 강남에서 송을 개건하는 南宋의 高宗 趙構(조구)는 당연히 북벌하여 망국의 치욕을 씻고 잡혀간 두 임금을 송환케 해야 하지만

그럴만한 의지도 없었고 또 국민의 전폭적인 지지를 이끌어내지도 못했다. 이는 결국 북송 徽宗(휘종)의 사치와 방종에 의한 망국이며 그에 따른 당연한 결과였다고 볼 수도 있다.

결국 東晋 桓溫(환온)의 북벌이나 南宋 岳飛(악비)의 북벌은 다 같이 성공하지 못했다는 공통점이 있는데, 이는 이전 왕실이 不仁하여 백성의 신망을 얻지 못한 결과로 볼 수도 있다.

南宋의 高宗 趙構(조구)

(5) ○ 太尉劉琨死. 初琨與祖逖齊名. 琨謂人曰, 常恐祖生先吾著鞭. 懷 · 愍時爲并州刺史. 琨出軍, 長史叛降石勒. 幽州刺史段匹磾, 時在薊城, 遣人邀琨, 琨率衆奔薊, 與匹磾歃血同盟. 翼戴晋室. 有欲襲取薊者, 遣書請琨爲內應, 書爲邏騎所獲. 而琨實不知也, 竟爲匹磾所縊.

○ 태위 유곤이 죽었다. 그 전에 유곤은 조적과 나란히 명성을 누렸다. 유곤은 사람들에게 "늘 조적이 나보다 먼저 군공을 세울까 걱정이 된다."고 말했었다. (유곤은) 회제와 민제 재위 시에 병주자사였다. 유곤이 출진했는데 장사가 배반하여 석륵에게 투항했다. 유주자사인 단필제는 그때 계성에서 사람을 보내 유곤을 맞이했고, 유곤은 무리를 이끌고 계성에 들어가 단필제와 서진 황실을 도우며 지키자고 피를 마시며 맹서하였다. 계주성을 습격하여 뺏고자 하는 누군가가 유곤에게 내응해 달라는 편지를 보냈는데 그 편지를 가진 자가 순찰하는 기병에게 잡혔는데 유곤은 사실 모르는 일이었다. 유곤은 끝내 단필제에 의해 목매어 죽음을 당했다.

어구 설명

○ 太尉劉琨死. 初琨與祖逖齊名. 琨謂人曰, 常恐祖生先吾著鞭. : 太尉 劉琨(유곤)이 죽었다. 그 전에 유곤은 祖逖(조적)과 나란히 명성을 누렸다. 유곤은 사람들에게 "늘 조적이 나보다 먼저 軍功(군공)을 세울까 걱정이 된다."고 말했었다.

 – 齊 가지런한 제. 똑같이. 옷자락 자. 齊名(제명) ; 다 같이 명망이 있었다, 다 같이 유명하다.

 – 著 드러날 저. 붙일 착. 옷을 입다.(着과 같음) 鞭 채찍 편. 著鞭(착편) ; 말을 채찍질하다. 軍功을 세우다. 일을 시작하다.

○ 懷·愍時爲并州刺史. 琨出軍, 長史叛降石勒. 幽州刺史段匹磾, 時在薊城, 遣人邀琨, 琨率衆奔薊, 與匹磾歃血同盟. 翼戴晋室. : (유곤은) 회제와 민제 재위 시에 병주자사였다. 유곤이 出陣했는데 長史가 배반하여 石勒(석륵)에게 투항했다. 幽州刺史인 段匹磾(단필제)는 그때 薊城(계성)에서 사람을 보내 유곤을 맞이했고, 유곤은 무리를 이끌고 계성에 들어가 단필제와 晋 황실을 도우며 지키자고 피를 마시며 맹서하였다.

 – 并 어우를 병. 并州 ; 山西省의 지명. 長史(장사) ; 자사의 屬官(속관), 刺史(자사)의 副官(부관). 본문에서 배반한 長史의 성명 미상.

 – 幽州(유주) ; 地名. 현 베이징 일대. 段 구분 단. 성씨. 磾 검은 돌 제. 薊 삽주 계(풀 이름). 薊城 ; 地名.

 – 邀 맞이할 요. 초대하다. 歃 마실 삽. 맹서하는 피를 마심. 翼 날개 익. 돕다. 戴 머리에 일 대. 翼戴 ; 받들어 보좌하며 모시다.

○ 有欲襲取薊者, 遣書請琨爲內應, 書爲邏騎所獲. 而琨實不知也, 竟爲匹磾所縊. : 계주성을 습격하여 뺏고자 하는 누군가가 유곤에게 내응해 달라는 편지를 보냈는데 그 편지를 가진 자가 순찰하는 기병에게 잡혔는데 유곤은 사실 모르는 일이었다. 유곤은 끝내 단필제에 의해 목매어 죽음을 당했다.

 ─ 襲 엄습할 습. 邏 순행할 라(나). 騎 말을 탈 기. 獲 얻을 획. 竟 다할 경. 끝내. 마침내. 縊 목맬 액.

(6) ○ 漢主劉聰卒, 子粲立, 其臣靳準弑而代之. 石勒討準, 劉曜自立封勒爲趙公. 曜疑, 勒自稱趙王. 曜亦改號爲趙, 勒爲後趙.

○ 漢主 유총이 죽어 아들 유찬이 뒤를 이었으나 그 신하 근준이 유찬을 시해하고 그 자리를 차지하였다. 석륵이 근준을 토벌하였고, 유요가 자립하며 석륵을 조공에 봉했다. 유요가 의심하자, 석륵은 조왕이라 자칭했다. 유요 또한 국호를 趙(조)라 하니, 석륵은 後趙라 했다.

어구 설명

○ 漢主劉聰卒, 子粲立, 其臣靳準弑而代之. : 漢主 劉聰이 죽어 (서기 318년) 아들 유찬이 뒤를 이었으나 그 신하 靳準(근준)이

유찬을 시해하고 그 자리를 차지하였다.

– 聰 귀 밝을 총. 총명하다. 황음무도한 劉聰은 근준의 두 딸을
귀비로 맞이했다.

– 粲 좋은 쌀 찬. 아름답다. 이 사람을 少主라 칭했다. 靳 가슴
걸이 근, 인색할 근.

○ 石勒討準, 劉曜自立封勒爲趙公. 曜疑, 勒自稱趙王. 曜亦改號
爲趙, 勒爲後趙. : 石勒이 근준을 토벌하였고, 劉曜가 자립하며
석륵을 趙公에 봉했다. 유요가 의심하자, 석륵은 趙王이라 自稱
했다. 劉曜 또한 국호를 趙(前趙)라 하니, 석륵은 後趙라 했다.

– 勒 굴레 늑(륵). 石勒(석륵) ; 後趙 建國者, 석륵 자신은 문자
를 몰랐지만 인재를 중용하고 교육과 학문을 장려하였다.

– 劉曜(유요, 在位 318~329년)의 前趙는 329년에 後趙에게 멸
망한다.

**(7) ○ 略陽臨渭氐酋蒲洪, 驍勇多權略, 羣氐畏服
之. 劉聰嘗拜爲將軍, 不受. 在懷帝世, 自稱略陽公,
至是降于趙主曜.**

○ 약양현 임위의 저족 추장 포홍은 날래고 용감하며 권
모와 지략이 많아 저족의 무리들이 두려워하며 따랐다.
그 전에 유총이 장군직을 주었으나 받지 않았다. 회제가
재위할 때, 약양공이라 자칭하다가 이때에 趙의 유요에게

투항했다.

어구 설명

○ 略陽臨渭氐酋蒲洪, 驍勇多權略, 羣氐畏服之. 劉聰嘗拜爲將軍, 不受. : 略陽縣 臨渭의 氐(저)족 추장 蒲洪(포홍)은 날래고 용감하며 권모와 지략이 많아 저족의 무리들이 두려워하며 따랐다. 그 전에 유총이 장군직을 주었으나 받지 않았다.

 - 略陽 ; 縣의 이름. 長安(장안)의 서쪽에 있다.　臨渭(임위) ; 地名.　氐 근본 저. 氐族.

 - 酋 두목 추.　蒲 부들 포. 姓氏.　蒲洪(포홍, 서기 285～350년) ; 화북을 統一한 前秦(351～394년)의 기초를 마련. 姓氏 蒲를 苻(부)로 고쳤다. 苻洪이라고 기록한다.

 - 驍 날랠 효.　驍勇 ; 날래고 용감하다. 무예가 출중하다.　權略(권략) ; 권모와 지략.　畏 두려울 외.

(8) ○ 晋豫州刺史祖逖卒. 初逖取譙城, 進屯雍丘. 後趙鎭戍, 歸逖者甚衆. 逖與將士同甘苦, 勸課農桑, 撫納新附. 帝以戴淵爲將軍, 來督諸軍事. 逖以己剪荊棘收河南地, 而淵雍容一旦來統之, 意甚怏怏. 又聞王敦與朝廷構隙, 將有內難, 知大功不遂, 感激發病卒. 豫州士女, 若喪父母.

○ 晋의 예주자사 조적이 죽었다. 전에 조적이 초성을 차지하고 옹구에 주둔했었다. 후조의 군사도 주둔하고 있었는데 조적에게 귀항하는 자가 매우 많았다. 조적은 장사(장병들)와 더불어 고생과 즐거움을 같이했고 농사와 양잠을 권장하며 새로 귀부(항복)하는 사람들을 위무하며 받아들였다. 원제는 대연을 장군으로 임명하여 군사를 감독케 하였다.

조적은 몸소 온갖 어려움을 이겨내며 하남의 땅을 수복했는데 대연이 점잖게 갑자기 와서 통제를 하니 마음이 매우 즐겁지 아니했다. 또 왕돈과 조정이 틈이 벌어져 앞으로 내부 분열이 있을 것이라는 말도 들려 큰 뜻을 이룰 수 없다는 것을 알고서 감정이 격해져 발병하여 죽은 것이다. 예주의 남녀 모두가 부모를 잃은 것처럼 슬퍼했다.

어구 설명

○ 晋豫州刺史祖逖卒. 初逖取譙城, 進屯雍丘. 後趙鎭戌, 歸逖者甚衆. 逖與將士同甘苦, 勸課農桑, 撫納新附. 帝以戴淵爲將軍, 來督諸軍事. : 晋의 豫州刺史 祖逖(조적)이 죽었다. 전에 조적이 譙城(초성)을 차지하고 雍丘(옹구)에 주둔했었다. 後趙에서도 군대가 주둔하고 있었는데 조적에게 귀항하는 자가 매우 많았다. 조적은 將士와 더불어 고생과 즐거움을 같이했고 농사와 양잠을 권장하며 새로 귀부하는 사람들을 위무하며 받아들였다. 元帝는 戴淵(대연)을 장군으로 임명하여 군사를 감독케 하였다.

– 譙 꾸짖을 초.   譙城(초성 – 河南省), 雍丘(옹구 – 河南〈하남〉 汴〈변〉의 땅).   後趙(후조) ; 석륵이 세운 나라.   戍 지킬 수. (戌 '개띠 술'이 아님)   鎭戍(진수) ; 변경을 지키다.

– 甚衆(심중) ; 매우 많다.   甘 달 감.   苦 쓸 고.   甘苦 ; 즐거움과 괴로운. 苦樂.   勸課(권과) ; 권장하며 일을 나누어 주다.

– 桑 뽕나무 상. 누에치기.   農桑 ; 농사와 길쌈. 農은 남자들의 일이며, 桑은 여자의 기본적인 일이다.   撫 어루만질 무.

– 新附(신부) ; 새로 귀부하는 사람들.   戴 머리에 일 대. 공경하며 모시다.   淵 연못 연.

○ 逖以己剪荊棘收河南地, 而淵雍容一旦來統之, 意甚怏怏. 又聞王敦與朝廷構隙, 將有內難, 知大功不遂, 感激發病卒. 豫州士女, 若喪父母. : 조적은 몸소 온갖 어려움을 이겨내며 河南의 땅을 수복했는데 戴淵(대연)이 점잖게 갑자기 와서 통제를 하니 마음이 매우 즐겁지 아니했다. 또 王敦과 朝廷이 틈이 벌어져 앞으로 내부 분열이 있을 것이라는 말도 들려 큰 뜻을 이룰 수 없다는 것을 알고서 감정이 격해져 발병하여 죽은 것이다.(당시 56세) 豫州의 남녀 모두가 부모를 잃을 것처럼 슬퍼했다.

– 剪 자를 전.   荊 가시나무 형. 楚나라의 땅.   棘 대추나무 극. 荊棘(형극) ; 가시.   剪荊棘 ; 온갖 어려움을 겪다.

– 收 거둘 수. 수복하다.   雍 누그러질 옹.   雍容(옹용) ; 온화하고 조용한 표정, 점잖고 의젓하다.

– 旦 아침 단.   一旦 ; 잠시, 갑작스레.   怏 원망할 앙.   怏怏 ; 즐겁지 않은 모양.

  − 王敦(왕돈) ; 王導와 함께 元帝를 보필. 군권을 장악.　構 얽
어맬 구. 만들어내다.　隙 틈 극 .　構隙(구극) ; 서로 모함하다.
  − 士女 ; 남자와 여자.　若 같을 약.

(9) ○ 鮮卑慕容廆, 先是嘗遣使于晋, 受帝命, 爲平州刺史, 至是以爲平州牧 · 遼東公.

  ○ 선비족의 모용외는 그 전에 진에 사절을 보내 제명을
받아 평주자사가 되었는데, 이제 평주목을 다스리는 요동
공이 되었다.

어구 설명

○ 鮮卑慕容廆, 先是嘗遣使于晋, 受帝命, 爲平州刺史, 至是以爲
平州牧 · 遼東公. : 선비족의 慕容廆(모용외)는 그 전에 晋에 사신
을 보내 帝命을 받아 平州刺史가 되었는데, 이제 平州牧을 다스
리는 遼東公(요동공)이 되었다.
  − 鮮卑(선비) ; 종족 이름.　慕容(모용) ; 複姓.　廆 담 외.　平
州 ; 河東의 地名.

(10) ○ 初拓跋祿官死, 猗盧總攝三部. 劉琨與猗盧

結爲兄弟. 懷帝時, 表爲大單于, 封代公, 帥部落,
自雲中入雁門. 琨與以陘北之地, 由是益盛. 嘗爲琨
援, 大敗劉曜之兵於晉陽. 猗盧城盛樂爲北都, 平城
爲南都. 愍帝進猗盧爵爲王, 置官屬, 食代·常山
二郡.

 전에 탁발씨의 실록관이 죽자, (아우인) 의로가 3부를 다
스렸다. 유곤은 의로와 형제의를 맺었는데, 회제 재위 시
에 표문을 올려 (의로를) 대선우로 삼고 대공에 봉하여 운
중에서 안문에 이르는 부락을 통솔케 했다. 유곤이 정형
북쪽의 땅을 떼어주니 (의로는) 이로부터 더욱 번성했다.
 그 전에 유곤의 도움을 받아 (趙나라) 유요의 군대를 진
양에서 대패시켰었다. 의로는 성락에 성을 쌓고 북도라 하
고 평성을 남도라 하였다. 민제 때 의로의 작위를 올려 王
으로 삼고 官屬을 두게 하고 대군과 상산군 2군을 식읍으
로 주었다.

○ 初拓跋祿官死, 猗盧總攝三部. 劉琨與猗盧結爲兄弟. 懷帝時,
表爲大單于, 封代公, 帥部落, 自雲中入雁門. 琨與以陘北之地, 由
是益盛. : 전에 탁발씨의 실록관이 죽자 (아우인) 의로가 三部를

다스렸다. 劉琨(유곤)은 의로와 兄弟義를 맺었는데, 회제 재위 시에 表文을 올려 大單于로 삼고 代公에 봉하여 운중에서 안문에 이르는 부락을 통솔케 했다. 유곤이 정형 북쪽의 땅을 떼어주니 (의로는) 이로부터 더욱 번성했다.

‑ 拓 주울 척, 넓힐 척, 도적 이름 척(盜拓). 박을 탁(拓本).

‑ 拓跋(탁발) ; 선비족의 부족 이름. 복성(拓跋 tuòbá 托跋 同). 祿官(녹관) ; 悉祿官(실록관), 拓跋力微(탁발력미)의 아들.

‑ 猗 아름다울 의.　盧 밥그릇 노(로).　猗盧(의로) ; 人名. 悉祿官의 아우.　(盧 ‘오두막집 려(여)’　慮 ‘생각할 려(여)’가 아님. 국내에 기 출간된 책에 猗盧로 쓰고 ‘의려’로 읽은 것은 분명 오류임)

‑ 攝 당길 섭. 다스리다. 겸하다.　總攝(총섭) ; 전체를 총괄하여 다스림.　三部 ; 懷帝 재위 시에 부족이 3部로 나뉘어졌음. 上谷(상곡)의 북쪽, 代郡(대군)의 북쪽과 定襄(정양).

‑ 結爲兄弟 ; 結義하여 형제가 되다. 義兄弟가 되다. 유목민족의 풍속 중 하나. 《삼국연의》에서 유비 등 3인의 桃園結義(도원결의)도 유목민족의 풍속이 중국 북방에 흘러 들어온 것으로 해석하는 견해도 있음.

‑ 帥 거느릴 솔.　雲中 ; 郡名.　雁 기러기 안.　雁門 ; 郡名. 陘 지레목 형(경). 산줄기가 끊어진 곳, 고개.　井陘(정형) ; 地名.

○ 嘗爲琨援, 大敗劉曜之兵於晋陽. 猗盧城成樂爲北都, 平城爲南都. 愍帝進猗盧爵爲王, 置官屬, 食代・常山二郡. : 그 전에 劉琨(유곤)의 도움을 받아 (漢나라) 劉曜(유요)의 군대를 진양에서 대

패시켰었다. 의로는 成樂에 성을 쌓고 北都라 하고, 平城을 南都
라 하였다. 愍帝(민제) 때 의로의 작위를 올려 왕으로 삼고 官屬
을 두게 하고 代郡과 常山郡 2군을 식읍으로 주었다.

 - 援 당길 원. 도와주다. 晉陽(진양), 成樂(성락), 平城(평성) ;
地名. 城 ; 성을 쌓다. 食 ; 녹봉. 食邑으로 주다.

**(11) 猗盧愛少子, 欲立爲嗣, 而出其長子六脩, 使六
脩拜其弟, 不從而去, 大怒討之, 兵敗而遇弑. 猗㐌
之子普根, 討滅六脩而自立, 尋卒. 國人立猗盧弟之
子鬱律. 至是猗㐌之妻殺鬱律, 而立其子賀傉. 鬱
律子什翼犍在襁褓, 母匿之袴下, 得不殺.**

의로는 少子를 편애하여 후계자로 삼고, 장자 육수를 내
보내고 싶어서 육수를 시켜 동생에게 절을 올리게 하였으
나, 명에 따르지 않고 떠나가자 크게 화를 내며 공격했으
나 군대가 패배하면서 아들 손에 죽었다.

의이의 아들 보근은 육수를 공격해서 멸망시키고 스스로
자리에 올랐으나 갑자기 죽었다. 國人들이 의로 동생의 아
들 울률을 내세웠는데 이때 의이의 처가 울률을 죽이고 아
들 하녹을 내세웠다. 울율의 아들 십익건은 강보에 싸인
아기였는데 그 어미가 치마 아래에 숨겨 죽지 않았다.

어구 설명

○ 猗盧愛少子, 欲立爲嗣, 而出其長子六脩, 使六脩拜其弟, 不從而去, 大怒討之, 兵敗而遇弒. : 의로는 少子를 편애하여 후계자로 삼고, 그의 長子 六脩(육수)를 내보내려고 六脩를 시켜 동생에게 절을 올리게 하였으나, (육수는 아버지 명을) 따르지 않고 떠나가자 크게 화를 내며 공격했으나 兵敗하면서 아들 손에 죽었다.

 – 少子 ; 막내아들.　嗣 이을 사. 상속자. 의로가 하고자 한 것(欲)은 막내아들을 후계자로 삼고 長子를 내보내려 한 것이다. 欲의 목적어는 '立爲嗣 而出其長子六脩' 까지이다.

 – 出 태어나다. 나가다, 내보내다. 달아나다. 여기서는 '黜 내몰다. 쫓다' 의 뜻.　六脩(육수) ; 人名.

 – 討 칠 토. 토벌하다. 꾸짖다. 죽이다.　遇 만날 우. 당하다. 弒 죽일 시. 시해하다.

○ 猗㐌之子普根, 討滅六脩而自立, 尋卒. 國人立猗盧弟之子鬱律. 至是猗㐌之妻殺鬱律, 而立其子賀傉. 鬱律子什翼犍在襁褓, 母匿之袴下, 得不殺. : 의이의 아들 보근은 육수를 공격해서 멸망시키고 스스로 자리에 올랐으나 갑자기 죽었다. 國人들이 의로 동생의 아들 鬱律을 내세웠는데 이때 의이의 妻가 鬱律을 죽이고 아들 하녹을 내세웠다. 鬱律의 아들 십익건은 강보에 싸인 아기였는데 그 어미가 치마 아래에 숨겨 죽지 않았다.

 – 猗㐌(의이) ; 선비족 탁발씨의 人名. 猗盧(의로)의 동생.　㐌 종족 이름 이. (它 '다를 타' 가 아님) '猗㐌' 를 '의타' 로 읽으면 분명한 오류임.

– 普根(보근) ; 人名.　尋 찾을 심. 보통. 갑자기. 얼마 되지 않
아. (日帝시대에 초등학교를 尋常小學校라 하였는데 심상은 '보
통'이란 뜻이다.)

– 國人 ; 사람들.　鬱 막힐 울.　鬱律(울률) ; 人名.　傉 성 녹.
사람 이름 녹.　犍 거세한 소 건.　什翼犍(십익건) ; 人名.

– 襁 포대기 강.　褓 포대기 보.　襁褓 ; 포대기.　匿 숨을 닉
(익). 숨기다.　袴 바지 고. 사타구니 과.

(12) ○ 晋荊州刺史王敦反. 初帝之始鎭江東也, 敦
與從弟導同心翼戴. 推心任之, 敦總征討, 導專機
政. 羣從子弟, 布列顯要, 時人語曰, 王與馬共天下.
敦先領揚州刺史, 都督征討諸軍, 進爲鎭東大將軍,
都督江·揚·荊·湘·交·廣六州諸軍事. 江州刺
史, 尋領荊州, 恃功驕恣, 帝畏惡之. 乃引劉隗·刁
協爲腹心, 稍抑損王氏權, 導亦漸見疎外.

○ 동진 형주자사인 왕돈이 반란을 일으켰다. 그 전에 원
제가 처음 강동에 내려왔을 때, 왕돈과 사촌 동생 왕도는
한마음으로 (원제를) 돕고 모셨다. (원제도) 믿고 맡기었기
에 왕돈은 군사업무를, 왕도는 국가 기무와 행정을 전담했
다. 이들을 따르는 자제들이 모두 고관이나 요직에 널려

있어, 당시 사람들은 왕씨와 사마씨가 천하를 공유한다고
말했다.

　왕돈은 먼저 양주자사가 되어 북벌하는 군사들을 감독하
였는데 지위가 올라 진동대장군이 되어 강주, 양주, 형주,
상주, 교주, 광주 등 6주의 모든 군사를 지휘하였다

　(왕돈은) 강주자사였다가 곧 형주자사가 되어 제힘을 믿
고 교만 방자하니 원제가 두려워하면서도 미워하였다. 이
에 원제는 유외, 조협을 심복으로 만들고 점차 왕씨들의
권력을 억제 삭감하려 했고 왕도 또한 점점 소외되었다.

王導(왕도)

어구 설명

○ 晋荊州刺史王敦反. 初帝之始鎭江東也, 敦與從弟導同心翼戴. 推心任之, 敦總征討, 導專機政. 羣從子弟, 布列顯要, 時人語曰, 王與馬共天下. : 동진 형주자사인 王敦이 반란을 일으켰다. 그 전에 원제가 처음 강동에 내려왔을 때, 왕돈과 사촌 동생 王導는 한 마음으로 (원제를) 돕고 모셨다. (원제도) 믿고 맡기었기에 왕돈은 군사업무를, 왕도는 국가 기무와 행정을 전담했다. 이들을 따르는 자제들이 모두 고관이나 요직에 널려 있어, 당시 사람들은 왕씨와 사마씨가 천하를 공유한다고 말했다.

 - 荊 가시나무 형. 敦 돈독할 돈.

 - 王敦(왕돈, 266~324년) ; 東晋 丞相 王導의 사촌. 山東의 낭야 왕씨로 동진 건국에 적극 협력했고 동진의 군사권을 실질적으로 완전 장악했음.

 - 翼 날개 익. 돕다. 받들다. 좌우의 부대. 翼戴(익대) ; 보좌하며 받들다. 推心任之(추심임지) ; 믿고 맡기다.

 - 征討(정토) ; 원정과 토벌. 군사업무. 專 전담하다. 機政(기정) ; 국가 주요 정책과 행정.

 - 布列(포열) ; 배열하다. 차지하다. 顯 나타날 현. 顯要(현요) ; 顯官(높은 자리)과 요직.

 - 馬 ; 여기서는 왕족인 司馬氏. 共 ; 공유하다.

○ 敦先領揚州刺史, 都督征討諸軍, 進爲鎭東大將軍, 都督江·揚·荊·湘·交·廣六州諸軍事. : 왕돈은 먼저 양주자사가 되어 북벌하는 군사들을 감독하였는데 지위가 올라 鎭東大將軍이 되

어 강주, 양주, 형주, 상주, 교주, 광주 등 六州의 모든 軍事를 지휘하였다.

－ 領 옷깃 령. 목덜미. 거느리다. 통솔하다. 수령. 征討(정토) ; 당시 잃은 땅을 수복하기 위한 북벌.

○ 江州刺史, 尋領荊州, 恃功驕恣, 帝畏惡之. 乃引劉隗·刁協爲腹心, 稍抑損王氏權, 導亦漸見疎外. : 江州刺史로 있다가 곧 荊州 자사가 되어 그 세력을 믿고 교만 방자하니 원제가 두려워하면서도 미워하였다. 이에 원제는 유외, 刁協(조협)을 심복으로 만들고 점차 왕씨들의 권력을 억제 삭감하려 했고 王導 또한 점점 소외되었다.

－ 尋 찾을 심. 생각하다. 보통, 평소. 얼마 안 있다가. 領 거느리다. 다스리다. 恃 믿을 시. 驕恣(교자) ; 교만하고 방자함.

－ 畏 두려워할 외. 畏惡(외오) ; 두려워하면서 미워하다. 刁 바라 조. 징의 한 종류. 隗 험할 외.

－ 劉隗(유외)·刁協(조협) ; 人名. 당시에 이들은 貧寒한 출신이었다.

－ 稍 끝 초. 조금씩. 抑 누를 억. 억제하다. 損 덜 손. 삭감하다. 漸 물 스며들 점. 疎 트일 소.

－ 見 볼 견. 보이다. 나타날 현. 동사 앞에 쓰여 피동의 뜻을 나타냄. 疏外 ; 멀리하다.

【참고】 王氏 馬씨의 天下

❖ 瑯琊(낭야) 王氏는 東晋과 南北朝時期의 유명한 世族으로 낭야(지금의 산동성 임기현)에 뿌리를 내린 명문가이다. 王導와 王敦은 사촌 간이고 이들은 동진의 유명한 書聖인 王羲之(왕희지)의 堂叔(당숙)이었다. 낭야 왕씨는 동진의 개국에 결정적인 역할을 다하였고 또 그만한 특권을 누렸다.

그리하여 낭야 왕씨는 '第一望族'이었고, 사마예(元帝) 때 조정 관원의 7할이 왕씨와 그와 연관된 친인척이었다고 한다. 때문에 동진에서는 '王與馬 共天下'라는 말 외에도 '왕씨를 황후로 맞이하지 않았다면 필히 왕씨로 재상을 삼았다(不以王爲皇后, 必以王爲宰相).'는 말이 있었다.

왕씨와 함께 王謝(왕사)라고 나란히 불리는 陳郡(진군) 謝氏는 陳郡 陽夏縣(今 河南省 太康縣)에 뿌리를 두고 있다. 陳郡 謝氏 중 명망인은 謝溫과 淝水戰(비수의 전투) 승리의 주역인 謝玄이 유명하고 뒷날 시인으로 유명한 謝靈雲도 이 가문출신이었다.

이외에도 潁川 庾氏(영천 유씨)와 太原 王氏(태원 왕씨) 역시 명문이었다. 瑯琊의 王氏와 다른 太原 王氏도 중국 역사상 유명한 世族인데 이들은 山西의 太原이 본적지라 할 수 있다. 魏晋에서 唐朝에 이르도록 행세를 한 명문거족으로 隴西 李氏(농서 이씨), 趙郡 李氏(조군 이씨), 淸河 崔氏(청하 최씨), 博陵 崔氏(박릉 최씨), 范陽 盧氏(범양 노씨), 滎陽 鄭氏(형양 정씨) 等을 보통 '五姓七族高門'이라 일컬었다. 이들 세족에 비해 劉牢之(유뇌지), 檀道濟(단도제), 劉裕(유유) 등은 寒門庶族(한문서족)이었다.

(13) 敦參軍錢鳳等凶狡. 知敦有異志, 陰爲畫策. 至
是敦遂擧兵武昌, 以誅劉隗 · 刁協爲名. 隗 · 協勸
帝盡誅王氏, 帝不許. 導率宗族, 每旦詣臺待罪.
周顗將入, 導呼之曰, 伯仁, 以百口累卿. 顗不顧,
入見帝, 言導忠誠, 申救甚至, 帝納其言. 顗醉而出,
導又呼, 顗不與言. 顧左右曰, 今年殺諸賊奴, 取金
印如斗大繫肘後. 旣出, 又上表明導無罪.

왕돈의 삼군인 전봉 등은 흉악하고 교활하였다. 왕돈이
반역의 뜻이 있는 것을 알고서 은밀히 일을 꾸몄다. 이때
왕돈은 마침내 무창에서 거병하면서 유외와 조협을 주살
하겠다는 명분을 내세웠다.

유외와 조협은 원제에게 왕씨들을 모두 주살하라고 건의
했지만 원제는 허락하지 않았다. 王導는 종족을 이끌고 매
일 아침 어사대에 나가 대죄했다. 周顗(주의)가 어사대에
들어가려 할 때 왕도가 부르면서 말했다. "백인! 일족의 목
숨이 경에게 달려 있소!" 주의는 돌아보지도 않고 들어가
황제를 뵙고 왕도가 충성을 다한다면서 자세한 말로 억울
함을 말했고, 元帝는 그 말을 받아들였다.

주의가 취해 나오자 왕도가 또 불렀지만 주의는 이야기
를 나누지 않았다. 좌우를 둘러보며 "금년에 역적들을 모
두 죽여 한 말(斗)쯤 되는 金印을 받아 허리에 차겠다."고

말하였다. 집에 다시 돌아가 왕도는 죄가 없다는 표문을
올렸다.

○ 敦參軍錢鳳等凶狡. 知敦有異志, 陰爲畫策. 至是敦遂擧兵武昌,
以誅劉隗·刁協爲名. : 왕돈의 參軍인 錢鳳 等은 흉악하고 교활
하였다. 왕돈이 반역의 뜻이 있는 것을 알고서 은밀히 일을 꾸몄
다. 이때 왕돈은 마침내 武昌에서 거병하면서(永昌 元年, 서기
322년), 劉隗(유외)와 刁協(조협)을 주살하겠다는 명분을 내세웠
다.
 - 凶 흉할 흉. 흉악하다.   狡 교활할 교. 바르다.   凶狡 ; 흉악
하고도 교활하다.   異志 ; 반역의 뜻. 異心.
 - 陰 그늘 음. 은밀히, 몰래.   畫 그림 화. 그을 획. 꾀하다.   畫
策(획책) ; 일을 꾸밈. 劃策과 같음.
 - 武昌 ; 地名.   爲名(위명) ; 명분으로 삼다. 元帝가 劉隗(유외)
와 刁協(조협)을 신임하고 중용하자, 왕돈은 ‘淸君側(청군측 ; 군
주의 측근을 깨끗하게 하겠다)’의 구호를 내세웠다.

○ 隗·協勸帝盡誅王氏, 帝不許. 導率宗族, 每旦詣臺待罪. 周顗
將入, 導呼之日, 伯仁, 以百口累卿. 顗不顧, 入見帝, 言導忠誠, 申
救甚至, 帝納其言. : 유외와 조협은 원제에게 王氏들을 모두 주살
하라고 건의했지만 원제는 허락하지 않았다. 王導는 宗族을 이끌
고 매일 아침 어사대에 나가 대죄했다. 周顗(주의)가 어사대에 들

어가려 할 때 왕도가 부르면서 말했다. "伯仁! 일족의 목숨이 경에게 달려 있소!" 주의는 돌아보지도 않고 들어가 황제를 뵙고 왕도가 충성한다면서 자세한 말로 억울함을 말했고, 원제는 그 말을 받아들였다.

 – 盡 다할 진. 모두.　率 거느릴 솔.　旦 아침 단.　詣 이를 예. 나아가다. 관청에 출두하다.

 – 臺 높고 평평할 대. 건물, 여기서는 관리 규찰을 담당하는 御史府의 건물.　待 기다릴 대.　待罪(대죄) ; 죄인이 처벌을 기다리다.

 – 顗 근엄할 의.　周顗(주의) ; 人名.　字는 伯仁. 아주 인자 중후하면서도 성실한 신하로 알려졌다.

 – 將 ; ~하려 하다.　伯 맏 백.　百口 ; 백 명, 일가족 전부. 一族.　累 묶을 루. 밧줄. 쌓을 루. 관련되다.

 – 卿 벼슬 경. 관리에 대한 존칭.　顧 돌아볼 고.　申 펼 신. 말하다.　申救(신구) ; 억울함을 해명하여 구해내다.

 – 甚 심할 심. 무엇.　甚至(심지) ; 말을 다하여 ~에 이르다. 심지어.　納 바칠 납. 받아들이다.

○ 顗醉而出, 導又呼, 顗不與言. 顧左右曰, 今年殺諸賊奴, 取金印如斗大繫肘後. 旣出, 又上表明導無罪. : 주의가 취해 나오자 왕도가 또 불렀지만 주의는 이야기를 나누지 않았다. 좌우를 둘러보며 "今年에 역적들을 모두 죽여 한 말(斗)쯤 되는 金印을 받아 허리에 차겠다."고 말하였다. 집에 돌아가 다시 왕도는 죄가 없다는 표문을 올렸다.

─ 又 또 우. 呼 부를 호. 賊奴(적노) ; 역적 놈들. 金印如斗
大 ; 크기가 한 말 쯤 되는 金印(職印).

─ 繫 맬 계. 동여매다. 肘 팔꿈치 주. 繫肘後(계주후) ; 팔꿈
치 뒤에 매달겠다. → 허리에 차겠다.

(14) 導不知恨之. 帝召見導, 導稽首曰, 亂臣賊子,
何代無之, 不意今者近出臣族. 帝跣而執其手曰, 茂
弘, 方寄卿以百里之命. 以爲前鋒大都督. 敦至石頭
城據之. 曰, 吾不復得爲盛德事矣. 協‧隗等分道出
戰, 大敗而還. 帝令百官詣石頭見敦. 敦殺周顗, 導
不救. 後料撿中書故事, 見顗表, 執之流涕曰, 吾雖
不殺伯仁, 伯仁由我而死. 幽冥之閒, 負此良友. 敦
不朝而去, 還武昌. 帝憂憤成疾而崩. 在位六年, 改
元者三, 曰建武‧大興‧永昌. 太子立, 是爲肅宗明
皇帝.

왕도는 이를 알지 못하고 주의를 원망했다. 원제가 왕도
를 불러 만나자, 왕도가 고개를 조아리며 말했다. "난신적
자가 어느 代인들 없겠습니까마는 뜻밖에도 이번에는 가
까운 저의 일족에서 나왔습니다."

원제는 맨발로 내려와 왕도의 손을 잡고 말했다. "무홍! 지금 경에게 이 나라의 정사를 맡기려 하오!" 그리고서는 왕도를 전봉대도독으로 임명했다. 왕돈은 남경에 이르러 석두성을 점거하고 말했다. "내가 훌륭한 일을 했다는 말을 다시 듣지 못할 것이다."

조협과 유외 등이 양쪽으로 출전했지만 대패하고 돌아왔다. 원제는 백관에게 석두성에 가서 왕돈을 배알하라고 말했다. 왕돈은 주의를 죽였고, 왕도는 (주의를) 살리려 하지 않았다.

(왕도는) 뒤에 중상서의 옛 典例(전례)를 검토하다가 주의의 표문을 찾아내 손에 들고 눈물을 흘리며 말했다. "내가 직접 백인을 죽이지는 않았지만 백인은 나 때문에 죽었다. 나도 모르는 사이에 착한 벗에게 빚을 졌도다."

왕돈은 조회하지도 않고 도성을 떠나 무창으로 돌아갔다.

원제는 근심과 분노가 병이 되어 죽었다. 재위 6년에 개원을 3번 했는데 건무, 대흥, 영창이다. 태자가 즉위하니, 이가 숙종 명황제이다.

○ 導不知恨之. 帝召見導, 導稽首曰, 亂臣賊子, 何代無之, 不意今者近出臣族. : 왕도는 이를 알지 못하고 주의를 원망했다. 원제가

왕도를 불러 만나자, 왕도가 고개를 조아리며 말했다. "난신적자가 어느 代인들 없겠습니까마는 뜻밖에도 이번에는 가까운 일족에서 나왔습니다."

- 恨 원한 한. 원망하다. 稽 머무를 계. 조아리다. 稽首(계수) ; 고개를 숙이다.

- 亂臣賊子(난신적자) ; 임금을 배반한 亂臣(난신), 부모를 배반한 賊子(적자).

- 不意今者近出臣族(불의금자근출신족) ; 생각지도 못했지만 이번에는 臣의 一族 가까이서 나왔습니다.

○ 帝跣而執其手曰, 茂弘, 方寄卿以百里之命. 以爲前鋒大都督. 敦至石頭城據之. 曰, 吾不復得爲盛德事矣. : 元帝는 맨발로 내려와 왕도의 손을 잡고 말했다. "茂弘(무홍)! 지금 卿에게 이 나라의 정사를 맡기려 하오!" 왕도를 前鋒大都督으로 임명했다. 왕돈은 남경에 이르러 石頭城을 점거하고 말했다. "내가 훌륭한 일을 했다는 말을 다시 듣지 못할 것이다."

- 跣 맨발 선. 급히 나오다. 茂 우거질 무. 茂弘(무홍) ; 王導의 字. 寄 부칠 기. 맡기다.

- 百里之命(백리지명) ; 百里는 제후의 나라. 命은 政令, 백성의 목숨. 나라의 정사를 부탁한다는 뜻. 《논어 태백》편에 "曾子曰, 可以託六尺之孤 可以寄百里之命 臨大節而不可奪也. 君子人與, 君子人也."라는 말이 있다.

- 石頭城 ; 남경성. 建康. 據 의거할 거. 차지하다. 盛德(성덕) ; 크고 훌륭한 덕행, 좋은 일.

ㅡ 吾不復得爲盛德事矣 : "내가 훌륭한 일을 했다는 말을 다시 듣지 못할 것이다." → 나는 이미 반역자라는 이름으로 남게 될 것이다.

○ 協·隗等分道出戰, 大敗而還. 帝令百官詣石頭見敦. 敦殺周顗, 導不救. : 조협과 유외 등이 양편으로 나누어 출전했지만 大敗하고 돌아왔다. 원제는 百官에게 石頭城에 가서 왕돈을 배알하라고 말했다. 왕돈은 周顗(주의)를 죽였고, 왕도는 (주의를) 살리려 하지 않았다.

ㅡ 帝令百官詣石頭見敦 ; 원제가 百官들에게 석두성에 나가 왕돈을 배알하라고 말한 것은 왕돈에 맞설 군사력이 없기 때문에 왕돈의 뜻에 영합하려는 뜻이었다.

○ 後料撿中書故事, 見顗表, 執之流涕曰, 吾雖不殺伯仁, 伯仁由我而死. 幽冥之閒, 負此良友. 敦不朝而去, 還武昌. : (왕도는) 뒤에 中尙書의 지난 일을 검토하다가 주의의 표문을 찾아내 손에 잡고 눈물을 흘리며 말했다. "내가 직접 백인을 죽이지는 않았지만 백인은 나 때문에 죽었다. 나도 모르는 사이에 착한 벗에게 빚을 졌도다." 왕돈은 朝會하지도 않고 도성을 떠나 武昌으로 돌아갔다.

ㅡ 撿 단속할 검. 맞춰가며 살펴보다. 料撿(요검) ; 헤아리며 검토하다.(料檢) 故事(고사) ; 지나간 일.

ㅡ 伯仁由我而死 ; 伯仁(주의)이 나 때문에 죽었다. 친한 벗의 진심을 몰랐던 자신에 대한 질책. 伯仁은 周顗(주의)의 字.

ㅡ 幽 어두울 유. 저승. 冥 어두울 명. 幽冥(유명) ; 저승, 그윽하고 어둡다.(暗昧). 幽冥之閒〔間〕(유명지간) ; 不知不識간에, 나

도 모르는 사이에. 일이 묘하게 진행되었다는 뜻.

– 負 질 부. 빚을 지다.　不朝(부조) ; 신하가 임금을 뵙지 않음.
武昌 ; 당시 왕돈의 세력 근거지.

○ 帝憂憤成疾而崩. 在位六年, 改元者三, 曰建武 · 大興 · 永昌.
太子立, 是爲肅宗明皇帝. : 元帝는 근심과 분노가 병이 되어 죽었
다. 在位 六年에 改元을 3번 했는데 建武, 大興, 永昌이다. 태자
가 즉위하니, 이가 肅宗 明皇帝이다.

– 憂 근심할 우.　憤 성낼 분. 괴로워하다.　崩 무너질 붕. 황제
의 죽음.　肅 엄숙할 숙.

– 建武(서기 317년), 大興(서기 318∼321년), 永昌(322년).

【참고】 왕도와 왕돈

❖ 王導와 周顗(주의)는 평소에 아주 가까운 사이였다. 왕도가
주의의 배를 가리키며 그 속에 무엇이 들었느냐고 물으니, 주의는
"아무것도 없소. 다만 당신 같은 사람 몇백 명을 받아들일 수 있
소!"라고 말했다. 그만큼 도량이 넓은 주의였다.

왕도는 주의가 자신을 구명하기 위해 그런 노력을 했다는 것을
몰랐기에 원한을 갖고 있었다. 왕돈이 석두성을 차지하고서 戴淵
(대연) 등 많은 중신들을 죽일 때, 왕돈이 주의를 만났다. 왕돈이
주의에게 "그대는 배은망덕하게도 어찌 나와 맞서려 하는가?"라
고 물었다. 그러자 주의는 당당하게 "그대가 軍力에 의지하여 正
道를 벗어났는데도 내가 王師(王者의 군사)로 그대를 진압하지 못
하니 이것이 나의 죄요."라고 말했다.

사실 평소에 주의에 대해 잘 알고 있었던 왕돈이기에 주의를 살려 줄 마음이 있어 왕도에게 물었다.

"주의에게 삼사(三司)를 맡길 수도 있지 않을까?"

그러나 왕도는 아무 대답도 하지 않았다. 왕돈이 다시 다른 관직으로 물었지만 왕도는 역시 아무 말도 없었다. 이에 왕도의 뜻을 이해하고 왕돈은 주의를 죽였다.

한편 왕돈이 수도를 장악하고 황제를 폐위할 수도 있었지만 다른 왕씨들이 왕돈의 뜻에 반대하였기에 왕돈은 자기 본거지 무창으로 돌아갔고, 곧 병으로 죽었다.

(15) 肅宗明皇帝, 名紹. 幼而聰慧. 嘗有使者從長安來, 元帝問紹曰, 長安近歟, 曰近. 紹曰, 長安近, 但聞人從長安來, 不聞人從日邊來. 元帝奇其對. 一日與群臣語及之, 復以問紹. 紹曰, 日近. 元帝愕然曰, 何異間者之言邪. 紹曰, 擧頭見日, 不見長安. 元帝益奇之.

숙종 명황제의 이름은 사마소이다. 어려서부터 총명했다. 그 전에 長安에서 온 사자가 있었는데, 원제가 사마소에게 물었다. "장안이 가까운가? 해(태양)가 가까운가?" 사마소는 "장안이 가깝습니다. 왜냐하면 사람이 장안에서

왔다는 말은 들었어도 해가 있는 데서 사람이 왔다는 말은 못 들었습니다."라고 대답했다.

원제는 그 대답을 기이하게 생각하였다. 어느 날 여러 신하와 이야기를 하다가 그 이야기를 하면서 다시 사마소에게 물었다. 사마소는 해가 가깝다고 대답했다. 元帝가 놀라며 말했다 "지난번의 말과는 왜 다른가?" 사마소는 "머리를 들면 해가 보이지만 장안은 보이지 않습니다."라고 대답했다. 원제는 사마소를 더욱 기이하게 여겼다.

어구 설명

○ 肅宗明皇帝, 名紹. 幼而聰慧. : 肅宗 明皇帝의 이름은 司馬紹이다. 어려서부터 총명했다.

 – 肅宗(숙종) ; 廟號(묘호).　明皇帝 ; 明帝(재위 322~325년) 27세에 죽음.　肅 엄숙할 숙.

 – 紹 이을 소(紹 sháo). 西晋을 건국한 武帝 司馬炎의 아버지는 司馬昭(사마소, 昭 zhāo).

 – 聰 귀 밝을 총.　慧 슬기로울 혜.

○ 嘗有使者從長安來, 元帝問紹曰, 長安近歟, 日近. 紹曰, 長安近, 但聞人從長安來, 不聞人從日邊來. : 그 전에 長安에서 온 사자가 있었는데, 元帝가 사마소에게 물었다. "長安이 가까운가? 태양이 가까운가?" 사마소는 "장안이 가깝습니다. 왜냐하면 사람이 장안에서 왔다는 말은 들었어도 해가 있는 데서 사람이 왔다

는 말은 못 들었습니다."

  - 從 좇을 종. 따르다. ～부터(시간, 장소의 출발점).　歟 어조사 여. 의문 감탄의 뜻을 나타나는 종결 어미(語尾). ～한가? ～인저!

  - 但 다만 단.　邊 가 변. 부근, 일대.

○ 元帝奇其對. 一日與群臣語及之, 復以問紹. : 元帝는 그 대답을 기이하게 생각하였다. 어느 날 群臣과 이야기를 하다가 그 이야기를 하면서 다시 사마소에게 물었다.

  - 對 마주할 대. 대답.　及 미칠 급.

○ 紹曰, 日近. 元帝愕然曰, 何異間者之言邪. 紹曰, 擧頭見日, 不見長安. 元帝益奇之. : 사마소는 해가 가깝다고 대답했다. 元帝가 놀라며 말했다 "지난번의 말과는 왜 다른가?" 사마소는 "머리를 들면 해가 보이지만 장안은 보이지 않습니다."라고 대답했다. 원제는 더욱 사마소를 기이하게 여겼다.

  - 愕 놀랄 악. 갑자기 오.　愕然(악연) ; 놀라는 모양.　間者(간자) ; 지난번.　何異(하이) ; 왜 다른가?

  - 邪 간사할 사. 어조사 야(耶와 同). 의문 반문, 추측을 나타내는 어기조사.

(16) **及長仁孝, 喜文辭善武藝, 好賢禮士, 受規諫, 與庾亮 · 溫嶠等, 爲布衣之交. 敦在石頭, 以其有勇**

略, 欲誣以不孝而廢之. 賴嶠等衆論沮其謀, 至是卽
位. 敦謀簒位, 移屯姑熟, 自領揚州牧.

성인이 되면서 인자하며 효성스러웠으며 문학을 좋아하
며 무예에도 뛰어났고, 현사를 좋아하고 예를 갖추었으며,
바른말을 받아들이고 유량이나 온교 같은 사람과 귀천을
따지지 않고 교제하였다. 왕돈은 석두성에 있으면서 용기
와 지략을 가진 태자가 두려워 불효하다고 무고하여 태자
의 지위를 폐하려 하였다. (그러나) 온교 등 여러 사람의
의논에 힘입어 그 모략은 저지되었기에 이제 즉위할 수 있
었다. 왕돈은 찬위할 생각이 있어 (가까운) 고숙으로 군대
를 옮겼고 스스로 양주목이 되었다.

어구 설명

○ 及長仁孝, 喜文辭善武藝, 好賢禮士, 受規諫, 與庾亮 · 溫嶠等,
爲布衣之交. : 성인이 되면서 인자하며 효성스러웠으며 문학을
좋아하며 무예에도 뛰어났고, 현사를 좋아하고 예를 갖추었으며,
바른말을 받아들이고 유량이나 온교 같은 사람과 귀천을 따지지
않고 교제하였다.

－ 文辭(문사) ; 문장. 文詞. 문장과 시.　好賢禮士(호현례사) ;
賢士를 좋아하고 禮를 다하다.

－ 規 법 규. 규칙. 諫 간할 간. 規諫 ; 바른 충고.　庾 곳집 유.

창고.　嶠 산 높을 교.　庾亮(유량), 溫嶠(온교) ; 인명.

 – 布衣 ; 일반 서민.　布衣之交(포의지교) : 귀천을 인식하지 않
는 교제. 지위를 다지지 않는 友誼(우의).

○ 敦在石頭, 以其有勇略, 欲誣以不孝而廢之. : 왕돈은 石頭城에
있으면서 용기와 지략을 가진 태자가 두려워 不孝하다고 무고하
여 태자의 지위를 폐하려 하였다.

 – 其 그 기. 元帝의 太子인 사마소.　勇略(용략) ; 용기와 智略.
誣 무고할 무. 없는 사실을 만들어내어 헐뜯다.

 – 廢之(폐지) ; 태자의 자리에서 쫓아내다.

○ 賴嶠等衆論沮其謀, 至是卽位. 敦謀篡位, 移屯姑熟, 自領揚州
牧. : (그러나) 온교 등 여러 사람의 의논에 힘입어 그 모략은 저
지되었기에 이제 즉위할 수 있었다. 왕돈은 찬위할 생각이 있어
(가까운) 고숙으로 군대를 옮겼고 스스로 양주목이 되었다.

 – 賴 힘입을 뢰(뇌).　沮 막을 저.　至是(지시) ; 이때가 되어.
謀 꾀할 모.　篡 빼앗을 찬.　屯 진을 칠 둔. 군대가 머물다.

 – 姑 시어미 고.　熟 익을 숙.　姑熟(고숙) ; 현 안휘성의 地名.
自領(자령) ; 스스로 차지하다.　牧 (가축을) 기를 목.　牧民官 ;
지방관.

【참고】 王敦(왕돈)의 구실 찾기

　❖ 왕돈은 석두성에 주둔하면서 황태자(明帝)를 폐위시킬 구실
을 찾고 있었다. 왕돈은 여러 사람을 모아 놓고 명제가 총명하다

고 알려졌지만 사실은 매우 불효했으며 여러 사례를 들며 이런 이야기를 東宮宿衛(동궁숙위)를 지낸 溫嶠(온교)로부터 전해 들었다고 강조하였다.

곧 온교가 들어오자, 왕돈은 더욱 위엄을 갖추며 온교에게 "황태자는 어떤 사람과 같은가?"라고 물었다.

그러자 온교는 "나 같은 소인은 그런 군자를 헤아릴 수 없습니다."라고 대답했다. 그러자 왕돈은 다시 위엄을 갖추고 "무엇 때문에 황태자를 그리 훌륭하다고 생각하는가?"라고 다시 물었다.

이에 온교는 "그분의 깊은 생각과 멀리 내다보는 혜안을 나의 천박한 식견으로 어찌 헤아리겠습니까? 그러나 그분이 예로서 친족을 모시는 것을 보면 그분의 효성을 칭송하지 않을 수 없습니다."

왕돈은 끝내 황태자를 폐위시킬 명분을 찾지 못했다.

(17) 以王導爲司徒, 加大都督, 督諸軍討敦. 敦復反, 發兵而病. 使郭璞筮之. 璞曰, 明公起事, 禍必不久. 敦大怒曰, 卿壽幾何. 璞曰, 命盡今日日中, 敦斬之. 帝自出覘敦軍. 敦晝夢日環其營, 驚悟曰, 黃鬚鮮卑兒來耶. 帝母鮮卑出也. 亟遣人追之, 不及.

(명제는) 왕도를 사도에 임명하고 대도독의 지위를 더하여 제군을 감독하여 왕돈을 토벌케 하였다. 왕돈이 다시

반기를 들면서 군사를 일으켰으나 병이 났다. (왕돈이) 곽박을 시켜 점을 치게 하였는데 곽박이 말했다. "명공께서 일을 일으켰지만 화가 틀림없이 멀지 않았습니다." 왕돈은 대노하며 물었다. "그대의 수명은 얼마나 남았는가?" 곽박이 말했다. "내 명은 오늘 낮에 끝날 것입니다." 왕돈은 곽박의 목을 베었다.

郭璞(곽박)

　명제가 직접 출성하여 왕돈의 군진을 둘러보았다. 왕돈은 낮잠을 자면서 해가 자신의 군영을 빙빙 도는 꿈을 꾸다가 놀라 깨어나며 말했다. "수염이 누런 선비족 아들이 왔는가?" 명제의 모친은 선비 출신이었다. (왕돈이) 급히 사람을 보내 추격케 했으나 따라잡지 못했다.

어구 설명

○ 以王導爲司徒, 加大都督, 督諸軍討敦. : (明帝는) 王導를 司徒에 임명하고 大都督의 지위를 더하여 諸軍을 감독하여 왕돈을 토벌케 하였다.

－ 以~爲~ ; ~을 ~으로 삼다. ~을 ~이라 생각하다.　司徒(사도) ; 三公 다음의 관직.

○ 敦復反, 發兵而病. 使郭璞筮之. 璞曰, 明公起事, 禍必不久. 敦大怒曰, 卿壽幾何. 璞曰, 命盡今日日中, 敦斬之. : 왕돈이 다시 반기를 들면서 發兵했으나 病이 났다.　곽박을 시켜 점을 치게 하였는데 곽박이 말했다. "明公께서 일을 일으켰지만 화가 틀림없이 멀지 않았습니다." 왕돈은 대노하며 물었다. "그대 수명은 얼마나 남았는가?" 곽박이 말했다. "내 명은 오늘 낮에 끝날 것입니다." 왕돈은 곽박의 목을 베었다.

－ 反 ; 반역하다. 반기를 들다.　郭 성곽 곽.　璞 옥돌 박.

－ 郭璞(곽박, 276~324년) ; 東晋의 文人, 游仙詩(유선시)에 뛰어났었음. 당시 王敦의 記室參軍職에 있었음.

－ 發兵而病(발병이병) ; 發病하면서 病이 나다. 여기서 病은 동사로 쓰였음.

－ 筮 점대 서. 점을 치다.　明公 ; 명망과 지위가 높은 사람. 상관에 대한 호칭.　久 오랠 구.

－ 卿 벼슬 경. 여기서는 그대, 너.　日中 ; 한낮.　斬 목 벨 참.

○ 帝自出覘敦軍. 敦晝夢日環其營, 驚悟曰, 黃鬚鮮卑兒來耶. 帝

母鮮卑出也. 亟遣人追之, 不及. : 명제가 직접 出城하여 王敦의 軍陣을 둘러보았다. 왕돈은 낮잠을 자며 자신의 군영을 빙빙 도는 꿈을 꾸다가 놀라 깨어나며 말했다. "수염이 누런 선비족 아들이 왔는가?"명제의 모친은 鮮卑 출신이었다. (왕돈이) 급히 사람을 보내 추격케 했으나 따라 잡지 못했다.

- 覘 엿볼 첨(점). 畫 낮 주. 環 고리 환. 둘러싸다. 驚 놀랄 경. 悟 깨달을 오. 꿈에서 깨어나다.

- 鬚 수염 수. 黃鬚(황수) ; 누런 수염. 鮮卑兒(선비아) ; 선비족의 사내. 명제 어머니는 선비족 여인이었기에 명제의 외모가 이민족 같았다고 한다.

- 亟 빠를 극. 자주 기. 不及(불급) ; 따라가지 못하다.

【참고】 젊은 날 王敦(왕돈)의 실수

❖ 낭야 왕씨에 준수한 인물의 王敦이 晋 武帝 司馬炎의 딸 襄城公主와 결혼하고 칙간에 갔는데 옻칠한 상자에 말린 대추가 담겨 있었다. 이 대추는 본래 냄새를 없애려 놓아둔 것인데 왕돈은 용변을 보면서 다 먹어 버렸다. 칙간에서 나오자, 시녀가 금으로 장식한 소반에 물을 담아 들고 서 있었다. 그 옆에는 콩가루가 담겨 있어 왕돈은 그 콩가루를 물에 타서 마셔 버렸다. 이를 본 시녀들은 말도 못하고 웃음을 참기만 했다. 본래 그 콩가루는 다른 돌가루와 섞어 놓은 것으로 손을 닦는 비누와 같은 것이었는데 궁중 생활을 경험하지 못한 왕돈의 실수였다.

(18) 帝帥諸軍, 出屯南皇堂, 夜募壯士渡水, 掩敦兄
王含軍, 大破之. 敦聞含敗曰, 我兄老婢耳. 門戶衰,
世事去矣. 因作勢起欲自行, 困乏復臥, 尋卒. 敦黨
悉平, 發敦屍斬之. 有司奏罪王氏兄弟, 詔曰, 司徒
導以大義滅親, 將十世宥之, 悉無所問.

明帝는 제군을 인솔하고 나가 남황당에 주둔하고, 밤에
장사를 모아 물을 건너 왕돈의 형 왕함의 군사를 대파하였
다. 왕돈은 왕함이 패했다는 소식을 듣고 말했다. "나의 형
은 늙은 종년과 같다. 집안은 쇠락하고 세상일은 나에게서
떠나갔도다." 그리고서는 힘을 써 일어나 걷고자 했으나
힘이 없어 다시 누웠다가 곧 죽었다. 왕돈의 일당은 모두
평정되고 왕돈의 시신을 꺼내 참시하였다. 유사가 왕씨 형
제의 죄를 상주하자, 황제가 조서를 내려 말했다. "사도 왕
도는 대의를 위하여 멸친 하였으니 앞으로 十世까지 용서
하여 이제 더 문죄하지 않을 것이다."

어구 설명

○ 帝帥諸軍, 出屯南皇堂, 夜募壯士渡水, 掩敦兄王含軍, 大破之.
: 明帝는 諸軍을 인솔하고 나가 南皇堂에 주둔하고, 밤에 壯士를
모아 물을 건너 왕돈의 형 왕함의 군사를 대파하였다.

– 募 모을 모. 모집하다. 뽑다.　掩 가릴 엄. 엄습하다.　含 머금을 함.

○ 敦聞含敗日, 我兄老婢耳. 門戶衰, 世事去矣. 因作勢起欲自行, 困乏復臥, 尋卒. : 왕돈은 왕함이 패했다는 소식을 듣고 말했다. “나의 형은 늙은 종년과 같다. 집안은 쇠락하고 세상일은 나에게서 떠나갔도다.” 그리고서는 힘을 써 일어나 걷고자 했으나 힘이 없어 다시 누웠다가 곧 죽었다.

– 耳 귀 이. 斷定語尾 ～이다. ～뿐이다.　衰 쇠할 쇠.　作勢(작세) ; 힘을 쓰다. 어떤 행동을 하기 전에 취하는 동작.

– 困 고단할 곤. 피곤하다.　乏 가난할 핍. 모자라다.　尋卒(심졸) ; 곧, 얼마 있다가 죽다.

○ 敦黨悉平, 發敦屍斬之. 有司奏罪王氏兄弟, 詔曰, 司徒導以大義滅親, 將十世宥之, 悉無所問. : 왕돈의 일당은 모두 평정되고 왕돈의 시신을 꺼내 참시하였다. 有司가 王氏 兄弟의 죄를 상주하자, 황제가 조서를 내려 말했다. “사도 王導는 大義를 위하여 滅親하였으니 앞으로 十世까지 용서하여 이제 더 문죄하지 않을 것이다.”

– 悉 다 실. 모두.　發(발) ; 여기서는 파내다. 발굴하다.　屍 주검 시.　斬之 ; 剖棺斬屍(부관참시).

– 有司(유사) ; 관련 업무 담당자.　詔 고할 조. 황제의 조칙. 滅親(멸친) ; 친족을 돌보지 않다.

– 將 ; 앞으로. 將來.　宥 용서할 유.　悉 다 실. 끝까지.　問 ; 문책하다.

【참고】 왕돈의 최후

❖ 王敦은 낭야 왕씨로 晋 武帝 司馬炎의 襄城公主를 아내로 맞이했던 사람이었다. 그 후 서진에서 여러 관직을 두루 거쳤다. 왕돈은 이목이 수려하고 소탈한 성격이었고 《春秋左氏傳》을 특히 즐겨 읽었으며 音律에도 조예가 깊었다고 한다. 왕돈은 재산이나 돈에 대한 관심은 별로 없었고 청담을 즐겼다고 한다.

서진 말년에 석숭과 왕개가 서로 부유와 사치를 경쟁했었다. 石崇(석숭)은 손님 화장실에 미녀 십여 명을 고정 배치하고, 손님이 용무를 보고 나오면 미녀들이 다가와 옷을 벗겨 목욕을 시키고 새 옷을 갈아 입혀 주었다고 한다. 손님 모두가 몹시 당황하였지만 왕돈만이 이를 여유 있게 즐겼다고 한다.

王愷(왕개)가 왕돈 및 여러 손님을 초청하여 잔치를 하면서 피리 음률을 틀린 미인을 끌어내 죽이려 하자, 모든 손님이 놀랐지만 왕돈은 태연자약했었다고 한다. 또 손님이 술을 마시지 않으면 술을 권한 미인을 그대로 죽여 버렸는데, 왕돈은 그런 줄을 알면서도 술을 권하는 미인에게 아니 마시겠다고 당당하게 말했다고 한다.

나라의 군사권을 사실상 장악하고 있던 왕돈이 반란을 일으켰고, 남경 石頭城을 점령하고 대신들을 죽였고 사마예를 폐위시킬 수도 있었다. 이런 처지에서 王導는 사촌 형을 적극적으로 제어하지도 않았지만 그렇다고 황제를 폐위하는데 동의하지도 않았다. 왕돈이 자신의 세력근거지 무창으로 돌아가 다시 반란을 일으켰지만 59세에 病死한다.

　왕돈은 죽으면서 아들 王應(왕응) 및 부하들에게 사후 조치를 당부했지만 아들은 發喪을 하지도 않고 시신을 천으로 감고 밀랍을 바른 뒤 집안에 매장한 뒤 무리들을 불러 음주를 즐겼다고 한다. 결국 모든 것이 다 평정된 뒤 왕돈은 시신을 꺼내어 무릎을 꿇은 자세로 목을 잘랐다. 왕돈의 수급은 성의 남문에 내걸렸고 시신은 거리에 방치하였다.

(19)　○ 以陶侃都督荊·湘等州諸軍事. 侃少孤貧, 孝廉范逵過之. 侃母湛氏, 截髮賣爲酒食. 逵薦侃, 遂知名. 初爲荊州都督劉弘所用, 討義陽叛蠻張昌, 又討破江東叛將陳敏, 又擊破湘州劇賊杜弢, 自江夏太守, 爲荊州刺史. 王敦疾之, 左遷廣州刺史. 侃在州, 朝運百甓於齋外, 暮運於齋內. 人問其故, 答曰, 吾方致力中原, 故習勞耳. 至是復鎭荊州, 士女相慶.

　○ 陶侃(도간)을 형주와 상주 등 여러 군사를 지휘 감독케 하였다. 도간은 어려서 아버지를 여위고 가난했었는데 효렴이던 범규가 그 집을 방문하였다. 도간의 어머니 담씨는 머리카락을 잘라 팔아서 그 돈으로 술과 음식을 마련해서 내어놓았다.

도간이 벽돌을 나르다.

 범규가 도간을 천거하니 마침내 알려지게 되었다. 그 전에 형주도독 유홍에게 발탁되어 의양에서 반란을 일으킨 오랑캐 장창을 토벌하고, 강동의 반장인 진민을 토벌하여 격파하였으며, 다시 상주의 포악한 도적인 두도를 격파하였고 江夏의 태수를 지내고 형주자사가 되었다. 왕돈이 도간을 질시하여 광주자사로 좌천시켰다. 도간은 광주에 있으면서 아침에 큰 벽돌 백 장을 집 밖에 내놓았다가 저녁에 다시 들여놓기를 계속했다. 사람들이 그 까닭을 묻자, 대답했다. "나는 이제 중원을 수복하는데 힘을 써야 하기에 힘든 일을 연습하는 것이요." 이때 다시 형주에 주둔하게 되자 백성들이 서로 기뻐하였다.

어구 설명

○ 以陶侃都督荊·湘等州諸軍事. : 陶侃(도간)을 형주와 상주 등 여러 군사를 지휘 감독케 하였다.

－陶 질그릇 도, 기쁠 도.　侃 강직할 간.　荊 가시나무 형. 지명.　湘 강 이름 상.

○ 侃少孤貧, 孝廉范逵過之. 侃母湛氏, 截髮賣爲酒食. 逵薦侃, 遂知名. : 도간은 어려서 아버지를 여위고 가난했는데, 孝廉(효렴)이던 范逵(범규)가 그 집을 방문하였다. 도간의 어머니 담씨는 머리카락을 잘라 술과 음식을 사왔다. 범규는 도간을 천거하니 마침내 알려지게 되었다.

－孤 외로울 고. 幼而無父曰 孤.　貧 가난할 빈.　孝廉(효렴) ; '효도하며 염치를 지키는 인재' 라고 추천되어 벼슬에 있는 관리.

－范 풀 이름 범. 姓氏.　逵 한길(큰길) 규.　過 지날 과. 들리다.　湛 즐길 담. 가득 찰 잠. 잠길 침. 대법원 인명용 한자는 담.

－截 끊을 절.　截髮(절발) ; 머리를 잘라 팔다.　薦 추천할 천. 遂 이를 수. 마침내.

○ 初爲荊州都督劉弘所用, 討義陽叛蠻張昌, 又討破江東叛將陳敏, 又擊破湘州劇賊杜弢, 自江夏太守, 爲荊州刺史. : 그 전에 형주도독 유홍에게 발탁되어 義陽에서 반란을 일으킨 오랑캐 張昌을 토벌하고(서기 303년), 江東의 叛將인 陳敏(진민)을 토벌하여 격파하였으며(서기 305년), 다시 湘州의 포악한 도적인 杜弢(두도)를 격파하였고(서기 311년), 江夏의 태수였다가 형주자사가 되었다.

 — 所用(소용) ; 발탁되다. 그 밑에서 일하다.　叛 배반할 반. 蠻 오랑캐 만. 討破(토파) ; 토벌하여 격파하다.

 — 劇 심할 극. 强也. 劇賊(극적) ; 포악한 도적.　弢 활집 도. 江夏 ; 郡名. 現 武昌.

○ 王敦疾之, 左遷廣州刺史. 侃在州, 朝運百甓於齋外, 暮運於齋內. 人問其故, 答曰, 吾方致力中原, 故習勞耳. 至是復鎮荊州, 士女相慶. : 왕돈이 도간을 질시하여 광주자사로 좌천시켰다. 도간은 광주에 있으면서 아침에 큰 벽돌 백 장을 집 밖에 내놓았다가 저녁에 다시 들여놓기를 계속했다. 사람들이 그 까닭을 묻자, 대답했다. "나는 이제 中原을 수복하는데 힘을 써야 하기에 힘든 일을 연습하는 것이요." 이때 다시 荊州에 주둔하게 되자 백성들이 서로 기뻐하였다.(서기 325년)

 — 遷 옮길 천.　左遷(좌천) ; 낮은 벼슬자리로 내려가다.　右보다 左가 약하기에 낮은 자리로 강등되는 것을 좌천이라 함.

 — 甓 벽돌 벽. 포장용 보도불록.　齋 재계할 재, 공경할 재, 집 재. 방.　暮 저물 모. 저녁.　致力(치력) ; 온 힘을 다하다.　勞 힘쓸 노(로).

【참고】 도연명의 증조부

❖ 陶侃(도간, 서기 259~334년)은 東晉의 名將이었다. 한미한 가문 출신이지만 여러 戰功으로 太尉에 올라 八州의 군사를 지휘하고 荊, 江 兩州의 刺史를 겸임하기도 했다. 이는 勢族이 고위직을 壟斷(농단)하는 東晉에서 매우 예외적이었다.

군사와 지방행정에서 특별한 업적을 남겼지만 《晉書》의 의하면 도간은 수십 명의 첩실과 천여 명의 노비를 거느렸고 집안에는 진기한 보물이 가득했다는 부정적 행적도 엿볼 수 있다.

이 도간의 七子가 陶茂(도무)인데 바로 東晉 제일의 시인 陶潛(도잠, 陶淵明)의 祖父이다. 그러니까 陶侃은 陶淵明의 曾祖父이다.

(20) 侃性聰敏恭勤. 嘗曰, 大禹聖人, 乃惜寸陰, 衆人當惜分陰. 取諸參佐酒器蒲博具, 悉投於江曰, 樗蒲者牧猪奴戲耳. 嘗造船, 籍竹頭木屑而掌之. 後正會雪霽地濕, 以木屑布地, 及後有征蜀之師, 得侃竹頭作釘裝船, 其綜理微密類此.

도간의 천성은 총명 민첩하고 공손하며 근면하였다.

그전에 "우 임금 같은 성인도 촌음을 아끼었으니 보통 사람들은 당연히 더 짧은 시간도 아껴야 한다."고 말했다.

여러 참모들의 술잔이나 도박 기구들을 모두 모아 강물에 던지며 말했다. "노름이란 것은 돼지를 키우는 놈들의 장난거리이다."

　일찍이 배를 만들면서 대나무 동가리나 톱밥의 분량을 기록하여 관리하게 하였다. 뒷날 눈이 그치고 땅이 질퍽거릴 때 톱밥을 땅에 뿌렸고, 뒤에 촉을 원정하러 가는 군사들이 도간의 대나무 동가리로 못을 만들어 배를 수리하게 하였는데 그의 하는 일은 이처럼 세밀하였다.

어구 설명

○ 侃性聰敏恭勤. 嘗曰, 大禹聖人, 乃惜寸陰, 衆人當惜分陰. : 도간의 천성은 총명 민첩하고 공손하며 근면하였다. 그전에 "우 임금 같은 성인도 촌음을 아끼었으니 보통 사람들은 당연히 더 짧은 시간도 아껴야 한다."고 말했다.

　- 大禹(대우) ; 위대한 우 임금. 姓은 姒(사), 氏는 夏后(하후), 名은 文命, 禹는 그의 號. 堯(요)임금 때 夏伯이 되었다. 黃河의 홍수를 다스린 토목공사에 일생을 바쳤음. 舜(순) 임금의 禪讓(선양)을 받아 帝位를 계승하면서 자신의 封國인 夏를 국호로 하였음. 아들 啓에게 제위를 물려줘 최초의 세습왕조를 시작하였다.

　- 惜 아낄 석.　陰 그늘 음. 밤. 숨다. 볕. 햇살.　寸陰(촌음) ; 짧은 시간. 頃刻之時光也. 10寸은 1척.

　- 衆人(중인) ; 보통 사람.　分陰 ; 손뼉을 한번 칠 시간. 寸陰보

다 더 짧은 시간. 10分은 1寸.

○ 取諸參佐酒器蒱博具, 悉投於江日, 樗蒱者牧猪奴戲耳. : 여러 참모들의 酒器나 도박 기구들을 모두 모아 강물에 던지며 말했다. "노름이란 것은 돼지를 키우는 놈들의 장난거리이다."

 - 取 거둘 취. 모으다.   佐 도울 좌.

 - 參佐(참좌) ; 手下의 參謀, 州의 屬官.   酒器(주기) ; 술 마시는 데 필요한 국자, 주전자, 술잔 등.

 - 蒱 도박 포.   博 넓을 박, 내기할 박.   悉 다 실. 모두.   樗 가죽나무 저.   樗蒱(저포) ; 도박기구, 주사위와 비슷한 것.

 - 猪 돼지 저.   牧猪奴(목저노) ; 돼지를 키우는 놈.   戲 탄식할 희, 놀 희.

○ 嘗造船, 籍竹頭木屑而掌之. 後正會雪霽地濕, 以木屑布地, 及後有征蜀之師, 得侃竹頭作釘裝船, 其綜理微密類此. : 일찍이 배를 만들면서 대나무 동가리나 톱밥의 분량을 기록하여 관리하게 하였다. 뒷날 눈이 그치고 땅이 질퍽거릴 바로 그때에 톱밥을 땅에 뿌렸고, 뒤에 촉을 원정하러 가는 군사들이 도간의 대나무 동가리로 못을 만들어 배를 수리하게 하였는데 그의 하는 일은 이처럼 세밀하였다.

 - 籍 문서 적. 기록하다.   竹頭(죽두) ; 대나무 동가리.   屑 가루 설.   木屑(목설) ; 톱밥, 대팻밥.   掌 손바닥 장. 관리하다.

 - 霽 개일 제. 눈이나 비가 그치다.   濕 젖을 습.   後正會雪霽地濕 ; 뒷날, 눈이 그치고 땅이 질퍽거릴 바로 그때에.   布地(포지) ; 땅에 뿌리다.

- 征蜀之師(정촉지사) ; 후에 桓溫(환온)이 蜀을 치러갈 때.　釘 못 정.　綜 모을 종.　微 작을 미.　密 빽빽할 밀.　類 무리 유. 유사하다.

【참고】 자신에 엄격했던 도간

❖ 竹頭木屑(죽두목설)은 쓸모없는 것처럼 보이는 물건이라도 잘 관리하고 활용하면 큰 효용가치가 있다는 뜻으로 바로 陶侃(도간)의 고사에서 유래하였다.

도간은 자신에게 매우 엄격하였다. 평소 마시는 酒量을 정해두고 그 이상은 마시지 않았다. 사람들이 자꾸 권하면 "젊었을 때 술 마시고 실수를 한 적이 있어 부모님께서 이만큼만 마시라고 정해 주셨네. 부모님께서 정해주신 것을 어길 수야 없지!"라고 말했다.

도간은 근무하던 관직을 떠날 때에는 軍資(군자), 각종 기물, 牛馬나 舟船을 모두 기록하고 창고를 봉인하여 열쇠를 지니고 있다가 후임자에게 인계하였다고 한다. 지금이야 당연한 이야기로 받아들일 수 있지만 당시에 朝野에서는 하나의 미담이었다고 한다. 도간은 함화 9년(서기 334년)에 76세에 퇴임하였는데 배에 올라 武昌을 떠나면서 말했다.

"내가 이렇게 늙은 귀신이 되어 고향으로 돌아가는 것은 모두 자네들이 만류한 탓이네!" 도간은 배가 무창을 떠난 다음 날, 숨을 거두었다고 한다.

**(21) 帝崩. 在位三年, 改元者一, 曰太寧. 太子立,
是爲顯宗成皇帝.
顯宗成皇帝, 名衍, 母庾氏, 五歲卽位. 司徒導與帝
舅中書令庾亮輔政, 太后臨朝.**

명제가 붕어했다. 재위 3년에 개원을 한번 하였는데 태령
(323~325년)이다. 태자가 즉위하니, 이가 현종 성황제이다.
현종 성황제의 이름은 사마연이며, 모친은 유씨이고 5세
에 즉위했다. 사도인 왕도와 황제의 외삼촌인 중서령인 유
량이 정치를 보좌했는데 태후가 섭정을 했다.

어구 설명

○ 帝崩. 在位三年, 改元者一, 曰太寧. 太子立, 是爲顯宗成皇帝. :
명제가 붕어했다. 재위 3년에 개원을 한번 하였는데 태령
(323~325년)이다. 태자가 즉위하니, 이가 현종 성황제이다.
  – 寧 편안할 녕(영). 공손하다. 차라리, 어찌~하랴(反語).
○ 顯宗成皇帝, 名衍, 母庾氏, 五歲卽位. 司徒導與帝舅中書令庾
亮輔政, 太后臨朝. : 현종 成皇帝의 이름은 사마연이며, 모친은 유
씨이고 5세에 卽位했다.(서기 325년) 사도인 왕도와 황제의 외삼
촌인 중서령 庾亮(유량)이 정치를 보좌했는데 太后가 섭정을 했다.
  – 顯 나타날 현. 드러나게 하다.
  – 衍 넘칠 연. 庾 곳집 유. 노적가리. 舅 시아비 구. 외삼촌, 장
인. 亮 밝을 량. 臨朝(임조) ; 조회에 참여하다. 섭정(攝政)하다.

(22) ○ 歷陽內史蘇峻反. 峻前守臨淮, 於王敦再犯
闕時, 入衛有功, 威望漸著. 及在歷陽, 卒銳器精,
志輕朝廷, 招納亡命. 庾亮修石頭城以備之, 建請徵
峻爲大司農. 峻擧兵陷姑孰. 尙書令卞壼督軍, 與峻
力戰死, 二子隨之, 亦赴敵死. 母撫其屍曰, 父爲忠
臣, 子爲孝子, 何恨. 庾亮出奔, 峻兵犯闕, 陶侃溫
嶠, 入討峻斬之.

○ 역양의 내사인 소준이 배반했다. 소준은 그전에 임회
를 진수하고 있었는데 왕돈이 두 번째로 궁궐을 침범할 때
궁을 지키는 공을 세웠고 위세와 명망이 점차 높아졌다.
역양에 있으면서 병졸도 강하고 무기도 우수하여 마음속
으로 조정을 경시하며 망명자들을 끌어 모았다.

유량은 석두성을 수리하고 소준에 대비하면서 소준을
(내직으로) 불러 대사농에 임명하라고 황제에게 글을 올려
건의하였다. 이에 소준은 거병하여 고숙을 함락시켰다.

상서령 변곤은 독군하며 소준과 분전하다가 전사하였고
그의 두 아들도 부친을 따라 적진에 나가 전사하였다. 그
모친이 그들 시신을 끌어안고 말했다. "아버지는 충신이
되었고, 아들은 효자가 되었으니 무슨 한이 있겠는가?" 유
량은 달아나고 소준의 병졸이 궁궐을 침범하자, 도간과 온
교 등이 수도 건강에 들어와 토벌하고 소준의 목을 베었다.

어구 설명

○ 歷陽內史蘇峻反. 峻前守臨淮, 於王敦再犯闕時, 入衛有功, 威望漸著. 及在歷陽, 卒銳器精, 志輕朝廷, 招納亡命. : 역양의 내사인 소준이 배반했다.(서기 327년) 소준은 그전에 임회를 진수하고 있었는데 王敦이 두 번째 궁궐을 침범할 때(서기 322년) 궁을 지키는 공을 세웠고 위세와 명망이 점차 높아졌다. 역양에 있으면서 병졸도 강하고 무기도 우수하여 마음속으로 조정을 경시하며 망명자들을 끌어 모았다.

  - 歷陽(역양) ; 郡名. 淮西에 속함.   內史 ; 書記官.   蘇 깨어날 소.   峻 높을 준.   臨淮(임회) ; 地名.

  - 犯 범할 범. 죄. 죄인. 공격하다. 해치다.   闕 집 궐. 궁궐. 빠지다. 모자라다.   犯闕 ; 대궐을 침범하다.   衛 지킬 위.

  - 蘇峻(소준 ?~328년) ; 동진 초에 왕돈의 난(322년)을 진압하여 공을 세웠지만 327년에 난을 일으켰다가 도간 등에 의해 진압되었다(328년).

  - 著 분명할 저. 짓다. 두드러지다. 두다. 붙일 착.   威望漸著(위망점저) ; 위세와 명망이 점차 높아졌다.

  - 銳 날카로울 예.   輕 가벼울 경. 경시하다.   招納(초납) ; 불러들이다.

○ 庾亮修石頭城以備之, 建請徵峻爲大司農. 峻擧兵陷姑孰. 尙書令卞壺督軍, 與峻力戰死, 二子隨之, 亦赴敵死. 母撫其屍曰, 父爲忠臣, 子爲孝子, 何恨. : 유량은 석두성을 수리하고 소준에 대비하면서 소준을 (內職으로) 불러 大司農에 임명하라고 건의하였

다. 이에 소준은 거병하여 고숙을 함락시켰다. 상서령 卞壼(변곤)은 督軍(독군)하며 소준과 분전하다가 전사하였고 그의 두 아들도 부친을 따라 적진에 나가 전사하였다.(서기 328년) 그 모친이 그들 시신을 끌어안고 말했다. "아버지는 충신이 되었고, 아들은 효자가 되었으니 무슨 한이 있겠는가?"

 - 建 세울 건. 의견을 말하다. 建請(건청) ; 請을 넣다. 건의하다. 徵 부를 징. 불러들이다.

 - 大司農(대사농) ; 九卿之一, 나라의 양곡 수급, 재정, 물가 등을 관장하는 기구. 陷 빠질 함. 함락시키다.

 - 姑 시어머니 고. 孰 누구 숙. 姑孰(고숙) ; 안휘성의 地名.

 - 卞 법 변. 조급하다. 분별하다. 壼 궁궐 안길 곤. '壺 병 호'가 아님. 尙書令 ; 상서성의 책임자.

 - 力戰(역전) ; 奮戰(분전). 隨 따를 수. 赴 나아갈 부.

 - 蘇峻의 반란은 成帝 咸化 2年에 일어나 이듬해 328년에 평정되었다.

○ 庾亮出奔, 峻兵犯闕, 陶侃溫嶠, 入討峻斬之. : 庾亮은 달아나고 소준의 병졸이 궁궐을 침범하자, 陶侃과 溫嶠 등이 들어가 토벌하고 소준의 목을 베었다.(서기 328년)

 - 奔 달아날 분. 出奔 ; 도망하다. 달아나다. 嶠 높을 교. 산길.

【참고】 무력한 황제권

  ❖ 蘇峻(소준)의 반란은 동진의 여러 정치 상황에서 복잡하게 얽

혀져 일어났고 또 그런 식으로 마무리 되었다. 소준은 왕돈의 반란을 진압하는데 공을 세운 이후 장강 이북의 군사력을 장악한 강자로 떠올랐다. 본서에는 내용이 생략되었지만 당시 왕도와 함께 국정을 책임지는 유량은 소준의 반란을 유발하는 일차적 책임이 있었다.

그러나 문제의 근본은 황제권의 허약에 있었다. 왕돈의 반란이 있을 때 왕돈을 처단할 수 없을 만큼 황제가 장악한 군사력은 없었다. 왕돈이 병으로 죽었기에 쉽게 진압이 되었고, 그 반란 과정에서 어중간한 태도를 취한 왕도는 아무런 제재도 받지 않았고 난 이후에 오히려 황제의 신임을 받았다. 이는 왕도의 협조 없이는 황실이 존재할 수 없다는 뜻이었다.

소준의 반란은 도간이나 온교 등의 노력으로 진압이 되었다.

진압된 이후 소준 반란의 원인제공자였던 유량이 관직을 사임코자 하는 데도 황제는 오히려 관직을 높여 사임을 막았다. 난이 평정된 후 논공행상이 이루어지는데 왕도는 소준의 무리였다가 귀부한 무리들에게도 관작을 상으로 주려고 했다. 그리고 반란 진압에 협조하지 않았고 군량지원을 거부하고 눈치를 보고 있던 湘州(상주)자사 卞敦(변돈) 같은 사람을 승진시키려 했다. 이 일은 도간 등이 반대를 하여 더 이상 진행되지는 않았다.

왕도의 이러한 조치는 관대함을 베풀어 화합을 이룩하려 했다지만 이는 하나의 명분이었다. 그 관용과 화합은 황제권의 강화를 위한 것이 아니라 귀족 상호간의 특권유지를 위한 방법이었다. 또 이는 동진의 허약한 황제를 정점으로 모든 정치적 실권이 귀족들에게 장악되었다는 반증이었다.

사실 동진의 출발에서부터 왕도와 왕돈 그리고 그 일족들에 의한 건국이었고, 이후에 어리고 어리석은 황제들이 줄을 이었으니 황제는 정치적으로 여전한 허수아비였다고 볼 수 있다.

(23) ○ 後趙主石勒, 大破趙兵, 獲趙主劉曜. 曜與勒連攻戰, 互勝負. 曜攻後趙金墉城, 勒自將救之, 大戰于洛陽. 趙兵大潰, 曜醉墮馬, 爲勒獲, 歸殺之, 前趙亡.

○ 후조의 왕 석륵이 전조의 군대를 대파하고 전조의 왕 유요를 사로잡았다. 유요와 석륵은 계속되는 공격과 싸움에서 승부가 나지 않았다. 유요가 후조의 금용성을 공격하자, 석륵은 직접 군대를 거느리고 구원에 나서 낙양에서 크게 싸웠다. 전조의 군대가 완전히 무너지면서 유요는 술에 취해 말에서 떨어져 석륵에게 잡혔고 (석륵이) 돌아와 유요를 죽이니 前趙는 멸망했다.

어구 설명

○ 後趙主石勒, 大破趙兵, 獲趙主劉曜. 曜與勒連攻戰, 互勝負. : 後趙의 왕 石勒(석륵)이 趙(前趙)의 군대를 대파하고 前趙의 왕 유요를 사로잡았다. 유요와 석륵은 계속되는 공격과 싸움에서 승

부가 나지 않았다.

　－ 前趙(전조) ; 흉노족의 劉淵(유연)이 304년에 自立하여 세운 나라 漢이 趙로 국호를 바꾸었음(319년). 이를 前趙 또는 漢趙라 칭함.

　－ 獲 얻을 획. 포획하다.　劉曜(유요) ; 재위 서기 318∼329년. 互 서로 호.　互勝負(호승부) ; 승부가 나지 않다.

○ 曜攻後趙金墉城, 勒自將救之, 大戰于洛陽. 趙兵大潰, 曜醉墮馬, 爲勒獲, 歸殺之, 前趙亡. : 유요가 後趙의 金墉城을 공격하자, 석륵은 직접 군대를 거느리고 구원에 나서 낙양에서 크게 싸웠다. 전조의 군대가 완전히 무너지면서 유요는 취해 말에서 떨어져 석륵에게 잡혔고 돌아와 유요를 죽이니 前趙는 멸망했다.(서기 329년)

　－ 金墉城(금용성) ; 낙양 서북쪽에 있는 城.　潰 무너질 궤.　墮 떨어질 타. 무너지다. 墮落하다.(참고 ; 墜 떨어질 추. 墜落추락)

(24)　○ 晋驃騎將軍溫嶠卒. 嶠初爲劉琨所遣, 使江東, 母不欲, 嶠絶裾而去. 既至不復得歸北, 終身以爲恨. 嶠盡心晋室, 敦·峻之平皆嶠力.

○ 동진의 표기장군 온교가 죽었다. 온교는 그 전에 유곤의 사자로 강동에 오게 되었는데 모친이 못 가게 하였지만 소매를 뿌리치고 떠나왔다.

여기에 와서는 다시 북(고향)으로 돌아가지 못하여 죽을 때까지 한스럽게 생각하였다. 온교는 진 황실에 마음을 다 바쳤는데 왕돈과 소준의 난을 평정한 것은 모두 온교의 노력이었다.

어구 설명

○ 晋驃騎將軍溫嶠卒. 嶠初爲劉琨所遣, 使江東, 母不欲, 嶠絕裾而去. : 동진의 표기장군 溫嶠가 죽었다. 온교는 그 전에 유곤의 사자로 江東에 오게 되었는데 모친이 못 가게 하였지만 소매를 뿌리치고 떠나왔다.

– 驃 표마 표. 얼룩점이 있는 말. 嶠 뾰족하게 높을 교. 琨 옥돌 곤. 裾 옷자락 거.

– 溫嶠(온교, 서기 288~329년) 太原 기현 출신. 建武 元年(317년)에 劉琨(유곤)의 명을 받아 元帝에게 사자로 왔었다. 元帝와 명제를 섬기면서 王敦의 난을 평정하고 成帝 卽位 후 江州刺史로 있으면서 蘇峻의 亂을 평정했다.

○ 旣至不復得歸北, 終身以爲恨. 嶠盡心晋室, 敦·峻之平皆嶠力. : 여기에 와서는 다시 북(고향)으로 돌아가지 못하여 죽을 때까지 한스럽게 생각하였다. 온교는 진 황실에 마음을 다하였는데 왕돈과 소준의 난을 평정한 것은 모두 온교의 노력이었다.

– 旣至(기지) ; 여기에 와서는. 終身(종신) ; 죽을 때. 以爲恨(이위한) ; 한스럽게 생각하다.

2) 十六國의 흥망성쇠

(1) ○ 後趙石勒稱天王, 尋稱帝. 嘗大饗羣臣, 問曰, 朕可方古何主. 或曰, 過於漢高, 勒笑曰, 人豈不自知, 卿言太過. 若遇高帝, 當北面事之, 與韓·彭比肩耳. 若遇光武, 當竝驅中原, 未知鹿死誰手. 大丈夫行事, 當礧礧落落, 如日月皎然. 終不效曹孟德·司馬仲達, 欺人孤兒寡婦, 狐媚以取天下也.

○ 後趙(후조)의 석륵이 천왕이라 자칭하다가 곧이어 황제라고 일컬었다. 어느 날, 군신과 큰 잔치를 하다가 물었다. "짐은 옛날의 어느 군주와 비교할 수 있는가?" 누군가가 "한고조보다 낫습니다."라고 말하니, 석륵이 웃으며 말했다. "사람이 어찌 자신을 모르겠는가? 경의 말은 너무 지나치다. (내가) 만약 한고조를 만났다면 당연히 신하로서 섬기었겠지만, 만약 한신이나 팽월을 만났다면 어깨를 나란히 했을 것이다. 만약 (후한) 광무제를 만났다면 나란히 중원을 달리면서 사슴이 누구의 손에 죽는지 알 수 없었을 것이다. 대장부는 일을 처리하는데 공명정대해야 하고 해와 달처럼 명백해야 한다. 끝까지 조맹덕이나 사마중달처럼 고아나 과부를 속이듯 여우처럼 홀려서 천하를 차지하는 것을 본받아서는 안 된다."

後漢 光武帝(광무제)

어구 설명

○ 後趙石勒稱天王, 尋稱帝. 嘗大饗羣臣, 問曰, 朕可方古何主. : 後趙의 石勒이 天王이라 자칭하다가 곧이어 稱帝했다. 어느 날, 군신과 큰 잔치를 하다가 물었다. "朕은 옛날의 어느 군주와 비교할 수 있는가?"

 - 天王 ; 天子之稱. 이민족의 왕이 중국 天子에 대하여 동등한 의미로 사용한 말. 前秦의 苻健(부건)도 건국하면서 연호 사용과 함께 天王大單于라는 공식 칭호를 사용했다.

 - 尋 찾을 심. 얼마 안 있다가.　饗 잔치할 향.　朕 나 짐. 天子自稱.　方 모서리 방. 방법. 비교하다.

○ 或曰, 過於漢高, 勒笑曰, 人豈不自知, 卿言太過. 若遇高帝, 當北面事之, 與韓 · 彭比肩耳. 若遇光武, 當竝驅中原, 未知鹿死誰手. : 누군가가 "한고조보다 낫습니다."라고 말하니, 석륵이 웃으며 말했다. "사람이 어찌 자신을 모르겠는가? 경의 말은 너무 지나치다. (내가) 만약 한고조를 만났다면 당연히 신하로서 섬기었겠지만, 만약 한신이나 팽월을 만났다면 어깨를 나란히 했을 것이다. 만약 (후한) 광무제를 만났다면 나란히 중원을 달리면서 사슴이 누구의 손에 죽는지 알 수 없었을 것이다."

 - 過 지날 과. ~보다 낫다.　漢高 ; 漢高祖 劉邦.　人豈不自知(인기부자지) ; 사람이 어찌 자신을 모르겠는가?

 - 遇 만날 우.　北面事之(북면사지) ; 신하로서 섬기다. 君主는 南面하고 신하는 北面한다.　韓 · 彭(한 · 팽) ; 韓信과 彭越(팽월).

- 肩 어깨 견. 比肩(비견) ; 어깨를 견주다. 경쟁하다. 光武(광무) ; 後漢 光武帝 劉秀. 竝 아우를 병. 나란히, 서로.

- 驅 몰 구. 달리다. 鹿 사슴 록. 誰 누구 수. 鹿死誰手(녹사수수) ; 사슴이 누구의 손에 죽는가? 누가 천하를 차지하는가?

○ 大丈夫行事, 當磊磊落落, 如日月皎然. 終不效曹孟德·司馬仲達, 欺人孤兒寡婦, 狐媚以取天下也. : 大丈夫는 일을 처리하는데 공명정대해야 하고 해와 달처럼 명백해야 한다. 끝까지 조맹덕이나 사마중달처럼 고아나 과부를 속이듯 여우처럼 홀려서 천하를 차지하는 것을 본받아서는 안 된다.

- 行事(행사) ; 일을 처리하다. 수완을 부려 대처하다. 磊 돌이 굴러 내릴 뇌(뢰), 돌무더기(磊와 同).

- 磊磊(磊磊)落落(뇌뢰낙락) ; 도량이 넓다. 公明正大하다. 皎 달빛 교. 皎然(교연) ; 명백하다.

- 終(종) ; 끝까지. 처음부터 끝까지. 曹孟德(조맹덕) ; 조조(曹操). 欺 속일 기. 寡 적을 과. 홀어미.

- 狐 여우 호. 媚 아첨할 미. 狐媚(호미) ; 여우가 사람을 홀리듯이 아양을 떨어 미혹시키다.

【참고】 역사 인물의 평가

❖ 사람은 자신이 누군가 닮고 싶은 사람이 있고, 또 어느 정도 무엇인가를 성취했다고 자부한다면 역사상의 누구와 비교해 보고 싶은 마음을 갖고 있다. 이는 그 사람 자존심의 표현이라고 할 수

있다.

석륵은 글자 읽고 쓰기를 배우지 못한 한낱 武夫로 시작했지만 많은 공을 세우면서 자신감을 얻었고, 나라를 세우고 통치하는 과정에서 더 크고 원대한 꿈을 품고 실현하려 노력했었다. 석륵이 아랫사람에게 역사서를 읽게 하고 그 내용에 대해 자신의 의견을 말할 수 있었다는 것은 그만큼 그가 영특했다는 증거이다.

석륵이 曹操나 司馬仲達을 우습게 여긴 것은 두 사람이 정정당당한 모습보다는 작고 얄팍한 지혜가 많았다고 평가했기 때문일 것이다. 그러나 그 자신이 後漢 光武帝를 만났다면 天下를 놓고 한판 승부를 벌렸을 것이라는 말은 좀 지나쳤다고 할 수 있다.

사실 석륵이 살아 있어 한 말이기에 광무제 유수와 어깨를 견주겠다는 사나이의 배짱은 인정할 수 있다. 그러나 광무제는 나라를 열고 기초를 다져 그 뒤에도 2백여 년이 흘렀지만 석륵은 바로 아들 代에서 망하고 만다.

한 인물의 평가는 살아 있을 당시의 평가도 있지만 역사적 인물이라면 그 영향과 후세에 끼친 공적까지 평가해야 한다. 때문에 지금 시대에서 광무제와 석륵은 어느 면에서든 같이 비교할 수는 없을 것이다.

(2) 勒雖不學, 好使人讀書而聽之. 時以其意論得失, 聞者悅服. 嘗聽讀漢書, 至酈食其勸立六國後, 驚曰, 此法當失, 何以遂得天下. 及聞張良諫, 乃曰, 賴有

此耳. 後遣使修好于晋, 晋焚其幣. 勒卒, 子弘立.

　석륵이 비록 배우지는 못했지만 사람을 시켜 글을 읽게 하고서 듣는 것을 좋아하였다. 때로는 자신의 의견으로 이해득실을 말하여 듣는 사람이 기뻐하며 탄복하기도 했다.

　일찍이 《한서》 읽는 것을 들으면서 역이기가 6국의 후손을 옹립하라고 건의하는데 이르러서는 놀라면서 "이런 법은 당연히 실패할 것이니, 어찌 천하를 얻을 수 있겠는가?"라고 말했다. 장량이 간하는 말을 듣고서는 곧 "이 덕분에 천하를 얻었다."라고 말했다.

　뒷날 동진에 우호사절을 보내 晉(진)과 修交(수교)하려고 했으나 진에서는 그 예물을 불태워버렸다. 석륵이 죽고, 그 아들 석홍이 즉위했다.

어구 설명

○ 勒雖不學, 好使人讀書而聽之. 時以其意論得失, 聞者悅服. : 석륵이 비록 배우지는 못했지만 사람을 시켜 글을 읽고 듣는 것을 좋아하였다. 때로는 자신의 의견으로 이해득실을 말하여 듣는 사람이 기뻐하며 탄복하기도 했다.

－雖 비록 수. 비록 ～이지만(雖然).　時 때로는.　意論(의론) ; 자신의 의견으로 論하다.　得失(득실) ; 成敗.

－悅服(열복) ; 기뻐하며 탄복하다.

○ 嘗聽讀漢書, 至酈食其勸立六國後, 驚曰, 此法當失, 何以遂得天下. 及聞張良諫, 乃曰, 賴有此耳. : 일찍이 漢書 읽는 것을 들으면서 酈食其(역이기)가 六國의 후손을 옹립하라고 건의하는데 이르러서는 놀라면서 "이런 법은 당연히 실패할 것이니, 어찌 천하를 얻을 수 있겠는가?"라고 말했다. 장량이 간하는 말을 듣고서는 곧 "이 덕분에 천하를 얻었다."라고 말했다.

 − 漢書 ; 班固 著.　酈 땅이름 역.　食 밥 식. 사람 이름 이. 酈食其(역이기) ; (서기 전 268~前 204년) 漢王 劉邦의 謀臣. 齊王 田廣에게 停戰을 유세하다가 전광에게 죽었다.

 − 六國後 ; 전국시대 六國의 후손.　驚 놀랄 경.　賴 힘입을 뢰(뇌).　賴有此耳(뇌유차이) ; 이 계책 때문에 천하를 얻었다.

○ 後遣使修好于晋, 晋焚其幣. 勒卒, 子弘立. : 뒷날 동진에 우호 사절을 보내 晋(진)과 修交(수교)하려고 했으나 진에서는 그 예물을 불태워버렸다. 석륵이 죽고, 그 아들 석홍이 즉위했다.

 − 焚 태울 분.　幣 비단 폐. 예물.　石勒卒 ; 成帝 咸和 8년. 서기 333년.

【참고】《漢書》; 斷代 正史書의 모범

❖ 後漢의 班固가 저술한 《漢書》는 中國 第一의 紀傳體(기전체) 斷代史(단대사)이다. 사마천 《史記》의 體例를 본받았지만 약간 변경하였으니 제왕의 치적을 기록한 〈本紀 본기〉는 〈紀〉로, 제도와 문물을 기록한 《史記》의 〈書〉는 〈志〉로, 개인의 전기라 할 수 있

는 〈列傳 열전〉은 〈傳〉으로 바꾸었고 제후들에 관한 기록인 〈世家〉는 생략하였다.

《漢書》는 12紀, 8表, 10志, 70傳으로 전체 100권이며, 前漢 高祖 원년(서기 前 202년)에 시작하여 王莽(왕망)의 新나라 地皇 4年(기원 후 23년)까지 모두 230년의 역사를 기록하였다. 《한서》는 문장이 바르고 장엄하며 배우(排偶 ; 對偶)를 즐겨 사용했으며 어구가 典雅(전아)하여 《史記》의 평이한 口語 기록과 분명한 대조를 이루고 있다.

이후 중국의 역사서는 모두 《한서》의 체계를 따라 기전체로 한 왕조의 시대사만을 다루는 斷代史(단대사)로 기록을 남기게 된다.

(3) ○ 晋太尉陶侃卒. 侃都督八州, 威名赫然. 或謂, 侃曾夢生八翼上天門, 至八重折左翼而下. 力能跂扈, 每思折翼之夢, 輒自制. 在軍四十一年, 明毅善斷, 人不能欺, 自南陵至白帝數千里, 路不拾遺.

○ 동진 태위 도간이 죽었다. 도간은 8주의 군사를 감독하였으니 위명이 혁연했다. 어떤 사람이 말하기를, '도간이 꿈에 8개의 날개가 생겨 천문에 올라가는데 팔중문에서 왼쪽 날개가 꺾여 내려왔다.' 고 하였다. 도간은 힘으로는 발호할 수 있었지만 매번 날개가 꺾이는 꿈을 생각하고 그때마다 자제하였다.

도간은 군문에 41년을 근무하였는데 명철하고 굳세며 결단력이 있어 누구도 그를 속이지 못했으며, 남릉에서 백제성에 이르는 수천 리에 걸쳐 길에 떨어진 물건이 있어도 줍는 사람이 없었다.

어구 설명

○ 晋太尉陶侃卒. 侃都督八州, 威名赫然. 或謂, 侃曾夢生八翼上天門, 至八重折左翼而下. 力能跋扈, 每思折翼之夢, 輒自制. : 동진 太尉 陶侃이 죽었다. 도간은 八州의 군사를 감독하였으니 위명이 혁연했다. 어떤 사람이 말하기를, '도간이 꿈에 8개의 날개가 생겨 天門에 올라가는데 八重門에서 왼쪽 날개가 꺾여 내려왔다.'고 하였다. 도간은 힘으로는 발호할 수 있었지만 매번 날개가 꺾이는 꿈을 생각하고 그때마다 자제하였다.

- 侃 강직할 간. 都督八州(도독팔주) ; 明帝 때 荊, 湘, 雍, 梁州 도독을 역임했고, 成帝 때 交, 廣, 荊, 江州 도독을 역임했다. 도간은 서기 334년에 죽었다.

- 威名(위명) ; 위세와 名望. 赫 붉을 혁. 빛나는 모양. 謂 이를 위. 설명하다. 翼 날개 익. 天門 ; 天上의 門.

- 八重 ; 天子의 居處를 九重이라 하는데 八重이면 거의 올라갔다는 의미로 해석할 수 있다. 折 꺾을 절. 꺾이다.

- 跋 밟을 발. 난폭하다. 扈 뒤따를 호. 넓다. 跋扈(발호) ; 세력이 강대하여 제멋대로 날뛰다. 輒 문득 첩. 갑자기.

○ 在軍四十一年, 明毅善斷, 人不能欺, 自南陵至白帝數千里, 路不拾遺. : 도간은 軍에 41년을 근무하였는데 명철하고 굳세며 결단력이 있어 누구도 그를 속이지 못했으며, 南陵에서 白帝城에 이르는 數千里에 걸쳐 길에 떨어진 물건이 있어도 줍는 사람이 없었다.

 - 毅 굳셀 의. 결단력이 강함. 欺 속일 기. 깔보다. 南陵(남릉) : 江東의 地名. 拾 주울 습. 遺 끼칠 유. 떨어트리다. 떨어진 물건.

 - 路不拾遺(노불습유) ; 태평성대나 善政의 상징처럼 쓰이는 말. 善政의 結果로 풍습이 순박하고 욕심이 없으며 나쁜 짓을 하지 않고 정직하다는 다양한 의미로 쓰이는 구절임.

(4) ○ **後趙石虎, 殺其主弘, 而自立爲趙天王. 殺勒種無遺.**

○ **成改國號曰漢. 李雄以兄子班爲太子, 雄卒, 班立. 雄子越, 弑班而立其弟期. 期忌雄弟漢王壽威名, 使出屯于外. 壽還, 襲弑期而自立.**

○ 후조의 석호가 군주 석홍을 죽이고 자립하여 조천왕이라 했다. 석륵의 후손을 남기지 않고 다 죽였다.

○ 成(성)나라가 국호를 바꾸어 漢(한)이라고 했다. 이웅

이 형의 아들 이반을 태자로 삼았는데 이웅이 죽고, 이반이 즉위했다. 이웅의 아들 이월은 이반을 죽이고 제멋대로 동생 이기를 세웠다. 이기는 이웅의 동생인 한왕 이수의 위세와 명망을 꺼려하여 외지로 보내 주둔하게 하였다. 이에 이수가 돌아와 이기를 죽이고 자립하였다.

어구 설명

○ 後趙石虎, 殺其主弘, 而自立爲趙天王. 殺勒種無遺. : 後趙의 신하 石虎가 君主 石弘을 죽이고 自立하여 趙天王이라 했다. 石勒의 후손을 남기지 않고 다 죽였다.

 – 種 씨 종. 종자. 후손, 심다. 遺 끼칠 유. 남기다. 無遺(무유) ; 후손이 없다.

○ 成改國號日漢. 李雄以兄子班爲太子, 雄卒, 班立. 雄子越, 弑班而立其弟期. 期忌雄弟漢王壽威名, 使出屯于外. 壽還, 襲弑期而自立. : 成이 國號를 바꾸어 漢이라고 한다. 李雄이 兄子 李班을 太子로 삼았는데 李雄이 죽고, 李班이 즉위했다. 李雄의 아들 李越은 李班을 죽이고 제멋대로 동생 李期를 세웠다. 李期는 李雄의 동생인 漢王 李壽의 위세와 명망을 꺼려하여 외지로 보내 주둔하게 하였다. 이에 李壽가 돌아와 李期를 죽이고 自立하였다.(서기 338년)

 – 成漢 ; 서기 304년 氏族(저족)의 李雄이 사천성 일대에 세운 나라. 처음에는 국호가 ‘成’이었으나 ‘漢’으로 바꾸자 후세에서

는 이를 '成漢'으로 기록하였음. 서기 347년에 東晉에 의해 멸망한다.

─ 忌 꺼릴 기. 싫어하다.　襲 엄습할 습. 몰래 습격하다.　弑 죽일 시.

(5) ○ 代王什翼犍立. 先是代王賀傉卒, 弟紇那嗣. 紇那出奔, 鬱律子翳槐立, 紇那復還, 翳槐奔趙. 趙納翳槐于代. 翳槐臨卒, 命諸大人, 立弟什翼犍. 自猗盧死, 國多內難, 部落離散, 什翼犍雄勇有智略, 能修祖業, 始制百官, 號令明白, 政事淸簡, 百姓安之. 於是東自濊貊, 西及破落那, 南距陰山, 北盡沙漠, 率皆歸服, 有衆數十萬人, 拓跋氏自是愈大.

○ 代王 십익건이 즉위했다. 이에 앞서 대왕 하녹이 죽자, 동생 흘나가 뒤를 이었다. 흘나가 달아나자 울률의 아들 예괴가 뒤를 이었는데, 흘나가 다시 돌아오자 예괴는 趙(前趙)로 달아났다. 趙에서는 예괴를 대나라로 돌려보냈다. 예괴가 죽으면서 여러 대인(족장)들에게 동생 십익건을 세우라고 명했다.

　의로가 죽은 이후로 나라에 내부 어려움이 많아 부락들이 흩어졌지만, 십익건은 용기와 지략이 있고 조상의 업적을 빛내며 여러 관제를 만들고, 호령은 명백하며 정사가 깨끗하고 간명해서 백성들이 평안했다.

　이리하여 동으로는 예맥에서부터, 서로는 파락나까지, 남으로는 음산을 거쳐, 북으로는 사막까지 모두 다 귀속하고 복종하니 무리가 수십만에 이르러 탁발씨는 이로부터 더욱 강대해졌다.

어구 설명

○ 代王什翼犍立. 先是代王賀傉卒, 弟紇那嗣. 紇那出奔, 鬱律子翳槐立, 紇那復還, 翳槐奔趙. 趙納翳槐于代. 翳槐臨卒, 命諸大人, 立弟什翼犍. : 代王 什翼犍(십익건)이 즉위했다.(서기 338년) 이에 앞서 代王 하녹이 죽자, 동생 紇那(흘나)가 뒤를 이었다. 흘나가 달아나자 鬱律(울률)의 아들 翳槐(예괴)가 뒤를 이었는데, 흘나가 다시 돌아오자 예괴는 趙(前趙)로 달아났다. 趙에서는 예괴를 代로 돌려보냈다. 예괴가 죽으면서 여러 大人(족장)들에게 동생 십익건을 세우라고 명했다.

　- 代王 ; 선비족 拓跋(탁발)氏의 나라. 뒷날 北魏(북위)를 세움. 북위가 화북지방을 통일 남북조 시대를 열게 된다.

　- 什 열 사람 십. 翼 날개 익. 犍 거세한 소 건. 什翼犍(십익건) ; 人名. 傉 사람 이름 녹. 紇 명주실 흘. 那 어찌 나.

　- 鬱 막힐 울. 翳 일산 예. 槐 홰나무 괴. 諸 모두 제. 大人 ; 여기서는 씨족 장.

○ 自猗盧死, 國多內難, 部落離散, 什翼犍雄勇有智略, 能修祖業, 始制百官, 號令明白, 政事淸簡, 百姓安之. : 猗盧(의로)가 죽은 이후로 나라에 내부 어려움이 많아 부락들이 흩어졌지만, 십익건은 용기와 지략이 있고 조상의 업적을 빛내며 여러 관제를 만들고, 號令은 명백하며 정사가 깨끗하고 간명해서 백성들이 평안했다.

　－ 猗 아름다울 의.　離 떼놓을 리(이).　祖業 ; 선조의 유산. 선조가 이룬 공적.　簡 대쪽 간. 간략하다.

　－ 淸簡(청간) ; 청렴하며 簡明(간단명료)하다.

○ 於是東自濊貊, 西及破落那, 南距陰山, 北盡沙漠, 率皆歸服, 有衆數十萬人, 拓跋氏自是愈大. : 이리하여 동으로는 濊貊(예맥)에서부터, 西로는 破落那(파락나)까지, 南으로는 陰山을 거쳐, 북으로는 사막까지 모두 다 귀속하고 복종하니 무리가 수십만에 이르러 탁발씨는 이로부터 더욱 강대해졌다.

　－ 於是(어시) ; 그래서, 이리하여, 그리하여.　濊 깊을 예.　貊 맹수 이름 맥, 종족 이름 맥.

　－ 濊貊(예맥) ; 동이족을 중국에서 부르는 명칭. 이들이 사는 지역. 破落那(파락나) ; 大宛族의 후예. 이들이 사는 지역.

　－ 距 떨어질 거. 사이를 두다.　陰山(음산) ; 縣 이름. 산맥 이름.　盡 다할 진. 沙漠(사막) ; 고비 사막.　愈 나을 유. 더욱.

【참고】 代 － 선비족 탁발씨의 나라

　❖ 代(338～376년 존속)는 십육국시대에 선비족의 拓跋氏(탁발

씨)가 세운 나라로 뒷날 北魏(북위)의 전신이다. 代國 전성시기의 판도는 魏와 西晉 시대에 鮮卑 拓跋部가 원래 유목하던 내몽고 일대에 해당된다. 曹魏 甘露 3年(258년)에 추장 拓跋力微(탁발력미)가 盛樂(今 內蒙古 北)에 제 부족을 모아 大酋長의 지위를 차지한다. 力微가 죽고 부족들이 이반했으나, 서진 元康 5年(295年)에 力微의 아들 祿官(녹관)이 부족을 총괄하면서 中, 東, 西 三部로 나누고 자신은 東部를 거느린다. 西晉 永嘉 元年(307年)에 祿官이 죽고, 그 조카 猗盧(의로)가 三部를 총괄지배하며 騎士 40여만 명을 보유하게 된다. 永嘉의 亂 이후 中原이 혼란한 틈을 이용하여 서진의 병주자사 劉琨(유곤)이 표문을 올려 의로를 代公으로 봉했다가 나중에 代王이라 격상시켜 준다.

이후 여러 곡절을 거쳐 姚襄(요양, 십익건)에 이르게 되는데 십익건은 後趙에 인질로 보내져서 여러 해 거처하면서 漢 文化의 影響을 받는다. 咸康 四年(338년)에 代王으로 즉위하여 중국식으로 여러 제도를 정비하는데 유목민족의 고유한 부락을 국가 조직으로 전환한다. 代國은 376년에 前秦의 苻堅(부견)에 멸망하고 십익건은 도주했지만 피살된다. 역사에서는 이를 '拓跋代(탁발대)'로 기록한다. 서기 386년 拓跋圭(탁발규)가 重建하면서 나라 이름을 魏(위)라 하는데, 역사에서는 이를 北魏(북위)라 통칭한다.

(6) ○ 晋丞相王導卒. 初帝卽位沖幼, 每見導必拜, 旣冠猶然, 委政於導. 導以門地, 王述爲掾, 述未知

名, 人謂之癡, 旣見, 問江東米價. 述張目不答. 導
曰, 王掾不癡. 導每發言, 一坐莫不贊歎. 述正色曰,
人非堯舜, 何得每事盡善. 導改容謝之. 導性寬厚,
所委任諸將, 多不奉法, 大臣患之.

○ 동진 승상 왕도가 죽었다. 전에 성제가 즉위했을 때는 너무 어려서 왕도를 볼 때마다 필히 절을 했었는데 관례를 치른 다음에도 그리하였고 정치는 왕도에게 위임하였다.

왕도가 집안사람이라 하여 왕술을 하급 관리에 임명했는데 왕술의 이름이 알려지지 않아 사람들은 그가 바보라고 말했다. (왕도가) 왕술을 만나자 강동의 쌀값을 물어보았다. 왕술은 눈을 부릅뜨고는 대답하지 않았다. (그 뒤에) 왕도가 말했다. "왕술은 어리석지 않다."

왕도가 말을 할 때마다 찬탄하지 않는 사람이 없었다. 왕술은 정색을 하고 말했다. "사람이 요순과 같은 성인이 아니거늘, 어찌 모든 일을 다 잘할 수 있습니까?"

왕도는 얼굴빛을 바꿔 사죄했다. 왕도의 천성이 관대하고 후덕하기에 권한을 위임받은 여러 장수들 중에 법을 따르지 않는 사람이 많았고 대신들은 이를 걱정했다.

어구 설명

○ 晋丞相王導卒. 初帝卽位沖幼, 每見導必拜, 旣冠猶然, 委政於

導. : 동진 승상 王導가 죽었다. 전에 성제가 즉위했을 때는 너무 어려서 왕도를 볼 때마다 필히 절을 했었는데 관례를 치른 다음에도 그리하였고 정치는 왕도에게 위임하였다.

 - 王導(276∼339년) ; 字 茂弘(무홍) 元帝, 明帝, 成帝의 三代를 섬기며 東晉 政權의 토대를 다진 재상.

 - 沖 빌 충. 나이가 어리다.   幼 어릴 유. 沖幼(충유) ; 幼稚(유치). 성제는 5세에 즉위했다.   旣 이미 기. 그러는 동안에. 끝내다.

 - 冠 ; 冠禮, 성인이 되다.   猶 같을 유.   猶然 ; 그리했다.   委 맡길 위.

○ 導以門地, 王述爲掾, 述未知名, 人謂之癡, 旣見, 問江東米價. 述張目不答. 導曰, 王掾不癡. : 왕도가 집안사람이라 하여 王述을 하급 관리에 임명했는데 왕술의 이름이 알려지지 않아 사람들은 그가 바보라고 말했다. (왕도가) 왕술을 만나자 江東의 쌀값을 물어보았다. 왕술은 눈을 부릅뜨고는 대답하지 않았다. (그 뒤에) 왕도가 말했다. "왕술은 어리석지 않다."

 - 門地 ; 家門地位.   述 지을 술. 말을 하다.

 - 掾 도울 연. 하급 관리. 공무원들한테 붙는 書記나 主事 정도의 칭호.   王掾(왕연) ; 왕술을 지칭함. '王 主事'.

 - 米價 ; 쌀값. 쌀값은 소인이나 부녀자의 소관이고 大人君子가 마음을 쓸 일이 아니다. 그런데 그것을 물어본다면 나를 무시하는 것이라 생각하여 대답하지 않았다.

 - 癡 어리석을 치. 바보. 미치광이.   張 베풀 장. 넓히다. 크게

하다. 張目(장목) ; 눈을 부릅뜨다.

○ 導每發言, 一坐莫不贊歎. 述正色曰, 人非堯舜, 何得每事盡善. 導改容謝之. 導性寬厚, 所委任諸將, 多不奉法, 大臣患之. : 왕도가 말을 할 때마다 찬탄하지 않는 사람이 없었다. 왕술은 정색을 하고 말했다. "사람이 堯舜과 같은 성인이 아니거늘, 어찌 모든 일을 다 잘할 수 있습니까?" 왕도는 얼굴빛을 바꿔 사죄했다. 왕도의 천성이 관대하고 후덕하기에 권한을 위임받은 여러 장수들 중에 법을 따르지 않는 사람이 많았고 대신들은 이를 걱정했다.

 － 一坐(일좌) ; 같은 자리에 앉은, 同席한. 莫不(막불) ; ～하지 않는 자가 없다. 모두 ～하다. 贊歎(찬탄) ; 칭찬하며 감탄하다.

 － 盡善(진선) ; 더없이 잘하다. 모두 옳다. 何得每事盡善(하득매사진선) ; 어찌 모든 일을 다 잘할 수 있는가?(의문)

 － 導改容謝之(도개용사지) ; 왕도는 얼굴색을 바꿔 사죄하다. 아부를 받아주니 더 아부를 하는 것이다. 곧 아부하는 사람이나 좋아하는 윗사람이나 똑같은 소인이다. 왕술은 이를 지적했고, 왕도는 이를 받아들여 자신의 잘못을 고친 것이다.

 － 寬厚(관후) ; 관대하고 후덕하다. 所委任諸將 ; 위임을 받은 여러 장수. 所는 피동의 뜻. 奉 받들 봉. 존중하다, 준수하다.

【참고】 공처가의 진면목을 보여준 왕도

❖ 漢代나 조비의 魏나라 이후 신하들은 황제의 능을 참배하는 일이 없었다. 왕도와 司馬睿(사마예)는 동진이 건국되기 전부터

알고 지내던 知己였기에 왕도는 사마예(元帝)의 능을 자주 참배하였다. 이는 君臣의 義를 떠난 友誼에서 나오는 진심이라 해석할 수 있다. 이후 동진에서는 群臣들이 황제의 능을 배알하였다고 한다.

王導의 정처 曹氏는 여인으로 질투가 너무 강했기에 일국의 재상이지만 왕도는 자신의 집에 妾을 들이지 못했다. 왕도는 正妻 몰래 첩실과 딴살림을 차렸고 아들까지 두었다. 그런데 정처가 이 사실을 뒤늦게 알고 노비들 20여 명을 모두 무장시켜 첩실의 거처로 쳐들어갔다. 한편 이를 안 왕도는 소가 끄는 마차를 타고 서둘러 출발했다. 소걸음이 늦자 초조해진 왕도는 왼손으로는 고삐를, 오른손으로 拂塵(불진)의 자루로 소 엉덩이를 채찍질하며 달려갔고 이를 도성 내 여러 사람들이 다 보았다. 왕도는 정처 보다 조금 빨리 도착하여 첩과 자식을 피신시킬 수 있었다.

그 뒤 蔡謨(채모)라는 사람이 왕도를 찾아가 이야기를 하면서 말했다. "지금 조정에서는 당신에게 九錫을 내려야 한다는 논의를 하고 있다는데 아십니까?" 그러자 왕도는 진담인 줄 알고 받을 수 없다는 겸양의 뜻으로 대답했다. 그러자 채모는 그 구석에는 소 수레의 멍에와 자루가 긴 불진이 들어있다고 말했다. 이에 너그럽다고 소문이 난 왕도였지만 불같이 화를 냈다고 한다.

왕도를 비롯한 謝安과 같은 동진의 권력가나 高門士族들은 대개 建康의 烏衣巷(오의항)이란 곳에 살았다. 오의항이란 곳은 검은색 군복을 입은 東吳의 禁軍들이 그곳에 주둔했었기에 그 이름이 붙여졌다고 한다. 뒷날 唐의 시인 劉禹錫(유우석)이 그곳을 찾아 회고시를 읊었다.

주작교 아래에 들풀 꽃이

오의항 골목에 석양이 진다.

옛날 왕 · 사씨 집에 들던 제비

이제는 늘 백성 집을 찾는구나.

　(朱雀橋邊野草花　烏衣巷口夕陽斜.

　　舊時王謝堂前燕　飛入尋常百姓家.)

唐代의 시인 劉禹錫(유우석)

(7) 庾亮欲起兵廢導, 或勸導密備. 導曰, 吾與元規
休戚是同. 元規若來, 吾便角巾歸第, 復何懼哉. 亮
雖居外鎭, 而遙執朝權, 據上流, 擁强兵, 趨勢者多
歸之, 導內不能平. 嘗遇西風塵起, 擧扇自蔽, 徐曰,
元規塵汚人. 導簡素寡欲, 善因事就功, 雖無日用之
益, 而歲計有餘. 輔相三世, 倉無儲穀, 衣不重帛.

庾亮(유량)이 기병하여 왕도를 폐출하려 하자, 어떤 사람
이 왕도에게 은밀히 대비를 하라고 권유했다. 왕도는 "나
와 원규(유량)와는 기쁨과 슬픔을 같이 나눌 사람이다. 원
규가 만약 공격해 온다면, 나는 각건을 쓰고 은퇴할 것인
데 다시 무엇을 두려워하겠는가?"라고 말했다.

유량이 비록 외진에 나가 있지만 멀리서도 조정의 권세
를 쥐고 있으며, 상류에 웅거하며 강병을 장악하고 있어
권세를 쫓는 자들이 많이 따르고 있었으니 왕도가 마음속
으로 평온할 수는 없었다. 일찍이 서풍에 먼지가 날려 오
자 부채를 들어 가리면서 천천히 말했다. "원규의 먼지가
사람을 더럽히는군!"

왕도는 간소하고 욕심을 부리지 않았으며 일이 있으면
처리하여 공을 이루었는데 비록 단기간에는 보탬이 없는
것 같았지만 멀리 보면 여유가 있었다. 삼대를 보좌하는
재상이었지만 창고에 비축한 곡식이 없었고 비단옷을 겹

처 입지 않았다.

어구 설명

○ 庾亮欲起兵廢導, 或勸導密備. 導曰, 吾與元規休戚是同. 元規若來, 吾便角巾歸第, 復何懼哉. : 庾亮(유량)이 기병(군사를 일으켜)하여 왕도를 폐출하려 하자, 어떤 사람이 왕도에게 은밀히 대비를 하라고 권유했다. 왕도는 "나와 元規(유량)은 기쁨과 슬픔을 같이 나눌 사람이다. 원규가 만약 공격해 온다면, 나는 角巾을 쓰고 은퇴할 것인데 다시 무엇을 두려워하겠는가?"라고 말했다.

　- 庾亮(유량 289～340년) ; 字 元規. 東晉의 權臣이며 成帝의 외삼촌. 成帝 즉위 초기에 政治 담당. 蘇峻의 난 이후 征西將軍으로 외지에 出鎭해 있으며 北伐의 뜻을 실천하려 했으나 성공하지 못했음.

　- 休 쉴 휴. 그치다. 기쁘다.　戚 겨레 척. 친척. 친할 척, 슬퍼할 척(慽과 同), 재촉할 촉.　休戚(휴척) ; 기쁨과 슬픔.

　- 角巾(각건) ; 隱者가 쓰는 平常의 頭巾.　第 차례 제, 집 제. 歸第(귀제) ; 은퇴하다.　懼 두려울 구.

○ 亮雖居外鎭, 而遙執朝權, 據上流, 擁强兵, 趨勢者多歸之, 導內不能平. 嘗遇西風塵起, 擧扇自蔽, 徐曰, 元規塵汚人. : 유량이 비록 外鎭에 나가 있지만 멀리서도 조정의 권세를 쥐고 있으며 장강의 上流에 웅거하며 强兵을 장악하고 있어 勢를 쫓는 자들이 많이 따르고 있었으니, 왕도가 마음속으로 평온할 수는 없었다. 일찍이 서풍에 먼지가 날리자 부채를 들어 얼굴을 가리면서 천천히 말했다. "원규(유량)의 먼지가 사람을 더럽히는군!"

- 外鎭(외진) ; 서울에서 멀리 떨어진 藩鎭(번진＝지방에 주둔하는 軍鎭〈군진〉).

- 遙 멀 요. 멀다. 執 잡을 집. 朝權(조권) ; 조정의 권한. 유량은 성제의 외삼촌이었다. 據 의거할 거. 거점.

- 上流 ; 양자강 상류. 擁 안을 옹. 손에 쥐다. 趨 달릴 추. 따르다. 塵 티끌 진. 먼지. 扇 부채 선.

- 蔽 가릴 폐. 徐 천천히 할 서. 汚 더러울 오. 더럽히다.

○ 導簡素寡欲, 善因事就功, 雖無日用之益, 而歲計有餘. 輔相三世, 倉無儲穀, 衣不重帛. : 왕도는 간소하고 寡慾(과욕)하며 일이 있으면 처리하여 공을 이루었는데 비록 단기간에는 보탬이 없는 것 같았지만 멀리 보면 여유가 있었다. 三世를 보좌하는 재상이었지만 창고에 비축한 곡식이 없었고 비단옷을 겹쳐 입지 않았다.

- 簡素寡欲(간소과욕) ; 간결 소박하며 욕심이 없음.

- 因事就功(인사취공) ; 일에 따라 일을 처리하여 공적을 남김.

- 日用之益(일용지익) ; 짧은 기간에 성취하는 이익.

- 歲 해 세. 輔相(보상) ; 정치를 보좌하는 재상. 三世 ; 元帝 ～明帝～成帝를 섬김.

- 儲 쌓을 저. 穀 곡식 곡. 重 무거울 중, 거듭 중. 겹치다. 帛 비단 백.

【참고】 왕도의 조카 왕희지

❖ 동진의 書聖(서성)인 王羲之(왕희지, 서기 303～361년)의 아

書聖 王羲之(왕희지)

버지 王曠(왕광)은 王導, 王敦과 사촌 형제이다. 그러므로 왕희지는 왕도의 조카(堂姪)이다.

왕희지의 관직이 右軍將軍이었기에 보통 王右軍으로 호칭된다. 왕희지는 벼슬에 연연하지 않고 會稽의 山陰(산음, 浙江 紹興)에 은거하며 서법을 연마하여 웅위하고 유려한 行書의 대가가 되었고 여러 서체에 나름대로의 서체를 완성하여 書聖으로 불리었다.

당시 사람들은 왕희지의 글씨에 대하여 '떠도는 구름처럼 표연하고 놀라 뛰는 龍을 붙잡아 놓은 것 같다.'고 평하였다. 왕희지의 서예작품으로는 〈蘭亭集序 난정집서〉와 〈黃庭經 황정경〉, 〈樂毅論 악의론〉 등이 있다. 왕희지의 아들 王獻之(왕헌지)도 서예로 이름을 날렸는데 '書聖'에 비해 '小聖'이라 불리었다.

왕희지의 면학과 노력은 '墨池(묵지)' 이야기를 통해 알 수 있다. 왕희지가 道士에게 〈황정경〉을 필사해주고 거위를 선물로 받았다는 이야기를 듣고 李白은 〈王右軍〉이라는 詩로 이 정경을 읊었다.

'右軍은 천성이 淸眞하고
소탈하여 속세를 벗어났도다.
山陰에서 도사를 만났는데
거위를 좋아하는 이 손님을 반기었다.
흰 종이를 펴고 道經을 쓰니
필치는 정묘하여 入神의 경지로다.
다 쓰자 거위를 안고 가는데
작별을 고해 무얼 하리오!'

(右軍本淸眞　瀟灑出風塵.
山陰過羽客　愛此好鵝賓.
掃素寫道經　筆精妙入神.
書罷籠鵝去　何曾別主人.)　　　－ 李白 〈王右軍〉 －

(8)　○ 晋司空庾亮卒. 初蘇峻之亂, 亮激之也. 峻平, 亮泥首謝罪, 求外鎭自效. 後都督江·荊等州諸軍事, 辟殷浩參軍, 浩與褚裒, 皆識度淸遠, 善談老·易, 擅名江東, 而浩尤爲風流所宗. 亮欲開復中原, 上疏請率大衆, 移鎭石城, 遣諸軍羅布江·沔, 爲伐趙之規. 蔡謨曰, 不能以大江禦蘇峻, 安能以沔水禦石虎, 乃詔亮, 不聽移鎭. 至是卒于武昌.

○ 동진의 司空 庾亮(유량)이 죽었다. 그 전에 소준의 반란은 유량이 격발시켰다. 소준의 난이 평정된 뒤 유량은 깊이 사죄하며 지방 군진에 나가 공을 세우고자 했다.

뒷날 강주와 형주 등 여러 군사를 감독하며 은호란 사람을 뽑아 참군으로 삼았는데, 은호는 褚裒(저부)와 함께 식견과 도량이 뛰어나고 원대하였으며 노장 사상과 주역에 밝아 강동에 이름을 날렸으며, 특히 은호는 청담의 종주였다.

유량은 중원을 수복하고자 상소를 올려 대군을 인솔하여

석성으로 본진을 옮기고 군사를 한강과 沔水(면수)에 배치하여 趙(조)를 칠 계획을 주청하였다. 蔡謨(채모)는 "大江(양자강)으로도 소준을 감당하지 못했으면서 어찌 면수로 석호를 막겠느냐?" 하면서 成帝(성제)는 유량에게 조서를 보내 군진을 이동하는 것을 허락하지 않았다. (유량은) 이때 무창에서 죽었다.

어구 설명

○ 晋司空庾亮卒. 初蘇峻之亂, 亮激之也. 峻平, 亮泥首謝罪, 求外鎭自效. : 동진의 司空 庾亮(유량)이 죽었다.(서기 340년) 그 전에 蘇峻(소준)의 반란은 유량이 격발시켰다. 소준의 난이 평정된 뒤, 유량은 깊이 사죄하며 지방 군진에 나가 공을 세우고자 했다.

 − 司空 : 太尉, 司徒와 함께 보통 三公이라 칭함.　激 물결 부딪쳐 흐를 격. 물살이 바르다. 떨치다.

 − 亮激之也(양격지야) ; 유량이 소준의 반란을 激發(격발＝격동하여 일어남. 격동시켜 일어나게 함. 挑發〈도발〉)시켰다. 유량이 소준을 내직으로 불러들여 세력을 꺾으려 했었다.

 − 泥 진흙 니(이).　泥首(니수) ; 머리가 진흙에 닿도록 절을 함. 깊이 사죄하다.

 − 外鎭(외진) ; 지방에 주둔한 군대. 말하자면, 국방부의 將星이 전방부대 근무를 자청함.　效 본받을 효.　自效 ; 스스로 노력하다.

○ 後都督江 · 荊等州諸軍事, 辟殷浩參軍, 浩與褚裒, 皆識度清遠,

善談老 · 易, 擅名江東, 而浩尤爲風流所宗. : 뒷날 강주와 형주 등 여러 군사를 감독하며 殷浩(은호)란 사람을 뽑아 參軍(참군)으로 삼았는데, 은호는 褚裒(저부)와 함께 식견과 도량이 청원하며 노장 사상과 주역에 밝아 강동에 이름을 날렸으며, 특히 은호는 청담의 宗主였다.

 ─ 辟 견줄 비. 피할 피. 법 벽. 초빙하다. 殷浩(은호) ; 人名. 褚 솜 저. 裒 모을 부. 識度(식도) ; 識見(식견)과 度量(도량).

 ─ 淸遠(청원) ; 청명하고 원대함. 易 쉬울 이. 바꿀 역. 易經(역경 周易). 擅 멋대로 할 천. 擅名(천명) ; 이름을 날렸다.

 ─ 尤 더욱 우. 風流(풍류) ; 淸談. 所宗 ; 宗主(우두머리)가 되다. 존경의 대상이 되다.

○ 亮欲開復中原, 上疏請率大衆, 移鎭石城, 遣諸軍羅布江 · 沔, 爲伐趙之規. 蔡謨曰, 不能以大江禦蘇峻, 安能以沔水禦石虎, 乃詔亮, 不聽移鎭. 至是卒于武昌. : 유량은 중원을 수복하고자 상소를 올려 대군을 인솔하여 石城으로 본진을 옮기고 군사를 漢江과 沔水(면수)에 배치하여 石虎(석호)의 趙(後趙)를 칠 계획을 주청하였다. 蔡謨(채모)는 "大江(양자강)으로도 소준을 감당하지 못했으면서 어찌 면수로 석호를 막겠느냐?" 하면서 成帝(성제)는 유량에게 조서를 보내 군진을 이동하는 것을 허락하지 않았다. 이때에 (유량은) 武昌에서 죽었다.

 ─ 開復(개복) ; 회복하다. 수복하다. 上疏(상소) ; 疏를 올리다. 石城 ; 안휘성의 縣 이름. 羅 새 그물 나(라), 벌릴 나(라).

 ─ 江 ; 여기서는 양자강의 지류인 漢江으로 武漢에서 양자강과

합류한다. 沔 물 흐를 면. 沔水(면수) ; 漢江의 지류.

– 規 법 규. 책략. 謨 꾀 모. 蔡謨(채모) ; 人名. 禦 막을 어.
방어하다. 감당하다.

– 安 편안 안. 어디, 어느 곳(의문 대명사), 어찌, 어떻게(의문
부사).

– 石虎(석호) ; 五胡十六國時代 後趙의 三代 武帝. 後趙開國君
主 石勒의 조카.

(9) ○ 晉封慕容皝爲燕王. 自皝父廆爲遼東公, 立皝爲世子, 雄毅多權略, 喜經術, 廆卒, 皝立. 其下勸稱王, 皝使請于晉, 遂封之.

○ 晉이 모용황을 연왕으로 봉했다. 모용황의 父 모용외
가 요동공이 되자 모용황을 世子로 삼았는데, (모용황은)
신체가 크고 건장하며 권모와 지략이 많고 성인의 학술을
좋아하였는데 아버지 廆(외)가 죽자 모용황이 즉위하였다.
아래 신하들이 칭왕할 것을 권했지만 모용황은 동진에 사신
을 보내 (책봉을) 요청하니 마침내 그를 (왕으로) 책봉했다.

어구 설명

○ 晉封慕容皝爲燕王. 自皝父廆爲遼東公, 立皝爲世子, 雄毅多權

略, 喜經術, 廆卒, 皝立. : 晉이 慕容皝(모용황)을 燕王으로 봉했다. 모용황의 父 모용외가 遼東公이 되자 모용황을 世子로 삼았는데 (모용황은) 신체가 크고 건장하며 권모와 지략이 많고 성인의 학술을 좋아하였는데 아버지가 죽자 모용황이 즉위하였다.

 – 慕容氏(모용씨) : 鮮卑族의 複姓. 西晉 太康 10年(서기 289년) 慕容廆(모용외)는 西晉에 투항하며 요령성 일대에 거주하며 중국 문화를 흡수한다. 西晉 末年에 前燕(전연), 後燕(후연) 등을 건국한다.

 – 皝 엄숙한 모양 황. 廆 담 외, 사람 이름 외.

 – 毅 굳셀 의. 雄毅(웅의) ; 신체가 크고 건장함. 經術(경술) ; 경전에 바탕을 둔 통치술. 聖人의 학술.

○ 其下勸稱王, 皝使請于晉, 遂封之. : 아래 신하들이 稱王할 것을 권했지만 모용황은 동진에 사신을 보내 (책봉을) 요청하니 마침내 그를 (왕으로) 책봉했다.(서기 334년)

 – 稱 일컬을 칭. 遂 이를 수.

【참고】 왜 책봉을 요구했는가?

 ❖ 당시 東晉과 慕容皝(모용황)은 국경을 맞대고 있지도 않았다. 모용씨는 동진에서 볼 때 산동반도와 바다(발해)를 건너 지금의 요령성 일대를 장악하고 있었다. 모용씨가 책봉을 요구한 것은 동진의 권위를 빌리는 것 외에 石씨의 後趙(후조)를 남북에서 협공한다는 의미가 있었다. 동진에서는 직접적인 위협이 되지도 않는

나라가 臣屬(신속)하겠다며 책봉을 요구하는데 마다할 이유가 없었다. 당장 국경을 맞댄 後趙의 배후에 동맹국을 두는 이점을 모를 리가 없었을 것이다. 이를 본다면 事大와 册封은 외교 전략의 일환이었다.

(10) 帝在位十八年, 頗有勤儉之德. 改元者二, 曰咸和 · 咸康. 崩, 二子丕 · 奕在襁褓, 帝母弟瑯琊王立, 是爲康皇帝.

成帝는 在位 18年에 자못 근검의 덕이 있었다. 개원을 2번 했는데 함화와 함강이다. 붕어할 때, 두 아들 조(丕)와 奕(혁)은 강보에 싸인 어린애였기에 同母(동모)의 아우 낭야왕이 즉위하니, 이가 강황제이다.

어구 설명

○ 帝在位十八年, 頗有勤儉之德. 改元者二, 曰咸和 · 咸康. : 成帝는 在位 18年에 자못 勤儉의 德이 있었다. 改元을 2번 했는데 咸和와 咸康이다.

 − 在位 18年 ; 서기 325∼342년. 18년을 재위했어도 5세에 즉위하였기에 23세라는 한창 나이였다.

 − 頗 자못 파. 매우.　儉 검소할 검.　咸 다 함.　咸和

(326～334년).　咸康(335～342년).

○ 崩, 二子丕·奕在襁褓, 帝母弟瑯琊王立, 是爲康皇帝. : 붕어할 때, 두 아들 丕(비)와 奕(혁)은 강보에 싸인 어린애였기에 同母의 아우 낭야왕이 즉위하니, 이가 康皇帝이다.

　－丕 클 비.　奕 클 혁.　襁 포대기 강.　褓 포대기 보.　襁褓(강보) ; 포대기.　母弟 ; 同母 弟.

【참고】　東晉시대 – 귀족문화의 발달

　❖ 司馬光의 《資治通鑑》은 '정치에 도움이 되도록 비춰보는 거울' 이라는 의미이다. 다시 말하면, 책 이름에는 역사를 정치와 처세의 거울로 인식한다는 뜻이 담겨 있다. 그러다 보니 자연스레 王朝의 흥망성세와 정치에 대한 내용이 주류를 이루고 사회나 경제에 관한 내용은 적고, 문화에 관한 내용은 더 적을 수밖에 없다.

　방대한 편년체 史書인 《자치통감》을 요약한 책이 《通鑑節要》이고 그것을 다시 크게 줄여 고쳐 쓴 것이 《十八史略》이다. 따라서 《十八史略》에는 문화적 성취나 발전에 관한 내용이 거의 없으며, 유명한 시인이나 문장가에 대한 언급도 극소량이다. 여기서 우리가 중국 문화 발전의 기초가 되었던 주요한 문화적 성취를 요약하면 아래와 같은 것이 있다.

　❖ 東晉의 王羲之(왕희지, 303～361년)는 書聖으로 이름을 날렸는데 왕희지의 노력과 아름다운 일화는 지금도 많은 사람들이 알고 있다. 顧愷之(고개지, 344～405년)는 繪畫(회화)의 祖宗이라

동진의 화가 顧愷之(고개지)

할만하다. 고개지의 작품으로는 〈女史箴圖〉, 〈列女仁智圖〉, 〈洛神賦圖〉의 두루마리 그림이 현존하고 있다.

동진 말기와 宋代에 걸쳐 살았던 陶淵明(도연명)은 앞서 나온 陶侃(도간)의 曾孫으로 東晉 제일의 詩人이었다.

前秦의 왕 苻堅(부견)은 군사 7만으로 龜茲國(구자국)을 공격하

였는데 그 목적은 승려 鳩摩羅汁(구마라즙, 중국명 童壽)을 데려
다가 불경을 번역하기 위해서였다. 구마라즙은 불경 35부 290여
권을 번역하여 중국 불교 확산과 발전에 기여하였다.

法顯(법현, 337~422년)은 60세가 넘은 고령인데도 399년에 중
국을 출발하여 돈황을 거쳐 파미르 고원을 넘어 인도의 굽타왕국
에 유학하며 지금의 스리랑카까지 여행을 하였고 불경을 구해서
海路로 귀국하여 여행기인 《佛國記》를 남겼다.

葛洪(갈홍, 284~363년)은 《抱朴子 포박자》란 책을 저술하여 道
敎의 이론체계를 확립하여 뒷날 寇謙之(구겸지)와 함께 도교의 성
립과 발전의 토대를 닦았다.

(11) 康皇帝, 名嶽. 成帝臨崩以嶽爲嗣, 遂卽位.
○ 都督荊江等州軍事庾翼, 爲人慷慨, 喜功名不尙
浮華. 殷浩才名冠世, 翼弗之重曰, 此輩宜束之高
閣, 俟天下太平, 徐議其任耳. 時人擬浩管葛, 伺其
出處, 以卜興亡, 曰, 淵源不出, 當如蒼生何. 翼請
浩爲司馬, 不應, 翼以王夷甫嘲之.

강황제의 이름은 사마악이다. 성제가 붕어할 때 사마악
을 후계로 정했고 마침내 즉위하였다.
○ 형주, 강주 등지의 군사를 감독하는 유익은 사람됨이

강개하고, 공명을 좋아하고 부화한 것을 숭상하지 않았다. 은호란 사람은 재주와 명망이 세상에 으뜸이었지만 유익은 그를 중히 여기지 않고 "이런 자들은 당연히 큰 누각에 묶어놓았다가 천하가 태평해지기를 기다려 그 쓸모를 생각해 보아야 한다."고 말했다. 당시 사람들은 은호를 관중이나 제갈량에 비교하면서 (그의) 출처에 따라 세상의 흥망을 점치면서 "淵源(연원, 은호)이 세상에 나오지 않으니 창생들은 어찌 살아야 하는가?"라며 걱정했다. 유익이 황제에게 청하여 은호에게 사마벼슬을 주려 했지만 은호가 응하지 않으니 유익은 왕이보(왕연)를 예로 들어 그를 조롱했다.

어구 설명

○ 康皇帝, 名嶽. 成帝臨崩以嶽爲嗣, 遂卽位. : 康皇帝의 이름은 司馬嶽(사마악)이다. 成帝가 붕어할 때 사마악을 후계로 정했고 마침내 즉위하였다.

　– 嶽 큰 산 악.　臨 임할 임(림). 일을 당하다. 때에 맞추다. 그 자리에 나아가다.　遂 이룰 수. 끝내다. 마침내.

○ 都督荊江等州軍事庾翼, 爲人慷慨, 喜功名不尙浮華. 殷浩才名冠世, 翼弗之重曰, 此輩宜束之高閣, 俟天下太平, 徐議其任耳. : 형주, 강주 등지의 군사를 감독하는 庾翼(유익)은 사람됨이 강개하고, 功名을 좋아하고 浮華한 것을 숭상하지 않았다. 殷浩란 사람은 才名이 세상에 으뜸이었지만 유익은 그를 중히 여기지 않고

"이런 자들은 당연히 큰 누각에 묶어놓았다가 천하가 태평해지기를 기다려 그 쓸모를 생각해 보아야 한다."고 말했다.

- 庾翼(유익) ; 人名. 庾亮의 아우. 爲人 ; 사람 됨됨이. 慷 원통해할 강. 慨 슬퍼할 개. 慷慨 ; 의기가 넘치고 쉽게 감격하는 성질.

- 功名(공명) ; 업적을 이루어 명성을 얻는 일. 실질.

- 浮 뜰 부. 浮華(부화) ; 실속이 없이 겉만 화려함. 여기서는 노장사상을 좋아하며 헛된 명성을 누리는 일.

- 殷 성할 은. 殷浩(은호 ?~356년) ; 字 淵源. 10여 년을 은거하다가 관직에 나왔으나 뒷날 北伐 실패로 庶人이 되었다.

- 冠 갓 관. 으뜸. 弗 아니 불. 不보다 뜻이 강함. 弗之重(불지중) ; 은호를(之) 중시하지(重) 않다(弗). 목적어를 도치하여 강조한 문장.

- 宜 마땅할 의. 束 묶을 속. 俟 기다릴 사. 徐 천천히 서. 任 쓸모, 임무.

○ 時人擬浩管葛, 伺其出處, 以卜興亡, 曰, 淵源不出, 當如蒼生何. 翼請浩爲司馬, 不應, 翼以王夷甫嘲之. : 時人들은 은호를 관중이나 제갈량에 비교하면서 (그의) 出處를 보아 세상의 興亡을 점치면서 "淵源(연원, 은호)이 세상에 나오지 않으니 창생들은 어찌 살아야 하는가?"라며 걱정했다. 유익이 은호에게 司馬 벼슬을 주려 했지만 은호가 응하지 않으니 유익은 왕이보(왕연)의 예로 그를 조롱했다.

- 擬 헤아릴 의. 비교하다. ~라 여기다. 管葛(관갈) ; 管仲(관

중)이나 諸葛亮(제갈량).　伺 엿볼 사.

　- 出處(출처) ; 세상에 나옴. 벼슬을 하면 태평한 시대, 숨으면
어지러운 세상으로 생각하다.　卜 점 복.

　- 淵源(연원) ; 여기서는 殷浩의 字.　當如蒼生何(당여창생하) ;
창생은 어찌해야 하는가? 우리 같은 보통 사람들은 어찌 살아야
하는가?

　- 王夷甫 ; 王衍(왕연), 淸談으로 유명한 사람. 고위직에서 책임
을 회피하다가 석륵에게 잡혀 죽은 사람.　嘲 비웃을 조. 조롱하
다.

【참고】 본래 썩은 관직, 더러운 재물

　❖ 어떤 사람이 殷浩에게 물었다. "어째서 관직을 얻기 전에 시
체를 넣는 관(棺)이 꿈에 보이고, 人糞(인분) 꿈을 꾸면 왜 재물을
얻게 됩니까?"

　그러자 은호가 대답했다. "관직이란 본래가 냄새가 나고 썩은
것이다. 그래서 그런 벼슬을 얻기 전에 널(棺)이나 시체를 꿈에 보
는 것이다. 그리고 재물이란 본래 더러운 것이기에 그것을 그리워
하다보니 저절로 오물 꿈을 꾸는 것이다."

　이 이야기를 들은 당시 사람들은 모두 名通(명통, 명언, 명쾌한
답변)이라 하였다.

　❖ 은호가 여러 사람에게 물었다. "自然에는 선악이 없고 인간
의 품성은 자연에서 왔는데, 어째서 선한 사람은 적고, 악한 사람

이 많은가?" 이에 많은 사람들이 선뜻 대답을 못하는데, 어떤 이가 말했다. "마치 물을 땅에 쏟아 부은 것처럼 그 물을 잡아서 모아주는 것이 없어 모두 흩어지기 때문입니다."

그러자 많은 사람들이 탄복했다. —《世說新語, 文學》—

(12) 瑯琊內史桓溫, 豪爽有風槩. 翼嘗薦之曰, 英雄之才, 宜委以方·召之任. 至是翼以滅胡取蜀爲己任, 欲悉衆北伐, 移鎭襄陽. 詔翼都督征討諸軍, 翼以溫爲前鋒督. ○ 漢主李壽卒, 子勢立. ○ 帝在位三年崩, 改元者一, 曰建元. 太子立, 是爲孝宗穆皇帝.

낭야의 내사인 환온은 호방하고 시원시원했으며 고상한 인품이 있었다. 유익이 전에 환온을 천거하며 말했다. "영웅의 재목이니 마땅히 방숙이나 소백의 일을 맡겨야 한다."고 말했다. 이때 유익은 오랑캐를 없애 촉을 되찾는 것을 자신의 일로 생각하여 모든 군사로 북벌을 하고자 군진을 양양으로 옮겼다. (황제의) 조서로 유익을 원정의 대군을 감독케 하자, 유익은 환온으로 선봉군을 지휘케 하였다.

○ 漢主 이수가 죽고, 아들 이세가 즉위했다.

○ 강제가 재위 3년에 죽었는데 1번 개원하여 건원이라 하였다. 태자가 즉위하니, 이가 효종 목황제이다.

어구 설명

○ 瑯琊內史桓溫, 豪爽有風槩. 翼嘗薦之曰, 英雄之才, 宜委以方 · 召之任. 至是翼以滅胡取蜀爲己任, 欲悉衆北伐, 移鎭襄陽. 詔翼都督征討諸軍, 翼以溫爲前鋒督. : 瑯琊(낭야)의 內史인 桓溫(환온)은 호방하고 시원시원했으며 고상한 인품이 있었다. 유익이 전에 환온을 천거하며 말했다. "영웅의 재목이니 마땅히 방숙이나 소백의 일을 맡겨야 한다."고 말했다. 이때 유익은 오랑캐를 없애 蜀을 되찾는 것을 자신의 일로 생각하여 모든 군사로 북벌을 하고자 군진을 양양으로 옮겼다.(서기 343년) (황제의) 조서로 유익을 원정의 대군을 감독케 하자, 유익은 환온으로 선봉군을 지휘케 하였다.

 - 桓 푯말 환, 굳셀 환. 桓溫(환온, 312~373년) 字 元子, 東晉 重要 장수, 權臣. 大司馬, 蜀에 있던 成漢을 멸망시켰고(서기 347년), 3차에 걸쳐 北伐을 추진. 당시 조정의 王氏, 謝氏 勢力의 견제를 받았음. 諡號는 宣武. 《世說新語》에는 '桓宣武'로 자주 나옴.

 - 爽 시원할 상. 豪爽(호상) ; 호방하고 시원시원함. 槩 평평하게 할 개, 대강 개. 槪와 同. 風槩(풍개) ; 절개, 인품이 고상함.

– 薦 천거할 천. 추천하다. 方·召 ; 方叔(방숙)과 召伯(소백).
방숙과 소백은 周 宣王 때 周의 中興을 이룩한 공신.

– 滅胡取蜀(멸호취촉) ; 이민족을 멸하고 蜀을 차지하다. 당시
蜀은 氐族(저족)의 李雄이 세운 成(成漢)이 지배하고 있었음. 襄
陽(양양) ; 地名.

○ 漢主李壽卒, 子勢立. : 漢主 李壽가 죽고, 아들 李勢가 즉위했
다.(서기 344년)

– 저족의 李雄이 처음 나라를 세울 때는 成이었으나 국호를 漢
으로 고쳤다.

○ 帝在位三年崩, 改元者一, 曰建元. 太子立, 是爲孝宗穆皇帝. :
康帝가 在位 3年에 죽었는데 1번 改元하여 建元이라 하였다. 太
子가 즉위하니, 이가 孝宗 穆皇帝이다.

– 穆 화목할 목. 康帝 ; 재위 342～344년. 建元 ; 서기
343～344년.

【참고】 斷腸(단장)의 슬픔

❖ 환온이 촉의 成漢을 토벌하러 군사를 거느리고 양자강의 三
峽(삼협)을 거슬러 올라가는데 軍卒 한 사람이 새끼 원숭이를 하
나 잡았다. 그러자 어미 원숭이가 배를 따라 슬피 울며 백릿길을
따라왔다. 나중에 어미가 배에 뛰어 올라 곧 죽었는데 그 원숭이
배를 갈라보니 창자가 마디마디 잘려져 있었다(腸寸寸斷). 이를
전해 들은 환온이 화를 내며 새끼 원숭이를 잡아온 부하를 파면하

라고 했다. -《世說新語》黜免 -

(13) 孝宗穆皇帝, 名聃, 三歲卽位, 會稽王昱輔政.
○ 庾翼卒, 以桓溫都督荊·梁等州軍事. 翼初表其
子領荊州, 何充曰, 荊楚國之西門, 豈可以白面少年
當之. 桓溫英略過人, 西任無出溫者. 丹陽尹劉惔,
知溫有不臣之志, 謂昱曰, 溫不可使居形勝地. 昱不
聽, 竟以溫代翼.

孝宗 목황제의 이름은 담으로, 3세에 즉위하니 회계왕 사마욱이 정사를 담당했다.

○ 유익이 죽어 환온으로 형·양주의 군사를 지휘케 했다. 유익은 처음에 자신의 아들로 형주를 다스리게 해달라고 표문을 올렸지만 하충이 말했다. "형주는 나라의 서쪽 출입문과도 같은데, 어찌 백면소년이 이를 감당할 수 있겠습니까? 환온은 영특한 지략이 남들보다 뛰어나니 형주의 일에 대해서는 환온보다 나은 사람은 없습니다."

단양윤인 유담은 환온이 모반을 할 수 있는 야심이 있다는 것을 알았기에 회계왕 사마욱에게 말했다. "환온을 지세가 좋은 곳에 머물게 해서는 안 됩니다." 그러나 사마욱은 듣지 않고 마침내 환온으로 유익의 자리를 대신하게 했다.

어구 설명

○ 孝宗穆皇帝, 名聃, 三歲卽位, 會稽王昱輔政. : 孝宗 목황제의 이름은 聃으로, 3세에 즉위하니 회계왕 사마욱이 정사를 담당했다.

- 穆帝(목제) ; 재위 345〜361년.

- 聃 귓바퀴 없을 담, 노자 이름 담. 稽 머무를 계. 昱 빛날 욱.

○ 庾翼卒, 以桓溫都督荊·梁等州軍事. 翼初表其子領荊州, 何充曰, 荊楚國之西門, 豈可以白面少年當之. 桓溫英略過人, 西任無出溫者. : 庾翼(유익)이 죽어 환온으로 荊·梁州의 軍事를 지휘케 했다. 유익은 처음에 자신의 아들로 荊州를 다스리게 해달라고 表文을 올렸지만 何充이 말했다. "형주는 나라의 西門인데, 어찌 白面少年이 이를 감당할 수 있겠습니까? 환온은 英略이 過人하니 형주의 일에 대해서는 환온보다 나은 사람은 없습니다."

- 庾翼卒 ; 유익은 서기 345년에 죽었다. 何充 ; 人名. 荊楚(형초) ; 춘추시대 형주에 근거를 둔 楚나라. 형주.

- 豈 어찌 기. 白面少年 ; 세상 경험이 없는 젊은이.

- 英略(영략) ; 영특한 지략. 西任無出溫者(서임무출온자) ; 서쪽의 일에 관해 환온보다 나은 자는 없다. 出은 뛰어나다(秀也).

○ 丹陽尹劉惔, 知溫有不臣之志, 謂昱曰, 溫不可使居形勝地. 昱不聽, 竟以溫代翼. : 丹陽尹인 유담은 환온이 모반을 할 수 있는 야심이 있다는 것을 알았기에 昱(욱, 회계왕 사마욱)에게 말했다.

"환온을 지세가 좋은 곳에 머물게 해서는 안 됩니다." 그러나 사마욱은 듣지 않고 마침내 환온으로 유익의 자리를 대신하게 했다.

 - 丹陽 ; 地名.　尹 다스릴 윤. 지방관. 태수.　惔 속 태울 담, 편안할 담.　不臣之志 ; 신하가 아니라는 뜻, 반역의 뜻.

 - 形勝(형승) ; 지세가 뛰어나다.　竟 다할 경. 결국, 끝내.

【참고】 환온의 외모

　❖ 환온은 신체가 매우 크고 건장했으며 얼굴에 7개의 점이 있었다고 한다. 그러면서도 매우 검소하여 연회에서도 겨우 7, 8개의 다과만을 먹었다고 한다.

　환온의 외모에 대하여 劉惔(유담)은 사람이 "손권이나 사마의(사마중달)와 같은 부류의 사람"이라는 말을 했다고 한다. 환온은 자신의 외모에 대하여 사마의나 劉琨(유곤)에 비교하면 기분 좋아했지만 王敦(왕돈)에 비교하면 매우 언짢아 했다.

　桓溫이 일차 북벌을 할 때 옛날 유곤의 기녀였던 늙은 노파를 얻었다. 그 노비가 환온의 뒷모습을 보고 얼굴을 가리고 울었다. 환온이 추궁하자, 노비는 유곤과 너무 비슷해서 울었다고 대답했다. 환온은 기분이 좋아 의관을 차려 입고 다시 노파를 불러 물었다. 그러자 노비가 대답했다. "입술이 닮았지만 좀 얇고, 수염이 닮았지만 애석하게도 붉은색이 돌고, 형체가 매우 닮았지만 좀 왜소하고, 음성이 매우 비슷하지만 웅장하지가 않습니다."

　환온은 옷을 벗고 잠자리에 들었지만 여러 날 동안 기분이 매우 나빴다고 한다.

(14) ○ 漢主李勢, 驕淫不恤國事. 桓溫帥師伐漢, 拜表卽行, 進至成都, 勢降, 送建康, 漢亡. ○ 燕王慕容皝卒, 子儁立.

○ 한주 이세는 교만 음란하며 국사를 돌보지 않았다. 그래서 환온은 군사를 이끌고 한을 치겠다는 표문을 올리고 곧바로 실행하여 성도에 진격하니 이세가 항복하여 건강으로 압송했고 한은 멸망했다.

○ 연왕 모용황이 죽고, 아들 모용준이 즉위하다.

어구 설명

○ 漢主李勢, 驕淫不恤國事. 桓溫帥師伐漢, 拜表卽行, 進至成都, 勢降, 送建康, 漢亡. : 漢主 李勢는 교만 음란하며 國事를 돌보지 않았다. 桓溫은 군사를 이끌고 漢을 치겠다는 表文을 올리고 곧바로 실행하여 成都에 진격하니 李勢가 항복하여 건강으로 압송했고 漢은 멸망했다.

 - 淫 음란할 음, 넘칠 음. 절제가 없이 지나침. 넘치는 것도 淫이라 함.   恤 구휼할 휼. 돌보다.   帥師(솔사) ; 대군을 통솔함.

 - 建康(건강) ; 동진의 수도.   漢亡 ; 서기 347년, 李雄이 서기 304년 자립 이후 44년 만에 멸망.

○ 燕王慕容皝卒, 子儁立. : 燕王 모용황이 죽고, 아들 모용준이 즉위하다.(서기 348년)

– 顗 엄숙한 모양 황.　雋 영특할 준.　姓(성)전. 대법원 지정 인명용 한자의 음은 '준·전'이다.

(15) ○ 趙天王石虎稱帝, 尋卒, 子世立, 其兄遵弑之而自立, 趙亂. 晉征討都督褚裒, 表請伐趙. 朝野以爲, 中原指期可復. 蔡謨獨以爲, 莫若度德量力, 經營分表, 恐憂及朝廷. 裒遣將, 果敗沒.
○ 趙蒲洪遣使降晉. 洪事趙累世, 至是石閔言於趙主遵曰, 蒲洪人傑也. 今鎭關中, 恐秦·雍非國家有. 遵罷洪都督, 洪怒歸枋頭, 遂通于晉.

○ 後趙의 天王 石虎가 칭제하고 곧 죽으니 아들 石世가 즉위했으나, 형인 석준이 그를 시해하고 자립하니 후조가 혼란해졌다. 동진의 정토도독인 저부가 후조를 치겠다는 표문을 올렸다. 조야에서는 곧 중원을 틀림없이 수복할 수 있다고 생각했다. 채모만 홀로 우리의 역량을 따져 보아 일을 해야 하는데 분수에 넘는 일을 하면 혹시 실패하여 조정에 근심을 끼칠 것이라 생각하였다. 저부는 장수를 내보냈으나 과연 패전해 죽었다.
○ 후조의 포홍이 사자를 보내 진에 투항했다. 포홍은 여러 대에 걸쳐 후조를 섬겼는데 이때에 석민이 후조 군주

석준에게 "포홍은 인걸입니다. 지금 관중에 주둔하고 있지
만 아마도 秦州와 옹주는 국가의 소유가 아닐 것입니다."
석준은 포홍을 도독에서 파면했고 포홍은 화가 나 방두로
돌아왔다가 드디어 동진에 투항했다.

어구 설명

○ 趙天王石虎稱帝, 尋卒, 子世立, 其兄遵弑之而自立, 趙亂. 晋征
討都督褚裒, 表請伐趙. 朝野以爲, 中原指期可復. : 後趙의 天王
石虎가 稱帝하고(349년) 곧 죽으니 아들 石世가 즉위했으나, 兄
인 石遵(석준)이 시해하고 自立하니 후조가 혼란했다. 동진의 정
토도독인 褚裒(저부)가 후조를 치겠다는 표문을 올렸다. 朝野에
서는 곧 中原을 틀림없이 수복할 수 있다고 생각했다.

 - 石虎 ; 後趙 武帝(재위 335~349). 後趙 3대 황제 後趙開國君
主 石勒(석륵)의 조카. 333년에 석륵이 죽고, 그 아들 石弘이 계
승했으나 석호가 시해하고 탈취, 폭군으로 유명.

 - 遵 좇을 준. 순종하다.   弑 죽일 시.

 - 褚 솜옷 저.   裒 모을 부.   指期(지기) ; 指日可期(날을 지정
하여 기약함). 훗날 성공하리라고 확신함.

○ 蔡謨獨以爲, 莫若度德量力, 經營分表, 恐憂及朝廷. 裒遣將, 果
敗沒. : 蔡謨(채모)만 홀로 우리의 역량을 따져 보아 일을 해야 하
는데 분수에 넘는 일을 하면 혹시 실패하여 조정에 근심을 끼칠 것
이라 생각하였다. 저부는 장수를 내보냈으나 과연 패전해서 죽었다.

 - 謨 꾀 모.   蔡謨(채모, 281~356년) 字 道明, 南으로 도강하여

피난을 와서 東晋에서 출사하여 관직이 光祿大夫에 이르렀으나 북벌에 신중론을 견지하였다.

－ 以爲 ; 생각하다.　莫若(막약) ; 莫如. ～하는 것만 못하다. ～해야 한다.

－ 度 헤아릴 탁.　度德量力(탁덕양력) ; 우리의 은덕과 국력을 헤아리다. 이해득실을 따져보다.

－ 經營(경영) ; 계획을 세워 일을 하다.　分表(분표) ; 능력 한계를 넘어서다. 表는 外의 뜻.　恐 두려울 공. 아마도.

－ 憂 근심할 우. 걱정거리. 걱정을 끼치다.　敗沒(패몰) ; 敗死하다.

○ 趙蒲洪遣使降晋. 洪事趙累世, 至是石閔言於趙主遵曰, 蒲洪人傑也. 今鎭關中, 恐秦·雍非國家有. 遵罷洪都督, 洪怒歸枋頭, 遂通于晋. : 후조의 蒲洪(포홍)이 사자를 보내 진에 투항했다. 포홍은 여러 대에 걸쳐 후조를 섬겼는데 이때에 석민이 후조 군주 석준에게 “포홍은 인걸입니다. 지금 관중에 주둔하고 있지만 아마도 秦州와 옹주는 국가의 소유가 아닐 것입니다.” 석준은 포홍을 도독에서 파면했고, 포홍은 화가 나 枋頭(방두)로 돌아왔다가 드디어 동진에 투항했다.

－ 蒲 부들 포.　蒲洪(포홍) ; 人名.　閔 가엽게 여길 민.　石閔(석민) ; 人名. 石虎(석호)의 양자 아들.　秦州(진주) ; 지금의 감숙성 동남부 일대.

－ 雍州(옹주) ; 지금 섬서성 남쪽 일대.　枋頭(방두) ; 河南(하남)에 있던 지명.

【참고】 蔡謨(채모)의 학식

❖ 채모가 고향을 떠나 강남으로 와 살면서 彭蜞(팽기 ; 게와 비
슷하지만 독이 있어 먹지 못하는 절족동물)를 보고서는 게라고 생
각하며 《禮記》에서 읽은 구절을 중얼거렸다. '게는 여덟 개의 다리
에 두 개의 집게발.' 그리고는 하인을 시켜 잡아 삶으라고 하였다.
그러나 채모는 먹은 것을 모두 토한 뒤 한동안 고생을 하였다. 채
모가 뒷날 그런 일을 다른 사람에게 이야기 했다. 그러자 그 사람
은 "그대는 《爾雅 이아》는 제대로 읽지 않고 《예기》만 좋아하다가
죽을 뻔 했구려!"라고 말했다.

《이아》라는 책에는 '팽기라는 동물은 게와 비슷하지만 작다.'고
쓰여 있다.

(16) ○ 涼州張重華, 自稱涼王. 初惠帝之世, 張軌
爲涼州刺史, 威著西土. 懷帝陷沒, 軌遣兵助愍帝於
長安. 帝以軌爲涼州牧西平公. 軌卒, 子寔立, 寔爲
妖賊所殺, 弟茂立. 趙主劉曜擊茂, 茂降趙. 茂卒,
寔之子駿立. 茂臨終語駿. 必奉晉, 不可失. 駿雖復
臣於後趙石勒, 恥之. 成帝時, 假道於蜀, 以通晉.
駿卒, 子重華立, 晉遣使, 仍拜西平公, 重華自爲王.

○ 양주의 장중화가 양왕이라 자칭했다. 그전에 西晉(서

진)의 혜제 재위 시에 장궤를 양주자사로 삼았는데 서쪽 지방에서 위세를 떨쳤었다. 서진의 회제가 낙양성의 함락과 함께 잡혀가 죽자, 장궤는 병력을 파견해 장안에서 민제를 보호했다. 민제는 장궤를 양주목 서평공에 임명했었다. 장궤가 죽자, 아들 장식이 뒤를 이었는데, 장식은 요적에게 살해되고 동생 장무가 뒤를 이었다.

趙主인 유요가 장무를 공격하자, 장무는 趙(前趙)에 항복했다. 장무가 죽자 장식의 아들 장준이 뒤를 이었다. 장무는 임종하면서 장준에게 말했다. "꼭 晉을 섬기되 신의를 잃어서는 안 된다."

장준은 비록 후조 석륵를 섬겨야 하는 신하가 됐지만 마음속으로는 이것을 부끄럽게 생각했다. (장준은) 成帝 때 촉을 거쳐 동진에 통교했다. 장준이 죽자 그 아들 중화가 뒤를 이었는데, 동진에서는 사자를 보내 전례에 따라 서평공에 봉했었는데 이에 만족하지 않고, 마침내 장중화가 스스로 왕이 되었다.

어구 설명

○ 涼州張重華, 自稱涼王. 初惠帝之世, 張軌爲涼州刺史, 威著西土. 懷帝陷沒, 軌遣兵助愍帝於長安. 帝以軌爲涼州牧西平公. 軌卒, 子寔立, 寔爲妖賊所殺, 弟茂立. : 涼州의 장중화가 涼王이라 자칭했다. 그전에 惠帝 재위 시에 張軌(장궤)를 양주자사로 삼았

는데 西土에 위세를 떨쳤었다. 懷帝(회제)가 성의 함락과 함께 잡혀가 죽자, 장궤는 병력을 파견해 장안에서 愍帝(민제)를 보호했다. 민제는 장궤를 양주목 서평공에 임명했었다. 장궤가 죽자, 아들 장식이 뒤를 이었는데, 장식은 妖賊(요적)에게 살해되고 동생 장무가 뒤를 이었다.

 – 涼州(양주) ; 지금 감숙성 일부.　軌 길 궤.　威 위엄 위.

 – 著 분명할 저.　　陷沒(함몰) ; 낙양성이 함락되고 황제가 죽다.(영가 6년, 서기 312년, 유총 침입)

 – 愍 근심할 민.　寔 이 식. 참으로.　妖賊(요적) ; 요술로 사람을 현혹시키는 賊(적).　茂 우거질 무.

○ 趙主劉曜擊茂, 茂降趙. 茂卒, 寔之子駿立. 茂臨終語駿. 必奉晋, 不可失. : 趙主인 劉曜(유요)가 장무를 공격하자, 장무는 趙(前趙)에 항복했다. 장무가 죽자 장식의 아들 장준이 뒤를 이었다. 장무는 임종하면서 장준에게 말했다. "꼭 晋을 섬기되 신의를 잃어서는 안 된다."

 – 擊 칠 격.　茂 우거질 무.　駿 준마 준.　不可失 ; 失信을 해서는 안 된다.

○ 駿雖復臣於後趙石勒, 恥之. 成帝時, 假道於蜀, 以通晋. 駿卒, 子重華立, 晋遣使, 仍拜西平公, 重華自爲王. : 장준은 비록 後趙 石勒를 다시 섬겨야 하는 것을 부끄럽게 생각했다. (장준은) 成帝 때 촉을 거쳐 東晋에 通交했다. 장준이 죽자 그 아들 重華가 뒤를 이었는데, 동진에서는 사자를 보내 전례에 따라 西平公에 봉했는데 중화가 스스로 왕이 되었다.

　－復臣(복신) ; 두 군주를 섬기게 된 신하. 장무는 처음에 劉曜의 漢(前趙)에게 항복하여 그 신하가 되었으나 석륵이 稱王(後趙)하면서 張駿은 자신의 의지와 상관없이 석륵의 신하가 되었다.

　－恥 부끄러울 치.　成帝 ; 東晉 成帝.　假 거짓 가, 빌릴 가. 假道(가도) ; ~을 거치다. 경유하다.

　－仍 인할 잉. 그대로 따르다. 전례에 따라.

(17) ○ 後趙石鑑, 弑其主遵, 而自立. 石閔又幽鑑, 殺之而自立, 改國號曰魏. 殺虎三十八孫, 盡滅石氏. 閔姓冉, 爲石氏所養, 至是復其姓. 後爲燕所破, 執而殺之.

○ 蒲洪自稱三秦王, 改姓苻. 洪先擒趙將麻秋, 不殺而用其言, 因宴爲秋所鴆. 子健斬秋, 代領洪衆. 健入長安, 自稱秦天王, 已而稱帝.

○燕王儁稱帝.

○ 後趙의 석감이 왕인 석준을 시해하고 즉위했다. 석민이 다시 석감을 잡아 가둔 뒤 죽이고 스스로 왕이 되어 국호를 魏(위)로 고치고 석호의 후손 38명을 죽여 석씨를 없애버렸다. 석민의 성은 冉(염)이었는데 석씨에 의해 길러졌었고 이때 본래의 성씨로 되돌아갔다. 뒤에 연나라에 격파되어 잡혔다가 죽음을 당했다.

○ 蒲洪(포홍)이 삼진왕이라 자칭하며 성을 苻(부)로 바꾸었다. 포홍은 그전에 趙의 장수 마추를 생포했는데 죽이지 않고 그의 건의를 채용했으나 잔치에서 마추에게 독살당했다. 부홍의 아들 苻健(부건)이 부홍의 무리를 대신 거느렸다. 부건은 장안에 들어가 진천왕을 자칭하다가 곧이어 칭제했다.

○ 연왕인 준이 칭제했다.

어구 설명

○ 後趙石鑑, 弒其主遵, 而自立. 石閔又幽鑑, 殺之而自立, 改國號曰魏, 殺虎三十八孫, 盡滅石氏. 閔姓冉, 爲石氏所養, 至是復其姓. 後爲燕所破, 執而殺之. : 後趙의 石鑑이 왕인 석준을 시해하고 즉위했다. 石閔이 다시 석감을 잡아 가둔 뒤 죽이고 스스로 왕이 되어 국호를 魏(위)로 고치고 石虎의 후손 38명을 죽여 石氏를 없애버렸다. 석민의 성은 冉(염)이었는데 石氏에 의해 길러졌었고 이때 그 본래의 성씨로 되돌아갔다. 뒤에 燕나라에 격파되어 잡혔다가 죽음을 당했다.

－ 後趙 ; 석륵이 319년에 趙王을 참칭하다가 成帝 咸和 3년(328년) 前趙 劉曜를 죽이고 황제를 참칭했었다. 石鑑(석감)이 石閔(석민)에게 몰살되는 永和 5년(349년)에 石氏의 後趙는 멸망한다.

－ 鑑 거울 감.　遵 좇을 준.　幽 그윽할 유. 숨다. 가두다.　改國號曰魏 ; 史書에서는 冉閔(염민)의 魏를 冉魏(염위)라고 통칭.

－ 盡 다될 진.　冉 나아갈 염.　執 잡을 집.

○ 蒲洪自稱三秦王, 改姓苻. 洪先擒趙將麻秋, 不殺而用其言, 因宴爲秋所鴆. 子健斬秋, 代領洪衆. 健入長安, 自稱秦天王, 已而稱帝. : 蒲洪(포홍)이 三秦王(삼진왕)이라 자칭하며 성을 苻(부)로 바꾸었다. 포홍은 그전에 趙의 장수 麻秋를 생포했는데 죽이지 않고 그의 건의(의견)를 채용했으나 잔치에서 오히려 마추에게 독살당했다. 부홍의 아들 부건이 마추를 베어 아버지의 원수를 갚고 부홍의 무리를 대신 거느린다. 부건은 長安에 들어가 秦天王을 자칭하다가(서기 350년) 곧이어 稱帝한다.(서기 352년)

 − 三秦(삼진) ; 秦나라가 滅亡한 뒤, 項羽는 劉邦을 漢王으로 봉하여 秦嶺 以南의 漢中땅을 통치하게 하여 중앙무대에서 밀어낸다. 그리고 關中의 비옥한 땅 사방 8백 리를 옛 秦의 降將 3인에게 分封한다. 《史記》와 《漢書》에서는 이들 3將을 三秦(삼진)이라 기록하였는데 뒷날 '關中 땅'을 의미하는 地理的 名詞가 되었고, 지금은 陝西(섬서)의 別稱으로도 쓰인다.

 − 苻 풀 이름 부, 깍지 부, 성씨 부. 擒 사로잡을 금. 用其言 ; 麻秋를 죽이지 않고 蒲(부들 포)를 苻(부)로 姓을 바꾸라는 건의를 수용한다.

 − 鴆 짐새 짐. 毒鳥. 健 튼튼할 건.

○ 燕王儁稱帝. : 燕王인 儁(준)이 稱帝(황제)라 하다.(서기 352년)

(18) ○ **趙姚襄歸晋, 而復叛. 襄父弋仲, 南安赤亭**

羌酋也. 懷帝末, 戎夏襁負, 隨之者數萬, 自稱扶風
公. 其後服於前趙劉曜, 又事後趙石勒 · 石虎. 虎甚
重之, 以爲冠軍大將軍. 虎死, 趙亂, 至冉閔滅趙,
弋仲遣使降晋. 弋仲卒, 襄率其衆來晋. 詔襄屯譙
城, 後屯歷陽.

揚 · 豫州都督殷浩在壽春, 惡襄强盛, 遣將襲之, 爲
襄所斬. 先是朝廷聞中原大亂, 復謀進取, 浩受任,
連年北伐無功. 至是率諸軍再擧, 襄伏甲邀之, 浩至
山桑, 襄縱擊, 浩大敗走.

○ 涼張重華卒, 子曜靈立, 其下廢之而立張祚.

○ 趙의 요양이 晋에 귀순했다가(352년) 다시 배반했
다.(353년) 요양의 아버지인 弋仲(익중)은 남안현 적정의
강족 추장이었다. 서진 회제 말년에 융족이나 중국인으로
아이를 업고, 지고, 따르는 자가 수만 명이었는데 익중은
스스로 부풍공이라 자칭했다.

그 뒤에 전조의 유요에게 복속했다가 다시 後趙의 석륵
과 석호를 섬겼다. 석호는 익중을 아주 중히 써서 관군대
장군으로 삼았다. 석호가 죽고, 후조가 혼란에 빠져 冉閔
(염민)이 後趙를 멸망시키자 익중은 사신을 보내 동진에
투항했었다. 익중이 죽자, 아들 요양은 무리를 이끌고 동

진으로 왔다. 동진에서는 요양에게 조서를 내려 초성에 머물게 했다가 뒤에 역양으로 이주시켰다.

양주, 예주의 도독인 은호는 수춘에 주둔하고 있었는데, 요양의 강성해짐을 미워하여 장수를 보내 기습하였으나 요양에게 죽임을 당했다. 이보다 앞서 조정에서는 중원이 크게 혼란하다는 것을 알고 다시 진격하여 회복하려 했고, 은호는 임무를 받아 해마다 북벌했지만 아무런 성과가 없었다. 이에 모든 군사를 거느리고 다시 거병하니, 요양은 복병으로 요격하여 은호가 산상에 이르렀을 때 요양은 군대를 내어 공격하니 은호는 대패하여 달아났다.

○ 涼(양)의 장중화가 죽고, 아들 요령이 즉위했지만 그의 신하가 폐위하고 장조를 즉위시켰다.

어구 설명

○ 趙姚襄歸晉, 而復叛. 襄父弋仲, 南安赤亭羌酋也. 懷帝末, 戎夏襁負, 隨之者數萬, 自稱扶風公. : 趙의 姚襄(요양)이 晉에 귀순했다가(352년) 다시 배반했다.(353년) 요양의 父인 弋仲(익중)은 남안군 赤亭(적정)의 강족 추장이었다. 서진 회제 말년에 융족이나 중국인으로 아이를 업고, 지고, 따르는 자가 수만 명이었는데 익중은 스스로 부풍공이라 자칭했다.

  - 姚 예쁠 요. 성. 襄 도울 양. 姚襄(요양) ; 人名(~357년). 羌族(강족), 5호 16국 시기의 군벌, 姚弋仲(요익중)의 아들, 後秦

(후진)의 開國君主인 姚萇(요장)의 兄.

－ 弋 주살 익.　南安 ; 縣名. 甘肅(감숙).　赤亭(적정) ; 감숙성의 지명.　羌(강) ; 종족 이름 강. 본래 靑海지방에서 중원으로 이동했다.　酋 두목 추.

－ 戎 오랑캐 융. 중국 서남쪽에 거주하는 이민족에 대한 일반적 명칭.　夏 여름 하. 나라 이름(건국자 禹). 중국. 중국인.

－ 襁 포대기 강.　負 등짐 질 부.　扶 도울 부.　扶風(부풍) ; 몹시 센 바람(疾風).

○ 其後服於前趙劉曜, 又事後趙石勒 · 石虎. 虎甚重之, 以爲冠軍大將軍. 虎死, 趙亂, 至冉閔滅趙, 弋仲遣使降晋. : 그 뒤에 前趙의 劉曜(유요)에게 복속했다가 다시 後趙의 석륵과 석호을 섬겼다. 석호는 익중을 아주 중히 써서 관군대장군으로 삼았다. 석호가 죽고, 후조가 혼란에 빠져 冉閔(염민)이 後趙를 멸망시키자 익중은 사신을 보내 동진에 투항했었다.

－ 冉閔(염민) ; 인명.　滅趙 ; 여기서는 石氏의 後趙.

○ 弋仲卒, 襄率其衆來晋. 詔襄屯譙城, 後屯歷陽. : 弋仲이 죽자, 요양은 무리를 이끌고 동진으로 왔다. 동진에서는 요양에게 조서를 내려 초성에 머물게 했다가 뒤에 역양으로 이주시켰다.

－ 譙 꾸짖을 초.　譙城(초성).　歷陽(역양) ; 지금 안휘성에 있는 지명.

○ 揚 · 豫州都督殷浩在壽春, 惡襄强盛, 遣將襲之, 爲襄所斬. 先是朝廷聞中原大亂, 復謀進取, 浩受任, 連年北伐無功. : 양주, 예주의 都督인 殷浩는 수춘에 주둔하고 있었는데, 요양의 강성해짐

을 미워하여 장수를 보내 기습하였으나 요양에게 죽임을 당했다. 이보다 앞서 조정에서는 중원이 크게 혼란하다는 것을 알고 다시 진격하여 회복하려 했고, 은호는 임무를 받아 해마다 북벌했지만 아무런 성과가 없었다.

 − 揚州, 豫州, 壽春 ; 安徽省에 있는 地名. 양주는 河北(하북), 예주는 河南(하남).　殷 성할 은.　殷浩(은호) ; 人名.　惡 미워할 오.　襲 엄습할 습.　斬 목벨 참.

○ 至是牽諸軍再擧, 襄伏甲邀之, 浩至山桑, 襄縱擊, 浩大敗走. ： 이에 모든 군사를 거느리고 다시 거병하니, 요양은 복병으로 요격하여 은호가 산상에 이르렀을 때 요양은 군대를 내어 공격하니 은호는 대패하여 달아났다.

 − 再擧(재거) ; 다시 거사하다.　甲 ; 甲兵.　邀 맞이할 요. 요격하다.　山桑(산상) ; 안휘성의 縣名.

 − 縱 풀어놓을 종. 군사를 내보내다.　擊 칠 격.

○ 涼張重華卒, 子曜靈立, 其下廢之而立張祚. ： 涼(양)의 장중화가 죽고, 아들 曜靈(요령)이 즉위했지만 그의 신하가 폐위하고 張祚(장조)를 즉위시켰다.

 − 張重華 ; 涼州(양주)에서 흥기한 張軌의 후손으로 왕을 자칭한 장중화.　曜靈(요령) ; 人名.　其下 ; 여기서는 그의 신하. 祚 복 조.　張祚(장조) ; 인명. 張重華(장중화)의 아우.

(19)　○ 晋桓溫因殷浩之敗, 請廢浩免爲庶人. 朝廷

初以浩抗溫, 浩廢, 自此內外大權, 一歸溫矣. 浩雖
愁怨, 不形辭色, 嘗書空作咄咄怪事字. 久之, 郗超
勸溫, 處浩令僕, 以書告之. 浩欣然, 答書慮有誤,
開閉十數, 竟達空函. 溫大怒遂絶, 卒於謫所.

○ 진의 환온은 은호의 패배를 이유로 은호의 관직을 면
직시키고 신분을 폐하여 서인으로 만들 것을 청했다. 조정
에서는 그전에 은호를 시켜 환온을 견제케 했으나 은호를
폐함으로써 내외의 대권이 한꺼번에 환온에게 돌아가 버
렸다. 은호는 비록 걱정하고 원망을 했지만 말투나 얼굴에
나타내지 않고 그냥 공중에 咄咄怪事(돌돌괴사)라는 글자
를 쓰는 시늉만 했다.

얼마 후, 치초가 환온에게 권유하기를, 은호를 상서령이
나 복야 자리를 주자고 권유하니 이를 편지로 알렸다. 은
호는 기뻐하면서 답서에 틀린 것이 있을까 걱정하여 뜯어
보고 봉하기를 십여 차례 거듭하다가 끝내 빈 봉투를 보냈
다. 환온은 대노하면서 벼슬 천거를 그만두었고 (은호는)
귀양을 간 곳에서 죽었다.

○ 晋桓溫因殷浩之敗, 請廢浩免爲庶人. 朝廷初以浩抗溫, 浩廢,
自此內外大權, 一歸溫矣. : 진의 환온은 은호의 패배를 이유로 은

호의 관직을 면직시키고 신분을 폐하여 서인으로 만들 것을 청했다. 조정에서는 그전에 은호를 시켜 환온을 견제케 했으나 은호를 폐함으로써 내외의 大權이 한꺼번에 환온에게 돌아가 버렸다.

　－ 廢 폐할 폐. 관리나 士族의 신분을 없앰. 신분의 강등.　　免 면할 면. 관직을 면직시킴.　　庶 많을 서.　庶人 ; 평민, 서민　自此(자차) ; 이로부터.

○ 浩雖愁怨, 不形辭色, 嘗書空作咄咄怪事字. : 은호는 비록 걱정하고 원망을 했지만 말투나 얼굴에 나타내지 않고 그냥 공중 咄咄怪事(돌돌괴사)라는 글자를 쓰는 시늉만 했다.

　－ 愁 근심 수. 걱정하다.　　怨 원망할 원.　　不形(불형) ; 나타내지 않다.　　辭 말씀 사, 언 사.　　色 ; 얼굴 표정.

　－ 書空 ; 공중에 글씨를 쓰다.　　咄 꾸짖을 돌. 탄식하는 소리.

　－ 咄咄怪事(돌돌괴사) ; 놀랄만하고 괴이한 일. 괘씸하다. 해괴한 일이다 함. 免官이야 예상할 수 있지만 士族 신분의 강등은 이해할 수 없다는 의미.(이때가 穆帝 永和 10년 서기 354년의 일이었다.)

○ 久之, 郗超勸溫, 處浩令僕, 以書告之. 浩欣然, 答書慮有誤, 開閉十數, 竟達空函. 溫大怒遂絶, 卒於謫所. : 얼마 후, 郗超(치초)가 환온에게 권유하기를, 은호를 상서령이나 복야 자리를 주자고 권유하니 이를 편지로 알렸다. 은호는 기뻐하면서 답서에 틀린 것이 있을까 걱정하여 뜯어보고 봉하기를 십여 차례 거듭하다가 끝내 빈 봉투를 보냈다. 환온은 대노하면서 벼슬 천거를 그만두었고 (은호는) 귀양을 간 곳에서 죽었다.

　－ 久 오랠 구. 久之 ; 얼마 후.　　郗 고을 이름 치.　郗超(치초) ;

人名.　處 곳 처. 살다. 자리하다. 결정하다. 대우하다.

－ 令 ; 여기서는 尙書令(관직).　僕 종 복. 여기서는 僕射(복야)
次官級 관직.　欣 기쁠 흔.　慮 생각할 려. 걱정하다.

－ 開閉(개폐) ; 열고 닫기, 뜯어보았다가 다시 봉하기.　竟 다할
경. 끝내.　函 상자 함.　謫 귀양을 갈 적.

(20) ○ 桓溫帥師伐秦, 大敗秦兵于藍田, 轉戰至灞
上. 秦主苻健, 閉長安小城自守. 三輔皆來降, 溫撫
諭居民使安堵. 民爭持牛酒迎勞, 男女夾路觀之. 耆
老有垂泣者, 曰, 不圖今日復覩官軍.

北海王猛字景略, 偳儻有大志, 隱居華陰. 聞溫入
關, 被褐謁之. 捫虱而談當世之務, 旁若無人. 溫異
之, 問猛曰, 吾奉命除殘賊, 而三秦豪傑未有至者何
也. 猛曰, 公不遠數千里, 深入敵境, 今長安咫尺,
而不度灞水, 百姓未知公心, 所以不至. 溫默然無以
應. 溫與秦兵戰于白鹿原, 不利. 秦人淸野, 溫軍乏
食. 欲與猛俱還, 猛不就.

○ 환온은 군사를 거느리고 秦을 공격했는데, 진의 군사
를 남전에서 대패시켰고 곳곳에서 전투를 하면서 灞上(파

상)에 도착했다. 秦의 왕 부건은 장안의 소성(내성)을 닫고
방어했다. 장안 부근 삼보의 백성들이 모두 투항했고, 환
온은 이들을 위문하고 유시를 내려 거민들을 안도케 하였
다. 백성들은 다투어 소고기나 술을 가지고 나와 맞이하고
위로했고, 남녀가 길 양 옆에서 군사들을 구경했다. 그중
에 눈물을 흘리고 우는 노인이 말했다. "오늘 다시 진나라
의 군사를 보리라고는 생각하지 못했다."

王猛(왕맹)이 이를 잡으며 환온을 만나다.

북해의 왕맹은 字가 경략인데 구속을 싫어하며 큰 뜻을 갖고 화음땅에 은거하고 있었다. 왕맹은 환온이 관중 땅에 들어왔다는 말을 듣고 삼베옷을 입은 채로 만났다. 왕맹은 이(虱)를 잡으면서 당시의 시무(중요한 일)를 이야기하는데 방약무인하듯 행동하였다. 환온이 그를 특이하다 생각하며 물었다. "나는 황제의 명을 받아 잔악한 도적무리를 제거하는데 관중 땅의 호걸들이 아무도 찾아오지 않는데 왜 그러합니까?"

왕맹이 말했다. "公이 수천 리를 멀다 않고 적의 경계 안으로 깊이 진격했지만, 지금 장안을 지척에 두고서도 파수를 건너려 하지 않으니 백성들이 공의 마음을 모르기 때문에 호걸들이 항복해 오지 않는 것이다." 환온은 묵묵히 대답하지 않았다.

환온은 백록원에서 진의 군사와 싸웠지만 불리했다. 진나라 사람들이 곡식을 다 거두어들여 사마온의 군사들은 양식이 부족했다. 왕맹과 같이 돌아가려 했으나 왕맹은 사양하고 나서지 않았다.

어구 설명

○ 桓溫帥師伐秦, 大敗秦兵于藍田, 轉戰至灞上. 秦主苻健, 閉長安小城自守. 三輔皆來降, 溫撫諭居民使安堵. : 환온은 군사를 거느리고 秦을 공격했는데, 진의 군사를 藍田(남전)에서 대패시켰

고 곳곳에서 전투를 하면서 灞上(파상)에 도착했다. 秦의 왕 苻健 (부건)은 長安의 小城(內城)을 닫고 방어했다. 장안 부근 三輔(삼 보)의 백성들이 모두 투항했고, 환온은 이들을 위문하고 유시를 내려 居民들은 안도케 하였다.(永和 10년. 354년)

 — 秦 ; 苻健(부건)의 前秦.   藍 쪽 남(람). '靑出於藍'의 藍.   藍 田(남전) ; 縣名(현명). 지금의 섬서성의 地名.   轉戰(전전) ; 이곳 저곳에서 전투를 벌임.

 — 灞 강 이름 파. 남전에서 발원하여 渭水(위수)로 흘러감.   灞 上 ; 地名.   三輔(삼보) ; 長安 부근의 행정 구역, 京兆(경조), 馮 翊(풍익), 扶風(부풍)을 말함.

 — 撫諭(무유) ; 백성들을 위무(慰撫)하고 유시를 내리다.   堵 담 도. 安堵(안도) ; 자기 집안에 있는 것처럼 안심시킴.

○ 民爭持牛酒迎勞, 男女夾路觀之. 耆老有垂泣者, 曰, 不圖今日 復覩官軍. : 백성들은 다투어 소고기나 술을 가지고 나와 맞이하 고 위로했고, 男女가 길 양 옆에서 군사들을 구경했다. 그중에 눈 물을 흘리고 우는 노인이 말했다. "오늘 다시 晋나라의 군사를 보 리라고는 생각하지 못했다."

 — 牛酒 ; 소고기와 술. 집에서 제사용으로 장만한 것, 군졸 위로 용으로 제공. 牛는 쇠고기로 해석해야지 살아있는 소(牛)가 아님.

 — 夾 낄 협. 夾路(협로) ; 길 양쪽.   耆 늙은이 기. 60세 이상의 노인. 耆老(기로) ; 노인.

 — 垂泣(수읍) ; 눈물을 흘리며 울다.   覩 볼 도.   官軍 ; 晋의 군사.

○ 北海王猛字景略, 倜儻有大志, 隱居華陰. 聞溫入關, 被褐謁之.

捫虱而談當世之務, 旁若無人. 溫異之, 問猛曰, 吾奉命除殘賊, 而
三秦豪傑未有至者何也. : 北海의 王猛(왕맹)은 字가 景略(경략)인
데 구속을 싫어하며 큰 뜻을 갖고 화음땅에 은거하고 있었다. 왕
맹은 환온이 관중 땅에 들어왔다는 말을 듣고 삼베옷을 입은 채
로 만났다. 왕맹은 이를 잡으면서 당시의 시무를 이야기하는데
방약무인하듯 행동하였다. 환온이 그를 특이하다 생각하며 물었
다. "나는 황제의 명을 받아 잔악한 도적무리를 제거하는데 관중
땅의 호걸들이 아무도 찾아오지 않는데 왜 그러합니까?"

　- 北海 ; 郡名.　王猛(왕맹, 325~375년) ; 이 사람은 뒷날 苻堅
(부견)을 도와 승상을 지내며 前秦의 부국강병을 이룩했다.

　- 倜 대범할 척.　儻 빼어날 당.　倜儻(척당) ; 다른 사물에 구
애를 받지 않음. 出衆(출중)한 모습.

　-　華陰(화음) ; 地名. 陝西省(섬서성)에 있는 縣(현)의 이름.
被 입을 피.　褐 베옷 갈.　謁 아뢸 알. 만나보다.　捫 어루만질
문. 이(虱)를 잡다.

　- 虱 이 슬. 흡혈 벌레.　旁 옆 방.　旁若無人(방약무인) ; 옆에
사람이 없는 것같이 행동하다.

　- 除 섬돌 제. 가다. 덜어내다. 죽이다. 殘 해칠 잔. 잔인하다.
殘賊(잔적) ; 백성을 해치는 도적 무리. 秦의 고관이나 병사.

　- 豪傑(호걸) ; 영웅이라는 뜻이 아니라 勢力家, 有力者.

○ 猛曰, 公不遠數千里, 深入敵境, 今長安咫尺, 而不度灞水, 百姓
未知公心, 所以不至. 溫默然無以應. 溫與秦兵戰于白鹿原, 不利.
秦人淸野, 溫軍乏食. 欲與猛俱還, 猛不就. : 왕맹이 말했다. "公

이 수천 리를 멀다 않고 적의 경계 안으로 깊이 진격했지만, 지금 長安을 지척에 두고서도 파수를 건너려 하지 않으니 백성들이 공의 마음을 모르기 때문에 호걸들이 항복해 오지 않는 것이다." 환온은 묵묵히 대답하지 않았다. 환온은 白鹿原(백록원)에서 秦의 군사와 싸웠지만 不利했다. 秦나라 사람들이 곡식을 다 거두어들여 사마온의 군사들은 양식이 부족했다. 왕맹과 같이 돌아가려 했으나 왕맹은 사양하고 나서지 않았다.

 – 咫 길이 지. 짧은 거리. 8寸. 1尺은 10寸.　咫尺(지척) ; 아주 짧은 거리.

 – 度 건너가다. 渡와 같음. 당시 환온은 파수를 건너 장안으로 진격할 의도가 없었다고 한다.　白鹿原 ; 파수의 남쪽 평원.

 – 淸野(청야) ; 들을 깨끗이 하다. 당시 秦에서 곡식(麥)을 다 수확하여 군량을 얻지 못했다.　乏 가난할 핍.

(21) ○ 秦主健卒, 子生立. ○ 涼張祚淫虐被弑, 子玄靚立. ○ 姚襄降于燕, 北據許昌, 又攻洛陽. 桓溫督諸軍討襄, 進至河上, 與寮屬登平乘樓, 北望中原歎曰, 使神州陸沈百年, 王夷甫諸人, 不得不任其責. 至伊水, 襄戰連敗而走. 溫屯金墉, 謁諸陵, 置鎭戍而還. 襄將西圖關中, 秦遣兵拒擊斬襄. 襄弟萇以衆降秦.

○ 秦主 부건이 죽고, 아들 부생이 즉위했다.

○ 涼의 장조는 음탕하고 잔인하여 시해 당했고, 아들 현정이 즉위했다.

○ 趙(조)의 요양은 연나라에 투항한 뒤, 북쪽의 허창을 근거로 낙양을 다시 공격했다. 환온은 여러 군사를 지휘하며 요양을 토벌하여 황하 가에 도달하여 여러 관속을 거느리고 배의 누각에 올라 북쪽으로 중원을 바라보며 탄식하며 말했다. "중원이 이민족에게 빼앗긴 지 백 년이니 왕연 같은 자들이 부득불 책임을 져야 한다." 이수에 이르러 요양은 싸움에서 연패하고 도주했다. 환온은 금용성에 주둔하고, 여러 능을 배알하고 수비 군졸을 두고 돌아왔다. 요양이 다시 서쪽으로 관중 땅을 공격하려 하자, 秦(진)이 군대를 내어 공격을 막으면서 요양을 죽였다. 요양의 아우 요장이 무리를 이끌고 진에 투항했다.

어구 설명

○ 秦主健卒, 子生立. 涼張祚淫虐被弑, 子玄靚立. : 秦主 苻健(부건)이 죽고, 아들 부생이 즉위했다. 涼(양)의 張祚(장조)는 음탕하고 잔인하여 시해 당했고, 아들 玄靚(현정)이 즉위했다.

– 苻健(부건)이 죽은 것은 東晉 영화 11년, 서기 355년이다.

– 涼 ; 역사에서는 前涼(전량). 漢族인 張軌(장궤)가 감숙성 일대에 건국. 아들 張寔(장식)이 칭제.(서기 314년) 이때를 건국으

로 잡는 史書도 있다. 376년에 前秦에게 멸망.

  － 祚 복 조. 虐 사나울 학. 靚 고요할 정.

○ 姚襄降于燕, 北據許昌, 又攻洛陽. 桓溫督諸軍討襄, 進至河上, 與寮屬登平乘樓, 北望中原歎曰, 使神州陸沈百年, 王夷甫諸人, 不得不任其責. : 趙(조)의 요양은 燕(연)에 투항한 뒤, 北쪽의 許昌을 근거로 洛陽(낙양)을 또 공격했다. 환온은 여러 군사를 지휘하며 요양을 토벌하여 황하 가에 도달하여 여러 관속을 거느리고 전함의 누각에 올라 북쪽으로 중원을 바라보며 탄식하며 말했다. "중원이 이민족에게 빼앗긴 지 백 년이니 왕이보(왕연) 같은 자들이 부득불 책임을 져야 한다."

  － 姚襄(요양) ; 羌族(강족). 人名. 後秦(후진)을 개국한 姚萇(요장)의 형.

  － 許昌(허창) ; 지금 河南省의 지명. 河上(하상) ; 황하의 강가.

  － 寮 벼슬아치 료(요). 寮屬(요속) ; 屬官(속관). 平乘樓(평승루) ; 전함에 만들어 놓은 높은 누각. 神州(신주) ; 중국에 대한 자칭.

  － 陸沈(육침) ; 육지가 가라앉다. 이민족에게 빼앗기다.

  － 夷 오랑캐 이. 마음이 평안하다. 甫 클 보. 王夷甫(왕이보) ; 王衍(왕연), 淸談 大家, 고위직에서 國事에 무책임. 石勒에게 피살.

  － 不得不 ; ～하지 않으면 안 된다. ～해야 한다.(必須) 任 ; 감내하다. 견디다. 責 꾸짖을 책.

○ 至伊水, 襄戰連敗而走. 溫屯金墉, 謁諸陵, 置鎭戍而還. 襄將西

圖關中, 秦遣兵拒擊斬襄. 襄弟萇以衆降秦. : 伊水에 이르러 요양은 싸움에서 연패하고 도주했다. 환온은 금용성에 주둔하고, 여러 능을 배알하고 수비 군졸을 두고 돌아왔다. 요양이 다시 서쪽으로 관중 땅을 공격하려 하자, 秦(진)이 군대를 내어 공격을 막으면서 요양을 죽였다. 요양의 아우 姚萇(요장)이 무리를 이끌고 진에 투항했다.

 - 伊水(이수) ; 洛水로 흘러드는 지류.　埔 담 용.　金埔(금용) ; 낙양 東北의 城.　謁諸陵(알제능) ; 西晋 황실의 여러 능을 참배하다.

 - 戌 지킬 수.　鎭戌(진수) ; 국경이나 특정한 곳을 지키다. 鎭守와 같음.　萇 나무 이름 장.

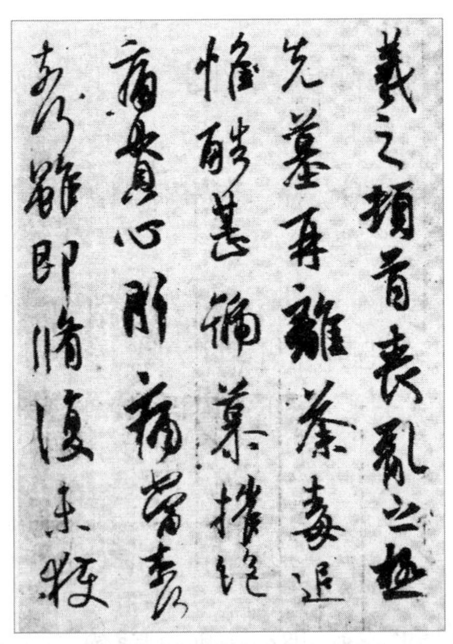

王羲之(왕희지)의 『喪亂帖(상란첩)』

3) 淝水(비수)의 싸움

(1) ○ 秦苻堅弑其君生, 自立爲秦天王. 有薦王猛於堅者, 一見如舊. 自謂, 如玄德之於孔明, 一歲中五遷官. 擧異才, 修廢職, 課農桑, 恤困窮, 秦民大悅. ○ 燕主慕容儁卒, 子暐立. ○ 晋桓溫以謝安爲征西司馬. 安少有重名, 前後徵辟皆不就. 士大夫相謂曰, 安石不出, 如蒼生何. 年四十餘乃出. ○ 帝在位十七年崩, 改元者二, 曰永和·升平. 無嗣, 成帝子瑯琊王立, 是爲哀皇帝.

○ 秦의 苻堅(부견)이 그의 군주 부생을 시해하고 자립하여 진천왕이 되었다.(357년) 누군가가 왕맹을 부견에게 천거하였는데 한번 보자 오랜 친구처럼 대했다. 스스로 현덕이 공명을 대하는 것과 같다 말하면서 1년에 5번이나 벼슬을 올려주었다. (왕맹은) 특이한 재사를 천거하며 관리 기강을 바로 잡고, 농사와 누에치기를 권장하며 곤궁한 사람을 돌보니 진나라 백성들이 크게 기뻐했다.

○ 燕主인 모용준이 죽고, 아들 모용위가 즉위했다.

○ 晉의 환온이 사안을 정서사마로 임명했다. 사안은 젊어서부터 명성이 높았고 그간 여러 번 조정에서 불렀으나 매번 벼슬에 나서지 않았다. 이에 사대부들이 서로 말했

다. "안석(사안)이 출사하지 않으니 창생을 어떻게 해야 하나!" 안석은 나이 40에 마침내 벼슬에 나아가, 정서사마가 된 것이다.

　○ 목제가 재위 17년에 죽었는데 개원을 두 번 했으니 영화와 승평이다. 후사가 없어 성제의 아들 낭야왕 사마립이 즉위하니, 이가 애황제이다.

어구 설명

○ 秦苻堅弑其君生, 自立爲秦天王. 有薦王猛於堅者, 一見如舊. 自謂, 如玄德之於孔明, 一歲中五遷官. 擧異才, 修廢職, 課農桑, 恤困窮, 秦民大悅. : 秦의 苻堅(부견)이 그의 군주 苻生(부생)을 시해하고 자립하여 秦天王이 되었다.(357년) 누군가가 王猛(왕맹)을 부견에게 천거하였는데 한번 보자 오랜 친구처럼 대했다. 스스로 玄德이 孔明을 대하는 것과 같다 말하면서 1년에 5번이나 벼슬을 올려주었다. (왕맹은) 특이한 才士를 천거하고 관리 기강을 바로 잡고, 농사와 누에치기를 권장하며 곤궁한 사람을 돌보니 秦의 백성들이 크게 기뻐했다.

　- 秦 ; 前秦(351∼394 존속). 저족이 세운 나라로 화북지방을 통일하고 동진(東晋)과 세력을 겨룸.

　- 苻 귀목풀(白英) 부, 성씨 부. 본래 蒲氏(포씨)를 苻氏로 바꾸었다.

　- 苻堅(부견, 재위 357∼385년) ; 저족, 苻雄의 子, 苻洪의 孫, 苻健의 조카.

- 王猛(왕맹, 325~375) ; 字 景略, 十六國時期 重要政治家, 前秦의 丞相, 前秦의 富國强兵을 이룩하였다.

- 一見如舊(일견여구) ; 단 한번 보고 오랜 친구처럼 대하다. 마음이 통하다. 부견과 왕맹은 357년에 처음 만났다.

- 如玄德之於孔明(여현덕지어공명) ; 현덕이 공명을 대하던 것과 같이.   遷 옮길 천.   遷官 ; 벼슬을 올려 줌.   舉 들 거. 천거하다. 王景略固是夷吾, 子産之儔也.

- 修 닦을 수. 바로 잡다.   廢職(폐직) ; 직무를 태만히 함. 폐지되는 직위.   修廢職 ; 관리 근무기강을 바로 잡음.

- 恤 구휼할 휼.   窮 다할 궁. 궁핍하다.   悅 기쁠 열.

○ 燕主慕容儁卒, 子暐立. : 燕主인 모용준이 죽고, 아들 모용위가 즉위했다.

- 慕容(모용) ; 선비족의 성씨.   暐 햇빛 위.

○ 晉桓溫以謝安爲征西司馬. 安少有重名, 前後徵辟皆不就. 士大夫相謂曰, 安石不出, 如蒼生何. 年四十餘乃出. : 晉의 桓溫이 謝安을 征西司馬로 임명했다. 사안은 젊어서부터 명성이 높았고 그간 여러 번 조정에서 불렀으나 매번 벼슬에 나서지 않았다. 이에 士大夫들이 서로 말했다. "安石(사안)이 출사하지 않으니 창생을 어떻게 해야 하나!" 안석은 나이 40에 마침내 벼슬에 나아가, 정서사마가 된 것이다.

- 謝安(320~385年) ; 字 安石, 호 東山. 東晉 政治家, 軍事家. 文人.   少有重名(소유중명) ; 젊어서부터 명성이 높았다.

- 前後 ; 여러 번.   徵 부를 징.   辟 법 벽. 피할 피. 부르다. 徵

辟(징벽) ; 임금이 초야에 있는 사람을 불러 벼슬을 내림.

 - 如蒼生何(여창생하) ; 如何蒼生의 강조. 창생을 어찌해야 하는가?

○ 帝在位十七年崩, 改元者二, 曰永和·升平. 無嗣, 成帝子瑯琊王立, 是爲哀皇帝. : 穆帝(목제)가 在位 17년에 죽었는데 改元을 두 번 했으니 永和와 升平이다. 후사가 없어 成帝의 아들 낭야왕 사마립이 즉위하니, 이가 哀皇帝(애황제)이다.

 - 在位 十七年 ; 서기 344〜361년. 永和(서기 345〜356년). 升平(서기 357〜361년). 無嗣(무사) ; 後嗣(후사)가 없음.

【참고】 부견과 왕맹

  ❖ 전진의 왕 苻堅(부견)은 사촌 형 부생의 자리를 빼앗고 秦天王이라 칭했다. 부견은 저족이지만 재위기간에 漢人 王猛(왕맹)을 중용하여 강력한 부국강병책을 추진하여 서기 376년에 화북지방을 통일한다. 왕맹은 왕족인 苻氏들의 횡포와 부정을 과감하게 척결하였는데 그의 강력한 후원자가 바로 국왕 부견이었다.

  桓溫이 북벌하면서 장안 근처까지 전진을 공격해 왔을 때(355년), 환온을 만나서 '虱(이)를 잡으면서 이야기를 했던' 捫虱而談(문슬이담)의 주인공. 당시 환온은 '동진에는 당신 같은 인재가 없다.'면서 같이 돌아가자고 했으나 왕맹은 환온을 신임하지 않았기에 따라가지 않았다.

  뒷날 왕맹을 만난 부견은 마치 유비가 제갈량을 만난 듯 좋아했으며, 부견은 왕맹을 춘추시대의 '管仲과 子産에 견줄만한 사람

(王景略固是夷吾, 子産之儔也)'이라고 평가했다.

화북의 강자가 된 전진은 東晋이 차지한 촉의 영유권을 놓고 다투는데 서기 383년의 비수의 전투(淝水之戰)에서 동진에 완패한다. 이후 그 지배하의 소수민족들의 봉기가 일어나고 부견은 385년에 羌族(강족)의 姚萇(요장)에게 피살되고, 전진은 394년에 멸망한다.

전진의 왕 부견은 서기 372년(소수림왕 2년)에 고구려에 불교를 전래해 주었다.

【참고】 謝安의 東山再起

❖ 사안(320~385년)의 호는 東山이다. 동진의 가장 유명한 세족은 王氏와 謝氏였다. 사안은 문벌에 의한 벼슬에 뜻이 없어 王羲之(왕희지)와 교유하면서 유유자적했었다. 물론 조정에서 여러 차례 불렀지만 출사하지 않았다. 그러나 아우 謝萬(사만)이 敗兵했기에 庶人이 되고 형과 사촌들이 연이어 세상을 떠나자 사안은 가문의 몰락을 염려하여 40이 넘은 나이에 처음으로 桓溫(환온)의 막료인 司馬가 된다. 사람들은 이를 '東山再起(동산재기)'라 하였다. 물론 환온과 사안의 정치적 견해나 입장이 일치하지는 않았지만 환온도 사안을 존중하며 협조하였다.

사안은 일생동안 정당하게 정치와 소임을 다하였고 가장 청렴한 재상의 표준이며 高潔(고결)의 상징으로 이름을 남겼다. 사안은 太保 겸 都督十五州軍事 겸 衛將軍 등 요직을 역임했고, 前秦王 苻堅(부견)의 남하를 저지시켜 東晋을 지켰다.

謝安(사안)

(2) 哀皇帝, 名丕, 卽位二年而寢疾, 又一年而崩. 改元者二, 曰隆和 · 興寧. 弟瑯琊王立. 是爲帝奕.

애황제의 이름은 비이고, 즉위 2년에 병석에 누웠고 다시 1년 뒤에 죽었다. 개원을 2번 했으니 융화와 흥령이다. 아우인 낭야왕 사마립이 즉위하니, 이가 황제 奕(혁)이다.

어구 설명

○ 哀皇帝, 名丕, 卽位二年而寢疾, 又一年而崩. 改元者二, 曰隆和 · 興寧. 弟瑯琊王立. 是爲帝奕. ; 哀皇帝의 이름은 丕(비)이고, 卽位 2年에 병석에 누웠고 다시 1년 뒤에 죽었다. 改元을 2번 했으니 隆和(융화)와 興寧(흥령)이다. 아우인 낭야왕 司馬立이 즉위하니, 이가 皇帝 奕(혁)이다.

- 哀皇帝(재위 362~365) ; 成帝의 아들이며 穆帝의 사촌 형. 즉위 시부터 桓溫이 전권을 행사하여 허수아비 황제였으며 佛法과 長生術을 좋아하였으나 곡기를 끊고(斷穀) 丹藥(단약)을 복용하다가 약물에 중독되어 25세에 죽었다.

- 丕 클 비. 寢 잠잘 침. 寢疾(침질) ; 병석에 눕다.(臥病 와병)

- 隆 클 융(륭). 융성하다. 隆和(서기 362년), 興寧(363~365). 奕 클 혁.

(3) 帝奕, 名奕, 成帝之幼子也. 旣卽位, 以會稽王昱, 爲丞相.

○ 桓溫自哀帝時, 爲大司馬, 都督中外諸軍事, 錄尙書事. 加揚州牧, 移鎭姑孰. 以郗超爲參軍, 王珣爲主簿. 人語曰, 髥參軍短主簿, 能令公喜, 能令公怒.

○ 燕人攻陷洛陽, 戌將死之. 溫帥師伐燕, 戰于枋頭, 大敗而還. ○ 燕慕容垂旣擊破晉軍, 威名日盛, 燕王忌之, 垂奔秦.

폐제 혁의 이름은 혁으로, 성제의 막내아들이다. 즉위하고서 회계왕 욱을 승상으로 삼았다.

○ 환온은 애제 때부터 대사마가 되어 내외의 모든 군사를 지휘하며 상서의 일도 총괄하였다. 거기에다 양주목도 겸임하여 고숙에 주둔하고 있었다. (환온은) 치초를 참군으로 왕순을 주부로 임명하였는데 사람들은 "수염 있는 참군과 키 작은 주부는 환온을 기쁘게, 노하게도 만들 수 있다."고 하였다.

○ 燕의 군사들이 낙양을 공격하여 함락시키고 수비하는 장수를 죽였다. 환온은 군사를 거느리고 연을 정벌하러 나가 방두에서 싸웠지만 대패하고 돌아왔다.

○ 연의 모용수가 동진 군대를 격파시킨 뒤, 위세와 명성이 날로 높아지니 연왕이 미워하자 모용수는 전진으로 달아났다.

어구 설명

○ 帝奕, 名奕, 成帝之幼子也. 旣卽位, 以會稽王昱, 爲丞相. : 폐제 奕(혁)의 이름은 奕(혁)으로, 成帝의 막내아들이다. 卽位하고서 會稽王(회계왕) 昱(욱)을 丞相으로 삼았다.

- 奕 클 혁. 帝奕 ; 황제에서 폐위되어 시호가 없다. 幼 어릴 유. 작다. 幼子 ; 막내아들. 旣卽位(기즉위) ; 즉위하고 나서.

- 會稽(회계) ; 郡名. 시대에 따라 다르지만 대체로 長江 이남의 吳와 越(월)의 옛 땅을 지칭. 지금의 江蘇省의 南部, 上海의 西部, 浙江(절강)의 많은 부분을 포함한다.

○ 桓溫自哀帝時, 爲大司馬, 都督中外諸軍事, 錄尙書事. 加揚州牧, 移鎭姑孰. 以郗超爲參軍, 王珣爲主簿. 人語曰, 髥參軍短主簿, 能令公喜, 能令公怒. : 桓溫은 애제 때부터 大司馬가 되어 中外의 諸軍事를 지휘하며 尙書의 일도 총괄하였다. 거기에다 揚州牧도 겸임하여 고숙에 주둔하고 있었다. (환온은) 郗超(치초)를 參軍(참군)으로, 王珣(왕순)을 主簿로 임명하였는데 사람들은 "수염 있는 參軍과 키 작은 主簿(주부)는 溫公(환온)을 기쁘게, 노하게도 만들 수 있다."고 하였다.

- 都督中外諸軍事(도독중외제군사) ; 수도(中)와 지방(外)의 모

든 군사업무를 감독하며,

 - 錄 기록할 녹. 다스리다. 총괄하다. 살피다.　加 ; 여기서는 겸임하다.　姑孰(고숙) ; 安徽省의 地名.

 - 郗 고을 이름 치.　珣 옥 이름 순.　簿 장부 부.　主簿(주부); 書記官(서기관).　髥 구렛나루 염.　短 짧을 단. 키가 작다. 短軀 (단구).

○ 燕人攻陷洛陽, 戍將死之. 溫帥師伐燕, 戰于枋頭, 大敗而還. : 燕의 군사들이 낙양을 공격하여 함락시켜 수비하는 장수를 죽였다. 환온은 군사를 거느리고 연을 정벌하러 나가 枋頭(방두)에서 싸웠지만 대패하고 돌아왔다.

 - 陷 빠질 함. 함락시키다.　帥 장수 수. 거느릴 솔.　帥師(솔사) ; 군사를 거느리다.　枋 뗏목 방.　枋頭(방두) ; 河南省의 地名.

○ 燕慕容垂旣擊破晋軍, 威名日盛, 燕王忌之, 垂奔秦. : 燕의 慕容垂(모용수)가 晋軍을 격파시킨 뒤, 위세와 명성이 날로 높아지니 燕王이 미워하자 모용수는 전진으로 달아났다.

 - 慕容垂(모용수) ; 人名.　忌 꺼릴 기. 미워하다.　奔 달아날 분.　秦 ; 부견의 前秦.

【참고】 廢帝 奕(폐제 혁)의 비극

　❖ 成帝의 작은 아들인 奕(혁)은 형인 哀帝가 죽은 365년에 7대 황제로 즉위한다. 당시 나라의 全權을 장악하고 있던 桓溫(환온) 은 황제를 폐위하고 정권을 탈취하려는 마음으로 아무런 과실도

없는 황제를 '陽物이 위축되어 사람(사나이) 노릇을 못하며, 2명의 왕비가 나은 3명의 아들은 모두 男寵(남총 ; 남자 동성연애자)의 자식이라는 이유로 371년에 폐위하여 東海王으로 삼았다가 다시 海西公이라 격하시켜 유폐하고 2명의 왕비와 아들들을 모두 죽여 버린다. 이후 사마혁은 주색에 빠져 폐인처럼 살다가 386년에 45세로 죽었다.

(4) ○ 秦王猛督諸軍伐燕. 遂圍鄴, 秦王苻堅入鄴, 執燕主慕容暐以歸. ○ 晋桓溫陰蓄不臣之志. 嘗撫枕歎曰, 男子不能流芳百世, 亦當遺臭萬年. 欲先立功還受九錫, 及枋頭之敗, 威名頓挫. 郗超勸溫行伊霍之事, 以立大威權. 溫遂入朝, 白太后廢帝. 在位六年, 改元者一, 曰太和. 會稽王立, 是爲簡文皇帝.

○ 秦의 왕맹이 모든 군대를 동원하여 연을 공격했다. 마침내 수도 鄴(업)을 포위하였고, 秦王 부견이 업에 진입하여 연주 모용위를 사로잡아 돌아갔다.

○ 晋의 환온은 반역할 마음을 남몰래 갖고 있었다. 그전에 목침을 만지작거리며 탄식하였다. "남자가 아름다운 이름을 백 세에 남길 수 없다면, 악명이라도 남겨야 할 것이다."

  (환온은) 먼저 공을 세우고 돌아와 구석을 받고자 하였으나 방두에서의 패전으로 위세와 명성이 갑자기 꺾이었다. 이에 치초가 환온에게 이윤과 곽광의 행적을 따라 큰 권위를 세우라고 권유하였다. 환온은 드디어 입조하여 태후에게 아뢰고 폐제를 감행했다.

  (폐제 혁은) 재위 6年에 개원을 1번 하였는데 태화이다. 회계왕 사마립이 즉위하니, 이가 간문황제이다.

어구 설명

○ 秦王猛督諸軍伐燕. 遂圍鄴, 秦王苻堅入鄴, 執燕主慕容暐以歸. : 秦의 王猛이 諸軍을 감독하여 연(前燕)을 공격했다. 마침내 수도 鄴(업)을 포위하였고, 秦王 苻堅이 鄴에 진입하여 燕主 慕容暐(모용위)를 사로잡아 돌아갔다.(서기 370년)

 ─ 遂 이를 수. 마침내. 圍 둘레 위. 에워싸다. 鄴 땅이름 업.

 ─ 暐 햇빛 위. 慕容暐(재위 360~370) ; 선비족. 前燕의 最後 君主. 포로가 되었다가 뒤에 부견의 신하가 되었다. 이리하여 燕(연)은 3대 34년으로 멸망했다.(기원 370년)

○ 晋桓溫陰蓄不臣之志. 嘗撫枕歎曰, 男子不能流芳百世, 亦當遺臭萬年. : 晋의 桓溫은 반역할 마음을 남몰래 갖고 있었다. 그 전에 목침을 만지작거리며 탄식하였다. "남자가 流芳百世(유방백세)를 할 수 없다면, 악명이라도 남겨야 할 것이다."

 ─ 蓄 쌓을 축. 陰蓄(음축) ; 남몰래 마음에 품다. 撫 어루만질

무.　枕 베게 침. 木枕.　不臣之志(불신지지) ; 반역의 뜻.

－芳 꽃다울 방. 향기. 덕행, 명성. 아름다움.

－流 흐를 유(류). 널리 알려지다. 전하여져 남다.　流芳百世(유방백세) ; 萬古에 좋은 이름을 남기다.

－遺 남길 유.　臭 냄새 취. 썩다. 더럽다. 심하게.　遺臭萬年(유취만년) ; 악명을 후세에 남기다. 流芳百世의 상대어.

○ 欲先立功還受九錫, 及枋頭之敗, 威名頓挫. 郗超勸溫行伊霍之事, 以立大威權. 溫遂入朝, 白太后廢帝. : (환온은) 먼저 공을 세우고 돌아와 九錫을 받고자 하였으나 枋頭(방두)에서의 패전으로 위세와 명성이 갑자기 꺾이었다. 이에 郗超(치초)가 환온에게 이윤과 곽광의 행적을 따라 큰 권위를 세우라고 권유하였다. 환온은 드디어 입조하여 太后에게 아뢰고 廢帝를 감행했다.

－立功(입공) ; 공적을 쌓다.　還受九錫(환수구석) ; (수도로) 귀환하여 九錫을 받다.　九錫(구석) ; 人臣이 누릴 수 있는 최고 영예.

－頓 조아릴 돈. 깨지다. 부서지다.　挫 꺾을 좌. 挫折(좌절)하다.　頓挫(돈좌) ; 기세가 갑자기 꺾이다. 정세가 갑자기 불리하게 되다.

－伊 저 이.　伊尹(이윤) ; 殷의 이윤은 太甲을 방축했음.　霍 빠를 곽(확).　前漢(전한)의 霍光은 창읍왕을 폐하고 宣帝(선제)를 영입하였다.

－白 흰 백. 깨끗하다. 여쭈다.

○ 在位六年, 改元者一, 曰太和. 會稽王立, 是爲簡文皇帝. : 재위

6年에 改元을 1번 하였는데 太和이다. 회계왕 사마립이 즉위하
니, 이가 簡文皇帝(간문황제)이다.
 – 재위 6년(366~371년), 太和(366 ~371년).

【참고】 伊霍之事(이곽지사) – 신하가 주군을 폐위하다.

❖ 伊尹(이윤, 기원전 17~16세기)은 본래 노예였다가 탕(湯)임
금의 요리사가 되었다. 나중에 탕임금에 의해 중용되어 무도한 夏
나라를 없애고 商(상)나라를 건국하는데 큰 공적을 남겼고 商(殷)
나라의 丞相이 되었다. 다음에 太甲이 卽位하였으나 우매하고 무
능하여 伊尹은 太甲을 桐地(동지)란 곳에 유배시키고 3년간 이윤
이 섭정을 하였다. 뒤
에 太甲이 후회하자
다시 왕위에 올렸고
태갑은 聖君이 되었
다고 한다.

霍光(곽광, 기원전
130?~前 68년)은 前
漢 政治家로 麒麟閣
(기린각) 11명 功臣의
첫째가는 사람이다.
名將 霍去病(곽거병)
의 동생이며, 피부가
희고 이목이 수려했

霍光(곽광)

던 미남으로도 이름이 났다. 漢의 武帝, 昭帝, 宣帝를 섬기었는데, 기원전 74년에 昭帝(소제)가 죽고 아들이 없었다. 霍光은 漢 武帝의 손자인 昌邑王 劉賀(유하)를 즉위케 하였으나, 즉위 후 27일 만에 음란무도하다는 이유로 태후에게 이를 알리고 폐위시키면서 여러 신하와 협의하여 武帝의 曾孫인 劉詢(유순)을 영입하여 즉위케 하니, 이가 漢의 宣帝(선제)이다. 곽광은 殷의 伊尹(이윤)의 행적을 본떠 天子를 폐위시켰으니 후세에 이를 '伊霍之事(이곽지사)' 라 부른다.

(5) 簡文皇帝, 名昱, 元帝子也. 淸虛寡欲, 尤善玄言. 桓溫迎卽位, 九閱月而不豫, 急召桓溫入輔, 如諸葛武侯 · 王丞相故事. 溫望帝臨終禪位, 否卽居攝, 不副所望. 時謝安 · 王坦之在朝, 溫疑坦之 · 安沮其事, 心甚銜之. 帝在位改元者一, 曰咸安. 太子立, 是爲烈宗孝武皇帝.

간문황제의 이름은 사마욱으로 원제의 아들이다. 청렴 담백하고 욕심이 없었으며 더욱이 노장 사상에 밝았다. 환온이 영입하여 즉위하였으나 9개월을 지나면서 병이 들어 환온을 입궐하여 정사를 맡으라고 급히 불렀는데, 이는 제 갈무후나 승상 왕도의 선례를 따른 것이다.

　환온은 황제가 임종할 때 선위하거나 아니면 섭정이 되기를 바랐으나 소망대로 되지 않았다. 이때 사안과 왕탄지가 조정에 있었기에 환온은 왕탄지와 사안이 될 일을 막았다고 의심하며 마음으로 심히 그들을 원망했다.

　간문제가 재위하며 개원을 하였는데 함안이었다. 太子가 즉위하니, 이가 열종 효무황제이다.

어구 설명

○ 簡文皇帝, 名昱, 元帝子也. 淸虛寡欲, 尤善玄言. 桓溫迎卽位, 九閱月而不豫, 急召桓溫入輔, 如諸葛武侯 · 王丞相故事. : 簡文皇帝의 이름은 司馬昱(사마욱)으로 元帝의 아들이다. 청렴 담백하고 욕심이 없었으며 더욱이 노장 사상에 밝았다. 환온이 영입하여 즉위하였으나 9개월을 지나면서 병이 들어 환온을 입궐하여 정사를 맡으라고 급히 불렀는데, 이는 제갈무후나 승상 왕도의 선례를 따른 것이다.

　－ 簡文帝(간문제) ; 司馬昱 元帝의 少子. 會稽王으로 폐제 奕(혁)에 의해 승상을 정치를 담당했으나 조정의 모든 결정권은 환온에게 있었다. 환온에 의해 52세에 371년에 즉위하였지만 허수아비 황제였다. 즉위하면서 바로 병석에 누워 약 250여 일 만에 죽었다.

　－ 昱 빛날 욱.　淸虛寡欲(청허과욕) ; 청렴 담백하고 욕심이 없다.　尤 더욱 우.　玄言(현언) ; 심오한 말. 老子와 莊子의 말.

　- 閱 조사할 열. 읽다. 겪다.　閱月(열월) ; 한 달을 보내다.　豫 미리 예. 즐기다.　不豫(불예) ; 마음이 즐겁지 않음. 君主의 병환.

　- 入輔(입보) ; 입궁하여 정사를 돌보다.　諸葛武侯(제갈무후) ; 제갈량. 어리석은 후주를 보필했음.

　- 王丞相(왕승상) ; 王導(왕도). 元帝 사후에 어린 成帝를 보필.

○ 溫望帝臨終禪位, 否卽居攝, 不副所望. 時謝安·王坦之在朝, 溫疑坦之·安沮其事, 心甚銜之. : 환온은 황제가 臨終할 때 선위하거나 아니면 攝政이 되기를 바랐으나 소망대로 되지 않았다. 이때 사안과 왕탄지가 조정에 있었기에 환온은 왕탄지와 사안이 될 일을 막았다고 의심하며 마음으로 심히 그들을 원망했다.

　- 禪位(선위) ; 황제의 자리를 (他姓에게) 내어줌. 부덕한 군주가 유덕자에게 군주의 자리를 내어줌. 평화적인 왕조 교체.

　- 否卽居攝(부즉거섭) ; 그렇지 않으면, 곧 섭정의 자리에 나아가다.　攝 당길 섭. 거머쥐다.

　- 不副所望(불부소망) ; 바라는 대로 부응하지 못했다. 바라는 바가 이루어지지 않았다.

　- 坦 평평할 탄.　王坦之(330∼375년) ; 太原 王氏 族人, 謝安과 함께 환온의 야욕을 좌절시켰다.

　- 沮 막을 저.　甚 심할 심.　銜 말 재갈 함. 입에 물다. 마음에 품다. 원망하다.

○ 帝在位改元者一, 曰咸安. 太子立, 是爲烈宗孝武皇帝. : 간문제가 在位하며 改元을 하였는데 咸安이었다. 太子가 즉위하니, 이가 烈宗 孝武皇帝이다.

【참고】 환온의 꿈＝왕망의 꿈

❖ 환온이 섭정의 자리를 희망한 것은 王莽(왕망)의 선례를 따른 것이다. 王莽은 前漢 平帝를 독살하고 겨우 2살 된 孺子嬰(유자영)을 皇太子로 앉힌 뒤 태왕태후의 명에 의거 섭정하면서 '攝皇帝(섭황제)' 라 칭했다. 기원 후 8년에 왕망은 유자영의 선양을 받아 제위에 오르고 국호를 '新', 수도 장안을 '常安(상안)' 이라 했다. 이로써 왕망은 중국 역사상 최초로 황제 자리를 찬탈한 인물로 기록이 된다. 비록 왕망이 여러 가지 개혁을 시도했지만 성공하지 못했고 '赤眉(적미)의 난' 같은 농민 봉기가 일어났다. 왕망은 綠

王莽(왕망)

林軍이 長安에 난입했을 때 商人에게 피살되었다.(서기 23년) 왕망은 또한 '僞君子(위군자, 거짓 위)' 의 전형이라 할 수 있다.

(6) 烈宗孝武皇帝, 名昌明, 年十歲卽位.

○ 桓溫來朝. 詔謝安 · 王坦之, 迎于新亭. 都下洶洶, 云, 欲誅王 · 謝, 因移晉祚. 坦之甚懼, 安神色不變. 溫旣至, 百官拜于道側. 溫大陳兵衛, 延見朝士. 坦之流汗沾衣, 倒執手板, 安從容就席, 謂溫曰, 安聞, 諸侯有道, 守在四鄰. 明公何須壁後置人邪. 溫笑曰, 正自不能不爾, 遂命撤之. 與安笑語移日, 郗超臥帳中, 聽其言, 風動帳開. 安笑曰, 郗生可謂入幕之賓矣. 溫有疾還姑孰, 疾篤, 諷求九錫. 安 · 坦之故緩其事, 尋卒.

열종 효무황제 이름은 창명인데, 나이 열 살에 즉위했다.
○ 환온이 입조하였다. 황제는 조서로 사안과 왕탄지가 신정에 나가 영접하라고 했다. 도성 안에서는 인심이 흉흉하여 '(환온이) 왕탄지와 사안을 죽이고 진의 천자 자리를 뺏으려 한다.'고 말했다. 왕탄지는 매우 두려워했으나 사안은 얼굴색이 바뀌지 않았다.
환온이 도착하여 모든 관리들은 길 양측에서 인사를 했다. 환온은 호위 군사들을 쭉 세워놓고 조정 관리들을 불러 만나보았다. 왕탄지는 땀을 흘려 옷이 다 젖었고 홀을 거꾸로 들고 있었지만, 사안은 조용히 자리에 앉아 환온에

게 말했다. "저는 제후가 정도를 가면 사방에서 지켜준다
고 들었습니다. 명공께서는 하필 벽 뒤에 사람을 세워두어
야 하겠습니까?" 환온은 웃으면서 "다만 나로서는 이리 안
할 수 없소."라고 말하면서 철수하라 하였다.

  (환온은) 사안과 웃으면서 오랫동안 이야기를 나누었다.
치초가 장막 안에 엎드려 이야기를 듣다가 바람에 장막이
걷혔다. 사안이 웃으면서 "치생이야말로 장막 안에서 시중
을 드는 근신이라고 말할 수 있겠습니다."

  환온은 병이나 고숙으로 돌아갔으나 병은 위독했고 (환
온은) 넌지시 구석을 바랬지만, 사안과 왕탄지는 그 일을
고의로 지연시켰고 (환온은) 곧 죽었다.

어구 설명

○ 烈宗孝武皇帝, 名昌明, 年十歲卽位. : 烈宗 孝武皇帝 이름은
昌明인데, 나이 열 살에 즉위했다.
- 孝武皇帝(재위 372~396년) ; 字 昌明, 東晋 9번째 황제, 簡文
帝의 3子. 처음에는 태후가 섭정했으나 14세 때부터 親政했음.
25년이나 재위했고, 북쪽 前秦 王 苻堅의 南下를 저지했다.
 - 名 昌明 ; 司馬氏는 외자 이름이 거의 대부분이다. 이름은 曜,
昌明은 그의 字로, 또 10세가 아니라 11세에 즉위한 것으로 설명
한 기록이 있다. 武帝는 謝安이 죽은 뒤에 동생을 중용하여 정권
을 맡기었는데 이름은 司馬道子이다.

○ 桓溫來朝. 詔謝安·王坦之, 迎于新亭. 都下洶洶, 云, 欲誅王·謝, 因移晉祚. 坦之甚懼, 安神色不變. : 桓溫이 來朝하였다. 황제는 조서로 謝安과 왕탄지가 新亭에 나가 영접하라고 했다. 도성 안에서는 인심이 흉흉하여 '(환온이) 왕탄지와 사안을 죽이고 진의 천자 자리를 뺏으려 한다.'고 말했다. 왕탄지는 매우 두려워했으나 사안은 얼굴색이 바뀌지 않았다.

　- 來朝 ; 入朝, 외지에 근무하는 신하가 궁성에 와서 황제를 배알하는 일.　　迎 ; 영접하다.　　新亭 ; 註에는 江蘇省에 있는 遊宴의 場所.

　- 都下(도하) ; 都城 內의.　　洶 물살 세찰 흉.　　洶洶 ; 인심이 매우 어지러운 모양. 왁자지껄한 모양.　　誅 벨 주.

　- 移 옮길 이.　　祚 복 조. 하늘이 내린 복. 天子의 자리.　　懼 두려울 구.　　神色(신색) ; 정신과 안색, 태도.

○ 溫旣至, 百官拜于道側. 溫大陳兵衛, 延見朝士. 坦之流汗沾衣, 倒執手板, 安從容就席, 謂溫曰, 安聞, 諸侯有道, 守在四鄰. 明公何須壁後置人邪. 溫笑曰, 正自不能不爾, 遂命撤之. : 환온이 도착하여 모든 관리들은 길 양측에서 인사를 했다. 환온은 호위 군사들을 쭉 세워놓고 조정 관리들을 불러 만나보았다. 왕탄지는 땀을 흘려 옷이 다 젖었고 홀을 거꾸로 들고 있었지만(제정신이 아님), 사안은 조용히 자리에 앉아 환온에게 말했다. "저는 제후가 正道를 가면 사방에서 지켜준다고 들었습니다. 명공께서는 하필 벽 뒤에 사람을 두어야 하겠습니까?" 환온은 웃으면서 "다만 나로서는 이리 안할 수 없소."라고 말하면서 철수하라 하였다.

- 旣至(기지) ; 도착했다. 側 곁 측. 길 옆. 大陳兵衛(대진병위) ; 호위 병사들을 많이 세워놓고.

- 朝士 ; 조정의 관리. 延 끌 연. 길게 늘이다. 延見(연견) ; 불러들여 만나보다. 引見과 같음.

- 汗 땀 한. 沾 더할 첨, 적실 첨. 倒 넘어질 도. 거꾸로. 手板(수판) ; 손에 쥐는 홀. 메모하기 위한 나무판.

- 從容(종용) ; 자연스럽고 태연한 모양. 침착하고 서두르지 않음. 꾀어서 권함. 就席(취석) ; 자리에 앉다.

- 安聞(안문) ; 제가(謝安) 들기로는. 鄰 이웃 린. '諸侯有道守在四鄰(제후유도 수재사린)' ; 제후가 정도를 지킨다면 사방에서 지켜준다. 제후가 바르다면 이웃 제후들이 지켜 준다. 《左傳》 昭公 二十二年의 기록.

- 明公(명공) ; 명망이 높은 사람. 사안이 환온을 호칭한 것임. 須 모름지기 수. 何須(하수) ; 何必(하필)과 같음.

- 邪 간사할 사. 어조사 야. 의문, 반문, 추측, 감탄을 표현하는 어기조사.(耶와 같음)

- 正 ; 마침, 참으로, 다만. 正自不能不爾(정자불능불이) ; 다만 나로서는 그리 안할 수 없다. 撤 거둘 철. 철수하다.

○ 與安笑語移日, 郗超臥帳中, 聽其言, 風動帳開. 安笑曰, 郗生可謂入幕之賓矣. 溫有疾還姑孰, 疾篤, 諷求九錫. 安·坦之故緩其事, 尋卒. : (환온은) 사안과 웃으면서 오랫동안 이야기를 나누었다. 郗超(치초)가 장막 안에 엎드려 이야기를 듣다가 바람에 장막이 걷혔다. 사안이 웃으면서 "치생이야말로 장막 안에서 시중을

드는 근신이라고 말할 수 있겠습니다.”

환온은 병이나 고숙으로 돌아갔으나 병은 위독했고 (환온은) 넌지시 九錫을 바랬지만, 사안과 왕탄지는 그 일을 고의로 지연시켰고 (환온은) 곧 죽었다.(寧康 1년. 서기 373년)

　- 移 옮길 이.　移日(이일) ; 해 그림자(日影)가 옮겨가다. 시간이 오래되다.　帳 휘장 장.　郗生(치생) ; 환온의 모사. 郗超(치초).

　- 入幕之賓(입막지빈) ; 天子를 가까이 모시는 近臣. 특별히 친한 손님. → 幕賓(막빈) ; 參謀(참모), 幕僚(막료)와 같음.

　- 疾篤(질독) ; 질병이 위독함.　諷 풍자할 풍. 외우다. 사물에 비유하여 바른말을 하다.　諷求(풍구) ; 넌지시 희망하다.

　- 故 옛 고. 고의로, 일부러.　緩 느릴 완. 늦추다.　尋 찾을 심. 곧, 얼마 안 있어.

【참고】 사나이라면 차라리 악명이라도…

❖ 桓溫은 “사나이가 세상에 아름다운 이름을 남기지 못할 바에야 악명이라도 남겨야 한다(男兒不能流芳百世 亦當留臭萬年).”면서 반란을 일으킬 뜻을 분명히 했었다. 이는 왕돈이 반란을 일으키면서 “내가 훌륭한 일을 했다는 말을 다시 듣지 못할 것이다(吾不復得爲盛德事矣).”라는 말과 똑같은 의미를 갖는다.

환온은 비록 반기를 들지 못하고 죽었지만 그 뜻은 아들 桓玄(환현)에게 이어진다.

(7) ○ 秦丞相王猛卒. 秦主堅哭之曰, 天不欲使吾平一六合邪. 何奪吾景略之速也. 猛臨終謂堅曰, 晋雖僻處江南, 然正朔相承, 上下安和. 臣沒之後, 願勿以晋爲圖. 鮮卑·西羌, 我之仇敵, 終爲人患, 宜漸除之以安社稷.

○ 涼降于秦. 先是張玄靚之叔父天錫. 殺玄靚而自立. 天錫荒于酒色政亂. 秦伐之, 兵至姑臧, 天錫面縛出, 送長安.

○ 秦의 승상 왕맹이 죽었다. 진왕 부견이 슬피 울며 말했다. "하늘은 나로 하여금 천하를 통일하는 것을 바라지 않는가? 나의 왕맹을 왜 이리 빨리 빼앗아가는가?"

왕맹은 임종하며 부견에게 말했다. "동진이 비록 강남의 후미진 곳에 있지만, 정통을 이어온 나라이고 상하가 안정되고 화합하고 있습니다. 신이 죽은 이후라도 바라옵건대, 동진을 없애려 하지 마십시오. 선비와 서쪽의 강족은 우리의 적이고, 결국 우리의 걱정거리이오니 점차 제거하여 사직을 안정케 하십시오."

○ 涼이 秦에 항복했다. 이에 앞서 장현정의 숙부 장천석이 장현정을 죽이고 스스로 즉위했었다. 장천석은 주색에 빠졌고 정치는 어지러웠다. 전진이 토벌에 나서 병력이 수도 고장에 이르자, 장천석은 밧줄을 목에 매고 항복하여

장안으로 보냈다.

○ 秦丞相王猛卒. 秦主堅哭之日, 天不欲使吾平一六合邪. 何奪吾景略之速也. : 秦의 승상 王猛이 죽었다. 秦王 부견이 곡을 하며 말했다. "하늘은 나로 하여금 천하를 통일하는 것을 바라지 않는가? 나의 왕맹을 왜 이리 빨리 빼앗아가는가?"

 - 卒 ; 왕맹은 서기 375년에 죽었다.　哭 울 곡. ～을 슬퍼하여 울다.　다음의 之는 '왕맹의 죽음'을 의미하는 대사(代詞)로 哭의 목적어.

 - 天不欲使吾平一六合邪 ; 天은 吾로 하여금 六合을 平一하는 것을 不欲하는가?(의문문임).　平一 ; 혼란을 평정하여 통일함.

 - 六合 ; 天下. 東西南北과 上下.　邪(야) ; 어조사 야.　奪 빼앗을 탈.　景略 ; 왕맹의 字.

○ 猛臨終謂堅曰, 晋雖僻處江南, 然正朔相承, 上下安和. 臣沒之後, 願勿以晋爲圖. 鮮卑·西羌, 我之仇敵, 終爲人患, 宜漸除之以安社稷. : 왕맹은 죽기 전에 부견에게 말했다. "동진이 비록 강남의 후미진 곳에 있지만, 정통을 이어온 나라이고 상하가 안정되고 화합하고 있습니다. 신이 죽은 이후라도 바라옵건대, 동진을 없애려 하지 마십시오. 선비와 서쪽의 강족은 우리의 적이고, 결국 우리의 걱정거리이오니 점차 제거하여 사직을 안정케 하십시오."

 - 僻 후미질 벽.　晋雖僻處江南(진수벽처강남) ; 東晋이 비록

(雖) 江南의 후미진 곳에(僻) 머물지만(處), 당시 中原에 비해 강남은 문화가 저급한 곳이었다.

- 正 여기서는 正月. 一年의 시작.　朔 초하루 삭. 한 달의 始作.　正朔(정삭) ; 옛날 帝王이 새 나라를 세운 뒤 반포하는 曆法. 국가의 正統性.

- 相承(상승) ; 서로 계승하다. 저자는 漢-蜀漢-東晋으로 중화의 전통이 계승되었다고 보았다.

- 沒 가라앉을 몰. 죽다.　臣沒之後 ; 臣이 죽은 뒤에.

- 勿 말 물. 하지 말라. 禁止辭.　圖 그림 도. 도모하다. 꾀하다. 願勿以晋爲圖(원물이진위도) ; 바라옵건대, 동진을 없애려 생각지 마십시오.

- 鮮卑(선비) ; 선비족 모용씨.　西羌(서강) ; 서쪽의 강족. 姚氏(요씨).　仇 원수 구. 원망하다.　仇敵(구적) ; 원수.

- 終 끝 종. 끝에 가서는, 결국은.　人患(인환) ; 사람의 걱정거리.　宜 마땅할 의. 마땅히.　漸 물 스며들 점. 점점, 천천히. 社稷(사직) ; 나라.

○ 涼降于秦. 先是張玄靚之叔父天錫. 殺玄靚而自立. 天錫荒于酒色政亂. 秦伐之, 兵至姑臧, 天錫面縛出, 送長安. : 涼이 秦에 항복했다. 이에 앞서 張玄靚(장현정)의 숙부 장천석이 장현정을 죽이고 스스로 즉위했었다. 장천석은 주색에 빠졌고 정치는 어지러웠다. 전진이 토벌에 나서 병력이 수도 姑臧(고장)에 이르자, 장천석은 밧줄을 목에 매고 항복하여 장안으로 보냈다.

- 涼; 前涼. 漢族 張軌(장궤)가 건국, 감숙성 일대. 涼(양)은 張

軌(장궤)가 愍帝(민제)의 建興(건흥) 2년에 僭稱(참칭)하고부터 이에 이르기까지 9대 93년으로 멸망했다.　靚 단장할 정. 張玄靚(장현정) ; 張祚(장조)가 음탕하여 시해 당하자 뒤를 이어 즉위.　─ 張天錫(장천석) ; 人名.　荒 거칠 황. 황무지, 터무니없다. 나쁜 일에 푹 빠지다.　姑臧(고장) ; 전량의 首都.　縛 묶을 박.

(8) ○ 代王拓跋什翼犍世子寔早卒. 繼嗣未定, 庶長子遂殺其諸弟, 倂殺什翼犍. 會秦兵擊代, 部衆逃潰, 國中大亂. 秦主苻堅分代爲二部, 自河以東, 屬代南部大人劉庫仁, 自河以西, 屬匈奴劉衛辰, 使統其衆. 代世子寔之子珪尙幼. 母賀氏以珪走依賀訥, 已而依庫仁. 庫仁奉珪恩勤, 不以廢興易意.

○ 代王인 탁발십익건의 세자 식이 일찍 죽었다. 뒤를 이을 후계자가 미정인데, 서장자인 탁발수가 다른 동생들을 다 죽이고 아울러 아버지 십익건도 죽였다. 이때에 전진의 군사들이 代를 공격하니 부족 무리가 흩어지고 궤멸하며 나라가 크게 혼란했다.

전진의 왕 부견은 代國을 2부로 나누어 황하의 동쪽 땅은 代의 남부대인 유고인에게 소속시키고, 황하의 서쪽 땅은 흉노의 유위진에게 소속시켜 그 무리를 통치케 하였다.

代의 세자였던 탁발식의 아들 珪(규)는 아직 어렸다. 모친 하씨는 아들 규를 데리고 친정쪽의 하눌에게 의지했다가 얼마 안 있어 유고인에게 의지했다. 유고인은 탁발규를 은혜로 독실하게 섬기며 흥폐에 따라 마음을 바꾸지 않았다.

어구 설명

○ 代王拓跋什翼犍世子寔早卒. 繼嗣未定, 庶長子遂殺其諸弟, 幷殺什翼犍. 會秦兵擊代, 部衆逃潰, 國中大亂. : 代王인 拓跋什翼犍(탁발십익건)의 世子 寔(식)이 일찍 죽었다. 뒤를 이을 후계자가 未定인데, 庶長子인 탁발수가 다른 동생들을 다 죽이고 아울러 십익건도 죽였다. 이때에 전진의 군사들이 代를 공격하니 부족 무리가 흩어지고 궤멸하며 나라가 크게 혼란했다.

  - 代王 ; 선비족 拓跋氏(탁발씨)의 나라. 서기 386년 拓跋珪(탁발규)가 代國을 부흥하고 魏(북위)라 칭한다. 북위는 화북지방을 통일하고 남북조 시대를 연다.

  - 拓跋什翼犍(탁발십익건) ; 代의 국왕, 중국식으로 체제 정비.

  - 寔 이것 식. 참으로. 拓跋寔의 아들 탁발규 - 곧 십익건의 손자가 뒷날 代를 부흥시켜 魏(北魏)를 건국한다.

  - 繼嗣(계사) ; 후계자. 상속인. 庶長子(서장자) ; 庶子 중에서 맏이. 遂 ; 탁발 수. 人名. 幷 아우를 병.

  - 會 때맞추어. 部衆(부중) ; 부족의 무리. 逃 달아날 도. 潰 무너질 궤.

○ 秦主苻堅分代爲二部, 自河以東, 屬代南部大人劉庫仁, 自河以

西, 屬匈奴劉衛辰, 使統其衆. : 前秦의 왕 苻堅은 代國을 二部로 나누어 황하의 동쪽 땅은 代의 南部大人 劉庫仁에게 소속시키고, 황하의 서쪽 땅은 匈奴의 劉衛辰(유위진)에게 소속시켜 그 무리를 통치케 하였다.

 - 秦主苻堅(진주부견) ; 前秦의 부견은 탁발씨의 代를 양분하였다.

 - 大人 ; 추장. 부족장. 劉庫仁(유고인) ; 탁발식의 아내이며, 탁발규의 생모인 賀氏를 잘 대우하고 보호했다.

○ 代世子寔之子珪尙幼. 母賀氏以珪走依賀訥, 已而依庫仁. 庫仁奉珪恩勤, 不以廢興易意. : 代의 世子였던 탁발식의 아들 珪는 아직 어렸다. 모친 賀氏는 아들 규를 안고 도망가 친정쪽의 賀訥(하눌)에게 의지했다가 얼마 안 있어 劉庫仁(유고인)에게 의지했다. 유고인은 탁발규를 은혜로 독실하게 섬기며 興廢(흥폐)에 따라 마음을 바꾸지 않았다.

 - 珪 홀 규. 圭와 같음. 尙 높일 상. 오히려, 아직. 訥 말 더듬을 눌. 賀訥(하눌) ; 人名. 恩勤(은근) ; 은혜로 섬김.

 - 廢興(폐흥) ; 興廢, 흥하거나 망함. 易 쉬울 이. 바꿀 역. 易意(역의) ; 마음을 바꾸다. 딴마음을 먹다.

(9) ○ 晋以秦人强盛爲憂. 詔求良將可鎭禦北方者. 謝安以兄子玄應詔. 郗超歎之曰, 安之明, 乃能違衆

舉親. 玄才不負所舉, 吾嘗見其使才, 雖屢履閒, 未嘗不得其任. 玄鎭廣陵, 得劉牢之等爲參軍, 戰無不捷, 號北府兵, 敵人畏之.

○ 晉에서는 秦의 강성을 걱정했다. 조칙으로 북방을 진압하고 막을 수 있는 장수를 구했다. 사안은 형의 아들 사현을 조칙에 의거 천거했다. 치초가 이를 감탄하며 말했다. "사안이 명철하기에 여러 사람의 눈치를 보지 않고 친족을 천거할 수 있었다. 사현은 천거한 사람의 기대를 버리지 않을 것이니, 나는 전에 그의 재능 발휘를 보았는데 비록 작은 일을 할지라도 그 책임을 못하리라 생각하지 않는다." 사현은 광릉에 주둔하였는데, 유뢰지 등을 참군으로 두었고 전투를 하면 이기지 않은 적이 없었으며 북부병이라 불렀는데 적이 모두 두려워하였다.

어구 설명

○ 晉以秦人强盛爲憂. 詔求良將可鎭禦北方者. 謝安以兄子玄應詔. : 晉에서는 秦의 강성을 걱정했다. 조칙으로 북방을 진압하고 막을 수 있는 장수를 구했다. 사안은 형의 아들 사현을 조칙에 의거 천거했다.

- 以 a 爲 b ; a를 b라 생각하다. 晉以秦人强盛爲憂 ; 동진은 진인의 강성을 걱정거리라 생각했다. 晉은 秦의 강성을 우려했다.

- 詔(조) ; 황제의 명령, 조칙.　鎭 누를 진. 진압하다.　禦 막을 어. 방어하다.　應詔(응조) ; 조칙에 따르다. 조칙에 따라 천거하다.

- 謝玄(343~388년) ; 東晉의 著名한 高官, 文學과 軍事 방면에서 이름을 날림. 謝安의 兄 謝奕(사혁)의 아들.

○ 郗超歎之曰, 安之明, 乃能違衆擧親. 玄才不負所擧, 吾嘗見其使才, 雖屐履閒, 未嘗不得其任. : 郗超가 이를 감탄하며 말했다. "謝安이 명철하기에 중인의 눈치를 보지 않고 친족을 천거할 수 있었다. 謝玄은 천거한 사람의 기대를 버리지 않을 것이니, 나는 전에 그의 재능 발휘를 보았는데 비록 작은 일을 할지라도 그 책임을 못하리라 생각하지 않는다."

- 郗超(치초) ; 인명. 桓溫의 幕僚.　安之明(안지명) ; 謝安의 明哲함.

- 違衆擧親(위중거친) ; 衆人의 눈치를 보지 않고 친족을 천거하다. 친척을 천거하면 衆人의 비난이 있을 것을 알면서도 '유능한 인재'라는 신념이 있어 천거할 수 있는 사안의 慧眼(혜안)을 칭찬하였다.

- 負 짐질 부. 빚을 지다. 다툼에서 지다. 기대에 어긋나다.　玄才不負所擧 ; 謝玄의 재능은 천거한 바와 다르지 않을 것이다.

- 吾嘗見其使才 ; 나는 전에 그의 재능 발휘를 보았는데,

- 屐 나막신 극. 신발류의 총칭.　履 신 이(리), 밟을 이.　屐履(극리) ; 걷다. 유람하다.　屐履閒(극리간) ; 길을 걷는 동안. 사소한 일을 비유함.

未嘗不得其任 ; 앞에 見이 나왔기에 여기서는 見이 생략됨. '未嘗見不得其任'으로 새기면 뜻이 명백함.

○ 玄鎭廣陵, 得劉牢之等爲參軍, 戰無不捷, 號北府兵, 敵人畏之. : 謝玄은 廣陵(광릉)에 주둔하였는데, 劉牢之(유뢰지) 등 참군으로 두었고 전투를 하면 이기지 않은 적이 없었으며 北府兵(북부병)이라 불렀는데 敵人이 모두 두려워하였다.

 − 廣陵(광릉) ; 江蘇省의 地名.   牢 우레 뇌(뢰).   捷 이길 첩. 畏 두려워할 외.

【참고】 謝玄(사현)의 총명

❖ 謝玄은 어려서부터 東山에 은거하고 있는 叔父 謝安을 잘 따랐다. 사현은 총명하고 지혜로워 사안이 매우 따라 기특하게 생각하였다. 사안이 사현에게 "왜 사람들은 자식들이 뛰어나기를 바라는가?"라고 물었다. 그러자 사현은 "비유하자면 향기로운 芝蘭(지란)이나 玉樹가 자기 집 뜰에 자라기를 바라는 것과 같습니다."라

謝玄(사현)

고 대답했다.

謝安이 또 언젠가는 '詩經 중에서 어떤 구절이 마음에 드는가?'라고 묻자, 사현은 "昔我往矣 楊柳依依(석아왕의 양류의의 ; 전날 내가 떠나올 때는 버드나무가 푸르렀는데) 今我來思 雨雪霏霏(금아래사 우설비비 ; 지금 내가 돌아간다면 눈이 펑펑 내리리라!)입니다."라고 대답했다. (이는 《시경 소아》 采薇章에 나오는데, 변경을 지키는 군사로 출정한 사람의 심경을 노래한 시이다.)

사현은 처음에 桓溫(환온)의 막료로 출사하여 환온으로부터 능력을 이미 검증받았었다. 사안도 조카의 재능을 알고 있었기에 다른 사람의 눈치를 보지 않고 소신껏 추천했었다. 실제로 사현은 北部兵이라는 强軍을 육성했고 이 북부병으로 비수의 싸움에서 큰 공을 세운다.

(10) ○ 秦遣兵分道寇晋. 陷諸郡, 執襄陽刺史朱序以歸. 已而議大擧, 或謂, 晋有長江之險, 堅曰, 以吾之衆, 投鞭於江, 可斷其流. 時中外皆諫, 惟慕容垂·姚萇, 欲乘其釁, 勸之南伐. 堅遂發長安戍卒六十餘萬, 騎二十七萬. 晋以謝石爲征討大都督, 謝玄爲前鋒都督, 督衆八萬拒之. 劉牢之帥精兵五千趨洛澗, 直渡水, 擊秦前鋒梁成斬之.

○ 秦은 군사를 보내 양쪽으로 동진을 침략했다. 여러 군을 함락시키고, 양양자사 주서를 잡아가지고 돌아갔다. 그 뒤 대대적인 거병을 의론하는데, 어떤 자가 동진에는 장강이라는 험한 지형이 있다고 말을 하자 부견이 말했다. "우리의 대군이 말채찍만을 던져도 강물을 막을 수 있다." 그때 중외의 모두가 원정을 반대하였지만 오직 모용수와 요장만이 그 틈을 이용하려고 남쪽 정벌을 권했다. 부견은 마침내 장안을 지키는 병졸 60만과 기병 27만을 출발시켰다.

동진은 사석을 정토대도독으로, 사현을 전봉도독으로 임명하여 8만 대군을 거느리고 막게 하였다. 유뢰지는 5천 정병을 거느리고 낙간 방면으로 진격하여 바로 강을 건너 동진의 선봉 梁成(양성)을 죽였다.

어구 설명

○ 秦遣兵分道寇晋. 陷諸郡, 執襄陽刺史朱序以歸. : 秦은 군사를 보내 양쪽으로 동진을 침략했다. 여러 군을 함락시키고, 襄陽刺史(양양자사) 朱序(주서)를 잡아가지고 돌아갔다.

─ 寇 도둑 구. 도적질하다. 침략하다.　陷 빠질 함.　執 잡을 집. 포로로 잡다.　襄 땅 양.

○ 已而議大擧, 或謂, 晋有長江之險, 堅曰, 以吾之衆, 投鞭於江, 可斷其流. 時中外皆諫, 惟慕容垂 · 姚萇, 欲乘其釁, 勸之南伐. 堅遂發長安成卒六十餘萬, 騎二十七萬. : 그 뒤 대대적인 거병을 의

론하는데, 어떤 자가 동진에는 長江이라는 험한 지형이 있다고 말을 하자 부견이 말했다. "우리의 대군이 말채찍만을 던져도 강물을 막을 수 있다." 그때 중외의 모두가 원정을 반대하였지만 오직 慕容垂(모용수)와 姚萇(요장)만이 그 틈을 이용하려고 남쪽 정벌을 권했다. 부견은 마침내 장안을 지키는 병졸 60만과 기병 27만을 출발시켰다.

 – 已而(이이) ; 그 뒤.   大擧(대거) ; 大大的인 擧兵. 東晋에 대한 거병.   衆 무리 중. 大軍.   鞭 채찍 편.

 – 可斷其流(가단기류) ; 강의 흐름을 막을 수 있다. 군사가 많음을 표현.   中外 ; 조정의 內外.

 – 諫(간) ; 여기서는 원정 반대의 뜻을 말함.

 – 慕容垂(모용수, 326~396년) ; 鮮卑族 前燕 文明帝 慕容皝(모용황)의 아들. 前燕에서 東晋 桓溫(환온)의 北伐軍을 격퇴하는 공을 세웠다. 나중에 전진으로 망명, 苻堅의 인정을 받았다. 비수전 이후에 後燕을 건국(384년).

 – 姚萇(요장, 330~393년) ; 羌族. 姚弋仲(요익중)의 아들. 後秦(후진) 개국자. 부족 무리를 이끌고 前秦에 들어가 장수가 됨. 비수전 이후에 後秦 建國(서기 384년). 자신을 키워준 부견을 잡아 교살했다.

 – 乘 탈 승. 이용하다.   釁 틈 흔. 결점.

○ 晋以謝石爲征討大都督, 謝玄爲前鋒都督, 督衆八萬拒之. 劉牢之帥精兵五千趨洛澗, 直渡水, 擊秦前鋒梁成斬之. : 晋은 謝石(사석)을 征討大都督으로, 謝玄을 前鋒都督으로 임명하여 8만 대군

을 거느리고 막게 하였다. 劉牢之는 5천 精兵을 거느리고 洛澗
(낙간) 방면으로 진격하여 바로 강을 건너 동진의 선봉 梁成(양
성)을 죽였다.

　─ 謝石(327~389년) ; 謝安의 동생. 비수의 싸움을 승리로 이끌
었음.

　─ 八萬 ; 東晋의 8만과 前秦의 87만, 1 : 10의 싸움.

　─ 帥 거느릴 솔.　趨 달릴 추.　澗 시내 간.　洛澗(낙간) ; 안휘
성에 있는 淮水(회수)의 지류.

**(11) 石等水陸繼進. 堅登壽陽城望見, 晋兵部陣嚴
整. 又望見八公山草木, 皆以爲晋兵, 憮然有懼色.
秦兵逼淝水而陣. 玄使人謂曰, 移陣少郤, 使我兵得
渡, 以決勝負, 可乎. 堅欲聽晋兵半渡蹙之, 麾兵
使郤, 秦兵退, 不可復止. 朱序在陣後, 呼曰, 秦兵
敗矣, 遂潰. 玄等乘勝追擊, 秦兵大敗, 走者聞風聲
鶴唳, 皆以爲晋兵至. 堅狼狽還長安.**

謝石(사석) 등은 수륙으로 계속 전진하였다. 부견이 수양
성에 올라 바라보니 晋兵의 부대와 진지가 매우 엄정하였
다. 또 팔공산의 초목을 바라보니 모두가 진나라 병사처럼
보여 멍한 듯 두려운 표정이었다.

秦兵은 비수 가까이에 진을 쳤다. 사현은 사람을 보내 말을 전하게 했다. "진지를 옮겨 약간 물러나 우리가 건널 수 있게 해주면 승부를 결정하려는데 가능하겠는가?" 부견은 수락하여 晉의 군사가 반쯤 건너오면 습격하려고 秦나라 부대를 약간 후퇴하게 했으나 다시 멈추게 할 수 없었다. 주서는 부대 뒤에서 "秦나라 군사는 패했다."고 크게 소리를 지르니 마침내 궤멸했다. 사현 등은 승기를 잡아 추격했고 전진의 군사는 대패했다. 도주하는 병사들은 바람소리와 학 울음을 듣고도 모두 동진의 군사가 추격하는 줄 생각했다. 부견은 낭패하여 장안으로 돌아갔다.

어구 설명

○ 石等水陸繼進. 堅登壽陽城望見, 晉兵部陣嚴整. 又望見八公山草木, 皆以爲晉兵, 憮然有懼色. : 謝石(사석) 등은 水陸으로 계속 전진하였다. 苻堅(부견)이 壽陽城에 올라 바라보니 晉兵의 부대와 진지가 매우 엄정하였다. 또 八公山의 草木을 바라보니 모두가 晉兵처럼 보여 멍한 듯 두려운 표정이었다.

  – 壽陽城(수양성) ; 지금의 安徽省 壽縣(수현).　　部陣(부진) ; 부대와 진지.　　嚴 엄할 엄. 빈틈이 없다. 모질다.　嚴整(엄정) ; 매우 정돈되어 있다.

  – 八公山 ; 壽陽城 북쪽의 산.　　憮 어루만질 무. 멍한 모양.　憮然(무연) ; 실망한 모양. 멍한 모양.　　懼 두려울 구.

○ 秦兵逼淝水而陣. 玄使人謂曰, 移陣少卻, 使我兵得渡, 以決勝負, 可乎. 堅欲聽晋兵半渡蹙之, 麾兵使卻, 秦兵退, 不可復止. : 秦兵은 淝水 가까이에 陣을 쳤다. 謝玄은 사람을 보내 말을 전하게 했다. "진지를 옮겨 약간 물러나 우리가 건널 수 있게 해주면 승부를 결정하려는데 가능하겠는가?" 부견은 수락하여 晋兵이 반쯤 건너오면 습격하려고 진나라 부대를 약간 후퇴하게 했으나 다시 멈추게 할 수 없었다.

– 逼 닥칠 핍. 조이다. 접근하다. 淝 강 이름 비. 淝水 ; 現 安徽省(안휘성) 壽縣(수현)의 동남방을 흐르는 淮水의 지류.

– 陣 ; 진을 치다. 淝水(비수)之戰 ; 東晋 太元 8年(前秦 建元 19年), (서기 383년) 8만 : 80만의 대결이라 하지만 실제 前秦의 병력은 30만 명 정도로 추산.

– 卻 물리칠 각. 물러나다. 却의 本字. 不和. 사이. 移陣少卻(이진소각) ; 진지를 옮겨 조금 물러나 준다면. 以決勝負(이결승부) ; (우리가 건너가서) 승부를 결정하다.

– 可乎 ; 가능한가? 聽 들을 청. 수락하다. 蹙 가까이 대들 축. 쭈그러질 척. 뒤쫓다. 麾 대장기 휘. 지휘하다. 오라고 손짓하다.

– 不可復止(불가부지) ; 다시 멈추게 할 수 없었다.

○ 朱序在陣後, 呼曰, 秦兵敗矣, 遂潰. 玄等乘勝追擊, 秦兵大敗, 走者聞風聲鶴唳, 皆以爲晋兵至. 堅狼狽還長安. : 朱序(주서)는 부대 뒤에서 "진나라 군사는 패했다."고 크게 소리를 지르니 마침내 궤멸했다. 謝玄 等은 승기를 잡아 추격했고 秦兵은 大敗했다.

도주하는 병사들은 바람소리와 학 울음을 듣고도 모두 동진 군사
가 추격하는 줄 생각했다. 부견은 낭패하여 장안으로 돌아갔다.

 - 朱序(주서) ; 전진에 잡혀갔던 襄陽刺史(양양자사).　在陣後
(재진후) ; 부대의 뒤에서.　潰 무너질 궤.

 - 乘勝追擊(승승추격) ; 승기를 이용하여 추격하다.　走者(주
자) ; 도주하는 병사.　唳 울음소리 려(여). 울다.

 - 皆以爲晉兵至(개이위진병지) ; 모두 동진 군사가 추격한 것이
라 여겼다.

 - 狼 이리 랑(낭). 흉악한 사람.　狽 이리 패.　狼狽(낭패) ; 궁지
에 빠지다. 몹시 괴로워하다.

【참고】 비수의 싸움에서 파생된 사자성어

 ❖ 投鞭斷流(투편단류) ; 채찍을 던져 강물을 막다.
- 南征(남정)을 반대하는 사람들이 동진에는 長江之險(장강지험)
때문에 쉽게 공격할 수 없다고 하자, 부견은 "내가 백만대군을 거
느리고 있는데 명령 하나에 말채찍을 던지면 강물을 막을 수 있는
데 장강의 험한 지형이 무슨 소용이 있겠는가?"라고 말했다. 투편
단류는 막강한 군사력을 상징하는 말이 되었다. -《晉書》114권-

 ○ 草木皆兵(초목개병) ; 산천의 초목이 모두 병사들이다.

 - 前秦의 부견과 苻融(부융)이 壽陽城에 올라 晉軍의 動靜을 살
펴보니 부대가 엄정하여 평소의 훈련이 어떤가를 알 수 있었다.
이어 북쪽의 八公山을 바라보니 무수한 草木들이 북풍에 흔들리
는 것이 마치 병사처럼 보였다. 그래서 부견이 부융에게 말했다.

“동진의 병사들이 이처럼 많은데 너는 어째서 적다고 말했는 가?” ‘草木皆兵’은 신경과민으로 헛것을 보는 것 같은 상황을 표현한 말이다. -《晋書》114권-

○ 風聲鶴唳(풍성학려) ; 바람소리와 학 울음소리.

苻堅의 軍隊는 淝水一戰에서 大敗하고 苻融은 戰死하고 苻堅도 화살에 부상을 당한 채 퇴각한다. 부견과 전진의 군사들은 바람소리와 학 울음소리를 동진 병사들이 추격하는 소리로 들었다. ‘風聲鶴唳’는 심한 충격을 받은 이후에 약간의 자극에도 心身이 무너지는 상황을 표현한 말이다. -《晋書》78권 謝安傳-

(12) ○ 慕容垂叛秦, 起於河內, 自稱燕王. ○ 姚萇叛秦, 起於北地, 自稱秦王, 是爲後秦. ○ 慕容沖叛秦, 起兵平陽, 稱帝, 是爲西燕. 攻長安, 秦主苻堅出奔. 後秦主萇, 執而弑之. ○ 晋太保謝安卒. 安文雅過王導, 有德量. 方秦寇至, 朝野震動, 安夷然圍碁賭墅. 捷書至, 安方與客碁, 覽畢實坐側, 無喜色. 碁罷, 客問之, 徐曰, 小兒輩已遂破賊. 客去, 安入戶喜甚, 不覺屐齒折. 其矯情鎭物如此. ○ 秦主苻堅之子丕, 稱帝于晋陽.

○ 모용수가 전진에 반기를 들고 하내에서 흥기하여 연

왕을 자칭했다.

○ 요장이 전진에 반기를 들고 북지에서 흥기하여 진왕이라 자칭하였는데, 이것이 後秦(후진)이다.

○ 모용충이 전진에 반기를 들고 평양에서 기병하고 칭제하니 이것이 서연이다. 모용충이 장안을 공격하니 전진의 부견은 도망하였다. (부견은) 後秦의 요장에게 잡혀 시해 당했다.

○ 동진의 태보인 사안이 죽었다. 사안은 왕도보다 더 문아했고 덕망과 도량이 있었다. 전진의 대군이 침입할 때 조야가 모두 두려워 떨었지만, 사안은 태평하게 별장에서 바둑 내기를 하고 있었다. 승리했다는 서신이 왔을 때, 사안은 막 손님과 바둑을 두고 있었는데, 읽은 뒤에 자리 옆으로 치워 놓으며 기쁜 빛이 없었다. 바둑이 끝나고 손님이 묻자, 천천히 말했다. "어린애들이 적을 이제야 격파했답니다." 손님이 나가자, 사안은 방에 들어오면서 매우 기뻐했는데 나막신의 굽이 떨어져 나가는 줄도 몰랐다. 그의 표정 꾸밈과 감정 억제가 이와 같았다.

○ 전진 부견의 아들 부비가 진양에서 칭제하였다.

어구 설명

○ 慕容垂叛秦, 起於河內, 自稱燕王. 姚萇叛秦, 起於北地, 自稱秦王, 是爲後秦. 慕容沖叛秦, 起兵平陽, 稱帝, 是爲西燕. 攻長安, 秦

主苻堅出奔. 後秦主萇, 執而弒之. : 慕容垂(모용수)가 前秦에 반기를 들고 河內(하내)에서 흥기하여 燕王이라 자칭했다.(서기 384년) 姚萇(요장)이 前秦에 반기를 들고 北地에서 흥기하여 秦王이라 자칭하였는데 이것이 後秦(후진)이다. 慕容沖(모용충)이 전진에 반기를 들고 平陽에서 기병하고 稱帝하니 이것이 西燕(서연)이다. 모용충이 장안을 공격하니 전진의 苻堅은 도망하였다. (부견은) 後秦의 姚萇에게 잡혀 시해 당했다.

─ 慕容垂(모용수) ; 선비족, 後燕 건국, 成武帝(재위 384~396년) 연호 燕元(384~386). 建興(386~396). 河內 ; 황하 이북에 대한 통칭.

─ 姚萇(요장) ; 羌族. 後秦 건국(在位 384~394년), 연호 白雀(백작 384~386년). 建初(386~394년).

─ 北地 ; 지금 陝西省에 있던 郡名. 平陽(평양) ; 지금 山東省에 있던 郡名.

─ 慕容沖(모용충) ; 西燕 威帝(위제, 재위 384~386년) 鮮卑人, 前燕 皇帝 慕容儁(모용준)의 아들. 長安을 공격.

─ 奔 달아날 분.   出奔(출분) ; 도망하다. 出亡, 出走와 같음.

○ 晋太保謝安卒. 安文雅過王導, 有德量. 方秦寇至, 朝野震動, 安夷然圍碁賭墅. 捷書至, 安方與客碁, 覽畢實坐側, 無喜色. 碁罷, 客問之, 徐日, 小兒輩已遂破賊. 客去, 安入戶喜甚, 不覺屐齒折. 其矯情鎭物如此. : 東晋의 太保인 謝安이 죽었다. 사안은 王導보다 더 文雅했고 덕망과 도량이 있었다. 전진의 대군이 침입할 때 朝野가 모두 두려워 떨었지만, 사안은 태평하게 별장에서 바둑

내기를 하고 있었다. 승리했다는 서신이 왔을 때, 사안은 막 손님과 바둑을 두고 있었는데, 읽은 뒷자리 옆으로 치워 놓으며 기쁜 빛이 없었다. 바둑이 끝나고 손님이 묻자, 천천히 말했다. "어린 애들이 적을 이제야 격파했답니다." 손님이 나가자, 사안은 방에 들어오면서 매우 기뻐했는데 나막신의 굽이 떨어져 나가는 줄도 몰랐다. 그의 표정 꾸밈과 감정 억제가 이와 같았다.

  - 太保(태보) ; 三公之一.　謝安卒 ; 太元 10년(서기 385년). 文雅(문아) ; 말과 행동이 고상하고 우아함.　過 지날 과. 허물, ～보다 낫다.

  - 震 벼락 진. 震動(진동) ; 흔들리다. 뒤흔들다. 충격에 휩싸이다.　夷 오랑캐 이. 평탄하다. 마음이 편하다. 夷然(이연) ; 태연하다.

  - 圍 둘레 위. 에워싸다.　碁 바둑 기.　圍碁(위기) ; 바둑을 두다.　賭 걸 도. 내기를 하다.　墅 농막 서. 교외의 별장.

  - 捷 이길 첩. 전쟁에서의 승리.　方 모 방. 막, 바로,　畢 마칠 필.　寘 둘 치. 받아들이다.　罷 내칠 파, 그만둘 파.　徐 천천히 할 서.

  - 小兒輩(소아배) ; 어린애들, 동생 謝石과 조카인 謝玄을 일컬음. 모두 비수전의 주역이었다.　已遂破賊(이수파적) ; 이미 적을 격파했다.

  - 屐 나막신 극.　屐齒(극치) ; 나막신의 굽.　矯 바로잡을 교. 矯情(교정) ; 자기감정과 다른 태도를 꾸밈.

  - 鎭 누를 진.　鎭物(진물) ; 일을 당하여 감정을 자제함.

○ 秦主苻堅之子丕, 稱帝于晉陽. : 前秦 苻堅의 아들 苻丕(부비)
가 晉陽에서 稱帝(황제라 일컬었다)하였다.
  - 丕 클 비. 晉陽(진양) ; 지금의 山西省에 있던 縣 이름.

【참고】 양산백과 축영대 – 나비로 승화한 사랑

❖ 中國의 4大 民間傳說이 있는데, 이는 구전과 문헌으로 면면
히 이어 내려온 이야기들이다. 4대 민간전설로는 보통 〈梁山伯과
祝英臺〉, 〈白蛇傳〉, 〈孟姜女〉, 〈牛郎과 織女〉를 꼽는다.

이 양산백과 축영대의 사랑 이야기는 唐代 이후에 여러 문학형
태로 기록되어 전승되어왔을 뿐만 아니라 각종 연극이나 경극의
소재가 되었고 현재도 TV를 통해 계속 재생되고 있다고 한다. 이
전설의 주인공인 양산백과 축영대가 東晋 사람이며 謝安이 이야
기 속에 등장하기 때문에 여기에 소개한다.

절강 上虞(상우)란 곳에 사는 축영대(또는 祝九妹)란 처녀가 남
장을 하고 杭州로 공부를 하러 가다가 마침 會稽(회계)에서 공부
하러 오는 양산백이란 청년을 만난다. 두 사람은 동행했고 같은
스승 밑에서 3년간 부지런히 공부를 한다. 양산백은 끝까지 축영
대가 여자임을 모르고 순수한 우정을 나누었다.

뒷날 축영대가 먼저 학업을 중단하고 본가로 돌아간다. 양산백
은 2년을 더 공부한 뒤 집으로 돌아왔다가 상우란 곳으로 친우 축
영대를 찾아간다. 양산백은 그곳에서 비로소 축영대가 여인임을
알게 된다. 여기서 사나이의 우정은 남녀의 사랑으로 바뀌지만 양
산백은 집에 돌아와서야 매파를 보내 구혼한다. 그러나 축씨 집안

에서는 이미 마씨 집안과 혼약이 되어 있어 두 사람은 맺어지지 못한다. 양산백은 은현에 현령으로 나가지만 축영대를 그리워 하다가 병이 나서 죽는다.

한편 축영대는 出嫁하기 전에 양산백의 죽음을 전해 듣는다. 축영대는 신행 중에 양산백의 무덤이 있는 곳을 지나가는데 갑자기 돌풍이 불어 나아가질 못한다. 축영대는 그곳이 양산백의 묘라는 사실을 알고 가마에서 내려 제사하며 절을 올린다.

그때 양산백 묘가 양쪽으로 갈라지자 축영대는 묘 안으로 뛰어 들어가고 무덤은 다시 닫힌다. 그리고 아름다운 무지개가 서고 한 쌍의 나비가 무덤에서 나와 어디론가 사라진다.

이런 이야기가 중앙에 보고되자 謝安은 황제에게 주청하여 義婦塚으로 봉했다고 한다. 지금도 그 지역에서는 부부가 백년해로 하려면 양산백의 무덤에 다녀오라는 말이 전해진다고 한다.

(13) ○ 拓跋珪復立爲代王. 先是, 劉庫仁爲其下所殺, 弟頭眷代領其衆. 庫仁之子顯, 殺頭眷而自立. 又欲殺珪, 珪奔賀蘭部, 依其舅. 諸部大人推珪爲主, 遂卽王位, 徙居盛樂, 後改稱魏. ○ 燕主垂稱帝于中山. ○ 西燕人弑其主沖立段隨. 又殺隨立慕容忠, 又殺忠立慕容永. 永擊秦主苻丕, 丕敗南走, 爲晉將軍邀擊殺之. 慕容永稱帝於長子. ○ 秦疏族苻登, 稱帝於南安. ○ 後秦姚萇, 先是已入長安稱帝. 苻登引兵數與後秦戰, 互有勝負. ○ 後秦主姚萇卒, 子興立, 擊登殺之. ○ 燕主垂擊西燕拔長子, 殺西燕主永. 燕主垂卒, 子寶立.

○ 탁발규가 다시 대국의 왕으로 즉위했다. 이에 앞서, 유고인은 그 아랫사람에게 피살되었고, 동생 두권이 대신 그 무리를 이끌었다. 유고인의 아들 유현이 두권을 죽이고 자립했다. 그리고 탁발규도 죽이려 하자, 탁발규는 하란부로 도주하여 그의 외삼촌에게 의지하였다. 여러 부락의 大人들은 탁발규를 추대하여 군주로 삼았고, 드디어 왕위에 올라 성락으로 옮겨갔고 뒷날 魏(북위)로 개칭했다.

○ 後燕의 왕 모용수가 중산에서 칭제했다.

○ 西燕人들은 그 왕 모용충(冲)을 죽이고 모용단수를 즉위케 했다. 다시 모용단수를 죽이고 모용충(忠)을 세웠다가, 또 모용충(忠)을 죽이고 모용영을 내세웠다. 모용영은 전진의 왕 苻丕(부비)를 공격하니 부비는 남쪽으로 도망갔는데 동진 장군이 요격하여 죽여 버렸다. 모용영은 장자란 곳에서 칭제했다.

○ 前秦의 먼 왕족인 부등이 남안에서 칭제하다. 後秦의 요장은 이미 장안에서 칭제했었다. 부등은 군사를 이끌고 자주 후진과 싸웠는데 서로 이기고 졌다.

○ 後秦의 왕 요장이 죽고, 아들 요흥이 즉위하였고 부등을 공격하여 죽였다.

○ 燕主 모용수가 서연을 공격하여 수도 장자를 함락시키고 서연의 왕 모용영을 죽였다. 燕主 모용수가 죽고, 아들 모용보가 즉위했다.

어구 설명

○ 拓跋珪復立爲代王. 先是, 劉庫仁爲其下所殺, 弟頭眷代領其衆. 庫仁之子顯, 殺頭眷而自立. 又欲殺珪, 珪奔賀蘭部, 依其舅. 諸部大人推珪爲主, 遂卽王位, 徒居盛樂, 後改稱魏. : 拓跋珪(탁발규)가 다시 代國의 王으로 즉위했다.(서기 386년) 이에 앞서, 劉庫仁(유고인)은 그 아랫사람에게 피살되었고, 동생 頭眷(두권)이 대신 그 무리를 이끌었다. 庫仁의 아들 劉顯(유현)이 頭眷을 죽이고 자립했다. 그리고 탁발규도 죽이려 하자, 탁발규는 賀蘭部(하란부)로 도주하여 그의 외삼촌에게 의지하였다. 여러 부락의 大人들은 탁발규를 추대하여 군주로 삼았고, 드디어 왕위에 올라 盛樂(성락)으로 옮겨갔고 뒷날 魏(북위)로 개칭했다.

 - 拓跋珪(탁발규, 371~409년) ; 鮮卑族. 北魏 開國皇帝 道武帝(재위 386~409년). 代王 拓跋什翼犍(탁발십익건)의 손자.

 - 劉庫仁爲其下所殺(유고인위기하소살) ; 劉庫仁은 아랫사람에게 피살되었다.(피동)

 - 眷 돌아볼 권. 頭眷(두권) ; 人名.

 - 顯 나타날 현. 奔 달아날 부. 賀蘭部(하란부) ; 탁발규의 外

家. 甘肅省 賀蘭山 근처. 舅 시아비 구. 장인, 외삼촌.

 – 徙 옮길 사. (徒 '무리 도' 와 혼동하기 쉬움)   盛樂(성락) ;
현 내몽고자치구의 地名.

○ 燕主垂稱帝于中山. 西燕人弑其主沖立段隨. 又殺隨立慕容忠,
又殺忠立慕容永. 永擊秦主苻丕, 丕敗南走, 爲晋將軍邀擊殺之. 慕
容永稱帝於長子. : 後燕의 왕 慕容垂(모용수)가 中山에서 稱帝했
다. 西燕人들은 그 왕 慕容沖(모용충)을 죽이고 慕容段隨(모용단
수)를 즉위케 했다. 다시 모용단수를 죽이고 慕容忠(모용충)을 세
웠다가, 또 慕容忠(모용충)을 죽이고 慕容永을 내세웠다. 모용영
은 前秦의 왕 苻丕(부비)를 공격하니 부비는 남쪽으로 도망했는데
동진 장군이 요격하여 죽여버렸다. 慕容永은 長子에서 칭제했다.

 – 慕容垂(모용수) ; 後燕의 건국자. 中山 ; 河北省의 地名.

 – 西燕(서연) ; 선비족 모용씨의 나라(서기 384~394년까지 10
년간 존속) 5胡 16國에 불포함. 慕容씨들의 燕이 너무 많아 혼란
스러움.

 – 沖 빌 충, 가운데 충. 날아오르다. 沖은 俗字.   隨 따를 수.
段隨(단수) ; 人名.   邀 맞을 요.   邀擊(요격) ; 오는 것을 맞아
싸우다.

 – 慕容永(모용영) ; 西燕의 末帝(재위 386~394년).   長子(장자)
; 여기서는 山西省의 地名.

○ 秦疏族苻登, 稱帝於南安. 後秦姚萇, 先是已入長安稱帝. 苻登
引兵數與後秦戰, 互有勝負. 後秦主姚萇卒, 子興立, 擊登殺之. 燕
主垂擊西燕拔長子, 殺西燕主永. 燕主垂卒, 子寶立. : 前秦의 먼

왕족인 苻登(부등)이 南安에서 칭제하였다. 後秦의 姚萇(요장)은 이미 長安에서 稱帝했었다. 苻登은 군사를 이끌고 자주 後秦과 싸웠는데 서로 이기고 졌다. 後秦의 왕 姚萇이 죽고, 아들 姚興(요흥)이 즉위하였고 苻登을 공격하여 죽였다. 燕主 모용수가 西燕을 공격하여 수도 長子를 함락시키고 서연의 왕 모용영을 죽이다. 燕主 모용수가 죽고, 아들 모용보가 즉위했다.

 – 疏族(소족) ; 촌수가 먼 일족. 疏宗과 같음. 苻登(부등) ; 부견의 族孫. 전진의 황제가 되어 재위 서기 386～394년.

 – 南安(남안) ; 四川省의 地名. 姚萇(요장) ; 부견의 신하였다가 비수의 전 이후 독립하여 後秦을 세움.

 – 互有勝負(호유승부) ; 서로 이기고 지다. 擊登殺之(격등살지) ; 苻登을 공격하여 죽이다.

 – 擊西燕拔長子(격서연발장자) ; 西燕을 공격하여 수도 長子를 함락시키다.

【참고】 5호 16국 시대의 정치

❖ 5호 16국 시대(서기 304～439년)에는 겨우 12년을 존속한 南燕(398～410년)이나 17년을 존속한 後涼(386～403년)도 있고, 前秦과 같이 한때 화북지방을 통일한 강국도 겨우 44년간(351～394년) 존속했다. 또 이 시기에 아랫사람이 主君을 시해하거나 축출하는 사건이 빈발했고 폭군이 많았다는 것도 큰 특징의 하나이다. 이렇듯 분열과 지배세력의 빈번한 교체는 그 지배체제의 결함 때문이라 볼 수 있다.

　우선 지배계층으로 무력을 소유한 북방민족의 상층부가 유목민족을 지배하는 지배체제와 농경민족인 한족을 통치하는 지배구조를 달리 하였다. 이를 胡漢分治(호한분치)라 하는데 이 배경에는 엄연한 문화와 풍속의 차이가 존재했었다.

　다음으로는 유목민족들에게 전통적으로 내려온 군사적봉건제도를 들 수 있다. 그들 지배계층은 아버지와 아들 또는 장자와 차자들 사이에서 무력을 나누어 주고 일정 지역을 다스리게 하였는데 이러한 군사적 봉건제도는 강성해진 자가 무력을 행사하여 뒤엎는 것을 막을 수 있는 제도적 장치가 없었다.

　결국 빈번한 왕조교체, 계속되는 전투에는 그만한 재정적 손실이 뒤따르고 그것을 보충하기 위한 착취가 이어지는데, 착취는 곧 폭정이며 그러한 폭정이 계속될 때 폭군의 출현은 자연스러운 것이었다. 곧 휴식과 경제적 여유가 없는 시대에 문화의 발전을 기대할 수가 없는 것은 역사의 엄연한 교훈이라 할 수 있다.

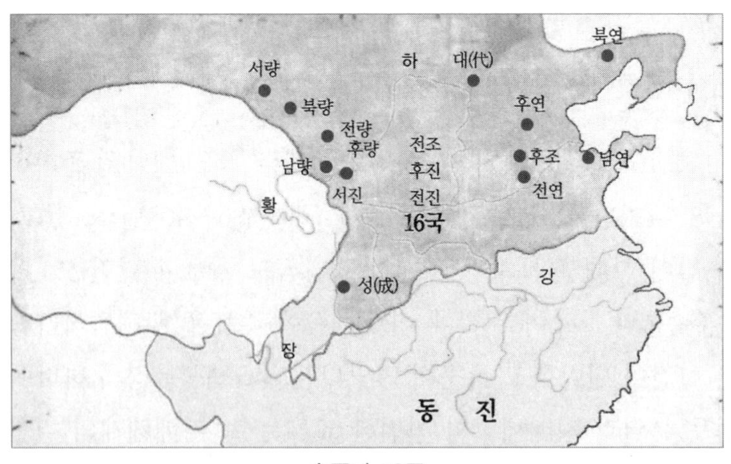

東晉과 16국

4) 東晉의 멸망

(1) ○ 自苻堅之敗, 中原大亂. 其大者慕容氏·姚氏, 迭擧大號. 其乘時而起, 如秦故臣呂光, 據涼州稱涼天王, 鮮卑乞伏國仁, 據隴右稱西秦王. 國仁卒, 弟乾歸繼之. 後又有鮮卑禿髮烏孤, 起河西, 號南涼.

○ 晉自敗秦以後, 江左無事, 會稽王道子爲政. 帝嗜酒流連而已. 長星見, 帝擧酒向之曰, 長星, 勸汝一杯酒, 世豈有萬年天子邪.

○ 張貴人年三十, 寵冠後宮. 醉中戲之曰, 汝以年亦當廢矣. 貴人使婢蒙其面而弑之. 在位十五年, 改元者二, 曰寧康·太元. 太子立. 是爲安皇帝.

○ 부견이 패배한 이후로 중원은 크게 어지러웠다. 그중에서도 강대한 자는 모용씨와 요씨로 교대하듯 일어나면서 황제 칭호를 내세웠다. 그저 혼란한 때를 틈타 흥기하였으니, 전진의 옛 신하이었던 여광은 양주에 웅거하며 양천왕을 칭했고, 선비족인 걸복국인은 농우에 웅거하여 서진왕을 칭했다. 걸복국인이 죽었고, 아우 건귀가 뒤를 이었다. 뒤에 또 선비족의 독발오고는 하서에서 일어나 남량

을 건국했다.

○ 동진이 전진을 패퇴시킨 이후에 강동 땅은 무사했고 회계왕 사마도자가 정치를 담당했다. 효무제는 술을 좋아하여 연일 마시기만 했다. 혜성이 나타나자, 효무제는 술을 들어 혜성에게 말했다. "장성이여, 자네에게 한잔 술을 권하나니! 세상에 어찌 영원한 천자가 있겠는가?"

○ 장귀인의 나이는 30세였지만 후궁들 중에서 제일 총애를 받았다. (효무제가) 취중에 장난으로 말했다. "너도 나이로는 당연히 내쫓아야 한다." 장귀인은 시녀를 시켜 얼굴을 덮어 황제를 시해했다. 재위 15년에 개원을 2번 하였는데 영강과 태원이었다. 태자가 즉위하니, 이가 安皇帝이다.

어구 설명

○ 自苻堅之敗, 中原大亂. 其大者慕容氏・姚氏, 迭擧大號. 其乘時而起, 如秦故臣呂光, 據涼州稱涼天王, 鮮卑乞伏國仁, 據隴右稱西秦王. 國仁卒, 弟乾歸繼之. 後又有鮮卑禿髮烏孤, 起河西, 號南涼. : 苻堅이 패배한 이후로 中原은 크게 어지러웠다. 그중에서도 강대한 자는 慕容氏(모용씨)와 姚氏(요씨)로 교대로 일어나면서 황제 칭호를 내세웠다. 그저 혼란한 때를 틈타 흥기하였으니, 前秦의 故臣이었던 呂光(여광)은 涼州에 웅거하며 涼天王(양천왕)을 칭했고, 鮮卑족인 乞伏國仁(걸복국인)은 隴右(농우)에 웅거하여 西秦王을 칭했다. 걸복국인이 죽었고, 아우 乾歸(건귀)가 뒤를

이었다. 뒤에 또 선비족의 禿髮烏孤(독발오고)는 河西에서 일어
나 南涼를 건국했다.

 ─ 苻堅之敗(부견지패) ; 부견의 淝水戰 패배.　慕容氏(모용씨) ;
선비족.　姚氏(요씨) ; 강족.

 ─ 迭 갈마들 질. 교대로.　迭擧大號(일거대호) ; 교대하듯 大號
(황제 칭호)를 내세우다. 모용씨와 요씨가 서로 교대했다는 뜻은
아님.

 ─ 其乘時而起(기승시이기) ; 때를 이용하여 흥기한 사람으로는,
其는 '그러한 것', '그런 사람'.

 ─ 呂 음률 여(려).　呂光(여광) ; 氏族人. 後涼(386～403년. 18년
간 존속) 建立.

 ─ 據 의거할 거. 웅거하다. 거점.　涼州(량주) ; 甘肅省의 일부.

 ─ 乞伏國仁(걸복국인) ; 선비족, 부견의 장군. 西秦(385～431 존
속) 건국.　隴右(농우) ; 甘肅省 隴山 西쪽에 있는 地名.

 ─ 禿 대머리 독.　髮 터럭 발.　烏 까마귀 오.　禿髮烏孤(독발
오고) ; 선비족. 南涼(남량, 서기 397～414 존속) 건국자.

 ─ 河西(하서) ; 山西省의 地名.

○ 晉自敗秦以後, 江左無事, 會稽王道子爲政. 帝嗜酒流連而已.
長星見, 帝擧酒向之曰, 長星, 勸汝一杯酒, 世豈有萬年天子邪. ：
동진이 전진을 패퇴시킨 이후에 강동 땅은 無事했고 會稽王 司馬
道子가 정치를 담당했다. 효무제는 술을 좋아하여 연일 마시기만
했다. 長星(혜성)이 나타나자, 효무제는 술을 들어 혜성에게 말했
다. "長星이여, 자네에게 한잔 술을 권하나니! 세상에 어찌 영원

한 天子가 있겠는가?"

- 江左 ; 강동과 같음. 東晋의 중심부.

- 司馬道子(364~403년) ; 簡文帝의 子. 孝武帝의 弟. 抑謝興馬(사씨를 억제하고 사마씨를 흥하게 하다)를 시도. 연일 술에 취해 살았다.

- 嗜 즐길 기.   流連(유련) ; 행락에 빠져 연일 계속함. 계속해서 머물다.   長星 ; 彗星(혜성). 혜성의 출현은 큰 변고를 예시한다고 생각했음.

- 汝 너 여.   世豈有萬年天子邪(세기유만년천자사) ; 세상에 어찌 영원한 천자가 있겠는가?

○ 張貴人年三十, 寵冠後宮. 醉中戲之日, 汝以年亦當廢矣. 貴人使婢蒙其面而弑之. 在位十五年, 改元者二, 日寧康 · 太元. 太子立. 是爲安皇帝. : 張貴人의 나이는 30세였지만 후궁들 중에서 제일 총애를 받았다. (효무제가) 醉中에 장난으로 말했다. "너도 나이로는 당연히 내쫓아야 한다." 장귀인은 시녀를 시켜 얼굴을 덮어 황제를 시해했다. 재위 15년에 개원을 2번 하였는데 寧康(영강)과 太元이었다. 太子가 즉위하니, 이가 安皇帝이다.

- 寵 괴일 총. 사랑하고 아껴주다.   冠 갓 관. 우두머리, 첫째 제일.   戲 탄식할 희. 희롱하다.

- 汝以年亦當廢矣(여이년역당폐의) ; 너의 나이를 보면 당연히 없애야 한다.   蒙 입을 몽. 덮어씌우다.

- 在位 15年(서기 372~396년),   寧康(영강 373~375년),   太元(376~396).

【참고】 효무제의 종말

❖ 晉 孝武帝는 11세에 즉위하여 14세부터 親政을 폈다고 한다. 사실 14세 황제의 사리판단이란 것에 의문을 가질 수밖에 없지만 효무제 때 謝安이 정치를 이끌면서 세제 개혁과 국방개혁으로 동진의 中興을 이루었다. 말하자면, 이런 개혁이 있었기에 淝水(비수)의 싸움(383년)에서 승리할 수 있었다.

효무제는 술과 불교에 빠진 황음무도한 황제였다. 많은 재물을 절로 보내고 미모의 여승들을 데리고 놀았다. 謝安이 죽은 뒤에는 동생 司馬道子에게 정치를 통째로 일임하고 둘이서 거의 매일 술에 취했기에 《晉書》에는 '술이 깨어있는 날이 매우 적었다(醒日旣少).'고 하였다.

우유부단하고, 황음무도하며 매일 술에 취한 황제의 종말은 의외로 빨리 끝을 보게 된다. 張貴人이라는 후궁에 의해 죽을 때 효무제는 36세였다.

(2) 安皇帝, 名德宗. 幼不慧. 口不能言, 寒暑飢飽不辨. 飮食寢興, 皆非己出. 旣卽位, 會稽王以太傅輔政. ○ 魏王拓跋珪, 連歲攻燕. 進圍中山, 燕主慕容寶出奔, 後爲其下所弑. ○ 燕慕容祥稱帝. 慕容麟襲殺祥而自立, 魏王珪破麟走之, 麟奔慕容德, 爲德所殺. 德往據廣固, 後稱帝, 是爲南燕. ○ 燕慕容盛, 稱帝於龍城, 是爲北燕. ○ 魏王珪稱帝, 都平城. ○ 涼段業稱涼王, 據張掖, 是爲北涼. ○ 晋會稽王道子, 專以政事委世子元顯, 晋政亂, 東土囂然. 妖賊孫恩, 因民心騷動, 自海島出作亂, 劉裕因討恩有功而起.

○ 안황제의 이름은 덕종이다. 어려서부터 똑똑치 못했다. 말을 할 줄도 몰랐고 춥고 더운 것, 배고프고 부른 것도 분별하지 못했다. 음식이나 자고 일어나는 것도 스스로 하지 못했다. 즉위한 뒤에는 회계왕이 태부로서 정치를 맡았다.

○ 魏王 탁발규는 해마다 연을 공격하여 중산을 포위하니 연주 모용보가 도망하였으나 뒤에 그 신하에 의해 시해되었다.

○ 후연의 모용상이 칭제하였다. 모용린이 모용상을 죽이고 자립하니 북위의 탁발규가 격파하여 쫓아버렸다. 모용린은 모용덕에게로 도망했으나 모용덕에게 피살되었다. 모용덕은 광고에 웅거하였다가 뒤에 칭제하니, 이것이 남연이다.

○ 燕의 모용성이 용성에서 칭제하니, 이것이 북연이다.

○ 魏王 탁발규가 칭제하고 평성에 도읍하였다.

○ 涼의 단업이 양왕을 칭하며 장액에 웅거하니, 이것이

북량이다.

○ 동진의 회계왕 사마도자는 모든 정사를 자신의 세자인 원현에게 위임하여 정치는 혼란해지고 나라가 시끄러웠다. 요적 손은은 민심이 소란스러워지자 섬에서 나와 난을 일으켰는데 유유는 손은 토벌에 공을 세워 흥기하였다.

어구 설명

○ 安皇帝, 名德宗. 幼不慧. 口不能言, 寒暑飢飽不辨. 飮食寢興, 皆非己出. 旣卽位, 會稽王以太傅輔政. : 安皇帝의 이름은 德宗이다. 어려서부터 똑똑치 못했다. 말을 할 줄도 몰랐고 춥고 더운 것, 배고프고 부른 것도 분별하지 못했다. 음식이나 자고 일어나는 것도 스스로 하지 못했다.(아우 瑯琊王〈낭야왕〉 德文〈덕문〉이 옆에서 시중을 들었다.) 즉위한 뒤에는 회계왕이 太傅(태부)로서 정치를 맡았다.

- 安皇帝 ; 安帝 司馬德宗(재위 397～419年). 孝武帝 司馬曜의 長子. 서기 382년생이니 15세에 즉위. 安帝가 즉위할 때 東晉 皇帝의 地位는 완전히 땅에 떨어졌고 나라의 장군들은 거의 반 독립적 존재였으며 조정의 권력은 대신들이 나누어 가진 상태였다. 어린 황제, 황음무도한 황제, 백치 황제가 연속해서 즉위하는 것은 이미 멸망의 길에 들어섰다는 확실한 증거였다. 어지간하면 좋게 써주는 것이 황제에 관한 기록이지만, 《晋書·帝紀 第十》에서 '冬夏의 區別도 모를 정도' 였다니 그 조정이 누구의 손에 들어갈지는 분명했다.

– 慧 슬기로울 혜. 寒 찰 한. 暑 더울 서. 飢 주릴 기. 飽 배부를 포. 辨 가릴 변. 분별하다. 寢 잠잘 침. 興 일어날 흥.

– 皆非己出(개비기출) ; 모두가 자신에게서 나오는 것이 아니었다. → 아무것도 스스로 하질 못했다.

– 會稽王(회계왕) ; 司馬道子, 효무제의 동생, 安帝의 숙부. 太傅 ; 황제의 스승, 섭정의 지위.

○ 魏王拓跋珪, 連歲攻燕. 進圍中山, 燕主慕容寶出奔, 後爲其下所弒. : 魏王 拓跋珪(탁발규)는 해마다 燕을 공격하여 중산을 포위하니 燕主 慕容寶(모용보)가 도망하였으나 뒤에 그 신하에 의해 시해되었다.

– 拓跋珪(탁발규) ; 386년 代王으로 즉위, 국호를 魏로 고침(北魏). 連歲(연세) ; 해마다. 中山 ; 慕容垂가 건국한 後燕의 수도.

○ 燕慕容祥稱帝. 慕容麟襲殺祥而自立, 魏王珪破麟走之, 麟奔慕容德, 爲德所殺. 德往據廣固, 後稱帝, 是爲南燕. : 後燕의 慕容祥(詳)이 稱帝하였다. 慕容麟이 모용상을 죽이고 자립하니 북위의 탁발규가 격파하여 쫓아버렸다. 모용린은 모용덕에게로 도망했으나 모용덕에게 피살되었다. 모용덕은 廣固(광고)에 웅거하였다가 뒤에 칭제하니, 이것이 南燕(남연)이다.

– 慕容祥('詳' 이어야 함) ; 선비족. 後燕王. 술과 殺人을 즐기며 백성을 돌보지 않았음. 慕容麟이 모용상을 죽이고 자립.

– 廣固 ; 山東省에 있던 南燕의 首都. 南燕(남연) ; 서기 398~410년 존속.

○ 燕慕容盛, 稱帝於龍城, 是爲北燕. : 燕의 慕容盛(모용성)이 龍

城에서 칭제하니, 이것이 北燕(북연)이다.

　－ 龍城(용성) ; 熱河 지방에 있던 지명.　慕容盛 ; 後燕(384～409년 존속)의 황제(재위 398～401년). 이를 北燕이라 한 것은 原 著者의 착오. (p. 466 참조)　北燕(북연) ; 서기 407～436년 존속.

○ 魏王珪稱帝, 都平城. 涼段業稱涼王, 據張掖, 是爲北涼. : 魏王 拓跋珪가 稱帝하고 平城에 도읍하였다. 涼의 段業이 涼王을 칭하며 張掖에 웅거하니, 이것이 北涼(북량)이다.

　－ 魏王珪稱帝 ; 서기 396년. 연호 皇始.　平城(평성) ; 지금 山西省에 있던 北魏이다.

　－ 段業(단업) ; 선비족. 涼王을 자칭한 것은 396년.　張掖(장액) ; 甘肅省의 地名.　北涼(북량) ; 저거몽손이라는 흉노족이 단업을 죽이고 칭제. 서기 401～439 존속.

○ 晋會稽王道子, 專以政事委世子元顯, 晋政亂, 東土囂然. 妖賊 孫恩, 因民心騷動, 自海島出作亂, 劉裕因討恩有功而起. : 晋의 會稽王 司馬道子는 모든 政事를 자신의 世子인 元顯에게 위임하여 晋의 政治는 혼란해지고 나라가 시끄러웠다. 妖賊(요적) 孫恩(손은)은 民心이 소란스러워지자 섬에서 나와 난을 일으켰는데 劉裕(유유)는 손은 토벌에 공을 세워 흥기하였다.

　－ 專以政事委世子元顯(전이정사위세자원현) ; 모든 정사를 세자 원현에게 일임하였다. 司馬道子는 安帝의 숙부인데 太傅로 정치를 독점하다가 그 권한을 자신의 아들인 元顯에게 맡겼다.　東土 ; 여기서는 東晋.

－囂 시끄러울 효.　妖 아리따울 요. 요사한.　騷 떠들 소.

－孫恩(손은, ?~402년) ; 五斗米道를 신봉하며 섬(지금의 舟山列島)에서 나와 399년에 起兵하며 반란을 일으켰으나 402年에 敗死하였다.

－劉裕(유유, 363~422년) ; 東晋 末期 장군, 政治家, 동진을 멸망시키고 南朝 宋(송)의 開國君主. 孫恩의 난을 진압하였고 簒位를 노리던 桓玄(환현)을 격파하여 東晋 왕권을 회복시켰었다.

【참고】 孫恩(손은)의 난

❖ 손은 일가는 대대로 五斗米道(오두미도)의 신봉자였다. 五斗米道는 天師道라고도 부르는데 後漢 順帝 때, 張道陵(장도릉)이 蜀의 鶴鳴山(학명산)에서 득도하여 창건했다는 종교로 信者가 되려는 사람은 쌀 5斗를 기부해야 했기에 五斗米道라고 불렀다.

동진 강남 지역에서 오두미도의 세력이 점점 커지자 이에 불안을 느껴 탄압을 하였는데 손은의 숙부 손태와 그의 아들 6명이 모두 관군에게 피살되었다. 손은은 섬(上海의 앞 舟山列島)에 들어가 세력을 키워 399년에 기병하였다. 당시 문벌 귀족들의 착취에 시달리던 이 지역 8개 군의 농민들이 이에 가세하였고 조정에서는 북부병을 동남으로 이동시켜 이를 진압하였다. 손은의 뒤를 이어 盧循(노순)이 농민군을 이끌었다. 손은의 봉기는 종교와 결합된 농민봉기이며 강남지역에서의 대규모 반란으로 무려 12년간이나 지속되었다. 이 반란은 문벌사족에 큰 타격을 주었고 동진의 몰락을 촉진한 농민봉기였지만 이 봉기가 과연 농민을 위한 봉기였는가는 생각해 보아야 한다.

《資治通鑑 자치통감》에 의하면 다음과 같은 기록이 있다.

'손은의 무리들은 자신들에게 동조하지 않는 사람은 어린아이까지 살육하여 열에 일곱 여덟을 죽였다. 각 지방의 현령을 사로잡으면 그 살로 젓을 담가 그 처자에게 먹이고, 먹기를 주저하면 사지를 찢어 죽였다. 지나는 곳마다 재물을 약탈하고 가옥을 불태웠다.'

대개의 경우 民亂이란 부패한 관리의 가혹한 착취에 의한 반발로 일어나기에 힘없고 가난한 백성들이 보호를 받을 것이라는 생각은 대개의 경우 하나의 희망사항일 뿐 실제는 그러하지 않다는 것을 염두에 두어야 한다. 흉년이나 전쟁 또는 민란에 제일 먼저 희생당하는 사람들은 언제나 가엾은 하층민이나 부녀자들이었다.

(3) ○ 北涼沮渠蒙遜, 弑段業而自立. 蒙遜匈奴之種也. 後遷姑臧. ○ 涼王呂光卒. 子紹立. 庶兄纂, 弑而代之. 呂超又弑纂, 而立其兄隆, 隆後降秦, 而涼亡. ○ 隴西李暠據燉煌, 是爲西涼. 後徙酒泉. ○ 柔然起於漠北, 奪高車之地而居之, 吞倂諸部. 士馬繁盛, 雄於北方. 其地西至焉耆, 東接朝鮮, 南臨大漠, 旁小國皆羈屬, 與魏爲敵. ○ 晉盜孫恩, 數爲劉裕等所敗, 赴海死. 其黨盧循·徐道覆復起.

○ 北涼의 저거몽손이 단업을 시해하고 즉위했다. 몽손은 흉노의 종족이다. 뒤에 姑臧(고장)으로 옮겨갔다.

○ 후량의 왕 여광이 죽었다. 아들 여소가 즉위했다. 여소의 서형인 여찬이 여소를 시해하고 대신 즉위했다. 여초가 다시 여찬을 시해하고 그의 형 여륭을 즉위케 했지만, 여륭은 후진에 항복했고 후량은 멸망했다.

○ 농서의 이고가 돈황에 웅거했는데 이것이 서량이다. 뒤에 주천으로 옮겼다.

○ 유연이 막북에서 일어나 고차족의 땅을 빼앗아 살면서 여러 부족들을 병탄했다. 군사와 말이 번성하여 북방의 강자가 되었다. 그 영역이 서쪽으로는 언기, 동으로는 조선에 접했고, 남쪽으로는 고비사막에 이어져서 주변 작은 나라들을 모두 복속케 하여 북위의 적국이 되었다.

○ 동진의 도둑무리인 손은은 여러 번 유유 등에게 패배하고 바다에 가서 죽었다. 그 무리인 노순과 서도복이 다시 일어났다.

어구 설명

○ 北涼沮渠蒙遜, 弑段業而自立. 蒙遜匈奴之種也. 後遷姑臧. 涼王呂光卒. 子紹立. 庶兄纂, 弑而代之. 呂超又弑纂, 而立其兄隆, 隆後降秦, 而涼亡. ： 北涼의 沮渠蒙遜(저거몽손)이 段業(단업)을 시해하고 즉위했다. 몽손은 匈奴의 종족이다. 뒤에 姑臧(고장)으

로 옮겨갔다. 후량의 왕 呂光(여광)이 죽었다. 아들 呂紹(여소)가 즉위했다. 여소의 서형인 呂纂(여찬)이 여소를 시해하고 대신 즉위했다. 呂超가 다시 여찬을 시해하고 그의 형 呂隆(여륭)을 즉위케 했지만, 여륭은 後秦에 항복했고 後涼은 멸망했다.

　－ 沮 막을 저.　渠 도랑 거.　蒙 입을 몽.　遜 겸손할 손.　沮渠蒙遜(저거몽손) ; 匈奴人, 16國 時期 北涼君主, 재위 401～433년.

　－ 遷 옮길 천.　姑 시어미 고.　臧 착할 장.　姑臧(고장) ; 甘肅省의 地名.

　－ 呂光(여광, 재위 386～399년) 氏族. 後涼 建立者.　紹 이을 소.　纂 모을 찬.　隆 융성할 융.　秦 ; 여기서는 後秦. 後涼 멸망 서기 403년.

○ 隴西李暠據燉煌, 是爲西涼. 後徙酒泉. 柔然起於漠北, 奪高車之地而居之, 呑倂諸部. 士馬繁盛, 雄於北方. 其地西至焉耆, 東接朝鮮, 南臨大漠, 旁小國皆羈屬, 與魏爲敵. : 隴西(농서)의 李暠(이고)가 燉煌(돈황)에 웅거했는데 이것이 西涼(서량)이다. 뒤에 酒泉으로 옮겼다. 柔然(유연)이 漠北(막북)에서 일어나 高車(고차) 족의 땅을 빼앗아 살면서 여러 부족들을 병탄했다. 군사와 말이 번성하여 북방의 강자가 되었다. 그 영역이 서쪽으로는 焉耆(언기), 東으로는 朝鮮에 접했고, 남쪽으로는 고비사막에 이어져서 주변 작은 나라들을 모두 복속케 하여 北魏의 적국이 되었다.

　－ 隴 땅이름 농(롱).　隴西(농서) ; 現 甘肅省 天水郡 일대. 黃土高原 지대, 실크로드의 교통요지. 지금은 甘肅省 定西市에 속한 현 이름.

- 暠 흴 고(호). 李暠(이고) ; 漢族, 西涼 건국자. 재위(서기 400~417년), 서량은 421년에 멸망.

- 燉 이글거릴 돈. 煌 빛날 황.

- 燉煌(돈황) ; 現 甘肅省 酒泉市에 속한 縣. 실크로드(絲綢之路)의 주요 도시. 敦煌石窟은 世界文化遺産. 그곳의 玉門關과 陽關은 長城의 끝 부분 名所.

- 酒泉(주천) ; 감숙성의 지명. 우물 속에서 金이 나온다 하여 金泉이었다. 뒤에 前漢 武帝 때(기원전 121년) 霍去病(곽거병)이 匈奴를 원정하며 이곳에서 大勝을 거두었다. 武帝가 술을 상으로 내렸는데 곽거병은 '공로는 全軍에 있다' 면서 술을 그 샘에 쏟아부어 같이 마셨다 하여 酒泉이라는 이름을 얻었다.

- 柔 부드러울 유. 柔然(유연) ; 鮮卑族 拓跋部의 한 갈래 北狄(북적). 4세기 중엽에서 6세기 중엽까지 내, 외몽고 일대의 광활한 지역을 지배했음.

- 漠北(막북) ; 고비 사막 북쪽. 외몽고 일대. 奪 빼앗을 탈.

- 高車(고차) ; 투르크족 계통의 종족 이름. 유목생활. 敕勒(칙륵). '天蒼蒼 野茫茫, 風吹草低見牛羊' 이라 노래한 〈敕勒歌 칙륵가〉는 이들의 牧歌임.

- 呑 삼킬 탄. 併 아우를 병. 呑併(탄병) ; 併呑(병탄)과 같음. 焉耆(언기) ; 西域의 나라 이름. 타림분지.

- 朝鮮(조선) ; 여기서 지역 이름으로 조선이란 한반도를 의미하지 않고 韓民族의 거주지인 만주 일원을 지칭한다.

- 大漠(대막) ; 큰 사막. 고비 사막. 旁 곁 방. 羈 굴레 기, 재

갈 기.   羈 나그네 기. 굴레 기의 俗字.

 ─ 羈屬(기속) ; 복속케 하다.   與魏爲敵(여위위적) ; 北魏(북위)
와 敵對하다. 북위의 적국이 되다.

○ 晋盜孫恩, 數爲劉裕等所敗, 赴海死. 其黨盧循·徐道覆復起. :
東晋의 도둑무리인 孫恩(손은)은 여러 번 劉裕(유유) 等에게 패배
하고 바다에 가서 죽었다.(安帝 元興 1년. 서기 402년) 그 무리인
盧循(노순)과 徐道覆(서도복)이 다시 일어났다.

 ─ 數 자주 삭.   赴 나아갈 부.   赴海死(부해사) ; 바다에서 죽다.
孫恩은 바다에 투신했다고 한다.

 ─ 循 좇을 순. 돌다.   盧循(노순) ; 孫恩의 妹夫였다. 覆 뒤집힐
복. 復 돌아올 복. 다시 부.

【참고】 효자의 누룽지

❖ 吳郡의 陳遺(진유)란 사람은 효자였다. 그의 어머니는 누룽지
(焦飯)를 매우 좋아하였다. 진유는 州郡의 主簿(주부)가 되어 집을
떠나야만 했다. 그래도 진유는 항상 자루를 가지고 다니면서 매번
밥을 해 먹을 때마다 누룽지를 모았다가 어머니에게 갖다 드렸다.
孫恩의 난이 일어났을 때, 반군이 오군에 밀려왔고, 관군은 토벌
에 실패했다. 그때 진유는 몇 말의 누룽지를 모았지만 집에 보낼
수가 없어 어머니 생각을 하며 그 누룽지를 들고 종군했었다. 관
군이 패하여 山澤(산택)으로 쫓길 때 흩어진 많은 병졸들이 굶어
죽었지만 진유는 누룽지를 먹으며 살아남았다. 이를 두고 당시 사
람들은 진유가 참된 효자였기에 얻은 보답이라고 칭송했다.

(4)　○ 晉桓玄反. 初玄嗣父溫爲南郡公, 負其才地, 以雄豪自處. 嘗守義興, 歎曰, 父爲九州伯, 兒爲五湖長. 棄官歸國, 後爲江州刺史, 尋都督荊·江等八州軍事, 據江陵. 至是擧兵入建康, 殺元顯, 又殺道子. 玄爲相國, 封楚王, 加九錫. 已而迫帝禪位. 劉裕起兵於京口討玄, 與玄兵戰, 大破之, 玄出走, 斬首於江陵. 帝復位, 劉裕鎭京口. ○ 秦赫連勃勃, 叛秦據朔方, 自稱大夏天王, 勃勃故匈奴劉衛辰之子也.

○ 晉에서 환현이 배반했다. 그 전에 환현은 아버지 환온의 뒤를 이어 남군공이 되었고 자신의 재주와 지위에 자부심을 갖고 스스로 영웅호걸처럼 처신했다. 전에 의흥군 태수로 있을 때 탄식하며 말했다. "아버지는 구주의 장관이었으나 아들은 겨우 오호의 태수를 하는구나!" (그리고) 관직을 버리고 남군으로 돌아갔는데 뒷날 강주자사가 되어 마침내 형주와 강주 등 8주의 군사를 지휘감독하며 강릉에 웅거하고 있었다.

이때에 거병하여 건강에 들어가 사마원현을 죽이고, 그 부친 사마도자를 죽인다. 환현은 상국이 되고 초왕에 봉해지고 구석을 받는다. 얼마 안 되어 강제로 안제가 선위하게 하였다. 유유는 경구에서 환현을 토벌하는 군사를 일으켰고 환현의 군사와 싸워 크게 이겼고, 환현은 도주했지만 환현을 강릉에서 참수하였다. 안제는 복위했고, 유유는 경구에 주둔했다.

  ○ 후진의 혁련발발이 후진을 배반하고 삭방에 웅거하며 대하천왕이라 자칭했는데 혁련발발은 죽은 흉노족 유위진의 아들이었다.

어구 설명

○ 晋桓玄反. 初玄嗣父溫爲南郡公, 負其才地, 以雄豪自處. 嘗守義興, 歎曰, 父爲九州伯, 兒爲五湖長. 棄官歸國, 後爲江州刺史, 尋都督荊・江等八州軍事, 據江陵. : 晋에서 桓玄이 배반했다. 그전에 환현은 아버지 桓溫의 뒤를 이어 南郡公이 되었고 자신의 재주와 지위에 자부심을 갖고 스스로 영웅호걸처럼 처신했다. 전에 義興郡 태수로 있을 때 탄식하며 말했다. "아버지는 九州의 장관이었으나 아들은 겨우 五湖의 태수를 하는구나!" 관직을 버리고 남군으로 돌아갔는데 뒷날 江州刺史가 되어 마침내 荊州와 江州 등 八州의 軍事를 지휘감독하며 江陵에 웅거하고 있었다.

  - 桓玄(환현, 369~404) ; 譙國(초국) 桓氏의 代表 人物. 桓溫(환온)의 아들. 비록 7개월 밖에 존속 못했지만 황제를 칭했음. 이를 桓楚(환초) 政權이라 부른다.

  - 玄嗣父溫爲南郡公(현사부온위남군공) ; 환현은 아버지 환온의 작위를 이어받아 南郡公이 되었다. 南郡 ; 現 湖北省의 地名.

  - 負 ; 자부하다. 才地 ; 재능과 지위. 以雄豪自處(이웅호자

처) ; 스스로 영웅호걸처럼 처신했다.

- 義興(의흥) ; 江蘇省의 地名. 五湖長(오호장) ; 義興에 5개의 호수가 있었음. 의흥의 지방관이란 뜻.

- 棄官歸國(기관귀국) ; 관직(의흥 태수)을 버리고 자신의 封國인 南郡으로 돌아가다. 江陵(강릉) ; 現 湖北省 荊州市에 해당.

○ 至是擧兵入建康, 殺元顯, 又殺道子. 玄爲相國, 封楚王, 加九錫. 已而迫帝禪位. 劉裕起兵於京口討玄, 與玄兵戰, 大破之, 玄出走, 斬首於江陵. 帝復位, 劉裕鎭京口. : 이때에(서기 402년) 擧兵하여 建康에 들어가 司馬元顯을 죽이고, 그 부친 司馬道子를 죽인다. 환현은 相國이 되고 楚王에 封해지고 九錫을 받는다. 얼마 안 되어 강제로 安帝가 선위하게 하였다. 劉裕(유유)는 京口에서 환현을 토벌하는 군사를 일으켜 환현의 군사와 싸워 크게 이겼고 환현은 도주했지만 환현을 강릉에서 참수하였다.(환현 36세) 安帝는 복위했고 劉裕는 京口에 주둔했다.

- 楚王(초왕) ; 환온은 무력을 동원하여 402년에 수도 건강에 들어가 司馬元顯 등을 죽이고 정권을 장악한 뒤 403년에 대장군이 되고 南郡 등 8개 郡을 묶어 자신의 封地로 만들고 楚王이 되고 九錫을 받는다.

- 迫 닥칠 박. 다그치다. 협박하다. 禪位(선위) - 환현은 403년 11월에 安帝의 선위를 받고 칭제한다. 404년 3월 劉裕(유유)에게 쫓겨 6월에 죽을 때까지 약 7개월 재위했다.

- 劉裕鎭京口(유유진경구) ; 유유는 경구에 주둔했다. 京口 ; 江蘇省의 地名.

○ 秦赫連勃勃, 叛秦據朔方, 自稱大夏天王, 勃勃故匈奴劉衛辰之子也. : 後秦의 赫連勃勃(혁련발발)이 후진을 배반하고 朔方(삭방)에 웅거하며 大夏天王이라 자칭했는데 혁련발발은 죽은 匈奴族 劉衛辰(유위진)의 아들이었다.

– 赫 붉을 혁. 勃 갑자기 일어날 발. 赫連勃勃(혁련발발) ; 흉노족. 夏(胡夏)의 건국자. 재위 407~425년. 포악군주의 대명사. 수도 統萬城(통만성).

– 秦 ; 여기서는 後秦, 朔方(삭방) ; 내몽고의 地名. 劉衛辰之子也(유위진지자야) ; (혁련발발은) 유위진의 아들이다. 劉勃勃로도 기록.

【참고】 아부하는 말솜씨

❖ 桓玄이 安帝로부터 강제 선양을 받아 재위하던 어느 날, 그의 용상 뒤쪽이 조금 낮아졌다는 것을 알았다. 여러 사람이 놀라 절절맬 때 殷仲文(은중문, 환온의 사위, 환현의 매제)이란 사람이 나서며 말했다.

"聖德이 깊고 무거워 두꺼운 땅조차 견딜 수가 없어 조금 낮아진 것입니다."

사람들은 대단한 대답이라 칭송했고 환현은 기분이 좋아졌다고 한다.

❖ 이보다 앞서 재위했던 簡文帝(간문제)는 桓玄의 아버지인 桓溫에 억눌렸던 허수아비 황제였다. 당시 顧悅(고열)이란 사람은

간문제와 동갑이었지만 머리가 완전히 하얗게 되었었다. 간문제
가 "경은 왜 나보다 먼저 희였는가?"라고 물었다.

이에 고열은 "臣의 머리는 물 버들(蒲柳 포류)과도 같아 가을이
되면 잎이 떨어지는 이치이고, 폐하는 松柏(송백)과 같아 雪霜(설
상)을 맞더라도 더욱 푸르고 무성해지는 것과 같습니다."라고 대
답했다.

사실 이러한 말에 기분이 흡족해지지 않는 사람이 몇이나 있겠
는가?

簡文帝(간문제)

(5)　○ 晋伐南燕. 先是南燕主慕容德卒, 兄子超立. 侵略晋邊, 劉裕抗表伐之. ○ 後燕爲其臣馮跋所滅. 先是後燕主盛, 爲其下所弑. 叔父熙立, 跋得罪於熙, 弑之而立熙之養子高雲. 未幾, 又弑雲而自立. ○ 魏主殺人之夫, 而納其妻, 與之生子紹, 兇狠無賴, 弑珪. 齊王嗣殺紹而立. 珪諡道武皇帝, 廟號烈祖. ○ 晋劉裕拔廣固. 執慕容超, 送建康斬之. 南燕亡.

○ 동진이 남연을 원정하였다. 이에 앞서 남연의 왕 모용덕이 죽어서, 형의 아들 모용초가 즉위했다. (남연이) 동진 국경을 자주 침략하자 유유가 표를 올리고 원정에 나섰다.

○ 後燕이 그 신하 풍발에 의해 멸망하였다. 이에 앞서 후연의 왕 모용성은 부하에게 시해 당했다. (모용성의) 숙부 모용희가 즉위하였는데 풍발은 모용희에게 죄를 지어 (풍발이) 모용희를 죽이고 모용희의 양자 高雲을 즉위시켰다. 곧 고운을 죽이고 스스로 왕위에 올랐다.

○ 魏主 탁발규는 남의 남편을 죽이고 여인을 처로 데려와 탁발소를 낳았었는데 (탁발소는) 흉악하고 사납고 거칠어 아버지 탁발규를 죽였다. (탁발규의 맏아들) 제왕인 탁발사가 탁발소를 죽이고 즉위하였다. 탁발규의 휘를 도무황제, 묘호를 열조라 하였다.

○ 동진의 유유가 남연의 서울 광고성을 공략했다. 그 군
주 모용초를 사로잡아 건강으로 보내 참수케 했다. 남연이
멸망했다.

어구 설명

○ 晋伐南燕. 先是南燕主慕容德卒, 兄子超立. 侵略晋邊, 劉裕抗
表伐之. : 晋이 南燕을 원정하였다.(서기 409년) 이에 앞서 南燕
의 왕 慕容德(모용덕)이 죽어서(서기 405년), 兄의 아들 慕容超
(모용초)가 즉위했다. (남연이) 동진 국경을 자주 침략하자 劉裕
(유유)가 表를 올리고 원정에 나섰다.

 ─ 抗 막을 항. 들어 올리다. 대항하다. 抗表(항표) ; 자신의 뜻
을 쓴 표문을 올리다. 上表와 같음.

○ 後燕爲其臣馮跋所滅. 先是後燕主盛, 爲其下所弑. 叔父熙立,
跋得罪於熙, 弑之而立熙之養子高雲. 未幾, 又弑雲而自立. : 後燕
이 그 신하 馮跋(풍발)에 의해 멸망하였다.(서기 407년) 이에 앞
서 後燕의 왕 慕容盛(모용성)은 부하에게 시해 당했다. (모용성
의) 숙부 慕容熙가 즉위하였는데 풍발은 모용희에게 죄를 지어
(풍발이) 모용희를 죽이고 모용희의 養子 高雲을 즉위시켰다. 곧
고운을 죽이고 스스로 왕위에 올랐다.

 ─ 後燕(후연) ; 선비족 慕容垂가 384년에 하북성 일대에 세운 나
라(수도 中山, 現 定州). 北燕(북연)이라고도 함.

 ─ 馮 성 풍. 탈 빙. 跋 밟을 발. 풍발은 407년에 자립하여 요
령성 일대에 燕을 재건 ─ 이를 北燕이라 함. 436년에 북위에게

멸망함.

○ 魏主殺人之夫, 而納其妻, 與之生子紹, 兇狠無賴, 弑珪. 齊王嗣殺紹而立. 珪諡道武皇帝, 廟號烈祖. : 魏主 탁발규는 남의 남편을 죽이고 여인을 처로 데려와 탁발소를 낳았었는데 (탁발소는) 흉악하고 사납고 무뢰하여 탁발규를 죽였다. (탁발규의 아들) 齊王인 拓跋嗣(탁발사)가 紹를 죽이고 즉위하였다. 탁발규의 諱(휘)를 道武皇帝, 廟號(묘호)를 烈祖라 하였다.

 – 魏主 ; 북위 拓跋珪(탁발규).　殺人之夫(살인지부) ; 다른 사람의(人之) 남편(夫)을 죽이고.　納 들일 납. 받아들이다.　紹 이을 소.

 – 狠 개 싸우는 소리 한. 매우.　兇狠(흉한) ; 흉악하고 사납다. 賴 믿을 뢰(뇌). 의지하다.　無賴 ; 생업도 돌보지 않고 제멋대로 하다.

○ 晋劉裕拔廣固. 執慕容超, 送建康斬之. 南燕亡. : 晋의 劉裕가 남연의 서울 廣固城을 공략했다. 그 군주 慕容超(모용초)를 사로잡아 건강으로 보내 참수케 했다. 南燕이 멸망했다.(서기 410년)

 – 拔 뽑을 발. 공략하다.　廣固 ; 산동성의 지명. 南燕의 수도.

(6) ○ 盧循乘劉裕北伐, 出自番禺, 直下襲建康. 劉裕被徵急還, 諸軍力戰, 循乃退. 裕追破之, 循走交州, 爲刺史所敗, 斬首送建康.

○ 西秦乞伏韓歸, 爲其下所弑, 子熾盤立. ○ 西秦
襲滅南涼. 先是南涼主禿髮烏孤卒, 弟利鹿孤立.
卒, 弟傉檀立. 至是爲乞伏熾盤所襲, 以傉檀歸殺
之, 南涼亡.
○ 後秦主姚興卒, 子泓立. 晋太尉劉裕伐之, 發彭
城由洛陽, 道武關·潼關入長安. 泓敗出降, 送建康
斬之, 後秦亡.

○ 노순은 유유가 북벌하는 틈을 타 번우에서 출발하여
곧바로 건강을 기습하였다. 유유가 부름을 받고 급히 돌아
와 군사를 동원하여 힘껏 싸우니 노순은 퇴각하였다. 유유
가 추격하여 격파하니 노순은 교주로 달아났으나 교주자
사에게 격파되었고 (노순을) 참수하여 건강으로 보냈다.
○ 서진의 걸복한귀는 신하에게 시해되어 아들 치반이
즉위했다.
○ 서진이 남량을 습격하여 멸망시켰다. 이에 앞서 남량
의 왕 독발오고가 죽고, 아우 이록고가 즉위하였다. 이록
고가 죽고, 동생 녹단이 즉위했었다. 이때에 걸복치반에게
공격당하여 녹단은 (서진으로) 끌려가 죽었고, 남량은 멸
망했다.
○ 후진의 왕 姚興(요흥)이 죽고, 아들 姚泓(요홍)이 즉위
했다. 동진 태위 유유가 토벌에 나서서 팽성을 출발하여

낙양을 거쳐 무관과 동관을 지나 장안에 입성했다. 요홍이
패하여 성을 나와 항복하니, 건강으로 보내 참수했고 후진
은 멸망했다.

어구 설명

○ 盧循乘劉裕北伐, 出自番禺, 直下襲建康. 劉裕被徵急還, 諸軍
力戰, 循乃退. 裕追破之, 循走交州, 爲刺史所敗, 斬首送建康. : 盧
循은 劉裕가 北伐하는 틈을 타 番禺(번우)에서 나와 곧바로 建康
을 기습하였다. 劉裕가 부름을 받고 급히 돌아와 군사를 동원하
여 힘껏 싸우니 노순은 퇴각하였다. 유유가 추격하여 격파하니
노순은 交州로 달아났으나 교주자사에게 격파되었고 (노순을) 참
수하여 건강으로 보냈다.

 - 循 좇을 순. 뒤따르다. 盧循(노순) ; 孫恩의 매부. 乘 탈 승.
이용하다. 劉裕北伐(유유북벌) ; 유유는 安帝 義熙 6년(서기 410
년) 南燕 廣固城을 함락.

 - 禺 긴 꼬리 원숭이 우. 番禺(번우) ; 廣東省의 현명. 直 곧을
직. 곧장, 바로, 줄곧. 直下 ; 쉽게 나아가다.

 - 襲 습격할 습.   徵 부를 징. 사람을 불러들이다. 음률 이름
치. 被徵(피징) ; 부름을 받고.   交州 ; 現 廣西省 일대.

 - 爲刺史所敗(위자사소패) ; 교주자사에게 격파되어. 爲～ 所～,
피동의 문장. 斬首(참수) ; 목을 베다.(서기 411년)

○ 西秦乞伏韓歸, 爲其下所弒, 子熾盤立. 西秦襲滅南涼. 先是南

涼主禿髮烏孤卒, 弟利鹿孤立. 卒, 弟傉檀立. 至是爲乞伏熾盤所
襲, 以傉檀歸殺之, 南涼亡. : 西秦의 乞伏韓歸는 신하에게 시해되
어 아들 熾盤(치반)이 즉위했다. 서진이 南涼을 습격하여 멸망시
켰다. 이에 앞서 南涼의 왕 禿髮烏孤(독발오고)가 죽고, 아우 利
鹿孤(이록고)가 즉위하였다. 이록고가 죽고, 동생 傉檀(녹단)이
즉위했었다. 이때에 걸복치반에게 공격당하여 녹단은 (서진으로)
끌려가 죽었고 남량은 멸망했다.(서기 414년)

　－ 西秦(서진, 서기 385～400년 → 409년～431년). 선비족 乞伏
國仁이 건립한 나라.

　－ 乞伏韓歸(걸복한귀) ; 人名. 乞伏은 姓. 韓歸 아닌 乾歸로 기
록되기도 함.　熾 성할 치.　乞伏熾盤(걸복치반) ; 재위 412～428
년.

　－ 禿髮烏孤(독발오고) ; 河西의 鮮卑族, 十六國時期 南涼의 建
立者. 재위 397～399년.　禿髮은 선비족의 部族 이름.

　－ 利鹿孤(이록고) ; 人名.　傉 사람 이름 녹.　傉檀(녹단) ; 人名.

○ 後秦主姚興卒, 子泓立. 晋太尉劉裕伐之, 發彭城由洛陽, 道武
關·潼關入長安. 泓敗出降, 送建康斬之, 後秦亡. : 後秦의 왕 姚
興이 죽고, 아들 姚泓이 즉위했다. 晋 太尉 劉裕가 토벌에 나서서
彭城(팽성)을 출발하여 洛陽을 거쳐 武關과 潼關을 지나 長安에
입성했다. 요홍이 패하여 성을 나와 항복하니, 建康으로 보내 참
수했고 後秦은 멸망했다.(서기 417년)

　－ 後秦 ; 姚萇(요장)이 건국.　姚興(요흥) ; 재위 394～416년.

　－ 泓 물 깊을 홍.　彭城(팽성) ; 江蘇省의 지명.　武關(무관), 潼

關(동관) ; 陝西省의 地名.   道 ; 여기서는 가다, 따르다. 동사로
쓰였음.

(7) 夏主勃勃, 聞裕伐秦曰, 裕必取關中, 然不能久
留, 若以子弟諸將守之, 吾取之如拾芥耳. 至是三秦
父老, 聞裕將還, 詣門流涕曰, 殘民不霑王化, 於今
百年. 始覩衣冠, 人人相賀. 公捨此欲何之乎. 裕還
彭城, 勃勃陷長安稱帝, 歸統萬.

夏(胡夏)의 왕 혁련발발은 유유가 후진을 토벌한다는 소
식을 듣고 말했다. "유유는 틀림없이 관중을 취할 것이지
만 그러나 오래 머물 수는 없을 것이다. 만약 대신 자제나
장수들을 보내 관중을 지키게 한다면 관중 땅을 차지하는
것은 지푸라기를 줍는 것과 같을 것이다." 이때 삼진 땅(관
중)의 원로들은 유유가 환군하려 한다는 소식을 듣고 군문
에 와서 눈물을 흘리며 말했다. "그동안 전란에 시달린 백
성들은 황제의 교화를 받지 못한지가 지금까지 백 년이 되
었습니다. 우리가 의관을 제대로 갖춘 분들을 이제 겨우 보
면서 사람마다 기뻐하였습니다. 공께서는 이 땅을 버리고
어디로 가려 하십니까?" 유유는 팽성으로 환군했고, 혁련
발발은 장안을 함락시키고 칭제하고 통만성으로 돌아갔다.

어구 설명

○ 夏主勃勃, 聞裕伐秦曰, 裕必取關中, 然不能久留, 若以子弟諸將守之, 吾取之如拾芥耳. : 夏(胡夏)의 왕 혁련발발은 유유가 후진을 토벌한다는 소식을 듣고 말했다. "劉裕는 틀림없이 관중을 취할 것이지만 그러나 오래 머물 수는 없을 것이다. 만약 대신 子弟나 장수들을 보내 관중을 지키게 한다면 관중 땅을 차지하는 것은 지푸라기를 줍는 것과 같을 것이다."

 - 夏主勃勃(하주발발) ; 夏의 왕. 赫連勃勃(혁련발발) ; 흉노족. 夏(胡夏)의 건국자. 재위 407~425년.

 - 然不能久留(연불능구유) ; 그러나 오래 머무는 것이 불가능하다.

 - 若以子弟諸將守之(약이자제제장수지) ; 만약 子弟나 諸將으로 하여금 關中 땅을(之) 지키게(守) 한다면.

 - 拾 주울 습. 줍다.　芥 겨자 개. 티끌, 먼지. 草芥(가치 없는 물건).

○ 至是三秦父老, 聞裕將還, 詣門流涕曰, 殘民不霑王化, 於今百年. 始覩衣冠, 人人相賀. 公捨此欲何之乎. 裕還彭城, 勃勃陷長安稱帝, 歸統萬. : 이때 三秦(關中)의 원로들은 유유가 환군하려 한다는 소식을 듣고 軍門에 와서 눈물을 흘리며 말했다. "그동안 전란에 시달린 백성들은 황제의 敎化를 받지 못한지가 지금까지 백년이 되었습니다. 우리가 의관을 제대로 갖춘 분들을 이제 겨우 보면서 사람마다 기뻐하였습니다. 公께서는 이 땅을 버리고 어디로 가려 하십니까?" 유유는 彭城(팽성)으로 환군했고, 혁련발발

은 長安을 함락시키고, 칭제하고 (수도인) 統萬城(통만성)으로 돌
아갔다.

 - 至是(지시) ; 이때에.　三秦(삼진) ; 關中의 땅.　聞裕將還(문
유장환) ; 유유가 돌아가려 한다는 소식을 듣고.　詣 이를 예. 도
착하다.

 - 涕 눈물 체.　殘 해칠 잔.　殘民(잔민) ; 백성을 짓밟다. 전란
으로 백성을 해치다.

 - 霑 적실 점.　霑王化(점왕화) ; 王者의 敎化를 입다. 여기서는
이민족에게 짓밟히고 정통 왕조의 지배를 받지 못했다는 뜻.

 - 於今(어금) ; 이제까지.　覩 볼 도.　衣冠(의관) ; 제대로 갖춘
옷차림. 중국인 文物을 갖춘 사람.　人人 ; 사람마다.

 - 捨 버릴 사.　捨此欲何之乎(사차욕하지호) ; 여기를 버려두고
어디로 가려 합니까?

 - 彭 땅이름 팽.　彭城 ; 지금 江蘇省의 북쪽에 위치한 徐州市.
강소성의 ‘北大門’이라 부르는 교통중심지. 고대로부터 정치와
군사적 要地였음.

【참고】 역사의 교훈-비슷한 경우

❖ 歷史나 政治에서 假定(가정)처럼 무의미한 일은 없다. 흔히
‘신라가 아닌 고구려가 삼국을 통일했더라면~’ 하는 가정은 마
치 ‘내가 그때 서울에 살았더라면 ~’ 하는 가정과 무엇이 다르겠
는가? 또 ‘그때 ○○가 대통령이 되었다면~’ 하는 가정은 ‘그때
내가 사법시험에 합격했더라면 ~’ 하는 가정과 조금도 다름이 없

다. 그러나 역사를 읽으면서 그러한 가정을 해 보는 것은 본인의 생각과 다른 역사 전개에 대한 아쉬움의 표현이라 할 수는 있다.

가령 '이때 劉裕가 長安에 주둔하면서 東晉의 황제를 데려오고 화북 지방의 지배에 힘썼더라면 ~' 하는 가정도 할 수 있다. 그러나 유유는 '동진에 의한 중국의 통일지배'라는 원대한 이상 이전에 '동진의 황제의 자리를 차지하려는 目前의 현실'을 먼저 고려하여 장안에서 철수하였을 것이다.

이와 비슷한 예는 우리나라 역사에서 그대로 나타난다.

고려 恭愍王(공민왕) 19년(1370년) 李成桂(이성계)는 元의 쇠퇴기를 이용하여 요동지방에 있던 원의 동녕부를 정벌하고 그 지역 우리 민족을 선무하고 돌아온다. 그때 이성계가 계속 요동지방에 머물며 지배권을 확대했더라면 만주의 넓은 땅을 회복할 수 있었을 것이라는 가정도 할 수 있다.

그 후, 1368년에 건국한 明나라가 지배권을 확장하면서 1388년 3월에 고려 철령 이북의 땅은 원래 元의 영토였으므로 明에 속해야 한다며 '철령위(鐵嶺衛) 설치'를 일방적으로 통보한다. 이때 고려에서는 崔瑩(최영)과 禑王(우왕)이 중심이 되어 요동을 정벌하기로 결정하고 曹敏修(조민수)를 좌군도통사로, 그전에 요동지방을 정벌한 경험이 있는 李成桂(이성계)를 우군도통사로 삼아 요동정벌에 나서게 된다. 이성계는 요동정벌에 대한 4불가론을 내세웠지만 왕명에 따라 1388년에 원정에 나섰다가, 위화도에서 조민수를 설득하여 회군, 최영을 숙청하고 우왕을 폐위시켰다. 이 위화도 회군으로 요동정벌은 무위로 끝나고 이후 옛 고구려 영토의 수복은 완전히 불가했다.

여기서 '이성계가 위화도에서 회군하지 않았다면 ~' 이라는 가정을 말하지만, 이성계는 고려가 아닌 새 나라의 개국을 꿈꾸고 있었을 것이다.

이성계의 위화도 회군(1388년), 우왕과 창왕 폐위 공양왕을 즉위시키고 그리고 4년 만에 공양왕의 선양을 받아 朝鮮 개국(서기 1392년)은 → 劉裕의 長安에서 환군, 安

李成桂(이성계)

帝의 폐위, 恭帝를 즉위시키고 3년째에 恭帝의 선양을 받아 宋을 건국하는(서기 420년) 과정과 조금도 다름이 없다.

이를 본다면, 지나간 역사에 대한 가정은 의미가 없고 역사는 사람의 일이기에 비슷하게 반복된다는 것을 알 수 있다.

(8) ○ 晋以裕爲相國宋公, 加九錫. 裕以讖云, 昌明之後尙有二帝, 乃使人縊晋帝弑之. 帝在位二十三年, 改元者二, 曰隆安 · 義熙. 義熙元年至十四年, 則劉裕爲政之日也. 弟琅琊王立, 是爲恭皇帝.

○ 晋은 유유를 상국으로 삼고, 宋公으로 봉하고 구석을
내려주었다. 유유는 참언에서 "효무제 뒤에 2명의 황제가
있다."는 말에 따라 사람을 시켜 안제를 목 졸라서 시해했
다.

안제 재위 23년에 개원을 2번 했는데 융안과 의희이었
다. 의희 원년에서 14년까지는 유유가 정치를 한 기간이었
다. 안제의 아우 낭야왕이 즉위하니, 이가 공황제이다.

어구 설명

○ 晋以裕爲相國宋公, 加九錫. 裕以讖云, 昌明之後尙有二帝, 乃
使人縊晋帝弑之. : 晋은 유유를 相國으로 삼고, 宋公으로 봉하고
九錫을 내려주었다. 유유는 참언에서 "효무제 뒤에 2명의 황제가
있다."는 말에 따라 사람을 시켜 安帝를 목 졸라서 시해했다.

 — 以裕爲相國宋公(이유위상국송공) ; 유유를 相國(재상)으로 삼
고 宋公이라 하다. 讖 참서 참, 뉘우칠 참. 미래의 길흉에 대한
조짐이나 예언. 圖讖(도참).

 — 昌明之後尙有二帝 ; 효무제 이후에 2명의 황제가 있다. 昌明
은 孝武帝의 字. 縊 목맬 액. 목을 졸라 죽이다.

○ 帝在位二十三年, 改元者二, 曰隆安 · 義熙. 義熙元年至十四年,
則劉裕爲政之日也. 弟瑯琊王立, 是爲恭皇帝. : 安帝 재위 23년에
改元을 2번 했는데 隆安(융안)과 義熙(의희)이었다. 義熙 원년에
서 14년까지는 劉裕가 정치를 한 기간이었다. 안제의 아우 瑯琊

王이 즉위하니, 이가 恭皇帝(공황제)이다.

 - 安帝在位二十三年 ; 서기 396∼418년. 隆安(융안) ; 서기 397∼401년. 義熙(의희) ; 서기 405∼418년.

 - 元興(원흥, 서기 402∼404년)이 누락. 이 기간은 桓玄이 專權하며 安帝를 폐위하고 稱帝한 기간이라 原 著者가 고의로 누락했음.

 - 則劉裕爲政之日也(칙유유위정지일야) ; 곧 劉裕가 政治를 한 기간이었다.

【참고】 동진 왕조 말년의 모습

❖ 司馬道子는 술에 취해 살았던 孝武帝를 도왔다지만 그 자신도 효무제 못지않은 술꾼이었다. 효무제의 뒤를 이은 安帝(司馬德宗, 재위 397∼418년)는 서진의 바보황제 혜제보다도 더 바보였다. 말도 거의 할 줄 몰랐고 스스로 할 수 있는 일이 아무것도 없었다. 이런 황제를 대신했던 것이 사마도자였다. 그런데 사마도자는 왕국보와 왕서라는 자신의 측근에게 정치를 맡기고 자신은 술과 여자를 끼고 살았다.

지방에서 왕국보와 왕서를 제거하겠다는 반란이 일어나자 할 수 없이 측근 두 사람을 죽인 사마도자는 아무도 믿을 수 없어 자신의 16살 난 아들 사마원현에게 모든 정치 실권을 맡긴다.

권력의 맛이 어떤 것인가를 알게 된 사마원현은 나중에 아버지가 술에 취한 틈을 이용하여 바보 황제를 움직여 아버지의 모든 지위를 박탈한다. 그리고 온 나라의 실권을 장악하는데 그때가 21

살이었다고 한다. 이러한 사마원현을 치겠다고 반란을 일으킨 사람이 桓玄(환현)이었고, 환현의 손에 사마도자와 사마원현 부자는 죽음을 당한다.

그리고 환현의 발호는 7개월 단명으로 끝났는데 환현의 반란을 진압한 유유가 바보황제를 목을 졸라 죽이고, 마지막 恭帝(공제, 司馬德文)를 즉위시키나 이 역시 허수아비에 불과했다. 사실 술에 취해 살았던 효무제 그리고 바보황제 안제가 연이어 즉위하고, 사마도자와 사마덕종 父子가 설칠 때 東晋은 이미 다 망한 것이나 다름이 없었다.

(9) 恭皇帝, 名德文. 卽位之明年, 劉裕進爵爲宋王, 自彭城移鎭壽陽. 又明年裕還建康. 帝在位改元者 一, 曰元熙. 禪位于裕, 已而被弑. 東晋自元皇帝, 至是凡十一世, 一百四年. 西晋·東晋, 通一百五十 六年而亡.

공황제의 이름은 덕문이다. 즉위한 다음 해, 유유는 작위를 높여 송왕이 되었고, 팽성에서 수양으로 옮겨 왔다. 그 명년에 유유는 건강에 들어왔다. 공제가 재위하는 동안 개원을 1번 하였는데 원희라고 한다. 유유에게 선위한 뒤 얼마 있다가 시해를 당했다. 동진은 원황제로부터 이에 이르

기까지 모두 11세, 104년이었다. 서진과 동진은 총 156년
에 망했다.

어구 설명

○ 恭皇帝, 名德文. 卽位之明年, 劉裕進爵爲宋王, 自彭城移鎭壽
陽. 又明年裕還建康. : 恭皇帝의 이름은 德文이다. 卽位한 다음
해, 劉裕는 爵위를 높여 宋王이 되었고(서기 419년), 彭城(팽성)
에서 壽陽으로 옮겨 왔다. 그 明年에(서기 420년) 유유는 建康에
들어왔다.

 － 恭皇帝(공황제) ; 서기 418~420년 재위. 名 德文. 백치인 형
安帝를 도왔고 34세에 즉위. 자신은 불교를 독실하게 신봉했다.
폐위되어 영릉왕이라 불리다가 다음 해 서기 421년에 죽음을 당
했다. 諡號(시호)에 恭이 들어가는 경우 대개 선양을 한 사람이
다. 隋(수)의 恭帝는 唐나라에 선위했고, 5代의 後周 恭帝는 宋
(조광윤, 서기 960년 宋 건국)에 선위를 했다. 고려의 마지막 왕
은 恭讓王(공양왕, 1388~1392년 재위)이다.

 － 爲宋王 ; 宋王이 되다. 서기 419년.　壽陽(수양) ; 地名. 壽春
이라고도 함. 현 安徽省 六安市에 속한 縣, 安徽省의 중북부, 淮
河의 남쪽에 위치.

○ 帝在位改元者一, 曰元熙. 禪位于裕, 已而被弑. 東晋自元皇帝,
至是凡十一世, 一百四年. 西晋・東晋, 通一百五十六年而亡. : 恭
帝가 재위하는 동안 개원을 1번 하였는데 元熙(원희)라고 한다.

유유에게 禪位(선위)한 뒤 얼마 있다가 시해를 당했다. 東晉은 元
皇帝로부터 이에 이르기까지 모두 11世, 104년이었다. 西晉과 東
晉은 총 156年에 망했다.

　－ 元熙(원희) ; 서기 419～420년.　　被弑(피시) ; 시해 당하
다.(서기 421년)

　－ 元皇帝～恭皇帝 ; 11世, 104년(서기 317～420년). 西晉과 東
晉 ; 156년(서기 265～420년) 만에 멸망.

【참고】 5호 16국 시대의 역사적 의의

❖ 후한이 멸망한 뒤 위, 촉, 오의 대립을 종식시키고 중국을 통
일하였던 西晉은 진취적 기상의 상실과 함께 왕족의 내부 분열로
쇠약해지면서 북방 유목민들을 통제할 능력이 없었고 오히려 그
들의 침입으로 멸망하게 된다.

비록 서진이 동남쪽으로 이동하여 東晉으로 되었다지만 그 東
晉도 명문세족의 정권독점과 무능한 황제들의 연속 즉위로 잃어
버린 화북을 되찾겠다는 의지가 제대로 실행될 수가 없었다.

화북지방은 북방유목민족의 건국과 시해와 찬탈과 소멸이 계속
되었다. 이 시대의 역사 개략은 아무리 인내심을 갖고 읽으려 해
도 읽을 수 없을 정도로 복잡하고, 또 '과연 읽을만한 가치가 있
는가?'를 생각하게 한다.

북방유목민족들의 그 無常한 변화는 오직 군사력에 의한 건국
과 지배에 따른 결과라 할 수 있다. 5호 16국 시대에는 5호족들의
미숙한 통치능력, 농경지 정착생활에 따른 무력의 약화, 다수의

중국인에 비해 소수에 불과한 사람들의 무력지배라는 한계성 때문에 5호족들은 점차 중국화 되어갔다.

동시에 북방 유목민족의 생활양식이나 관습이 중국사회에 유입되었으며 유목민과 농경민의 通婚(통혼)은 사회적으로 대등한 관계에서의 혼합을 촉진시켰다. 결국 이는 다음에 도래하는 시대 – 隋(수)와 唐(당) – 의 국제적 성격을 강화하기 위한 활력을 잉태하는 기간이었다고 볼 수도 있다.

이 시대는 유목민족에 의한 분열과 항재 약탈의 시대였으므로 사회가 극도로 불안하여 백성들이 안정을 희구하면서 불교와 도교가 크게 융성하는 시대였었다. 그리고 현실도피적인 청담의 유행과 현실적 고통을 모르는 귀족들의 우아한 문화가 발전하는 시기였다.

《十八史略》의 편찬 의도가 오직 왕조의 정치에만 역점을 둔 서술이기에 이러한 사회 경제적 변화와 문화나 종교에 대한 서술이 거의 없다는 것이 더 큰 아쉬움으로 느껴진다.

東晉의 世系

```
                              ┌─ ⑥ 哀帝
              ┌─ ② 明帝 ─ ③ 成帝 ─┤
              │                 └─ ⑦ 帝奕
① 元帝 ─┤
              │              └─ ④ 康帝 ── ⑤ 穆帝
              │                              ┌─ ⑩ 安帝
              └─ ⑧ 簡文帝 ─ ⑨ 孝武帝 ─┤
                                              └─ ⑪ 恭帝
```

제2장 南北朝 시대의 전개

1) 宋의 成立과 멸망

(1) 南·北朝

南朝, 自晋以傳之宋, 宋傳之齊, 齊傳梁, 梁傳陳.
北朝, 自諸國併於魏, 魏後分爲西魏·東魏, 東魏傳
北齊, 西魏傳後周, 後周併北齊, 而傳之隋. 隋滅陳,
然後南北混爲一. 今以南爲提頭, 而附北於其閒.

남·북조 시대

남조는 동진에서 송으로 전승할 때부터 시작하여 송에서
제로 이어지고, 제는 양에게, 양은 진으로 이어졌다. 북조
는 여러 나라가 위(북위)에 병합되는 데서부터 시작하여
위가 나중에 서위와 동위로 분열되고, 동위는 북제로, 서
위는 후주로 전승되며, 후주는 북제를 병합하고 수나라에
전해졌다. 수나라가 (남조의) 진을 멸한 연후에 남북조는
뒤섞여 하나가 되었다. 지금부터 남조를 먼저 서술하면서
그 사이에 북조의 내용을 부기하였다.

어구 설명

○ 南朝, 自晋以傳之宋, 宋傳之齊, 齊傳梁, 梁傳陳. : 南朝는 晋에서 宋으로 전승할 때부터 宋에서 齊로 이어지고, 齊는 梁에게, 梁은 陳으로 이어졌다.

 - 南朝 ; 南方의 王朝. 漢人이 건국과 통치의 主體가 되었다. 傳 전할 전. 傳受하다. 퍼트리다. 經書에 대한 註解. 傳記.

 - 自 ; ~에서부터. ~부터 하다. 自晋以傳之宋(자진이전지송) ; 동진에서 송으로 정통을 전하는 데서부터.

 - 晋, 宋, 齊, 梁, 陳 ; 모두 춘추시대에 기원을 둔 왕조 명칭.

○ 北朝, 自諸國併於魏, 魏後分爲西魏·東魏, 東魏傳北齊, 西魏傳後周, 後周併北齊, 而傳之隋. 隋滅陳, 然後南北混爲一. : 北朝는 여러 나라가 魏(북위)에 병합되는 데서부터 시작하여 魏가 나중에 西魏와 東魏로 분열되고, 東魏는 北齊로, 西魏는 後周로 전승되며, 後周는 北齊를 병합하고 隋(수)에 전해졌다. 수나라가 (남조의) 陳을 멸한 연후에 南北朝는 뒤섞여 하나가 되었다.

 - 諸國(제국) ; 여러 나라. 併 아우를 병. 합쳐지다. 魏 ; 鮮卑 拓跋氏의 北魏.

 - 隋 나라 이름 수. 제사지내고 남은 고기 타. 一說에는 隨(따를 수)가 本字인데 隨의 辵(辶)가 말이 빨리 달리는 형상(빨리 멸망) 이라서 글자에서 '辶'를 빼고 隋로 정했다고 한다.

 - 混 섞을 혼. 섞이다. 然後南北混爲一(연후남북혼위일) ; 그런 뒤에야 남북이 섞여 하나가 되었다.

○ 今以南爲提頭, 而附北於其閒. : 이제 南朝를 먼저 서술하면서 그 사이에 北朝 내용을 부기하였다.

 - 提 끌 제. 당기다. 提頭(제두) ; 이야기를 꺼내다. 먼저 서술하다. 존경의 의미로 특별히 한 글자 올려 해당 글자를 쓰는 것.

 - 附 붙을 부. 첨부하다. 閒 사이 간. 틈 한. 而附北於其閒(이부북어기간) ; 그 사이에 북조에 관한 것을 附記하였다. 삼국을 설명할 때 漢(蜀漢)을 정통으로 삼아 魏와 吳를 부기하였고, 晉(西晉, 東晉)을 중심으로 서술하면서 16국을 사이사이에 끼워 넣어 서술한 것과 같은 맥락이다.

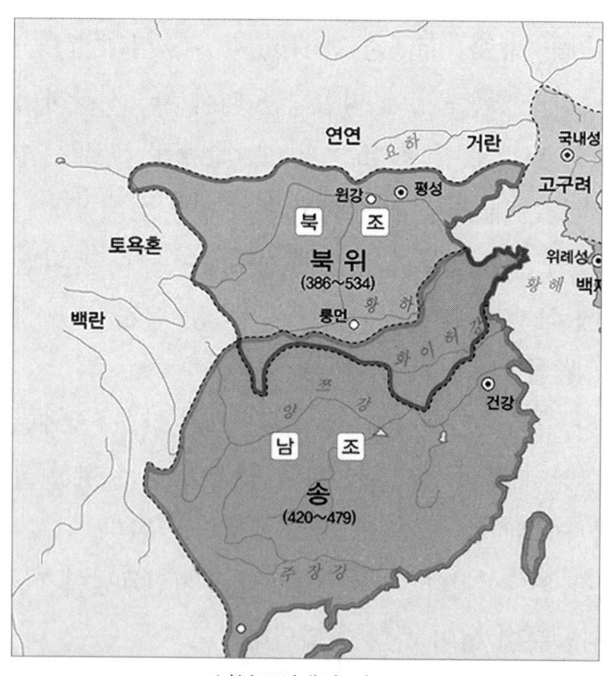

남북조시대의 지도

【참고】 남북조 왕조 일람

❖ 南北朝는 동진과 16국의 분열상황의 연속이었다. 다만 北魏의 화북 통일(439년) 이후 왕조의 난립이 좀 진정되었다고 볼 수 있다. 남조에서는 송-제-양-진으로 단선으로 왕조 교체가 이루어졌다. 남북조에서 통치자 계층의 구성과 통치방법의 차이 때문에 남북조의 대립은 지속되었지만 어느 쪽에서든 절대 강자가 출현하지 않았기 때문에 남북조의 대립은 170년간 계속되었다.

남북조의 왕조 개창과 멸망을 요약하면 아래와 같다.

南北	국명	건국자	존속기간	비 고
南朝	宋	劉裕(유유)	420~479	齊에 멸망
	齊	蕭道成(소도성)	479~502	梁　〃
	梁	蕭衍(소연)	502~557	陳　〃
	陳	陳霸先(진패선)	557~589	隋　〃
北朝	北魏	拓跋珪(탁발규)	386~534	東西魏 분열
	東魏	元善見(원선견)	534~550	北齊로 교체
	西魏	元寶炬(원보거)	535~556	北周　〃
	北齊	高洋(고양)	550~577	北周에 멸망
	北周	宇文覺(우문각)	557~581	隋에　〃
남북조 시대 ; 통상 420년~589년까지 170년간을 말함.				

(2) 宋高祖, 武皇帝, 姓劉氏, 名裕, 彭城人也. 相傳
爲漢楚元王交之後. 裕生而母死. 父僑居京口, 將棄
之, 從母救而乳之. 及長勇健有大志, 僅識字, 小字
寄奴. 嘗行遇大蛇, 擊傷之. 後至其所, 見有羣兒擣
藥. 裕問, 何爲. 答曰, 吾王爲劉寄奴所傷. 裕曰, 何
不殺之. 兒曰, 寄奴王者, 不死. 裕叱之, 卽散不見.
初參劉牢之軍事, 嘗遣覘賊, 遇賊數千人. 裕奮長刀
獨驅之, 衆軍因乘勢, 進擊大破之, 裕由是知名. 其
後爲將相, 二十餘年, 誅桓玄, 平孫恩·盧循, 滅南
燕·後秦, 卒受晉禪.

송나라 고조 武황제의 성은 유씨이고, 이름은 유이며 팽
성 사람이었다. 전해오기로는 한의 楚 元王인 유교의 후손
이라고 한다. 유유가 태어나면서 어머니가 죽었다. 유유의
아버지는 한때 경구에 살았었는데 유유를 버리려 했으나
이모가 데려다가 젖을 먹였다. 자라면서 용감하고 건장하
며 큰 뜻을 품고 있었으며 겨우 글자를 알았는데 어렸을
때의 자는 기노였다.
어느 날 길을 가다가 큰 뱀을 보았는데 유유가 가격을 해
서 상처를 입혔다. 뒤에 다시 그 자리를 지나는데 여러 아
이들이 약을 찧고 있었다. 유유가 무엇을 하느냐고 물었

다. 아이들이 "우리 왕이 유기노에게 부상을 당했습니다."
고 했다. 유유가 "왜 죽이지 않느냐?"고 물었다. 아이들은
"기노는 왕자라서 죽지 않습니다."라고 대답했다. 유유가
아이들을 혼내주니 곧바로 흩어져 보이지 않았다.

처음에는 유뢰지의 군사 참모가 되었는데 적을 살피려
나갔다가 수천 명의 적을 만났다. 유유는 긴 칼을 휘두르
며 홀로 추격하였고, 나머지 군사들도 그 기세에 따라 진
격하여 적을 대파했고 유유는 이름이 알려졌다. 그 후에
장군과 재상으로 20여 년을 지내면서 환현을 주살하고, 손
은과 노순의 반란을 평정하였으며, 남연과 후진을 멸망시
키고 마침내 동진의 선양을 받았다.

어구 설명

○ 宋高祖, 武皇帝, 姓劉氏, 名裕, 彭城人也. 相傳爲漢楚元王交之
後. : 宋나라 高祖 武皇帝의 성은 劉氏이고, 이름은 裕이며, 彭城
(팽성) 사람이었다. 전해오기로는 漢의 楚 元王인 劉交의 후손이
라고 한다.

 - 宋 ; 뒷날 趙匡胤(조광윤)이 건국한 宋(960~1127)과 구별하
여 劉宋이라 기록하기도 한다.

 - 裕 넉넉할 유. 彭 성 팽, 땅이름 팽. 彭城 ; 現 江蘇省 북쪽
의 徐州. 戰國 中期에는 宋과 楚의 國都. 西楚霸王 項羽의 도성.
漢 高祖 劉邦은 이 근처 沛郡 豊邑 출신. 한 고조 유방은 平定天

下하고서 동생 劉交를 楚王으로 봉해 彭城에 도읍토록 했다. 삼국시대에서는 조조가 이곳에서 呂布軍을 격파하기도 하였다.

 — 相傳 ; (확실하지 않은 전설이나 근거가 박약한 사실이) ～라고 전해 오다.

○ 裕生而母死. 父僑居京口, 將棄之, 從母救而乳之. 及長勇健有大志, 僅識字, 小字寄奴. : 劉裕가 태어나면서 어머니가 죽었다. 유유의 아버지는 한때 京口에 살았었는데 유유를 버리려 했으나 이모가 데려다가 젖을 먹였다. 자라면서 용감하고 건장하며 큰 뜻을 품고 있었으며 겨우 글자를 알았는데 어렸을 때의 자는 寄奴(기노)였다.

 — 僑 높을 교. 객지에 나가 살다.(예 ; 僑胞 교포) 임시 거처. 京口 ; 江蘇省 鎭江市의 지명. 예로부터 군사 주둔지.

 — 棄 버릴 기.　從母(종모) ; 姨母(이모).　僅 겨우 근. 가까스로. 僅僅히(겨우).　小字寄奴(소자기노) ; 어렸을 때의 字는 寄奴(기노)였다.

○嘗行遇大蛇, 擊傷之. 後至其所, 見有羣兒擣藥. 裕問, 何爲. 答曰, 吾王爲劉寄奴所傷. 裕曰, 何不殺之. 兒曰, 寄奴王者, 不死. 裕叱之, 卽散不見. : 어느 날 길을 가다가 큰 뱀을 보았는데 유유가 가격을 해서 상처를 입혔다. 뒤에 다시 그 자리를 지나는데 여러 아이들이 약을 찧고 있었다. 유유가 "무엇을 하느냐?"고 물었다. 아이들이 "우리 왕이 유기노에게 부상을 당했습니다."고 했다. 유유가 "왜 죽이지 않느냐?"고 물었다. 아이들은 "寄奴는 王者라서 죽지 않습니다."라고 대답했다. 유유가 아이들을 혼내주니 곧

바로 흩어져 보이지 않았다.

- 擊 칠 격. 전설에는 유유가 伐木하다가 도끼로 뱀을 찍었다고
한다.　擣 찧을 도. 擣藥(도약) ; 약재를 찧다.

- 寄奴王者 不死 ; 寄奴는 王者라서 죽지 않는다.　王者 ; 왕이
될 자격이 있는 사람.

○ 初參劉牢之軍事, 嘗遣覘賊, 遇賊數千人. 裕奮長刀獨驅之, 衆
軍因乘勢, 進擊大破之, 裕由是知名. 其後爲將相, 二十餘年, 誅桓
玄, 平孫恩·盧循, 滅南燕·後秦, 卒受晉禪. : 처음에는 劉牢之
(유뢰지)의 軍事 참모가 되었는데 적을 살피려 나갔다가 수천 명
의 적을 만났다. 유유는 긴 칼을 휘두르며 홀로 추격하였고, 나머
지 군사들도 그 기세에 따라 진격하여 적을 대파했고 유유는 이
름이 알려졌다. 그 후에 장군과 재상으로 20여 년을 지내면서 桓
玄(환현)을 주살하고, 孫恩과 盧循(노순)의 반란을 평정하였으며,
南燕과 後秦을 멸망시키고 마침내 진의 선양을 받았다.

- 劉牢之(유뢰지, ?~402년) 彭城人. 北府兵의 장군. 비수의 싸
움에서 큰 공을 세움. 北伐에 참가했고 孫恩의 반란을 진압하였
고 安帝의 在位期間에 나라 안정에 기여하였으나 여러 차례 배신
으로 신망을 잃고 결국 桓玄에게 쫓기다가 자살했다.

- 覘 엿볼 점(本音 첨). 남몰래 살핌. 覘賊(점적) ; 적의 동태를
살피다.　遇 만날 우.　奮 떨칠 분. 힘을 내다. 휘두르다.

- 驅 몰 구. 몰아내다.　誅 벨 주.　卒 ; 마침내.　卒受晉禪(졸
수진선) ; 마침내 동진의 선양(자리를 물려받아 제위에 오름)을
받았다. 유유는 57세인 서기 420년에 칭제하고 422년에 죽는다.
연호는 永初(420~422년)이었다.

【참고】 유유의 성격과 일화

❖ 劉裕는 어려서 가난하였기에 신발장수로 생계를 이었다. 그러나 도박을 좋아하고 가산마저 탕진하여 향리에서의 품평은 좋지 않았다. 그러나 유유가 큰 뜻을 품고 있다는 사실을 알았던 琅琊 王氏의 王謐(왕밀)은 유유를 잘 대우했다.

어떤 때인가 유유가 빚에 쪼들려 잡혀 있는 것을 왕밀이 그 빚을 갚아주어 유유를 풀어주기도 하였다. 이후 유유는 왕밀에게 그만한 보답을 해주었다.

어느 날 유유가 京口의 竹林寺라는 절의 강당에 혼자 누워 있었는데, 절의 중이 보니 그의 몸을 오색이 영롱한 용이 감싸고 있었다. 놀란 중이 유유를 깨워 이야기를 하자, 유유는 속으로 기뻐하면서도 "스님이 나한테 거짓말 하는 것 아닙니까?"라고 말했다고 한다.

劉裕는 장군으로서 법령을 엄히 했고 병사들이 백성에게 폐를 끼치지 않도록 잘 단속하였다. 또 업무처리와 신상필벌이 정확하여 백성과 병사들로부터 신임을 얻었다. 이는 유유가 거둔 군사적 승리의 바탕이 되었다.

劉裕는 節儉(절검)을 숭상하며 호화스러운 생활을 멀리하면서 마치 농부처럼 살았기에 '田舍公(농사꾼)'이라는 별칭이 있었다고 한다. 황제가 된 뒤에도 궁중의 후궁이 매우 적었다고 한다. 어떤 지방관이 아주 큰 琥珀(호박)으로 만든 베개를 헌상했는데 호박이 상처를 치료하는 약재라는 말을 들은 유유는 그 호박을 가루로 만들어 장수들에게 나누어 주었다고 한다. 유유는 미신을 숭상하지도 않았으며 신하들의 여러 간언을 잘 받아들였다고 한다.

(3) ○ 西涼李暠卒. 諡曰武昭王. 子歆立數年. 至是
爲北涼沮渠蒙遜誘, 與戰殺之, 西涼亡. ○ 宋主在
位三年. 改元者一, 曰永初. 殂, 太子立, 是爲廢帝
滎陽王.

○ 西涼의 이호가 죽었다. 시호는 무소왕이다. 아들 흠이
즉위하여 몇 년이 지났다. 이때 북량의 저거몽손에게 유인
되어 싸우다가 죽어서 서량이 망했다.

○ 宋主는 3년 재위했다. 개원은 한 번인데 영초이다. 죽
어서 태자가 즉위하니, 이가 폐제 형양왕이다.

어구 설명

○ 西涼李暠卒. 諡曰武昭王. 子歆立數年. 至是爲北涼沮渠蒙遜誘,
與戰殺之, 西涼亡. : 西涼의 李暠(이호)가 죽었다. 시호는 武昭王
(무소왕)이다. 아들 歆(흠)이 즉위하여 몇 년이 지났다. 이때 北涼
(북량)의 沮渠蒙遜(저거몽손)에게 유인되어 싸우다가 죽어서 서
량이 망했다.(서기 421년)

  - 暠 힐 호. 밝다. 本音 고. 歆 받을 흠.

  - 沮 막을 저. 渠 도랑 거. 沮渠 ; 복성. 蒙 입을 몽. 遜 겸

손할 손. 誘 꾈 유.

- 至是爲北涼沮渠蒙遜誘(지시위북량저거몽손유~) ; 이때에 北涼의 저거몽손에게 유인되어~, 爲는 與戰殺之까지 해당됨. 수동형 문장임.

○ 宋主在位三年. 改元者一, 曰永初. 殂, 太子立, 是爲廢帝滎陽王. : 宋主는 3년 재위했다. 改元은 한 번인데 永初이다. 죽어서 太子가 즉위하니, 이가 廢帝(폐제) 滎陽王(형양왕)이다.

- 宋主 ; 劉裕. 劉裕를 帝라 쓰지 않고 主라 기록한 것은 褒貶(포폄)의 뜻이 있음. - 말하자면, 人臣으로서 자신이 섬겼던 東晋 皇帝 恭帝(공제)의 강제 선양을 받았고, 零陵王(영릉왕)으로 강등시킨 다음에 죽였다(서기 421년)는 이유로 貶下(폄하)하여 主라 하였을 것임.

- 在位三年 ; 劉裕의 재위 서기 420~422년. 永初 ; 서기 420~422년).

- 殂 죽을 조. 임금의 죽음(不忍死其君 諱而言殂也). 正統의 天子가 아닌 자의 죽음을 의미함. 滎 실개천 형.

(4) 廢帝滎陽王, 名義符, 年十七卽位. 居喪無禮, 遊戲無度. 魏主嗣殂. 諡明元皇帝, 廟號太宗. 子燾立. 宋主在位三年, 改元者一, 曰景平. 徐羨之·傅亮·謝晦, 廢而弑之. 宜都王立, 是爲太宗文皇帝.

　폐제 형양왕의 이름은 의부인데, 나이 17세에 즉위했다. 거상 중에도 무례했고 놀이가 도를 넘었다. 魏主 탁발사가 죽었다. 시호는 명원황제이고, 묘호는 태종이다. 아들 탁발도가 즉위했다. 형양왕 재위는 3년이고, 개원은 한번 했는데 경평이다. 서이지와 부량, 사회 등이 형양왕을 폐위하고 시해하였다. 의도왕이 즉위하니, 이가 太宗 文皇帝이다.

　　어구 설명

○ 廢帝滎陽王, 名義符, 年十七卽位. 居喪無禮, 遊戲無度. 魏主嗣殂. 諡明元皇帝, 廟號太宗. 子燾立. 宋主在位三年, 改元者一, 曰景平. 徐羨之‧傅亮‧謝晦, 廢而弒之. 宜都王立, 是爲太宗文皇帝. : 廢帝(폐제) 滎陽王(형양왕)의 이름은 義符(의부)인데, 나이 17세에 즉위했다. 居喪(거상) 중에도 無禮했고 놀이가 도를 넘었다. 魏主 拓跋嗣(탁발사)가 죽었다.(서기 423년) 시호는 明元皇帝이고, 廟號는 太宗이다. 아들 拓跋燾(탁발도)가 즉위했다. 宋主의 在位는 三年인데, 改元은 한번 했는데 景平이다. 徐羨之(서이지)와 傅亮(부량), 謝晦(사회) 등이 폐위하고 시해하였다. 宜都王(의도왕)이 즉위하니, 이가 太宗 文皇帝이다.

　– 遊 놀 유.　戲 탄식할 희, 희학질 희. 남녀 간 실없는 농지거리 또는 지나치게 음란한 것을 戲謔(희학)이라 함.　無度(무도) ; 節度가 없다.

- 拓跋嗣(탁발사) ; 北魏의 두 번째 황제. 재위 409~423년. 燾
비출 도.
- 宋主在位三年 ; 폐제 형양왕, 재위 서기 422~424년. 少帝라
고도 함. 景平(서기 423년).
- 羨 넓을 이, 부러워할 이. (羨 '부러워할 선'과 다름)
- 晦 그믐 회. 어둡다. 감추다. 宜都王(의도왕) ; 이름은 劉義
隆(유의륭). 劉裕의 三子. 在位 서기 424~453년(30년). 연호 元
嘉(원가).

【참고】 아버지와 아들

❖ 아버지가 영웅이면 아들도 대장부(父是英雄兒好漢)인 것처럼
'장수 가문에서 호랑이 같은 아들이 나오고(將門出虎子), 호랑이
아버지에 강아지 같은 아들 없다(虎父無犬子).'는 것이 정상이다.
그리고 권세가 집에서는 '아두 같이 못난 아들이 나오고(朱門出
阿斗), 한미한 집안에서 장원이 나온다(寒門出壯元).'라는 속담에
는 보통 사람들이 자식을 키우면서 가질 수 있는 자식에 대한 기
대가 담겨있다. 그런데 西晉의 사마염에게 惠帝 같은 백치 아들이
있었고, 東晉에는 安帝와 같은 低能兒 황제가 왜 나온 것일까?
　본래 나무를 심었으면 가꾸어야 하고, 아들을 낳아 가르치지 않
으면 사람이 되질 않는 법이다(生兒不敎不成人). 그러하기에 '家
長의 가르침이 없으면 자식은 어찌할 수 없다(父兄失敎 子弟不
堪).'라고 하는데 아버지가 가르치지 않으면 곧 '버린 자식'이 된
다는 뜻일 것이다.

劉裕는 그렇게 성실하고 검소하였으며 온갖 어려움을 이겨내며 자립했다. 나라의 재상이라는 자리가 그리 쉽게 얻거나 차지할 수 있는 자리인가? 새로운 나라를 개창한다는 것이 그리 쉬운 일인가?

그런 劉裕한테 부친의 상중에도 무례했고, 얼마나 엉망이었으면 遊戱無度(유희무도)라고 기록할 아들이 나올 줄을 어찌 알았는가? 그래도 劉裕는 三子 文帝가 '元嘉(원가)의 治'를 이루며 태평성대를 만들었으니 완전 실패는 아니었다.

하여튼 人生은 알 수 없는 것이고 자식을 키우는 사람은 惡行을 해서는 안 되며, 남의 자식에 대한 이야기를 함부로 하는 것이 아니다. 자식을 키우는 부모는 모두 善人이어야 한다. 왜냐하면, 내 자식이 어떤 사람이 될지 내가 모르기 때문이다.

(5) 文皇帝, 名義隆, 素有令望. 少帝廢, 迎入卽位. ○ 夏主勃勃殂, 子昌立. 晋徵士陶潛卒. 潛字淵明, 潯陽人, 侃之曾孫也. 少有高趣, 嘗爲彭澤令. 八十日郡督郵至, 吏曰, 應束帶見之. 潛歎曰, 我豈能爲五斗米, 折腰向鄕里小兒. 卽日解印綬去, 賦歸去來辭, 著五柳先生傳. 徵不就, 自以先世爲晋臣. 自宋高祖王業漸隆, 不復肯仕, 至是終世, 號靖節先生. ○ 魏數與夏戰, 至是執其主昌, 以歸. ○ 夏赫連定,

稱帝於平涼. ○ 西秦主乞伏熾盤卒, 子暮木立.

文皇帝의 이름은 의륭인데 평소에도 좋은 평판이 있었다. 소제(형양왕)을 폐출하고 영입하여 즉위하였다.

○ 夏主 발발이 죽고, 아들 昌이 즉위했다.

동진의 징사 도잠이 죽었다. 도잠의 자는 연명이고, 심양 사람이며 도간의 증손이다. (도잠은) 젊어서부터 고아한 취향이 있었는데 일찍이 팽택의 현령이 되었었다. 80여일에 郡에서 독우가 도착한다면서 아전이 '응당 관복을 입고 만나 뵈어야 한다.'고 말하니, 도잠이 탄식했다. "내 어찌 쌀 닷 말의 녹봉을 받으려 고향 소아에게 허리를 굽혀야 하겠는가?" 즉일로 인수를 풀어놓고 고향으로 돌아가 〈귀거래사〉를 읊고 〈오류선생전〉을 지었다. (도잠이) 벼슬을 내리려 불러도 나아가지 않은 것은 스스로 선세부터 晉(진)의 신하라 생각한 것이었다. 宋의 고조(유유)의 왕업이 점차 융성하자 다시는 벼슬에 뜻을 두지 않았고, 이때에 죽으니 정절선생이라 불렸다.

○ 魏는 夏와 자주 싸웠는데 이때 하의 왕인 창을 생포해 돌아갔다.

○ 夏의 혁련정이 평량에서 칭제했다.

○ 서진의 왕 걸복치반이 죽고, 아들 모목이 즉위했다.

어구 설명

○ 文皇帝, 名義隆, 素有令望. 少帝廢, 迎入卽位. : 文皇帝의 이름은 義隆(의륭)인데 평소에도 좋은 평판이 있었다. 少帝(형양왕)을 폐출하고 영입하여 즉위하였다.

– 文帝 ; 劉宋의 明君.　隆 클 융. 높다. 고귀하다.　令 명령 영. 우두머리, 좋다. 아름답다. ~하여금.　令望(영망) ; 좋은 평판. 좋은 人望.

– 少帝 ; 형양왕. 文帝는 형양왕의 동생.

○ 夏主勃勃殂, 子昌立. : 夏主 勃勃이 죽고, 아들 昌이 즉위했다.

– 夏 ; 5호 16국의 夏. 大夏 또는 胡夏라 기록.　勃 갑자기 일어날 발. 勃勃 ; 人名.

○ 晉徵士陶潛卒. 潛字淵明, 潯陽人, 侃之曾孫也. : 동진의 徵士(징사) 陶潛(도잠)이 죽었다. 潛의 字는 淵明(연명)이고, 潯陽(심양)사람이며 陶侃(도간)의 曾孫이다.

– 徵 부를 징.　徵士 ; 학문과 덕행이 높아 군주가 불러도 나아가 벼슬하지 않는 사람. 隱逸(은일). 徵君은 徵士를 더 높인 말.

– 陶 질그릇 도, 기쁠 도.　潛 잠길 잠. 숨기다. 숨다.

– 陶潛(도잠, 365?~427년) ; 字 淵明, 淵明이 本名인데 劉裕의 宋이 건국된 이후 潛(잠)으로 改名했다는 주장도 있음. 自號는 五柳先生. 潯陽 柴桑人(今 江西省 九江市 西南). 淸新自然의 詩文으로 有名.

– 潯 물가 심.　侃 강직할 간. 陶侃(도간) ; 東晉 名將. 出身은 寒微(한미)하였지만 八州軍事를 都督하고 長沙郡公이었음.

― 寒微(한미) ; 가난하고 지체가 변변치 못함.

― 子 ― 孫(손) ― 曾孫(증손) ― 玄孫(현손)

※주의 ; 祖의 祖를 高祖라 칭한다 하여 孫의 孫을 高孫이라 부르면 이는 거의 망발 수준임. 玄孫이라는 좋은 말이 있음.

○少有高趣, 嘗爲彭澤令. 八十日郡督郵至, 吏日, 應束帶見之. 潛歎日, 我豈能爲五斗米, 折腰向鄕里小兒. 卽日解印綬去, 賦歸去來辭, 著五柳先生傳. : 젊어서부터 고아한 취향이 있었는데 일찍이 彭澤의 縣令이 되었었다. 80여일에 郡에서 督郵(독우)가 도착한다면서 아전이 '응당 관복을 입고 만나 뵈어야 한다.'고 말하니, 도잠이 탄식했다. "내 어찌 쌀 닷 말의 녹봉을 받으려 고향 小兒에게 허리를 굽혀야 하겠는가?" 卽日로 印綬를 풀어놓고 고향으로 돌아가 〈歸去來辭〉를 읊고 〈五柳先生傳〉을 지었다.

― 趣 달릴 취. 뜻. 취향. 재촉할 촉. 高趣 ; 古雅한 趣向.

― 彭 성 팽, 땅이름 팽, 부풀어 오를 팽(膨과 同). 彭澤令(팽택령) ; 팽택 현령, 팽택은 강서성 북쪽 끝에 있는 地名.

― 郡督郵(군독우) ; 군에서 보내는 독우(감독관).   吏 ; 도잠 휘하의 鄕吏.   應 응할 응. 마땅히, 응당.

― 束帶(속대) ; 띠를 매다. 정식 官服 차림을 하다.   歎 읊을 탄. 탄식하다.   五斗米 ; 5두의 쌀. 아주 적은 俸給(봉급).

― 腰 허리 요. 折腰(절요) ; 허리를 굽히다. 상관을 뵙다.   卽日(즉일) ; 당일.   綬 인끈 수. 印綬 ; 官印과 官印의 끈.

― 賦 구실 부. 세금, 賦役. 문장의 한 형식(예, 赤壁賦). 시를 읊다.   歸去來辭(귀거래사) ; 문장 중에 '歸去來兮(귀거래혜)' 라는

말이 있다.

－ 著 지을 저. 저술하다. 〈五柳先生傳〉; 도잠의 집 앞에 다섯 그루의 버드나무가 있었으므로, 스스로 五柳先生이라 自號하였다. 도연명 자신의 심경을 노래한 名文章.

○ 徵不就, 自以先世爲晋臣. 自宋高祖王業漸隆, 不復肯仕, 至是 終世, 號靖節先生. : 벼슬을 내리려 불러도 나아가지 않은 것은 스스로 先世부터 晉臣이라 생각한 것이었다. 宋의 高祖(유유)의 王業이 점차 융성하자 다시는 벼슬에 뜻을 두지 않았고 이때에 죽으니 靖節先生(정절선생)이라 불렸다.

－ 徵不就(징불취) ; 관직을 내리겠다고 불러도 관직에 나아가지 않음.(東晉 安帝 때의 일이었음) 先世 ; 先代, 先祖.

－ 王業 ; 帝王의 功業. 漸隆(점륭) ; 점차 융성하다. 나라가 안정되다. 肯 옳이 여길 긍. 肯仕(긍사) ; 벼슬하려는 뜻.

－ 至是 ; 이때에 이르러(宋 文帝 元嘉 4년. 서기 427년). 終世(종세) ; 죽다. 平生. 靖 편안할 정.

－ 靖節先生(정절선생) ; 陶淵明이 서거한 뒤에 生前의 벗이었던 顏延年(안연년)이 도연명을 추모하는 〈陶徵士誄 도징사뢰〉라는 글을 지었는데, 여기서 도연명을 정절선생이라 불렀다.

○ 魏數與夏戰, 至是執其主昌, 以歸. 夏赫連定, 稱帝於平涼. 西秦 主乞伏熾盤卒, 子暮木立. : 魏는 夏와 자주 싸웠는데 이때 夏의 왕 昌(창)을 생포해 돌아갔다.(서기 428년) 夏의 赫連定(혁련정)이 平涼(평량)에서 칭제했다.(서기 428년) 西秦의 왕 乞伏熾盤(걸복치반)이 죽고, 아들 暮木(모목)이 즉위했다.(서기 428년)

- 數 자주 삭.
- 乞伏(걸복) ; 선비족의 성씨. 熾 성할 치, 불꽃 치. 盤 소반 반. 乞伏熾盤(?~428년) 400년 西秦의 1차 멸망 이후, 409년 재건국. 暮 해 저물 모.

【참고】 도연명의 귀거래사와 桃花源記(도화원기)

❖ 陶淵明은 젊어 江州祭酒(강주좨주), 鎭軍參軍(진군참군), 建威參軍(건위참군) 같은 말단 武官職을 떠돌았다. 彭澤縣令(팽택현령)으로 근무하다가 '五斗米 때문에 향리 小兒에게 허리를 굽힐 수 없다' 집으로 돌아온 것은 東晋 安帝 義熙二年(서기 406년)이었다.

그 후 벼슬에 뜻을 버리고 농사와 시를 지으며 일생을 보냈지만 생활은 매우 곤궁했다. 거기에다가 다섯 아들이 하나같이 글을 좋아하지도 않고 총명하지도 않았기에 아버지 도연명의 마음은 매우 울적했을 것이다.

도연명의 시는 현재 120여 편과 문장 10여 편이 전해 오고 있다. 梁나라의 昭明太子 蕭統(소통)은 도연명을 시를 모아 《陶淵明集》을 편찬하였는데 이를 통해 도연명의 시가 후세에 전해졌다. 도연명의 詩는 당시에는 별로 높이 평가되지 않았으나 唐과 宋(북송, 남송)을 거치면서 당시의 시인들에게 큰 영향을 끼쳤고, 매우 긍정적인 평가를 받아 지금은 중국제일의 田園詩人으로 알려졌다. 특히 北宋의 文豪(문호) 蘇東坡(소동파)는 도연명의 시의 화답하

陶淵明(도연명)

는 109편이나 되는 和陶詩(화도시)를 남겼는데, 이를 본다면 소동파가 얼마나 도연명을 존경했는지를 알 수 있다.

도연명의 시로는 〈雜詩〉, 〈飮酒〉, 〈擬古〉 등의 연작시가 잘 알려졌으며, 그의 〈歸去來辭〉, 〈五柳先生傳〉은 짧은 명문장으로 누구나 좋아한다. 그리고 〈桃花源記〉는 도연명이 그리는 이상세계를 묘사한 글로 널리 읽혀지고 있다. 중국인들이 생각하는 이상향은 곧 도연명이 묘사한 '桃花源'으로 생각하고 있다.

도연명은 술(酒)을 좋아했고, 국화(菊)를 사랑했으며 시(詩)를 읊었다. 지금도 많은 사람들이 '도연명'과 술과 국화와 시를 함께 연상한다. 그리고 국화라면 곧 '隱者의 꽃'이라 생각하는 것도 모두 도연명의 영향이라 할 수 있다.

【참고】 유의경의 《世說新語》

❖ 劉義慶(유의경, 403~444년)은 武帝 劉裕의 조카. 유의경은 臨川王의 작위를 받았고 여러 관직을 거쳤다. 그가 士人들을 모아 《세설신어》를 편찬했는데 이는 아주 의미가 있는 책이다.

이 책은 後漢에서 東晉에 이르는 시기의 여러 士族과 文人, 高士들의 성격이나 언행 등 전해 오는 이야기를 모은 책이다. 이 시기 상류층의 생활과 사고방식을 연구하는 데 꼭 필요로 하는 여러 가지 逸話를 모은 책으로, 德行, 言語, 政事, 文學 등 36개 부분에 걸쳐 서술하고 있다. 남조의 왕족 중에 이런 사람이 있었다는 자체가 매우 특이하다 할 수 있다.

(6) ○ 北燕馮跋殂, 弟弘立. ○ 夏主定擊西秦, 以暮木歸, 殺之, 西秦亡. 定又擊北涼, 欲奪其地, 吐谷渾襲其軍, 執定送魏, 夏亡. 吐谷渾者, 慕容氏之別種也. ○ 北涼沮渠蒙遜卒, 子牧犍立. ○ 宋謝靈運以罪誅. 靈運好爲山澤之遊, 從者數百人, 伐木開徑, 百姓驚擾. 或表其有異志, 爲臨川內史. 有司糾之, 被收. 靈運興兵逃逸, 作詩曰, 韓亡子房奮, 秦帝魯連恥. 追討擒之, 徙廣州, 已而棄市.

○ 北燕의 풍발이 죽고, 동생 풍홍이 즉위했다.

○ 夏의 왕 혁련정이 서진을 공격하여 모목을 잡아가서 죽여 서진은 멸망했다. 혁련정은 또 북량을 공격하고 그 땅을 빼앗으려 했으나 토욕혼이 그 군대를 기습하여 혁련정을 생포해 북위로 보냈고 夏는 멸망했다. 토욕혼은 모용씨의 별종이다.

○ 북량의 저거몽손이 죽고, 아들 목건이 즉위했다.

○ 宋의 사령운이 죄를 지어 주살되었다. 사령운은 자연에서 유람하기를 좋아하였는데 따르는 무리가 수백 명이었고 나무를 베어 길을 내기도 하여 백성들이 놀라 불안에 떨기도 했다. 어떤 사람이 사령운이 반역할 마음이 있다는 글을 올리자 임천내사로 좌천되었다. 다시 관리가 그의 죄상을 드러내며 잡으려 했다. 사령운은 私兵을 데리고 도망

하면서 시를 지어 말했다. "한이 망하자 장량이 의분했고, 진의 칭제를 노중련은 치욕으로 생각했다." 사령운은 쫓기다 사로잡혀 (南方의) 광주로 귀양 갔다가 얼마 안 있어 처형되어 棄市(기시)되었다.

어구 설명

○ 北燕馮跋殂, 弟弘立. ○ 夏主定擊西秦, 以暮木歸, 殺之, 西秦亡. 定又擊北涼, 欲奪其地, 吐谷渾襲其軍, 執定送魏, 夏亡. 吐谷渾者, 慕容氏之別種也. 北涼沮渠蒙遜卒, 子牧犍立. : 北燕의 馮跋(풍발)이 죽고, 동생 풍홍이 즉위했다.(서기 431년)

○ 夏의 왕 혁련정이 西秦을 공격하여 暮木(모목)을 잡아가서 죽여 西秦은 멸망했다.(서기 431년) 혁련정은 또 北涼(북량)을 공격하고 그 땅을 빼앗으려 했으나 吐谷渾(토욕혼)이 그 군대를 기습하여 혁련정을 생포해 북위로 보냈고 夏는 멸망했다.(서기 431년) 토욕혼은 慕容氏의 別種이다. 北涼의 沮渠蒙遜(저거몽손)이 죽고, 아들 牧犍(목건)이 즉위했다.(서기 433년)

  - 北燕 ; 407～436년 존속. 16國 時期에 漢人 馮跋이 建立한 政權. 뒷날 북위에 멸망. 馮 성 풍. 跋 밟을 발.

  - 夏主定 ; 혁련발발이 세운 夏의 王 赫連定(혁련정). 暮木(모목) ; 人名. 乞伏暮木. 西秦 ; 鮮卑族 乞伏國仁이 建立한 政權.

  - 吐 토할 토. 谷 골짜기 곡. 나라 이름 욕. 渾 흐릴 혼. 吐谷渾(토욕혼) ; 鮮卑族 慕容部의 일부. 西晉에서 唐代까지 지금의

靑海省 일대 존속.

　- 執定送魏(집정송위) ; 혁련정을 생포해서 魏에 보내다.

　- 牧 기를 목, 가축 기를 목.　犍 거세한 소 건.

○ 宋謝靈運以罪誅. 靈運好爲山澤之遊, 從者數百人, 伐木開徑, 百姓驚擾. 或表其有異志, 爲臨川內史. 有司糾之, 被收. 靈運興兵逃逸, 作詩曰, 韓亡子房奮, 秦帝魯連恥. 追討擒之, 徙廣州, 已而棄市. : 宋의 謝靈運이 罪를 지어 주살되었다. 사령운은 자연에서 유람하기를 좋아하였는데 따르는 무리가 수백 명이었고 나무를 베어 길을 내기도 하여 백성들이 놀라 불안에 떨기도 했다. 어떤 사람이 사령운이 반역할 마음이 있다는 글을 올리자 臨川內史로 임명했지만, 관리가 그의 죄상을 드러내며 잡으려 했다. 사령운은 私兵을 데리고 도망하면서 시를 지어 말했다. "韓이 亡하자 張良이 義奮했고, 秦의 칭제를 魯仲連(노중련)은 치욕으로 생각했다." 사령운은 쫓기다 사로잡혀 (南方의) 廣州로 귀양 갔다가 얼마 안 있어 棄市(기시)되었다.

　- 謝靈運(사령운, 385~433년) ; 동진 謝玄의 손자, 陳郡 謝氏, 유명한 山水 詩人.　罪誅(죄주) ; 죄에 의거 죽음을 당하다.

　- 山澤(산택) ; 산과 연못, 자연, 산과 들.　遊 놀 유. 유람하다. 여행.　徑 지름길 경.　伐木開徑(벌목개경) ; 나무를 베어 길을 내다.

　- 驚 놀랄 경.　擾 어지러울 요. 騷擾(소요)하다.

　- 臨川(임천) ; 江西省의 地名.　內史(내사) ; 書記.　有司(유사) ; 담당 관리.　糾 모을 규. 바로잡다. 들추어내다.

　- 逃 달아날 도.　逃逸(도일) ; 달아나다.　韓亡 ; 전국시대 韓은

秦에 병합되었다. 子房(자방) ; 張良. 장량은 韓의 귀족이었다.

 ─ 奮 떨칠 분. 義奮하다. 장량을 秦王 政(뒷날 秦始皇)을 죽이려
고 박랑사란 곳에서 力士를 시켜 저격했으나 실패했고 이어 숨어
지내다가 나중에 高祖 劉邦을 만나 섬긴다.

 ─ 秦帝 ; 秦이 칭제하다. 魯連 ; 魯仲連(노중련) 전국시대 말기
齊의 名士. 당시 說客이며 策士. 秦에 항거. 장량과 노중련은 秦
의 신하가 되기를 거부한 사람이다. 이들을 칭송한다는 것은 사
령운이 송의 신하가 되기를 거부한다는 의미로 해석될 수 있었다.

 ─ 追討(추토) ; 추격하다. 擒 사로잡을 금. 廣州 ; 廣東省의 地
名. 棄 버릴 기. 棄市(기시) ; 사형에 처한 죄인을 거리에 방치
함.

【참고】 불운한 시인 사령운

❖ 謝靈運은 비수의 싸움에서 승리한 명장 謝玄(사현)의 손자이
다. 陳郡 謝氏의 名門에 최고 명장의 손자인 사령운은 어려서부터
총명하기로 소문이 났었다. 그런데 사령운의 부친 謝瑍(사환)은
전혀 총명하거나 똑똑한 사람이 아니었다. 때문에 사현은 "내가 瑍
을 낳았지만 환은 어떻게 靈運을 낳았는가?"라고 말했다고 한다.
천재적 재능을 가진 사령운은 천재 시인인 曹操(조조)의 아들 曹
植을 추앙했다. 사령운은 "천하의 재주가 1섬이라면(天下才有一
石), 조식의 재주가 8두이고(曹植才高八斗), 세상 사람들이 1두를
나누어 갖고(天下人共一斗), 내가 1두를 독점했다(我獨佔一斗)."

謝靈運(사령운)

라고 말하였는데, 이 말에는 자신의 천재성에 대한 자부심이 넘쳐
난다.

사실 머리가 좋은 천재들의 공통적인 결함은 자신의 천재성을
잘 알기에 제약이나 통제를 거부하면서 자신의 고고한 세계를 즐
기는데 있다. 曹植과 사령운은 비극적인 결말을 보았다는 점에서
아주 유사하다.

서기 420년, 劉裕가 東晋을 없애고 宋을 세우자 사령운은 작위
가 강등된다. 사령운은 동진과 宋 교체기에 정치적 실의를 맛보았
으며 불만과 좌절을 山水에 노니는 것으로 해소하려 했다.

시인으로서 사령운은 顔延之(안연지), 鮑照(포조)와 함께 '元嘉

(원가) 三大家' 라고 불린다.

　사령운은 중국 제일의 산수시인으로 山水를 묘사하고 자신의 감개를 서술하는 시를 지었다. 도연명이 전원시인으로 인간생활에 뿌리를 둔 평범 담백한 시를 많이 읊은데 비하여 사령운의 시는 산수의 아름다움을 귀족적으로 향락하면서 지은 화려한 산수시라 할 수 있다.

(7) ○ 魏伐燕. 馮弘奔高麗, 而被殺, 燕亡. ○ 魏伐涼. 姑臧潰, 牧犍降, 後被殺, 北涼亡. ○ 魏殺其司徒崔浩. 浩自明元時, 已爲謀臣, 輒有功. 信道士謙之, 勸魏主崇奉, 立天師道場, 而最惡佛法誅沙門, 毀佛像·佛書. 魏主命浩修國史, 書先世事皆詳實, 刊石立之衢路. 北人忿恚, 譖浩暴揚國惡. 魏帝大怒, 遂案誅之, 夷其族.

　○ 북위가 북연을 정벌했다. 풍홍은 고려로 도주했다가 피살되고, 북연은 멸망했다.

　○ 북위가 북량을 정벌했다. 고장성은 궤멸되고 저거목건은 투항했으나 후에 피살되었고 북량은 멸망했다.

　○ 魏主(위주)가 사도 최호를 죽였다. 최호는 명원 황제 때부터 중책을 담당하는 신하로서 번번이 공을 세웠다. 도

사 구겸지를 신뢰하여 황제에게 믿고 받들도록 권유하여 천사도장을 건립케 하였으며, 불법을 증오하며 沙門(사문, 승려)을 죽였고 불상과 불서를 훼멸하였다.

위주는 최호에게 명하여 국사를 편찬토록 하였는데 (최호는) 탁발씨 선세에서의 사적을 모두 상세히 사실적으로 기록하였고 이를 돌에 새기어 네거리에 세워 놓게 하였다. 북인들은 이를 보고 성을 내면서 최호가 나라의 치부를 드러내며 선전한다고 참소하였다. 위제는 대노하면서 사안 대로 최호를 죽였고 그 일족까지 모두 죽였다.

[어구 설명]

○ 魏伐燕. 馮弘奔高麗, 而被殺, 燕亡. 魏伐涼. 姑臧潰, 牧犍降, 後被殺, 北涼亡. : 북위가 북연을 정벌했다. 馮弘은 高麗로 도주했다가 피살되었고, 북연은 멸망했다.(서기 436년) 북위가 北涼을 정벌했다. 고장성은 궤멸되고 牧犍(저거목건)은 투항했으나 후에 피살되었고 北涼은 멸망했다.(서기 439년)

─ 燕 ; 馮跋(풍발)이 409년에 건국한 북연을 지칭.　奔 달아날 분.

─ 麗 고울 여(려). 高麗(고려) ; 王建의 고려(918년 건국)가 아닌 삼국시대의 고구려임. 고구려에 관한 중국 측 기록은 대부분 '高麗'임. 따라서 왕건이 국호를 高麗로 한 것은 고구려의 국호를 그대로 받은 것임. 이때 고구려는 長壽王(장수왕)이 재위 중이

었다.

ㅡ 北涼 ; 저거몽손이 세운 나라. 姑臧(고장) ; 북량의 수도. 지금의 甘肅省에 있었음. 潰 무너질 궤. 이 북량이 5호 16국 중 최후로 소멸했다.(서기 439년)

〇 魏殺其司徒崔浩. 浩自明元時, 已爲謀臣, 輒有功. 信道士謙之, 勸魏主崇奉, 立天師道場, 而最惡佛法誅沙門, 毀佛像·佛書. : 魏主가 司徒 崔浩를 죽였다. 최호는 明元 황제 때부터 謀臣(모신)으로 번번이 공을 세웠다. 道士 寇謙之(구겸지)를 신뢰하여 魏主(太武帝)에게 믿고 받들도록 권유하였고 天師道場(천사도장)을 건립케 하였으며, 佛法을 증오하며 沙門(사문 승려)을 죽였고 불상과 불서를 훼멸하였다.

ㅡ 崔浩(최호, ?~450년) ; 淸河 崔氏. 北魏에서 道武, 明元, 太武 三帝를 섬긴 재상, 미모의 여인과도 같은 美男이었다고 한다. 북위의 화북통일을 가져온 전략가이었다. 도교를 장려하고 불교를 탄압한 장본인이었으나 북위의 국사 편찬 사건으로 九族이 몰살되었다.

ㅡ 明元 ; 拓跋嗣(탁발사), 재위 392~423年. 輒 문득 첩. 번번이.

ㅡ 道士 ; 道敎의 성직자. 寇謙之(구겸지, 365~448년) 天師道를 개창. 도교의 교단을 조직함. 최호의 도움으로 太武帝의 國師가 됨.

ㅡ 場 마당 장. 道場을 '도량' 으로 읽으면 부처님을 모신 절이란 뜻. 惡 미워할 오. 沙門(사문) ; 승려.

- 毁 헐 훼. 없애다.

※三武一宗의 法難(법난, 불교 탄압) ; 北魏의 太武帝, 北周의 武帝, 唐의 武宗과 五代 後周의 世宗은 불교를 크게 탄압하였다.

○ 魏主命浩修國史, 書先世事皆詳實, 刊石立之衢路. 北人忿恚, 譖浩暴揚國惡. 魏帝大怒, 遂案誅之, 夷其族. : 魏主는 최호에게 명하여 國史를 편찬토록 하였는데 (최호는) 탁발씨 先世에서의 사적을 모두 상세히 사실적으로 기록하였고 이를 돌에 새기어 네 거리에 세워 놓게 하였다. 북인들은 이를 보고 성을 내면서 최호가 나라의 치부를 드러내며 선전한다고 참소하였다. 魏帝는 대노하면서 사안대로 최호를 죽이고 그 일족을 모두 죽였다.

- 修 닦을 수. 다스리다. 고치다. 修撰(수찬). 國史 ; 여기서는 북위의 국사. 최호는 서기 439년부터 國史 편찬을 시작했었다.

- 詳 자세할 상. 刊 새길 간. 출간하다. 衢 네거리 구. 北人 ; 선비족 탁발씨.

- 忿 성낼 분. 恚 성날 에. 忿恚(분에) ; 화를 내고 분노를 표시함. 譖 참소할 참.

- 暴揚國惡(포양국악) ; 나라의 치부를 제멋대로 드러내며 선전하다. 案 책상 안. 문서. 夷 오랑캐 이. 상처, 죽여 없애다.

- 遂案誅之(수안주지) ; 끝내 법에 의거 최호를 죽였다. 夷 오랑캐 이. 죽여 없애다.

【참고】 최호의 죽음 - 筆禍가 아닌 문벌 싸움

❖ 명문 淸河 최씨의 崔浩는 그 아버지 崔玄伯과 함께 탁발씨의 魏를 섬기었다. 특히 최호는 탁발규, 탁발사, 탁발도에 이르는 3대를 섬긴 북위 제일의 名臣이고 참모였다. 최호의 國史 사건은 최호를 죽이는 하나의 구실에 불과하였다. 최호가 형장으로 갈 때 병사들은 오줌을 싸대며 모욕을 주었다고 한다. 이때 최호의 일족은 물론 범양 노씨나 태원 곽씨, 하동 유씨까지 연루되어 죽음을 당했다.

최호는 漢人 명문가의 출생으로 민족의식이 강했다고 하지만 선비족의 탁발씨에게 충성을 다했다. 최호는 자신이 명문대가의 출신이라는 점에서 남조 宋나라의 건국자 劉裕 같은 寒門 출신을 무시하는 경향이 있었다. 이러한 자부심은 자연 탁발씨와 같은 유목민 출신 귀족들에 대한 우월의식으로 표출되었다. 유목민족의 귀족들은 대개 전공으로 귀족 반열에 올랐지만 최호는 문벌사족의 특권을 주장하는 입장이었다.

결국 이러한 신분상의 구별과 우월의식에서 비롯된 갈등은 국사사건을 계기로 漢人 사족들에 대한 대대적인 살육으로 종결되었다.

【참고】 도교의 성립과정

❖ 가령 중국인들에게 무슨 종교를 믿느냐고 물으면 거의 종교가 없다고 대답한다. 중국에서도 불교가 융성했었고, 라마교나 배

화교, 카톨릭(천주교)과 최근의 개신교까지 수많은 외래 종교가 유입되었지만 중국인들의 범국민적 종교로 자리를 잡지는 못했다.

그러나 道敎는 중국의 민간신앙과 결합하여 중국에서 발생했고 중국인들에게 가장 친근한－물론 신자도 가장 많은－종교라 할 수 있다.

도교는 불교보다도 늦게 형성되고 발전한 종교이다. 따라서 도교가 불교의 영향을 받은 것을 누구나 인정한다.

이러한 도교의 철학적 이론 바탕은 노자와 장자의 노장 사상이고 거기에 중국인들의 여러 土俗 信仰과 陰陽五行說 등이 한데 융합된 종교라 할 수 있다.

도교는 위진 남북조 시대에 종교로서의 기틀을 다지게 된다.

동진의 葛洪(갈홍, 283~363년)은 연금술을 익히고 연금술에 관한 저술과 아울러 부수적으로 의학을 연구하였는데 명저《抱朴子 포박자》 내편과 외편을 저술하여 도교의 이론을 정립시켰다. 그리고 북위의 寇謙之(구겸지)는 교단을 조직하여 도교가 비로소 종교 조직을 갖추었다.

도교는 이후 여러 분파로 갈리면서 발전하지만 일반적으로 도교의 사원을 道觀(도관, 중국 여행 중 볼 수 있는 ○○觀은 도교의 사원이다), 그리고 도교의 성직자를 道士(여성일 경우 道姑도고)라 부른다.

남조의 송에서는 陸修靜(육수정, 406~477년)이 도교의 경전체계를 확립하면서 도교의 제천의식인 醮祭(초제)의 틀을 마련하여 도교의 발전에 기여하였다.

(8) 宋·魏連年互相侵伐, 王玄謨勸宋大擧. 沈慶之諫曰, 畊當問奴, 織當問婢. 今欲伐國, 奈何與白面書生謀之. 宋竟遣玄謨出師, 取碻磝, 進圍滑臺. 先是魏主聞宋取河南, 怒曰, 我生髮未燥, 已聞河南是我地. 今天時尙熱, 姑斂戌北歸, 俟河氷合, 以鐵騎蹂之. 至冬魏主自將渡河, 衆號百萬, 鞞鼓之聲震天地. 玄謨懼走, 魏人追擊, 玄謨敗走. 魏帝引兵南下, 直至瓜步, 聲言欲渡江. 建康震懼, 民皆荷擔而立.

宋과 북위는 해마다 서로 침략을 했었는데 송의 왕현모는 宋主에게 대대적 거병을 건의했다. 그러자 심경지가 간하며 말했다. "밭갈이라면 응당 남자 종에게 물어야 하고, 길쌈이라면 으레 계집종에게 물어야 합니다. 지금 다른 나라와의 전쟁을 왜 백면서생과 의논합니까?"

송에서는 끝내 왕현모를 보내 출사케 하니 (왕현모는) 확오성을 뺏고 진격하여 활대성을 포위했다.

이에 앞서 魏主는 宋이 하남 땅을 빼앗았다는 소식을 듣고 화를 내며 말했다. "나는 태어나면서부터 하남이 우리 땅이라고 들었다. 지금은 아직 더운 계절이니 잠깐 군사를 거두어 북으로 돌리지만 황하가 어는 때를 기다려 철기로 그들을 유린하겠다."

겨울이 되자, 魏主는 직접 거느리고 황화를 건너며 백만

대군이라 하였고 말 위에서 치는 북소리가 천지를 진동
했다.

왕현모는 두려워 달아났고 북위 군사가 추격하니 왕현모
는 패주했다. 魏帝는 군사를 거느리고 남하하여 곧장 과보
산에 이르렀고 양자강을 건너겠다고 공언했다. 송의 수도
건강은 두려움에 떨었고 백성들은 모두 짐을 싸놓고 달아
나려 했다.

어구 설명

○ 宋·魏連年互相侵伐, 王玄謨勸宋大擧. 沈慶之諫曰, 畊當間奴,
織當間婢. 今欲伐國, 奈何與白面書生謀之. 宋竟遣玄謨出師, 取碻
磝, 進圍滑臺. : 宋과 북위는 해마다 서로 침략을 했었는데 王玄
謨(왕현모)는 宋나라의 대대적 擧兵을 건의했다. 沈慶之(심경지)
가 諫하며 말했다. "밭갈이라면 응당 남자 종에게 물어야 하고,
길쌈이라면 으레 계집종에게 물어야 합니다. 지금 다른 나라와의
전쟁을 왜 白面書生과 의논합니까?" 宋에서는 끝내 왕현모를 보
내 出師케 하니 (왕현모는) 碻磝(확오)성을 뺐고 진격하여 滑臺
(활대)를 포위했다.

 - 連年(연년) ; 매년, 서기 445~446년에 서로 침범했었다. 互
서로 호. 互相(호상) ; 相互. 侵伐(침벌) ; 침략과 정벌(征伐).

 - 謨 꾀 모. 王玄謨(왕현모, 388~468년) ; 南朝 宋의 장수. 지
방관을 거쳤지만 군사 전문가는 아니었다.

 - 大擧 ; 大大的 擧兵. 원가 27년(450년)에 출병하였다.

- 沈慶之(심경지, 386~465년) ; 鎭北大將軍, 侍中, 太尉 역임.
南朝 寒門庶族으로 요직에 오른 대표적 인물.

- 畊 밭 갈 경. 耕의 古字. 織 짤 직. 길쌈. 婢 계집종 비. 奈
어찌 내. 나락(지옥) 나. 奈何(나하) ; 어찌하여.

- 白面書生(백면서생) ; 세상 물정을 모르고 경험도 없이 글만
읽은 사람. 王玄謨(왕현모)를 가리킴. 竟 다할 경. 결국. 出師
(출사) ; 出兵.

- 礭 굳을 확. 磝 단단할 오. 礭磝(확오) ; 山東省의 地名.
滑 미끄러울 활. 滑臺(활대) ; 河南省의 地名.

○ 先是魏主聞宋取河南, 怒曰, 我生髮未燥, 已聞河南是我地. 今
天時尚熱, 姑斂戍北歸, 俟河氷合, 以鐵騎蹂之. 至冬魏主自將渡
河, 衆號百萬, 鞞鼓之聲震天地. : 이에 앞서 魏主는 宋이 河南 땅
을 빼앗았다는 소식을 듣고 화를 내며 말했다. "나는 태어나면서
부터 河南이 우리 땅이라고 들었다. 지금은 아직 더운 계절이니
잠깐 군사를 거두어 북으로 돌리지만 황하의 물이 얼어붙을 때를
기다려 철기로 그들을 유린하겠다." 겨울이 되자, 魏主는 직접 거
느리고 황화를 건너며 백만 대군이라 하였고 말 위에서 치는 북
소리가 천지를 진동했다.

- 髮 터럭 발. 燥 마를 조. 乾燥하다. 已聞(이문) ; 이미 들었
다. 알고 있었다. 天時 ; 계절, 날씨.

- 尙 높일 상. 오히려, 아직도. 姑 시어미 고. 여승. 잠시. 잠
깐. 姑且(고차)와 같음.

- 斂 거둘 렴. 오므리다. 철수하다. 戍 지킬 수. 군사. 俟 기다

릴 사.　河 ; 황하.　氷合(빙합) ; 얼다.　鐵騎(철기) ; 강력한 기병.

　- 蹂 밟을 유. 유린하다.　魏主自將渡河(위주자장도하) ; 魏主가 직접 거느리고 황하를 건넜다.

　- 衆 ; 大軍. 衆號百萬(중호백만) ; 백만 대군이라 한다.　鞞 말 위에서 치는 북 비.　鼓 북 고.　震 벼락 진. 震動하다.

○ 玄謨懼走, 魏人追擊, 玄謨敗走. 魏帝引兵南下, 直至瓜步, 聲言欲渡江. 建康震懼, 民皆荷擔而立. : 왕현모는 두려워 달아났고 북위 군사가 추격하니 왕현모는 패주했다. 魏帝는 引兵하여 南下하여 곧장 과보산에 이르렀고 양자강을 건너려 한다고 공언했다. 송의 수도 建康은 두려움에 떨었고 백성들은 모두 짐을 싸놓고 달아나려 했다.

　- 懼 두려워할 구.　瓜 오이 과.　瓜步(과보) ; 眞州(진주)에 있는 산 이름.

　- 聲言(성언) ; 公言하다. 표명하다. 聲言欲渡江(성언욕도강) ; 양자강을 건너가겠다고 공언하다.　震懼(진구) ; 두려움에 떨다.

　- 荷 연꽃 하, 멜 하. 짐. 어깨에 메다.　擔 멜 담. 등에 지다.　荷擔(하담) ; 짐을 꾸려 지고서.　立 ; 서있다. 대기하다.

(9) 宋主登石頭城, 北望歎曰, 檀道濟若在, 豈使胡馬至此. 道濟立功前朝, 老於用兵. 先是以讒被收, 目光如炬, 脫幘投地曰, 乃壞汝萬里長城. 旣誅, 魏人聞之喜曰, 吳子輩, 不足復憚. 至是長驅, 無能禦者. 宋人或欲斬玄謨, 沈慶之止之曰, 佛狸威震天下, 控弦百萬, 豈玄謨所能當. 殺戰將以自弱, 非計也. 魏師還, 殺掠不可勝計. 丁壯者斬截, 嬰兒貫槊上盤舞, 所過赤地, 春燕歸巢於林木. 自宋主卽位, 二十八年間, 號爲小康, 至是兵革之後, 邑里蕭條, 元嘉之政衰矣.

　宋主는 석두성에 올라 북쪽을 바라보며 탄식했다. "단도제가 만약 살았다면 어찌 胡馬가 여기까지 오게 했겠는가?" 단도제는 동진에서도 공을 세웠고 用兵에 노련하였다. 이에 앞서 (단도제가) 참소를 당해 체포당하자 눈에 횃불을 붙인 듯 쏘아보며 두건을 벗어 땅에 던지며 말했다. "너희들의 만리장성을 여기서 허물려 하느냐?"

　(단도제가) 죽은 뒤, 이 소식을 들은 위나라 사람들은 기뻐하며 말했다. "오 땅의 어린 녀석들(송나라 사람들)은 이제 걱정거리가 아냐!"

　위 군대가 먼 거리를 공격해 오는데도 능히 막을 자가 없었다. 宋나라 어떤 사람이 왕현모를 참수해야 한다고 말하자, 심경지가 제지하며 말했다. "위주의 기세가 천하를 뒤흔들고 궁수들이 백 만이라 하는데, 어찌 왕현모가 감당할 수 있겠는가? 싸우는 장수를 죽여 전력을 약하게 하는 것은 바른 계책이 아니오."

魏 군사가 돌아갔으나 살인과 약탈은 이루 다 셀 수가 없었다. 젊은 장정들을 죽였고 갓난아기를 창에 꿰어 빙빙 돌렸으며 지나간 곳은 황폐해졌고, 봄에 돌아온 제비는 나무에다가 둥지를 틀었다. 宋 문제 즉위로부터 28년간 소강을 유지했으나 이번 전쟁 이후로 마을이 황폐해지고 원가의 정치는 쇠퇴했다.

어구 설명

○ 宋主登石頭城, 北望歎日, 檀道濟若在, 豈使胡馬至此. 道濟立功前朝, 老於用兵. 先是以讒被收, 目光如炬, 脫幘投地日, 乃壞汝萬里長城. : 宋主는 석두성에 올라 북쪽을 바라보며 탄식했다. "단도제가 만약 살았다면, 어찌 胡馬가 여기까지 오게 했겠는가?" 단도제는 동진에서도 공을 세웠고 用兵에 노련하였다. 이에 앞서 (단도제)가 참소를 당해 잡히자 눈에 횃불을 붙인 듯 쏘아보며 두건을 벗어 땅에 던지며 말했다. "너희들의 만리장성을 여기서 허물려 하느냐?"

 - 石頭城(석두성) ; 수도 건강의 淸凉山 一帶의 古城. 現 南京의 별칭.

 - 檀道濟(단도제, ?~436년) ; 宋 건국 功臣이며 劉裕의 顧命(고명)大臣이었다. 북위와 대치하며 큰 공을 세웠으나 그가 죽은 이후 宋은 수세로 몰렸다.

 - 若 같을 약. 만약에. 胡馬 ; 유목민의 군사. 豈使胡馬至此(기

사호마지차) ; 어찌 胡馬가 여기까지 오게 했겠는가?

- 立功前朝(입공전조) ; 단도제는 동진 시절에도 劉裕를 따라 섬기면서 桓玄의 반란을 진압했고 송의 개국공신이었다.

- 老 ; 노련하다.　讒 참소할 참.　炬 횃불 거.　幘 건 책. 모자.　壞 무너질 괴. 허물다.　萬里長城 ; 유목민과 漢人의 경계선.

○ 旣誅, 魏人聞之喜曰, 吳子輩, 不足復憚. 至是長驅, 無能禦者. 宋人或欲斬玄謨, 沈慶之止之曰, 佛狸威震天下, 控弦百萬, 豈玄謨所能當. 殺戰將以自弱, 非計也. : (단도제가) 죽은 뒤, 이 소식을 들은 위나라 사람들은 기뻐하며 말했다. "오 땅의 어린 녀석들은 이제 걱정거리가 아냐!" 위 군대가 먼 거리를 공격해 오는데도 능히 막을 자가 없었다. 宋나라 어떤 사람이 왕현모를 참수해야 한다고 말하자, 심경지가 제지하며 말했다. "위주의 기세가 천하를 뒤흔들고 궁수들이 백 만이라 하는데 어찌 왕현모가 감당할 수 있겠는가? 싸우는 장수를 죽여 전력을 약하게 하는 것은 바른 계책이 아니오."

- 旣誅(기주) ; (단도제가) 죽은 뒤.　吳子輩(오자배) ; 吳 땅의 어린 녀석들. 宋나라 사람들.　子輩는 어린애들. 무시하는 말.

- 憚 꺼릴 탄. 꺼려 피하다.　不足復憚(부족부탄) ; 다시는 꺼려 피할게 못되다. 걱정거리가 아니다.

- 長驅(장구) ; 먼 거리를 빠르게 진군하다.　無能禦者(무능어자) ; 능히 방어할 자가 없었다.

- 佛 부처 불. 어긋나다.　狸 삵 리. 살쾡이.　佛狸(불리) ; 太武

帝 少時의 字. (突厥語 狼buri의 對音).

 ─ 控 당길 공.　弦 활시위 현.　控弦(공현) ; 활 쏘는 병사.　豈
玄謨所能當(기현모소능당) ; 어찌 왕현모가 감당할 수 있겠는가?

 ─ 殺戰將以自弱(살전장이자약) ; 전투 중의 장수를 죽여 스스로
약하게 하다.

○ 魏師還, 殺掠不可勝計. 丁壯者斬截, 嬰兒貫槊上盤舞, 所過赤
地, 春燕歸巢於林木. 自宋主卽位, 二十八年閒, 號爲小康, 至是兵
革之後, 邑里蕭條, 元嘉之政衰矣. : 魏 군사가 돌아갔으나 살인과
약탈은 이루 다 셀 수가 없었다. 젊은 壯丁들을 죽였고 갓난아기
를 창에 꿰어 빙빙 돌렸으며 지나간 곳은 황폐해졌고 봄에 돌아
온 제비는 (둥지를 지을 인가가 없으므로) 나무에다가 둥지를 틀
었다. 宋 문제 卽位로부터 28년간 小康을 유지했으나 이번 전쟁
이후로 마을이 황폐해지고 文皇帝 元嘉의 정치는 쇠퇴했다.

 ─ 掠 노략질 략.　不可勝計(불가승계) ; 다 세는 것이 불가했다.

 ─ 丁 ; 20세 이상.　壯 ; 30세 이상.　丁壯(정장) ; 壯丁, 혈기 왕
성한 젊은 남자.　截 끊을 절.　斬截(참절) ; 베어 죽이다.

 ─ 嬰 갓난아이 영.　槊 창 삭.　盤 소반 반.　嬰兒貫槊上盤舞
(영아관삭상반무) ; 영아를 창에 꿰어 돌리며 휘둘렀다.

 ─ 赤地(적지) ; 황폐해진 땅.　所過赤地(소과적지) ; 지나간 곳
은 황폐해진 땅이었다.　春燕(춘연) ; 봄에 온 제비.

 ─ 巢 집 소. 둥지.　康 편안할 강.　小康(소강) ; 세상이 안정되
고 태평함.　兵革(병혁) ; 兵器와 갑옷. 전쟁.

 ─ 蕭 쓸쓸할 소, 맑은 대 쑥 소.　蕭條(소조) ; 적막하다.　元嘉

(원가) ; 宋 文帝의 연호(424～453년).

 − 元嘉之政 ; 政治가 비교적 清明했고 경제 문화적 번영을 이루
었고 백성 생활이 상당히 안정되었었다.

【참고】 단도제의 지략과 존재감

❖ 檀道濟(단도제)는 같은 고향의 劉裕를 따라 桓玄의 반란 토벌
에 참여했으며 유유의 後秦 북벌에도 선봉을 담당하여 416년에
낙양을 수복하기도 했다.

이후 유유를 추대하여 송을 건국케 하였고 永初 3年(422年) 劉
裕가 죽으면서 유유의 고명을 받아 劉義符(유의부)를 卽位케 하였
다. 그러나 동안 북위와의 대립관계에서 북위의 군사들은 단도제
의 이름을 들으면 도망갈 정도가 되었다고 한다. 단도제는 문제를
영입하는 과정에서도 큰 역할을 다 하였다.

원가 7년(430년)에 단도제는 송 군사를 이끌고 북벌에 나섰으나
패전하고 또 군량과 마초까지 부족하여 위기에 처했다. 그날 저녁
에 단도제는 각 군영마다 모래를 모아 말로 세면서 큰 소리로 그
숫자를 떠들게 했다. 이어 단도제는 남아 있는 쌀로 모래 더미를
덮게 하였다. 그 다음날 위군에서는 단도제의 부대에 군량이 산처
럼 쌓인 것을 보고 공격을 풀고 돌아갔다는 이야기가 전해 온다.
이를 여기서 산가지를 세면서 모래가 말로 된다는 唱籌量沙(창주
양사)란 말이 나왔다고 한다.

원가 13년(서기 436년) 문제는 병이 났고 팽성왕 유의강이 집정
하면서 '황제가 죽은 뒤 단도제가 반란을 일으킬지 모른다.' 는 생

각에서 변경에 근무하고 있는 단도제를 아무런 이유도 없이 수도
로 불러들여 체포하고 죽였다.

  우둔한 권력자의 어리석은 판단은 결국 전쟁과 패전으로 이어
지고 그 결과는 백성들만 죽고, 다치고 … 그래서 정치를 하는 사
람들의 건강하고 합리적인 이성이 중요한 것이다.

단도제가 모래를 쌀로 위장하다

단도제가 죽은 뒤 宋은 북위에 비해 군사적으로 열세이기에 공수에서 수세로 몰리고 남북관계에서 주도권을 빼앗긴다.

(10) ○ 魏中常侍宗愛, 譖東宮官屬, 多坐誅死, 太子晃以憂卒. 魏主追悼不已, 愛懼弑主. 後諡曰太武皇帝, 廟號世祖. 晃之子濬立, 討愛誅之.

○ 宋太子劭, 巫蠱呪詛, 事覺. 宋主擬廢之, 劭弑主而自立. 主在位三十年, 改元者一, 曰元嘉. 武陵王擧兵誅劭, 王立, 是爲世祖孝武皇帝.

孝武皇帝, 名駿. 卽位十二年殂, 改元者二, 曰孝建, 曰大明. 太子立, 是爲廢帝.

○ 魏 중상시인 종애가 동궁의 관속을 참소하여 여러 사람이 연좌되어 죽게 되자, 태자 탁발황은 걱정 때문에 죽었다. 魏主가 태자의 죽음을 애도하기를 그치지 아니하니 종애는 두려워 태무제를 죽였다. 뒤에 시호를 태무황제, 묘호를 세조라 했다. 탁발황의 아들 탁발준이 즉위했고, 종애를 잡아 죽였다.

○ 송 태자 유소는 무고에 의거 (황제를) 저주하다가 일이 발각되었다. 宋主가 태자를 폐위하려 했는데 태자 劭(소)가 아버지를 죽이고 즉위하였다. 문제는 재위 30년에

개원은 1번인데 원가라 했다. 무릉왕이 거병하여 유소를 죽이고 즉위하니, 이가 세조 효무황제이다.

○ 효무황제의 이름은 유준이다. 즉위 12년에 죽었고, 개원은 2번인데 孝建과 大明이다. 태자가 즉위하니, 이가 폐제이다.

어구 설명

○ 魏中常侍宗愛, 譖東宮官屬, 多坐誅死, 太子晃以憂卒. 魏主追悼不已, 愛懼弑主. 後諡曰太武皇帝, 廟號世祖. 晃之子濬立, 討愛誅之. : 魏 中常侍인 宗愛가 동궁의 관속을 참소하여 여러 사람이 연좌되어 죽게 되자, 太子 탁발황은 걱정 때문에 죽었다.(서기 451년) 魏主가 태자의 죽음을 애도하기를 그치지 아니하니 종애는 두려워 태무제를 죽였다.(서기 452년) 뒤에 시호를 太武皇帝, 묘호를 世祖라 했다. 탁발황의 아들 탁발준이 즉위했고, 종애를 잡아 죽였다.

– 中常侍(중상시) ; 宮內의 환관 직명.　宗愛(종애) ; 人名. 환관.　譖 참소할 참. 무고하다. 헐뜯다.　東宮 ; 태자(세자)의 거주지. 동쪽을 震(진)이라 하여, 맏아들의 뜻으로 쓴다. 황태자의 대궐을 동궁이라고 한다.

– 坐 앉을 좌. 연좌되다.　誅死(주사) ; 형벌에 의해 죽다.　晃 밝을 황.　悼 슬퍼할 도.　不已(불이) ; 그치지 않다.

– 太武帝 ; 재위 423～452년, 享年 44세.　濬 물길 낼 준.

○ 宋太子劭, 巫蠱呪詛, 事覺. 宋主擬廢之, 劭弑主而自立. 主在位 三十年, 改元者一, 曰元嘉. : 宋 太子 劉劭(유소)는 무고에 의거 (황제를) 저주하다가 일이 발각되었다. 宋主가 태자를 폐위하려 했는데 태자가 아버지를 죽이고 즉위하였다.(서기 453년) 文帝는 재위 30년에 개원은 1번인데 元嘉라 했다.

 - 劭 힘쓸 소. 巫 무당(女) 무. 남자 무당은 覡(박수 격). 蠱 벌 레 고. 남을 해치는 사람. 巫蠱(무고) ; 巫術로 남을 현혹시키다.

 - 呪 빌 주. 詛 저주할 저. 남이 못 되기를 바라는 악한 마음의 기도. 呪詛(주저) ; 詛呪(저주).

 ※太子 劉劭는 過失이 많아 누차 文帝로부터 꾸중을 들었다. 이에 무 당과 결탁하여 玉으로 황제의 인형을 만들어 놓고 빨리 죽으라고 무고 하며 저주를 했다. 이를 내시가 알고 두려워 밀고하여 사건이 발생했 으나, 아들에 의해 죽었으니 결과적으로 빨리 죽은 셈이다.

 - 擬 헤아릴 의. 본뜨다. ~하려 하다. 劭弑主而自立(소시주이 자립) ; 유소는 아버지를 죽이고 스스로 즉위하였다.(서기 453년, 재위 3개월)

○ 武陵王擧兵誅劭, 王立, 是爲世祖孝武皇帝. 孝武皇帝, 名駿. 卽 位十二年殂, 改元者二, 曰孝建, 曰大明. 太子立, 是爲廢帝. : 武陵 王이 擧兵하여 유소를 죽이고 즉위하니, 이가 世祖 孝武皇帝이 다. 孝武皇帝의 이름은 유준이다. 卽位 12년에 죽었고, 改元은 2 번인데 孝建과 大明이다. 태자가 즉위하니, 이가 廢帝(폐제)이다.

 - 武陵王 ; 文帝의 三子. 孝武皇帝 在位 453~464년. 駿 준마 준. 孝建(서기 454~456년), 大明(457~464년).

【참고】 북위의 漢人 귀족

❖ 북위는 선비족 및 북방 유목민으로 구성된 강력한 무력을 바탕으로 화북지방을 통일하였다. 그 바탕에는 유목민족들을 그 근거지에서 다른 곳으로 옮기는 徙民政策(사민정책)을 펴 유목민들의 세력을 약화시켰다. 그러면서 선비족으로 구성된 강력한 근위 조직을 중앙과 지방에 배치하였는데 이는 일종의 軍政이라 할 수 있는데, 이는 차차 중국식 군현제도로 전환이 된다.

북위가 강대국으로 자리 잡을 수 있었던 또 하나의 요인은 한인 귀족들의 포섭과 정치 참여 허용을 들 수 있다. 당시 화북지방에는 晋 왕실을 따라 강남으로 이주하지 못한 명문 귀족들이 많았다. 그중 가장 대표적인 경우가 崔浩이다.

태무제 拓跋燾(탁발도)는 칙령으로 화북의 명사를 대거 초빙하여 관리로 임명하였으며 北燕과 北涼을 멸망시키면서 그 漢人 관리들을 대량으로 채용하였다.

이렇게 북위가 등용한 한인 관리들은 官制를 제정하고 律令을 정비하며 租稅 정책을 입안하고 실천하는 등 정책 수립과 결정에 큰 업적을 남겼다.

이런 과정을 거치면서 유목국가 북위는 점차 중국적 帝國으로 성공적인 전환을 할 수 있었다. 동시에 이는 뒷날 孝文帝가 적극적인 한화정책을 펼칠 수 있는 바탕을 마련하게 된다.

선비족 북위는 5호 16국 어느 나라보다도 성공한 국가였다. 이는 결코 융화할 수 없을 것처럼 인식되던 胡漢의 협조체제 구축의 성공이며, 호한체제의 성립이란 결국 민족 간 통합의 성공이라 할 수 있다.

(11) 廢帝, 名子業. 卽位居喪, 傲惰無戚容. 孝武疏忌骨肉, 多誅殺, 至是尤甚. ○魏帝濬殂. 諡曰文成皇帝, 廟號高宗. 初太武經營四方, 國頗虛耗. 文成嗣以鎭靜, 懷集中外, 人心復安. 子弘立. ○宋主畏忌諸父湘東王等, 幽於殿內棰曳, 無復人理, 恣爲不道, 中外騷然, 宋人弑之. 在位二年, 改元者一, 曰景和. 湘東王立, 是爲太宗明皇帝.

廢帝(폐제)의 이름은 자업이다. 즉위하고 거상 중인데도 오만하고 게으르며 슬픈 기색이 없었다. 효무제는 형제들을 꺼리고 미워하여 많이 죽였었는데 지금은 그보다 더 심했다.

○魏帝 탁발준이 죽었다.(서기 465년) 시호는 문성황제이고, 묘호는 고종이다. 그전에 태무제는 사방을 원정하여 국고가 비었고 소모가 많았었다. 문성제가 뒤를 이으며 안정을 유지하고 중외의 백성들을 위무하고 모으니 인심이 다시 안정되었다. 아들 탁발홍이 즉위했다.

○송주는 상동왕 등 숙부들을 싫어하여 전내에 가두어 두고 매질을 하거나 끌고 다니며 사람의 도리를 행하지 않고 부도한 짓을 제멋대로 하여 궁 안이나 밖이 시끄러워 나라 사람들이 시해했다. 재위 2년에 개원을 한번 하였는데 경화이다. 상동왕이 즉위하니, 이가 태종 명황제이다.

어구 설명

○ 廢帝, 名子業. 卽位居喪, 傲惰無戚容. 孝武疏忌骨肉, 多誅殺, 至是尤甚. : 廢帝의 이름은 子業이다. 卽位하고 居喪 중인데도 오만하고 게으르며 슬픈 기색이 없었다. 효무제는 형제들을 꺼리고 미워하여 많이 죽였었는데 지금은 그보다 더 심했다.

  – 廢帝(폐제) ; 劉子業. 뒤에 또 한명의 폐제가 있어 유자업은 전 폐제라 부른다. 居喪(거상) ; 喪中에 있음.

  – 傲 거만할 오. 惰 게으를 타. 戚 겨레 척. 친척, 슬퍼할 척. 戚容(척용) ; 슬픈 기색. 疏 트일 소. 멀리하다.

  – 忌 꺼릴 기. 尤 더욱 우. 尤甚(우심) ; 더욱 심하다.

○ 魏帝濬殂. 諡曰文成皇帝, 廟號高宗. 初太武經營四方, 國頗虛耗. 文成嗣以鎭靜, 懷集中外, 人心復安. 子弘立. : 魏帝 拓跋濬이 죽었다.(서기 465년) 시호는 文成皇帝이고, 廟號는 高宗이다. 그전에 太武帝는 四方을 원정하여 국고가 비고 소모가 많았었다. 문성제가 뒤를 이으며 안정을 유지하고 중외의 백성들을 위무하고 모으니 人心이 다시 안정되었다. 아들 탁발홍이 즉위했다.

  – 經營(경영) ; 다스리다. 정벌하다. 頗 자못 파. 虛 빌 허. 耗 줄어들 모. 써서 줄어들다. 鎭靜(진정) ; 안정을 회복하다.

  – 懷 품을 회. 편안히 하다. 懷集(회집) ; 백성들을 위무하고 흩어진 사람들을 모으다. 中外 ; 국내와 국외. 수도와 지방.

○ 宋主畏忌諸父湘東王等, 幽於殿內楎曳, 無復人理, 恣爲不道, 中外騷然, 宋人弑之. 在位二年, 改元者一, 曰景和. 湘東王立, 是

爲太宗明皇帝. : 宋主는 湘東王 등 숙부들을 싫어하여 殿內(대궐 안)에 가두어 두고 매질을 하거나 끌고 다니며 사람의 도리를 행하지 않고 부도한 짓을 제멋대로 하여 궁 안이나 밖이 시끄러워 나라 사람들이 시해했다. 在位 2年에 改元을 한번 하였는데 景和이다. 湘東王이 즉위하니, 이가 太宗 明皇帝이다.

 — 宋主 ; 폐제.   畏 두려워할 외.   忌 꺼릴 기.   諸父(제부) ; 아버지의 형제들, 伯叔父.   幽 그윽할 유. 가두다.   棰 매 추. 회초리로 때리다.

 — 曳 끌 예. 끌고 다니다.   人理(인리) ; 인간이 해야 할 도리. 恣 방자할 자.   恣爲不道(자위부도) ; 부도한 짓을 제 마음대로 하다.

 — 騷 떠들 소. 시끄럽다.   在位 2年(464~465년). 景和(서기 465년).

【참고】 폐제-폭군 유자업

❖ 前 폐제 유자업은 효무제의 長子로 아버지를 죽이고 464년에 16살의 나이로 즉위한다. 荒淫(황음)의 단계를 넘어 거의 인간 말종과도 같았다. 고모가 마음에 든다고 고모부를 죽이고서 고모가 죽었다고 한 뒤 이름을 바꿔 후궁으로 삼았다고 한다. 자기 누이가 나는 '남편이 하나 뿐'이라고 불평하자 30명의 남자를 선물해 줬다는 기록을 보면 웃음도 안 나온다.

 자신을 보필한 대신들을 마구 죽였는데 대신 유의공을 죽여 손발을 자르고 눈을 파내고 배를 짼 다음 거기에 꿀을 집어넣고 '鬼

目粽(귀목종, 粽은 단오에 먹는 찰밥)’ 이라 했다.

폐제는 숙부들을 미워하여 지방에 있는 숙부들을 궁 안으로 불러 가두었다. 뚱뚱한 湘東王(상동왕) 劉彧(유욱)을 굴 안에 발가벗겨 가두어 놓고 나무 구유의 음식을 먹게 하고 ‘豬王(저왕, 돼지저)’ 이라 불렀고, 建安王 劉休仁을 ‘殺王’ 라고 부르게 했다. 상동왕은 온갖 모욕과 죽음의 위협을 겨우겨우 모면하면서 살아났다.

이런 잔인한 황제의 목숨은 얼마나 가겠는가? 그가 신임하던 금위군 장군들에게 죽음을 당하고 상동왕 유욱이 明帝로 즉위한다. 그러나 이 사람 역시 폭군이었다.

❖ 송나라 8명 황제 중 건국자인 武帝 劉裕와 3대 文帝 劉義隆(유의륭), 맨 마지막 順帝를 제외한 5명의 황제가 모두 폭군이었다. 오죽하면 60년 동안에 쫓겨난 황제가 둘이나 있어 前 廢帝(5대, 유자업), 後 廢帝(7대, 劉昱 유욱)으로 구분해야만 했다.

궁 안에서만 곱게 자랐을 열여섯 살 젊은이에게 어디에 그러한 잔인성이 숨어 있었는가는 생각해 볼 문제이다. 어찌 보면 인간의 잔인성은 천성의 일부라 아니할 수 없다.

(12) 明皇帝, 名彧, 卽位八年殂. 改元者一, 曰泰始. 自帝之初, 蕭道成將兵, 征討有功. 尋鎭淮陰, 收養豪俊, 賓客始盛. 已而爲南兗州刺史, 至是褚淵薦爲右衛將軍, 與顧命大臣, 共掌機事. 太子立, 是爲後廢帝.

後廢帝, 名昱. 明帝無子. 昱實嬖人李道兒之子也, 明帝子之. 殺諸王十五六人, 惟恐昱之不立, 十歲卽位. 桂陽王休範擧兵反, 攻建康, 蕭道成擊斬之, 道成爲中領軍.

○ 先是魏獻文帝弘, 傳位於太子宏, 自稱太上皇帝, 以宏幼仍總萬機. 太上聰睿夙成, 剛毅有斷, 而好黃老·浮屠之學, 故常有遺世之意. 其母馮太后, 有所幸李奕, 爲太上所誅, 馮太后怒, 遂弑之而稱制.

明皇帝의 이름은 욱인데, 즉위 8년에 죽었다. 개원은 1번인데 태시이다. 明帝 즉위 초부터 소도성은 군사를 거느리면서 원정이나 토벌에 공을 세웠다. 얼마 뒤, 회음을 진수하며 호걸들을 초청하고 대우하니 빈객들이 모여들기 시작했다. 곧 남연주의 자사가 되었는데 명황제가 죽자, 이 때에 저연이 그를 천거하여 우위장군이 되었고, 고명대신들과 함께 국가 기밀업무를 담당했었다. 태자가 즉위하니, 이가 후폐제이다.

후폐제의 이름은 昱(욱)이다. 명제는 아들이 없었다. 욱은 사실 폐인 이도아의 아들이었지만 명제는 자신의 아들이라 인정했다. (명제가) 제왕 15, 6명을 죽인 것은 욱이 즉위하지 못할 것을 걱정했기 때문이었고, (욱은) 10세에 즉위하였다. 계양왕 유휴범이 거병하며 반란을 일으켜 수도 건강을 공격하자 소도성이 이를 타격하여 목을 베었고 소도성은 중령군이 되었다.

 ○ 이에 앞서 魏의 헌문제 탁발홍은 태자 탁발굉에게 전위하고 태상황제라고 자칭하였지만 아들이 어린 까닭에 여전히 나라의 정사를 처리하였다. 태상황제는 총명하고도 숙성하였으며 의지가 굳고 결단성이 있었으며, 황노의 사상과 불교의 가르침을 좋아하였기에 늘 세상사에 초연하려는 뜻이 있었다. (태상황제의) 어머니인 풍태후는 이혁을 총애했었는데 태상황제에게 죽음을 당하자, 풍태후가 노하여 마침내 태상황제를 죽이고 자기가 대권을 행사하였다.

어구 설명

○ 明皇帝, 名彧, 卽位八年殂. 改元者一, 日泰始. : 明皇帝의 이름은 彧(욱)인데, 즉위 8年에 죽었다. 改元은 1번인데 泰始(태시)이다.

 − 彧 문채 욱. 문채 나는 모양. ; 다음에 뒤를 이은 후폐제의 이름은 昱(빛날 욱)으로 혼동하기 쉽다.   泰始(태시, 서기 465∼472).

 − 殂 죽을 조.

○ 自帝之初, 蕭道成將兵, 征討有功. 尋鎭淮陰, 收養豪俊, 賓客始盛. 已而爲南兗州刺史, 至是褚淵薦爲右衛將軍, 與顧命大臣, 共掌機事. 太子立, 是爲後廢帝. : 明帝 즉위 初부터 蕭道成(소도성)은 군사를 거느리면서 원정이나 토벌에 공을 세웠다. 얼마 뒤, 회음을 진수하며 호걸들을 초청하고 대우하니 빈객들이 모여들기 시작했다. 곧 남연주의 刺史가 되었는데 명황제가 죽자, 이때에 褚淵(저연)이 그를 천거하여 右衛將軍(우위장군)이 되었고, 顧命大臣과 함께 국가 기밀업무를 담당했었다. 太子가 즉위하니, 이가 後廢帝이다.

 - 蕭 맑은 대 쑥 소.　蕭道成(소도성) ; 479년, 南朝 齊 開國.

 - 尋 찾을 심. 얼마 뒤.　收養(수양) ; 초청하고 대우하다.　豪俊(호준) ; 豪傑이나 俊才.　賓客(보객) ; 귀한 賓客.　兗 바를 연. 地名.

 - 褚 솜옷 저. 성씨.　顧命(고명) ; 임금이 임종에 후사를 부탁하는 일. 그러한 유언의 내용.　掌 손바닥 장. 장악하다.

○ 後廢帝, 名昱. 明帝無子. 昱實嬖人李道兒之子也, 明帝子之. 殺諸王十五六人, 惟恐昱之不立, 十歲卽位. 桂陽王休範擧兵反, 攻建康, 蕭道成擊斬之, 道成爲中領軍. : 後廢帝의 이름은 昱(욱)이다. 明帝는 아들이 없었다. 昱은 사실 폐인 李道兒의 아들이었지만 明帝는 자신의 아들이라 인정했다. (명제가) 諸王 15, 6명을 죽인 것은 욱이 즉위하지 못할 것을 걱정했기 때문이었고, (昱은) 10세에 卽位하였다. 桂陽王 유휴범이 擧兵하며 반란을 일으켜 수도 건강을 공격하자 소도성이 이를 타격하여 목을 베었고 소도성은

中領軍이 되었다.

- 後廢帝(후폐제) ; 在位 472~477년.   昱 빛날 욱.   嬖 사랑할
폐.   嬖人(폐인) ; 고귀한 사람의 총애를 받는 비천한 사람.

- 李道兒(?~468년) ; 明帝가 상동왕 시절에 전 폐제 子業으로
부터 학대와 조롱을 받을 때, 일당을 모아 子業을 몰아내어 明帝
를 즉위시키는 큰 역할을 수행했다. 明帝는 상동왕으로 있을 때
시녀 陳妙登(진묘등)을 총애하다가 이도아에게 주었었다. 그리고
다시 진묘등을 반환받았는데 진묘등은 昱(욱)을 출산했고 명제는
자기 자식이라고 인정했다.

- 明帝子之 ; 明帝는 昱을(之) 아들로 사랑했다(子). 여기서 子
는 동사로 '사랑하다', '아들로 삼다' 의 뜻이며, 之는 子의 목적
어이다.

- 諸王(제왕) ; 자신의 형제로 지방에 王으로 分封한 사람.   惟
오직 유. 恐 두려울 공. 걱정하다.

- 桂陽王休範擧兵反 ; 계양왕 유휴범(文帝의 子, 明帝의 아우)
의 거병과 반란(서기 474년).

○ 先是魏獻文帝弘, 傳位於太子宏, 自稱太上皇帝, 以宏幼仍總萬
機. 太上聰睿夙成, 剛毅有斷, 而好黃老·浮屠之學, 故常有遺世之
意. : 이에 앞서 魏의 獻文帝 탁발홍은 太子 拓跋宏(탁발굉)에게
전위하고 太上皇帝라고 자칭하였지만 아들이 어린 까닭에 여전
히 나라의 정사를 처리하였다. 태상황제는 총명하고도 숙성하였
으며 의지가 굳고 결단성이 있었으며, 黃老의 사상과 불교의 가
르침을 좋아하였기에 늘 세상사에 초연하려는 뜻이 있었다.

- 獻 바칠 헌. 바치는 물건. 獻文帝 ; 재위 466~471년.

- 宏 클 굉. 拓跋宏(탁발굉) ; 이 사람이 북위에서 강력한 漢化 定策을 추진한 孝文帝이다. 탁발씨를 元氏로 바꾸었기에 元宏(원굉)으로도 쓴다. 탁발굉은 5세에 즉위했었다. 仍 인할 잉. 거듭. ~때문에   總 거느릴 총. 總括(총괄)하다.

- 萬機(만기) ; 정치상의 중요한 일 전체. 제왕의 업무. 聰睿(총예) ; 총명하고 지혜로움.   夙 일찍 숙. 夙成(숙성) ; 신체적, 정신적 발달이 빠름.

- 剛 굳셀 강.   毅 굳셀 의. 剛毅 ; 의지가 굳음.   有斷(유단) ; 결단력이 있음.

- 黃老(황노) ; 초기 道家의 사상으로 道敎의 이론적 근거가 되었다. 老子의 門人들은 黃帝의 가르침이라면서 淸靜無爲(청정무위)의 생활을 하면서 與民休息(여민휴식)하면 天下가 安寧(안녕)하다고 하였다.

- 浮 뜰 부.   屠 잡을 도. 浮屠(부도) ; 범어 Buddha(깨우쳤다)의 음역. 佛, 부처, 불교의 뜻으로 활용됨.

- 遺世(유세) ; 세속의 일을 잊어버리다. 세상에 초연하다.

○ 其母馮太后, 有所幸李奕, 爲太上所誅, 馮太后怒, 遂弑之而稱制. : (태상황제의) 어머니인 馮太后는 李奕(이혁)을 총애했었는데 태상황제(헌문제)에게 죽음을 당하자, 馮太后가 怒하여 마침내 태상황제를 죽이고 대권을 행사하였다.

- 馮 성 풍. 탈 빙, 건널 빙. 馮太后(풍태후) ; 풍태후와 헌문제는 親母, 親子가 아니라서 갈등이 심했었다.   幸 다행 행. 임금의

행차. 총애하다.

 ‒ 奕 클 혁.　制 자를 제. 만들다. 정하다. 법도.　天子의 命.

 ‒ 稱制(칭제) ; 太后가 天子를 대신하여 大權을 행사함. 본래는 臨朝稱制(임조칭제). 뒷날 淸나라 시대부터 垂簾聽政(수렴청정)이라 하였다. 풍태후는 헌문제가 죽은 후, 20년 동안 북위의 정치를 담당했다. 그러면서 어린 효문제에게 漢化정책을 펼 바탕을 만들어 주었다.

齊 高帝 蕭道成(소도성)

【참고】 소도성의 뚱뚱한 배

❖ 소도성은 名門인 蘭陵 蕭氏(난릉 소씨) 출신이었다. 소도성은 검소한 생활을 했고 經史를 읽어 상식을 갖추었고 나름대로 書法에도 일가견이 있었다. 부친 蕭承之(소승지)도 宋의 右將軍이었다. 명제가 죽을 때, 소도성은 우위장군으로 몇몇 대신과 함께 유조를 받아 국가 기무를 장악하는 보정대신이 되었다. 劉昱(유욱, 후폐제) 즉위 후 계양왕 유후범의 반란을 진압하여 그의 권세는 날로 커졌다.

후 폐제 유욱은 궁술과 승마를 좋아하면서 살인이 취미였는지 무고한 사람들을 함부로 죽였다. 한번은 유욱이 갑자기 소도성의 집에 들어왔다. 뚱뚱한 체구의 소도성이 평상에 앉아 있는데 그의 배는 아주 커다란 박과 같았다.

겨우 열 살이 지나 즉위한 뒤 방자한 살인을 일삼던 폐제는 순간 장난기가 돌면서 그 배를 아주 좋은 표적이라 생각하며 화살을 얹어 활을 당기려 했다.

그러자 소도성은 울며불며 애걸복걸하였다. 주변에서도 "蕭大人(소대인)의 배가 저렇게 커 정말 좋은 과녁이지만 화살 하나로 죽여 없애기에는 너무 아깝습니다. 다음에 쏠 과녁이 없습니다."라며 말을 거들었다.

유욱은 화살촉을 뽑은 화살을 날려 소도성의 배꼽에 명중시켰다. 주위에서 환호와 박수소리가 요란했고 소도성은 목숨을 건졌다.

유욱은 곧장 발길을 돌렸지만, 등에 식은땀을 흘리며 분노로 일그러진 소도성이 마음속에 무슨 생각을 했을지는 물어볼 필요가 없었다. 477년에 미치광이처럼 포악하고 무도한 유욱은 신하들에게 죽음을 당하고 소도성은 宋의 마지막 황제가 될 順帝 劉準(유준)을 옹립하고 국가 대권을 완전 장악하였다.

(13) ○ 宋主驕恣嗜殺, 中外憂惶. 蕭道成與袁粲・褚淵謀廢立. 粲不可, 淵贊之, 遂弑之. 在位六年, 改元者一, 曰元徽. 安成王立, 是爲順皇帝.

○ 宋主 昱(욱)은 교만방자하고 살인을 즐겨하여 내외가 걱정하며 두려워하였다. 소도성은 원찬, 저연과 함께 폐립을 모의했다. 원찬은 불가하다 하였지만 저연은 찬성하였기에 곧 昱(욱)을 시해하였다. 재위 6년에 개원은 한 번인데 원휘이다. 안성왕이 즉위하니, 이가 순황제이다.

어구 설명

○ 宋主驕恣嗜殺, 中外憂惶. 蕭道成與袁粲・褚淵謀廢立. 粲不可, 淵贊之, 遂弑之. 在位六年, 改元者一, 曰元徽. 安成王立, 是爲順皇帝. : 宋主 昱(욱)은 교만방자하고 살인을 즐겨하여 中外가 우려하며 두려워하였다. 소도성은 袁粲(원찬), 褚淵(저연)과 함께 廢立을 모의했다. 원찬은 불가하다 하였지만 저연은 찬성하였기에 곧 昱(욱)을 시해하였다. 재위 6년에 개원은 한 번인데 元徽이

다. 安成王이 즉위하니, 이가 順皇帝이다.

 – 驕恣(교자) ; 교만하고 放恣(방자)함.   嗜 즐길 기.   憂 근심할 우.   惶 두려울 황.   袁 옷이 길 원. 성씨.

 – 粲 잘 찧은 쌀 찬, 깨끗할 찬.   贊 도울 찬.   袁贊(원찬) ; 원찬은 평소 술과 시를 즐기며 아랫사람이 물어보면 시로 대답했다고 한다. 당시 사람들은 '간신을 없애기에는 지혜가 부족하고 변란을 막기에는 힘이 부족한 사람' 이라고 말했었다.

 – 粲不可, 淵贊之(찬불가 연찬지) ; 원찬은 不可라 했고, 저연은 찬성했다. → 뒷날 원찬의 소도성 토벌은 저연에 의해 좌절된다. 폭군이지만 충성을 바치는 것이 신하의 도리인지 폭군을 제거해야 하는 것이 정의인가? 여기서 과연 누가 옳고 그른가는 역사책을 읽는 사람이 나름대로 판단할 일이다.

 – 徽 아름다울 휘.   後 廢帝 ; 재위 472～477년(6년).

【참고】 子貴母死制 – 북위의 이상한 제도

❖ 중국의 속담에 '예로부터 여자는 귀천이 없다(自古婦人無貴賤).' 고 하였고 '처는 남편을 따라 올라가고, 어미는 자식 따라 귀하게 된다(妻以夫貴 母以子貴).' 실제로 아내는 남편의 권세대로 힘을 쓰고(妻仗夫勢), 개는 주인의 힘을 믿고 짖는다(狗仗人勢).

그러나 북위 황실에서는 귀한 아들을 위하여 어미가 죽어야 했는데 이를 子貴母死制(자귀모사제)라고 한다. 후궁의 여성이 황제의 은택을 입어 아들을 낳았는데 나중에 황태자로 책봉이 되면 그 모친을 죽여서 모후가 정사에 간여하는 길을 원천적으로 막았다.

다만 어린 황태자를 보살피고 키워야 할 필요에 의거 保太后(보태후)를 두었는데 태자가 즉위하면 이 保太后가 皇太后(황제의 모친)가 된다.

北魏에는 皇太后가 셋이 있었으니 곧 皇帝의 生母가 있고, 皇帝의 保姆(보모)가 있고 전 황제의 자식을 낳았으나 살아 있는 황태후가 있었다.

위에 언급된 북위 풍태후는 14살에 문성제의 황후가 되어 獻文帝 拓跋弘의 보모 황후였다. 이어 헌문제가 즉위하였으니 풍태후가 되었다. 그런데 헌문제가 5년 만에 5살 된 아들 孝文帝 탁발굉에게 황제 자리를 물려주고 자신은 太上皇이 되었다. 풍태후에게 태상황은 아들인 격인데 이 태상황이 자신의 애인을 죽이자 황태후로서 아들을 독살한다. 그러다 보니 5살난 효문제 탁발굉을 대신하여 섭정을 하였다.

말하자면, 자신이 낳은 아들이 아니었고 거기에다가 20대의 황태후가 그 젊음 때문에 헌문제를 독살할 수 있었다.

북위의 漢化정책을 강력하게 추진한 孝文帝 拓跋宏(탁발굉, 재위 471~499년)을 낳은 母后는 漢族의 여인으로 이 제도에 의거 희생되었다. 효문제 탁발굉은 親政을 하면서 이 제도를 폐지하였다.

(14) 順皇帝, 名準. 桂陽王休範子也, 明帝子之, 至是卽位.

○ 宋袁粲謀誅蕭道成, 褚淵以其謀告道成, 粲父子俱被殺於石頭城. 百姓哀之曰, 可憐石頭城, 寧爲袁粲死, 不作褚淵生. 沈攸之亦擧兵江陵討道成, 軍潰, 走而縊死. 道成爲相國齊公, 加九錫, 已而進爵爲王. 宋主在位三年, 改元者一, 曰昇明. 禪于齊, 泣而彈指曰, 願後身世世, 勿復生天王家. 齊弑之, 而滅其族. 自宋高祖, 至是八世, 凡五十九年而亡.

順帝의 이름은 準(준)이다. 계양왕 유휴범의 아들인데 명제가 아들로 키웠는데 이때에 즉위했다.

宋의 원찬은 소도성을 죽이려고 계획을 했지만, 저연이 그런 모의를 소도성에게 알렸기에 원찬 부자는 석도성에서 둘 다 피살되었다. 백성들이 이를 애처롭게 여겨 말했다. "차라리 원찬처럼 죽을지언정, 저연처럼 살지 않겠다." 심유지 역시 강릉에서 거병하여 소도성을 토벌하려 했으나 군대가 궤멸되며 도망가서 목매 죽었다. 소도성은 상국으로 齊의 公이 되었고 구석을 받았다가, 곧 작위를 높여 왕이 되었다.

宋主는 3년 재위했고, 개원은 한 번을 했는데 승명이다. 齊나라에 선위했는데 울면서 손가락을 튕기며 말했다. "죽은 다음 세상에서는 영원히 다시는 천자 집안에 태어나지 말아야지!" 齊에서는 순제를 시해했고 그 일족을 죽였다. 宋고조로부터 순제까지 8대에 59년 만에 망했다.

어구 설명

○ 順皇帝, 名準. 桂陽王休範子也, 明帝子之, 至是卽位. : 順皇帝의 이름은 準(준)이다. 桂陽王 유휴범의 아들인데 明帝가 아들로 키웠는데 이때에 즉위했다.

− 順皇帝(469∼479) ; 劉宋의 末代 皇帝. 宋 明帝 劉彧(유욱)의 三子라지만 劉彧은 性的으로 無能力者였다고 한다. 계양왕 유휴범의 親生子.

− 明帝子之 ; 명제가 아들로 키웠다.

○ 宋袁粲謀誅蕭道成, 褚淵以其謀告道成, 粲父子俱被殺於石頭城. 百姓哀之曰, 可憐石頭城, 寧爲袁粲死, 不作褚淵生. : 宋 원찬은 蕭道成을 죽이려고 계획을 했지만, 褚淵이 그런 모의를 소도성에게 알렸기에 원찬 부자는 석도성에서 둘 다 피살되었다. 백성들이 이를 애처롭게 여겨 말했다. "차라리 원찬처럼 죽을지언정, 저연처럼 살지 않겠다."

− 袁粲(원찬) ; 송 명제 사후 後廢帝(후폐제)를 섬기면서 소도성이 폐위하려 했으나 원찬은 반대했었다.

− 粲父子俱被殺於石頭城(찬부자구피살어석두성) ; 원찬 父子는 모두 石頭城에서 피살되었다.

원찬의 아들 袁最는 아버지를 지키다가 피를 흘리며 죽어갔다. 그때 원찬은 "나는 절개를 지켜 충신이 되었고, 너는 효자가 되었구나!"라면서 죽었다.

− 可憐石頭城(가련석두성) : 石頭城의 죽음은 가련하구나!

− 寧 편안할 령(영). 차라리 ∼하는 것이 낫다. 어찌, 설마. 寧爲

(영위) ; 차라리 ~이 되다. 차라리 ~을 하다. '寧爲鷄口 不爲牛後(닭의 머리가 될지언정 소꼬리가 되지는 말라.)'

 ─ 寧爲袁粲死, 不作褚淵生(영위원찬사 불작저연생) ; 차라리 원찬처럼 죽을지언정, 저연처럼 살려 하지 않겠다(저연과 같이 國賊(국적)에게 아첨해서 살고 싶지 않다).

○ 沈攸之亦擧兵江陵討道成, 軍潰, 走而縊死. 道成爲相國齊公, 加九錫, 已而進爵爲王. : 심유지 역시 강릉에서 擧兵하여 소도성을 토벌하려 했으나 군대가 궤멸되며 도망가서 목매 죽었다. 소도성은 相國으로 齊의 公이 되었고 九錫을 받았다가, 곧 작위를 높여 王이 되었다.

 ─ 攸 태연할 유. ~하는 바 유(所와 같음). 沈攸之(심유지) ; 당시 형주자사였음. 潰 무너질 궤. 縊 목맬 액.

 ─ 已而進爵爲王(이이진작위왕) ; 곧이어 작위를 높여 王이 되었다.

○ 宋主在位三年, 改元者一, 曰昇明. 禪于齊, 泣而彈指曰, 願後身世世, 勿復生天王家. 齊弑之, 而滅其族. 自宋高祖, 至是八世, 凡五十九年而亡. : 宋主는 3년 재위했고, 改元은 한 번을 했는데 昇明(승명)이다. 齊나라에 선위했는데 울면서 손가락을 튕기며 말했다. "죽은 다음 세상에서는 영원히, 다시는 天子 집안에 태어나지 말아야지!" 齊에서는 順帝를 시해했고 그 일족을 죽였다. 宋高祖로부터 순제까지 八世(八代)에 59년 만에 망했다.

 ─ 在位 3年 ; 재위 477~479년. 泣 울 읍. 彈 탄알 탄. 튕기다. 彈指(탄지) ; 손톱으로 탁자 같은 것을 튕기다.

- 勿 말 물. ~하지 말라. 願後身世世, 勿復生天王家 ; 바라노
니, 죽은 다음 태어나는 몸은 영원토록 다시는 天子 집안에 태어
나지를 말아야지!

- 宋高祖 ; 劉裕(유유).   凡五十九年而亡 ; 서기 420~479년.

【참고】 마지막 順帝의 마지막 말

❖ 남조 宋의 마지막 황제 順帝는 기록상 서기 469年에 태어나
477년에 황제의 자리에 올라 479년에 蕭道成에게 황제 자리를 내
주고 그해 죽었다. 물론 본인이 황제가 되기를 원하지도 않았고
죽어야 할 결정적인 실책이나 악행도 없었다. 다만 역사의 수레바
퀴에서 그 시기에 그 자리에 있었다는 것이 비극이었다.

기록대로라면 9살에 황제가 되어 11살에 죽었다. 그러니 그가
황제로서 어떤 권력을 행사했겠는가? 아니면 재물이나 보석을 모
아 가지고 그것을 즐겼겠는가? 어찌 보면 가련한 인생임에는 틀
림이 없다.

그가 손가락을 튕기며 "죽어서 다시는 천자 집안에 태어나지 않
기를 바란다."는 말도 역사책을 읽는 사람에게 여러 가지 감회를
갖게 하는 말이다. 11살에 죽는 어린이가 마치 인생을 달관한 철
학자처럼 말을 했다. 과연 11살 어린애가 죽음의 의미나 공포를
알았을까? 아니면 자신의 뜻과 상관없이 죽어야 하는 자신의 운
명에 대한 비애를 절감했겠는가?

❖ 역사를 공부하는 사람들이 분명히 인식해 둘 것이 있다. 역

사에 기록되어 있는 史實(사실)이라 하여 언제나 꼭 실제적 事實(사실)과 일치하는 것은 아니다. 적어도 역사를 기록하는 사람은 事實을 寫實的(사실적)으로 기록해야 하지만, 정확한 事實的 기록은 그리 쉬운 일이 아니다.

역사적 사실의 그 현장을 실제로 직접 목격한 기록이라 하여도 그것이 일단 문자로 기록되는 과정에서 역사 기록자의 주관이 작용하게 되고, 또 기록할 것과 버릴 것을 선택하는 과정에서 역사는 어느 정도 사실에서 멀어질 수 있고 더 나쁘게 말하면 왜곡될 수 있는 것이다.

더군다나 그것이 10년 전, 아니면 100년 전의 기록을 근거로 다시 기록할 때는 또 읽고 정리하는 과정에서 사실과 한 번 더 멀어질 수 있다.

지금의 독자는 순제의 마지막 말을 읽는 순간에 '소도성이라는 齊나라 개국자가 어린 황제를 무자비하게 죽였구나!' 라고 생각한다. 그리고 원찬은 충신이고 원찬의 죽음을 그때 사람들이 모두 애통해 했었다는 감정을 갖게 한다.

역사를 공부하는 사람은 감정적 해석이나 느낌보다는 그런 사료를 읽으면서 자기 나름대로의 시각이나 관점을 정립하는 것이 필요하다. 그러나 그것이 쉬운 일은 결코 아니다. 분명 많이 읽고 많이 생각하며 생각한 것을 나름대로 글로 써 보아야 한다.

결론을 한 번 더 강조한다면 역사를 공부하는 사람은 탐구를 멈춰서는 안 된다. 계속 정진해야 한다.

2) 齊의 成立과 멸망

(1) 齊太祖高皇帝, 姓蕭氏, 名道成, 蘭陵人也. 相傳爲漢相國何之後. 深沈有大量, 博學能文. 肩有赤誌, 如日月狀. 宋時在軍中久, 民間或言其有異相, 宋疑之, 而不能殺也. 竟代宋. 性淸儉, 每曰, 使我治天下十年, 當使黃金同土價. 在位四年殂, 改元者一, 曰建元. 太子立. 是爲世祖武皇帝.

武皇帝, 名賾. 卽位十一年殂. 改元者一, 曰永明. 太子長懋已卒, 太孫立, 是爲廢帝鬱林王.

廢帝鬱林王, 名昭業, 卽位一年. 改元曰隆昌. 西昌侯鸞弑之. 新安王立, 是爲廢帝海陵王.

齊의 태조 고황제는 성은 소씨이고, 이름은 도성인데 난릉 사람이었다. 전해오기로는 전한의 상국이었던 蕭何(소하)의 후손이라고 한다. 생각이 깊고 도량이 컸으며 박학하고 문장에도 능했었다. 어깨에 해와 달 모양의 붉은 표식이 있었다. 宋나라 때 오랫동안 군대에 있었고 민간에서는 그가 특이한 상이 있다는 말이 있어 송나라에서 의심은 했지만 죽일 수가 없었고 마침내 송을 대신하여 황제가 되었다. (소도성은) 천성이 청렴하고 검소하였으니 매번 "내가 10년간 천하를 다스릴 수 있다면 황금을 흙과 같은 값

蕭何(소하)

으로 만들겠다.”고 말했다. 재위 4년에 죽었고, 개원은 한 번 하였으니 건원이다. 太子가 즉위하니, 이가 世祖 武皇帝이다.

　무황제의 이름은 賾(색)이다. 즉위 11년에 죽었다. 개원은 한 번 했는데 영명이다. 태자인 장무가 이미 죽었기에 황태손이 즉위하였는데, 이가 폐제 울림왕이다.

　폐제 울림왕의 이름은 소업이었고, 즉위하고 일 년을 재위했다. 개원은 융창이다. 서창후 鸞(란)이 폐제를 시해하였다. 신안왕이 즉위하니, 이가 폐제 해릉왕이다.

어구 설명

○ 齊太祖高皇帝, 姓蕭氏, 名道成, 蘭陵人也. 相傳爲漢相國何之後. 深沈有大量, 博學能文. 肩有赤誌, 如日月狀. 宋時在軍中久, 民閒或言其有異相, 宋疑之, 而不能殺也. 竟代宋. : 齊의 太祖 高皇帝는 姓은 蕭氏이고, 名은 道成인데 蘭陵 사람이다. 전해오는 이야기로는 전한의 相國이었던 蕭何(소하)의 후손이라고 한다. 생각이 깊고 도량이 컸으며 博學하고 文章에도 능했었다. 어깨에 해와 달 모양의 붉은 표식이 있었다. 宋나라 때 오랫동안 군대에 있었고 민간에서는 그가 특이한 상이 있다는 말이 있어 송나라에서 의심은 했지만 죽일 수가 없었다. 마침내 송을 대신하여 황제가 되었다.

－ 齊(제, 479~502년) ; 南北朝 時期 南朝의 2번째 왕조. 蕭道成(소도성) 건국. 南齊(北朝의 北齊와 구별) 또는 蕭齊(소제)라고도

부름. 소도성이 52세에 건국했다.

- 姓蕭氏 ; 낭야의 王氏, 진군 謝氏만은 못하지만 난릉 蕭氏도 僑姓(교성)으로 名門이었다. 북방에서 내려온 명문 성씨를 僑姓(교성), 남방의 토착 성씨(朱, 張, 顧, 陸氏 등)를 吳姓이라 구분하였는데, 오성의 정치 사회적 지위는 교성만 못하였다. 이와 같은 世族의 사회적 명망 순위의 결정은 각 세족의 전통, 지위, 명망 등에 의한 일종의 사회적 공인이었다.

- 蘭陵(난릉) ; 산동성의 지명. 지금의 江蘇省 丹陽市 一帶는 南蘭陵縣인데 西晋 永嘉의 亂 때 中原의 世族들이 대거 남하하면서 난릉 소씨들도 이주하였다. 소씨는 江南 발전에 따라 점차 유명해졌는데, 蕭道成은 齊, 蕭衍(소연)은 齊나라에 이어 남조의 梁을 건국하였기에 강남에서 세력이 막강했다.

- 相傳爲漢相國何之後(상전위한상국하지후) ; 전해오기로는 漢(전한)의 相國이었던 蕭何(소하)의 후손이라 한다.

- 深沈(심침) ; 생각이 깊고 침착하다. 大量(대량) ; 큰 度量, 넓은 局量(국량).

- 博學能文(박학능문) ; 널리 배우고 문장에 능하다. 蕭道成 本人은 장군 이전에 書法家로 유명했다. 뒤에 나오는 鬱陵王(울능왕)도 隸書(예서)로 유명했다.

- 肩 어깨 견. 赤誌(적지) ; 붉은색 표식. 異相(이상) ; 보통 사람과는 다른 특이한 모습. 竟 다할 경. 결국, 마침내.

○ 性淸儉, 每曰, 使我治天下十年, 當使黃金同土價. 在位四年殂, 改元者一, 曰建元. 太子立. 是爲世祖武皇帝. : (소도성은) 천성이

청렴하고 검소하였으니 매번 "내가 10년간 천하를 다스릴 수 있다면 황금을 흙과 같은 값으로 만들겠다."고 말했다. 재위 4년에 죽었고, 개원은 한 번 하였으니 建元이다. 太子가 즉위하니, 이가 世祖 武皇帝이다.

－ 淸儉(청검) ; 청렴하고 검소하다.　當使黃金同土價(당사황금동토가) ; 꼭 황금을 흙 값과 같게 만들겠다. 황금을 소중하게 여기지 않는다면 흙과 같은 값으로 거래될 것이다. 이는 검소한 생활을 강조한 의지로 해석할 수 있지만 희귀성에 따라 값이 다르다는 경제 원칙을 모르는 말이었다.

－ 建元(건원) ; 서기 479~482년.

○ 武皇帝, 名賾. 卽位十一年殂. 改元者一, 曰永明. 太子長懋已卒, 太孫立, 是爲廢帝鬱林王. : 무황제의 이름은 賾(색)이다. 즉위 11년에 죽었다. 改元은 한 번 했는데 永明이다. 태자인 長懋(장무)가 이미 죽었기에 황태손이 즉위하였는데, 이가 폐제 鬱林王(울림왕)이다.

－ 武帝(무제) ; 정사에 부지런했고 유학을 숭상하며 부국강병을 달성하여 그의 치세 기간을 '永明之治'라 한다.　賾 깊숙할 색.

－ 永明(영명) ; 서기 483~493년.　懋 힘쓸 무.　太孫(태손) ; 황태손.　鬱 막힐 울. 鬱林(울림) ; 郡 이름. 지금의 廣西省의 地名.

○ 廢帝鬱林王, 名昭業, 卽位一年. 改元曰隆昌. 西昌侯鸞弑之. 新安王立, 是爲廢帝海陵王. : 폐제 울림왕의 이름은 昭業(소업)이었고, 즉위하고 일 년을 재위하였다. 개원은 隆昌(융창)이다. 서창

후 鸞(란)이 폐제를 시해하였다. 신안왕이 즉위하니, 이가 폐제 海陵王(해릉왕)이다.

- 廢帝 鬱林王 昭業(폐제 울림왕 소업) ; 재위 493～494년. 21세에 즉위. 상당히 음란한 이중인격자였다고 한다.

- 西昌(서창) ; 四川省에 있던 현 이름. 鸞 난새 란(난). 천자의 수레에 다는 방울 란. 蕭鸞(소란)은 울림왕을 시해하고 해릉왕을 먼저 즉위시켰다.

- 海陵(해릉) ; 현 江蘇省의 地名. 海陵王 ; 武帝의 태자 故 長懋(장무)의 二男. 서기 494년에 4개월간 재위.

【참고】 名門士族과 寒門庶族

❖ 위진 남북조 시대는 문벌제도가 엄격하였다. 문벌이 높은 사족은 世家大族이라 하는데 일반 지주 출신의 寒門庶族(한문서족)과는 자리를 같이 하지도 않았다.

齊 무제의 신임을 받던 기승진이란 관리가 무제에게 말했다. "저는 일개 무인으로 폐하의 신임을 받으며 영광을 누리고 있지만 사족이 되지 못한 것이 평생의 한입니다. 저에게 사족의 신분을 내려 주십시오."

그러자 무제는 "그것은 짐도 어쩌지 못하는 일이니 都官尙書 강효에게 부탁해 보게!"

기승진이 강효를 집으로 방문했으나 부탁은 커녕 자리에 앉지도 못하고 쫓겨 나왔다. 기승진이 이런 전말을 무제에게 이야기하자 무제가 개탄했다. "사족은 황제의 어명으로도 어쩔 수가 없구나!"

사족과 서족은 생활 방식도 차이가 났고 서로 통혼할 수도 없었다. 또한 宦路(환로), 곧 관직에서도 淸官과 濁官(탁관)이 있었는데 고위 문관직을 청관이라 하며, 이는 사족이 독점하며 서족의 진출을 철저하게 막았다.

이러한 문벌의 차이는 曹丕(조비)의 魏에서 시작된 九品中正制에서부터 시작되어 魏—西晋—東晋을 거치는 동안 계속 그 차별이 강화되어 남북조 시대가 끝날 때까지도 지속되었다. 특히 남조에서의 문벌 차이는 왕조의 교체에 상관없이 유지되었다는 점에서 그 견고성이 어떠했는가를 짐작할 수 있다.

(2) 廢帝海陵王, 名昭文, 爲鸞所立. 改元延興. 鸞自爲宣城王, 帝卽位未四月, 廢而弒之. 宣城王自立, 是爲高宗明皇帝.

明皇帝, 名鸞, 高帝之兄子也, 高帝愛之過於己子, 而武帝之太子長懋最惡之. 及得志, 殺高·武子孫, 無遺類. 卽位五年殂, 改元者二, 曰建武·永泰. 太子立, 是爲廢帝東昏侯.

폐제인 해릉왕은 이름이 昭文(소문)인데 소란이 즉위시켰다. 개원은 연흥이다. 소란은 스스로 선성왕이 되었다가 폐제가 즉위한지 4개월이 안되어 폐제를 폐위하고 시해하였다. 선성왕이 스스로 즉위하니, 이가 고종 명황제이다.

明皇帝의 이름은 鸞(란)인데, 고제 형의 아들이었다. 고제는 소란을 자기 아들보다 더 사랑했지만 무제의 태자인 장무는 소란을 아주 미워하였다. 소란이 즉위하자, 高帝와 武帝의 자손을 모두 죽였다. 즉위 5년에 죽었는데, 改元을 2번 하였으니 건무와 영태이다. 태자가 즉위하니, 이가 폐제인 동혼후이다.

어구 설명

○ 廢帝海陵王, 名昭文, 爲鸞所立. 改元延興. 鸞自爲宣城王, 帝卽位未四月, 廢而弑之. 宣城王自立, 是爲高宗明皇帝. : 廢帝인 海陵王(해릉왕)은 이름이 昭文인데, 蕭鸞이 즉위시켰다. 改元은 延興(연흥)이다. 소란은 스스로 宣城王이 되었다가 폐제가 즉위한지 4개월이 안되어 폐위하고 시해하였다. 宣城王이 自立하니, 이가 高宗 明皇帝이다.

 - 陵 큰 언덕 능(릉). 昭 밝을 소. 宣 베풀 선. 宣城(선성) ; 현 安徽省의 지명.

○ 明皇帝, 名鸞, 高帝之兄子也. 高帝愛之過於己子, 而武帝之太子長懋最惡之. 及得志, 殺高·武子孫, 無遺類. 卽位五年殂, 改元者二, 曰建武·永泰. 太子立, 是爲廢帝東昏侯. : 明皇帝의 이름은 鸞(란)인데, 高帝 兄의 아들이었다. 高帝는 소란을 자기 아들보다 더 사랑했지만 武帝의 太子인 長懋(장무)는 소란을 아주 미워하

였다. 소란이 즉위하자, 高帝와 武帝의 자손을 모두 죽였다. 즉위 5년에 죽었는데, 改元을 2번 하였으니 建武와 永泰이다. 태자가 즉위하니, 이가 廢帝인 東昏侯(동혼후)이다.

 - 明皇帝 ; 재위 494~498년.　　高帝之兄子也(고제지형자야) ; 高帝(蕭道成)의 兄(蕭道生)의 아들이다. 곧 소도성의 장조카이다.

 - 懋 힘쓸 무.　　而武帝之太子長懋最惡之(이무제지태자장무최악지) ; 그러나 武帝의 太子인 長懋는 (사촌인 소란을) 가장 미워하였다.

 - 及得志 ; 뜻을 얻게 되자, 곧 황제로 즉위하다.　　無遺類(무유류) ; 남겨진 종류가 없었다. 씨를 말려 버렸다.

 - 昏 어두울 혼. 우매한.

【참고】 齊(南齊)의 폭군들

❖ 소도성이 건국한 남조의 제나라는 24년 존속하면서 7명의 황제가 교체되었다. 그중에서 3대 울림왕(名, 蕭昭業), 5대 明帝(名, 蕭鸞, 소란), 6대 동혼후(名, 蕭寶卷)가 폭군으로 유명했다.

3대 울림왕은 할아버지 무제가 빨리 죽기를 빌고 빌었는데 무제가 죽자, 기쁠 희(喜)를 36개를 써서 '기쁠 囍' 자를 크게 만들었으며, 빨리 죽으라고 축원을 드린 무당을 포상하면서 백숙부들을 모조리 죽였다. 5대 명제 소란 자신의 형제 항렬의 왕들을 무자비하게 살육했다. 동혼후는 어리고 내성적이었고 여러 재주가 많았지만 무고한 백성을 가장 많이 죽인 폭군으로 기록되었다.

(3) 廢帝東昏侯, 名寶卷. 自在東宮不好學, 嬉戲無度. 旣卽位, 不接朝士, 惟親信嬖倖, 屢誅大臣. ○ 魏主宏殂. 在位二十八年. 仁孝恭儉, 制禮作樂, 蔚然有太平之風, 禁胡服·胡語, 改姓元氏, 還都洛陽. 爲魏盛德之主, 諡曰孝文皇帝, 廟號高祖. 太子恪立.

폐제인 동혼후의 이름은 보권이다. 동궁(태자)시절부터 학문을 좋아하지 않았으며 노는 것이 절도가 없었다. 즉위한 다음에는 조정 대신들을 접견하지도 않고, 오직 소인들만 가까이 하고 신뢰하며 대신들을 자주 죽였다.

○ 魏主 탁발굉이 죽었다. 재위 28년, 인효하고 공검했으며 예법을 제정하고 음악을 일으키는 등 태평성대의 기풍이 넘쳐났으며 호복 착용과 호어 사용을 금하고 원씨로 성을 바꾸고 낙양으로 환도했다. 위에서 가장 덕이 뛰어난 군주로 시호는 효문황제이고, 묘호는 고조이다. 태자 원각이 즉위했다.

어구 설명

○ 廢帝東昏侯, 名寶卷. 自在東宮不好學, 嬉戲無度. 旣卽位, 不接朝士, 惟親信嬖倖, 屢誅大臣. : 廢帝인 東昏侯의 이름은 寶卷(보

권)이다. 東宮(태자) 시절부터 학문을 좋아하지 않았으며 노는 것
이 절도가 없었다. 卽位한 다음에는 조정 대신들을 접견하지도
않고, 오직 소인들만 가까이 하고 신뢰하며 대신들을 자주 죽였
다.

- 廢帝 東昏侯(재위 498~501) ; 16세 즉위. 南齊의 6代 皇帝,
明帝 소란의 둘째 아들. 중국 역사상 어리석고 못나고 荒淫(황음)
한 황제 중 한 사람.　東昏(동혼) ; 現 河南省의 地名.

- 自在東宮不好學 : 東宮에 있을 때부터 공부를 좋아하지 않았
다. 제일 좋아하는 취미가 쥐잡기(捕鼠)였다는 기록이 있다. 성격
이 매우 내성적이어서 말은 별로 하지 않았으나 밤낮을 가리지
않고 놀러 나갔고 그 때문에 백성들의 집을 허문다든지 농사를
망쳐 놓아 원성이 많았다고 한다.

- 嬉 즐길 희.　戱 농탕칠 희.　朝士 ; 조정의 大臣.

- 親信(친신) ; 가까이 하고 신뢰하다.　嬖 사랑할 폐.　倖 요행
행, 아첨할 행.　屢 창 루. 자주, 여러 번.

○ 魏主宏殂. 在位二十八年. 仁孝恭儉, 制禮作樂, 蔚然有太平之
風, 禁胡服·胡語, 改姓元氏, 還都洛陽. 爲魏盛德之主, 謚曰孝文
皇帝, 廟號高祖. 太子恪立. : 魏主 탁발굉이 죽었다. 재위 28년,
仁孝하고 恭儉했으며 예법을 제정하고 음악을 일으키는 등 태평
성대의 기풍이 넘쳐났으며 胡服 착용과 胡語 사용을 금하고 元氏
로 성을 바꾸고 洛陽으로 환도했다. 魏에서 가장 덕이 뛰어난 군
주로 시호는 孝文皇帝이고, 廟號는 高祖이다. 태자 원각이 즉위
했다.

- 魏主 宏 ; 拓跋宏(탁발굉, 元宏, 재위 471~499년). 적극적인 漢化정책을 폈다.
- 蔚 풀이름 울, 성할 울. 蔚然(울연) ; 초목이 무성한 모양.
- 漢化政策의 내용 ; 禁胡服·胡語, 改姓元氏, 還都洛陽.
- 낙양천도 ; 선비족의 집단 거주지라 할 수 있는 平城(山西省 大同)에서 약 600km 정도 남쪽인 洛陽으로의 천도-이는 한족문화의 빠른 흡수를 위한 기본 포석이었다.
- 恪 삼갈 각.

【참고】 효문제의 漢化정책

❖ 북위의 효문제는 선비족의 전통이나 생활양식을 버리고 중국식 문화와 제도를 받아들이는 중국화 정책을 추진하여 성공한 모범적인 군주였다.

효문제는 魏 이후 유지되어온 屯田制(둔전제)를 폐기하고 均田制(균전제)라는 새로운 토지제도를 실시했는데, 이는 중국 토지제도의 이상으로 자리를 잡게 된다. 균전제의 실시로 호족들의 토지 확대를 제어하면서도 농민들의 생활을 안정시켜 북위의 경제적, 군사적 기반을 안정적으로 구축할 수 있었다.

효문제는 수도를 平城에서 낙양으로 천도하고 선비족의 복장과 변발, 언어를 금지시키고 胡人과 漢人의 통혼을 적극 장려하였다. 그리고 효문제 자신이 탁발씨를 元氏로 바꾸었고 귀족들의 獨孤씨를 劉씨로 바꾸는 등 강력한 한화정책을 추진하였다.

물론 효문제의 급격한 한화정책은 선비족의 중국화를 촉진시켰

지만 선비족 고유의 질박하고 강건한 기질과 상무정신이 사라지
는 손실을 감수해야만 했다. 또 이러한 정책을 펴면서 선비 귀족
은 한인관료에게 밀리고 중앙군의 지휘권도 한화된 종실 아니면
한인 대신이 장악하게 되며 점차 武人을 천시하게 된다.

이러한 한화정책은 자연히 불평불만을 낳게 되고 그들이 집결
하여 중앙에 대한 반란이 일어나기도 했다. 결과적으로 30여 년
뒤 동위와 서위로 갈라지는 遠因이 되기도 하였다.

**(4) ○ 齊主昏淫狂恣, 所幸潘妃. 以金爲蓮花, 帖地
上使步之, 曰, 此步步生蓮花也. 左右用事, 賊虐日
甚. 太尉陳顯達, 先擧兵襲建康, 敗死. 將軍崔慧景,
受命出討叛州, 還兵逼建康. 時南豫州刺史蕭懿, 將
兵在近. 齊主急召, 入援, 慧景敗死, 以懿爲尙書.
懿弟南雍州刺史衍, 使人勸懿行伊霍故事, 不爾亟
還歷陽. 懿不能用, 竟賜死. 衍起兵襄陽, 引而東圍
建康. 齊人弑主而迎衍. 主在位三年. 改元者一, 曰
永元. 時南康王先已自立, 是爲和皇帝.**

○ 齊主는 우매하고 음란하며 광포하고 제멋대로 행동했
다. 金으로 연꽃을 만들어 땅에 붙여 놓고 총애하는 반비
에게 밟으며 걷게 하고서는 "이것이 걸음마다 연꽃이 피는

것이로다!"라고 말했다. 측근이 권력을 휘둘러 (백성들을) 해치고 학대하는 것이 날로 극심해졌다.

태위 진현달이 먼저 거병하여 건강을 기습하였으나 패하여 죽었다. 장군 최혜경이 명을 받고 배반 지역을 토벌하러 나갔다가 군사를 돌려 건강에 근접했다. 그때 남예주자사인 소의는 군사를 거느리고 건강 근처에 있었다. 齊主는 급히 불러 건강에 와서 구원하라 하였으므로 최혜경은 패사했고 소의를 상서로 임명하였다.

소의의 아우인 남옹주자사 소연은 소의에게 사람을 보내 "이윤과 곽광의 임금을 폐한 옛일을 실행하거나 그렇지 않다면 역양으로 빨리 돌아가시라."고 권유했지만 (소의는) 받아들이지 않았다가 끝내 죽음을 당했다. 소연은 양양에서 기병하여 군사를 이끌고 동쪽으로 가서 건강을 포위하였다. 제나라 사람들이 폐제를 죽이고 소연을 불러들였다.

폐제는 재위 3년에 개원은 한 번을 했으니 永元이다. 이때에 남강왕이 먼저 스스로 제위에 오르니, 이가 화황제이다.

어구 설명

○ 齊主昏淫狂恣, 所幸潘妃. 以金爲蓮花, 帖地上使步之, 曰, 此步步生蓮花也. 左右用事, 賊虐日甚. : 齊主는 우매하고 음란하며 광포하고 제멋대로 행동했다. 金으로 연꽃을 만들어 땅에 붙여 놓고 총애하는 潘妃(반비)에게 밟으며 걷게 하고서는 "이것이 걸음

마다 연꽃이 피는 것이로다!"라고 말했다. 측근이 권력을 휘둘러 (백성들을) 해치고 학대하는 것이 날로 극심해졌다.

 - 齊主 ; 廢帝 東昏侯인 蕭寶卷(소보권). 16세에 즉위, 재위 498∼501년. 淫 음란할 음. 넘치다. 방탕하다. 恣 방자할 자. 제멋대로 하다.

 - 狂恣(광자) ; 유별나게 방자한 행동.

 - 潘 뜨물 반. 소용돌이. 성씨. 貴妃 ; 이름은 潘玉奴. 使步之 ; 그것(之 연꽃)을 (潘妃가) 밟게 시키다.

 - 以金爲蓮花(이금위연화) ; 金으로 蓮花를 만들다. 여기서 爲 는 '만들다.'

 - 帖 편지 첩. 장부. 貼(붙일 첩)과 같음. 帖地上(첩지상) : 땅 위에 붙여놓다.

 - 步步生蓮花(보보생연화) ; 걸음마다 연꽃이 피다. 극락세계의 모습임. 당시 齊에서 불교가 융성했고, 폐제가 好佛했다는 반증 임.

 - 左右(좌우) ; 양옆. 측근. 보좌하다. 좌지우지하다. 用事 ; 권 력을 장악하다. 감정대로 일을 처리하다.

 - 賊 도적 적. 해치다. 虐 사나울 학. 賊虐(적학) ; 해치고 학 대하다. 甚 심할 심.

○ 太尉陳顯達, 先擧兵襲建康, 敗死. 將軍崔慧景, 受命出討叛州, 還兵逼建康. 時南豫州刺史蕭懿, 將兵在近. 齊主急召, 入援, 慧景 敗死, 以懿爲尙書. : 太尉 陳顯達(진현달)이 먼저 擧兵하여 건강 을 기습하였으나 패하여 죽었다. 장군 崔慧景(최혜경)이 命을 받

고 배반 지역을 토벌하러 나갔다가 군사를 돌려 建康에 근접했
다. 그 때 南豫州刺史인 蕭懿(소의)는 군사를 거느리고 건강 근처
에 있었다. 齊主는 급히 불러 건강에 와서 구원하라 하였으므로
최혜경은 敗死했고 소의를 尙書에 임명하였다.

　－ 顯 나타날 현.　襲 엄습할 습.　慧 슬기로울 혜.　受命出討叛
州(수명출토반주) ; 명을 받고 반기를 든 州를 토벌하러 가다.

　－ 逼 닥칠 핍. 가까이 오다. 들이닥치다.

　－ 蕭懿(소의) ; 반란 진압에 큰 공을 세워 尙書僕射(상서복야)가
되었으나 폐제가 보낸 사람에게 독살 당했다.

　－ 僕 종 복.　射 쏠 사. 벼슬이름 야. 싫어할 역.　僕射(복야) ;
尙書省의 우두머리.

○ 懿弟南雍州刺史衍, 使人勸懿行伊霍故事, 不爾亟還歷陽. 懿不能
用, 竟賜死. : 蕭懿(소의)의 아우인 南雍州 刺史 蕭衍(소연)은 소의
에게 사람을 보내 "이윤과 곽광의 임금을 폐한 옛일을 실행하거나
그렇지 않다면 (소의의 근거지인) 歷陽(역양)으로 빨리 돌아가시라"
고 권유했지만 (소의는) 받아들이지 않았고 끝내 죽음을 당했다.

　－ 南雍州(남옹주) ; 지금 湖北省의 襄陽(양양).　衍 넘칠 연.　蕭
衍(소연) ; 南朝 梁 개국 황제.

　－ 伊霍故事(이곽고사) ; 商나라의 伊尹(이윤)과 前漢의 霍光(곽
광)은 신하였지만 天子를 축출하였다.

　－ 爾 너 이. 그(彼), 이(此), 가깝다.　不爾(불이) ; 그렇지 않으
면. 不然과 같음.　亟 빠를 극. 자주 기.

　－ 歷陽(역량) ; 今 安徽省의 地名. 南豫州.　懿不能用(의불능용)

; 蕭懿(소의)가 받아들이지를 않다. 竟 다할 경. 끝내.

○ 衍起兵襄陽, 引而東圍建康, 齊人弑主而迎衍. 主在位三年. 改元者一, 曰永元. 時南康王先已自立, 是爲和皇帝. : 蕭衍(소연)은 襄陽(양양)에서 기병하여 군사를 이끌고 東으로 가서 建康을 포위하였다. 齊人이 폐제를 죽이고 소연을 불러들였다. 폐제는 在位 3年에 개원은 한 번을 했으니 永元이다. 이때에 南康王이 먼저 스스로 제위에 오르니, 이가 和皇帝이다.

 − 引而東(인이동) ; (군사를) 인솔하고 동쪽으로 가다. 이때 東은 동사로 쓰였다.   齊人弑主 ; 將軍 王珍國(왕진국)이 폐제를 죽였다.

 − 在位 3年(498∼501년).   南康王(남강왕) ; 蕭寶融(소보융). 明帝 蕭鸞(소란)의 8男. 당시 13세, 江陵에 있었다.

【참고】 미남과 미녀의 성씨

❖ 위에 나오는 '步步生蓮花'는 齊의 廢帝 東昏侯의 사치와 방종을 증명하는 이야기이지만, 그가 그처럼 총애했던 貴妃가 潘氏(반씨)라는 사실은 하나의 이야깃거리가 될 수 있다.

소설 《수호전》에는 미인으로 세 여자가 등장한다. 하나는 潘金蓮(반금련)이고 또 한 사람은 반교운(潘巧雲)이며, 성은 다르지만 松江(송강)의 현지처였던 閻婆惜(염파석)이다. 이 세 여인의 공통점은 모두 미인이지만 음탕했고 간통을 즐기다가 사나이의 손에 죽는다. 이를 '水滸三殺(수호삼살)'이라 하는데, 이를 통하여 '음란하여 간통하고 그리하여 남자를 괴롭힌 여자들은 당연히 죽어야 한다.'는 무시무시한 결론이 도출해진다.

陸機(육기)

　《수호전》의 武松(무송)이 호랑이를 때려잡고, 西門慶(서문경)과 반금련의 불륜 이야기에서 시작하는 《金甁梅 금병매》에서도 반금련은 특별한 여주인공이다.

　그런데 재미있는 추론은 반금련과 반교운 두 미인이 모두 반씨라는 점이다. 작가가 허구 많은 성씨 중에서 왜 반씨를 선택했을까? 거기에는 그럴만한 역사적 인물이 존재한다.

　西晉(서진)의 潘岳(반악, 247~300. 潘安이라고도 함.)은 귀족

미남이며 시인으로 명성이 높았다. 당시 《文賦 문부》의 작자인 문장가 陸機(육기)와 나란히 그 이름을 떨쳤는데 文學史에서는 특별히 '潘陸(반육)'이라 칭한다. 梁의 鐘嶸(종영)이라는 사람이 쓴 《詩品 시품》이란 평론서에서도 반악의 시 작품을 우수한 것으로 평하고 있다.

반악은 才貌双全(재모쌍전)한 사람이었다. 중국에서 '재주는 자건에 비할만하고(才比子建, 曹操의 아들 曹植) 용모는 반악과 같다(貌若潘岳).'는 말은 재주와 용모가 모두 뛰어나다는 의미이다.

《世說新語》에 의하면 반악이 거리를 지나면 젊은 여인들이 그를 보려고 수레를 둘러쌌으며 여인들이 주는 과일이 수레에 가득 찼다고 한다. 이에 '擲果盈車(척과영거)'란 고사가 생겼다고 했으니 그 외모와 재주가 어느 정도였는지 알 수 있다. 그러나 그 생의 결말은 좋지 않았다. 아마 그래서 미남하면 반악, 그리고 미인으로는 반씨를 생각했을 것이다.

(5) 和皇帝, 名寶融. 東昏末, 寶融起兵於江陵, 已而稱帝, 改元曰中興. 未及東歸, 齊太后稱制, 以蕭衍爲相國, 封梁公, 加九錫, 尋進爵爲王. 齊主至姑孰, 詔禪于梁. 卽位僅一年被弑. 齊自高帝至是七世, 凡二十三年而亡.

和皇帝의 이름은 소보융이다. 동혼후 말기에 보융은 강

릉에서 기병하고, 이어 칭제하며 개원하여 중흥이라 했다.
(和帝가) 건강에 돌아오기도 전에 제태후가 섭정하면서
소연을 상국으로 임명하고, 梁公에 봉한 뒤 구석을 내려주
고, 얼마 안 있다가 양왕으로 작위를 높였다. 화제는 고숙
에 이르러 양왕에게 선위한다는 조서를 내렸다. 즉위하고
겨우 1년에 시해를 당했다. 齊는 高帝로부터 이때까지 7世
에 총 23년에 망했다.

어구 설명

○ 和皇帝, 名寶融. 東昏末, 寶融起兵於江陵, 已而稱帝, 改元曰中
興. : 和皇帝의 이름은 寶融이다. 東昏侯 말기에 寶融은 江陵에서
기병하고 이어 稱帝하며 改元하여 中興이라 했다.

 – 融 화합할 융, 녹일 융. 서기 500년에 강릉에서 起兵하고 501
년에 稱帝했다.

○ 未及東歸, 齊太后稱制, 以蕭衍爲相國, 封梁公, 加九錫, 尋進爵
爲王. 齊主至姑孰, 詔禪于梁. 即位僅一年被弑. 齊自高帝至是七
世, 凡二十三年而亡. : (和帝가) 수도 건강에 돌아오기도 전에 齊
太后가 섭정하면서 蕭衍을 相國으로 임명하고, 梁公에 봉한 뒤
九錫을 내려주고, 얼마 안 있다가 梁王으로 작위를 높였다. 和帝
는 姑孰(고숙)에 이르러 梁王에게 선위한다는 조서를 내렸다.(서
기 502년) 即位하고 겨우 1년에 시해를 당했다. 齊는 高帝로부터
이때까지 7世에 총 23년에 망했다.

- 未及東歸 ; 和帝가 수도에 돌아오기도 전에.　齊太后 ; 宣德太后 名 王寶明. 소연이 臨朝稱制하도록 한 뒤에 자신이 相國이 되고 梁王이 될 때까지 모든 절차를 수행케 하였다.

- 稱制 ; 황태후가 臨朝하여 섭정하다.　尋 찾을 심. 곧이어. 姑孰(고숙) ; 地名.　僅 겨우 근. 조금.

【참고】 齊나라의 단명

❖ 南齊(蕭齊)의 개국자인 소도성은 사치를 금하고 자신이 몸소 검소한 생활을 실천했다. 자신이 10년만 천하를 다스릴 수 있다면 황금과 흙 값을 같게 만들겠다는 것은 실현이 불가능한 말이지만 그만큼 그의 강한 의지를 표출한 말이다. 그러나 겨우 4년 재위했다. 그리고 武帝의 '永明의 治' 10여 년간 안정을 유지하였다.

이후 5명의 황제가 10년 동안에 바뀌면서 멸망의 길로 빠져든다. 그 10년 동안에 4명이 살인을 좋아하고 황음무도하기 짝이 없는 황제였고, 마지막 和帝는 13살에 즉위하고 다음에 선위하였으니 처음부터 허수아비였다.

나라를 세운 소도성이 宋의 폭군한테 그렇게 당한 것을 이야기로 들었거나 알았을 터인데도 하나같이 어린 나이에 즉위했고 또 그렇게 포악한 황제가 줄줄이 나왔다는 것은 한 마디로 황실의 敎育 不在라 아니할 수 없다. 南朝의 4개 왕조 중 겨우 23년 존속한 단명 왕조였고 특별한 인물도 없었으니 개국도 멸망도 다 天運이라 아니할 수 없다.

3) 梁의 成立과 北魏의 분열

(1) 梁高祖武皇帝, 姓蕭氏, 名衍, 齊之疎族也. 母張氏, 見菖蒲生花, 旁人皆不見. 呑之, 已而生衍, 英達有文學. 東昏初, 衍鎭襄陽, 知齊將亂, 乃密修武備, 聚驍勇以萬數, 伐材沈檀溪, 積茆如岡阜. 兄懿死, 衍建牙集衆, 出檀溪竹木裝艦, 葺之以茆, 事皆立辨. 兵起一年餘, 遂入建康, 受禪卽帝位.

梁 고조인 무황제는 성이 소씨이고, 이름은 연으로 齊(제)나라의 먼 친족이었다. 모친 장씨는 창포 꽃이 핀 것을 보았으나 옆 사람 모두에게는 보이지 않았다. (장씨는) 창포 꽃을 삼켰고 얼마 안 있어 소연을 낳았는데, 소연은 재주와 지혜가 넘쳤고 문학에 뛰어났었다.

동혼후 초기에 소연은 양양에 주둔하고 있었는데, 제나라가 혼란해지리라 생각하여, 곧 비밀리에 군비를 갖추면서 날쌔고 용감한 군사 수만 명을 모았고 재목을 베어 단계에 가라앉혀 두었고 갈대를 산처럼 쌓아두었다. 兄인 소의가 죽음을 당하자, 소연은 장군 기를 세우고 무리를 모았고, 단계에서 대나무와 목재를 꺼내 싸움배를 만들고 갈대로 배의 지붕을 이으니 모든 준비는 즉시 갖추어졌다. 기병한 지 일 년 남짓하여 드디어 건강에 진입했고 齊(제)

로부터 선위를 받아 즉위하였다.

어구 설명

○ 梁高祖武皇帝, 姓蕭氏, 名衍, 齊之疎族也. 母張氏, 見菖蒲生花, 旁人皆不見. 呑之, 已而生衍, 英達有文學. : 梁 高祖인 武皇帝는 姓이 蕭氏이고, 名은 衍(연)으로 齊의 먼 친족이었다. 모친 張氏는 菖蒲 꽃이 핀 것을 보았으나 옆 사람 모두에게는 보이지 않았다. (장씨는) 창포 꽃을 삼켰고 얼마 안 있어 소연을 낳았는데, 소연은 재주와 지혜가 넘쳤고 문학에 뛰어났었다.

 - 梁(양, 502~557년) 南北朝 시대, 南朝의 3번째 王朝. 齊의 종실 蕭衍(소연)이 稱帝, 도읍지 建康(今 江蘇省 南京). 蕭衍의 封地가 옛 梁郡이었기 때문에 國號를 梁(양)이라 하였음. 역사에서는 보통 蕭梁(소량)이라 함. 梁은 4대 55년간 존속하였는데 그중 武帝 소연의 재위기간이 48년이었다.

 - 蕭衍(소연, 464~549년, 86세) ; 齊의 宗室, 名門 蘭陵 蕭氏. 漢朝 相國 蕭何(소하)의 25세손. 父親 蕭順之는 齊 高帝(소도성)의 族弟. 따라서 당시 齊 황실과는 同姓이지만 촌수가 먼 疎族(소족)이었음. 在位기간(502~549년)이 48년이었고, 중국 역사상 가장 好佛했던 군주. 4차례나 出家하여 僧이 되었음. 말년에 侯景(후경)의 난이 일어났고 후경에게 포로로 잡혀 있으면서 굶주리다가 죽었다.

 - 疎 트일 소, 멀 소. 親의 상대어. 疎族(소족) ; 먼 친족.

 - 母張氏 ; 名 張尙柔(장상유). 菖 창포 창. 蒲 부들 포. 우리

말로는 붓꽃(水菖蒲)이라 함.   旁人(방인) ; 옆 사람.

- 呑 삼킬 탄. 창포 꽃을 본 사람은 富貴해진다는 俗說이 있다.
英達(영달) ; 재능이 뛰어남. 英明.

○ 東昏初, 衍鎭襄陽, 知齊將亂, 乃密修武備, 聚驍勇以萬數, 伐材
沈檀溪, 積茆如岡阜. 兄懿死, 衍建牙集衆, 出檀溪竹木裝艦, 茸之
以茆, 事皆立辨. 兵起一年餘, 遂入建康, 受禪卽帝位. : 東昏侯 초
기에 소연은 襄陽(양양)에 주둔하고 있었는데, 제나라가 혼란해
지리라 생각하여, 곧 비밀리에 군비를 갖추면서 날쌔고 용감한
군사 수만 명을 모았고 재목을 베어 檀溪에 가라앉혀 두었고 갈
대를 산처럼 쌓아두었다. 兄인 蕭懿(소의)가 죽음을 당하자, 소연
은 장군 기를 세우고 무리를 모았고, 檀溪에서 대나무와 목재를
꺼내 싸움배를 만들고, 갈대로 배의 지붕을 이으니 모든 준비는
즉시 갖추어졌다. 起兵한 지 一年 남짓하여 드디어 建康에 진입
했고 齊(제)로부터 선위를 받아 즉위하였다.

- 將 ; ~으로써, ~을, 장차. 곧.   武備(무비) ; 軍備(군비).

- 聚 모일 취, 모으다.   驍 날랠 효. 驍勇(효용) ; 날쌔고 용감
한 병사.   聚驍勇以萬數 ; 驍勇을 모아 萬으로 세다. 수만 명을
모았다.

- 沈 가라앉을 침, 물 잠길 침. 성씨 심.   檀 박달나무 단. 檀溪
(단계) ; 양양성 서쪽. 유비가 적로마를 타고 건너간 강.(《三國演
義 34회》)

- 茆 순채 묘. 茅(띠)와 같음. 岡 산등성이 강.   阜 언덕 부(阝
언덕 부 변). 建 세울 건.

　- 牙 어금니 아. 天子 또는 將軍의 깃발, 象牙(상아)로 장식함.
裝 꾸밀 장.　艦 싸움 배 함.

　- 出檀溪竹木裝艦(출단계죽목장함) ; 檀溪에서 竹과 木을 꺼내
어 艦을 만들다.　茸 지붕을 이을 집.

　- 立 ; 곧장. 즉시.　辨 분별할 변. 갖출 판(辦과 같음).　事皆立
辨(사개입판) ; 일(준비)은 모두 즉시 다 되었다.

　- 受禪(수선) ; 禪讓(선양)을 받다.　卽 곧 즉. 나아가다. 즉위
하다.

【참고】 梁 武帝의 문학 활동

　❖ 齊나라 武帝의 재위기
간인 永明(서기 483~493)
시절에 제의 경릉왕 蕭子良
(소자량)과 교류했던 8명의
시인을 竟陵八友(경릉팔우)
라고 하고, 이들의 詩를 永
明體라고 한다. 즉위 이전
의 蕭衍(소연)은 이 경릉팔
우의 한 사람이었다. 그만
큼 소연은 시인으로서 당시
에 유명했던 사람이었고 지
금도 그의 80여 수가 전해
온다.

齊나라 武帝(무제)

梁 武帝 소연은 그 재위 기간 중에 황실을 중심으로 활발한 문학 활동을 하였다. 무제의 아들 昭明太子(蕭統)와 簡文帝, 元帝 모두가 문학을 애호하였다.

특히 소명태자(501~531년)는 中國 최초의 詩文 總集이라 할 수 있는 《文選》(昭明文選)을 편찬하였는데 여기에는 130명의 514편의 시문이 수록되었다. 이 책을 통하여 梁代 이전의 많은 文學 作品이 保存되었다.

이는 曹操와 아들 曹丕(조비), 曹植(조식) 三父子가 시인으로 유명한 것과 비교가 된다. 간문제와 그 詩友들은 섬세하고 아름다운 宮體詩를 유행시켰는데 이는 남조 陳의 後主(陳叔寶)에 이르러 더욱 유행하게 된다.

무제는 경학과 사학에도 조예가 깊었고 많은 저술을 했다. 그리고 재위 초기에는 절약과 검소한 생활을 하고 정치를 잘해 나라는 평안하였으나 후반부에 가서는 불교를 지나치게 맹신하였고 侯景의 난을 초래하여 그 와중에 죽었고 양나라는 곧 멸망에 이른다.

(2) ○ 魏主恪殂. 諡曰, 宣武皇帝, 廟號世宗. 子詡立, 甫六歲, 母胡氏稱制. 及魏主旣長, 好遊騁, 不親視朝, 而胡后方淫亂, 魏政始亂. 將軍張彝之子仲瑀, 上封事排抑武人, 喧謗盈路, 立榜大巷, 剋期會集屠其家.

彝父子不以爲意. 至是羽林·虎賁近千人, 相率至
尙書省, 詬罵以瓦石擊省門. 上下懾懼, 不敢禁討.
遂至彝第焚其舍, 曳彝父子, 毆擊投火中. 仲瑀重傷
走免, 彝死, 遠近震駭. 胡后收其凶强八人斬之, 餘
不復治, 大赦以安之.

○ 魏主 원각이 죽었다. 시호는 선무황제이고, 묘호는 세
종이다. 아들 원후가 즉위하였는데 겨우 6살이라서 모친
호씨가 섭정을 했다.

위주가 다 장성했지만 사냥과 말 타기를 좋아하고 친히
조회에 나가지도 않았으며, 호후는 한창 음란하니 위의 정
치가 문란해졌다. 장군 장이의 아들 중우는 무인을 억제해
야 한다는 글을 올렸는데, 이에 무인들이 떠들며 비방하는
소리가 길에 가득했으며 큰 거리에는 날을 정해 모여 그
집을 도살하자는 榜(방)이 붙기도 했다.

장이의 부자는 그런 것을 마음에 두고 걱정하지 않았다.
이때 우림군과 호분군의 천명에 가까운 군사들이 서로 몰
려 상서성에 가서 떠들고 욕하며 상서성의 문에 돌을 던지
기도 하였다. 상하의 많은 사람들이 두려워하면서도 감히
말리지를 못했다. 드디어 장이의 집으로 몰려가 집을 불태
우고 장이 부자를 끌어내고 매질하며 불 속에 던지기도 하
였다. 장중우는 중상을 입고 달아나 죽음을 면했지만 장이

가 죽으니 원근 사람들이 놀라고 두려워했다. 호태후는 무리 중에서 흉포한 사람 8인을 잡아 목을 벤 뒤에 나머지는 다시 치죄하지 않고 대사면을 내려 군중을 안정시켰다.

여구 설명

○ 魏主恪殂. 諡曰, 宣武皇帝, 廟號世宗. 子詡立, 甫六歲, 母胡氏稱制. : 魏主 원각이 죽었다. 시호는 宣武皇帝이고, 廟號는 世宗이다. 아들 元詡(원후)가 즉위하였는데 겨우 6살이라서 모친 胡氏가 섭정을 했다.

 – 恪 삼갈 각. 宣武皇帝(선무황제) ; 재위(500∼515년).

 – 詡 자랑할 후. 큰소리치다. 元詡(원후) ; 人名. 孝明帝.

 – 甫 클 보. 사나이. (副詞) 겨우, 갓, 막. 胡氏 ; 名 胡充華(호충화).

○ 及魏主旣長, 好遊騁, 不親視朝, 而胡后方淫亂, 魏政始亂. 將軍張彝之子仲瑀, 上封事排抑武人, 喧謗盈路, 立榜大巷, 剋期會集屠其家. : 魏主가 다 장성했지만 사냥과 말 타기를 좋아하고 친히 조회에 나가지도 않았으며, 胡后는 한창 淫亂하니 魏의 정치가 문란해졌다. 將軍 張彝(장이)의 아들 仲瑀(중우)는 武人을 억제해야 한다는 글을 올렸는데, 이에 무인들이 떠들며 비방하는 소리가 길에 가득했으며 큰 거리에는 날을 정해 모여 그 집을 도살하자는 榜(방)이 붙기도 했다.

 – 遊 놀 유. 騁 달릴 빙. 方 모 방. 사각형. 한창, 바야흐로.

彝 떳떳할 이.　仲 버금 중.　瑀 패옥 우.

－排 밀칠 배. 밀어내다.　抑 누를 억.　喧 떠들썩할 훤.　謗 헐
뜯을 방. 비방하다.　盈 가득찰 영.

－榜 써 붙이는 글 방, 매질할 방.　巷 거리 항. 골목.　剋 이길
극. 정하다.　屠 잡을 도. 도살하다.

－剋期會集屠其家(극기회집도기가) ; 날을 정해 모여서 그 집안
을 도륙하다.

○ 彝父子不以爲意. 至是羽林·虎賁近千人, 相率至尙書省, 詬罵
以瓦石擊省門. 上下懾懼, 不敢禁討. 遂至彝第焚其舍, 曳彝父子,
毆擊投火中. 仲瑀重傷走免, 彝死, 遠近震駭. 胡后收其凶强八人斬
之, 餘不復治, 大赦以安之. : 장이 父子는 그런 것을 마음에 두고
걱정하지 않았다. 이때 羽林(우림)과 虎賁(호분)의 천명에 가까운
군사들이 연이어 尙書省에 몰려가서 떠들고 욕하며 돌을 상서성
의 문에 던지기도 하였다. 상하의 많은 사람들이 두려워하면서
감히 말리지를 못했다. 드디어 장이의 집으로 몰려가 집을 불태
우고 장이 父子를 끌어내고 매질하며 불 속에 던지기도 하였다.
장중우는 중상을 입고 달아나 죽음을 면했지만, 장이가 죽으니
원근 사람들이 놀라고 두려워했다. 호태후는 무리 중에서 흉포한
사람 8인을 잡아 목을 벤 뒤에 나머지는 다시 치죄하지 않고 대
사면을 내려 군중을 안정시켰다.

－不以爲意(불이위의) ; 마음에 두고 생각하지 않다.

－羽林(우림) ; 하늘에 있는 大將의 별 이름. 天宮을 호위하는
근위병.　虎賁(호분) ; 호랑이처럼 용맹하다. 제왕의 호위군.

- 相率(상솔) ; 서로 잇달아. 연이어.　詬 꾸짖을 후.　罵 욕할
매.　慴 두려워할 섭.　懼 두려울 구.　第 차례 제, 집 제.
- 曳 끌 예.　毆 때릴 구.　擊 칠 격. 가격하다. 重傷走免(중상
주면) ; 중상을 입은 채 달아나 (죽음을) 면하다.
- 震 벼락 진. 두려워하다.　駭 놀랄 해.　震駭 ; 놀라고 두려워
하다.
- 凶强(흉강) ; 凶暴(흉포).　治 ; 治罪(치죄)하다.

【참고】 낙양의 龍門石窟(용문석굴)

❖ 莫高窟(막고굴, 감숙성 돈황시, 16국 중 前秦에서부터 시작
되어 唐과 五代에 이르기까지 조성된 석굴.)과 雲岡石窟(운강석
굴, 산서성 大同市, 北魏시대에 조성.) 그리고 龍門石窟(용문석굴,
하남성 낙양시, 北魏에서부터 唐과 五代, 北宋 때까지 조성.)을 중
국의 3대 석굴이라고 하며, 이는 모두 UNESCO에 세계문화유산
으로 등록되었다.

북위는 선비족의 국가로서 제국 내 다양한 민족들을 하나로 묶
을 수 있는 이념으로서 불교를 보호하고 장려하였다. 그러나 太武
帝 때 대대적인 박해를 받기도 하였다. 북위 太和 18년(494년) 孝
文帝는 수도를 平城(現 산서성 大同시)에서 洛陽(낙양)으로 천도
한다. 이때부터 大同의 운강석굴을 대신할 수 있는 용문석굴이 조
성되기 시작하는데 북위와 당나라 시절에 가장 많은 석굴이 조성
되었다고 한다.

용문석굴 ; 봉선사 비로사나불

용문석굴은 낙양에서 약 12km거리에 위치하고 있는데 伊水를 가운데 두고 서쪽의 龍門山과 동편의 좁山으로 구분할 수 있는데 용문산이 용문석굴의 중심이다. 용문산 석굴 중에서 북위시대에 조성된 古陽洞, 賓陽洞(빈양동), 蓮花洞 석굴이 유명하다. 또 唐代에 만들어진 看經寺, 萬佛洞, 奉先寺의 석불이 유명한데, 그중 관광 안내 책자에 주로 수록되는 奉先寺 비로사나 主佛은 높이가 17.1m나 된다.

지금 남아 있는 석굴이나 佛龕(불감)은 2,100여 개이며 조성된 불상은 대략 10만 位(중국어로는 부처를 세는 量詞로 '尊(존)' 이 있다.)로 수량으로 따지면 중국제일이라 할 수 있다. 또 '龍門二十品'으로 알려진 비문이 있는데, 당나라 때 명필 褚遂良(저수량)이 쓴 '伊闕佛龕之碑(이궐불감지비)'는 '서예의 典範(전범)'으로 알려졌다.

(3) 懷朔鎭函使高歡, 至洛陽, 見張彝之死, 還家傾貲以結客. 或問其故, 歡曰, 宿衛相率焚大臣之第, 朝廷懼而不問, 爲政如此, 事可知矣, 財物豈可常守邪. 歡自先世坐法徙北邊, 遂習鮮卑之俗, 沈深有大志. 與侯景等相友善, 以任俠雄鄕里.

회삭진의 문서 담당 관리인 고환은 낙양에 와서 장이가 죽는 것을 보고서 집에 돌아가 재물을 다 기울여 손님들을 대접하며 사귀었다. 어떤 이가 그 까닭을 묻자, 고환이 말했다. "숙위 군사들이 줄지어 대신의 집을 불사르는데도 조정에서는 (이를) 두려워 불문에 부쳤는데, 정치가 이러하다면 앞일을 알 수 있으니 재물을 어떻게 지킬 수 있겠는가?"

고환은 그 先代(선대)에서 죄에 연좌되어 북쪽 변방으로 이사하였었고, 마침내 선비의 풍속에 익숙하였으며 침착한데다가 생각이 깊고 큰 뜻을 품고 있었다. 후경 등과 서

로 벗으로 잘 사귀었으며 의협심이 있어 향리의 우두머리
였었다.

어구 설명

○ 懷朔鎭函使高歡, 至洛陽, 見張彝之死, 還家傾貲以結客. 或問
其故, 歡曰, 宿衛相率焚大臣之第, 朝廷懼而不問, 爲政如此, 事可
知矣, 財物豈可常守邪. : 懷朔鎭(회삭진)의 문서 담당 관리인 고
환은 낙양에 와서 장이가 죽는 것을 보고서 집에 돌아가 재물을
다 기울여 손님들을 대접하며 사귀었다. 어떤 이가 그 까닭을 묻
자, 고환이 말했다. "숙위 군사들이 줄지어 대신의 집을 불사르는
데도 조정에서는 두려워 불문에 부쳤는데 정치가 이러하다면 앞
일을 알 수 있으니 재물을 어떻게 지킬 수 있겠는가?"

 – 懷朔鎭(회삭진) ; 현 내몽고의 地名. 函 편지 함, 상자 함.
函使 ; 문서 송달을 맡은 관리.

 – 高歡(고환, 496~547년) ; 인명. 鮮卑化한 漢族. 北魏에서 분
열된 東魏의 權臣. 이 사람의 아들 高洋이 北齊를 건국한다.

 – 貲 재물 자. 傾貲(경자) ; 온 재산을 다 쏟아 부어.

 – 結客(결객) ; 손님을 대우하며 교제하다. 宿衛(숙위) ; 호위
군사. 爲政如此(위정여차) ; 정치하는 것이 이와 같다.

 – 財物豈可常守邪?(재물기가상수야) ; 財物을 어찌 可히 지킬
수 있겠는가?

○ 歡自先世坐法徙北邊, 遂習鮮卑之俗, 沈深有大志. 與侯景等相

友善, 以任俠雄鄕里. : 고환은 그 先世(先代)에서 죄에 연좌되어 북쪽 변방으로 이사하였고, 마침내 鮮卑의 風俗에 익숙하였으며, 침착한데다가 생각이 깊고 大志를 품고 있었다. 侯景 등과 서로 벗으로 잘 사귀었으며 의협심이 있어 향리의 우두머리였었다.

　－ 坐法(좌법) ; 죄에 연좌되어.　 沈深(침심) ; 침착하고 뜻이 깊음.

　－ 侯 과녁 후. 제후. 성씨. 侯景(?～552년) ; 鮮卑化한 羯人(갈인).　 友善(우선) ; 벗과 사이가 좋음. 친우로 잘 사귐.

　－ 任 맡길 임. 책임을 지다. 신의를 지킴. 협기(俠氣).　 俠 호협할 협.　 任俠(임협) ; 약한 자를 돕고 강자를 꺾음.

　－ 雄 수컷 웅. 강한 국가나 사람. 우두머리가 되다. 호통을 치다.

【참고】 북위의 6진

　❖ 北魏는 낙양으로 천도하기 전 내몽고 고원의 柔然(유연)의 남침을 막기 위하여 6개의 군사도시를 건설하였다. 이를 6진이라 하는데 서쪽으로부터 沃野鎭(옥야진, 지금의 內蒙古 境內), 懷朔鎭(회삭진, 지금의 내몽고 固陽縣 西南), 武川鎭, 撫冥鎭(무명진), 柔玄鎭(유현진)과 懷荒鎭(회황진)인데 이를 北六鎭이라고도 부른다. 이 六鎭이 설치된 지역에는 주나 현을 설치하지 않고 선비족의 軍戶를 배치하여 군정을 실시하였고 선비족 탁발씨의 강력한 무력의 상징이었다.

　그러나 효문제가 낙양으로 천도하면서 6진의 군사적 중요성은 크게 약화되었고 이 지역에서 민란이 일어나기도 하였다.

高歡은 이 6진 지역으로 이주한 漢族이었고, 선비족화한 漢人의 대표적 인물이었다. 또 고환은 이 6진을 뒷날 자신의 세력기반으로 잘 활용하였다. 이 고환은 황제가 되지는 못했지만 북위와 東魏의 정권을 좌우했고 그 후손이 나중에 北齊를 건국하게 된다.

(4) ○ 魏胡太后臨朝以來, 嬖倖用事, 政事縱弛, 盜賊蠭起, 封疆日蹙. 魏主詡寖長, 太后自知所爲不謹, 務爲壅蔽, 母子嫌隙日深. 時六州大都督秀容酋長爾朱榮, 兵强. 高歡見榮, 卽勸擧兵淸帝側. 會魏主殂, 胡太后鴆之也. 後諡曰孝明皇帝. 爾朱榮擧兵, 立孝文之姪長樂王子攸, 沈胡后于河. 封榮太原王, 還晉陽. 北海王顥奔梁, 梁立之, 遣將送入洛陽, 子攸出奔. 爾朱榮渡河來救, 顥走死, 子攸歸, 加榮天柱大將軍. 榮蓄不臣之志, 魏主陰謀誅榮, 榮入, 手刺之.

○ 위의 호태후가 섭정한 이후로 총애를 받는 근신이 권력을 잡았고 정치기강은 풀어지고 도적떼가 일어나고 국경은 날로 줄어들었다. 위 황제 후가 완전 성인이 되자, 태후는 자신의 행실이 나빴었다는 것을 알고 감추려고 애를 썼고 모자간의 혐오감은 나날이 깊어졌다. 그때 육주의 대

도독이며 수용군의 추장인 이주영의 군사가 강했다. 고환은 이주영을 만나 바로 거병하여 황제의 측근을 제거하라고 권했다. 마침 위주가 죽었는데, 호태후가 황제를 독살하였다. 뒤에 시호를 효명황제라 했다.

　이주영은 거병하여 효문제의 조카인 장락왕 자유를 즉위시키고, 호태후를 강에 빠트려 죽였다. 이주영은 태원왕에 봉해졌고 진양으로 돌아왔다. 북해왕 원호는 양으로 망명했는데, 양에서는 호를 인정해주며 장군을 보내 낙양으로 호위했고 자유는 도망을 쳤다.

　이주영이 황하를 건너와 (황제를) 구원하자 원호는 달아나다가 죽었고, 자유가 복귀했고 이주영을 천주대장군으로 삼았다. 이주영은 반역할 마음을 품었고, 위주는 이주영을 죽일 계획을 몰래 추진했는데, 이주영이 궁궐에 들어오자 (황제가) 직접 찔러 죽였다.

어구 설명

○ 魏胡太后臨朝以來, 嬖倖用事, 政事縱弛, 盜賊蠭起, 封疆日蹙. 魏主詡寖長, 太后自知所爲不謹, 務爲壅蔽, 母子嫌隙日深. : 魏의 胡太后가 섭정한 이후로 총애를 받는 근신이 권력을 잡았고 정치 기강은 풀어지고 도적떼가 일어나고 국경은 날로 줄어들었다. 위 황제 후가 완전 성인이 되자, 태후는 자신의 행실이 나빴었다는 것을 알고 감추려고 애를 썼고 모자간의 혐오감은 나날이 깊어졌다.

─ 臨朝 ; 稱制와 같음. 攝政(섭정)하다.　嬖 사랑할 폐.　倖 요
행 행. 사랑하다.　嬖倖 ; 미천한 출신으로 왕의 총애를 받는 자.

─ 用事 ; 권력을 장악하다. 일을 처리하다.　縱 늘어질 종. 놓아
주다. 멋대로 하다.　弛 늦출 이. 풀어지다.

─ 縱弛(종이) ; 放縱(방종)하다. 解弛(해이)해지다.　蠭 벌 봉
(蜂).　蜂起(봉기) ; 벌떼처럼 일어나다.　疆 지경 강. 疆土. 封疆
(봉강) ; 국경.

─ 蹙 오그라들 축.　寢 잠잘 침(寝과 같음). 끝나다. 그치다(止).
寢長(침장) ; 성장이 그치다. 어른이 되다.

─ 謹 삼갈 근. 조심하다.　太后自知所爲不謹 ; 太后는 謹愼(근
신)하지 않은 것을 스스로 알고.　務 힘쓸 무. 노력하다.

─ 壅 막을 옹.　蔽 덮을 폐.　壅蔽(옹폐) ; 막다. 가려지다.　嫌
싫어할 혐.　隙 틈 극. 嫌隙(혐극) ; 혐오감. 적대시하다.

○ 時六州大都督秀容酋長爾朱榮, 兵强. 高歡見榮, 卽勸擧兵淸帝
側. 會魏主殂, 胡太后鴆之也. 後諡曰孝明皇帝. : 그때 六州의 大
都督이며 秀容郡의 酋長인 爾朱榮(이주영)의 군사가 강했다. 高
歡은 이주영을 만나 바로 擧兵하여 황제의 측근을 제거하라고 권
했다. 마침 魏主가 죽었는데, 이는 胡太后가 황제를 독살한 것이
다. 뒤에 시호를 孝明皇帝라 했다.

─ 六州(육주) ; 幷(병), 肆(사), 益(익), 廣(광), 桓(환), 雲(운)의
여섯 주.

─ 秀容(수용) ; 북위의 郡名. 山西省 朔縣 西北.　酋 두목 추.

　爾朱榮(이주영, 493~530년) ; 爾朱가 姓氏. 北魏의 權臣. 효명
제가 이주영에게 호태후를 제거하라는 밀조를 내렸기에 이주영

이 군대를 거느리고 출발했고 이를 두려워한 호태후가 황제를 독
살했다.

　- 會 모일 회. 이해하다. ~을 할 줄 알다. 때마침, 공교롭게도.

　- 鴆 짐새 짐. 독살하다.　孝明皇帝 ; 재위 515~528년.

○ 爾朱榮擧兵, 立孝文之姪長樂王子攸, 沈胡后于河. 封榮太原王,
還晉陽. 北海王顥奔梁, 梁立之, 遣將送入洛陽, 子攸出奔. : 이주
영은 擧兵하여 孝文帝의 조카인 長樂王 子攸(자유)를 즉위시키고
(서기 528년) 호태후를 강에 빠트려 죽였다. 이주영은 太原王에
봉해졌고 晉陽으로 돌아왔다. 北海王 元顥(원호)는 梁으로 망명
했는데, 梁에서는 호를 인정해주며 장군을 보내 洛陽으로 호위했
고 子攸는 도망을 쳤다.

　- 姪 조카 질.　攸 어조사 유. ~한 바.(所와 同).　子攸(자유) ;
북위의 孝莊帝. 재위 528~530년.

　- 沈 가라앉을 침. 沈沒시키다. 물에 빠트리다. 호태후와 어린
왕자를 함께 물에 빠트려 죽였고, 王公 및 관리들 2,000여 명을
부패와 횡포했기에 정권을 맡길 수 없다며 孟津(맹진)에서 죽인
사건을 '河陰(하음)의 變(변)'이라 한다.

　- 太原, 晉陽 ; 북위의 郡名.　顥 클 호.　奔 달릴 분. 달아나다.
망명하다.

○ 爾朱榮渡河來救, 顥走死, 子攸歸, 加榮天柱大將軍. 榮蓄不臣
之志, 魏主陰謀誅榮, 榮入, 手刃之. : 爾朱榮이 황하를 건너와 (황
제를) 구원하자 원호는 달아나다가 죽었고, 자유가 복귀했고 이
주영을 天柱大將軍으로 삼았다. 이주영은 반역할 마음을 품었고,

위주는 이주영을 죽일 계획을 몰래 추진했는데, 이주영이 궁궐에 들어오자 (황제가) 직접 찔러 죽였다.(530년)

 － 天柱大將軍 ; 북위의 三公 중의 하나.　蓄 쌓을 축. 마음에 품다.

 － 不臣之志(불신지지) ; 반역의 뜻.　陰謀(음모) : 몰래 일을 꾸미다.　刺 찌를 자.

【참고】 북위의 실학 ;《수경주》와《제민요술》

❖ 北魏 말엽 酈道元(역도원, 466?~527년)은 地理 名著인《水經注 수경주》40권을 저술하였다. 책 제목으로 보면《水經》에 대한 注로 생각되지만 중국의 강과 하천과 호수에 관한 저술이다. 역도원은 중국의 1,000여 강이나 그 지류에 관련되는 지리적 서술과 인물, 전설 등을 함께 수록하였으니 중국의 최고이면서 본격적인 人文地理書라 할 수 있다. 이 책에는 적지 않은 각종 석각이나 비석, 고기잡이하는 민요까지 수록하였는데 그 서술이 시적이며 명문장이어서 문학적 가치도 높다고 한다.

조선시대 정약용이 한강 이북의 수계(水系)를 정리한《大東水經 대동수경》은 아마 제목에서 이 책을 참고했을 것이다.

《齊民要術 제민요술》은 농업서적이다. 이는 北魏의 관리였던 賈思勰(가사협)이 대략 서기 530년대에 이 책을 저술한 것으로 알려졌다.

이 제민요술은 저자가 살았던 黃河 하류 지역 그러니까 산동성 일대나 山西省 일대의 농업과 원예, 임업과 조림, 목축, 어업, 잠업, 양조, 구황작물에 관한 것까지 농업과 생활에 관련한 백과전

서라 할 수 있는 저술이다.

이는 북위에서 새로운 토지제도인 均田制의 시행(서기 485년)으로 농민들 생활안정을 위한 바탕이 만들어지고 또 이러한 저술이 나왔다는 것은 그 시대의 경제적 발전이 있었다는 의미이다.

이는 우리나라의 조선시대 徐有榘(서유구, 1764~1845)《林園經濟志 임원경제지》의 선배라 할 수 있다.

(5) 爾朱世隆與爾朱兆, 立宗室長廣王曄, 入洛陽. 子攸遇弑, 後諡曰孝莊皇帝. 世隆又以曄疏遠廢之, 立孝文之姪廣陵王恭.

高歡起兵誅爾朱氏, 入洛陽, 廢恭而立孝文之孫平陽王脩. 脩弑恭, 後諡曰節閔皇帝. 高歡爲大丞相, 建府於晋陽居之. 魏主畏歡, 謀伐晋陽.

歡擁兵來, 魏主奔長安, 依關西大都督宇文泰, 以泰爲大丞相. 歡追魏主, 不及, 遂立淸河王世子善見於洛陽, 遷于鄴. 魏自道武至是十二世, 一百四十九年, 而分爲東魏西魏.

이주세륭과 이주조는 종실인 장광왕 원엽을 옹립하고 낙양에 입성했다. 자유는 시해를 당했는데, 뒷날 시호를 효장황제라 했다. 세융은 또 원엽과 소원해지면서 원엽을 폐위하고 효문제의 조카인 광릉왕 원공을 옹립하였다.

고환은 기병하여 이주씨를 토벌하며 낙양에 들어가서 원공을 폐위하고 효문제의 손자인 평양왕 원수를 즉위시켰다. 원수는 원공을 시해하였는데 뒤에 시호를 절민황제라 하였다. 고환은 대승상이 되었는데, 진양에 관아를 짓고 거기서 살았다. 위주는 고환을 두려워하여 진양 토벌을 시도하였다.

고환이 군사를 거느리고 낙양에 들어오니 위주는 장안으로 도망하여 관서대도독인 우문태에게 의지하며, 우문태를 대승상으로 삼았다. 고환이 위주를 추격하였으나 잡지 못하자, 마침내 청하왕의 세자인 선견을 낙양에서 즉위시키고 鄴(업)으로 천도하였다. 북위는 도무제로부터 지금까지 12세에 149년 만에 분열하여 동위와 서위가 되었다.

어구 설명

○ 爾朱世隆與爾朱兆, 立宗室長廣王曄, 入洛陽. 子攸遇弒, 後謚曰孝莊皇帝. 世隆又以曄疏遠廢之, 立孝文之姪廣陵王恭. : 爾朱世隆(이주세륭)과 爾朱兆(이주조)는 宗室인 長廣王 元曄(원엽)을 옹립하고 洛陽에 입성했다. 子攸(자유)는 시해를 당했는데, 뒷날 시호를 孝莊皇帝라 했다. 世隆은 또 元曄과 疏遠해지면서 폐위하고 효문제의 조카인 廣陵王 元恭을 옹립하였다.

- 隆 클 융. 융성하다. 兆 조짐 조.

爾朱世隆(이주세륭, 500~532년) ; 爾朱榮의 堂弟. 이주영이 북위 孝莊帝에게 피살당하자 그 일족이 일제히 북위의 도성을 공격하여 효장제 子攸(자유)를 살해하고 元曄(원엽)을 새 황제로 옹립하였다.

- 長廣王(장광왕) 元曄(원엽) ; 魏(위)의 太武帝(태무제)의 玄孫(현손).

- 曄 빛날 엽. 攸 바 유. 所와 같은 의미로 쓰임. 子攸 ; 북위 효장제의 이름. 疏遠(소원) ; 멀어지다.

○ 高歡起兵誅爾朱氏, 入洛陽, 廢恭而立孝文之孫平陽王脩. 脩弑恭, 後諡曰節閔皇帝. 高歡爲大丞相, 建府於晋陽居之. 魏主畏歡, 謀伐晋陽. : 高歡은 起兵하여 爾朱씨를 토벌하며 洛陽에 들어가서 元恭을 폐위하고 효문제의 손자인 平陽王 元脩(원수)를 즉위시켰다. 元脩는 元恭을 시해하였는데, 뒤에 시호를 節閔皇帝라 하였다. 高歡은 大丞相이 되었는데 晋陽에 관아를 짓고 거기서 살았다. 위주는 고환을 두려워하여 진양 토벌을 시도하였다.

- 節閔皇帝(절민황제) ; 북위 황제, 재위 531~532년. 高歡에 의해 폐위되었다. 建府(건부) ; 관아(大丞相府)를 짓다.

- 晋陽(진양) ; 지금 山西省의 省都인 太原市. 낙양으로 옮겨가기 전 북위의 수도. 東魏와 北齊시대의 別都(제2 수도).

○ 歡擁兵來, 魏主奔長安, 依關西大都督宇文泰, 以泰爲大丞相. 歡追魏主, 不及, 遂立淸河王世子善見於洛陽, 遷于鄴. 魏自道武至是十二世, 一百四十九年, 而分爲東魏西魏. : 고환이 군사를 거느

리고 낙양에 들어오니 위주는 長安으로 도망하여 관서대도독인 宇文泰(우문태)에게 의지하며, 우문태를 大丞相으로 삼았다. 고환이 魏主를 추격하였으나 잡지 못하자, 드디어 淸河王의 世子인 善見을 洛陽에서 즉위시키고 鄴으로 천도하였다. 魏는 道武帝로부터 지금까지 12世에 149년 만에 분열하여 東魏와 西魏가 되었다.

　– 擁 안을 옹. 지지하다. 보유하다. 한꺼번에 밀려들다.　擁兵(옹병) ; 군사를 거느리다.

　– 宇文泰(우문태) ; (507～556년) 鮮卑族 宇文部의 후예. 西魏의 權臣으로 北周 政權의 기초를 다진 사람.

　– 善見 ; 淸河王의 世子. 당시 11세. 東魏 孝靜帝(효정제).　鄴(업) ; 地名. 東魏의 수도. 今 河北省 邯鄲市(한단시) 臨漳縣(임장현).

　– 北魏의 분열 ; 道武帝(탁발규)가 386년에 건국하여 534년에 西魏가 北魏에서 분리하였고, 북위에서는 새 황제가 즉위하며 東魏라 칭함. 곧 동위와 서위로 분열.(기원 534)

　※ 西魏 ; 534～556년. 3대 23년 존속. → 北周(557～581년)로 교체.
　　 東魏 ; 534～550년. 1대 17년 존속. → 北齊(550～577년)로 교체.

【참고】 北朝의 民歌

　❖ 북방 유목민족들의 거주지는 자연환경이 거칠고 유목생활은 남쪽의 농경정착생활과 근본적으로 달랐다. 따라서 유목민들은 강인하고 尙武(상무)의 기풍이 있었는데 이러한 기질과 계속되는 전쟁의 참상은 그들의 시가 속에 나타나 있다.

〈敕勒歌 칙륵가〉라고 알려진 선비족의 시가는 북방의 광활한 대지를 극적으로 묘사하고 있는데 옮겨보면 다음과 같다.

칙륵천 음산 아래
하늘은 둥근 천막, 사방의 들을 덮었다.
푸른 하늘에 끝없는 초원
바람에 풀이 누우니 소와 양이 보이네.
(敕勒川 陰山下　天似穹廬 籠蓋四野.
天蒼蒼 野茫茫　風吹草低見牛羊.)

木蘭(목란) ; 남장여걸

북위 시대 民歌의 대표작은 작자 미상의 〈木蘭詩 목란시 또는 木蘭辭〉라는 장편 서사시인데 木蘭(목란)이라는 처녀가 늙은 아버지를 대신하여 남장을 하고 10년간 종군하며 혁혁한 전공을 세우고 돌아와 다시 여장을 하니 사람들이 놀랐다는 내용이다.

이 목란의 이야기는 중국인들에게 애국심을 고취시키는 효과가 있어 동화책이나 교과서에 실려 누구나 알고 있는 전설이 되었다.

(6) ○ 先是熒惑入南斗. 梁主曰, 熒惑入南斗, 天子
下殿走. 乃跣下殿禳之, 及聞脩出奔, 慙曰, 虜亦應
天象邪. 脩至長安, 踰半年又與泰有隙, 泰鴆之. 後
諡曰孝武皇帝. 孝武旣遇弒, 泰立南陽王寶炬. 歡與
泰連年相攻戰, 互有勝負.

歡卒, 遺言囑其子澄曰, 侯景有飛揚跋扈之志, 非汝
所能御. 堪敵景者, 惟慕容紹宗. 景果以河南降西
魏, 未幾復附于梁. 梁封景爲河南王. 景使至梁,
梁羣臣皆不欲納. 梁主亦自謂, 我國家如金甌無一
傷缺, 恐納景因以生事. 惟朱异力勸納之.

○ 이에 앞서 형혹성이 南斗(남두)를 범했다. 양무제가
"형혹성이 남두를 범했다면 천자가 대전에서 내려와 도주
하는 것이다."라고 말했다. 그리고 맨발로 전각에서 내려
와 달아나는 시늉으로 액막이를 했다. 나중에 (북위의) 元
脩(원수)가 쫓겨났다는 말을 듣고서는 부끄러운 듯 말했
다. "오랑캐에게도 천체현상이 부응하는가?"

원수가 장안에 도착하여 반년이 지나면서 다시 우문태와
틈이 벌어졌고, 우문태는 원수를 독살했다. 뒤에 시호는
孝武皇帝이다. 孝武帝가 이미 시해되었기에 우문태는 남
양왕 보거를 옹립했다. 고환과 우문태는 매년 서로 침공하

며 전쟁을 하였는데 서로 이기거나 지거나 했다.

고환이 죽을 때 아들 고징에게 유언으로 부탁했다. "후경은 제멋대로 굴려는 마음을 갖고 있는데 네가 제어할 수 있는 자가 아니다. 후경을 상대할 자는 오직 모용소종 뿐이다."

과연 후경은 하남의 땅을 들어 서위에 투항했다가 얼마 안 있어 다시 양나라에 귀부했다. 梁에서는 후경을 하남왕에 봉했다. 후경의 사자가 양에 왔을 때, 양의 여러 신하들은 모두 투항을 받아들이지 말라 했고 양무제도 또한 스스로 이런 말을 했다. "내 국가는 황금 사발처럼 완전무결한데 혹시 후경을 받아들여 이 때문에 일이 생길 수도 있을 것이다." 오직 朱류(주이)만이 받아들여야 한다고 힘써 권했다.

어구 설명

○ 先是熒惑入南斗. 梁主曰, 熒惑入南斗, 天子下殿走. 乃跣下殿禳之, 及聞脩出奔, 慙曰, 虜亦應天象邪. : 이에 앞서 형혹성이 南斗를 범했다. 梁主(양무제)가 "형혹성이 남두를 범했다면 天子가 大殿에서 내려와 도주하는 것이다."라고 말했다. 그리고 맨발로 전각에서 내려와 달아나는 시늉으로 액막이를 했다. 나중에 (북위의) 元脩(원수)가 쫓겨났다는 말을 듣고서는 부끄러운 듯 말했다. "오랑캐에게도 천체현상이 부응하는가?"

－ 熒 등불 형. 惑 미혹할 혹. 熒惑(형혹) ; 재해가 닥치거나 兵

亂이 일어나려 할 때 나타나는 불길한 별.

　- 南斗(남두) ; 南斗六星, 28宿(수) 중 하나.　下殿(하전) ; 전각에서 내려와.　跣 맨발 선.　禳 제사 이름 양. 액막이를 하다.

　- 脩 육포 수. 高歡에게 쫓겨 長安으로 도망간 元脩.　慙 부끄러울 참.　虜 포로 로(노). 오랑캐. 북방 유목민을 지칭하는 말.

　- 亦 또 역. 마찬가지로,　應 응할 응. 부응하다.　天象(천상) ; 천체 현상. 日月星辰(일월성신)의 운행.　邪 어조사 야. 反問語氣詞.

○ 脩至長安, 踰半年又與泰有隙, 泰鴆之. 後諡曰孝武皇帝. 孝武旣遇弑, 泰立南陽王寶炬. 歡與泰連年相攻戰, 互有勝負. : 元脩가 長安에 도착하여 반년이 지나면서 다시 于文泰와 틈이 벌어졌고, 우문태는 원수를 독살했다. 뒤에 올린 시호는 孝武皇帝이다. 孝武帝가 이미 시해되었기에 우문태는 南陽王 寶炬(보거)를 옹립했다. (동위의) 고환과 (서위의) 우문태는 매년 서로 침공하며 전쟁을 하였는데 서로 이기거나 지거나 했다.

　- 脩至長安 ; 元脩가 長安에 도착하다(534년의 사건).　踰 넘을 유. 지나가다.　隙 틈 극.　炬 횃불 거.

　- 寶炬(보거) ; 西魏의 文帝(재위 535～551년). 연호는 大統.

○ 歡卒, 遺言囑其子澄曰, 侯景有飛揚跋扈之志, 非汝所能御. 堪敵景者, 惟慕容紹宗. : 고환이 죽을 때 아들 高澄(고징)에게 유언으로 부탁했다. "侯景(후경)은 제멋대로 굴려는 마음을 갖고 있는데 네가 제어할 수 있는 자가 아니다. 후경을 상대할 자는 오직 慕容紹宗 뿐이다."

- 歡卒 ; 고환의 죽음.(서기 536년) 囑 부탁할 촉. 澄 물 맑을 징. 揚 오를 양. 飛揚(비양) ; 높이 날아오르다.

- 跋 밟을 발. 扈 뒤따를 호. 跋扈(발호) ; 강한 세력으로 제멋대로 날뛰거나 행동을 하다. 飛揚跋扈 ; 제멋대로 굴다.

- 非汝所能御(비여소능어) ; 네가 제어할 수 있는 자가 아니다. 堪 견딜 감. 敵 원수 적. 맞서다. 堪敵(감적) ; 맞서 상대하다.

- 慕容紹宗(모용소종, 501~549년) ; 北魏, 東魏의 名將. 앞서 나온 爾朱榮의 친척.

○ 景果以河南降西魏, 未幾復附于梁. 梁封景爲河南王. 景使至梁, 梁羣臣皆不欲納. 梁主亦自謂, 我國家如金甌無一傷缺, 恐納景因以生事. 惟朱异力勸納之. : 과연 후경은 河南의 땅을 들어 西魏에 투항했다가 얼마 안 있어 다시 梁나라에 귀부(귀속)했다. 양에서는 후경을 河南王에 봉했다. 후경의 사자가 양에 왔을 때, 양의 여러 신하들은 모두 투항을 받아들이지 말라 했고 양무제도 또한 스스로 이런 말을 했다. "내 국가는 황금 사발처럼 완전무결한데 혹시 후경을 받아들여 이 때문에 일이 생길 수도 있을 것이다." 오직 朱异(주이)만이 받아들여야 한다고 힘써 권했다.

- 以河南降西魏(이하남강서위) ; 하남의 땅을 들어 서위에 투항하다. 未幾(미기) ; 얼마 안 있어.

- 梁封景爲河南王(양봉경위하남왕) ; 양나라에서는 후경을 河南王으로 봉했다.(서기 547년) 梁은 후경을 이용하여 낙양과 장안을 수복하려 했다.

- 甌 사발 구. 傷 상처 상. 이지러지다. 缺 이지러질 결. 金

甌無一傷缺 ; 황금 사발처럼 흠집이 하나도 없다.

– 因以生事(인이생사) ; 그것으로 인해 사건이 발생하다.

– 류 그만둘 이.　朱异(주이) ; 人名.　力勸納之(역권납지) ; (후경을) 받아들이라고 힘써 권하다.

【참고】 侯景(후경)의 난(1) ; 서막

❖ 侯景(후경, ?~552년)은 선비족에 동화된 羯(갈)족이었다. 北魏의 政治가 극도로 문란해지면서 각종 봉기가 연속 일어났는데 후경은 葛榮(갈영)이 봉기할 때 그 무리의 장군이었다. 앞에서 언급한 爾朱榮(이주영)이 河陰之變(하음의 변) 이후 정권을 장악하자 후경은 자신의 군사들을 이끌고 爾朱榮에게 의탁한다. 말하자면, 후경의 배반으로 점철된 인생의 첫 고비였다. 이주영에 의해 선봉이 된 후경은 528년에 갈영을 포로로 잡았고 갈영의 봉기는 진압된다. 이 공으로 후경은 북위의 定州刺史(정주자사)가 되었다.

高歡이 東魏에서 권력을 크게 확산하는데, 후경과 고환은 회삭진이란 곳에서부터 가까운 사이였다. 후경은 고환에게 의탁하게 되고, 고환은 후경을 중용하며 10만의 병력으로 河南地區를 통치케 한다. 侯景은 태어날 때부터 오른쪽 다리가 짧아 무예에 뛰어나지는 않았지만 謀略이 많았고 또 병사들에게 아주 가혹할 정도로 모진 성격의 소유자였다고 한다.

高歡이 侯景의 사람됨을 바로 보고 있었지만 당시 서위의 우문태와 쟁패하는 처지에서 후경을 쓰지 않을 수 없었다. 때문에 고환은 죽으면서 아들 고징에게 후경을 통제 못할 것이니 조심하라는 유언을 남긴 것이었다. 侯景의 입장에서는 아버지보다도 훨씬 능력이 떨어지는 고징이 동위의 권력 중심에 서자, 후경은 즉시 배반한다.

侯景은 상대 라이벌인 서위의 우문태에게 투항하지만 우문태는 후경의 투항을 탐탁하지 않게 여기며 견제의 뜻이 확실했다. 결국 배반의 성과를 얻지 못한 후경은 다시 양나라에 歸附(귀부)를 결심하고 梁武帝 太淸 원년(서기 547년) 자신의 병력을 갖고 양나라에 투항한다.

梁武帝는 후경의 역량을 빌려 북벌에 성공하겠다는 욕심으로 그의 투항을 받아들이며 최고의 대우를 해준다. 그러나 이는 후경이란 인물을 제대로 파악하지 못한 무지의 소치였고 그 결과는 전대미문의 참혹을 초래한 후경의 난(서기 548~552년)으로 이어진다.

이에 동위의 고징은 대장 모용소종을 보내 후경을 공격하는데 (서기 548년), 梁나라에서도 蕭淵明(소연명)을 파견해 후경을 돕지만 후경은 대패하고 소연명은 동위의 포로가 된다.

(7) 東魏遣慕容紹宗擊景. 景敗南走, 襲梁壽春, 據之請命, 梁就以爲南豫州牧. 旣而東魏求成於梁, 意欲得景. 景恨梁通東魏, 遂反於壽陽, 引兵南渡, 圍建康.

梁主自卽位以來, 江左久無事, 惟崇佛法, 屢捨身佛寺, 上下化之. 及景逼臺城, 援兵至者, 爲景所敗.
梁主遣人與景盟, 以爲大丞相. 臺城受圍, 五月而
陷. 景入見, 引就三公位. 梁主神色不變, 謂景曰,
卿在軍中久, 毋乃爲勞. 景不敢仰視, 流汗不能對.

동위에서는 모용소종을 파견해 후경을 공격했다. 후경은 패해 남으로 달아나 梁(양)의 수춘을 급습하고 수춘에 웅거하며 관직을 요청했으며, 양에서는 후경을 남예주목으로 삼았다. 그 뒤에 동위에서는 양나라에 화친을 요구했는데 이는 후경을 잡기 위해서였다. 후경은 양이 동위와 만나는 것을 분하게 여기며 마침내 수양에서 반기를 들고 군사를 이끌고 남으로 양자강을 건너 수도 건강을 포위했다.

梁무제가 즉위 이래 강동 땅이 오랫동안 무사했으며, 오직 불법을 숭상하며 여러 번 불사에 몸을 바쳤기에 상하가 이에 동화되었었다. 후경은 궁성을 포위했고 도착하는 원병은 후경에게 패퇴 당하였다. 무제는 사람을 보내 후경의 맹세를 받고 대승상으로 삼았다. 궁성은 포위된 지 5개월 만에 함락되었다.

후경은 입궁하여 알현하고 삼공의 자리에 올랐다. 무제는 안색을 바꾸지 않고 후경에게 말했다. "경은 군중에 오래 있었으니 어찌 고생하지 않았겠는가?" 후경은 감히 올려보지 못하고 땀을 흘리며 대답하지도 못했다.

어구 설명

○ 東魏遣慕容紹宗擊景. 景敗南走, 襲梁壽春, 據之請命, 梁就以爲南豫州牧. 既而東魏求成於梁, 意欲得景. 景恨梁通東魏, 遂反於壽陽, 引兵南渡, 圍建康. : 東魏에서는 慕容紹宗을 파견해 후경을 공격했다. 후경은 패해 남으로 달아나 梁(양)의 壽春을 급습하고 수춘에 웅거하며 관직을 요청했으며, 梁에서는 후경을 南豫州牧으로 삼았다. 그 뒤에 東魏에서는 양나라에 화친을 요구했는데 이는 후경을 잡기 위해서였다. 후경은 梁이 東魏와 만나는 것을 분하게 여기며 마침내 壽陽에서 반기를 들고 군사를 이끌고 남으로 양자강을 건너 수도 건강을 포위했다.

 - 壽春(수춘) ; 안휘성 六安市 소속의 縣. 淝水之戰의 古戰場. 戰國時代 楚國의 수도. 후한 말 袁術(원술)도 여기서 칭제했었다.

 - 請命(청명) ; 관직을 내려줄 것을 요청하다. 南豫州 ; 수춘을 改名. 후경의 통치를 공식 인정.

 - 既 이미 기. 既而(기이) ; 그 뒤, 이후에, 이윽고. 成 이룰 성. ~이 되다. 既成(기성)의. 講和하다. 和議, 和解.

 - 意欲得景(의욕득경) ; 동위의 양나라에 대한 화해는 배반자 후경을 잡기 위한 뜻이었다. 壽陽(수양) ; 壽春의 다른 이름.

 - 南渡(남도) ; 남으로 양자강을 건너다. 圍 둘레 위. 포위하다.

○ 梁主自即位以來, 江左久無事, 惟崇佛法, 屢捨身佛寺, 上下化之. 及景逼臺城, 援兵至者, 爲景所敗. 梁主遣人與景盟, 以爲大丞相. 臺城受圍, 五月而陷. : 梁무제가 즉위 이래 강동 땅이 오랫동안 無事했으며, 오직 佛法을 숭상하며 여러 번 佛寺에 몸을 바쳤

기에 上下가 이에 동화되었었다. 후경은 궁성을 포위했고 도착하는 원병은 후경에게 패퇴 당하였다. 무제는 사람을 보내 후경의 맹세를 받고 大丞相으로 삼았다. 궁성은 포위된 지 5개월 만에 함락되었다.

  - 江左 ; 江東. 長安이나 洛陽에서 보면 江의 좌측임.

  - 屢 거듭 루. 여러 번, 자주.　捨 버릴 사.　捨身(사신) ; 자신의 몸을 부처의 종으로 바침. 佛門에 들어감. 梁武帝는 4번이나 사신했다. 그때마다 同泰寺 등 사찰에 머물렀고, 절에서 백성들에게 불경을 강론하기도 하였다. 양무제는 529년에 자신을 사신 공양하고 70여 일을 동태사에 머물렀는데 국고에서 1억 전이라는 거금을 절에 시주하고서 궁으로 돌아왔다.

  - 臺城(대성) ; 宮城.　爲景所敗(위경소패) ; 후경에게 패퇴 당하다.　景盟(경맹) ; 후경과 盟約하다. 양무제는 후경이 梁을 배반하지 않겠다는 약속을 받아낸다.

  - 陷 빠질 함. 함락하다.

○ 景入見, 引就三公位. 梁主神色不變, 謂景曰, 卿在軍中久, 毋乃爲勞. 景不敢仰視, 流汗不能對. : 후경은 입궁하여 알현하고 三公의 자리에 올랐다. 무제는 안색을 바꾸지 않고 후경에게 말했다. "경은 군중에 오래 있었으니 어찌 고생하지 않았겠는가?" 후경은 감히 올려보지 못하고 땀을 흘리며 대답하지도 못했다.

  - 引 당길 인. 안내하다. 등용하다.　就 나아갈 취.　引就(인취) ; 물려주다. 양도하다.　神色(신색) ; 顔色(안색). 표정.

  - 毋乃(무내) ; 豈非(어찌 ～이 아니겠는가?), 無乃(어찌 ～하지

않은가?) 爲勞(위로) ; 고생이 되다. 고생이 많았다.

【참고】 후경의 난(2) - 결과

❖ 본 《十八史略》에는 후경의 난의 과정이나 결과에 대한 상세한 언급이 없지만 그 결과는 참혹했다.

侯景은 宗室 蕭正德을 황제로 내세우기도 했으며 549년에 남경을 함락시킨 뒤 梁武帝 蕭衍(소연)을 굶어 죽게 만들었고, 대도독이 되어 군사권을 장악하고, 미모의 율양공주를 첩으로 삼았다. 도성에 굶어 죽은 시체가 널려 있었고 도성 내의 문무 관리들을 3,000여 명이나 죽였다. 후경의 부하들은 수도 근처 지방을 노략질하였으며 551년에서 황제 자리에 올라 국호를 漢, 연호를 太始로 바꾸고 선친을 元皇帝로 추존하기도 하였다.

서기 552년에 후경은 陳霸先(진패선, 남조 陳 개국자)과 王僧辯(왕승변)에게 패하면서 도망하려다가 부하에게 피살되는 것으로 후경의 난은 끝났다.

후경의 난 기간에 양자강 하류 지역은 철저히 파괴되었다. 천리 길을 가도록 민가에서 밥을 짓는 연기를 볼 수 없고 인적이 끊겼으며, 백골을 모으면 어디든 산더미가 만들어졌다는 역사 기록을 보면 그 폐해를 짐작할 수 있다.

후경이 처음에 양무제와 협상을 진행하면서 자신에게 낭야 王氏나 진군 謝氏와 통혼할 수 있게 해달라는 요청을 했었다. 그러나 그것은 梁武帝가 허락할 수 있는 것이 아니었다. 그러자 후경은 "가문이 도대체 뭐란 말인가? 나는 그들을 우리 집 노비로 만들 수 있다."라면서 왕씨와 사씨를 철저하게 파멸시켰다.

후경의 난을 통해 남조의 귀족사회는 많은 타격을 받았고 '왕씨나 사씨 집안에 찾아들던 제비가 백성들의 집으로 들어갔다.' 는 당나라 시인의 시 구절처럼 절대적 권위의 가문이 무너진 것은 사회가 진보하는 한 단면이라 볼 수도 있다.

(8) 景退謂人曰, 吾常跨鞍對陣, 矢石交下, 了無怖心. 今見蕭公, 使人自慴, 豈非天威難犯. 吾不可以復見此人.

梁主爲景所制, 飮膳亦被裁損, 憂憤成疾. 口苦索蜜不得, 再曰荷荷逐殂. 在位四十八年, 改元者七, 曰天監 · 普通 · 大通 · 中大通 · 大同 · 中大同 · 太淸. 壽八十六.

先是, 太子統, 仁明孝儉, 好學有文, 在東宮三十年而終. 梁主舍嫡孫而立別子, 至是卽位. 是爲太宗簡文皇帝.

후경이 물러 나와 다른 사람에게 말했다. "나는 늘 말을 타고 적진에 나갔고 화살과 돌이 빗발쳐도 조금도 두려움이 없었다. 지금 소공(무제)을 만나면서 내 스스로 겁을 먹었었는데 이것이 바로 함부로 범할 수 없는 천자의 권위가 아니겠는가? 나는 다시는 이 사람을 만나보지 않을 것이다.”

무제는 후경에게 눌려 지내면서 먹는 것까지 마음대로 할 수 없어 근심과 분노가 병이 되었다. 입이 써서 꿀을 달라고 하였으나 그것도 주지 않아 먹을 수 없어 분노로 허! 허! 책망을 두 번 하고 그대로 죽었다. 재위 48년에 개원을 7번 하였는데 천감, 보통, 대통, 중대통, 대동, 중대동, 태청이었고 나이는 86세이었다.

이보다 앞서 태자 소통은 인자, 명철, 효성, 검소하면서도 학문을 좋아하고 문재가 뛰어났으나 동궁으로 30년을 살다가 죽었다. 무제는 장손자를 버려두고 서자를 세우니, 이에 즉위하였다. 이가 태종 간문황제이다.

○ 景退謂人曰, 吾常跨鞍對陣, 矢石交下, 了無怖心. 今見蕭公, 使人自懾, 豈非天威難犯. 吾不可以復見此人. : 후경이 물러 나와 다른 사람에게 말했다. “나는 늘 말을 타고 적진에 나갔고 화살과 돌이 빗발쳐도 조금도 두려움이 없었다. 지금 소공(무제)을 만나면서 내 스스로 겁을 먹었었는데 이것이 바로 함부로 범할 수 없는 천자의 권위가 아니겠는가? 나는 다시는 이 사람을 만나보지 않을 것이다.”

－跨 타 넘을 과. 걸터앉다. 鞍 안장 안.   矢石交下(시석교하) ; 화살과 돌이 빗발치다.   了 마칠 료. 끝나다. 了無(요무) ; 조금도 없다.

－怖 두려워할 포.   蕭公 ; 양무제.   慴 두려워할 습.   天威(천위) ; 천자의 위엄.

－豈非(기비) ; 어찌 ~이 아니겠는가?   不可 ; ~할 수가 없다. ~해서는 안 된다.

○ 梁主爲景所制, 飮膳亦被裁損, 憂憤成疾. 口苦索蜜不得, 再曰荷荷遂殂. 在位四十八年, 改元者七, 曰天監·普通·大通·中大通·大同·中大同·太淸. 壽八十六. : 무제는 후경에게 눌려 지내면서 먹는 것까지 마음대로 할 수 없어 근심과 분노가 병이 되었다. 입이 써서 꿀을 달라고 하였으나 그것도 주지 않아 먹을 수 없어 분노로 허! 허! 책망을 두 번 하고 그대로 죽었다. 재위 48년에 개원을 7번 하였는데 天監, 普通, 大通, 中大通, 大同, 中大同, 太淸이었고 나이는 86세이었다.

－所制 ; 제압되다. 통제당하다. 눌리다.   飮 마실 음. 마시다. 膳 반찬 선. 먹다.   飮膳 ; 음식. 음식물.

－裁 마를 재. 재단하다. 줄이다. 억제, 통제하다.   損 덜 손. 덜어내다. 裁損(재손) ; 마음대로 하지 못하다.

－憂忿成疾(우분성질) ; 근심과 분노가 병이 되다.

－索 찾을 색, 줄 삭. 달라고 하다.   蜜 꿀 밀.   荷 연꽃 하.   荷荷(하하) ; 여기서는 분노로 책망하는 소리.

－ 在位四十八年 ; 서기 502~549년. 天監(502~519년),   普通

(520~526년), 大通(527~528년), 中大通(529~534년), 大同(535~545년), 中大同(546년), 太淸(547~549년).

- 壽八十六 (서기 464~549년).

○ 先是, 太子統, 仁明孝儉, 好學有文, 在東宮三十年而終. 梁主舍嫡孫而立別子, 至是卽位. 是爲太宗簡文皇帝. : 이보다 앞서 太子 蕭統은 인자, 명철, 효성, 검소하면서도 好學하고 文才가 뛰어났으나 東宮으로 30년을 살다가 죽었다. 무제는 嫡孫를 버려두고 서자를 세우니, 이에 즉위하였다. 이가 太宗 簡文皇帝이다.

- 太子統 ; 昭明太子 蕭統(501~531년). 소명태자는 저명한 학자와 문인들을 불러 모아 교류하면서 역대의 詩文을 모아《文選》을 편찬하였다.

- 舍 집 사. 捨와 통함. 嫡 정실 적. 嫡孫 ; 嫡子의 嫡子. 別子(별자) ; 정처가 낳은 嫡長子 외의 아들. 서자.

- 簡武帝 ; 武帝 三男, 후궁 출생. 簡 대쪽 간. 편지.

【참고】 양무제의 독백

❖ 후경이 건강의 궁성을 포위하고 있을 때 무제의 아들 소릉왕 蕭綸(소륜)과 大臣 柳津(유진)의 아들 柳仲禮(유중례)는 2, 30만의 대군을 이끌고 건강 근처에 주둔하고 있었지만 이들은 적극적으로 후경을 공격하지 않았다. 소륜은 후경이 자신들을 대신하여 황제 자리를 탈취할 수 있는 장애물을 제거해주기를 바라고 있었다. 무제와 유진은 절망 속에서 구원군의 불충과 불효를 원망하였지

만 그것이 무슨 소용이 있겠는가?

궁성이 함락되고 후경한테 모든 실권이 다 넘어갔기에 무제는 衣食조차 자기 뜻대로 할 수 없는 상황에서 自嘲(자조)하듯 중얼거렸다고 한다.

"내가 얻었고, 또 내가 잃었으니 무슨 원망이 있겠는가?(自我得之 自我失之 我有何怨?)"

무제의 得失이야 모두 자신에게 있었겠지만, 그 백성들은 일찍이 당해본 적이 없는 끔찍한 피해를 입었다. 당시 수도 건강에 28만호가 있었는데 죽은 자가 열에 여덟아홉이었고 성내 480개소의 寺院이 모두 깨어진 기와 조각이 되었다니 그 폐해를 짐작할 만하다.

물론 이런 폐해의 주범은 후경이지만 48년간 통치를 하며 불교에 심취했던 무제는 일말의 책임도 없는가? 종교를 통해 개인은 구원을 얻을 수 있을는지 모르지만 종교는 통치 계급의 탐욕을 조절해 주거나 포악한 영혼을 바른길로 이끌어주지는 못한다.

梁의 멸망은 부패한 통치 계층이 스스로 초래한 것이지만 그 과정에서 아무런 죄도 없는 백성들이 겪는 고통은 누가 보상해 주고 어디서 위로를 받아야 하겠는가?

(9) 簡文皇帝, 名綱. 在東宮十八年, 而後遇侯景之亂. 旣立, 受制於景而已. 湘東王繹鎭江陵, 自稱假黃鉞大都督·中外諸軍承制. 岳陽王詧, 昭明太子

統之第三子也. 鎭襄陽, 與繹相攻. 詧遣使降于西
魏, 以求援.
○ 東魏大將軍渤海王澄, 先是爲其下所殺. 弟洋爲
丞相, 封齊王, 逼東魏主禪位, 尋弑之. 諡曰孝靜皇
帝. 東魏建國一十七年而亡. ○ 西魏立梁蕭詧爲梁
王. ○ 西魏主寶炬殂, 諡曰文皇帝. 太子欽立.

簡文皇帝의 이름은 綱(강)이다. 태자로 18년을 지내다가
그 후에 후경의 난을 당했다. 즉위한 뒤에도 후경에게 눌
려 지낼 뿐이었다. 상동왕인 蕭繹(소역)은 강릉을 지키고
있었는데 가황월대도독·중외제군승제라 자칭하고 있었
다. 악양왕인 蕭詧(소찰)은 소명태자인 소통의 셋째 아들
로 양양을 지키고 있었는데 소역과 서로 공격하고 있었다.
소찰은 사자를 보내 서위에 투항하면서 도움을 요청했다.
○ 東魏의 대장군인 발해왕 고징은 이에 앞서 부하에게
피살당했다. 그 동생 高洋(고양)이 승상이 되었다가 齊王
(제왕)에 봉해졌었는데, 동위 황제를 선위토록 핍박한 뒤
곧 시해하였다. 시호는 효정황제이다. 동위는 건국 17년에
멸망했다.
○ 서위는 양의 소찰을 양왕으로 삼았다.
○ 서위의 황제 보거가 죽었다. 시호는 문황제이다. 태자
欽(흠)이 즉위했다.

어구 설명

○ 簡文皇帝, 名綱. 在東宮十八年, 而後遇侯景之亂. 旣立, 受制於景而已. 湘東王繹鎭江陵, 自稱假黃鉞大都督·中外諸軍承制. 岳陽王詧, 昭明太子統之第三子也. 鎭襄陽, 與繹相攻. 詧遣使降于西魏, 以求援. : 簡文皇帝의 이름은 綱(강)이다. 東宮에 18년을 지내다가, 그 후에 侯景의 亂을 당했다. 즉위한 뒤에도 후경에게 눌려 지낼 뿐이었다. 湘東王인 蕭繹(소역)은 江陵을 지키고 있었는데 가황월대도독·중외제군승제라 자칭하고 있었다. 岳陽王인 蕭詧(소찰)은 昭明太子인 蕭統의 三子로 襄陽을 지키고 있었는데 소역과 서로 공격하고 있었다. 소찰은 사자를 보내 西魏에 투항하면서 도움을 요청했다.

 － 綱 그물의 큰 밧줄 강. 대강, 요점. 而已(이이) ; ～할 뿐이다. 受制於景而已(수제어경이이) ; 후경에게 통제를 받을 뿐이었다.

 － 湘 강 이름 상. 繹 풀어낼 역. 假 거짓 가. 빌리다. 임시의. 鉞 큰 도끼 월. 黃鉞(황월) ; 황금으로 장식한 도끼. 천자의 정벌을 상징.

 － 承制(승제) ; 황제의 명을 받음. 詧 살필 찰.

○ 東魏大將軍渤海王澄, 先是爲其下所殺. 弟洋爲丞相, 封齊王, 逼東魏主禪位, 尋弑之. 諡曰孝靜皇帝. 東魏建國一十七年而亡. : 東魏의 大將軍인 渤海王 高澄(고징)은 이에 앞서 부하에게 피살당했다. 그 동생 高洋이 丞相이 되었다가 齊王에 봉해졌었는데, 東魏 황제(元善見)에게 선위하도록 핍박한 뒤 곧 시해하였다.(서

기 551년) 시호는 孝靜皇帝이다. 東魏는 建國 17년에 멸망했다.

－ 渤 바다 이름 발. 渤海(발해) ; 지리적으로는 山東반도와 遼東(요동)반도로 둘러싸인 內海이다. 육지로는 遼寧省(요령성), 河北省, 天津 일대를 지칭한다.

－ 澄 물 맑을 징. 高歡의 아들. 高洋(고양) ; 고환의 차남. 北齊를 건국하고(文宣帝) 在位 550～559년.

－ 逼 핍박할 핍. 東魏建國一十七年而亡 ; 534～550년.

○ 西魏立梁蕭詧爲梁王. 西魏主寶炬殂, 諡曰文皇帝. 太子欽立. : 西魏는 梁의 (악양왕) 蕭詧(소찰)을 梁王으로 인정했다. 西魏의 황제 寶炬(보거)가 죽었다.(서기 551년) 시호는 文皇帝이다. 太子 欽이 즉위했다.

－ 서위가 蕭詧(소찰)을 양왕으로 인정한 것은 자신의 국경 남쪽에 허수아비(괴뢰) 국가를 세운 것이다. 欽 공경할 흠.

【참고】《文心雕龍(문심조룡)》 최고의 문학비평서

❖ 梁나라의 劉勰(유협, 464?～521?)은 독학으로 학문의 기초를 다진 뒤, 20세 전후에는 절에 들어가 10여 년간 불경을 교정하는 일을 했다고 한다. 유협은 자신이 지은《문심조룡》을 당시 문단의 領袖(영수)인 沈約에게 보여주고 극찬을 받았다. 이후 관직 생활을 시작하여 당시 소명태자의 동궁에서 근무하기도 하였다.

《문심조룡》은 중국문학비평에서 획기적인 저작이며 지금도 유효한 문학비평의 명저로 알려졌다.《문심조룡》은 크게 문학의 원리와 문학의 장르 그리고 문학의 창작과 비평으로 구분하여 문학이론을 논한 책이다.

유협은 문학의 원천을 聖人의 경전 곧 《육경》에 있다고 보았는데, 이는 문학의 역사 및 문학의 기초가 되는 경서를 중시해야 한다는 의미로 해석할 수 있다.

또 유협은 離騷(이소)와 詩, 賦(부) 등 문학의 장르를 33종류로 분류하고 각 체재와 대표적 작품을 설명하였다. 그리고 문학의 창작과 비평으로 문학의 품격과 우열의 특성을 논하고 시대정신과 환경을 설명하며 修辭(수사)와 비평에 대해서도 심도 있는 이론을 전개하였다.

유협의 《문심조룡》은 중국 문학사상 최초로 체계적인 문학이론을 정립하였고 문학 감상과 비평의 기준을 마련했다는 점에서 후세에 절대적인 영향을 끼쳤다.

《문심조룡》의 저자 유협과 함께 기억해야 할 鍾嶸(종영)은 齊와 梁에서 활동하였는데, 종영은 《詩品》에서 漢에서 魏와 梁에 이르는 시기의 시인 122명을 상중하 三品으로 나누어 비평하고 작가의 원류를 논하였다.

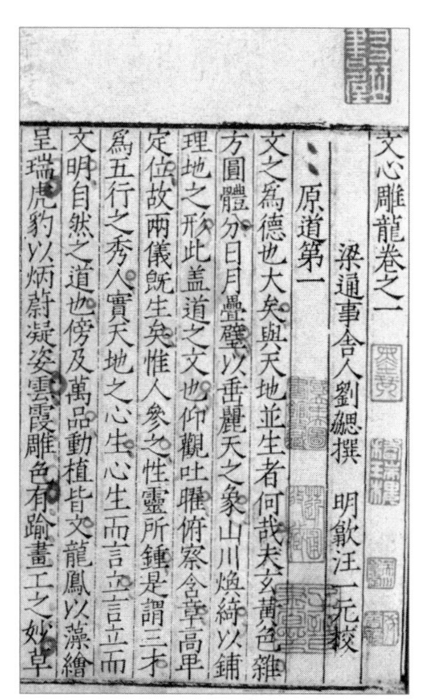

文心雕龍卷之一

梁通事舍人劉勰撰　明歙汪一元校

原道第一

文之爲德也大矣與天地並生者何哉夫玄黃色雜
方圓體分日月疊璧以垂麗天之象山川煥綺以鋪
理地之形此蓋道之文也仰觀吐曜俯察含章高卑
定位故兩儀既生矣惟人參之性靈所鍾是謂三才
爲五行之秀人實天地之心生心生而言立而
文明自然之道也傍及萬品動植皆文龍鳳以藻繪
呈瑞虎豹以炳蔚凝姿雲霞雕色有踰畫工之妙草

文心雕龍(문심조룡)

물론 이 《시품》의 평가가 지금과 일치하지는 않더라도 당시에 이런 비평서가 있었다는 자체가 그만큼 문학의 수준이 높았다는 반증이라 할 수 있다.

그리고 소명태자의 《文選》은 역대 시문선집으로 지금도 매우 소중한 책이며 이들보다 약간 뒤늦은 徐陵(서릉)은 양나라 간문제의 명을 받아 《玉臺新詠 옥대신영》을 편찬하였다. 이는 당시의 화려한 艶情詩(염정시)만을 모은 시집이라는 점에서 매우 주목할 만한 저술이다.

(10) ○ 侯景自立爲漢王, 廢梁主弑之. 尸位下及三年. 改元者一, 曰大寶. 景立豫章王棟, 已而簒位. 先是始興太守陳霸先, 起兵討景. 湘東王遣王僧辯討景. 景簒數月, 而爲僧辯·霸先所敗, 亡走吳, 欲入海, 爲其下所斬. 送尸建康, 傳首江陵, 截其手足, 送於北齊. 湘東王立. 是爲元皇帝.

元皇帝, 名繹. 一目眇, 性殘忍, 卽位于江陵. 自侯景之亂, 州郡太半入西魏, 蜀亦爲魏有. 梁自巴陵以下至建康, 以長江爲限.

○ 突厥攻柔然. 北齊擊突厥遷柔然. 是時柔然衰, 突厥始强大.

○ 후경은 한왕이라 자립하면서 양황제(간문제)를 폐위하고 시해하였다. 간문제는 이름뿐인 자리였는데 그것도 3년이 안 되었다. 개원을 1번 했는데 대보이다. 후경은 예장왕 棟(동)을 즉위시킨 뒤 곧 그 자리를 빼앗았다.

이에 앞서 시흥 태수인 陳霸先(진패선)은 기병하여 후경의 토벌에 나섰다. 상동왕 蕭繹(소역)은 왕승변을 파견하여 후경을 토벌했다. 후경은 몇 달간 찬위했다가 왕승변과 진패선에게 패퇴 당하고 오로 도주하여 바다 섬으로 숨으려 했으나 부하에게 죽음을 당했다. 시신은 건강으로 보내졌고 머리는 강릉에 보내졌으며, 그의 팔과 다리는 北齊로 보내졌다. 湘東王이 즉위하니, 이가 元황제이다.

원황제의 이름은 소역이다. 한 눈이 애꾸눈이었고, 천성이 잔인했는데 강릉에서 즉위했다. 후경의 난 이후 각 주군의 태반이 서위의 땅이 되었고, 촉의 땅 역시 서위의 소유가 되었다. 양나라는 파릉에서 건강에 이르기까지 長江으로 경계를 삼았다.

○ 돌궐이 유연을 공격하였다. 북제는 돌궐을 공격하니 유연은 근거지를 옮겼다. 이때부터 유연은 쇠약해졌고, 돌궐은 강대해지기 시작했다.

○ 侯景自立爲漢王, 廢梁主弒之. 尸位下及三年. 改元者一, 曰大

寶. 景立豫章王棟, 已而簒位. ：侯景은 漢王이라 자립하면서 양 황제(簡文帝)를 폐위하고 시해하였다. 이름뿐인 자리였는데 그것 도 3년이 안 되었다. 改元을 1번 했는데 大寶이다. 후경은 豫章王 棟을 즉위시킨 뒤 곧 그 자리를 빼앗았다.

 − 尸 주검 시.　尸位(시위) ; 실질 권한이 없는 官位.　廢梁主 (폐양주) ; 簡文帝(간문제, 재위 549～551년).

 − 下及三年 ; 3년이 안 되다.　大寶(서기 550～551년).　棟 용 마루 동. 기둥.

 − 豫章王 棟(예장왕 동) ; 551년에 후경이 즉위시켰다가 바로 폐위, 시해됨.

○ 先是始興太守陳霸先, 起兵討景. 湘東王遣王僧辯討景. 景簒數 月, 而爲僧辯·霸先所敗, 亡走吳, 欲入海, 爲其下所斬. 送尸建康, 傳首江陵, 截其手足, 送於北齊. 湘東王立. 是爲元皇帝. ：이에 앞 서 始興太守인 陳霸先은 起兵하여 후경의 토벌에 나섰다. 湘東王 蕭繹(소역)은 王僧辯을 파견하여 후경을 토벌했다. 후경은 몇 달 간 찬위했다가 왕승변과 진패선에게 패퇴 당하고 吳로 도주하여 바다 섬으로 숨으려 했으나 부하에게 죽음을 당했다. 시신은 建康 으로 보내졌고 머리는 (상동왕이 있는) 江陵에 보내졌으며, 그 팔 다리는 北齊로 보내졌다. 湘東王이 즉위하니, 이가 원황제이다.

 − 始興 ; 지금 광동성에 있던 地名.

 − 陳霸先(진패선, 503～559) ; 552년 후경의 난을 진압. 남조 陳 개국 557년, 재위 557～559년. 陳 武帝.

 − 王僧辯(왕승변, ?～555년).　尸 ; 시신.　截 끊을 절. 절단하

다.　入海 ; 여기서는 섬으로 도망하다.

○ 元皇帝, 名繹. 一目眇, 性殘忍, 卽位于江陵. 自侯景之亂, 州郡太半入西魏, 蜀亦爲魏有. 梁自巴陵以下至建康, 以長江爲限. : 元皇帝의 이름은 蕭繹(소역)이다. 한 눈이 애꾸눈이었고, 천성이 잔인했는데 江陵에서 즉위했다. 侯景의 亂 이후 州郡의 太半이 西魏의 땅이 되었고, 蜀의 땅 역시 서위의 소유가 되었다. 梁나라는 巴陵에서 建康에 이르기까지 長江으로 경계를 삼았다.(梁의 영토가 크게 축소되었다.)

　− 元皇帝 ; 梁 元帝 蕭繹(소역, 508∼554년). 梁武帝 蕭衍의 第七子. 514年에 湘東王에 피봉. 早年에 病으로 한 눈이 失明. 552年에 후경이 죽은 뒤 江陵에서 제위에 오름. 讀書와 文學을 좋아한 군주.

　− 繹 풀어낼 역.　　眇 애꾸눈 묘.　　蜀亦爲魏有(촉역위위유) ; 촉의 땅도 魏의 소유가 되었다.　　巴陵(파릉) ; 地名. 現 호남성 岳陽縣.

○ 突厥攻柔然. 北齊擊突厥遷柔然. 是時柔然衰, 突厥始强大. : 突厥이 柔然을 공격하였다. 北齊가 突厥을 공격하니 柔然(유연)은 근거지를 옮겼다. 이때부터 柔然은 쇠약해졌고, 돌궐은 强大해지기 시작했다.

　− 遷 옮길 천.　　柔然(유연) ; 종족 겸 국가 이름. 柔然 또는 蠕蠕(유유)라고도 씀. 鮮卑 拓跋部의 한 갈래.

　− 突 갑자기 돌. 부딪치다.　　厥 그 궐. 그것. (例 ; 厥女 그 여자) 종족 이름 궐.　　突厥(돌궐) ; 흉노족의 일부. 투르크(Turk).

– 遷 옮길 천. 옮겨 가다. 유연은 馬邑이란 곳으로 옮겼다.

【참고】 후경의 종말

❖ 양무제의 결정적 실수는 사람을 잘못 보았다는 것이다. 기업의 CEO이든 나라의 황제이든 사람을 볼 줄 모른다면 그 결과는 치명적이다.

후경의 목소리는 날카롭게 짖어지는 소리였기에 어느 관상쟁이가 "이 사람의 목소리가 이리나 승냥이 소리와 같으니 능히 사람을 잡아먹을 것이다. 그리고 저 사람도 잡아먹힐 것이다."라고 말했다고 한다.

梁武帝가 북에서 자신의 나라를 배반하고 내려온, 그 근본을 알 수 없는 사람을 받아들였고, 그의 존재를 인정하며 역할을 부탁한 것이 온갖 환란의 싹이었다.

《南史》에 의하면 후경은 시기심이 많고 잔인하였으며 살육을 좋아하였다. 항상 손에 비수를 들고 놀았고 식사를 할 때 옆에서 사람을 베어 죽여도 태연히 식사를 하는 사람이었다. 어떤 때는 손발을 먼저 자르고 귀와 코를 자른 뒤, 다음 날 목을 베어 죽이기도 했다니 그 잔인성을 알아주어야 한다.

그렇다면 그런 지도자 아래에 있는 병졸들 모두 북에서 남으로 후경을 따라온 병졸들이 양나라 백성들을 어떻게 다루었겠는가는 더 말할 필요가 없는 것이다.

그런 후경을 죽였을 때 그 시신에 가해지는 복수는 또 하나의 참혹일 뿐이었다. 손발은 北齊로 보내졌고 그 육신은 건강의 저자

거리에서 사람들이 찢어가 국을 끓여 먹었으며 그의 뼈는 사람들이 가루로 만들어 술에 타서 마셨다고 한다.

후경이 동위를 배반하고 남쪽으로 갔을 때, 남겨진 후경의 처와 자식들은 동위의 재상 高澄(고징)에 의해 얼굴 가죽이 벗겨지고 기름 솥에 튀겼다니 그 또한 하나의 참혹이었다.

(11) ○ 西魏宇文泰, 廢其主欽, 而立其弟廓, 欽遇弒. ○ 西魏遣柱國于謹, 伐梁入江陵. 梁主焚古今圖書十四萬卷, 歎曰, 文武之道今夜盡矣. 乃出降. 或問, 何意焚書. 曰, 讀書萬卷, 猶有今日. 尋被殺. 在位三年. 改元者一, 曰承聖. ○ 西魏取襄陽, 徙梁王詧于江陵, 使稱帝, 屯兵守之, 是爲後梁, 臣于西魏. 王僧辯 · 陳霸先, 奉晋安王, 稱制于建康. 貞陽侯淵明, 先是爲北齊所獲. 至是以兵納之. 王僧辯奉歸建康稱帝. 陳霸先殺僧辯, 廢淵明, 立晋安王. 是爲敬皇帝.

○ 서위의 우문태는 군주 欽(흠)을 폐위하고, 그의 동생 廓(곽)을 즉위시켰고, 흠은 시해를 당했다.

○ 서위가 주국 于謹(우근)을 보내 양을 치고 강릉에 입

성했다. 梁主(원제)는 고금의 도서 14만 권을 불태우며 탄식했다. "문왕과 무왕의 도는 오늘 밤으로 끝장이구나!" 그리고는 나가서 항복했다. 어떤 사람이 책을 불사른 뜻이 무엇이냐고 묻자, "나는 수많은 책을 읽었지만 오히려 오늘 같은 날이 있을 뿐이로다."라고 말했다. 얼마 안 있어 피살당했는데 재위 3년에 개원은 한 번, 연호는 承聖(승성)이다.

  ○ 서위는 梁(양)의 양양을 빼앗고서 양왕인 詧(찰)을 강릉으로 데려다가 칭제하게 하면서 군사를 주둔시켜 지키게 하였으니, 이것이 후량인데 서위의 속국이었다. 왕승변과 진패선은 진안왕을 받들고 건강에서 황제라 일컫고 섭정을 폈다.

  정양후 연명은 그전에 북제로 잡혀갔었다. 이때 (북제에서) 군사와 함께 돌려보냈다. 왕승변은 (연명을) 모시고 건강으로 돌아와 칭제하게 하였다. 진패선은 왕승변을 죽인 뒤에 연명을 폐위하였고 진안왕을 세웠다. 이가 敬皇帝이다.

어구 설명

○ 西魏宇文泰, 廢其主欽, 而立其弟廓, 欽遇弒. : 西魏의 宇文泰는 군주 欽(흠)을 폐위하고, 그의 동생 廓(곽)을 즉위시켰고, 欽은 시해를 당했다.

 - 欽 ; 元欽. 文帝의 子. 551~554년 재위. 연호 大統.
 - 廓 둘레 곽. 遇 만날 우. ~을 당하다. 피동의 뜻.

○ 西魏遣柱國于謹, 伐梁入江陵. 梁主焚古今圖書十四萬卷, 歎曰, 文武之道今夜盡矣. 乃出降. 或問, 何意焚書. 曰, 讀書萬卷, 猶有今日. 尋被殺. 在位三年. 改元者一, 曰承聖. : 西魏가 柱國 于謹(우근)을 보내 梁을 치고 江陵에 입성했다. 梁主(元帝)는 古今의 圖書 14萬卷을 불태우며 탄식했다. "文王과 武王의 道는 오늘 밤으로 끝장이구나!" 그리고는 나가서 항복했다. 어떤 사람이 책을 불사른 뜻이 무엇이냐고 묻자, "나는 수많은 책을 읽었지만 오히려 오늘 같은 날이 있을 뿐이로다."라고 말했다. 얼마 안 있어 피살당했는데 재위 3년에 改元은 한 번인데 承聖(승성)이다.

 – 柱國(주국) ; 관직명. 于謹(우근) ; 人名.

 – 梁主 ; 元帝, 名 蕭繹(소역) 재위 552~554년.

 – 歎 읊을 탄. 탄식하다.   文武之道 ; 文王과 武王의 道. 聖人의 道. 中華의 文物.   盡 다할 진. 없어지다.

 – 猶有今日(유유금일) ; 오히려 오늘(패망의 날)이 있을 뿐이다. 尋 찾을 심. 얼마 안 있다가.   在位三年 ; 552~554년. 元帝가 책을 불태운 것은 공연한 분풀이였으며 文武之道가 끝났다고 말한 것은 자신의 실패를 남의 탓으로 돌린 무책임한 말이었다.

○ 西魏取襄陽, 徙梁王詧于江陵, 使稱帝, 屯兵守之, 是爲後梁, 臣于西魏. 王僧辯·陳霸先, 奉晋安王, 稱制于建康. : 西魏는 梁(양)의 襄陽을 빼앗고서 梁王인 詧(찰)을 江陵으로 데려다가 稱帝하게 하면서 군사를 주둔시켜 지키게 하였으니, 이것이 後梁인데 西魏에 臣屬하였다. 王僧辯과 陳霸先은 晋安王을 받들고 建康에서 칭제하게 하고 명령을 頒布(반포)케 하며 섭정했다.

- 徙 옮길 사.　後梁(후량) ; 서기 555~587년 존속. 梁과 다른 별개의 政權. 西梁또는 後梁이라 칭함. 수도는 江陵.

- 臣于西魏(신우서위) ; 西魏에 대하여 臣屬하다. 屬國이 되다. 臣은 동사로 쓰였음.

- 稱制于建康(칭제우건강) ; 建康에서 황제라 칭했다.

○ 貞陽侯淵明, 先是爲北齊所獲. 至是以兵納之. 王僧辯奉歸建康稱帝. 陳霸先殺僧辯, 廢淵明, 立晋安王. 是爲敬皇帝. : 貞陽侯 淵明은 이전에 北齊에 잡혀갔었다. 이때 (북제에서) 군사와 함께 돌려보냈다. 王僧辯은 (연명을) 모시고 建康으로 돌아와 稱帝하게 하였다. 陳霸先은 왕승변을 죽인 뒤에 淵明을 폐위하였고 晋安王을 세웠다. 이가 敬皇帝이다.

- 貞陽侯 淵明 ; 蕭淵明, 元帝의 사촌.　獲 얻을 획. 所獲(소획) ; 잡혔다. 피동.　以兵納之(이병납지) ; 군사와 함께 보내다. 之는 淵明.

- 敬皇帝 ; 元帝의 아들. 이름은 蕭方智. 남조 梁의 마지막 황제. 13살 즉위. 557年에 陳霸先에게 선위하고 梁은 멸망.

【참고】 후량의 존재

❖ 後梁은 555년~587年까지 33년간 존속한 정권으로 수도는 강릉이었다.

西魏는 554년에 양나라를 공격하여 江陵을 함락시키고 梁 元帝의 후손들을 죽인다. 그리고 양왕인 蕭詧(소찰)을 데려다가 555년부터 칭제하게 한다. 말하자면, 서위에 의해서 세워졌고 서위가 지켜주기에 서위에 대하여 稱臣(칭신)하는 속국이었다. 이를 후량 또는 서량이라고 하는데 南朝 梁의 서쪽 지역 수 개 郡 사방 8백 리 땅을 통치하였다.

본래의 梁은 557년에 陳에 의해 망하지만 이 후량은 서위의 속국으로 梁의 문화를 지켜가며 존속한다. 서위가 북주로 바뀌고 다시 隋나라가 성립하는데 후량은 宣帝(소찰)－明帝(소규)－後主(소종)까지 이어지다가 587년에 수나라 文帝가 없애 버린다.

(12) 敬皇帝, 名方智, 元帝子也. 年十三卽位, 陳霸先爲丞相.

○ 西魏太師, 大冢宰, 安定公宇文泰卒. 世子覺嗣. 年十五, 宇文護輔之. 未幾, 以覺爲周公.

○ 西魏主廓禪于周, 廓遇弑, 後諡曰恭皇帝. 西魏建國四世, 二十四年而亡. 覺稱周天王, 性剛果, 惡護之專, 護弑之. 後諡曰孝閔皇帝. 立泰之長子毓.

○ 梁丞相陳霸先, 爲相國, 封陳公, 加九錫, 尋進爵爲王. 梁主改元者二, 曰紹泰, 曰太平. 尸位未三年而禪于陳, 尋遇弑. 梁自高祖武帝, 至是四世, 凡五十六年而亡.

敬皇帝의 이름은 방지인데, 원제의 아들이다. 13살에 즉위하였는데 진패선을 승상으로 삼았다.

○ 서위의 태사겸 대총재인 안정공 우문태가 죽었다. 세자인 우문각이 뒤를 이었다. 나이가 15세이기에 우문호가 보필했다. 얼마 안 되어 우문각은 주공이 되었다.

○ 서위의 군주 곽이 주나라에 선위했는데 탁발곽은 시해를 당했고, 뒤에 올린 시호는 공황제이다. 서위는 건국하고 4세 24년에 멸망했다. 우문각은 주천왕이라 칭했으며, 천성이 굳세고 과감했는데 우문호의 전횡을 미워하여 우문호가 우문각을 시해하였다. 후에 올린 시호는 효민황제이다. 우문태의 장자 우문육이 즉위했다.

○ 양 승상 진패선은 상국이 되었다가 진공에 봉해지고 구석을 받았으며 얼마 뒤 작위를 높여 진왕이 되었다. 양 주는 개원을 2번 했는데, 소태와 태평이다. 尸位(시위)로 3년이 안 되어 진패선에게 선위하고 얼마 뒤에 시해 당하였다. 양나라는 고조 무제로부터 이때까지 4세(代)에 총 56년 만에 멸망하였다.

어구 설명

○ 敬皇帝, 名方智, 元帝子也. 年十三卽位, 陳霸先爲丞相. : 敬皇帝의 이름은 方智인데, 元帝의 아들이다. 13살에 즉위하였는데 陳霸先을 丞相으로 삼았다.(서기 555년)

○ 西魏太師, 大冢宰, 安定公宇文泰卒. 世子覺嗣. 年十五, 宇文護輔之. 未幾, 以覺爲周公. : 西魏의 太師 겸 大冢宰인 安定公 宇文泰가 죽었다.(서기 556년) 世子인 宇文覺이 뒤를 이었다. 나이가 15세이기에 宇文護가 보필했다. 얼마 안 되어 우문각은 周公이 되었다.

 − 冢 무덤 총. 언덕. 크다. 맏이. 宰 재상 재. 冢宰(총재) ; 宰相(재상). 護 지킬 호. 未幾(미기) ; 머지않아, 얼마 안 되어(不久).

○ 西魏主廓禪于周, 廓遇弑, 後諡曰恭皇帝. 西魏建國四世, 二十四年而亡. 覺稱周天王, 性剛果, 惡護之專, 護弑之. 後諡曰孝閔皇帝. 立泰之長子毓. : 西魏의 군주 廓(곽)이 周나라에 선위했는데 탁발곽은 시해 당했고, 뒤에 올린 시호는 恭皇帝이다. 西魏는 建國하고 四世에 24年에 멸망했다. 우문각은 周天王이라 칭했으며, 천성이 굳세고 과감했는데 우문호의 전횡을 미워하여 우문호가 우문각을 시해하였다.(서기 557년) 후에 올린 시호는 孝閔皇帝이다. 우문태의 장자 宇文毓(우문육)이 즉위했다.(서기 557년)

 − 西魏(534~557년) ; 선비족 宇文泰가 北魏 孝文帝의 손자인 元寶炬(원보거)를 황제로 옹립하면서 건국. 수도 長安. 서위 군주 廓(곽)은 元氏를 버리고 탁발씨로 되돌아 감.

 − 宇文覺(우문각) ; 우문태의 嫡長子(적장자)이지만 형제 서열은 3번째였음.

 − 北周(557~581년) ; 北朝의 왕조. 後周, 또는 宇文周(우문주)라고 통칭.

 − 剛 굳셀 강. 果 열매 과. 단호하다. 毓 기를 육(育과 같음).

- 宇文毓(우문육) ; 우문태의 庶長子(서장자), 북주의 明帝. 재위 557~560년.

○ 梁丞相陳霸先, 爲相國, 封陳公, 加九錫, 尋進爵爲王. 梁主改元者二, 曰紹泰, 曰太平. 尸位未三年而禪于陳, 尋遇弑. 梁自高祖武帝, 至是四世, 凡五十六年而亡. : 梁 丞相 陳霸先은 相國이 되었다가 陳公에 봉해지고 九錫을 받았으며 얼마 뒤 작위를 높여 陳王이 되었다. 梁主는 改元을 2번 했는데, 紹泰와 太平이다. 尸位(시위)로 3년이 안 되어 진패선에게 선위하고 얼마 뒤에 시해 당하였다. 양나라는 高祖 武帝로부터 이때까지 四世에 모두 56년 만에 멸망하였다.

- 紹 이을 소.   紹泰(556년), 太平(557년).   尸位 ; 이름뿐인 자리. 명목상의 지위. 헛되이 실권 없는 자리.   五十六年而亡 ; 502~557년 존속.

【참고】 장기 집권에 따른 병폐

❖ 南朝 梁의 건국자인 武帝 蕭衍(소연)은 502년부터 549년까지 48년간을 재위했는데 말년에 후경이 난을 당하여 굶어 죽었다는 표현이 맞을 정도로 비극적인 종말을 겪었다. 그는 후경에게 완전 제압당해 자신의 의식주도 마음대로 할 수 없었지만 끝까지 황제의 권위를 지켰고 후경의 부당한 요구를 분명히 거절하는 기개가 있었다.

무제는 문학적 재능 외에도 깊은 신앙심 그리고 백성을 위하는 자애를 베풀며 매우 부지런한 황제였다. 자신의 몸을 부처님에게 바친 열성적인 신앙심을 갖고 생활하면서 생선과 고깃국을 먹지 않았으며 종묘의 제사나 불교행사가 아니라면 음악을 연주하지 않았다고 한다. 그는 사치를 몰랐으며 후궁들도 땅에 끌리지 않는 옷을 입어야 했으며, 한겨울에도 4경이면 일어나 정사를 돌보고 항상 의관을 바로 하며 누구에게나 너그러웠다.

그러나 정치를 잘하던 군주라도 유종의 미를 거두기는 쉬운 일이 아니다. 중국 군주정치의 모범이라 하는 '貞觀(정관)의 治'를 이룩한 당 태종도 말년에는 정치적 실수가 있었다. 또 '開元(개원)의 治'를 이룩한 당 玄宗(현종, 李隆基)도 40여 년 재위하다 보니 온갖 폐단을 바로잡지 못하고 안록산의 난으로 오점을 남겼다.

사실 성공한 기업가는 정치인도 그러하지만 옛 황제도 시대 상황에 따라 변화와 적응이 있어야 하지만 과거의 성공적 치적이나 자신의 능력, 성실성만을 신봉하다 보니 새로운 적응을 하지 못해 실패하는 것이다.

양무제 역시 그가 황제로서 할 일을 몰랐던 것이 아니라 건국 초기의 초심을 잃고 게을러졌기 때문이라고 보아야 한다. 결국 이는 장기 집권에 따라 어쩔 수 없이 진행되는 병폐의 축적이라 볼 수 있다.

唐의 玄宗(현종)

4) 陳의 成立과 멸망

(1) 陳高祖武皇帝, 姓陳, 名霸先, 吳興人也. 梁武帝大同中, 爲廣州參軍, 廣有亂, 討平之. 以功爲將軍, 尋爲交州司馬, 西江都護, 高要太守, 督七郡諸軍, 屢平寇亂. 侯景陷臺城, 霸先時守始興, 結郡中豪傑, 起兵討景. 先取江州, 爲州刺史, 引兵會諸軍, 卒以平景, 遂爲將相於梁, 以至受禪. 卽位三年殂, 改元者一, 曰永定. 子二人, 昌·頊, 皆以江陵陷時, 沒入長安. 臨川王立, 是爲世祖文皇帝.

陳(진)의 고조 무황제의 성은 진이고, 이름은 패선인데 오흥 사람이다. 양무제의 대동 연간에 광주의 참군이었는데 광주에서 난이 일어나자 이를 토벌하여 평정했다. 그 공으로 장군이 되었는데 얼마 안 되어 교주의 사마, 서강의 도호를 지내고 고요의 태수가 되었으며, 7군의 모든 군사를 지휘하면서 여러 번 도적들의 소란을 평정했다.

후경이 대성을 함락시킬 때 진패선은 그때 시흥의 태수였었는데, 군내의 호걸들을 모아 후경을 토벌하려 기병하였다. 먼저 강주를 빼앗아 강주의 자사가 되고 각지의 군사를 모아 진격하여 마침내 후경의 난을 평정하였고, 곧 양의 장수와 재상이 되어 선양을 받기에 이르렀다. 즉위하고 3년 만에 죽었는데, 개원은 한 번인데 영정이다. 두 아들 진창과 진욱은 모두 강릉이 함락될 때 장안으로 끌려갔다. 임천왕이 즉위하였는데, 이가 세조 문황제이다.

어구 설명

○ 陳高祖武皇帝, 姓陳, 名霸先, 吳興人也. 梁武帝大同中, 爲廣州參軍, 廣有亂, 討平之. 以功爲將軍, 尋爲交州司馬, 西江都護, 高要太守, 督七郡諸軍, 屢平寇亂. : 陳의 高祖 武皇帝의 姓은 陳이고, 이름은 霸先으로 吳興 사람이다. 梁武帝의 大同연간에 廣州의 參軍이었는데 광주에서 난이 일어나자 이를 토벌하여 평정했다. 그 功으로 將軍이 되었는데 얼마 안 되어 交州의 司馬, 西江의 都護를 지내고 高要의 太守가 되었으며, 七郡의 모든 군사를 지휘하면서 여러 번 도적들의 소란을 평정했다.

 - 陳 베풀 진. 늘어놓다. 陳 ; 國名. 557~589년. 33년 존속. 南朝 最後 왕조. 건국자 陳霸先(진패선). 建康(건강, 南京)에 도읍. 중국역사에서 황제의 姓으로 국명을 삼은 유일한 왕조. 멸망 당시 군주는 後主 陳叔寶(진숙보), 589년 수에 병합되었다. 陳나라는 북쪽의 강국에 밀려 영토가 크게 축소되었고 또 단명했다.

 - 霸 으뜸 패. 힘으로 최고의 자리를 차지함.　吳興(오흥) ; 郡名. 浙江省(절강성)의 湖州市의 古稱.

 - 大同 ; 梁武帝의 연호. 535~545년.

 - 廣州 : 廣東省의 郡名.　討平之(토평지) ; 난을 토벌하여 평정

하다.   交州, 西江, 高要 ; 모두 지명.   寇 도적 구.

○ 侯景陷臺城, 霸先時守始興, 結郡中豪傑, 起兵討景. 先取江州, 爲州刺史, 引兵會諸軍, 卒以平景, 遂爲將相於梁, 以至受禪. : 侯景이 臺城을 함락시키자 霸先은 그때 始興의 태수였었는데, 군내의 豪傑들을 모아 후경을 토벌하려고 起兵하였다. 먼저 江州를 빼앗아 강주의 刺史가 되고 각지의 군사를 모아 진격하여 마침내 후경의 난을 평정하였고, 곧 양의 장수와 재상이 되어 선양을 받기에 이르렀다.

 − 陷 빠질 함. 함락시키다.   臺城(대성) ; 宮城. 대궐.   始興(시흥) ; 廣東省의 郡名.   豪傑(호걸) ; 武勇이 걸출한 사람.

 − 江州 ; 오늘의 江西省, 浙江省의 일부분을 포함하는 지명. 西진시대에는 강주자사 아래 7郡이 소속.   卒 군사 졸. 드디어, 마침내, 결국.   遂 이룰 수. 성취하다. 곧. 즉시.

○ 卽位三年殂, 改元者一, 曰永定. 子二人, 昌·頊, 皆以江陵陷時, 沒入長安. 臨川王立, 是爲世祖文皇帝. : 卽位하고 三年 만에 죽었는데, 개원은 한 번 했는데 永定이다. 두 아들 陳昌과 陳頊(진욱)은 모두 강릉이 함락될 때 장안으로 끌려갔다. 臨川王이 즉위하였는데, 이가 世祖 文皇帝이다.

 − 殂 죽을 조.   永定(영정) ; 557~559년.   頊 삼갈 욱. 머리 숙여 조심하다.   沒入(몰입) ; 재산도 빼앗기고 끌려가다. 昌은 진패선의 아들, 진패선의 다른 아들들은 부死. 頊(욱)은 형의 子인데, 여기서는 함께 아들로 기록되었다.

【참고】 南朝 개국 군주의 비교

❖ 삼국의 吳를 비롯하여 東晉－宋－齊－梁－陳은 모두 지금의 南京에 도읍하고 있었다. 그리고 통치 지역도 비슷하였으며 여섯 나라가 귀족 중심의 문화가 발달하였다는 점도 비슷하다. 이를 특히 六朝라고 한다. 이 중에서 宋, 齊, 梁, 陳의 4개국은 차례로 흥하고 망하는데 이들 개국 황제들은 상당히 비슷한 공통점을 가지고 있다.

우선 宋의 劉裕(유유), 齊의 蕭道成(소도성), 梁의 蕭衍(소연), 陳의 陳霸先(진패선)이 모두 武將이라는 공통점이 있다. 즉 馬上에서의 得國은 그 당시에 극히 자연스러운 일이었다.

유유는 北伐에 공을 세웠고 환현의 난을 토벌하였다. 소도성은 난릉 소씨 명문가 출신이면서 장군으로 유휴범의 반란을 진압하는 등 여러 공을 세웠으며, 소연은 詩人으로서 명성 못지않게 장군으로서 신망을 얻었었다. 진패선은 후경의 난을 진압하는 공을 세웠다.

이들이 개국하고 즉위할 때의 나이는 순서대로 57세, 53세, 38세, 그리고 55세였다. 양무제 소연이 상대적으로 젊었지만 40을 바라보는 初老였다. 그리고 재위기간도 유유는 3년, 소도성은 4년 진패선은 3년이었다. 다만 양무제는 48년 재위라는 대 기록을 세웠다.

이들 개국군주 4명은 모두 박학다식했었다. 그중에서도 소도성은 경사를 두루 열람하여 박학다식하였으며 문장과 서법에도 일가견이 있었다. 소연은 경릉팔우의 한 사람으로서 즉위 이전부터

詩人으로 명성이 있었고, 즉위 후에도 밤이 늦도록 독서하며 불경을 번역하고 강론을 했었다.

또 이들은 모두 검소한 생활을 했었다. 유유는 琥珀(호박)으로 만든 베개를 깨트려 병사들의 치료에 쓰라고 내주었으며 소도성은 자신이 검소한 생활을 실천하여 금값을 흙의 값과 같게 만들겠다는 포부를 밝혔었다. 소연도 극히 검소했었기에 즉위 초부터 明君이라는 평가를 받았었다. 진패선은 식사에 반찬을 줄였고 후궁들에게 금이나 비취 같은 패물을 패용하지 못하게 하였으며 궁중에 女樂을 두지 않았었다. 그래서 진패선은 남조의 어느 군주 못지않은 英主라는 평가를 받고 있다.

유유는 인재 등용에 가문을 따지지 않고 능력을 중시했다. 양무제 소연은 好佛의 군주였기에 너무 자비로웠다고 한다. 또한 후경을 받아들일 정도로 知人에 실패했었기에 결국은 자신과 나라를 파멸로 몰고 간 후경의 난을 당해야만 했었다.

개국의 군주들이 모두 훌륭한 人傑(인걸)임에는 거의 틀림이 없다. 그러나 그 뒤로는 용열하면서도 포악한 폭군들이 줄줄이 나왔기에 남조의 왕조들은 하나같이 단명으로 끝날 수 밖에 없었다.

(2) 文皇帝, 名蒨, 武帝之兄子也. 在武帝平梁亂時, 已有功, 至是卽位.

○ 周王毓稱帝. ○ 北齊主洋, 盡滅元氏之族. 洋殂,諡曰文宣皇帝. ○ 周宇文護憚周帝明敏有識量, 進毒弑之. 諡曰明皇帝. 毓弟邕立. ○ 北齊文宣帝之母弟, 常山王演, 廢其主殷而自立, 尋弑殷. 演立一年而殂, 諡曰孝昭皇帝. 母弟長廣王湛, 又廢演子百年而自立, 後殺百年. ○ 後梁主詧殂, 太子巋立.

文皇帝의 이름은 蒨(천)으로, 무제의 형의 아들이다. 무제가 양의 후경의 난을 평정할 때 이미 공을 세웠었는데 이때에 즉위하였다.

○ 북주의 왕 우문육이 칭제하였다.

○ 북제의 군주 고양이 (북위의 왕족인) 원씨 일족을 모두 죽였다. 고양이 죽었는데, 시호는 문선황제이다.

○ 북주의 우문호는 周帝(우문육)가 명민하고 식견과 도량이 뛰어난 것을 꺼려 독살하였다. 시호는 명황제이다. 우문육의 동생 우문옹이 즉위했다.

○ 북제 문선제의 동모제인 상산왕 고연은 군주 고은을 폐위시키고 스스로 즉위했다가 곧 고은을 시해했다. 고연은 즉위 1년 만에 죽었는데, 시호는 효소황제이다. 동모제인 장광왕 고담이 고연의 아들 백년을 폐위하고 자립했다가 뒤에 백년을 죽여 버렸다.

○ 후량의 군주인 소찰이 죽고, 태자인 소규가 즉위했다.

어구 설명

○ 文皇帝, 名蒨, 武帝之兄子也. 在武帝平梁亂時, 已有功, 至是卽位. : 文皇帝의 이름은 蒨(천)으로, 武帝의 兄子이다. 武帝가 梁의 후경의 난을 평정할 때 이미 공을 세웠었는데 이때에 즉위하였다.(서기 559년)

 - 蒨 풀이 더부룩할 천. 兄子 ; 兄의 아들. 조카. 梁亂(양난) ; 梁 후경의 난.

○ 周王毓稱帝. 北齊主洋, 盡滅元氏之族. 洋殂, 諡曰文宣皇帝. 周宇文護憚周帝明敏有識量, 進毒弑之. 諡曰明皇帝. 毓弟邕立. : 북주의 왕 우문육이 칭제하였다. 北齊의 군주 高洋이 (북위의 왕족인) 元氏 일족을 모두 죽였다. 高洋이 죽었는데, 시호는 文宣皇帝이다. 北周의 宇文護는 周帝(우문육)가 明敏하고 識見과 道量이 뛰어난 것을 꺼려 독살하였다. 시호는 明皇帝이다. 우문육의 동생 우문옹이 즉위했다.

 - 周王 ; 北周의 宇文毓(우문육, 明帝, 재위 557~560년) 稱帝한 해는 559년이다. 宇文(우문) ; 復姓. 毓 기를 육(育과 같음).

 - 北齊主洋 ; 북제의 高洋. 부친은 高歡(고환), 이전에 설명 있음.

 - 盡滅(진멸) ; 모두 다 죽이다. 元氏之族(원씨지족) ; 북위의 왕족 탁발씨가 元氏로 改姓했었다. 高洋은 559년에 죽었다.

 - 宇文護 ; 인명. 憚 꺼릴 탄. 明敏(명민) ; 사리 판단이 명철하고 재주가 많음. 識量(식량) ; 식견과 도량.

 - 邕 화할 옹. 宇文邕 ; 北周의 武帝. 재위 561~578년.

○ 北齊文宣帝之母弟, 常山王演, 廢其主殷而自立, 尋弑殷. 演立一年而殂, 諡曰孝昭皇帝. 母弟長廣王湛, 又廢演子百年而自立, 後殺百年. 後梁主督殂, 太子巋立. : 北齊 文宣帝(高洋)의 同母弟인 常山王 高演은 군주 高殷(고은)을 폐위시키고 스스로 즉위했다가 곧 고은을 시해했다. 高演은 즉위 1년 만에 죽었는데, 시호는 孝昭皇帝이다. 同母弟인 長廣王 高湛(고담)이 高演의 아들 百年(백년)을 폐위하고 자립했다가 뒤에 백년을 죽여 버렸다. 後梁의 군주인 蕭督(소찰)이 죽고, 태자인 蕭巋(소규)가 즉위했다.

– 母弟(모제) ; 同母(同腹)의 동생. '어머니의 동생(외삼촌)'이 아님. 常山王 高演(고연) ; 高洋의 同母帝. 조카 高殷을 폐위시키고 즉위.(재위 560~561년)

– 高殷(고은) ; 文宣帝 高洋의 아들.(재위 559~560년)

– 湛 즐길 담. 高湛(고담) ; 高洋의 同母帝.(재위 561~565년) 百年 ; 高演의 아들.

– 督 살필 찰. 밝게 볼 절. 後梁主 蕭督(소찰). 殂 죽을 조. 소찰은 562년에 죽었다. 巋 산이 가파를 규.

※ 북제의 재위 순서를 다시 정리하면 다음과 같다.

高洋 ; 개국 군주 (재위 550~559년)

高殷 ; 高洋의 長子(재위 559~560년)

高演 ; 高洋의 同母弟(재위 560~561년) 조카 高殷을 폐위, 죽임.

高湛 ; 高洋의 同母弟(재위 561~565년) 조카 百年을 폐위, 죽임.

【참고】 황하의 얼음 깨기

❖ 高洋의 北齊(서기 550~577 존속)와 宇文覺(우문각)의 北周 (서기 557~581 존속)는 라이벌 관계였다. 두 나라는 황하를 국경 으로 삼고 있었는데 겨울이 되면 북주의 군사들이 큰 나무 망치로 황하의 얼음을 깨는 것이 일과였다. 이는 북제 군사의 겨울 도강 을 막기 위한 방법이었다. 그러나 나중에 북주가 강성해지면서 북 주에서는 얼음을 깨지 않았다. 대신 북제에서는 해마다 겨울이면 날마다 얼음을 깨야만 했다. 이는 라이벌의 강약이 뒤바뀌었다는 증거이다.

이러한 역전의 원인은 국가의 정책방향이었다. 북제는 중국인의 선비족화를 추진했고, 북주에서는 선비족의 漢人化를 추진했었다.

고양의 부친 高歡(고환)은 선비족화한 중국인으로 고환 때부터 세력을 심고 키워 드디어 아들 고양이 동위의 황제 자리를 빼앗아 북제를 건국한다. 고양은 선비족의 언어를 쓰며 선비족을 우대하 고 등용하며 철저하게 선비족에 동화하였다. 그러면서 한인들에 게는 선비족은 중국인들을 위해 싸우고 나라를 지켜준다고 강조 하였다. 결과적으로 북제의 조정은 선비족이 모든 요직을 차지하 게 된다. 때문에 초기에는 북제가 무력적으로 강국이었으나 지속 적 발전을 이루지 못하고 쇠약해진다.

반면 북주에서는 왕족들이 선비족이었음에도 불구하고 선비족 의 漢化정책을 철저하게 시행한다. 중국인 관료를 채용하고 여러 가지 제도 개혁을 실시한다. 府兵制(부병제)라는 군사제도 개혁을 통해 무력을 키우면서 노비해방을 추진하고 불교를 억제하면서

생산 인구를 늘려 나갔다. 선비족은 전투에서 이기면 그 상대방을 모두 노비로 만들고 그 노비의 신분은 세습되었다. 북주에서 선비족의 이러한 악습을 철폐하여 농민의 숫자를 크게 늘렸다. 결국 북주와 북제는 역전이 되었다. 이러한 북주의 국력 바탕을 이어받은 수(隋)나라는 북제를 병합하고 나아가 남조의 陳을 멸망시킨다. 그리하여 위진남북조 약 370년간의 분열시대는 막을 내리게 된다.

(3) ○ 北齊主湛, 傳位於太子緯, 自稱太上皇帝. ○ 陳主起自艱難, 知民疾苦, 性明察儉勤, 在位八年殂. 改元者二, 曰天嘉, 曰天康. 太子立, 是爲廢帝臨海王. ○ 廢帝臨海王, 名伯宗. 在位三年, 改元者一, 曰光大. 爲安成王頊所廢. ○ 北齊上皇湛殂, 諡曰武成皇帝. ○ 陳安成王自立, 是爲高宗宣皇帝. 宣皇帝 名頊, 初陷入長安, 文帝時, 周人送頊還陳, 至是卽位.

○ 周主邕誅宇文護, 始親政. ○ 北齊後主緯, 多嬖寵, 政亂. 周伐齊入鄴, 執緯, 歸殺之, 夷其族. 北齊建國五世, 三十年而亡.

○ 북제의 군주 고담이 태자인 고위에게 전위(양위)하고서는 태상황제라 자칭했다.

○ 陳主(文帝)는 가난을 딛고 일어난 사람이기에 백성들의 어려움을 알고 있었으며 천성적으로 명민한 통찰력에 검약하고 부지런하였는데 재위 8년에 죽었다. 개원을 2번 했는데 천가와 천강이다. 태자가 즉위하니, 이가 폐제 임해왕이다.

○ 폐제인 임해왕의 이름은 백종이다. 재위 3年에 개원은 광대이다. (임해왕은) 안성왕 頊(욱)에게 폐위 당하였다.

○ 북제의 상황인 湛(담)이 죽었는데, 시호는 무성황제이다.

○ 진의 안성왕이 자립하니, 이가 고종 선황제이다. 선황제의 이름은 頊(욱)인데 그전에 장안으로 잡혀갔었으나, 文帝 때 북주에서 욱을 진으로 돌려보내주었고 이때 이르러 즉위하였다.

○ 북주의 군주 우문옹이 우문호를 주살하고 비로소 친정을 했다.

○ 북제의 후주 고위는 소인들을 많이 사랑했기에 정치가 어지러웠다. 북주가 북제 정벌에 나서 수도 鄴(업)을 함락시키고 황제 고위를 생포해 북주로 데려와 죽였으며 그 일족도 모두 죽였다. 북제는 건국하고 5세(代) 30년 만에 망했다.

어구 설명

○ 北齊主湛, 傳位於太子緯, 自稱太上皇帝. ：北齊의 군주 高湛 (고담)이 太子인 高緯에게 전위하고서는 太上皇帝라 자칭했다.

　- 湛 즐길 담.　北齊主湛 ：高洋의 同母弟. 高歡의 九子. 재위 561～565년.　緯 가로로 짜는 실 위. 가로. 짜다.

　- 自稱太上皇帝(자칭태상황제) ; 高湛(고담)이 25세에 즉위, 30 세에 물려주고서 태상황제라 자칭했다.

○ 陳主起自艱難, 知民疾苦, 性明察儉勤, 在位八年殂. 改元者二, 曰天嘉, 曰天康. 太子立, 是爲廢帝臨海王. ：陳主(文帝)는 가난을 딛고 일어난 사람이기에 백성들의 어려움을 알고 있었으며 천성 적으로 명민한 통찰력에 검약하고 부지런하였는데 재위 8년에 죽 었다. 개원은 2번 했는데 天嘉(천가)와 天康(천강)이다. 太子가 즉위하니, 이가 폐제 임해왕이다.

　- 陳主 ; 陳蒨(진천) 559년에 무제 진패선의 뒤를 이어 즉위. 艱 어려울 간.　難 어려울 난.　艱難(간난) ; 어려움. 역경.

　- 疾苦(질고) ; 괴로움. 질병과 고통. 天嘉(천가, 560～565년). 天康(천강, 566년).　臨海王(임해왕) ; 재위 566～568년.

○ 廢帝臨海王, 名伯宗. 在位三年, 改元者一, 曰光大. 爲安成王頊 所廢. 北齊上皇湛殂, 諡曰武成皇帝. 陳安成王自立, 是爲高宗宣皇 帝. 宣皇帝 名頊, 初陷入長安, 文帝時, 周人送頊還陳, 至是卽位. ： 廢帝인 臨海王의 이름은 伯宗이다. 在位 3年에 改元은 光大이다. 安成王 頊(욱)에게 폐위 당하였다. 北齊의 上皇인 湛(담)이 죽었 는데, 시호는 武成皇帝이다. 陳의 安成王이 自立하니, 이가 高宗

宣皇帝이다. 宣皇帝의 이름은 頊(욱)인데 그전에 長安으로 잡혀 갔었으나, 文帝(陳蒨 진천) 때 북주에서 頊을 陳으로 돌려보내주 었고 이때 이르러 卽位하였다.

 - 伯 맏이 백. 在位三年 ; 566~568년. 炗(광) ; 光의 본자. 頊 삼갈 욱. 高宗 宣皇帝(선황제) ; 재위 569~582년. 경제적 안 정을 이룩했다.

 - 初陷入長安(초함입장안) ; 頊(욱)은 무제의 아들 昌과 西魏에 끌려갔으나 北周가 건국되고, 북주에서 돌려보내 주었다.

○ 周主邕誅宇文護, 始親政. 北齊後主緯, 多嬖寵, 政亂. 周伐齊入 鄴, 執緯, 歸殺之, 夷其族. 北齊建國五世, 三十年而亡. : 북주의 군주 우문옹이 宇文護를 주살하고 비로소 親政을 했다. 北齊의 後主 高緯(고위)는 소인들을 많이 사랑했기에 정치가 어지러웠 다. 北周가 北齊 정벌에 나서 수도 鄴(업)을 함락시키고 황제 고 위를 생포해 북주로 데려와 죽였으며 그 일족도 모두 죽였다. 北 齊는 建國하고 5世 30년 만에 망했다.

 - 邕 화할 옹. 後 뒤 후. 끝이나 마지막 부분을 後라 함. 後主 ; 나라의 마지막 최후의 군주를 지칭함.

 - 嬖 사랑할 폐. 귀인에게 총애받는 미천한 사람. 寵 사랑할 총. 괴다. 夷 오랑캐 이. 멸하다. 없애다.

(4) ○ 周主邕, 深沈有遠識, 政事嚴明, 稱爲賢主. 滅齊一年而殂, 壽三十六. 諡曰武皇帝. 太子贇立,立皇后楊氏, 后父隋公楊堅用事, 爲上柱國大司馬.
贇自爲太子時, 好昵近小人. 立未一年, 傳位於子
闡, 自稱天元皇帝. 驕侈彌甚, 未一年而殂, 諡曰宣
皇帝. 楊堅自爲大丞相, 進相國隋王, 加九錫, 未幾,
周主闡禪位于隋, 尋被弑, 隋主盡滅宇文氏之族. 周
自稱帝, 至是五世, 二十五年而亡.

○ 후주의 군주 우문옹은 침착하고 원대한 식견이 있었
으며, 정치는 엄정하고 명확하여 현주라는 칭송을 들었다.
북제를 멸망시키고 일 년이 지나 죽었는데 나이는 서른여
섯이었고, 시호는 무황제이다.

태자 우문윤이 즉위하고 황후로 양씨를 맞이하였는데,
황후의 부친 隋公(수공) 양견이 전권을 장악하며 상주국대
사마가 되었다. 우문윤은 태자 시절부터 소인들을 가까이
하였다. 즉위 1년이 안 되어 아들 우문천에게 전위하고서
천원황제라 자칭했다. 우문윤은 교만과 사치는 갈수록 심
해졌는데 일년이 안 되어 죽었고, 시호는 선황제이다.

양견은 스스로 대승상이 되었다가 상국과 수왕에 오른
뒤 구석을 받고 얼마 안 있어 북주의 군주 우문천은 隋에
게 선위하였고, 곧 피살되었으며 隋 군주는 우문씨 일족을
다 죽였다. 북주는 칭제 이후 5세(代) 25년에 멸망했다.

어구 설명

○ 周主邕, 深沈有遠識, 政事嚴明, 稱爲賢主. 滅齊一年而殂, 壽三十六, 諡曰武皇帝. : 후주의 군주 우문옹은 침착하고 원대한 식견이 있으며, 정치는 엄정하고 명확하여 賢主라는 칭송을 들었다. 북제를 멸망시키고 일 년이 지나 죽었는데 나이는 서른여섯이었고, 시호는 武皇帝이다.

 - 邕 화할 옹.   滅齊一年而殂(멸제일년이조) ; 齊를 멸망시키고 (서기 577년) 일 년이 지나서 죽었다. 우문옹은 돌궐을 정벌하고 돌아오다가 병에 걸려 죽었다.

○ 太子贇立, 立皇后楊氏, 后父隋公楊堅用事, 爲上柱國大司馬. 贇自爲太子時, 好昵近小人. 立未一年, 傳位於子闡, 自稱天元皇帝. 驕侈彌甚, 未一年而殂, 諡曰宣皇帝. : 太子 宇文贇(우문윤)이 즉위하고 황후로 楊氏를 맞이하였는데, 황후의 부친 隋公 楊堅이 전권을 장악하며 上柱國大司馬가 되었다. 우문윤은 太子 시절부터 소인들을 가까이 하였다. 즉위 1년이 안 되어 아들 宇文闡(우문천)에게 전위하고서 天元皇帝라 자칭했다. 교만과 사치는 갈수록 심해졌는데 一年이 안되어 죽었고, 시호는 宣皇帝이다.

 - 贇 예쁠 윤(빈), 문채가 날 윤. 우리나라 대법원 성명용 한자는 '윤'.   楊 버들 양.   隋 나라 이름 수.   堅 굳을 견.

 - 楊堅(양견) ; 漢人, 부친은 西魏, 본인은 北周에서 선비족의 영향을 받았음. 재위 581∼604년. 在位 23년, 향년 64세.

 - 用事 ; 요직에서 정권을 마음대로 함.   上柱國大司馬 ; 관직명.   昵 친숙할 닐(일).   昵近(일근) ; 친근하게 지냄.

– 闡 열 천. 닫힌 것을 열다.　彌 두루 미, 그칠 미. 더욱, 점점.

○ 楊堅自爲大丞相, 進相國隋王, 加九錫, 未幾, 周主闡禪位于隋, 尋被弑, 隋主盡滅宇文氏之族. 周自稱帝, 至是五世, 二十五年而亡. : 楊堅은 스스로 大丞相이 되었다가 相國과 隋王에 오른 뒤 九錫을 받고 얼마 안 있어 북주의 군주 우문천은 隋에게 선위하였고(서기 581년), 곧 피살되었으며 隋 군주는 宇文氏 일족을 다 죽였다. 북주는 칭제 이후 5세 25년에 멸망했다.

– 未幾(미기) ; 얼마 되어.　周主闡禪位于隋(주주천선위우수) ; 후주의 군주 우문천은 수에 선위하였다.

– 至是五世, 二十五年而亡 ; 북주 존속기간(서기 557~581년).

【참고】 북주의 귀족 楊堅(양견)

❖ 楊堅(양견, 서기 541~604년) 隋, 開國皇帝로 서기 581~604년까지 재위했다. 在位 23년, 향년 64歲였으니 천운을 타고 난 인물임에는 틀림없으나 아들 양제에 의해 죽음을 당했다.

양견은 漢族이지만 鮮卑族의 성씨와 이름도 갖고 있었다. 그의 부친 楊忠은 西魏의 관직을 두루 거쳤으며 선비족화한 한인의 대표적 인물이었다. 양충은 西魏의 隨國公이었고, 뒤에는 北周 八柱國의 한 사람이었다. 양견은 부친의 직위를 세습했고 걸출한 용모에 무예도 뛰어났었다. 양견의 부인 獨孤씨는 당시 북주 팔주국의 한 사람인 獨孤信의 딸이었다. 양견의 딸은 북주 선제의 황후였었으니 北周에서 양견의 지위가 어떠했는가를 짐작할 수 있다.

(5) 陳主在位十四年, 改元者一, 曰大建. 殂, 太子
立, 是爲後主長城煬公.

後主長城煬公, 名叔寶. 自爲太子, 與詹事江摠,
爲長夜之飮. 卽位未幾, 起臨春 · 結綺 · 望仙閣. 各
高數十丈, 連延數十閒, 皆以沈檀爲之, 金玉珠翠爲
之飾, 珠簾寶帳, 服玩瑰麗, 近古未有. 其下積石爲
山, 引水爲池, 雜植花卉. 陳主居臨春閣, 貴妃張麗
華居結綺, 龔 · 孔二貴嬪居望仙, 複道往來. 江摠爲
宰輔, 不親政事. 日與孔範等文士, 侍宴後庭. 謂之
狎客, 使諸貴嬪與客唱和, 其曲有玉樹後庭花等, 君
臣酣歌, 自夕達旦.

陳 효선제는 재위 14년에 개원은 한 번인데 大建이다. 죽
은 뒤 태자가 즉위하니, 이가 후주 장성양공이다.

후주 장성양공의 이름은 숙보이다. 태자가 되었을 때부
터 첨사 江摠(강총)과 더불어 밤을 새워 술을 마셨다. 즉위
하고 얼마 되지 않아 임춘, 결기, 망선각 등을 지었다. 각
전각의 높이가 수십 장이고 수십 칸의 건물이 이어졌는데,
모두 침향목과 전단목으로 지어졌고 금과 진주와 비취로
장식했으며, 구슬로 만든 발과 보석으로 꾸민 휘장, 의복
과 노리개가 모두 귀하고 화려하기로는 요즈음도 비길만

한 것이 없었다. 그 아래로 돌을 쌓아 산을 만들고 물을 끌어와 연못을 만들었고 꽃나무와 풀을 섞어 심었다.

진 후주는 임춘각에 거처하고 귀비 장려화는 결기각에, 龔(공)씨와 孔(공)씨 두 명의 귀빈은 망선각에 거처하면서 복도로 왕래했다. 강총은 재상이 되었지만 친히 정사를 하지도 않았다. 날마다 공범과 같은 문사와 더불어 후정에서 왕을 모시고 연회를 했다. 이들을 狎客(압객)이라 불렀고 여러 귀빈과 객이 같이 노래를 부르게 하였는데, 그 노래 곡조에 옥수후정화 등이 있었고 군신이 같이 저녁부터 새벽이 될 때까지 술을 마시며 노래를 불렀다.

어구 설명

○ 陳主在位十四年, 改元者一, 曰大建. 殂, 太子立, 是爲後主長城煬公. : 陳主(孝宣帝) 在位 14年에 改元은 한 번인데 大建이다. 죽은 뒤에 太子가 즉위하니(서기 582년), 이가 後主 長城煬公이다.
 - 陳主 ; 孝宣帝. 名 陳頊(진욱) 재위 569~582년. 煬 불을 쬘 양.

○ 後主長城煬公, 名叔寶. 自爲太子, 與詹事江摠, 爲長夜之飮. 卽位未幾, 起臨春·結綺·望仙閣. 各高數十丈, 連延數十閒, 皆以沈檀爲之, 金玉珠翠爲之飾, 珠簾寶帳, 服玩瑰麗, 近古未有. 其下積石爲山, 引水爲池, 雜植花卉. : 後主 長城煬公(장성양공)의 이름은 叔寶(숙보)이다. 太子가 되었을 때부터 詹事(첨사)인 江摠(강

총)과 더불어 밤을 새워 술을 마셨다. 卽位하고 얼마 되지 않아 臨春, 結綺, 望仙閣 등을 지었다. 각 전각의 높이가 수십 장이고 수십 칸의 건물이 이어졌는데 모두 침향목과 전단목으로 지어졌고 금과 진주와 비취로 장식했으며, 구슬로 만든 발과 보석으로 꾸민 휘장, 의복과 노리개가 모두 귀하고 화려하기로는 요즈음에도 비길만한 것이 없었다. 그 아래로 돌을 쌓아 산을 만들고 물을 끌어와 연못을 만들었고 꽃나무와 풀을 섞어 심었다.

– 後主 長城煬公 ; 陳叔寶가 仁壽 4年(서기 604년)에 52세에 죽자 隋에서 내린 시호임.

– 叔寶 ; 효선제가 죽자, 장자로 즉위. 그전에 숙보의 동생 叔陵(숙릉)은 형을 살해하려고 했으나 미수로 끝나 숙릉을 죽인 뒤에 즉위했다.

– 詹 이를 첨, 볼 첨. 詹事(첨사) ; 職名. 태자에게 딸린 관원. 江摠(강총) ; 人名. 長夜之飮(장야지음) ; 밤을 새워 술을 마심.

– 臨春(임춘), 結綺(결기), 望仙閣(망선각) ; 모두 전각(누각) 이름.

– 綺 비단 기. 連 잇닿을 연. 잇다. 延 끌 연. 늘리다. 連延(연연) ; 연이어 길게 뻗다.

– 沈檀(침단) ; 沈香木(침향목)과 栴檀木(전단목), 모두 귀한 목재. 珠 구슬 주. 진주. 翠 비취색 취. 청록색. 비취. 飾 꾸밀 식.

– 簾 발 염(렴). 寶帳(보장) ; 보석으로 장식한 휘장. 玩 희롱할 완. 장난감. 服玩(복완) ; 의복과 노리개. 玩은 翫과 同字.

– 瑰 구슬 이름 괴. 麗 아름다울 여(려). 近古未有(근고미유) ; 근래에 없었다. 雜植(잡식) ; 섞여서 심다.

- 卉 풀 훼. 풀 종류의 총칭.

○ 陳主居臨春閣, 貴妃張麗華居結綺, 龔 · 孔二貴嬪居望仙, 複道往來. 江摠爲宰輔, 不親政事. 日與孔範等文士, 侍宴後庭. 謂之狎客, 使諸貴嬪與客唱和, 其曲有玉樹後庭花等, 君臣酣歌, 自夕達旦. : 陳 후주는 臨春閣에 거처하고, 貴妃 張麗華는 結綺閣에, 龔(공)氏(씨)와 孔(공)氏(씨) 두 명의 귀빈은 望仙閣에 거처하면서 복도로 왕래했다. 江摠은 재상이 되었지만 친히 정사를 하지도 않았다. 날마다 孔範 등 文士와 더불어 後庭에서 왕을 모시고 연회를 했다. 이들은 狎客(압객)이라 불렀고 여러 貴嬪과 客이 같이 노래를 부르게 하였는데, 그 노래 곡조에 玉樹後庭花 等이 있었고 君臣이 같이 저녁부터 새벽이 될 때까지 술을 마시며 노래를 하였다.

- 張麗華(장려화) ; 560~589년. 빈천 가문 출생. 머리카락이 7척이었다는 절세미인. 30세에 죽음.

- 龔 공손할 공. 姓氏 공.　複道(복도) ; 건물과 건물 사이에 지붕을 씌운 통로.　宰輔(재보) ; 재상.　親 친할 친. 부모. 몸소하다.

- 日 ; 날마다.　後庭(후정) ; 後宮, 後苑(후원).

- 狎 익숙할 압. 친하다.　狎客(압객) ; 절친하여 예절에 구애받지 않는 손님. 기방의 손님.

- 玉樹後庭花(옥수후정화) ; 가사는 경박하고 곡조는 매우 슬픈 곡조의 이름. 일반적으로 '망국의 음악'이란 의미로 쓰임.

- 酣 술 즐김 감.　酣歌(감가) ; 술 마시며 노래함.　旦 새벽 단. 自夕達旦(자석달단) ; 저녁부터 새벽이 될 때까지.

【참고】 망국의 음악 – 후정화

❖ 陳의 後主는 주색에 빠진 황음무도한 군주였다. 君主가 주색과 사치에 빠지고 환관이나 소인의 말을 듣기 시작하면 강직한 신하들이 빠져나가게 되고 그 자리는 더더욱 무능하거나 아첨배로 채워지게 되어 있다.

또 이러한 군주일수록 줏대도 없다. 촉한 유비의 아들 後主 劉禪(유선)이나 陳의 後主 陳叔寶나 역시 마찬가지였다.

성이 함락될 무렵에, 그래도 강직한 신하 한 사람이 "武帝가 후경을 대할 때와 같이 의관을 다 갖추고 정좌에 앉아 적장을 만나보십시오."라고 건의했지만 후주는 두 후궁만을 데리고 마른 우물에 들어가 숨었다고 하니, 그가 얼마나 졸장부였는가를 짐작할 수 있다. 망국의 책임을 지고 자살할 용기나 책임감도 없이 구차하게 목숨을 부지하려 했다.

亡國의 음악이라고 하는 後庭花(후정화)는 後主 진숙보가 지었다고 하는데 마지막 두 구절은 다음과 같다.

"예쁜 계집의 뺨은 이슬 머금은 꽃과 같고
   옥수에서 나온 빛은 뒤뜰을 비춘다."
   (妖姬臉似花含露　玉樹流光照後庭)

이 노래의 가사는 경박하고 곡조는 늘어지듯 슬펐는데 노래를 부르는 사람이 적당히 가사를 바꿔 불렀다고 한다. 이는 후세에 '亡國之音'의 대명사가 되었지만 민간에서는 여전히 유행했던 모양이다.

뒷날 당나라의 시인 杜牧(두목, 少杜)은 이를 읊었다.

　"안개는 강을 덮고 달빛은 백사장에 내리는데
　밤에 진회의 술집 근처에 정박했다.
　歌妓는 망국의 한을 알지 못하고
　물 건너에서 여전히 후정화를 노래하네!"
　(煙籠寒水月籠沙　夜泊秦淮近酒家
　　商女不知亡國恨　隔江猶唱後庭花)
　　　　　　－杜牧의 〈泊秦淮詩〉－ (※ 秦淮는 南京에 있는 地名)

(6) 宦官近習, 內外連結, 宗戚縱橫, 貨賂公行. 孔範與貴嬪, 結爲兄弟. 範自謂, 文武才能, 舉朝莫及. 將帥微有過失, 卽奪兵權. 由是文武解體, 以至覆滅.
○ 後梁主歸殂. 太子琮立. 隋主廢而滅之. 自詧稱帝於江陵, 臣於西魏・周・隋, 所統數郡而已. 凡三十三年而亡.
○ 隋以晋王廣爲元帥, 帥師伐陳. 揚素・韓擒虎・賀若弼, 分道而出. 高熲爲元帥長史, 問薛道衡, 江東可克乎. 對曰, 克之. 郭璞言, 江東分王三百年, 與中國合, 此數將周.

환관과 근신들은 내외로 연결되었고 종실과 외척은 함부로 날뛰고 뇌물이 공공연히 오고 갔다. 공범과 공귀빈은 형제로 맺어졌다. 공범은 "문무의 능력에서 온 조정이 나를 따라올 수 없다."고 스스로 말했다. 장수가 조그만 잘못이라도 있으면 즉시 병권을 탈취했다. 이리하여 문무신의 마음이 떠나갔기에 멸망에 이르렀다.

○ 후량의 군주 소규가 죽었다. 태자 소종이 즉위했다. 隋 군주가 그를 폐위하고 멸망시켰다. 소찰이 강릉에서 칭제하고 서위와 북주와 수에게 신속하였고 몇 개의 군을 거느렸을 뿐이었다. 총 33년 만에 망하였다.

○ 隋의 楊堅(양견)은 진왕 양광을 元帥(원수)로 삼아 군사를 거느리고 陳나라를 정벌했다. 양소, 한금호, 하약필이 길을 달리하여 출정했다. 고경은 元帥(원수)의 長史(장사)였는데 설도형에게 "강동을 정복할 수 있겠는가?"라고 물었다. 설도형은 "정복할 것입니다. 전에 晋(진)의 곽박이 晋(진)은 '강동에서 분리(떨어져 나가)되어 나라를 세우고 왕노릇을 3백년 하면 중국에 합해질 것이라' 했는데, 이 운수가 지금 돌아왔습니다."라고 대답했다.

어구 설명

○ 宦官近習, 內外連結, 宗戚縱橫, 貨賂公行. 孔範與貴嬪, 結爲兄弟. 範自謂, 文武才能, 擧朝莫及. 將帥微有過失, 卽奪兵權. 由是

文武解體, 以至覆滅. : 宦官과 近臣들은 내외로 연결되었고 종실과 외척은 함부로 날뛰고 뇌물이 공공연히 오고 갔다. 孔範(공범)과 孔貴嬪은 형제로 맺어졌다. 공범은 "문무의 능력에서 온 조정이 나를 따라올 수 없다."고 스스로 말했다. 장수가 조그만 잘못이라도 있으면 즉시 병권을 탈취했다. 이리하여 문무신의 마음이 떠나갔기에 멸망에 이르렀다.

 - 宦 벼슬 환. 내시.　近習(근습) ; 近臣.　宗戚(종척) ; 군주의 종실과 외척.　縱橫(종횡) ; 세로와 가로. 거침없이 내닫다.

 - 貨 재화 화. 돈.　賂 뇌물 줄 뇌(뢰).　貨賂(화뢰) ; 뇌물.　公行(공행) ; 공공연히 이루어지다.

 - 擧朝莫及(거조막급) ; 朝廷의 누구도 따라오지 못한다. 자신의 능력이 조정에서 가장 뛰어나다는 뜻.

 - 微 작을 미.　文武解體(문무해체) ; 文 · 武臣의 마음이 解體되다(떠나갔다).　覆 뒤집힐 복.　覆滅(복멸) ; 뒤집혀 망하다. 전멸하다.

○ 後梁主巋殂. 太子琮立. 隋主廢而滅之. 自詧稱帝於江陵, 臣於西魏 · 周 · 隋, 所統數郡而已. 凡三十三年而亡. : 後梁의 군주 蕭巋(소규)가 죽었다.(서기 585년) 태자 蕭琮(소종)이 즉위했다. 隋君主가 그를 폐위하고 멸망시켰다.(서기 587년) 蕭詧(소찰)이 강릉에서 稱帝하고 西魏와 북주와 隋에게 臣屬(신속)하였고 몇 개의 군을 거느렸을 뿐이었다. 총 33년 만에 망하였다.

○ 隋以晋王廣爲元帥, 帥師伐陳. 揚素 · 韓擒虎 · 賀若弼, 分道而出. 高頎爲元帥長史, 問薛道衡, 江東可克乎. 對曰, 克之. 郭璞言,

江東分王三百年, 與中國合, 此數將周. : 隋는 晋王 楊廣을 元帥로 삼아 군사를 거느리고 陳을 정벌했다.(588년 출정) 揚素(양소), 韓擒虎(한금호), 賀若弼(하약필)이 길을 달리하여 출정했다. 高熲(고경)은 元帥의 長史였는데 薛道衡(설도형)에게 "江東을 정복할 수 있겠는가?"라고 물었다. 설도형은 "정복할 것입니다. 전에 晋(진)의 郭璞(곽박)이 晋(진)은 '江東이 분리(떨어져 나가)되어 나라를 세우고 왕노릇을 三百年 하면 中國에 합해질 것이라' 했는데, 이 운수가 지금 돌아왔습니다."라고 대답했다.

 – 晋王廣 ; 晋王 楊廣 ; 隋 文帝 楊堅의 次子.(569~618年) 隋朝 二代皇帝.　元帥(원수) ; 총사령관.　長史(장사) ; 副官. 補佐官(보좌관).

 – 帥師伐陳(솔사벌진) ; 군대를 거느리고 진을 정벌하다.　楊廣은 80명의 總管(총관, 무관직 명칭)과 51만의 대군을 거느렸다고 한다.

 – 揚 오를 양. 姓氏.　擒 사로잡을 금.　熲 빛날 경.　薛 맑은대쑥 설. 姓氏.　克 이길 극. 정복하다.

 – 郭璞(곽박) ; (276~324년), 東晋 학자. 王敦에게 피살.

 – 與中國合(여중국합) ; 중국에 합쳐질 것이다. 여기서 중국은 황하를 중심으로 하는 나라.　數 ; 運數.

 – 將 ; 막 ~하려 한다.　周 두루 주. 돌아오다.　此數將周(차수장주) ; 이 운수가 이제 돌아오려 한다. 때가 되었다. 東晋이 건국된 것이 서기 317년이었으니 272년 전이었다. 이제 3백 년이 거의 다 되었으니 남조의 陳이 망할 때가 되었다는 설명이다.

【참고】 나라가 멸망하는 공식

❖ 위진남북조 시대는 후한의 멸망과 曹丕의 魏나라(서기 220년)에서 시작하여 3국 시대－서진의 통일－5호 16국과 동진의 성립－남북조 시대를 지나 隋의 통일(589년)에 이르는 370년의 세월이다. 이 시대에 총 30여 나라가 일어나고 망했다.

사실 너무 많은 나라에 너무 많은 군주의 즉위와 시해와 죽음이 줄줄이 이어지기에 '과연 이런 사람, 이런 나라를 기억하며 읽어야 하는가?' 라는 회의에 빠지게 된다.

사실 이 시대뿐만 아니라 어느 시대이든 나라가 멸망에 이르는 가장 큰 이유는 어리석거나 어린 군주의 즉위, 군주의 사치와 향락, 황음무도한 도덕적 타락이 언제나 멸망의 원인으로 꼽힌다. 국력의 쇠퇴에 따라 이웃 나라의 침략에 의한 멸망도 결국 국력쇠약의 원인을 제공한 군주의 책임으로 귀결된다.

조비의 魏, 촉한, 孫吳는 물론 서진과 동진과 남조의 4개국 모두 빈번한 황제 교체와 우매한 통치자의 황음무도와 어리석음은 멸망에 이르는 첩경임을 확실하게 보여주었다.

(7) 陳主聞有隋兵, 謂近臣曰, 王氣在此, 彼何爲者. 孔範曰, 長江天塹, 豈能飛渡. 臣每患官卑. 虜若渡江, 定作太尉公矣. 陳主以爲然. 奏伎縱酒, 賦詩不輟. 賀若弼自廣漢濟江, 韓擒虎自橫江宵濟采石, 守

者皆醉. 擒虎遂自新林進, 直入朱雀門. 陳主自投景
陽井中, 軍人窺井, 將下石, 乃叫. 以繩引之, 與張
麗華 · 孔貴嬪, 同束而上, 俘以歸. 後主在位七年,
改元者二, 曰至德, 曰禎明. 陳自高祖武帝, 至是五
世, 凡三十三年而亡.

陳 후주는 隋가 공격해온다는 말을 듣고 근신에게 말했
다. "王氣가 이곳에 있는데 저들이 무엇을 하겠는가?" 그
러자 공범이 말했다. "장강은 하늘이 만들어준 참호입니
다. 어찌 날아서 건너겠습니까? 신은 늘 관직이 낮은 것을
걱정했습니다. 적인 隋가 만약 강을 건넌다면 (공을 세운
나를) 꼭 태위공에 임명해 주기 바랍니다." 진의 후주는 옳
다고 생각하고 女樂(여악)을 즐기고 술을 마시며 시를 짓
고 읊기를 그치지 않았다.

하약필은 광한에서 강을 건넜고, 한금호는 횡강에서 밤
에 채석강을 건너갔는데 陳(진)의 수비 군사가 모두 술에
취해 있었다. 한금호는 드디어 신림에서 직진하여 곧장 주
작문으로 들어갔다.

陳 후주는 경양궁의 마른 우물 속에 숨었는데 隋(수)의
군인이 우물을 들여다보고 돌을 던지려 하자 비로소 소리
를 질렀다. 밧줄로 끌어올리는데 후주와 장려화와 공귀빈
이 같이 묶여 올라왔고 포로로 잡아 돌아갔다.

후주 재위 7년에 개원은 2번이니, 지덕과 정명이다. 陳은
고조 무제로부터 이때까지 5세에 총 33년 만에 망했다.

어구 설명

○ 陳主聞有隋兵, 謂近臣曰, 王氣在此, 彼何爲者. 孔範曰, 長江天
塹, 豈能飛渡. 臣每患官卑. 虜若渡江, 定作太尉公矣. 陳主以爲然.
奏伎縱酒, 賦詩不輟. : 陳 後主는 隋가 공격해온다는 말을 듣고
近臣에게 말했다. "王氣가 이곳에 있는데 저들이 무엇을 하겠는
가?" 그러자 孔範(공범)이 말했다. "長江은 하늘이 만들어준 塹壕
(참호)입니다. 어찌 날아서 건너겠습니까? 臣은 늘 (저의) 관직이
낮은 것을 걱정했습니다. 적이 만약 강을 건넌다면 (공을 세운 나
를) 꼭 太尉公에 임명해 주기 바랍니다." 진의 후주는 옳다고 생각
하고 여악을 즐기고 술을 마시며 시를 짓고 읊기를 그치지 않았다.
 – 王氣(왕기) ; 왕조가 번성할 기운.　彼 저 피. 隋나라.
 – 塹 구덩이 참. 참호.　豈能飛渡(기능비도) ; 어찌 날아서 건널
수 있겠습니까?　患 근심 환. 걱정하다.
 – 官卑(관비) ; 관직이 낮다.　虜 포로 로(노). 적국의 군대.　定
; 반드시, 꼭.　太尉(태위) ; 三公 중 군권을 장악한 사람. 적이
강을 건너온다면 자신이 국가를 위해 공을 세울 것이니 자신에게
최고 군사권을 달라고 큰소리 친 것임.
 – 以爲然(이위연) ; 그러하다고 생각하다.　奏 아뢸 주. 연주하
다.　伎 재주 기. 기녀의 음악.
 – 縱酒(종주) ; 술자리를 벌이다.　輟 그칠 철.

○ 賀若弼自廣漢濟江, 韓擒虎自橫江宵濟采石, 守者皆醉. 擒虎遂自新林進, 直入朱雀門. : 賀若弼은 廣漢에서 江을 건넜고, 韓擒虎는 橫江에서 밤에 采石江을 건너갔는데 수비 군사가 모두 술에 취해 있었다. 한금호는 드디어 新林에서 직진하여 곧장 朱雀門으로 들어갔다.

 - 濟 물 건널 제. 宵 밤 소. 醉 취할 취. 朱雀門(주작문) ; 궁성의 南門.

 - 廣漢(광한), 橫江(횡강), 采石(채석), 新林(신림) ; 모두 양자강에 있는 地名.

○ 陳主自投景陽井中, 軍人窺井, 將下石, 乃叫. 以繩引之, 與張麗華·孔貴嬪, 同束而上, 俘以歸. : 陳 後主는 景陽宮의 마른 우물 속에 숨었는데 隋의 軍人이 우물을 들여다보고 돌을 던지려 하자 비로소 소리를 질렀다. 밧줄로 끌어올리는데 후주와 張麗華와 孔貴嬪이 같이 묶여 올라왔고 포로로 잡아 돌아갔다.

 - 窺 엿볼 규. 將下石(장하석) ; 막 돌을 던지려 하니. 繩 줄 승. 밧줄. 俘 사로잡을 부. 포로. → 후주가 먼저 올라가면 후궁이 돌에 묻혀 죽을 줄 알고 셋이 같이 올라가겠다며 동시에 한 밧줄에 묶였고 그래서 수나라 군사들이 무거워했다는 野史가 전해온다.

○ 後主在位七年, 改元者二, 曰至德, 曰禎明. 陳自高祖武帝, 至是五世, 凡三十三年而亡. : 後主 재위 7년에 改元은 2번이니 至德과 禎明이다. 陳은 高祖 武帝로부터 이때까지 5세에 총 33년 만에 망했다.

 - 禎 상서로울 정, 바를 정. 至德(583~586년), 禎明(587~589년). 건국 557년~589년 멸망. 총 33년 존속.

【참고】 망국의 군주에게 술이란 무엇인가?

❖ 기록에 의하면 後主 陳叔寶는 553년에 태어나 30세 되는 582년에 즉위하여 8년간 재위하였다. 진숙보의 沈皇后에게서는 所生이 없었고 貴妃 張麗華를 비롯하여 17명의 妃嬪으로부터 총 22명의 아들을 두었다.

隋 文帝 楊堅(양견)은 589년 陳을 멸망시켜 천하통일을 이룩하였다. 양견은 진의 後主 陳叔寶를 아주 우대했다. 진숙보가 관직이 없어 궁중 출입에 불편하다 하여 三品 관리의 신분을 부여해 주었고 그만한 우대를 했다. 또 그를 초청한 연회에서는 그가 고향생각으로 마음이 상할까 염려하여 강남의 음악은 연주하지 못하게 하였다. 그러나 진숙보에게 망국의 슬픔은 아예 없었다고 한다.

진숙보를 監守하는 사람이 "그는 늘 술에 취해 있고 깨어 있는 시간이 거의 없습니다."라고 보고를 하였다. 문제는 "그가 술을 마시지 않는다면 어떻게 하루하루를 지낼 수 있겠느냐?"면서 무엇을 좋아하느냐고 물었다. 그러자 감수인은 "당나귀 고기를 좋아하며 술을 한 번에 한 말 이상 마십니다."라고 보고하였다.

수 문제는 '배알도 없는 진숙보(陳叔寶全無心肝)'의 엄청난 주량에 놀랐다고 한다.

문제는 "陳叔寶의 실패는 모두 그 사람의 음주와 관련이 있다. 시를 짓고 술을 마시는 그 시간에 國事를 돌보았다면 어찌 저리 몰락할 수 있었겠는가? 賀若弼(하약필, 隋의 장수)이 京口를 공격할 때 진숙보의 신하가 위급한 상황을 보고하였으나 진숙보는 술

을 마시면서 상관하지 않았다고 한다. 또 高潁(고경, 隋 장수)이
陳의 궁궐을 수색했더니 위급상황을 보고하는 문서들이 개봉도
되지 않은 채 쌓여 있었다 하니, 그가 얼마나 어리석었는가를 알
수 있다. 진의 멸망은 하늘의 뜻이다."라고 말했다.

陳叔寶는 隋 仁壽 4年(604년)에 52세에 죽었다. 그가 죽자, 大將軍
을 추증하고 長城煬公(장성양공)이라는 시호를 내렸다. 그가 죽으
면서 받은 大將軍 벼슬은 그나 그 후손에게 무슨 의미가 있겠는가?

陳의 後主 陳叔寶(진숙보)

제3장 隋의 통일과 멸망

1) 隋의 건국과 통일

⑴ 隋高祖文皇帝, 姓楊氏, 名堅, 弘農人也. 相傳爲東漢太尉震之後. 父忠仕魏及周, 以功封隋公, 堅襲爵. 堅生而有異. 宅旁有尼寺, 一尼抱歸自鞠之. 一日尼出, 付其母自抱. 角出鱗起, 母大驚墜之地, 尼心動, 亟還見之曰, 驚我兒, 致令晚得天下. 及長相表奇異, 周人嘗告武帝, 普六茹堅有反相. 堅聞之深自晦匿. 女爲周宣帝后, 周靜帝立. 堅以太后父秉政, 遂移周祚. 卽位九年, 平陳天下爲一.

隋(수)나라 고조 文皇帝의 성은 양씨이고, 이름은 견으로 홍농인이다. 전하는 바에 의하면, 후한(동한) 태위인 양진의 후손이다. 부친 양충은 서위와 북주에서 벼슬하며 공을 세워 隋公에 봉해졌고 양견은 작위를 세습했다.

양견이 출생한 뒤 이상한 일이 있었다. 집 옆에 여승들의 절이 있었는데 여승 한 사람이 아기를 안고 절에 가서 자신이 아기를 길렀다. 하루는 여승이 와서 어머니에게 안아주라며 아기를 돌려주었다. (아기에게) 뿔이 나고 비늘이 돋자, 어머니는 크게 놀라며 아기를 떨어트렸다. 나갔던 여승이 놀라면서 빨리 돌아와 이를 보고서는 말했다. "내 아기를 놀라게 하였으니 천하를 차지하는 것이 늦어질 것입니다."

양견이 자라면서 모습과 의표가 기이하였기에 북주 사람이 무제에게 "보륙여견(양견)에게는 배반의 상이 있다."고 말했다. 양견은 이를 듣고 자신을 내세우지 않고 감추었다. 양견의 딸이 北周(북주) 선제의 황후가 되었고, 북주의 정제가 즉위하였다. 양견은 태후의 아버지로서 정권을 장악하였고 드디어 북주 황제의 자리를 탈취했다. 즉위한 지 9년에 陳(진)나라를 평정하여 천하를 하나로 통일했다.(기원 589년)

어구 설명

○ 隋高祖文皇帝, 姓楊氏, 名堅, 弘農人也. 相傳爲東漢太尉震之後. 父忠仕魏及周, 以功封隋公, 堅襲爵. : 隋 高祖 文皇帝의 姓은 楊氏이고, 이름은 堅으로 弘農人이다. 전하는 바에 의하면, 後漢(東漢) 太尉인 楊震의 후손이다. 父親 楊忠은 西魏와 北周에서 벼슬하며 공을 세워 隋公에 봉해졌고 양견은 작위를 세습했다.

– 楊堅(양견) ; 541년생. 隋公 楊忠의 子. 양견은 隋 國公의 작위 세습. 양견의 妻는 獨孤氏로 鮮卑 貴族이었음. 楊堅의 딸 楊麗華가 北周 宣帝(在位 578~579년)의 황후가 됨. 따라서 양견은 황

후의 부친으로 정치에 관여. 선제가 죽고 靜帝가 즉위하자 양견은 이를 廢位하고 隋를 建國했다.(서기 581년)

  - 弘農 : 지금의 河南省 西部의 三門峽(삼문협)市, 南陽市의 西部 지역. 長安과 洛陽 중간, 洛河의 南岸으로 軍事 政治上 要地였다.

  - 楊震(양진, 서기 54~124년) ; 後漢의 유명한 太尉(태위, 병권 장악)였다. 《史記》를 저술한 司馬遷의 사위.

○ 堅生而有異. 宅旁有尼寺, 一尼抱歸自鞠之. 一日尼出, 付其母自抱. 角出鱗起, 母大驚墜之地, 尼心動, 亟還見之曰, 驚我兒, 致令晚得天下. : 양견이 출생한 뒤 이상한 일이 있었다. 집 옆에 여승들의 절이 있었는데 여승 한 사람이 아기를 안고 절에 가서 자신이 아기를 길렀다. 하루는 여승이 와서 어머니에게 안아주라며 아기를 돌려주었다. (아기에게) 뿔이 나고 비늘이 돋자, 어머니는 크게 놀라며 아기를 떨어트렸다. 나갔던 여승이 놀라면서 빨리 돌아와 이를 보고서는 말했다. "내 아기를 놀라게 하였으니 천하를 차지하는 것이 늦어질 것입니다."

  - 有異(유이) ; 특이한 일이 있었다. 尼 중 니(이). 여승. 尼寺(니사) ; 女僧의 절. 抱歸(포귀) ; 아기를 안고 절에 가다.

  - 鞠 기를 국, 공 국. 付其母自抱(부기모자포) ; 아기 어머니에게 안아주라면서 아기를 주다. 鱗 비늘 인(린). 墜 떨어질 추.

  - 心動(심동) ; 마음이 놀라다. 亟 빠를 극. 驚 놀랄 경.

  - 晩 해 저물 만, 늦을 만. 致令晚得天下(치령만득천하) ; 得天下가 늦어지게 되었다.

○ 及長相表奇異, 周人嘗告武帝, 普六茹堅有反相. 堅聞之深自晦

匿. 女爲周宣帝后, 周靜帝立. 堅以太后父秉政, 遂移周祚. 卽位九年, 平陳天下爲一. : 양견이 자라면서 모습과 의표가 기이하였기에 북주 사람이 武帝에게 "普六茹堅(양견)에게는 反相이 있다."고 말했다. 양견을 이를 듣고 자신을 내세우지 않고 감추었다. 양견의 딸이 北周 宣帝의 황후가 되었고, 북주의 靜帝가 즉위하였다. 양견은 太后의 父로서 정권을 장악하였고 드디어 北周 황제의 자리를 탈취했다. 卽位한 지 9年에 陳나라를 평정하여 天下를 하나로 통일했다.

 – 相表(상표) ; 인상과 의표가 특이했다. 손바닥에 '王'字가 쓰여 있고 眼光이 남달랐으며 상체가 크고 길어 특이한 모습이었다는 기록이 있다.

 – 普六茹堅(보륙여견) ; 楊堅. 普六茹의 석자의 姓(성)은 양견의 祖父가 魏(위)의 恭帝(공제)로 부터 하사받은 선비족의 성씨.　反相(반상) ; 반란을 일으킬 骨相.

 – 晦 그믐 회. 어둡다. 감추다.　匿 숨을 닉(익). 숨기다.

 – 女 ; 딸, 이름은 楊麗華.　靜帝(정제) ; 양견의 딸 소생은 아니었음. 7세에 즉위.　秉政(병정) ; 정권을 장악하다.

 – 祚 복 조. 천자의 자리.　卽位九年 ; 서기 589년.　平陳天下爲一 ; 陳을 평정하여 천하를 하나로 만들다.

【참고】 관농집단 – 선비족과 한족의 연합

 ❖ 陳寅恪(진인각, 1890 ~ 1960년. 歷史學者. 中華民國의 淸華大學 國學院 四大導師의 한 사람.)은 西魏와 北周 그리고 隋와 唐 정

陳寅恪(진인각)

권의 특징 중 하나가 關隴 集團(관농집단)에 의한 지배체제라는 학설을 주장했다. 그러나 진인각의 관농집단에 대한 이론에 대하여 반론 또한 만만치 않다. 이는 그냥 여러 학설의 일부라고 인식하면 된다.

여기서 關(관)은 陝西省을 뜻하는 지역 명칭이고, 隴(농)은 甘肅省을 의미하는 글자이다. 곧 長安 서쪽과 감숙성(蘭州, 天水, 酒泉 …) 지역에 거주하던 한인 귀족과 선비 귀족이 혼인으로 맺어진 집단을 관농집단이라 지칭하였고 이들이 서위와 북주를 통치했다.

이러한 전통은 隋 文帝 楊堅이나 唐 高祖 李淵에 이어졌는데, 곧 한인과 선비족의 결혼으로 형성된 이들이 수와 당을 지배하였다는 주장이다.

楊堅은 선비 귀족인 獨孤씨와 결혼했으며 수 건국 당시 관농집단의 적극적인 지원이 있었다. 또 당고조 이연은 隴西 李氏로 이연의 조부 李虎는 北周 8柱國의 一員으로 唐國公에 봉해졌으며, 부친 李昞(이병)은 북주의 대장군이었다. 이연의 모친 獨孤씨는 李虎와 함께 8柱國의 한 사람이었던 독고신의 딸로 楊堅 부인의 친언니였다.

다시 말하면, 수 文帝는 당 高祖 이연의 이모부였으며 文帝의 아들 양제는 당 고조 이연과 이종사촌 사이였다.

고조 이연의 처 竇氏(두씨)는 북주의 토대를 닦은 선비족 宇文泰의 외손녀였다. 따라서 唐도 隋와 마찬가지로 北周의 문벌귀족인 선비화한 漢人 곧 관농집단이 지배하였다. 이들 관농집단에게 농경민족과 유목민족의 우수한 장점이 결합되어 나타났기에 강력한 국가를 만들고 지배할 수 있었다고 볼 수도 있다.

사실 유목민족 국가에서는 아들이 아버지를, 숙부가 조카를 죽이거나 또는 형제간의 살육이 다반사였다. 이는 어찌 보면 거친 자연환경 속에서 유목생활을 하는 그들의 생존방식일 수도 있었다. 수 양제가 아버지와 형을 죽이고 즉위했으며, 당 태종 이세민도 형제를 살육하고 즉위하였다.

(2) 開皇二十年, 廢太子勇爲庶人. 初帝使勇參決政事, 時有損益. 勇性寬厚, 率意無矯飾. 帝性節儉, 勇服用侈, 恩寵始衰. 勇多內寵, 妃無寵死, 而多庶子. 獨孤皇后深惡之. 晋王廣彌自矯飾, 爲奪嫡計, 后贊帝廢勇, 而立廣爲太子. 龍門王通, 詣闕獻太平十二策, 帝不能用, 罷歸, 敎援於河汾之閒, 弟子自遠至者甚衆. 仁壽四年, 帝不豫. 召太子入居殿中. 太子預擬帝不諱後事, 爲書問僕射楊素得報. 宮人

誤送帝所, 帝覽之大恚.

개황 20년, 태자 양용을 폐하여 서인으로 내렸다. 처음에 문제는 태자 勇으로 하여금 정사 결정에 참여케 하였는데 경우에 따라 증감하며 일을 처리했다. 양용은 천성이 너그럽고 후덕하며 솔직하고 꾸밈이 없었다. 문제는 천성적으로 절검을 숭상하였으나 勇은 복장이 사치스러워 문제의 은총이 식었다. 더군다나 勇은 총애하는 후궁이 많아 태자비가 총애가 없다고 죽기도 하였으며 서자가 많았다. 용의 어머니 독고황후도 태자를 매우 미워하였다. 진왕인 양광은 더욱 거짓으로 꾸미면서 적장자의 지위를 뺏기 위한 계략을 폈으며, 태후도 문제가 태자를 폐위하는데 찬성하여 양광을 세워 태자로 삼았다.

용문의 왕통이란 사람이 궁궐에 와서 〈태평십이책〉을 올렸으나 문제가 받아들이지 않자, 벼슬을 그만 두고 돌아가 황하와 분수 사이에서 제자를 가르치니 먼 곳에서 찾아오는 제자들이 매우 많았다.

인수 4年에 문제는 병석에 누웠다. 태자 양광을 불러 들여와서 전중(궁중)에 머물도록 하였다. 태자는 미리 文帝의 죽음을 예상해서 사후에 할 일을 글로 적어 僕射(복야)인 양소에게 물었고, 양소는 답장을 하였다. (그런데) 궁인이 이를 문제의 거처에 보냈고, 문제는 이를 읽어보고 크게 성을 내었다.

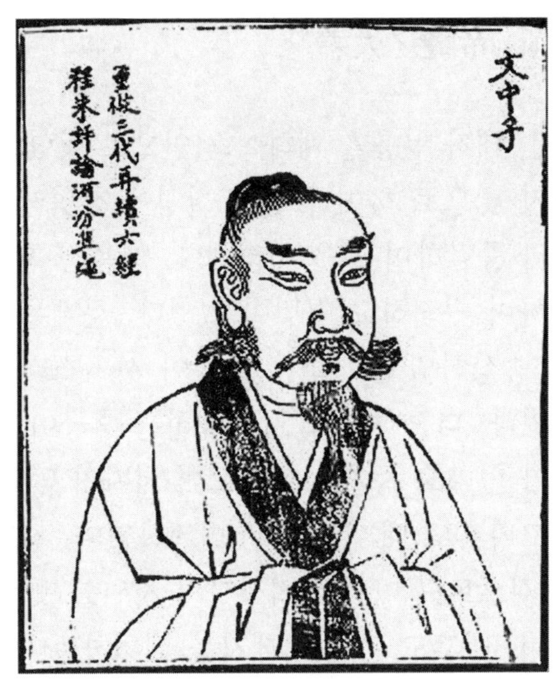

文中子 王通(왕통)

어구 설명

○ 開皇二十年, 廢太子勇爲庶人. 初帝使勇參決政事, 時有損益.
勇性寬厚, 率意無矯飾. 帝性節儉, 勇服用侈, 恩寵始衰. 勇多內寵,
妃無寵死, 而多庶子. 獨孤皇后深惡之. 晋王廣彌自矯飾, 爲奪嫡
計, 后贊帝廢勇, 而立廣爲太子. : 開皇 20년, 太子 楊勇을 폐하여
庶人으로 내렸다. 처음에 문제는 태자 勇으로 하여금 政事 결정
에 참여케 하였는데 경우에 따라 증감하며 일을 처리했다. 양용
은 천성이 너그럽고 후덕하며 솔직하고 꾸밈이 없었다. 文帝는

천성적으로 절검을 숭상하였으나 勇은 복장이 사치스러워 文帝
의 은총이 식었다. 더군다나 勇은 총애하는 후궁이 많아 태자비
가 총애가 없다고 죽기도 하였으며 서자가 많았다. 용의 어머니
독고황후도 태자를 매우 미워하였다. 晉王인 양광은 더욱 거짓으
로 꾸미면서 적장자의 지위를 뺏기 위한 계략을 폈으며, 태후도
文帝가 태자를 폐위하는데 찬성하여 楊廣을 세워 태자로 삼았다.

 − 開皇(개황) : 文帝의 연호(581 ~ 600년). 개황 20년 = 서기 600
년. 楊勇(양용) ; 隋 文帝 楊堅의 長子.

 − 參決(참결) ; 決策하는데 참여하다. 時有損益(시유손익) ; 경
우에 따라 증감하다. 삭제할 것은 삭제하고, 보탤만한 것이 있으
면 더 보완했다는 뜻.

 − 率意(솔의) ; 성의를 다하다.   矯 바로잡을 교.   飾 꾸밀 식.
矯飾(교식) ; 억지로 꾸미다.

 − 內寵(내총) ; 妾(첩). 내시. 여기서는 태자가 총애하는 후궁.
妃無寵死(비무총사) ; 태자비가 총애를 잃어 죽다. 당시 태자비
元氏는 총애를 잃어 자살하였다고 한다.

 − 多庶子(다서자) ; 당시 태자 양용은 雲昭訓(운소훈)이라는 후
궁을 특별히 총애했고 아들을 셋이나 두었다.

 − 獨孤皇后深惡之(독고황후심오지) ; (어머니인) 獨孤皇后가 태
자를 심히 미워했다. −독고황후는 첩을 거느린 사람을 미워했는
데 태자 용은 이 때문에 모친의 미움을 받았다. 문제 양견은 술
취한 대신들을 가장 싫어했는데 태자 용은 사치를 좋아하면서 술
을 좋아했기에 부친의 미움을 받았다고 한다.

- 晉王 楊廣(양광) ; 문제의 次男. 604년에 弑父하고 즉위. 결국 수나라를 멸망으로 이끌었다.

- 彌 두루 미. 점점 더, 더욱 더. 爲奪嫡計(위탈적계) ; 嫡子(적자, 嫡長子) 자리를 탈취하기 위한 계책을 펴다.

- 后贊帝廢勇, 而立廣爲太子(후찬제폐용 이립광위태자) ; 독고황후(后)는 문제(帝)가 태자 양용(勇)을 폐하고(廢), 양광(廣)을 세워(立) 태자로 삼는 것을(爲太子) 찬성했다(贊). 贊의 목적어는 帝~太子까지이다.

○ 龍門王通, 詣闕獻太平十二策, 帝不能用, 罷歸, 敎援於河汾之間, 弟子自遠至者甚衆. : 龍門의 王通이 궁궐에 와서 〈天下太平十二策〉을 올렸으나 문제가 채용하지 않자, 벼슬을 그만 두고 돌아가 황하와 분수 사이에서 제자를 가르치니 먼 곳에서 찾아오는 제자들이 매우 많았다.

- 王通(왕통) ; 人名. 유생. 저서《文中子中說》. 初唐의 공신 房玄齡(방현령), 魏徵(위징)이 모두 왕통의 제자였다(河汾門下). 제자들이 '文中子'라는 시호를 올림. 이 왕통의 손자가 初唐四傑(초당사걸)의 한 사람인 詩人 王勃(왕발)이다.

- 詣 이를 예. 도착하다. 闕 집 궐. 궁궐. 敎援(교수) ; 제자를 가르치다. 河汾(하분) ; 황하와 汾水(분수) 사이.

- 汾水 ; 黃河의 二大支流. 山西에서는 母親河라고 부름. 山西省 太原市 運城市 등을 흘러 黃河에 합류.

○ 仁壽四年, 帝不豫. 召太子入居殿中. 太子預擬帝不諱後事, 爲書問僕射楊素得報. 宮人誤送帝所, 帝覽之大恚. : 仁壽 四年에 文

帝는 병석에 누웠다. 太子 양광을 불러 들여와서 殿中에 머물도록 하였다. 태자는 미리 文帝의 죽음을 예상해서 사후에 할 일을 글로 적어 僕射(복야)인 楊素에게 물었고, 양소는 답장을 하였다. (그런데) 宮人이 이를 文帝의 거처에 보냈고, 문제는 이를 읽어보고 크게 성을 내었다.

－ 仁壽(인수) 四年 ; 문제의 연호. 서기 604년.　豫 미리 예. 즐겁다.　不豫(불예) ; 황제가 병이 나다.

－ 預 미리 예.　擬 헤아릴 의. 가정하다.　不諱(불휘) ; 죽다. 爲書(위서) ; 글을 지어, 글로 써서.

－ 僕射(복야) ; 관직명.　楊素(양소) ; 인명.　覽 볼 람(남).　恚 성날 에.

【참고】 태자 폐위 사건의 전말

❖ 문제의 장남 楊勇은 용모가 준수하고 호학하며 문학에도 재능이 많았으며 성격도 관대 후덕하며 솔직한 사람이었다. 그래서 태자 주변에는 文人들이 많이 모여 있었다.

태자는 약간 사치를 좋아하는 기질이 있었다. 文帝는 후계자인 장남이 사치에 물들까 염려하여 주의를 자주 주었다. 그리고 태자 주변에 문인들이 많이 모여 있는 것도 싫어했으며, 특히 태자가 동지 이후 정초에 백관의 朝賀(조하)를 받는 것도 좋아하지 않았다.

말하자면, 아버지로서는 아들을 바로 키워야 하는 의무감을 갖고 대했다. 그러면서도 권력자로서는 아들이 힘이 커가는 것을 경계하는 라이벌 의식을 갖고 있었다. 이런저런 이유로 楊勇에 대한 문제의 신뢰는 갑자기 식기 시작하였다.

태자 양용은 호색의 기질도 있었다. 많은 시첩을 거느렸고 특히 운소훈이라는 미인을 특별히 총애하며 그 몸에서 이미 3명의 아들을 얻었다. 태자비인 원비가 태자의 총애를 잃고 화병이 나서 병석에 누운 지 이틀 만에 죽는 일이 있었다. 그러자 어머니 독고황후는 양용과 운소훈이 같이 嫡妻(적처)를 모해했다고 믿게 되었다.

부모가 모두 장남을 의심하고 미워한다는 사실을 간파한 차남 양광은 자신은 첩실을 가까이 하지 않는다는 것을 강조하며 진정으로 부모를 위한다는 가식의 연기를 계속한다. 먼저 독고태후의 마음을 움직이는데 성공하고 이어 文帝도 태자를 폐위할 마음을 갖게 된다. 그러나 양광에 대한 불안심에서 측근을 시켜 장남을 관찰케 하였는데 태자가 불충의 마음으로 황제를 원망한다는 거짓 보고만이 들어온다. 결국 文帝는 태자를 폐해 서인으로 만들고 차남 양광을 태자로 세웠다.

억울한 태자는 어찌할 방법이 없었다. 황제를 만나 억울함을 호소하려 해도 만날 기회가 없었다. 물론 여기에는 楊廣의 영향력도 작용하게 된다. 결국 양용은 나무에 올라가 황제의 궁을 향해 자신의 억울함을 큰소리로 호소한다. 그러나 이마저 '양용이 失性했다.'는 보고로 끝이 난다.

양광은 황제의 자리를 탐내는 불효불충한 욕망의 화신이었다. 나중에 아버지와 형 그리고 형의 자식을 몰살하고, 즉위하고, 결국은 나라를 파멸로 끌고 간다.

(3) 帝所寵陳夫人出更衣, 爲太子所逼, 拒之得免. 帝怪其神色有異, 問故, 夫人泫然曰, 太子無禮. 帝恚抵床曰, 畜生! 何足付大事. 獨孤誤我. 將召故太子勇, 廣聞之, 令右庶子張衡入侍疾, 因弑帝, 遣人縊殺勇.

帝性嚴重, 勤於政事, 令行禁止. 雖嗇於財, 賞功不吝. 愛養百姓, 勸課農桑, 輕徭薄賦, 自奉儉薄, 天下化之. 受禪之初, 民戶不滿四百萬, 末年踰八百萬. 然自以詐力得天下, 猜忌苛察, 信受讒言, 功臣故舊, 無終始保全者. 在位二十四年, 改元者二, 曰開皇 · 仁壽. 太子立, 是爲煬皇帝.

文帝가 총애하는 진부인이 화장실에서 나오다가 태자에게 추행을 당했으나 거부하여 추행을 면했다. 문제가 (부인의) 표정이 다른 것을 이상히 여겨 까닭을 물으니, 진부인이 눈물을 흘리며 말했다. "태자가 무례한 짓을 했습니다."

문제가 성을 내고 탁자를 치며 말했다. "짐승 같은 놈! 어찌 큰일을 맡기겠는가? 마누라(독고황후)가 나를 망쳤어!" 이전의 태자 勇을 부르려 하자, 양광이 듣고서는 우서자 장형을 들여보내 간병케 하면서 황제를 시해케 하였고, 사람을 보내 형 양용을 목매어 죽였다.

　문제는 성격이 엄중하고 정사에 부지런했으며 엄격하게 철저하게 법령을 집행하였다. 재물을 아꼈지만 공이 있어 상을 줄 때는 인색하지 않았다. 백성들을 애육하여 농상을 권장하고, 요역(부역)을 경감하고, 부세(세금)를 가볍게 하고, 스스로 검소한 내핍생활의 모범을 보여 백성들이 이를 본받았다. 즉위할 때 4백 만이 안 되던 민호가 말년에는 8백 만이 넘었다.

　그렇지만 자신이 거짓과 무력으로 천하를 차지하였기에 시기와 가혹한 감시를 폈고, 참언을 믿고 수용하여 공신이나 옛 지인들 중에 처음부터 끝까지 보전한 자가 없었다. 재위 24년에 개원은 2번 했는데 개황과 인수이다. 太子가 즉위하니, 이가 煬皇帝(양황제)이다.

어구 설명

○ 帝所寵陳夫人出更衣, 爲太子所逼, 拒之得免. 帝怪其神色有異, 問故, 夫人泫然曰, 太子無禮. : 문제가 총애하는 陳夫人이니 화장실에서 나오다가 太子에게 추행을 당했으나 거부하여 추행을 면했다. 帝가 표정이 다른 것을 이상히 여겨 까닭을 물으니, 진부인이 눈물을 흘리며 말했다. "태자가 무례한 짓을 했습니다."

　- 陳夫人(진부인) ; 남조 陳나라 亡國의 君主 後主의 딸인데 문제의 총애를 받았다. 문제가 병상에 있는 동안 文帝는 진부인의 시중을 받았다. 문제가 죽고 양제가 즉위하자, 진부인은 강제로

양제를 섬겨야만 했다.

 ─ 更衣(갱의) ; 용변을 보다. 여기서는 '옷을 바꿔 입다'가 아님.

 ─ 逼 닥칠 핍. 협박하다.　爲太子所逼(위태자소핍) ; 태자에게 추행을 당했다.(피동형 문장임)

 ─ 拒 막을 거.　得免(득면) ; 추행을 피하다.

 ─ 有異(유이) ; 평소와 다르다.　泫 빛날 현. 이슬이 햇빛에 빛나는 모양. 이슬. 눈물을 흘리다.　泫然(현연) ; 눈물을 흘리다.

○ 帝恚抵床曰, 畜生! 何足付大事. 獨孤誤我. 將召故太子勇, 廣聞之, 令右庶子張衡入侍疾, 因弑帝, 遣人縊殺勇. : 帝가 성을 내고 탁자를 치며 말했다. "짐승 같은 놈! 어찌 큰일을 맡기겠는가? 마누라가 나를 망쳤어!" 전의 태자 勇을 부르려 하자, 양광이 듣고서는 右庶子 張衡을 들여보내 간병케 하면서 황제를 시해케 하였고, 사람을 보내 勇을 목매어 죽였다.

 ─ 恚 성날 에.　抵 거스를 저. 밀어젖히다.　抵床(저상) ; 탁자(침상)를 치다.　畜生(축생) ; 짐승. 짐승 같은 놈!

 ─ 獨孤誤我(독고오아) ; 마누라가 나를 망쳤어! 獨孤는 독고태후. 독고태후가 차남을 태자로 세우라고 권했었다.

 ─ 將 ; 막 ～하려 하다.　右庶子(우서자) ; 東宮府의 官職.　侍疾(시질) ; 병을 간호하다.　縊 목맬 액.

○ 帝性嚴重, 勤於政事, 令行禁止. 雖嗇於財, 賞功不吝. 愛養百姓, 勸課農桑, 輕徭薄賦, 自奉儉薄, 天下化之. 受禪之初, 民戶不滿四百萬, 末年踰八百萬. : 文帝는 성격이 엄중하고 정사에 부지런했으며 엄격하게 철저하게 법령을 집행하였다. 재물을 아꼈지만 공

이 있어 상을 줄 때는 인색하지 않았다. 백성들을 애육하여 농상을 권장하고, 요역(부역)을 경감하고, 부세(세금)를 가볍게 하고, 스스로 검소한 내핍생활의 모범을 보여 백성들이 이를 본받았다. 즉위 초에 4백 만이 안 되던 民戶가 말년에는 8백 만이 넘었다.

－ 令行禁止(영행금지) ; 令은 行하고, 禁은 止하다. 법령이나 명령은 실행케 하고(令行), 禁하는 것은 못하게 하다(禁止). 법령의 엄격한 집행을 표현하는 말.

－ 雖 비록 수. 嗇 아낄 색. 인색하다. 吝 아낄 인(린). 愛養 ; 愛育과 같음. 勸課農桑(권과농상) ; 農桑을 장려하다.

－ 徭 구실 요. 요역. 백성의 노동력을 국가사업에 동원하는 것. 薄 엷을 박. 가볍다. 줄이다.

－ 賦 구실 부. 토지나 재산에 대한 세금. 輕徭薄賦(경요박부) ; 백성 동원 일자를 줄이고 각종 세금을 경감하다.

－ 自奉(자봉) ; 스스로 奉行하다. 모범을 보이다. 儉薄(검박) ; 검소한 내핍생활. 受禪之初(수선지초) ; 선양을 받던 초기, 즉위 초.

－ 踰 넘을 유. 이기다. 나아가다. 멀 요.

※ 文帝의 善政을 그 연호를 따서 '開皇之治'라 함.

○ 然自以詐力得天下, 猜忌苛察, 信受讒言, 功臣故舊, 無終始保全者. 在位二十四年, 改元者二, 日開皇 · 仁壽. 太子立, 是爲煬皇帝.
: 그렇지만 자신이 거짓과 무력으로 天下를 차지하였기에 시기와 가혹한 감시를 폈고 참언을 믿고 수용하여 공신이나 옛 지인들 중에 처음부터 끝까지 보전한 자가 없었다. 재위 24년에 개원은 2번 했는데 開皇과 仁壽이다. 太子가 즉위하니, 이가 煬皇帝이다.

– 詐力(사력) ; 거짓된 僞計와 武力.　猜 샘할 시.　猜忌(시기) ; 질투.　苛察(가찰) ; 가혹한 감시나 조사.　讒 참소할 참.

– 故舊(고구) ; 옛 친구.　終始(종시) ; 始終과 同. 처음부터 끝까지.　開皇(서기 581~600년),　仁壽(서기 601~604년).

– 煬 불 쬘 양. 불에 건조시키다. 시호로써 煬은 '去禮遠衆(禮를 무시하고 衆人에게서 멀리 떠났음.)'라는 뜻이 있음.

– 煬皇帝를 흔히 煬帝(양제)라고 한다.

【참고】 수 文帝와 開皇의 治

❖ 文帝는 통치기구의 정비에 힘써 유목민족들의 국가와 다른 제도를 시행하였다. 우선 九品中正制 폐지하여 능력본위 인재등용의 길을 열었다. 문제는 해마다 각 주에서 인재를 3인씩 추천을 받아 이들을 국가에서 주관하는 秀才 시험에 응시케 하여(歲貢三人, 應考秀才) 관리로 선발하였는데 이는 과거제도의 원형이라 할 수 있다. 본격적인 과거제도는 양제 때부터 시행하였다.

그리고 三省六部制를 실시하였는데 中書省과 門下省은 詔令의 초안 마련과 검토를 尙書省은 政務管理의 실무를 담당케 하였으며 尙書省하에 吏, 民(戶), 禮, 兵, 刑, 工部의 6部를 두었다. 지방의 통치 체제를 정비하여 행정단위를 州와 縣의 2개로 축소 통합하였는데, 이는 지방관의 수를 줄이며 행정 경비를 2/3정도로 축소하는 효과를 거두었다고 한다.

軍事上으로 초기의 府兵制가 兵農分離인 점을 고쳐 평상시에는 경작과 훈련을 하다가 유사시에 동원되는 兵農合一의 부병제로 고쳐 병력자원 확보와 함께 농업생산과 국고 충실의 목표를 함께 달성했다.

經濟上으로는 민생안정과 함께 국고충실을 이룩하였다. 徭役(요역)을 줄이고 賦稅를 가볍게 하여 民生안정을 이룩하였다. 문제는 북위에서 처음 시작된 균전제를 전국적으로 실시하여 자영농민의 확보와 국구 수입 증대를 달성하였다. 농민 호적을 정리하였는데 문제 말기에 호적에 등록된 인구는 약 4,600만 명이었으며 이는 국고 수입 증대와 직결되었다.

그리고 '開皇律(개황율, 律은 刑法)'을 반포 시행하면서 형벌을 완화하여 백성에게 관대하면서도 대신 법령을 철저히 시행하여 정치안정을 이룩하였다.

2) 隋 양제의 치적과 멸망

(1) 煬皇帝, 名廣. 開皇末, 立爲太子, 是日天下地震. 卽位首營洛陽顯仁宮, 發江嶺奇材異石, 又求海內嘉木異草, 珍禽奇獸, 以實苑囿. 又開通濟渠, 自長安西苑, 引穀洛水, 達于河, 引河入汴, 引汴入泗, 以達于淮. 又發民開邗溝入江, 旁築御道, 樹以柳. 自長安至江都, 置離宮四十餘所. 遣人往江南, 造龍舟及雜船數萬艘, 以備遊幸之用.

煬帝(양제)의 이름은 광이다. 개황 말에 태자로 책봉되었는데 그날 천하에 지진이 있었다. (황제로) 즉위하고 맨 먼저 낙양에 현인궁을 지으면서 장강과 오령 산맥 일대의 진기한 목재와 돌을 징발하고, 사방의 아름다운 나무와 특이한 풀, 진기한 새와 기이한 짐승을 구해다가 궁내 동산을 채웠다. 그리고 통제거라는 운하를 개통했는데, 장안의 서원에서부터 곡수와 낙수를 끌어들여 황하에 닿게 하고, 황하의 물을 끌어다가 변수에 합쳐지게 하였으며, 변수를 사수에 이어지게 하여 회수에 들어가게 하였다. 또 백성을 징발하여 한구를 장강과 이었으며 운하 옆에는 어도를 만들고 버드나무를 심었다.

장안에서부터 강도에 이르기까지 이궁(별궁) 40여 개소

隋 煬帝

를 설치했다. 사람을 강남에 보내 용주와 잡선 수만 척을
만들게 하여 유람이나 거동의 용도에 맞춰 준비케 하였다.

隋 煬帝

○ 煬皇帝, 名廣. 開皇末, 立爲太子, 是日天下地震. 卽位首營洛陽顯仁宮, 發江嶺奇材異石, 又求海內嘉木異草, 珍禽奇獸, 以實苑囿. : 煬帝(양제)의 이름은 廣이다. 開皇 말에 太子로 책봉되었는데 그날 천하에 지진이 있었다. 卽位하고 맨 먼저 洛陽에 顯仁宮을 지으면서 장강과 五嶺 산맥 일대의 奇材異石을 징발하고, 사방의 아름다운 나무와 특이한 풀, 진기한 새와 기이한 짐승을 구해다가 궁내 동산을 채웠다.

　－ 開皇(개황) ; 수 文帝의 연호(581～600년). 震 벼락 진. 놀라다. 지진.　首 ; 맨 먼저, 앞.　營 다스릴 영. 짓다. 만들다. 경영하다.

　－ 顯 나타날 현.　發 ; 징발하다.　江 ; 양자강.　嶺 고갯마루 영. 五嶺 ; 또는 南嶺산맥. 廣東, 廣西, 湖南, 江西 四省에 걸쳐있는 강남 최대의 산맥. 양자강과 珠江(주강)의 분수령.

　－ 嘉 아름다울 가.　異 ; 奇異.　珍禽(진금) ; 珍奇한 새.　奇獸(기수) ; 기이한 짐승.　實 열매 실. 채우다.

　－ 苑 동산 원.　囿 동산 유.　苑囿 ; 초목을 심은 동산(苑)과 짐승을 기르는 동산(囿).

○ 又開通濟渠, 自長安西苑, 引穀洛水, 達于河, 引河入汴, 引汴入泗, 以達于淮. 又發民開邗溝入江, 旁築御道, 樹以柳. : 그리고 通濟渠라는 운하를 개통했는데, 長安의 西苑에서부터 곡수와 낙수를 끌어들여 황하에 닿게 하고, 황하의 물을 끌어다가 변수에 합쳐지게 하였으며, 변수를 사수에 이어지게 하여 회수에 들어가게

하였다. 또 백성을 징발하여 邗溝(한구)를 長江과 이었으며 운하 옆에는 어도를 만들고 버드나무를 심었다.

　- 開 ; 열다. 개통하다. 시작하다.　渠 도랑 거.

　- 通濟渠(통제거) ; 605년. 황하와 회수를 연결하는 운하. 唐 시대에는 廣濟渠, 宋에서는 汴河(변하)라 불렀다.

　- 西苑(서원) ; 地名.　穀水(곡수) 洛水(낙수) ; 황하의 지류.　汴 강 이름 변. 河南省의 별칭.　泗水(사수) 淮水(회수) ; 강 이름.

　- 邗 땅이름 한. 邗溝(한구) ; 운하의 명칭.　築 쌓을 축.　御道 (어도) ; 황제 전용 도로.　柳(류) ; 버들 楊과 같다.

○ 自長安至江都, 置離宮四十餘所. 遣人往江南, 造龍舟及雜船數 萬艘, 以備遊幸之用. : 長安에서부터 江都에 이르기까지 離宮 40 여 개소를 설치했다. 사람을 江南에 보내 龍舟와 雜船 수만 척을 만들게 하여 유람이나 거동의 용도에 맞춰 준비케 하였다.

　- 江都(강도) ; 지명. 지금의 江蘇省 揚州(양주)에 해당함.

　- 離宮(이궁) ; 황제의 別宮.　龍舟(용주) ; 황제의 유람선.　艘 배 소. 배(船)를 세는 단위.　遊幸(유행) ; 황제의 유람과 거동.

【참고】 형제간에 공유할 수 없는 권력

❖ 고대 군주정치 체제에서 분란이나 멸망의 원인이 될 수 있는 4가지가 있다고 하였다. 우선 황제를 둘러 싼 정처와 후처의 분 쟁, 절대 권력을 행사하려는 군주와 행정, 군사의 실권을 장악한 신하의 충돌, 적자와 서자의 갈등 그리고 중앙권력과 지방권력의

충돌이 그것이다.

수 문제 양견은 황후 獨孤(독고)씨에게서 5명의 아들을 얻었다. 장남 楊勇, 차남 楊廣, 그리고 삼남, 사남과 五男 楊諒(양량)이 그들이었다. 양견은 자신의 아들들이 모두 같은 어머니 소생이니 적자와 서자의 싸움은 없을 것이라 단언했고 그렇게 믿었다.

장남 楊勇이 태자로 책봉되었지만 부친과 모친의 미움을 받기 시작하자, 양광은 계획적이고 치밀하게 형을 태자에서 몰아내기 위한 계획을 추진했고 결국 태자의 자리를 차지한다. 이어 병석의 부친을 죽이고 형을 죽인다. 그러자 막내아우 양량이 반기를 든다. 물론 양량도 그만한 군사력을 가진 藩王(번왕)이었기에 반기를 들었지만 간단히 진압된 뒤에 서인이 되었다가 끝내 죽음을 당한다.

말하자면, 같은 배에서 나온 형제들이기에 싸움이 없을 것으로 예상했지만 비극적인 弑父(시부)라는 패륜행위와 형제 살해는 어김없이 발생하였다.

그 재물이 보통 사람이 생각하는 이상일 때, 또 그 권력이 절대적일수록 형제간의 싸움은 더욱 치열하였다. 또 황제자리라는 최고의 정점에서 이루어지기에 더 비극적이고 잔인하였다.

(2) 西苑周二百里, 其內爲海, 周十餘里. 爲蓬萊·
方丈·瀛州諸山, 高百餘尺. 臺觀宮殿, 羅絡山上,
海北有渠, 縈紆注海. 緣渠作十六院, 門皆臨渠, 窮

極華麗. 宮樹凋落, 剪綵爲花葉綴之, 沼內亦剪綵爲
荷芰菱芡, 色渝則易新者. 好以月夜, 從宮女數千
騎, 遊西苑, 作淸夜遊曲, 馬上奏之.
○ 後又開永濟渠, 引沁水, 南達于河, 北通涿郡. 又
營汾陽宮, 又穿江南河, 自京口至餘杭八百里.

西苑은 둘레가 2백 리인데 그 안에 큰 호수를 만들었는
데 그 주위는 10여 리였다. 봉래, 방장, 영주의 여러 산은
높이가 백여 척이었다. 높은 전각과 궁전이 산 위에 널려
있었으며 호수 북쪽에 도랑을 팠는데 구불구불 구부러져
호수에 이어졌다. 물길을 따라 16채의 집을 지었는데 대문
이 모두 물길에 바짝 닿아 아주 화려하였다. 궁궐 안의 나
뭇잎이 시들면 비단을 오려 꽃 모양으로 만들어 매달았으
며, 연못 안에도 마찬가지로 비단을 오려 연꽃이나 마름을
만들어 놓았고 퇴색하면 바로 새것으로 바꾸었다. 양제는
달이 뜨는 밤이면 궁녀 수천 명을 말에 태워 서원으로 놀
러 나갔는데 '청야유'라는 노래를 만들어 마상에서 연주
하고 부르게 하였다.

○ 그 뒤에 영제거를 개통하였는데 심수의 물을 끌어들
여 남쪽으로는 황하에, 북으로는 탁군에 통하였다. 또 분
양궁을 지었으며, 그리고 강남하를 개착하였는데 (양자강
의) 경구에서 여항(항주)에 이르는 8백 리였다.

어구 설명

○ 西苑周二百里, 其內爲海, 周十餘里. 爲蓬萊·方丈·瀛州諸山, 高百餘尺. 臺觀宮殿, 羅絡山上, 海北有渠, 縈紆注海. : 西苑은 둘레가 2백 리인데 그 안에 큰 호수를 만들었는데 그 주위는 10여 리였다. 봉래, 방장, 영주의 여러 산은 높이가 백여 척이었다. 높은 전각과 궁전이 산 위에 널려 있었으며 호수 북쪽에 도랑을 팠는데 구불구불 구부러져 호수에 이어졌다.

 － 周 두루 주. 주위, 둘레.　其內爲海(기내위해) ; 그 안에는 큰 호수를 만들었다. 內陸人에게 海는 큰 호수를 뜻한다. (例 中南海 ; 베이징 시내의 호수 이름. 현 중국 최고 지도부에 있는 고위층의 거주지로 유명하다.)

 － 蓬萊(봉래), 方丈(방장), 瀛州(영주) ; 三神山. 신선의 거주지. 臺觀(대관) ; 높은 전각. 망루.

 － 羅 벌릴 라. 벌려 놓다.　絡 얽어맬 락(낙). 잡아매다.　羅絡 (나락) ; 나열되어 이어져 있다.

 － 渠 도랑 거.　縈 얽힐 영. 돌다.　紆 굽을 우.　縈紆(영우) ; 구불구불 구부러지다.

○ 緣渠作十六院, 門皆臨渠, 窮極華麗. 宮樹凋落, 剪綵爲花葉綴之, 沼內亦剪綵爲荷芰菱芡, 色渝則易新者. 好以月夜, 從宮女數千騎, 遊西苑, 作淸夜遊曲, 馬上奏之. : 물길을 따라 16채의 집을 지었는데 대문이 모두 물길에 바짝 닿아 아주 화려하였다. 궁궐 안의 나뭇잎이 시들면 비단을 오려 꽃 모양으로 만들어 매달았으며, 연못 안에도 마찬가지로 비단을 오려 연꽃이나 마름을 만들

어 놓았고 퇴색하면 바로 새것으로 바꾸었다. 양제는 달이 뜨는 밤이면 궁녀 수천 명을 말에 태워 서원으로 놀러 나갔는데 '청야유' 라는 노래를 만들어 마상에서 연주하고 부르게 하였다.

　─ 緣 가장자리 연. 까닭, 인연. ~을 따라. ~에 沿하다.　臨渠(임거) ; 물길 옆에 있는.

　─ 窮 가난 궁. 막다르다.　窮極(궁극) ; 지극히, 매우.　凋 시들 조.　凋落(조락) ; 시들어 떨어지다.

　─ 剪 자를 전. 오리다.　綵 비단 채.　綴 꿰맬 철.　荷 연꽃 하.　芰 마름 기. 水草 이름.　菱 마름 능.　茨 연꽃 검.

　─ 渝 달라질 투(本音 유). 변하다. 渝色 ; 退色과 같음.　易 바꿀 역. 쉬울 이.　奏 아뢸 주. 연주하다.

○ 後又開永濟渠, 引沁水, 南達于河, 北通涿郡. 又營汾陽宮, 又穿江南河, 自京口至餘杭八百里. : 뒤에 또 永濟渠(영제거)를 개통하였는데 沁水(심수)의 물을 끌어들여 남쪽으로는 황하에, 북으로는 涿郡(탁군)과 통하였다. 또 汾陽宮을 지었으며 그리고 江南河를 개통하였는데 (양자강의) 京口에서 餘杭(여항, 항주)에 이르는 8백 리였다.

　─ 永濟渠(영제거) ; 황하에서 탁군을 연결하는 운하.　沁 물 스며들 심.　沁水(심수) ; 川名.

　─ 涿 문지를 탁. 방울져 떨어지다. 地名.　涿郡(탁군) ; 지금의 북경 일대.　汾陽宮(분양궁) ; 분수 남쪽의 궁궐이란 뜻.

　─ 穿 뚫을 천.　江南河(강남하) ; 지금의 양자강과 항주를 연결하는 운하.　京口(경구), 餘杭(여항) ; 地名.

【참고】 수 양제의 대운하

❖ 중국의 남북을 연결하는 대운하는 전혀 새로운 물길을 뚫은 것이 아니고 기존의 자연하천과 호수를 준설하고 연결하여 운하를 만들어 활용한 대토목공사였다.

사실, 漢代에 이미 황하와 회수, 그리고 회수와 양자강이 이어져 있었고 長安에서 渭水(위수)를 잇는 수로가 있었지만 남북조 시대에 이들 운하나 수로나 거의 막혀 있어 운하로서의 기능을 완전히 상실한 상태였다.

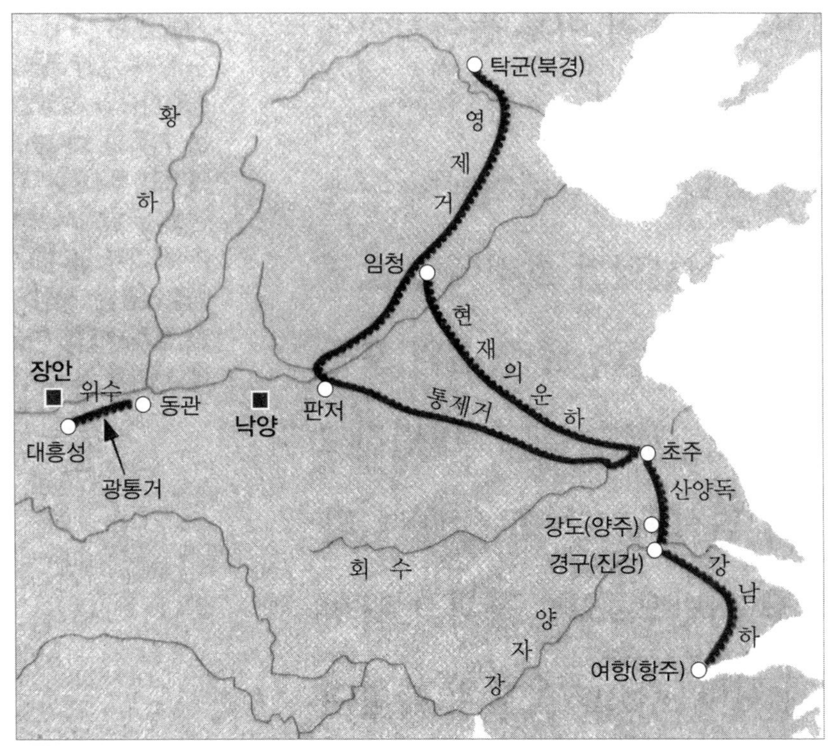

수의 대운하 지도

비록 자연 하천을 최대한 이용했고 기존의 자취가 남아 있었다지만, 1400년 전, 중장비가 없던 시절에 삽과 괭이와 인력만으로 폭 30~40m로 총 길이 2,400km의 대운하를 팠다는 점에서 경이로운 공사가 아닐 수 없다.

황하와 양자강을 물길로 연결시켜야 한다는 발상은 통치권의 강화와 황제의 유람, 그리고 고구려 원정을 위한 물자 수송이라는 복합적인 필요에서 시작되었다.

전, 후한 대에는 모든 정치와 군사, 경제의 중심은 낙양과 장안의 中原(중원)이었다. 그러나 吳의 건국 이후 4세기에 들어와 강남 개발이 시작되었다. 그리하여 북에서 전란을 피해 남으로의 인구이동과 더불어 동진과 南朝를 거치면서 강남은 점차 경제의 중심으로 발전하였다.

그리하여 隋 이후 唐代에는 '중국 부세의 9할이 강남에서 걷히는 상황(賦出天下 而江南居十九)'으로 바뀌었다. 따라서 수나라에서 강남 물자의 화북 운송은 경제적 효과 이외에도 정치적 군사적으로 꼭 필요했었다.

다만 이처럼 중차대한 큰일은 기이한 발상을 하고 그를 실천할 만한 무모하면서도 엉뚱한 통치자가 아니라면 할 수 없었다는 점을 인정해야 한다.

수 문제는 수도 대흥과 황하를 연결하는 廣通渠(광통거)를 대대적으로 보수하여 개황 4년(서기 584)에 개통한 바 있었다.

양제는 즉위하면서 곧 大業 원년(605년)에 河南과 淮北의 100만 명 인원을 동원하여 通濟渠(통제거)를 개통하여 낙양에서 淮水(회수)까지 물로 연결한다. 그리고 淮南의 20만 인력을 동원하여 회수와 양자강을 연결한다. 그 연결의 중심에 있는 양주는 이후 중국 경제의 중심지로 자리를 잡는다.

大業 4년(608년)에는 河北의 1백만을 동원하여 황하에서 涿郡(탁군, 今 北京)에 이르는 永濟渠(영제거)를 개통하고, 大業 6년(610년)에는 江南河를 개통하여 항주에 이르게 된다. 중국의 대운하 굴착은 605년에서 610년에 이르는 단기간에 완성되었는데 이로 인해 隋의 국력은 거의 다 소모되었다.

물론 양제가 이룩한 이 대토목공사의 효과를 가장 잘 본 사람은 다름 아닌 당나라의 황제들이었다. 그리고 대운하는 송과 북송, 명·청대에 이르기까지 계속 확장, 보수, 활용되면서 중국 경제의 생명선으로 확실하게 자리를 잡았다.

처음에는 정부의 물자를 운송하는 관용수로였던 운하가 당대 중기 이후부터는 민간인도 사용할 수 있게 되었다. 특히 송대의 경제발전은 이 운하에 전적으로 의지했다고도 말한다.

❖ 지금 중국에서 야심차게 추진되고 있는 南水北調 工程(남수북조 공정)은 양자강의 물을 멀리 北京(베이징)과 天津(천진, 텐진) 그리고 山東 반도의 끝까지 보내겠다는 야심찬 토목공사이다. 이 중 中線工程은 2003年 12月 31日에 착공하여 長江의 지류인 漢江 上流의 물을 댐으로 가두었다가 태행산맥을 넘어 황하유역으로 보내고 이를 다시 北京과 天津까지 보내고자 하는 1,246km(黃河 이남 462km, 黃河 10km, 黃河 이북 774km)에 이르는 물길을 뚫는 일이니 운하는 아니지만 가히 제2의 대운하에 해당하는 대토목공사라 할만하다.

(3) ○ 置洛口倉於鞏東南原上, 城周二十餘里, 穿三千窖. 置興洛倉於洛陽北, 城周十里, 穿三百窖, 窖皆容八千石. 帝或如洛陽, 或如江都, 或北巡至榆林·金河, 或如五原, 巡長城, 或巡河右, 營造巡遊無虛歲. 徵天下鷹師, 至者萬餘人. 徵天下散樂. 諸蕃來朝, 陳百戲於端門. 執絲竹者萬八千人, 終月而罷, 費巨萬, 歲以爲常.

○ 낙구창을 공현의 동남쪽 벌판에 지었는데 창고 주위가 20여 리였으며 3천 개의 토굴이 있었다. 흥낙창을 낙양의 북쪽에 지었는데 창고 주위가 10리였으며 3백 개의 토굴을 뚫었었는데 모든 굴에는 8천 석 곡식을 보관할 수 있었다.

양제는 낙양에도 갔으며 강도에도 갔었고, 혹은 북쪽으로 유림과 금하까지 순수하고, 또는 오원에 가서 장성을 순수하였으며, 때로는 황하 북쪽을 순행하였는데, 큰 토목공사를 벌리거나 순수나 유람을 하지 않는 해가 없었다.

전국에 매 사냥꾼을 모집했더니 모인 자가 만여 명이었다. 전국의 속악을 하는 사람을 모아서 주변 나라에서 조공을 바치러 오면 단문 앞에 온갖 놀이판을 벌렸다. 악사들이 1만 8천 명이나 되었으며 한번 놀기 시작하면 한 달이 지나야 끝을 내었으니 그 비용이 엄청났으며 해마다 이런 일을 되풀이 하였다.

여구 설명

○ 置洛口倉於鞏東南原上, 城周二十餘里, 穿三千窖. 置興洛倉於洛陽北, 城周十里, 穿三百窖, 窖皆容八千石. : 洛口倉을 鞏縣의 東南쪽 벌판에 지었는데 창고 주위가 20여 리였으며 三千개의 토굴이 있었다. 興洛倉(回洛倉이라고도 함)을 洛陽의 北쪽에 지었는데 창고 주위가 十里였으며 三百 개의 토굴을 뚫었었는데 모든 굴에는 8千 石 곡식을 보관할 수 있었다.

 − 洛口倉(낙구창) ; 洛口에 있는 창고.　鞏 묶을 공.　原 벌판 원.　城 ; 여기서는 곡식을 저장하는 창고.

 − 穿 뚫을 천. 파다.　窖 움 교. 구멍, 토굴.　容 얼굴 용. 받아들이다. 허용하다. 담다.

○ 帝或如洛陽, 或如江都, 或北巡至榆林 · 金河, 或如五原, 巡長城, 或巡河右, 營造巡遊無虛歲. : 양제는 洛陽에도 갔으며 江都에도 갔었고, 혹은 북쪽으로 榆林과 金河까지 순수하고, 또는 五原에 가서 長城을 순수하였으며, 때로는 황하 북쪽을 순행하였는데, 큰 토목공사를 하거나 순수나 유람을 하지 않는 해가 없었다.

 − 如 같을 여. 필적하다. 따라가다. 가다(行).　洛陽, 江都 ; 지명. 巡 돌아볼 순. 巡狩(순수)하다. 巡遊(순유)하다.　榆 느릅나무 유.

 − 金河, 五原 ; 地名.　河右 ; 황하의 북쪽. 營造(영조) ; 큰 건축물이나 토목공사를 하다.　巡遊(순유) ; 순수와 유람.

- 無虛歲 ; 그냥 보내는 해가 없다. 해마다 했다.

○ 徵天下鷹師, 至者萬餘人. 徵天下散樂. 諸蕃來朝, 陳百戲於端門. 執絲竹者萬八千人, 終月而罷, 費巨萬, 歲以爲常. : 전국에 매사냥꾼을 모집했더니 모인 자가 만여 명이었다. 전국의 속악을 하는 사람을 모아서 주변 나라에서 조공을 바치러 오면 端門(단문) 앞에 온갖 놀이판을 벌렸다. 악사들이 1만 8천 명이나 되었으며 한번 놀기 시작하면 한 달이 지나야 끝을 내었으니 그 비용이 엄청났으며 해마다 이런 일을 되풀이 하였다.

- 徵 부를 징. 징발하다. 모집하다.　鷹 매 응. 鷹師(응사) ; 매사냥꾼.　散樂(산악) ; 俗樂. 雜戲(잡희), 歌舞雜奏之屬.

- 蕃 우거질 번, 울타리 번. 중국변방의 소수 민족이나 나라. 來朝(내조) ; (冬至나 正初에) 조공하러 오다.

- 陳 늘어놓을 진. 판을 벌리다.　戲 탄식할 희. 희롱하다. 연기. 놀이판.　端門(단문) ; 황제가 거처하는 궁성의 남쪽 문.

　※ 天安門은 북경 內城의 남쪽 문이며, 端門은 皇城의 남쪽 정문임.

- 絲竹(사죽) ; 絲는 현악기, 竹은 관악기. 악기의 총칭.　罷 그만둘 파.　終月而罷(종월이파) ; 놀기 시작했으면 한 달이 지나야 끝이 난다. 이런 놀이는 대개 정월에 했고 번국의 사신이 올 때마다 늘 했다는 뜻은 아니다.

- 歲以爲常(세이위상) ; 해마다 常例(상례)로 삼았다.　巨萬(거만) ; 대단히 큰 금액(鉅萬과 같음).

(4) ○ 徵高麗王入朝, 不至. 大業七年, 帝自將擊高
麗, 徵天下兵會涿郡. 勅河南·淮南·江南, 造戎車
五萬乘, 供載衣甲等, 發河南·河北民夫供軍須. 江
淮以南民夫, 船運黎陽及洛口諸倉米, 舳艫千里, 往
還常數十萬人, 晝夜不絕, 死者相枕. 天下騷動, 百
姓窮困, 始相聚爲盜.
○ 漳南竇建德兵起.

○ 고구려 王을 입조하라고 요구하였으나 입조하지 않았
다. 대업 7년, 양제는 자신이 장수로서 고구려를 공격하겠
다고 온 중국의 병력을 탁군에 모이라고 징발하였다. 칙명
으로 하남, 회남, 강남에서는 융거 5만 대를 만들어 의복,
갑옷 등을 싣는데 제공케 하고, 하남, 하북의 백성은 군중
의 각종 수요에 제공하라고 하였다.

강회 이남의 민부들은 여양과 낙구의 여러 곡창의 쌀을
배로 운반하였는데 배가 앞뒤로 천 리에 이어졌으며, 가고
오는 인부들이 늘 수십만인이었고 주야로 그치지 아니하
였으며 죽는 자가 속출하였다. 천하가 소란스러웠고 백성
들은 곤궁하여 서로 모여 도둑이 되기 시작했다.

○ 장남의 두건덕이 군사를 거느리고 배반하였다.

어구 설명

○ 徵高麗王入朝, 不至. 大業七年, 帝自將擊高麗, 徵天下兵會涿郡. 勅河南·淮南·江南, 造戎車五萬乘, 供載衣甲等, 發河南·河北民夫供軍須. : 高麗(고구려) 王을 入朝하라고 요구하였으나 입조하지 않았다. 대업 7년, 양제는 자신이 장수로서 고구려를 공격하겠다고 온 중국의 병력을 탁군에 모이라고 징발하였다. 칙명으로 하남, 회남, 강남에서는 戎車 5만 대를 만들어 의복, 갑옷 등을 싣는데 제공케 하고, 河南, 河北의 백성은 군중의 각종 수요에 제공하라고 하였다.

 – 徵 부를 징. 징발하다. 요구하다.   高麗 ; 고구려.   大業七年 ; 서기 611년.   涿郡(탁군) ; 지금의 북경 일대.

 – 勅 조서 칙. 황제의 명령(敕과 同字).   戎 오랑캐 융. 兵器.

 – 戎車(융거) ; 兵車(병거). 戰車.   乘 탈 승. 이용하다. 곱하다. 타다. 4필의 말이 끄는 수레를 세는 단위(예, 千乘).

 – 供載衣甲等(공재의갑등) ; 의복, 갑옷 등을 싣는 용도로 제공하다.   須 모름지기 수. 수염. 需要(수요).   軍須 ; 軍中에 필요한 잡무.

○ 江淮以南民夫, 船運黎陽及洛口諸倉米, 舳艫千里, 往還常數十萬人, 晝夜不絕, 死者相枕. 天下騷動, 百姓窮困, 始相聚爲盜. : 江淮 以南의 民夫들은 黎陽과 洛口 여러 곡창의 쌀을 배로 운반하였는데 배가 앞뒤로 천 리에 이어졌으며, 가고 오는 인부들이 늘 수십만인이었고 주야로 그치지 아니하였으며 죽는 자가 속출하였다. 천하가 소란스러웠고 백성들은 곤궁하여 서로 모여 도둑이

되기 시작했다.

－ 江淮(강회) ; 장강과 회수.　黎陽(여양), 洛口(낙구) ; 지명.
舳 고물 축. 배의 뒤쪽.　艫 뱃머리 노(로).

－ 舳艫千里(축로천리) ; 배가 천리에 이어졌다.　相枕(상침) ;
서로 베고 눕다. 시신이 겹쳐 있다. 죽는 자가 속출했다.

－ 始 처음 시. 시작하다. 비로소, 겨우.　相聚爲盜(상취위도) ;
함께 모여 도둑의 무리가 되다.

○ 漳南竇建德兵起. : 漳南의 竇建德이 군사를 거느리고 배반하
였다.

－ 漳 강 이름 장.　漳南(장남) ; 산동성의 地名.

－ 竇 구멍 두. 竇建德(두건덕) ; 611년 봉기.

【참고】 고구려와 수의 충돌 원인

❖ 고구려는 중국이 분열하였던 남북조 시대에 크게 세력을 확
장하여 요하를 경계로 북제, 그리고 이후의 수나라와 국경을 마주
했다. 수 건국 후에는 고구려와 잠시 우호적 관계가 형성되는 듯
했으나 수가 중국을 통일하자 관계가 결정적으로 악화되었다.

그 이전부터 고구려는 수의 변경을 여러 번 침범했고 수와 적대
관계에 있는 돌궐과 고구려는 우호관계를 유지하였는데 이것이
수를 자극하였다. 그리하여 수문제는 598년, 양경협과 고경 등에
게 30만 대군을 동원하여 수륙으로 고구려〔당시 嬰陽王(영양왕)
재위〕 원정을 시도했으나 질병과 기후 불순으로 실패하였다. 이

참패로 병력의 90%를 상실하였다고 하니 그 참패의 정도를 짐작할 수 있다. 그리고 文帝는 두 번 다시 고구려 원정을 시도하지 않았다.

때문에 수나라는 국력을 완전 회복하였다. 그러나 이렇게 회복된 국력이 있었기에 양제의 대토목공사가 가능했었다고 볼 수 있으며 또 그 때문에 양제는 고구려 원정을 시도할 수 있었다.

양제는 대운하가 완공되어 남방의 군량이나 물자를 쉽게 공급받을 수 있는 자신감을 갖고 있었다. 당시 고구려의 압박에 시달리던 백제가 출병을 요청한 것은 양제의 허영심을 부채질한 셈이고, 돌궐과 고구려가 여전히 군사적 우호관계를 갖고 있다는 사실을 확인한 양제는 분노하였기에 고구려 원정을 결정했을 것이다. 그러나 원정의 결과는 참패였고 나라의 멸망이었다.

(5) ○ 帝所徵四方兵, 皆集涿郡, 一百一十三萬, 餽運者倍之, 首尾亘千餘里. 帝至遼東, 攻城不克, 諸軍大敗而還. 明年再徵兵, 自將擊之.

○ 楚公楊玄感, 見朝政日紊, 潛謀作亂, 至是督運黎陽遂反. 帝引軍還, 遣將擊之. 玄感自洛陽引兵趨潼關, 兵敗走死. 帝又如涿郡, 伐高麗. 高麗遣使請降, 帝還長安. 已而如洛陽, 如汾陽, 如江都, 巡遊仍無虛歲.

○ 양제는 사방에서 병력을 모아 모두 탁군에 모았는데 113만이었고, 식량 운반자는 그 배를 넘었으니, 앞과 뒤가 천여 리에 걸쳤다. 양제가 요동에 도착하여 요동성을 공격하였으나 함락시키지 못하고 모든 군이 대패하고 돌아왔다. 다음 해(613년)에도 다시 징병하고 스스로 서느리면서 고구려를 공격하였다.

○ 楚公인 양현감은 나라의 정치가 날로 문란해지는 것을 보고 반란을 일으키려고 비밀리에 모의를 했는데, 당시 여양에서 운반을 독려하다가 반기를 들었다. 양제는 패전한 군을 이끌고 돌아오다가 장수를 보내 격파하였다. 양현감은 낙양에서 병력을 이끌고 동관으로 도망하였지만 패주하다가 죽었다.

양제는 또 탁군에 출정하여 고구려를 정벌하였다.(서기 614년) 고구려에서는 사신을 보내 투항을 희망하자 양제는 장안으로 돌아왔다. 그 뒤 낙양에 가고 분양에서 갔으며 강도에도 가는 등 순유는 여전히 해마다 거르지 않았다.

어구 설명

○ 帝所徵四方兵, 皆集涿郡, 一百一十三萬, 饋運者倍之, 首尾亘千餘里. 帝至遼東, 攻城不克, 諸軍大敗而還. 明年再徵兵, 自將擊之. : 양제는 四方에서 병력을 모아 모두 涿郡에 모았는데 113만이었고, 식량 운반자는 그 배를 넘었으니, 앞과 뒤가 천여 리에

걸쳤다. 양제가 遼東에 도착하여 요동성을 공격하였으나 함락시키지 못하고 모든 군이 대패하고 돌아왔다. 다음 해에도 다시 징병하고 직접 거느리고 고구려를 공격하였다.

– 皆集涿郡 ; 모두 涿郡(탁군)에 모았다.　饋 보낼 궤.　饋運(궤운) ; 양식을 운반함.　尾 꼬리 미.

– 亘 걸칠 긍. 걸치다. 뻗치다.　遼 멀 요.　遼東(요동) ; 지금의 遼寧省(요령성)의 遼河(요하) 東쪽, 요동반도.

– 帝至遼東 ; 양제는 遼陽에 大業 8년(612년) 6월 도착.　克 이길 극.　明年 ; 大業 9년.　徵兵(징병) ; 병사를 모으다.

– 自將擊之(자장격지) ; 양제가 親征(친정)에 나섰다.

○ 楚公楊玄感, 見朝政日紊, 潛謀作亂, 至是督運黎陽遂反. 帝引軍還, 遣將擊之. 玄感自洛陽引兵趨潼關, 兵敗走死. : 楚公인 楊玄感은 나라의 정치가 날로 문란해지는 것을 보고 반란을 일으키려고 비밀리에 모의를 했는데, 당시 여양에서 (군량) 운반을 독려하다가 반기를 들었다. 양제는 패전한 군을 이끌고 돌아오다가 장수를 보내 격파하였다. 양현감은 낙양에서 병력을 이끌고 동관으로 도망하였지만 패주하다가 죽었다.

– 楊玄感(양현감) ; 隋末 할거세력의 하나. 부친 楊素는 隋의 將相. 양현감은 당시 예부상서로 재직.

– 紊 어지러울 문. 문란하다.　潛 잠길 잠.　潛謀(잠모) ; 비밀리에 모의하다.　督運(독운) ; 운반을 독려하다.

– 黎陽(여양) ; 여양은 고구려 원정을 위한 보급기지였다. 여양은 지금 河南省 北部의 黃河 北岸에 위치하며 《삼국연의》에서 조

조와 원소의 한판승부인 官渡(관도)의 대전투가 벌어진 현장이며 좋은 石材 산지로도 유명하다.

　– 趨 달릴 추. 달아나다.　　潼關(동관) ; 地名.

○ 帝又如涿郡, 伐高麗. 高麗遣使請降, 帝還長安. 已而如洛陽, 如汾陽, 如江都, 巡遊仍無虛歲. : 양제는 또 涿郡에 출정하여 고구려를 정벌하였다.(서기 614년) 고구려에서는 사신을 보내 투항을 희망하자 양제는 장안으로 돌아왔다. 그 뒤 낙양에 가고 분양에서 갔으며 강도에도 가는 등 순유는 여전히 해마다 거르지 않았다.

　– 如 같을 여. 가다.　　伐高麗(벌고려) ; 大業 10년 613년의 3차 원정을 말함.　　高麗遣使請降(고려견사청항) ; 고려가 사신을 보내 항복하겠다고 청했다. 고구려의 거짓 투항이지만 양제는 명분을 얻었기에 회군하였다.

　– 已而(이이) ; 그 뒤.　　江都(강도) ; 지금의 揚州. 양주는 당시에도 경제와 교통의 요지였다.　　仍 인할 잉. 여전히, 전처럼.

【참고】 고구려 원정의 결과

❖ 612년 수양제 1차 침입 때 평양성 근처에 도달한 수군은 고구려 군에게 궤멸을 당했고 于仲文(우중문), 宇文述(우문술)의 별동대 30만 명이 평양성을 직접 공격했으나 성과도 없이 퇴각하다가 乙支文德에게 薩水(살수 ; 청천강)에서 수공을 당해 대패하고, 압록강을 건너 요동에 도착한 수군은 겨우 2,700명에 불과했다

613년 양제의 2차 침입은 성과도 거두지 못하고 楊玄感의 謀反 소식에 놀라 회군할 수밖에 없었다. 양현감의 반란이 쉽게 평정되자 614년에 또 고구려를 침공하지만 고구려의 일차 방어선은 돌파했지만, 고구려의 끈질긴 저항과 수군의 공급부족으로 요하를 지킬 수 없었고 고구려는 장기전에 지쳐 영양왕이 거짓 투항을 요청하자 양제는 체면을 건졌다 생각하여 철군한다.

그러나 3차례 고구려 침공실패 후 무력해진 군대는 수말의 농민봉기를 진압할만한 여력도 없었다. 양제는 완전히 민심을 잃었고 수나라 장수들의 반역과 봉기가 계속 일어난다. 이러한 반대 봉기 속에 617년에 수도 大興이 李淵(이연)에게 점령되고 618년에 당의 건국 그리고 수의 멸망으로 이어진다.

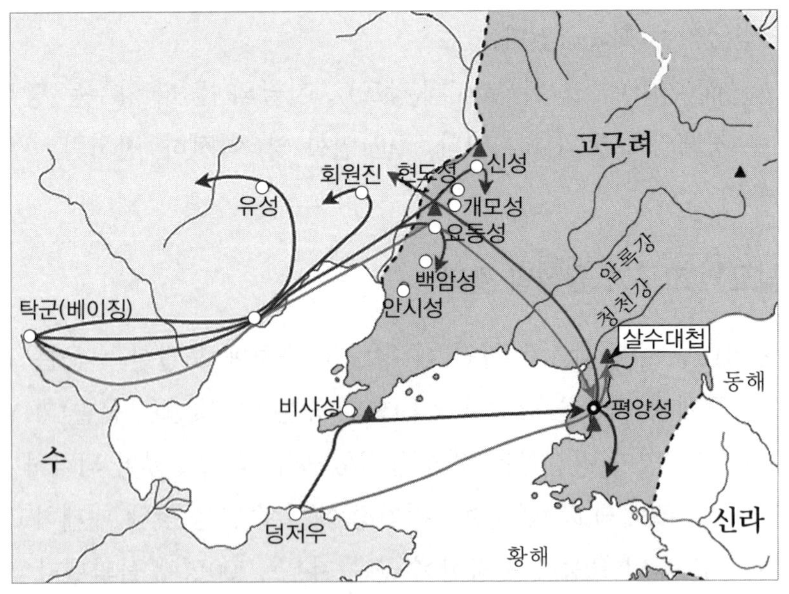

고구려와 隋(수)와의 전쟁

(6) ○ 蒲山公李密兵起. 密少有才略, 志氣雄遠, 輕財好士. 嘗乘黃牛, 以漢書掛牛角讀之. 楚公楊素遇而奇之. 由是與素子玄感游. 初從玄感起兵, 玄感敗, 密變姓名亡匿. 時人皆云, 楊氏將滅, 李氏將興. 又有民謠. 歌曰, 桃李子, 皇后走楊州, 宛轉花園裏. 勿浪語, 誰道許. 謂桃李子者, 逃亡李氏子也, 莫浪語, 誰道許者, 密也. 密遂與群盜翟讓等起, 攻滎陽下之, 建牙統所部西行, 說下諸城大獲.

○ 포산공 李密(이밀)이 기병하였다. 이밀은 젊어서부터 재주와 책략이 있고 뜻이 크고 원대하며 재물을 가벼이 여기며 재사를 좋아하였다. 그 전에 소를 타고 뿔 사이에《한서》를 걸쳐 놓고 읽었다. 이를 초공 양소가 우연히 보고서는 기이하다 생각하였다. 이로부터 양소의 아들 현감과 교유하였다.

처음에는 양현감과 함께 거병하였으나 현감이 패하자, 이밀은 성명을 바꾸고 도주하여 숨어버렸다. 당시 사람들은 모두 '양씨는 곧 망할 것이고, 李氏가 흥할 것이다.'라고 말했다. 그리고 당시에 유행하던 민요가 있었는데 그 노래는 "도망간 이씨가 있고, 皇后는 楊州로 달아나 花園 안에서 떠돌리라! 터무니없는 말 마소. 누군가가 그렇다고 한들!"이라고 하였다.

‘桃李子’라는 말은 도망간 이씨의 아들이고, ‘누가 뭐라 하든 말하지 말라’는 말은 ‘密(비밀로 하다)’이라는 뜻이다. 이밀은 적양 등 군도와 함께 기병하여 형양을 공격하여 함락시키고, 대장기를 세우고 부대를 이끌고 서쪽으로 나아가 여러 성을 설득하여 동조케 하며 많은 군수품을 차지했다.

어구 설명

○ 蒲山公李密兵起. 密少有才略, 志氣雄遠, 輕財好士. 嘗乘黃牛, 以漢書掛牛角讀之. 楚公楊素遇而奇之. 由是與素子玄感游. : 蒲山公 李密이 기병하였다. 이밀은 젊어서부터 재주와 책략이 있고 뜻이 크며 원대하여 재물을 가벼이 여기며 才士를 좋아하였다. 그 전에 소를 타고 소뿔 사이에 《漢書》를 걸어 놓고 읽었다. 이를 楚公 楊素가 우연히 보고서는 기이하다 생각하였다. 이로부터 양소의 아들 현감과 교유하였다.

 - 蒲 부들 포. 왕골(蓆자리를 만드는 재료식물).

 - 李密(582~619년) ; 父親 李寬은 隋朝의 上柱國으로 蒲山郡公에 봉했다. 이밀은 부친의 작위를 세습하였고 양제의 시종관으로 근무하고 있었는데, 어느 날 양제가 그의 외모가 비범한 것을 보고 이름을 물었다. 이밀은 시기심이 많은 양제가 자신을 죽일 뜻이 있다는 것을 알고 곧바로 고향 근처로 도망하여 숨어 지냈다.

 - 才略(재략) ; 才氣와 策略(책략). 《漢書》 ; 班固(반고) 저술.

─ 以漢書掛牛角讀之(이한서괘우각독지) ;《漢書》한 세트를 묶어 소뿔에 걸어놓고 그 중 한권을 읽는다는 뜻이지, 읽을 페이지를 펴서 소뿔 사이에 걸어놓고 본다는 뜻은 아님. '掛角攻書(괘각공서, 뿔에 걸어놓고 책을 읽는다)' 는 四字成語가 있다.

○ 初從玄感起兵, 玄感敗, 密變姓名亡匿. 時人皆云, 楊氏將滅, 李氏將興. 又有民謠. 歌日, 桃李子, 皇后走楊州, 宛轉花園裏. 勿浪語, 誰道許. : 처음에는 양현감과 함께 거병하였으나 현감이 패하자, 이밀은 성명을 바꾸고 도주하여 숨어버렸다. 당시 사람들은 모두 '양씨는 곧 망할 것이고, 李氏가 흥할 것이다.' 라고 말했다. 그리고 민요가 있었는데 그 노래는 "도망간 이씨가 있고, 皇后는 楊州로 달아나 花園 안에서 떠돌리라! 터무니없는 말 마소. 누군가가 그렇다고 한들!"라고 하였다.

─ 匿 숨을 익(닉). 亡匿(망익) ; 도망하여 숨다.

─ 桃李(도리) ; 복숭아와 오얏(자두). 보통 복숭아를 지칭. 여기서 桃(táo)는 逃(táo 달아날 도)와 같은 음. 桃李子는 '도망간 이씨.'

─ 皇后走楊州(황후주양주) ; 황후는 양주로 달아나 황후는 황제를 따라 다니다. 여기서는 황제의 뜻. 揚州는 江都. 실제로 양제는 이곳에 머물렀고, 李淵이 長安을 점령했기에 돌아가지도 못하고 양주에서 피살당한다.

─ 宛 굽을 완. 轉 구를 전. 宛轉(완전) ; 이곳저곳을 떠돌다. 輾轉(전전)하다. 浪語(낭어) ; 터무니없는 말.

─ 誰 누구 수. 道 길 도. 말하다. 誰道許(수도허) ; 누군가가

그렇다고 말을 할지라도.

○ 謂桃李子者, 逃亡李氏子也, 莫浪語, 誰道許者, 密也. 密遂與群盜翟讓等起, 攻滎陽下之, 建牙統所部西行, 說下諸城大獲. : ‘桃李子’ 라는 말은 逃亡간 李氏의 아들이고, ‘누가 뭐라 하든 말하지 말라’ 는 말은 ‘密(비밀로 하다)’ 이라는 뜻이다. 李密(이밀)은 翟讓(적양) 등 群盜와 함께 기병하여 滎陽을 공격하여 함락시키고, 대장기를 세우고 부대를 이끌고 서쪽으로 나아가 여러 성을 설득하여 동조케 하며 많은 군수품을 차지했다.

　－ 翟 꿩 적.　滎 실개천 형.　滎陽(형양) ; 地名.　建牙(건아) ; 대장기를 세우다. 牙는 天子나 大將의 깃발. 牙旗.

　－ 統所部西行(통소부서행) ; 소속된 부대를 통솔하여 西로 나아가다.　說下(설하) ; 說服케 하다. 설득하여 동조케 하다.

【참고】　破鏡重圓(파경중원)

❖ 隋 煬帝가 태자가 될 수 있도록 힘써 준 사람이 바로 楊素(?~606년)였다. 양소는 문제와 양제를 섬겨 벼슬이 尙書令까지 올랐던 장군이었고 또 시인으로도 유명했다. 양소와 관련된 아름다운 이야기가 전해온다.

陳 後主 밑에서 벼슬하던 徐德言은 後主 陳叔寶의 여동생 陳氏와 결혼했다. 서덕언은 난세에 부부의 인연을 계속 유지하기가 어려울 수도 있다 하여 거울(鏡 ; 유리가 아니라 청동거울임)을 반으로 나누어 아내 진씨에게 주면서 말했다. “혹 우리가 헤어지면 나

중에 정월 보름날 이 거울을 파시오. 그러면 인연이 있어 다시 만
날 수도 있을 것이요!"

陳나라가 망하면서 많은 부녀자들이 잡혀갔고 서덕언의 아내도
隋에 끌려갔다. 서덕언의 아내는 나중 정월 보름에 거울 반쪽을
행상에게 팔았다. 한편 서덕언은 큰 도시의 길거리에서 나누었던
반쪽 거울을 보았다. 자기의 것과 맞춰보니 거울은 다시 둥글게
딱 맞았다(破鏡重圓). 거기서 서덕언은 시를 읊었다.

> "거울과 사람이 함께 떠났었는데
> 거울은 돌아왔지만 사람은 돌아오지 않네.
> 내 님의 그림자도 다시 못 보는데
> 공연히 보름달만 빛을 발하네!"
> (鏡與人具去　鏡歸人不歸.
> 無復姮娥影　空留明月耀)

나중에 이야기와 시를 전해들은 진씨는 눈물만 흘리며 식음을
전폐했다. 이야기를 전해들은 楊素는 즉시 서덕원을 찾아냈고, 자
신이 첩으로 데리고 있던 진씨를 돌려주었다.(출처 ; 《太平廣記 氣
義》)

(7) 鄱陽賊帥林士弘, 稱楚帝, 據江南. ○ 杜伏威據
歷陽. ○ 竇建德稱長樂王. ○ 馬邑校尉劉武周, 朔
方郎將梁師都, 各據郡起兵. ○ 李密據興洛倉, 略

取河南諸郡, 稱魏公. ○ 突厥立劉武周, 爲定陽可
汗, 取樓煩·定襄·雁門諸郡. ○ 梁師都取雕陰·
弘化·延安等郡, 自稱梁帝. ○ 金城校尉薛擧, 起
兵隴西, 自稱西秦霸王. ○ 武威司馬李軌, 起兵河
西, 自稱涼王. ○ 薛擧自稱秦帝, 徙據天水. ○ 蕭
銑起兵巴陵, 自稱梁王. ○ 唐公李淵, 起兵太原, 克
諸郡, 入長安. 時隋大業十二年, 帝在江都, 淵遙尊
爲太上皇, 而立代王, 是爲恭皇帝.

○ 파양의 반적 우두머리인 임사홍은 楚帝라 자칭하며
강남에 웅거했다.

○ 두복위는 역양에 웅거했다.

○ 두건덕은 장락왕이라 칭했다.

○ 마읍의 교위인 유무주와 삭방의 낭장 양사도는 각각
자기 군에서 기병했다.

○ 이밀은 흥낙창을 점거하고, 하남의 여러 군을 점령한
뒤 위공이라 칭했다.

○ 돌궐족은 유무주를 定陽의 可汗(정양의 가한)으로 삼
고 누번, 정양, 안문의 여러 군을 탈취했다.

○ 양사도는 조음, 홍화, 연안 등의 여러 군을 탈취하고
서 梁帝(양제)라 자칭했다.

○ 금성의 교위인 설거는 농서에서 기병하고 서진의 패

왕이라 자칭했다.

　○ 무위의 사마인 이궤는 하서에서 기병하고 양왕이라 자칭했다.

　○ 설거는 秦(진)의 황제를 자처하며 천수로 가서 웅거했다.

　○ 소선은 파능에서 기병하고 양왕을 자칭했다.

　○ 唐公인 이연은 태원에서 기병하고 여러 군을 차지하고 장안에 들어갔다. 대업 12년(서기 616년)에 양제는 강도(양주)에 있었는데, 이연은 양제를 태상황으로 올리고 그의 손자 대왕을 즉위시켰는데, 이가 恭皇帝(공황제)이다.

　어구 설명

○ 鄱陽賊帥林士弘, 稱楚帝, 據江南. : 鄱陽(파양)의 賊帥인 林士弘은 楚帝라 자칭하며 江南에 웅거했다.

　- 鄱 고을 이름 파. 鄱陽(파양) ; 江西省의 지명.　賊帥(적수) ; 반란을 일으킨 장수.

○ 杜伏威據歷陽. : 杜伏威(두복위)는 歷陽(역양, 안휘성 화현)에 웅거했다.

　- 杜伏威(두복위) ; 613년에 봉기하여 장강 하류를 장악하고 있었다.

○ 竇建德稱長樂王. : 竇建德(두건덕)은 長樂王이라 칭했다.

　- 竇 구멍 두.　竇建德 ; 하북성 일대를 점령하고 夏를 건국 칭

제하였다(619년). 수말 민란 세력 중 한때 가장 강한 세력이었다. 621년에 참수되었다.

○ 馬邑校尉劉武周, 朔方郎將梁師都, 各據郡起兵. : 馬邑의 校尉인 劉武周와 朔方(삭방)의 郎將 梁師都(양사도)는 각각 자기 군에서 기병했다.

○ 李密據興洛倉, 略取河南諸郡, 稱魏公. : 李密은 興洛倉(흥낙창)을 점거하고, 河南의 여러 군을 점령한 뒤 魏公이라 칭했다.

○ 突厥立劉武周, 爲定陽可汗, 取樓煩·定襄·雁門諸郡. : 돌궐족은 劉武周를 定陽可汗(정양가한)으로 삼고 樓煩(누번), 定襄(정양), 雁門(안문)의 여러 군을 탈취했다.

 - 可汗(가한 kèhàn) ; 돌궐, 回紇(위그르) 몽고 종족의 군주. 汗 땀 한. 汗(hán)이라 쓰고, 'khàn칸' 이라 읽는 것은 可汗의 준말.

○ 梁師都取雕陰·弘化·延安等郡, 自稱梁帝. : 梁師都(양사도)는 雕陰(조음), 弘化(홍화), 延安(연안) 등의 군을 탈취하고서 梁帝라 자칭했다.

 - 雕 독수리 조, 새길 조. 조각하다.

○ 金城校尉薛擧, 起兵隴西, 自稱西秦霸王. : 金城의 校尉인 薛擧(설거)는 隴西(농서)에서 기병하고 西秦霸王(서진패왕)이라 자칭했다.

 - 金城 ; 甘肅省.
 - 薛 맑은 대 쑥 설. 성씨. 薛 '승검초 벽'과 혼동하기 쉬움.

○ 武威司馬李軌, 起兵河西, 自稱涼王. : 武威(무위)의 司馬인 李軌(이궤)는 河西에서 기병하고 涼王이라 자칭했다.

○ 薛擧自稱秦帝, 徙據天水. : 薛擧(설거)는 秦帝를 자처하며 天水로 가서 웅거했다.

○ 蕭銑起兵巴陵, 自稱梁王. : 蕭銑(소선)은 巴陵(파능)에서 기병하고 梁王을 자칭했다.

 – 銑 끌(나무에 구멍을 뚫는 도구) 선. 蕭銑 ; 남조 梁의 후손.

○ 唐公李淵, 起兵太原, 克諸郡, 入長安. 時隋大業十二年, 帝在江都, 淵遙尊爲太上皇, 而立代王, 是爲恭皇帝. : 唐公인 李淵은 太原에서 기병하고 여러 군을 차지하고 長安에 들어갔다. 大業 12년(서기 616년)에 양제는 江都(揚州)에 있었는데, 이연은 양제를 太上皇으로 올리고 그의 손자 代王을 즉위시켰는데, 이가 恭皇帝(공황제)이다.

 – 唐(당) ; 나라 이름 당. 요임금 당(陶唐). 허풍. 공허하다.

 – 李淵(이연, 565~635년. 唐高祖 재위 618~626년) 수나라 文帝의 姻親(인친). 여러 관직을 거쳐 616년 太原의 留守가 됨. 太原에서 거병. 617년 수도 大興 차지.

 – 大業十二年 ; 서기 616년, 양제는 江都에 갔다. 온 나라 각지에서 봉기가 일어나고 있는데 首都에 머물지 않고 江都에 순행한 것은 이미 포기했다는 의미로 해석할 수도 있다.

【참고】 隋末의 민중 봉기의 시작

 ❖ 수 양제 大業 7년(611년) 王薄(왕박)이란 사람이 지금의 산동성 지역에서 자칭 '知世郎(지세랑)'이라면서 〈莫向遼東浪死〉(객

사하러 요동에 가지 말라!)는 노래를 지어 부르면서 고구려 원정을 반대하였다.

그 노래에는 원정에 동원되는 민중의 고초와 함께 고구려 군사들에 대한 두려움이 나타나 있다. 노래 중 일부를 옮겨보면 아래와 같다.

요동으로 가지 말라.
東夷 군사는 호랑이처럼 날쌔단다.
긴 칼이 내 몸을 쑤셔대고
화살촉이 내 뺨을 꿰뚫는다.
내 목숨은 오직 한순간이고
내가 용감하면 누가 슬피 우는가?
공을 세운 대장이 상을 받지만
나는 왜 풀 섶에서 홀로 죽어야 하는가?
　(莫向遼東去 夷兵似虎豺.
　長劍碎我身 利鏃穿我腮.
　性命只須臾 節俠誰悲哀.
　功成大將受上賞 我獨何爲死蒿萊!)

왕박이 起義한 뒤로 농민들의 호응은 불이 붙었다. 불과 몇 달에 수만의 농민이 모여 관군과 맞섰지만 곧 패퇴한다. 왕박은 그 뒤에 우문화급에 투항했다가 宇文化及이 竇建德에게 패하자, 두건덕의 부하가 되었다가 나중에 李淵에게 투항한다. 왕박은 齊州總管에 임명되었다가 622년에 원한을 산 사람에게 피살된다.

이후로 전국에서 일어난 봉기 세력의 우두머리는 대략 120여 명이 넘었다. 이들은 대개 수나라의 지방관으로서 자기의 거점에서 반기를 들었다. 이 수많은 봉기가 일어날 수 있었던 것은 그만큼 민심이 수나라에서 떠나버렸다는 증거였다. 이들은 각자 나름대로의 병력을 보유하고 상호 대립항쟁을 계속했는데 천하는 다시 분열로 치닫는 것 같았다.

이런 혼란과 항쟁의 와중에서 가장 유리했던 세력은 太原에서 기병하여 장안과 대흥성을 점령한 李淵(이연)이었다. 이들 항거세력은 당이 건국(618년)된 뒤에도 계속 저항하다가 624년에야 완전히 평정된다.

(8) 恭皇帝, 名侑, 煬帝之孫也, 年十三爲李淵所立. 改大業十三年爲義寧, 淵爲大丞相, 封唐王. 煬帝在江都, 淫虐日甚, 酒巵不離口. 見中原已亂, 無心北歸. 從駕多關中人, 思歸遂謀叛. 以許公宇文化及爲主, 夜引兵入宮, 縊殺煬帝. 宗室無少長皆死, 惟存秦王浩立之, 而自爲大丞相, 擁衆而西.
○ 梁蕭銑稱帝於江陵. ○ 隋帝侑, 卽位半年禪于唐. 隋自高祖至是三世, 凡三十七年而亡.

恭皇帝의 이름은 侑(유)이며, 양제의 손자로 나이 13세에 이연에 의해 즉위했다. 대업 13년을 개원하여 의령이라 하고, 이연을 대승상에 임명하고 당왕으로 봉했다.

양제는 강도에 머물면서 음학은 날로 심해지고 술잔이 입에서 떠나질 않았다. 중원이 이미 혼란해졌기에 북으로 돌아갈 마음이 없었다. 어가를 시종했던 사람들은 관중 사람들이 많아 돌아가고픈 마음에서 마침내 모반하였다. 허공 우문화급을 우두머리로 밤에 병력을 이끌고 입궁하여 양제를 교살하였다. 종실 사람들은 어른, 아이 할 것 없이 모두 죽였고, 오직 秦王 양호를 즉위시키고 자신은 대승상이 되어 무리를 이끌고 서쪽으로 향했다.

○ 양소선이 강릉에서 칭제하였다.

○ 隋 황제 양유는 즉위하고 반년이 지나 당에게 선양하였다. 隋는 고조로부터 여기까지 3세(代)에 모두 37년 만에 멸망했다.

어구 설명

○ 恭皇帝, 名侑, 煬帝之孫也, 年十三爲李淵所立. 改大業十三年爲義寧, 淵爲大丞相, 封唐王. : 恭皇帝의 이름은 侑이며, 煬帝의 孫子로 나이 13세에 李淵에 의해 즉위했다. 大業 13년을 개원하여 義寧(의령)이라 하고, 李淵을 大丞相에 임명하고 唐王으로 봉했다.

 – 恭皇帝(공황제) ; 煬帝의 長子인 楊昭의 第三子.

○ 煬帝在江都, 淫虐日甚, 酒巵不離口. 見中原已亂, 無心北歸. 從駕多關中人, 思歸遂謀叛. 以許公宇文化及爲主, 夜引兵入宮, 縊殺

煬帝. 宗室無少長皆死, 惟存秦王浩立之, 而自爲大丞相, 擁衆而西. : 煬帝는 江都에 있으면서 淫虐은 날로 심해지고 술잔이 입에서 떠나질 않았다. 中原이 이미 혼란해졌기에 북으로 돌아갈 마음이 없었다. 어가를 시종했던 사람들은 關中 사람들이 많아 돌아가고픈 마음에서 마침내 모반하였다. 許公(허공) 宇文化及(우문화급)을 우두머리로 밤에 병력을 이끌고 입궁하여 양제를 교살하였다. 宗室 사람들은 어른, 아이 할 것 없이 모두 죽였고 오직 秦王 楊浩를 즉위시키고 자신은 大丞相이 되어 무리를 이끌고 서쪽으로 향했다.

 - 淫虐(음학) ; 음란하고 잔학함. 지나치게 잔악함.　巵 술잔 치.　從駕(종가) ; 어가를 따라오다.

 - 思歸遂謀叛(사귀수모반) ; 귀향하고 싶은 마음에서 마침내 모반하다.

 - 宇文化及(우문화급) ; 宇文 複姓. 化及 名. 양제를 죽인 宇文化及(우문화급)은 秦王 楊浩를 살려 이를 데리고 병력을 이끌고 북상하다가 지금의 하남성에서 李密의 군사에게 대패한다. 우문화급은 618년에 스스로 제위에 올라 국호를 許(허)로 하고 칭제하다가 요동지방까지 쫓겨 가서 죽는다.

 - 宗室無少長皆死(종실무소장개사) ; 宗室은 아이, 어른 할 것 없이 다 죽었다. 擁 안을 옹. 擁衛(옹위)하다.

○ 梁蕭銑稱帝於江陵. : 梁蕭銑(양소선)이 江陵에서 칭제하였다.

 - 銑 끌 선. 나무에 구멍을 파낼 수 있는 연장.

○ 隋帝侑, 卽位半年禪于唐. 隋自高祖至是三世, 凡三十七年而亡.

: 隋 황제 楊侑(양유)는 卽位하고 半年이 지나 唐에게 선양하였다. 隋는 高祖로부터 여기까지 3世에 모두 37년 만에 멸망했다.

　- 侑 권할 유. 楊侑 ; 李淵에 의해 황제의 자리에 앉았으니 처음부터 허수아비였다.

　- 凡三十七年而亡 ; 581～618년.

【참고】 양제의 죽음 - 목숨을 구걸하기

　❖ 煬帝(양제)의 폭정은 크게 3가지로 나눌 수 있다.
우선 大興城을 건설하고 대운하를 굴착하는 등 엄청난 대규모의 토목공사를 벌려 국력을 탕진했고 백성들을 고통으로 내몰았다.

　두 번째는, 잦은 巡幸(순행)과 허영심 그리고 사치와 향락에 따른 국고의 고갈이다. 외국 사절이 내조하러 왔을 때 한 달여씩 놀이판을 벌였다는 사실은 위에서 이야기 했다. 겨울에 가로수를 비단으로 싸 주는 낭비는 도대체 누구를 위한 것이었나?

　세 번째, 폭정은 무모한 고구려 원정이다. 동원 병력 113만에 군량 및 물자 수송인원이 그것의 2배였다면 약 300만 명 이상이 동원되었다. 文帝 때 약 4,600만 인구에 남자를 절반으로 잡는다면 2,300만, 그중에서 300만이라면 청장년 남자의 절반은 다 동원되었다고 볼 수 있다.

　마지막 순행으로 江都에 도착한·양제는 매일 술로 세월을 보냈다. 이미 전국 각지에서 봉기가 일어난 줄을 알고 있는 양제였기에 하루하루의 술자리는 가시방석이었다. 어느 날 그가 거울을 보다가 피식 웃으면서 말했다.

"잘 생긴 이 머리를 누가 감히 자를 수 있겠는가!"

양제는 毒酒를 한 항아리 준비해 놓고서 후궁들을 불러 놓고 말했다고 한다. "만약 적병이 여기까지 들어온다면 그대들이 우선 마셔라! 나는 나중에 마시겠노라!"

말은 이렇게 하면서도 양제는 자신의 제국은 결코 망하지 않을 것이라는 일말의 희망 그리고 구차하더라도 목숨을 건지리라고 스스로 위안을 하고 있었다. 그는 蕭皇后(소황후)에게 술잔을 권하면서 "통쾌하게 한 잔 하시오! 나는 결코 長城公(장성공)이 되지는 않을 것이며 그대 또한 沈皇后(심황후)가 되지는 않을 것이요!"

장성공은 589년에 멸망한 남조 陳의 後主이며 심황후는 그의 부인이었다. 604년 양제가 즉위하는 해에 陳 後主는 52세를 일기로 죽는다. 文帝는 그에게 長城煬公(장성양공)이라는 치욕적인 시호를 내려 주었다. '煬' 字에는 그 일생이 주색만을 탐하고 禮를 멀리하여 인심을 잃었다는 평가를 포함하고 있다. 그러나 그런 시호를 자신이 받게 될 줄은 꿈에도 생각하지 못한 양제였다.

바로 14년 뒤에 양제의 총애를 받던 후궁들이나 미인들은 아무도 독주 항아리를 찾지 않았다. 양제 자신도 독주를 마시지 않았다. 망국의 군주였지만 그래도 천수를 누린 장성공처럼 목숨을 구걸할 형편도 되지 않았다. 양제는 자신의 비단 허리띠를 풀어 금위군 장수에게 내주었다. 칼로 내 목은 자르지 말라는 구걸의 표시였다. 당시 양제는 50세였다.

ㄱ

賈南風(가남풍) ····················188, 191

街亭(가정) ·······················88, 109

賈充(가충) ·················187, 188, 191

賈詡(가후) ·····························94

簡文帝(간문제, 梁) ············409, 410
463, 606, 607

羯族(갈족) ·························595

葛洪(갈홍) ·····················360, 513

江南河(강남하) ·····················680

江都(강도) ··········676, 684, 693, 701
703, 705, 706

江陵(강릉) ·················46, 173, 462

綱目(강목) ·······················28, 30

綱目體(강목체) ····················31, 32

姜維(강유) ··· 105, 128, 143, 144, 145

羌族(강족) ·························183

康皇帝(강황제) ·····················357

開皇(개황) ··········660, 661, 663, 675

開皇律(개황율) ·················254, 672

開皇之治(개황지치) ·················670

車載斗量(거재두량) ····················· 45

建康(건강) ····················· 263, 517

建國者(건국자) ····················· 257, 485

建安(건안) ····················· 40, 85

建業(건업) ··········· 91, 175, 176, 247

建興(건흥) ············ 58, 83, 104, 150

乞伏國仁(걸복국인) ········· 257, 445

446, 447

乞伏韓歸(걸복한귀) ····················· 470

劍閣(검각) ····················· 144

甄氏(견씨) ····················· 73

竟陵八友(경릉팔우) ····················· 571

景帝(경제) ····················· 35

敬帝(경제) ····················· 618

顧愷之(고개지) ····················· 358

高句麗(고구려) ····················· 693

高麗(고려) ········· 508, 509, 687, 693

古文眞寶(고문진보) ····················· 79

高洋(고양) ········· 485, 579, 606, 607

608, 629, 630, 632

姑臧(고장) ····················· 257, 510

高澄(고징) ··· 592, 593, 606, 607, 615

高車(고차) ····················· 457, 458

高歡(고환) ········· 578, 579, 581, 586

592, 594, 595

高皇帝(고황제) ····················· 37

恭帝, 恭皇帝(공제, 공황제) ········· 475

478, 479, 701, 703, 705

霍去病(곽거병) ····················· 458

霍光(곽광) ····················· 408

郭璞(곽박) ····················· 304, 306, 648

郭欽(곽흠) ····················· 184

毌丘儉(관구검) ····················· 132, 133

管寧(관녕) ····················· 72, 73, 74

關隴集團(관농집단) ····················· 658

灌嬰(관영) ····················· 220

關羽(관우) ····················· 42, 45

管仲(관중) ····················· 266

關中(관중) ····················· 83

關平(관평) ····················· 46

管鮑之交(관포지교) ····················· 266

廣固(광고) ····················· 257

光武帝(광무제) ····················· 330, 331

廣通渠(광통거) ····················· 682

掛角攻書(괘각공서) ····················· 697

僑姓(교성) ····················· 550

寇謙之(구겸지) … 360, 509, 510, 513

鳩摩羅汁(구마라즙) …… 360

狗尾續貂(구미속초) …… 204

九錫(구석) …… 125, 407, 475, 544

龜玆國(구자국) …… 359

九品官人法(구품관인법) …… 41

九品中正制(구품중정제) …… 553

國名(국명) …… 257, 485

麴允(국윤) …… 246

歸去來辭(귀거래사) …… 496, 498

均田制(균전제) …… 558

金陵(금릉) …… 263

金墉城(금용성) …… 325

祁山(기산) …… 87

紀傳體(기전체) …… 30

南凉(남량) …… 257, 445, 447

南北朝(남북조) …… 249

南水北調(남수북조) …… 683

南燕(남연) …… 257, 443, 449, 452 465, 467, 486

南朝(남조) …… 214, 482

南匈奴(남흉노) …… 218

瑯琊(낭야) …… 247, 290

路不拾遺(노불습유) …… 336

盧循(노순) … 454, 455, 456, 459, 467 469, 486, 489

鹿死誰手(녹사수수) …… 330

隴西(농서) …… 457

ㄴ

洛陽(낙양) …… 120

洛陽紙貴(낙양지귀) …… 185

蘭陵(난릉) …… 550

蘭亭集序(난정집서) …… 351

ㄷ

檀溪(단계) …… 570

檀道濟(단도제) …… 517, 519, 522

段業(단업) …… 453

斷腸(단장) …… 366

段匹磾(단필제) …… 275

代(대) …… 340

大司農(대사농) ······················· 322

大業(대업) ···························· 687

大運河(대운하) ······················ 254

大興城(대흥성) ······················ 708

陶侃(도간) ··· 311, 315, 318, 334, 497

道觀(도관) ···························· 513

道敎(도교) ······················ 512, 513

陶淵明(도연명) ················· 315, 359

陶潛(도잠) ················· 315, 496, 497

桃花源記(도화원기) ··········· 500, 502

禿發烏孤(독발오고) ·········· 257, 445
447, 470

燉煌(돈황) ··············· 257, 457, 458

突厥(돌궐) ···························· 613

咄咄怪事(돌돌괴사) ··········· 384, 385

潼關(동관) ···························· 470

東史綱目(동사강목) ·················· 32

東山再起(동산재기) ················· 399

東魏(동위) ··· 482, 485, 586, 589, 607

董允(동윤) ···························· 118

東晋(동진) ······················· 26, 251

竇建德(두건덕) ··· 687, 689, 699, 700
701, 704

杜牧(두목) ···························· 645

杜預(두예) ··············· 164, 173, 176

屯田(둔전) ······················· 98, 146

鄧艾(등애) ·············· 143, 144, 150

鄧芝(등지) ····························· 62

ㅁ

馬良(마량) ····························· 90

馬謖(마속) ···························· 88

秣陵(말릉) ··························· 263

孟獲(맹획) ······················· 67, 68

明帝(명제) ·········· 72, 119, 319, 532

慕容段隨(모용단수) ·················· 442

慕容德(모용덕) ·········· 257, 449, 452
465, 466

慕容寶(모용보) ················· 443, 452

慕容祥(모용상) ······················ 449

慕容盛(모용성) ············· 449, 453, 466

慕容垂(모용수) ··· 257, 404, 429, 434
436, 440, 442, 443, 466

慕容氏(모용씨) ······················ 356

慕容永(모용영) ·················· 442

慕容廆(모용외) ·········· 229, 230, 281

慕容暐(모용위) ········· 395, 405, 406

慕容雲(모용운) ·················· 257

慕容儁(모용준) ··············· 370, 395

慕容沖(모용충) ·········· 434, 436, 442

慕容忠(모용충) ·················· 442

慕容皝(모용황) ·········· 229, 230, 257

356, 370

木蘭(목란) ····················· 590

木蘭詩(목란시) ················· 590

木牛流馬(목우유마) ··········· 98, 99

穆帝(목제) ············· 368, 396, 398

武帝(무제, 梁) ···· 571, 600, 603, 604

武帝(무제, 晋) ················· 181

武鄕侯(무향후) ················· 52

巫峽(무협) ····················· 51

冒頓(묵돌) ····················· 219

冒頓單于(묵돌선우) ············· 219

聞鷄起舞(문계기무) ············· 270

文賦(문부) ····················· 208

文選(문선) ················· 572, 610

捫虱而談(문슬이담) ············· 398

文心雕龍(문심조룡) ············· 608

文帝(문제, 宋) ··············· 495, 497

文帝(문제, 隋) ················· 667

文欽(문흠) ················· 132, 133

愍帝(민제) ············· 228, 260, 264

266, 267

ㅂ

班固(반고) ····················· 333

潘岳(반악) ····················· 564

渤海(발해) ····················· 608

裵頠(배위) ·············· 189, 190, 202

杯中蛇影(배중사영) ············· 197

百里之命(백리지명) ············· 296

白眉(백미) ····················· 90

百六掾(백육연) ················· 261

法顯(법현) ····················· 360

卞壺(변곤) ····················· 322

步步生蓮花(보보생연화) ····· 561, 563

僕射(복야) ················· 562, 661

富家翁(부가옹) ················· 126

符健(부건) ········· 257, 329, 378, 386
388, 392
符堅(부견) ··· 251, 341, 359, 390, 395
396, 398, 399, 405, 418, 428, 447
浮屠(부도) ····························· 536
符登(부등) ····························· 443
府兵制(부병제) ··············· 632, 671
符洪(부홍) ····························· 278
北涼(북량) ··· 257, 450, 451, 453, 510
北燕(북연) ········· 257, 450, 503, 504
北魏(북위) ········· 233, 251, 341, 422
440, 485
北齊(북제) ··· 482, 485, 631, 632, 636
北朝(북조) ····························· 482
北周(북주) ················ 485, 632, 637
淝水(비수)의 싸움 ··················· 449
費褘(비의) ····················· 118, 128

人

司空(사공) ··························· 353
司徒(사도) ··························· 306

謝靈運(사령운) ················ 503, 505
司馬德宗(사마덕종) ················· 451
司馬道子(사마도자) ···· 445, 446, 447
448, 450, 451, 452, 453, 477
司馬倫(사마륜) ················ 203, 206
司馬師(사마사) ··· 127, 128, 130, 131
133, 158
司馬昭(사마소) ········· 130, 133, 143
153, 155, 158, 300
司馬嶽(사마악) ····················· 361
司馬炎(사마염) ········· 26, 153, 155
157, 272
司馬穎(사마영) ·········· 209, 226, 260
司馬睿(사마예) ·········· 258, 259, 272
司馬昱(사마욱) ·········· 367, 409, 410
司馬元顯(사마원현) ·········· 460, 477
司馬越(사마월) ····················· 243
司馬懿(사마의) ·93, 95, 97, 107, 115
122, 126, 127, 128, 129, 155, 258
司馬伷(사마주) ····················· 258
司馬遷(사마천) ······················· 65
司馬衷(사마충) ····················· 191
司馬熾(사마치) ····················· 235

徙民政策(사민정책) ················ 527

謝石(사석) ······················· 430

謝安(사안) ········ 395, 397, 399, 413

424, 434

謝玄(사현) ··· 424, 425, 426, 505, 506

索頭(삭두) ······················· 232

索頭拓跋(삭두탁발) ················ 231

索綝(삭침) ···················· 245, 246

散關(산관) ························· 90

山濤(산도) ··· 166, 167, 171, 182, 195

山陰(산음) ························ 351

薩水(살수) ························ 693

三顧草廬(삼고초려) ················ 81

三國演義(삼국연의) ·············· 25, 48

三國志(삼국지) ·················· 30, 110

三大家(삼대가) ···················· 508

三都賦(삼도부) ···················· 185

三武一宗의 法難(삼무일종의 법난)

 ······························· 511

三輔(삼보) ························· 389

三分天下(삼분천하) ················ 84

三師(삼사) ························ 190

三省六部(삼성육부) ················ 254

三十六計(삼십육계) ················ 95

三秦(삼진) ···················· 379, 472

向秀(상수) ··············· 169, 171, 173

西涼(서량) ················ 257, 457, 491

書聖(서성) ························ 351

西燕(서연) ···················· 436, 442

西魏(서위) ··· 482, 485, 586, 589, 618

西晉(서진) ···················· 26, 155

西秦(서진) ···················· 257, 470

西川(서천) ························ 108

石頭城(석두성) ··· 175, 176, 263, 296

310, 517, 519, 543

石勒(석륵) ··· 200, 237, 238, 244, 257

275, 277, 324, 327, 332, 374, 380

石崇(석숭) ··· 201, 203, 204, 249, 310

石虎(석호) ········· 336, 354, 355, 371

372, 380

選擧制(선거제) ················ 42, 254

宣武皇帝(선무황제) ················ 574

鮮卑(선비) ··············· 183, 230, 420

禪讓(선양) ························· 29

單于(선우) ························ 225

成都(성도) ··············· 114, 230, 257

成都王(성도왕) ················· 228

成帝(성제) ···················· 357

成漢(성한) ········· 257, 337, 366

世說新語(세설신어) ············ 502

蕭道成(소도성) ·· 485, 532, 538, 539
549, 627

蘇東坡(소동파) ················ 500

蕭梁(소량) ···················· 569

昭明太子(소명태자) ··572, 604, 607, 610

少微(소미) ···················· 29, 31

蕭繹(소역) ············· 606, 611, 613

蕭衍(소연) ········· 485, 550, 562, 568
569, 622, 627

蕭懿(소의) ············· 559, 562, 570

少帝(소제) ···················· 497

蘇峻(소준) ··················· 321, 322

蕭詧(소찰) ··607, 608, 618, 629, 647

蕭何(소하) ···················· 65, 547

孫堅(손견) ···················· 91

孫權(손권) ·········· 42, 91, 115, 128

孫亮(손량) ···················· 136

孫恩(손은) ··· 450, 451, 453, 454, 456
459, 486, 489

孫策(손책) ···················· 91

孫綝(손침) ···················· 137

孫皓(손호) ·· 153, 162, 166, 176, 178

孫休(손휴) ············· 137, 138, 153

宋(송) ······················· 482, 485

水經注(수경주) ················ 585

首都(수도) ···················· 257

垂簾聽政(수렴청정) ············ 537

隋(수) ······················· 482, 483

水滸三殺(수호삼살) ············ 563

肅宗(숙종) ···················· 300

順皇帝(순황제) ··············· 539, 543

詩品(시품) ···················· 609

悉祿官(실록관) ················ 283

沈慶之(심경지) ·········· 514, 516, 518

沈約(심약) ···················· 608

沈攸之(심유지) ················ 544

十六國春秋(십육국춘추) ········· 221

什翼犍(십익건) ·········· 286, 338, 339

ㅇ

樂廣(악광) ··············· 195, 196, 198

岳飛(악비) ·················· 49, 273

顔延年(안연년) ·················· 499

顔延之(안연지) ·················· 507

安鼎福(안정복) ·················· 32

安帝(안제) ·················· 476, 477

安皇帝(안황제) ·········· 446, 449, 451

哀皇帝(애황제) ·················· 401

楊堅(양견) ··· 637, 638, 639, 653, 655
656, 659, 677

楊廣(양광) ········· 645, 646, 648, 663
664, 677

楊敏(양민) ·················· 117

梁山伯(양산백) ·················· 438

梁(양) ·················· 482, 485, 569

楊勇(양용) ········· 662, 663, 665, 677

羊陸之交(양육지교) ·········· 161, 208

楊儀(양의) ·················· 105

煬帝(양제) ··· 668, 690, 691, 705, 706

楊震(양진) ·················· 657

楊玄感(양현감) ··· 690, 691, 692, 695

羊祜(양호) ········· 159, 160, 164, 182

鄴(업) ·················· 257

呂光(여광) ··· 257, 445, 446, 447, 457

呂蒙(여몽) ·················· 46

女史箴圖(여사잠도) ·················· 359

酈道元(역도원) ·················· 585

酈食其(역이기) ·················· 333

淵明(연명) ·················· 496

冉閔(염민) ·················· 382

永嘉의 亂(영가의 난) ········· 228, 242
243, 260

永明之治(영명지치) ·········· 551, 567

永濟渠(영제거) ·········· 678, 680, 683

濊貊(예맥) ·················· 340

吳(오) ·················· 25

五斗米(오두미) ·················· 498, 500

五柳先生傳(오류선생전) ········· 496, 498

吳姓(오성) ·················· 550

五丈原(오장원) ·················· 84, 107

五胡十六國(오호십육국) ········ 214, 222

五胡族(오호족) ·················· 218

玉臺新詠(옥대신영) ·················· 610

玉樹後庭花(옥수후정화) ············ 643

溫嶠(온교) ·················· 304, 326

臥龍崗(와룡강) ·················· 84

阮籍(완적) ·················· 168, 169, 171

阮瞻(완첨) ·················· 194

阮咸(완함) ·········· 169, 171, 194

王愷(왕개) ·············· 249, 310

王畿(왕기) ····················· 185

王導(왕도) ········ 262, 306, 342, 343
344, 434

王敦(왕돈) ········ 262, 288, 303, 307
310, 369, 417

王莽(왕망) ············· 32, 150, 412

王猛(왕맹) ········ 386, 388, 390, 395
398, 405, 418

王述(왕술) ····················· 343

王僧辯(왕승변) ··· 600, 612, 615, 618

王衍(왕연) ········ 195, 196, 240, 363

王戎(왕융) ··· 169, 171, 189, 190, 192

王濬(왕준) ····················· 173

王坦之(왕탄지) ·········· 411, 413, 414

王通(왕통) ·············· 660, 661, 664

王弼(왕필) ····················· 171

王獻之(왕헌지) ················· 351

王玄謨(왕현모) ············· 514, 515

王羲之(왕희지) ········· 290, 349, 358

畏蜀如虎(외촉여호) ·············· 95

姚襄(요양) ············· 381, 391, 393

姚萇(요장) ········· 257, 382, 399, 429
434, 436, 440, 443, 470

姚興(요흥) ····················· 443

龍門石窟(용문석굴) ············· 576

龍城(용성) ····················· 257

宇文覺(우문각) ········· 485, 621, 632

宇文述(우문술) ················· 693

宇文邕(우문옹) ············· 630, 637

宇文毓(우문육) ·········· 622, 629, 630

宇文泰(우문태) ·········· 588, 591, 615

宇文護(우문호) ················· 630

宇文化及(우문화급) ············· 707

于仲文(우중문) ················· 693

鬱陵王(울능왕) ················· 550

元嘉(원가) ············· 507, 521, 524

元寶炬(원보거) ················· 485

元善見(원선견) ················· 485

元帝(원제) ················· 247, 258

袁粲(원찬) ················· 543, 546

魏(위) ····················· 25, 33

劉琨(유곤) ········· 268, 270, 274, 283
341, 369

庚亮(유량) ·············· 347, 348, 352

劉牢之(유뢰지) ············ 424, 429, 489

流芳百世(유방백세) ················ 407

劉備(유비) ······················ 81

劉禪(유선) ············ 37, 60, 151, 178

劉宋(유송) ······················ 487

劉諶(유심) ······················ 148

劉淵(유연) ········· 218, 219, 237, 257

柔然(유연) ··· 455, 456, 457, 458, 613

劉伶(유영) ············· 169, 171, 200

劉隗(유외) ······················ 292

劉曜(유요) ··· 226, 227, 271, 277, 325

劉禹錫(유우석) ··················· 345

劉昱(유욱) ······················ 538

劉彧(유욱) ······················ 531

劉裕(유유) ········· 450, 451, 453, 454
459, 465, 466, 476, 478, 485
490, 495, 531, 545, 627

劉義慶(유의경) ··················· 502

劉義隆(유의륭) ··············· 494, 531

庾翼(유익) ······················ 368

劉子業(유자업) ··················· 530

幽州(유주) ······················ 275

劉聰(유총) ········· 225, 228, 237, 276

劉勰(유협) ······················ 608

陸賈(육가) ······················ 220

陸機(육기) ······················ 207

陸遜(육손) ·· 51, 56, 107, 115, 160, 207

陸修靜(육수정) ··················· 513

六鎭(육진) ······················ 580

六出祁山(육출기산) ················ 87

陸抗(육항) ······················ 160

隆中對策(융중대책) ················ 84

殷浩(은호) ········· 360, 361, 363, 384

陰平(음평) ······················ 144

泣斬馬謖(읍참마속) ··············· 112

猗盧(의로) ··· 233, 282, 283, 340, 341

猗㐌(의이) ··················· 233, 285

李暠(이고) ··············· 257, 457, 458

伊霍故事(이곽고사) ··············· 562

伊霍之事(이곽지사) ··············· 408

李道兒(이도아) ··················· 535

利鹿孤(이록고) ··················· 470

二陸(이륙) ······················ 207

夷陵(이릉) ··················· 51, 55

李密(이밀) ··················· 695, 696

李勢(이세) …………………… 370

李壽(이수) …………………… 337

李淵(이연) … 254, 694, 701, 703, 705

李雄(이웅) ……… 222, 237, 238, 257
                              336, 366

伊尹(이윤) …………………… 408

爾朱世隆(이주세륭) ………………… 588

爾朱榮(이주영) ……… 581, 583, 595

李特(이특) …………………… 228

李暠(이호) …………………… 491

益州(익주) …………………… 76

一帝一元(일제일원) ……………… 41

臨朝稱制(임조칭제) ……………… 537

ㅈ

子貴母死制(자귀모사제) ………… 540

資治通鑑綱目(자치통감강목) ……… 31

資治通鑑(자치통감) ………… 31, 358

長江三峽(장강삼협) ……………… 51

張貴人(장귀인) …………… 445, 448

張良(장량) …………………… 64

張麗華(장려화) …………… 643, 650

章武(장무) …………………… 36, 52

長城煬公(장성양공) …… 641, 654, 709

張寔(장식) …………………… 257

長安(장안) ……………… 120, 257

張掖(장액) …………… 257, 450, 453

蔣琬(장완) ……………… 112, 117

張彛(장이) ……………… 572, 578

張重華(장중화) …………… 374, 383

張郃(장합) ……………………… 88, 94

張華(장화) …………………… 202

沮渠蒙遜(저거몽손) ………… 257, 456
                              457, 491, 503

褚裒(저부) …………………… 352

褚遂良(저수량) ……………… 578

褚淵(저연) …………………… 543

氐族(저족) ……………… 229, 366

氐(저) …………………… 278

前涼(전량) ……………… 257, 392

前燕(전연) …………………… 257

前秦(전진) … 251, 257, 390, 398, 443

占田制(점전제) ……………… 248

靖康의 變(정강의 변) …………… 273

正始(정시) ·················· 132, 170

靖節先生(정절선생) ················ 499

諸葛瑾(제갈근) ·················· 134

諸葛亮(제갈량) ······· 36, 78, 97, 102
　　　　　　　　　　103, 104, 106

諸葛尙(제갈상) ············· 145, 147

諸葛瞻(제갈첨) ·················· 145

諸葛誕(제갈탄) ············· 132, 134

齊民要術(제민요술) ················ 585

齊(제) ·········· 482, 485, 549, 567

趙匡胤(조광윤) ·················· 487

曹髦(조모) ······················ 138

曹芳(조방) ········· 122, 123, 126, 132

曹丕(조비) ············· 29, 33, 36, 58
　　　　　　　　　　　　153, 649

曹爽(조상) ············· 124, 126, 158

朝鮮(조선) ······················ 458

曹叡(조예, 魏) ··················· 122

趙云(조운) ······················ 58

趙咨(조자) ······················ 43

祖逖(조적) ············· 268, 270, 279

曹操(조조) ············· 29, 40, 115

曹眞(조진) ······················ 126

曹奐(조환) ············· 158, 158, 179

尊王攘夷(존왕양이) ················ 33

鍾士季(종사계) ·················· 125

鐘嶸(종영) ················· 565, 609

鍾會(종회) ················· 143, 172

左思(좌사) ······················ 185

左傳癖(좌전벽) ············· 165, 166

左賢王(좌현왕) ·················· 224

周勃(주발) ······················ 220

周瑜(주유) ······················ 115

周顗(주의) ················· 266, 293

朱子(주자) ······················ 28, 31

酒泉(주천) ······················ 458

朱熹(주희) ······················ 31

竹頭木屑(죽두목설) ················ 318

竹林七賢(죽림칠현) ············ 169, 170

中流擊楫(중류격즙) ················ 271

中山靖王(중산정왕) ················ 35

中山(중산) ······················ 257

中常侍(중상시) ·················· 525

曾先之(증선지) ··················· 30

陳郡(진군) ······················ 290

陳壽(진수) ················· 30, 110

陳叔寶(진숙보) ··· 625, 641, 642, 653
654, 698

晋陽(진양) ················· 588

陳頊(진욱) ················· 641

陳寅恪(진인각) ············ 658

陳情表(진정표) ············ 79

陳(진) ············ 482, 485, 625

陳霸先(진패선) ········ 485, 600, 611
612, 617, 618, 620, 624, 625, 627

陳顯達(진현달) ············ 559, 561

徵辟(징벽) ················· 397

ㅊ

鑽核(찬핵) ················· 194

唱籌量沙(창주양사) ········ 522

蔡謨(채모) ············ 373, 374

擲果盈車(척과영거) ········ 565

天王(천왕) ················· 327

哲宗(철종) ················· 48

淸談 亡國(청담 망국) ··· 199, 249

淸談(청담) ················· 187

淸議(청의) ················· 170

草木皆兵(초목개병) ········ 433

楚囚(초수) ················· 267

醮祭(초제) ················· 513

蜀(촉) ····················· 25

蜀漢四英(촉한사영) ········ 118

蜀漢(촉한) ················· 29

崔浩(최호) ············ 508, 510, 512

崔鴻(최홍) ················· 221

祝英臺(축영대) ············ 438

春秋(춘추) ················· 33

出師表(출사표) ············ 78

敕勒歌(칙륵가) ·········· 458, 590

七縱七擒(칠종칠금) ········ 68

ㅌ

墮淚碑(타루비) ············ 161

涿郡(탁군) ············ 690, 691

拓跋宏(탁발굉) ··· 535, 541, 556, 558

拓跋圭(탁발규) ··· 341, 422, 439, 441
449, 452, 467, 485

拓跋燾(탁발도) ················ 494, 527

拓跋力微(탁발력미) ········· 232, 341

拓跋嗣(탁발사) ···················· 494

拓跋什翼犍(탁발십익건) ·········· 421

拓跋濬(탁발준) ················ 528, 529

拓跋(탁발) ············ 232, 283, 339

太康之治(태강지치) ················ 159

太武帝(태무제) ················ 525, 527

太保(태보) ··············· 190, 437

太傅(태부) ······················· 122

太原(태원) ················ 701, 705

吐谷渾(토욕혼) ················ 503, 504

通鑑節要(통감절요) ················· 358

通鑑(통감) ························· 29

統萬城(통만성) ···················· 473

統萬(통만) ······················· 257

通濟渠(통제거) ········· 675, 676, 682

投鞭斷流(투편단류) ················· 433

ㅍ

破鏡重圓(파경중원) ················ 698

巴西(파서) ························ 229

巴蜀(파촉 ; 地名) ············ 173, 174

八王(팔왕)의 난 ···· 26, 213, 248, 260

八陣圖(팔진도) ···················· 106

彭城(팽성) ············· 472, 473, 487

彭澤(팽택)의 縣令(현령) ··········· 496

編年體(편년체) ····················· 31

平城(평성) ············· 284, 450, 558

平陽(평양) ························ 257

廢帝(폐제) ········· 492, 528, 529, 531

廢帝 東昏侯(폐제 동혼후) ··· 554, 556
557, 561

廢帝 鬱林王(폐제 울림왕) ·········· 551

廢帝 海陵王(폐제 해릉왕) ··· 551, 553

廢帝 奕(폐제 혁) ··············· 404, 406

抱朴子(포박자) ················ 360, 513

布衣之交(포의지교) ················ 303

鮑照(포조) ························ 507

蒲洪(포홍) ··· 278, 371, 373, 377, 378

馮跋(풍발) ············· 466, 504, 509

風聲鶴唳(풍성학려) ················ 434

馮太后(풍태후) ···················· 536

避諱(피휘) ························· 37

ㅎ

河內(하내) ················ 157, 436

何晏(하안) ··············· 171, 199

夏侯霸(하후패) ·············· 123, 125

寒門庶族(한문서족) ················ 552

漢書(한서) ·················· 333, 696

漢壽亭侯(한수정후) ·············· 48

韓信(한신) ···················· 65

漢中(한중) ············· 76, 83, 89, 143

漢(한) ···················· 257

漢化(한화)정책 ·············· 537, 558

割席分坐(할석분좌) ················ 74

銜璧之事(함벽지사) ·············· 163

許靖(허정) ···················· 36

許昌(허창) ···················· 120

獻文帝(헌문제, 北魏) ·············· 536

獻帝(헌제) ·················· 29, 36

赫連勃勃(혁련발발) ·········· 257, 460

463, 471, 472

顯宗(현종) ···················· 319

玄學(현학) ···················· 171

祫祭(협제) ···················· 37

滎陽王(형양왕) ················· 492, 493

荊州(형주) ···················· 46

嵇康(혜강) ·········· 168, 169, 171, 172

嵇紹(혜소) ···················· 209

惠帝(혜제, 西晋) ·· 187, 215, 216, 234

胡夏(호하) ···················· 257

胡漢分治(호한분치) ················ 444

呼韓邪(호한야) ···················· 226

胡漢体制(호한체제) ················ 527

華夷論(화이론) ···················· 34

和帝(화제) ········· 559, 563, 565, 566

華歆(화흠) ···················· 74

桓溫(환온) ·········· 266, 273, 364, 365

366, 367, 369, 386, 404, 405

409, 412, 417, 427

桓彝(환이) ················ 265, 266

桓楚(환초) ···················· 461

桓玄(환현) ·········· 266, 417, 460, 461

478, 486, 489

黃老(황노) ···················· 536

黃武(황무) ···················· 52

黃門(황문) ···················· 137

荒服(황복) ···················· 185

黃承彦(황승언) ················ 108, 147

黃初(황초) ···················· 40, 71

黃皓(황호) ················· 145, 146

會稽(회계) ················· 138, 403

懷帝(회제, 西晉) ··········· 213, 228
　　　　　　　　　　　　　236, 241, 242

孝廉(효렴) ······················ 313

孝武帝(효무제) ··· 413, 414, 446 448,
　　　　　　　　　449, 524, 527, 529

孝文帝(효문제) ········· 541, 556, 580

孝愍皇帝(효민황제) ·········· 242, 243

猇亭(효정) ······················· 55

侯景(후경) ········· 569, 578, 580, 591
　　　　　593, 594, 595, 597, 601, 610
　　　　　　　　　　　　611, 614, 624

侯景(후경)의 난 ·············· 572, 600

後涼(후량) ·················· 257, 443

後梁(후량) ········· 617, 618, 645, 646

後燕(후연) ·················· 257, 466

後趙(후조) ········· 257, 276, 279, 280
　　　　　　　　　327, 356, 378, 380

後周(후주) ······················ 482

後主(후주, 陳) ········· 650, 653, 698

後秦(후진) ········· 257, 440, 470, 486

後出師表(후출사표) ················ 89

後廢帝(후폐제) ·············· 532, 535

後皇帝(후황제) ··················· 57

徽宗(휘종) ······················· 48

[신완역]

십팔사략 中卷(下)

魏晉南北朝 · 隋

초판 인쇄 ‖ 2013년 4월 5일
초판 발행 ‖ 2013년 4월 10일

역주(譯註) ‖ 진기환
디 자 인 ‖ 이명숙 · 양철민
발 행 자 ‖ 김동구
발 행 처 ‖ 명문당(1923. 10. 1 창립)
주   소 ‖ 서울시 종로구 윤보선길 61 (안국동)
          우체국 010579-01-000682
전   화 ‖ 02)733-3039, 734-4798(영), 733-4748(편)
팩   스 ‖ 02)734-9209
Homepage ‖ www.myungmundang.net
E—mail ‖ mmdbook1@hanmail.net
등   록 ‖ 1977.11. 19. 제1~148호

ISBN 978-89-7270-258-0 (94150)
ISBN 978-89-7270-052-4 (세트)
정   가 ‖ 25,000원

＊낙장 및 파본은 교환해 드립니다.
＊불허복제